印度史（修订版）

国别史系列

THE HISTORY OF INDIA

林承节 著

人民出版社

摩亨佐－达罗遗址

桑奇的佛塔

阿马拉伐蒂佛塔建筑上的雕饰

阿育王石柱上的狮子柱头

舞王湿婆

阿旃陀石窟外景

那烂陀寺遗址

卡朱拉霍神庙

索姆纳特庙

维塔拉庙内修筑成战车形状的圣殿

卡朱拉霍庙的石雕

迪尔瓦拉耆那教庙宇的雕刻

迪尔瓦拉庙石雕

穆克提斯瓦尔庙

德瓦尔卡迪什庙

布巴内斯瓦尔林伽庙石雕像

阿格拉城堡外景

新德里的库特卜塔

莫卧儿时期细密画：萨利姆王子即后来的贾汉吉尔皇帝

17 世纪拉其普特宫廷画派细密画：柯塔王公狩猎图

拉其普特王公城堡遗址

提普苏丹王宫

泰姬陵

今日新德里

从海上看孟买

德里红堡

印度总统拉·普拉沙德(右一)、副总统拉达克里希南(左二)、总理尼赫鲁与到访的周恩来合影,新德里,1954 年 6 月

1988 年邓小平接见来中国访问的拉吉夫·甘地

修订说明

本书出版已近 7 年，借再版机会做一些增订是非常必要的。近 10 年来，印度发生的变化是巨大的，经济实力和国际地位都有很大提高，政治生态也大不同于以前。这些较近的变化在新版书中理应系统地反映出来，我想这也肯定是读者所希望看到的。本次增订就是为了实现这个目的。

变动的主要内容是：

取消了原书第 22 章，即“九十年代的印度”。

重写了第22章，即“全国阵线短暂执政与国大党重掌政权”，新增了第23章，即“九十年代后半期以来的印度”。

第 22 章主要写拉奥执政时期。这一时期在当代印度史上非常重要：经济改革全面展开，基本上完成了转型，为印度经济发展进入快车道铺设了道路；外交方面，根据国内外形势的新发展转上了以经济外交和全方位多元外交为方向的新轨道。这两方面的改变都为此后历届政府继承并加以推进，可以说印度正是从拉奥执政时期起进入了一个新的发展阶段。所以，把拉奥时期单立一章是完全必要的。第 23 章写拉奥政府之后直到当今最近几年的历史，交代清楚发展脉络，同时突出重点，把政治、经济、社会等方面发生的最重要的事概括反映出来，努力做到使读者能把书上的内容和今天现实的印度衔接起来，收到贯通古今之效。

为了使新增加的第 22、第 23 章能和原书自然衔接，对原书第 21 章第 9 节作了修改。

对目录、大事记、译名对照、中英文参考书目和图片作了相应的补充。

不敢说没有疏漏甚至错误，敬请读者惠予指正。

2011 年 7 月 15 日于北京大学

目　录

绪　论

印度是世界上最古老的文明国家之一，是我国近邻。早在汉代以前，中国和次大陆的居民就有了商业往来和文化交流。从西汉起，我国史书就不断出现关于印度的记载。印度佛教传入我国后，大量僧侣前来传教，我国高僧则源源不断地去印度巡礼参学。玄奘“西天”取经被演绎成神话故事，在民间流传之广不逊于世界任何著名的史诗。两国古代文化交流规模之大、持续之久和相互影响之深在世界史上是罕见的，堪称最佳篇章之一。近世以来，两国本身发展的落后使双方都没有能力把她们的传统经济文化交往提升到一个新阶段，而西方殖民主义势力的东渐则最终堵塞了两国往来的通道。印度和中国这两个大帝国的联系被掐断了，两国都成了西方宰割的对象。然而被侵略和被压迫的相同命运，却把两国人民的友谊在共同反对殖民主义的新的基础上重新建立起来。19 世纪中期亚洲爆发第一次震撼西方世界的革命风暴，印度大起义和中国太平天国革命相互呼应，起到相互支持的作用，而且太平天国的军队中有印度人参加。在两国资产阶级民族民主运动兴起后，两国运动的领导人更开始自觉地建立联系，不仅在道义上相互申援，而且在物资方面都力所能及地相互给予支持。印度独立和新中国成立后，两国总理共同倡导和平共处“五项原则”，在国际事务中相互支持，为维护亚洲和世界和平共同作出了贡献。虽然由于殖民统治留下的边界争端，两国也有过不愉快的时期，而且迄今芥蒂尚存，但和平相处与友好交往是主流，“印地秦尼巴依巴依”是两国人民的真诚愿望。近年来在两国人民的共同努力下，两国关系逐步得到了恢复和发展。中国人民热切期望与印度友好相处，热切期望发扬两国的传统经济文化交往。我们的友谊既然有那么深厚的积淀，完全有理由期望无论什么样的纠葛和误解最终都会被它融化，两国的古老友谊一定能焕发青春。要实现这个目标，我们就应多多地相互了解。对中国人来说，就要更多地了解印度，不但了解它的现在，还要了解它的过去，了解它的历史特点，了解它是怎样发展过来的。彼此了解越深，就越能相互理解，越能在彼此充分信任的坚实基础上建造两国新的睦邻友好的大厦。

从学术研究的角度说，研究印度也是非常有价值的。印度在世界最早的文明中占有光辉的地位。整个古代时期，她的人民以其丰富的想象力和无穷的创造力，无论在意识形态方面，还是物质文化方面，都为人类文明宝库增添了不少智慧之果。公元前后的几个世纪，印度、中国和罗马并称为欧亚大陆最发展的三大地区，也是世界文明星空最耀眼的三个亮点。15 世纪以前到过印度的外国游历者无不为其看到的繁荣景象所倾倒。15 世纪以后，和中国的情形一样，它的创造力的源头似乎逐渐干涸了，当西方先进国家快步跃过中世纪的门槛进入工业文明的新殿堂时，印度却原地徘徊，迈不开脚步，成了落伍者。由于地理位置的关系，在西方殖民主义势力向东方侵略的途程中，印度首当其冲。极具讽刺意味的是，这样一个昌盛一时的大国竟被小小的英国东印度公司征服，屈服于后者的淫威。一个曾以其智慧的光泽滋润西方古代社会的文明发祥地，到了近代却被强制地变成了用其无尽的财富和人民的血汗滋养西方工业文明的重要源头。这令人难以置信的一幕是怎样上演的，是什么绊住了印度前进的脚步？这样大的一个国家为什么连一个东印度公司的征服都抵御不住？这一切，只有深入研究印度的历史才能找到答案。就印度本身说，它的古代社会的经济结构、社会结构和政治发展独具特点，既有有利于社会发展的一面，又有制约发展的一面，越到后来，后者的消极作用越突出。只有了解这一点，才能理解为什么印度数千年建造的文明大厦会突然崩塌，为什么印度帝王的王冠会被远在大洋彼岸的英国人摘走。近代时期是印度饱尝被奴役被剥削的痛苦的时期，印度作为英国最早、最大和资源最丰富的殖民地被殖民统治机器无情地和无休止地榨取，其财富像大河流水，源源不断地涌入英国，启动了设计师笔下的蒸汽机的轮子，奏响了一个又一个工厂的机器交响曲，而印度却因被抽血过度而遍体鳞伤，满目疮痍，殖民统治的恶果至今仍难以消除。不过，殖民统治也自觉不自觉地把工业文明，包括经济制度、政治体制、世俗观念和资产阶级自由主义和功利主义思想带了过来，对传统的封建的印度社会起到了一定程度的改造作用，尽管这个改造是扭曲的不彻底的。这就是马克思所说的殖民统治具有破坏性和建设性双重历史作用的含义。研究东方任何国家近代的历史都离不开殖民主义侵略和反侵略这条主线。对殖民主义双重使命的表现及其影响的研究，应该说最典型的国家莫过于印度。统治印度的英国是世界最典型的殖民帝国，而印度是英国最典型的殖民地，印度沦亡最早，英国殖民政策每个阶段的变化都最先而且是最充分地在印度实行，印度可说是实验场。不仅如此，印度的民族解放运动开展得最早，规模最大，斗争历程艰难曲折。民族运动是由资产阶级的国大党领导，主要采取了非暴力不合作的方式，最终取得胜利。印度的独立斗争既有各国民族解放运动的共性，也具有由本国国情决定的鲜明的个性，内容丰富多彩。因此，研究印度的近代史对了解整个殖民地半殖民地的反侵略的历史都具有典型性。独立以后的印度面临巩固独立、国家整合和实现现代化的任务，对于像印度这样的贫困落后、人口众多的国家来说，如何实现这多重目标，实在是一项前无古人的极其艰巨复杂的任务。印度克服了种种困难，坚持不懈地作出努力，迄今取得的成果是有目共睹的。印度坚持自力更生的方针和不结盟的外交政策，以经济上独立和外交自主巩固了政治独立。五十多年来，印度实行的议会民主制运行良好，政治上保持了稳定；建立了完整的工业体系，某些领域的研究和制造达到世界先进水平；解决了长期存在的缺粮问题，粮食做到自给有余。世俗化政策的实行虽然遇到重重困难，但大多数人已接受，在许多方面已经实现或正在实现；在国家的整合方面，在经历一些曲折后内聚力越来越强。西方不少预言家曾断言印度实行议会民主制是“政治奢侈”，不会持久，还说印度不可能保持长期统一，早晚会“巴尔干化”。事实无情地宣告了这种预言的破产。印度发展速度不算快，贫困人口依然占 1/3 左右，存在的问题还很多，但如果考虑到其起点之低，遇到的困难之多，应该承认，它取得的成就是足以令人自豪的。印度国家大，国情复杂，其经历有自己的特殊性，更多地则具有发展中国家的普遍性。研究印度现代史就可以了解它是怎样取得这些成就的以及有什么不足，这对研究整个发展中国家独立后政治、经济、社会的发展历程和规律很具有启发性。

在研究世界史时，我们通常会注意到西方和东方社会发展的差别。其实，东方国家虽有很多共同点，内部也是五光十色的。印度与中国、日本，印度、中国、日本与阿拉伯国家就有很大不同，不仅表现在意识形态上，也表现在经济结构和社会结构上。例如，印度的被宗教化了的种姓制度就是独具特色的，种姓制度和阶级区分相互补充，形成了印度独特的种姓—阶级社会结构；印度土地制度的国有和多层占有，村社的长期存在和土地产权的缺乏流动就与中国截然不同。研究印度史我们可以增加对印度社会和历史发展特色的了解，可以在东方国家之间作比较。这样，我们对东方社会和历史这一概念的了解在内容上就会大大丰富和深化，在和西方作比较时就不至于把东方社会和历史发展的多种多样性抽象成一个干瘪的公式化的空洞概念。这样，我们对世界历史发展的了解就能具体得多，真实得多。

研究印度史也有重要的现实意义。印度和中国都在致力于现代化建设，两国在国情的复杂性上有许多共同点。两国都是人口大国，经济上都是落后的，都有很多人十分贫困，两国都强调在经济发展中要把增长与实现社会公平结合起来，都强调把自力更生和全球化结合起来，都强调在实现现代过程中把引进先进的现代文明因素和继承本民族传统中的精华结合起来。这些现代化中的重大课题应该如何处理，如何把握才是适度，都需要在实践中摸索，积累经验。中印两国在各自的奋进中都有成功的经验和失败的教训。我们有必要加强相互间的交流，使各自的经验教训都能变成两国共同的精神财富，彼此引为借鉴，以期在各自今后的现代化进程中少走弯路，多收实效。

世界各国历史的发展是有共同的规律可寻的，各国的历史又有各自的特点，这就是共性和个性，或曰一般性和特殊性的关系。共性是寓于五光十色的个性之中的，或者说是通过个性表现出来，没有个性也就没有共性。正是个性的存在才使各国历史进程表现出不同的色彩。否定共性，就会陷于不可知论；而忽视个性，用共性来代替个性就是把极其复杂的世界现实简单化了。历史研究者的任务是要复原和分析历史进程，而复原要具体化、个性化，要有血有肉、丰满结实。公式化、教条化的写法已被学者们抛弃。

呈现在读者面前的是一部从远古到当代的印度史。笔者期望能把印度特有的浓厚色彩勾画出来，以期给读者留下这样的强烈印象：印度史就是印度史，和其他国家的历史比有相同点，但又确实非常非常的不同。

第一章

印度河流域文明

一、古代印度的地理范围和印度名称的由来

印度是南亚次大陆的文明古国。在1947年印巴分治前，其领土大体包括今日的印度、巴基斯坦和孟加拉国。古代印度是指分治前的印度的古代时期。在古代大多数时间里，印度是分裂的，并无一个统一的国家，但在孔雀帝国、笈多帝国、德里苏丹国和莫卧儿帝国时期，基本实现了或在较大程度上实现了统一。孔雀帝国和莫卧儿帝国版图最大时，包括除半岛南端一隅外的南亚次大陆的全部，西北部的疆界甚至超出了次大陆的界限，深入到今阿富汗地区。

古代印度人并不把次大陆叫印度，而是叫婆罗多伐娑，意为婆罗多的领土。婆罗多据传说是史诗时代一个处于恒河中游的国家，因版图较大，国势较强，当时的人及后人即以其名称称呼南亚次大陆，说次大陆都是婆罗多的土地，居民都是婆罗多的后裔。所以印度独立后梵文名字就叫婆罗多。

印度一名来自印度河的名称（梵语叫 Sindhu），最早是波斯人入侵印度河流域后，以印度河之名称称呼印度河流域及其以东的土地。公元前327年马其顿国

王亚历山大入侵后，希腊人沿袭这一叫法，以后又为其他西方人袭用。英国征服印度后，把他们直接统治的地区称为英属印度。印度人也逐渐接受了这一名称。所以印度独立后，最初称为印度自治领，后正式定名为印度共和国。

我国最早知道印度是张骞通西域的时候。《史记》、《汉书》称之为身毒，《后汉书》、《三国志·魏书》、《宋书》、《梁书》等称之为天竺、贤豆等。唐朝时玄奘的《大唐西域记》始改译为印度。《大唐西域记》写道："详夫天竺之称，异议纠纷，旧云身毒，或曰贤豆，今从正音，宜云印度。印度之人，随地称国，殊方异俗，遥举总名，语其所美，谓之印度。"①

二、地理特点及其对历史发展的影响

印度濒临印度洋，东西南三面环水，北有喜马拉雅山、兴都库什山作屏障，地理上自成一格。喜马拉雅山峰峦尖峭，终年积雪，与外界无交通可言。在东北部，把阿萨姆和缅甸分开的那加山脉中有一些山峡，也不易通行。只有横亘在西北边境的欣杜拉季、苏莱曼、基尔塔山脉有一些山口（如开伯尔山口、包兰山口等）可以通行。一方面，印度古代史上接连不断发生的外族入侵和迁入，都是从这个方向来的，经这个瓶颈向次大陆形成一个又一个冲击波，对印度历史发展有重大影响。但从另一方面说，这条途径把次大陆与西亚、中亚紧密相连，成了次大陆与外界经济文化交流的重要通途，对印度历史发展也有积极意义。半岛的海岸线绵延五千余英里，东、西、南海岸都有港口，是次大陆与外界交往的另一重要渠道，但只是在航海业发展起来后，这种交往才变得频繁起来。

印度本身按地表结构可以明显地分为四大区域：1. 北部高山区，包括东段山脉、西段山脉及它们的斜坡。2. 由印度河流域和恒河流域构成的北部平原。这块广袤的平原被拉其普他那沙漠和阿拉瓦利山脉分为两个不等的部分。沙漠以西的平原为印度河所灌溉，以东的平原受恒河及其支流滋润。两大河流使土壤肥沃，交通便利。印度河发源于我国冈底斯山西部，其上游汇合五大支流（杰鲁姆河、

① 玄奘、辩机著，季羡林等校注：《大唐西域记》卷二，中华书局1985年版。

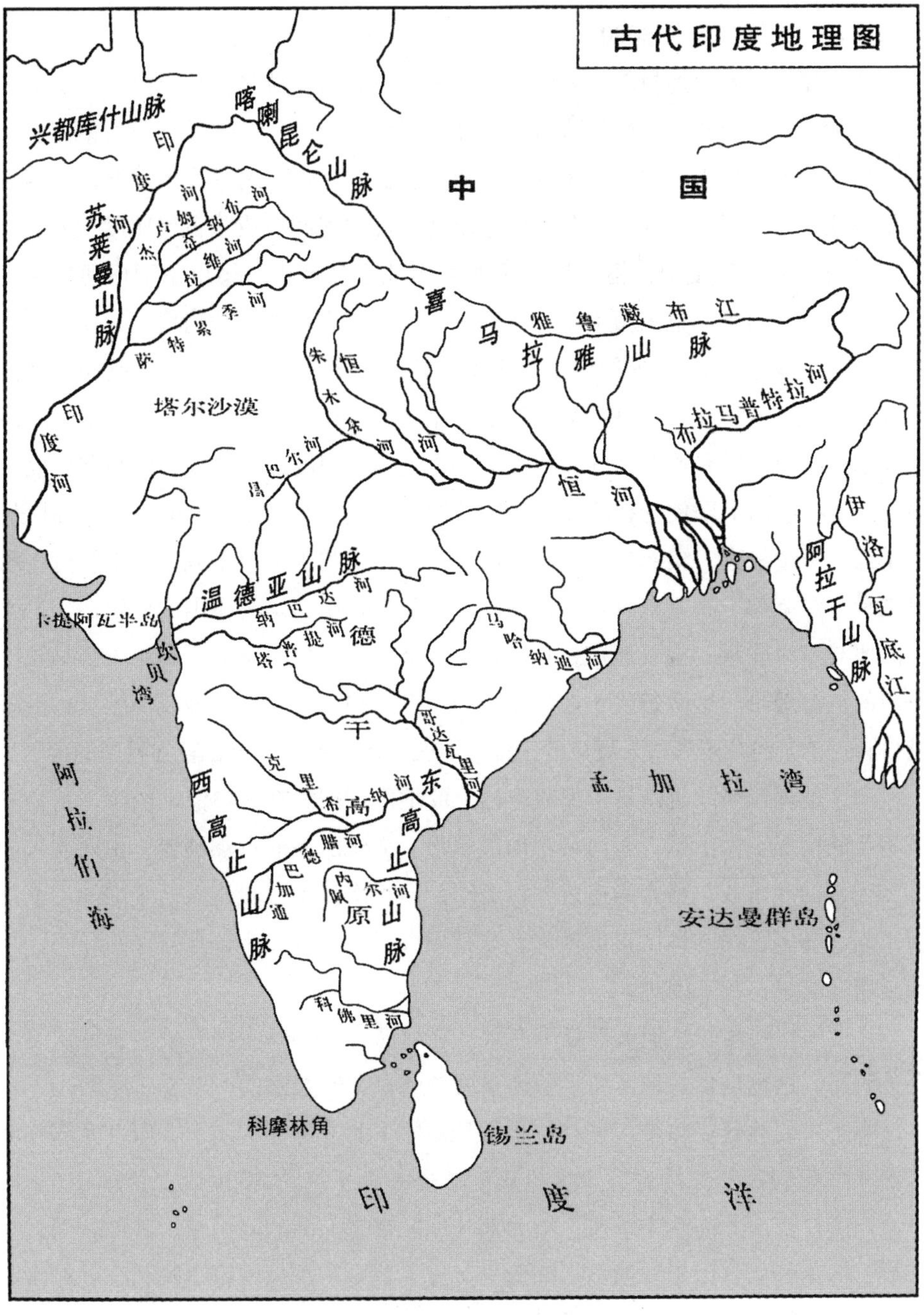
兴都库什山脉
喀喇昆仑山脉
中国
苏莱曼山脉
印度河
萨特累季河
喜马拉雅山脉
雅鲁藏布江
塔尔沙漠
朱木拿河
恒河
布拉马普特拉河
昌巴尔河
温德亚山脉
纳巴达河
塔普提河
德干高原
卡提阿瓦半岛
坎贝湾
马哈纳迪河
哥达瓦里河
克里希纳河
西高止山脉
东高止山脉
科佛里河
阿拉干山脉
伊洛瓦底江
孟加拉湾
阿拉伯海
安达曼群岛
科摩林角
锡兰岛
印度洋
古代印度地理图

奇纳布河、拉维河、比阿斯河和萨特累季河）冲积成旁遮普(五河之意）平原后，向西南注入阿拉伯海。印度河平原适合农牧，是印度远古文化的发祥地，也是与外界联系的通道。外族入侵首先是占领这个地区，然后东进占领恒河流域。恒河是印度第一大河，全长3000公里，发源于喜马拉雅山脉，流经今北方邦、比哈尔，在孟加拉注入孟加拉湾。入海前，与另一条大河布拉马普特拉河（发源于冈底斯山脉，在我国西藏境内称雅鲁藏布江）汇合，形成一个水道纵横、渠流密布的三角洲，即孟加拉恒河口三角洲。恒河支流甚多，最大的是朱木拿河。恒河流域是印度土地最肥沃的地区，其与朱木拿河交汇的河间地成了古代印度主要的政治、经济中心。印度河、恒河以德里西面高地为分水岭。德里位于恒河平原入口，是从印度河平原进入恒河平原必经的孔道，具有重要的战略地位，所以自古就是兵家必争之地。13世纪以来德里作为许多王朝的首都，成了控制印度河流域和恒河流域的枢纽。印度河流域和恒河流域是古代印度历史的主要舞台。3. 南印度德干高原，以温德亚山脉和纳巴达河作为与北印度的分界线。因与北印度交通不便，在政治上即便处在北印度帝国控制下，也保有自身鲜明的特色。高原气候干燥，雨量稀少，大部分河流雨季洪水泛滥，旱季则河道干涸，缺少航行、灌溉之利。围绕德干高原东有东高止山，西有西高止山。东高止山山口较多，是德干高原与海岸联系的主要通道。4. 东高止山至科罗曼德海岸和西高止山至马拉巴海岸的滨海地带。这两条狭长地带地势低，多系冲积土质，土地较为肥沃。沿海港口和几条大河在东海岸入海口的三角洲地区是南印度经济文化较为发展的地区。

印度地理形势的复杂易于形成政治上的地区割据。在人口流动较少，贸易联系不足的情况下，山脉、大河常常形成政治、文化区域的自然疆界。由西北来的外族入侵的冲击波，虽人为造成人口流动，但每次流动总是进入一个地区后就停留下来，许多这样的地区自成格局，这就形成了多种族、多语言并存的局面，并为全印度的统一带来困难。

印度海岸线虽长，但天然良港有限。在西海岸和半岛南端有较多良港，便于海外贸易。这也是那些地区海上贸易开展得较早和较繁盛的一个重要原因。

由于主要地处亚热带，喜马拉雅山又挡住了北方冷空气南下，印度大部分地区终年气温较高，凉季也有十多摄氏度，暑季则平均达30度以上。每年6—10月由印度洋西南方向吹来季风，给大部分地区带来充沛的降雨量。其他时间天气干燥，雨量稀少。由于气温高，降雨量又过于集中，季风来得早晚和强弱对印度农业有相当影响。所以，人工灌溉在印度一向是非常重要的。

三、最早的居民和史前史

次大陆最早的居民是什么人，还不十分清楚。学术界根据考古发掘的骨骼分析断定，这里人种不只一种。有尼格里陀人、原始澳大利亚人、达罗毗荼人、蒙古人等。这些人种来自何方，孰早孰晚，相互是什么关系，都无定论。

迄今在次大陆发现的人类活动最古老的遗迹属旧石器时代。旧石器时代的遗址在次大陆西北部和南部发现较多。最具代表性的是印度河流域北部的梭安文化（取名于印度河支流梭安河）和次大陆南部的手斧文化。中石器时代的遗址分布较为广泛。公元前5000年后进入新石器时代，其遗址分布更广，次大陆从北到南，从东到西都有发现。遗址多在山坡、河谷。这时已经懂得农耕。比哈尔的奇兰德遗址发现有烧焦的稻壳和麦粒。饲养家畜已很普遍。有了陶器，并已知使用陶轮。作为工具使用的石器已打磨得较为精细和锋利。始则住地穴，逐渐用泥土和土坯在地面上建造茅屋。

就在这一时期的后期，在俾路支中部、南部和旁遮普、信德地区，出现了农业小村落。开始使用青铜制的斧、锤、凿、刀，虽然石器还是主要工具。在科特迪吉发现有赤陶纺锤锭盘，表明已能纺织。还发现了中亚产的天青石和绿宝石，表明有了商品交换。这是一种初期的金、石并用文化。它意味着，在次大陆，文明史的新纪元就要开始了。

四、印度河流域文明

大约前2500年起，印度河流域进入金、石并用时代，创造了印度历史上第一个灿烂辉煌的文明——印度河流域文明。它也是世界史上值得骄傲的最古老的文明之一，在时间上仅晚于古埃及文明、两河流域文明，早于华夏文明。这是1921—1922年在哈拉帕和摩亨佐－达罗进行考古发掘的成果。哈拉帕在旁遮普蒙哥马利县拉维河左岸（今属巴基斯坦），摩亨佐－达罗在信德拉尔卡纳县印度河右岸（今属巴基斯坦）。后者本是个佛教遗址，由于从中发现了一些象形文字印章，引起注意。1875 年在哈拉帕也发现了一枚有文字的印章。1921—1922 年开始发掘哈拉帕和摩亨佐－达罗遗址。主持发掘的英国考古学家马歇尔对遗址和文物经过仔细研究后，断定它们属于迄今还不为人知的史初文明。这样，印度河流域文明就被发现。因这两地都位于印度河流域，故被命名为印度河流域文明，又被称为哈拉帕文明。

对这个文明的遗址一直在不断地发现和发掘。到目前为止，已知范围是：西起萨特卡金·杜尔，东至阿拉姆吉普尔，北起查谟，南至纳巴达河河口。总面积近 130 万平方公里，比两河流域文明、古埃及文明的地区都要大。在这片广大的地区内，已发现大小遗址达数百处，其中城市遗址有六七处。最大的最有代表性的城市遗址仍是摩亨佐－达罗和哈拉帕，其他城市遗址有强胡达罗、卡里班甘、巴那瓦里等，洛塔尔是港口遗址。

印度河流域文明的年代估计不一。英国人 M．惠勒在《印度河文明》一书中提出为前 2500 —前 1500 年[①]，一段时期被多数学者接受。近年来碳 14 测确定的时间为前 2300 —前 1750 年，上限略晚于惠勒的估计。

关于这个文明的起源有不同看法。过去一些学者认为是西亚苏美尔人移植过来的，已被否定。近年来较为公认的看法是，即使有某种外来因素对印度河文明的兴起起了作用，但这一地区的原来的文化仍是这一文明的直接先驱。换言之，这一文明的创造者就是这一地区的本地居民。他们的人种较多学者推断为达罗毗荼人。在哈拉帕文化的许多遗址的底层，可以看到早于哈拉帕文化的遗迹。例如，在阿姆利就发现在哈拉帕文化层下有和俾路支村落文化一致的文化。科特迪吉发现的叶形石箭头使人联想到同时代俾路支的石箭头，卡里班甘的彩陶使人联想到俾路支彩陶。学者们由此推断：哈拉帕文化是由当地原来的文化直接地逐步地发展过来的。当地原来文化与俾路支村落文化处于同一水平。他们的创造者大概是（或部分是）前 3000 年初从俾路支斯坦迁来的，在这里建立了新村落。又过了很多年，有的村落发展为小镇。大约前 2300 年，出现了新的变化：前哈拉帕文化阶段结束，城市文明形成。这个过程中可能通过贸易受到两河流域文明的很大影响，但它主要是本身生产技术有了新的发展的结果。

---

① M.Wheeler, *The Indus Civilization*, Cambridge, 1953，p.93.

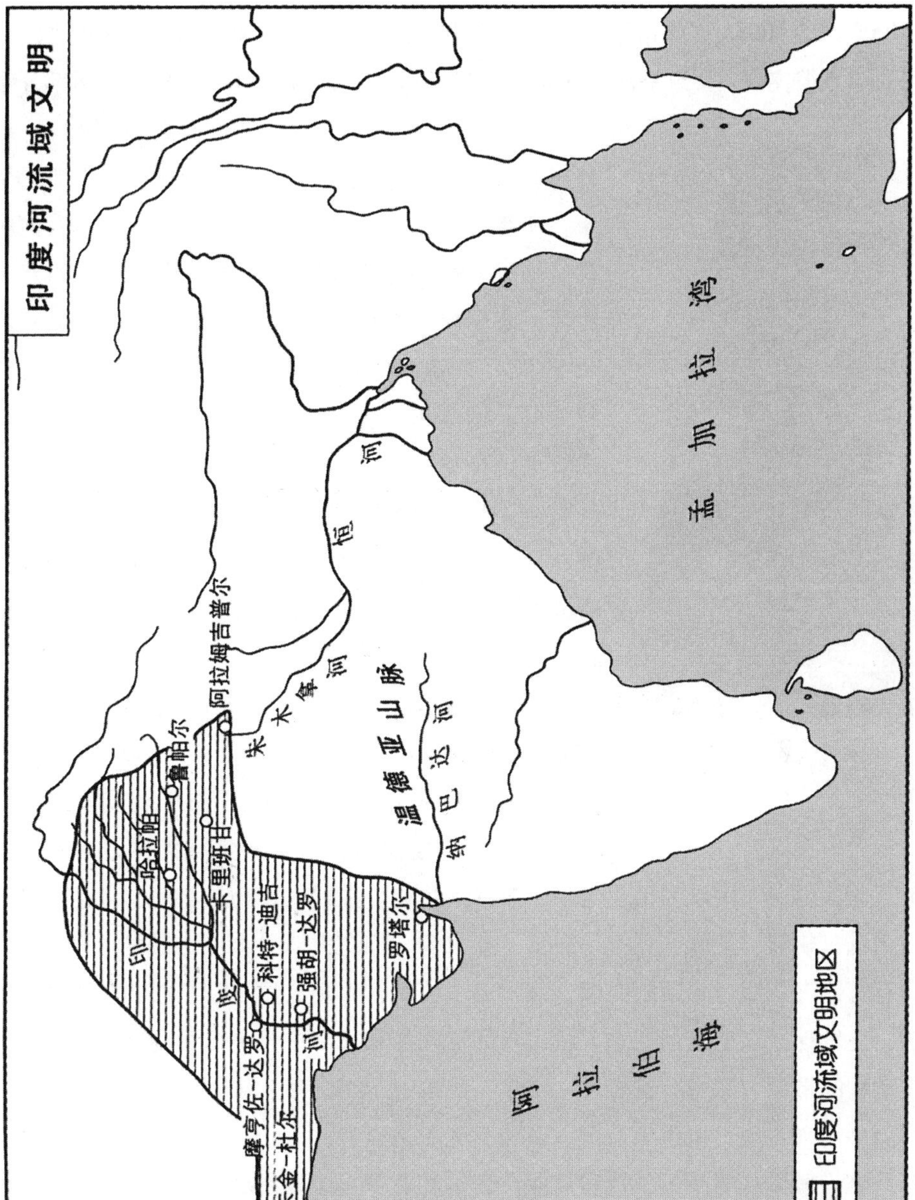
印度河流域文明
阿拉伯海
孟加拉湾
温德亚山脉
恒河
朱木拿河
纳巴达河
印度河
哈拉帕
鲁帕尔
阿拉姆吉普尔
卡里班甘
科特-迪吉
强胡-达罗
摩亨佐-达罗
罗塔尔
苏特卡金-杜尔
印度河流域文明地区

印度河流域文明以城市文明为其特征。哈拉帕和摩亨佐－达罗两遗址面积大约都有1英里见方，估计摩亨佐－达罗有人口35 000—40 000人，哈拉帕有20 000—35 000人。城市似乎是按一定计划建立的，设计和建筑有相当水平。共同的地方很突出：大致是南北向，格子形，都在河道旁，由城堡和下城两部分组成；城堡都建筑在土丘之上，四周有高大的砖墙，还有守卫用的塔楼；城堡内有宽大的建筑群，大概是统治者和祭司的住所，有会议室，有规模较大的谷仓，有冶炼炉，有的还有大概是供被役使者居住的普通房屋。摩亨佐－达罗有一个引人注目的大浴池遗址，长39英尺，宽23英尺，深8英尺，有砖砌台阶通到池底。据分析，这个大浴池很可能与举行宗教仪式有关。下城是居民区，街道布局呈直角交叉，排列整齐。房屋是砖砌的，有烧砖，也有泥砖。有店铺，也有住房。住宅从在小巷开的门进入。房屋已有差别，有的窄小，有的宽大，甚至有两层楼房。大院子都有水井。整个城市街道有配套的地下排水管道。从房屋建筑可以看出，富人和穷人在生活上已有明显的差别。

印度河流域文明遗址出土的人像

城市文明是建立在农业经济有了初步发展的基础之上，城市居民靠广大农村地区提供粮食和某些手工业原料。农民以种植业为主，兼营畜牧业。主要农作物是小麦、大麦，其次为棉花、胡麻、芝麻、豆类、甜瓜、芥末等。棉花大概是世界上最早种植的。农具有石锄、石镰，青铜制的锄、镰、刀、齿耙。发现有用燧石制成的犁耕地的痕迹，还发现在高地筑坝拦水。从出土的赤陶像和印章中，可以看到许多家畜和野生动物的形象，家畜有驼峰牛、水牛、山羊、绵羊、猪、猫、狗、鸡、驴、骆驼等。牛用来耕地，也用来拉车。驴和骆驼用来驮物。

城市居民从事手工制造和商业。青铜和黄铜是主要材料之一，用来制造各种工具，如斧、凿、刀、矛、箭头、锯等，用浇铸或锻锤方法制成。也发现大量青铜制的用具，如镜子、灯、烛台等以及人物和动物雕像等艺术品。在艺术品中有一个青铜舞女裸体小像，生动活泼，栩栩如生。金银制品也有不少，特别是银器较普遍，制成品有首饰、念珠、垂饰等。首饰制成品多种多样，有项圈、手镯、戒指、脚镯、鼻饰、耳坠，制作已比较精细。在洛塔尔遗址发现有金银器场、铜器场和制珠场。

大量出土的彩陶制品更是种类繁多，做工细致。有念珠、护符、印章、小容器、首饰、塑像等。还有玩具，如会点头的羊、会穿孔爬绳的猴子等。还有骰子和梳妆用具。一般家用陶器已使用陶轮成批生产。大部分是素陶，烧制工艺很好，但造型缺乏美感。也有许多陶器是用红赭石上红釉作底，再涂以黑色彩饰。图案有植物、交切圆周、鱼鳞状等。

石制工具和物品也很多，石制工具仍占重要地位。摩亨佐－达罗东北 50 英里的苏克尔有石矿和石器制造场，用大块燧石制作整齐匀称的石刀片。这种石刀片几乎在哈拉帕文明所有遗址中都有发现。住房、街道用石条。水沟的盖子用石灰石块制成。石制物品多种多样。除石制品外，还有玉、贝壳、象牙加工成的工艺品，如念珠、各种镶嵌物、梳子、首饰等。有个珠子上刻有三个猴子嬉戏，生动逼真。在手工业方面最引人注目的是摩亨佐－达罗发现的棉纺织品碎片。尽管数量极少，但它说明，当时人们的衣着正是由已发展起来的棉纺织手工业提供的。工艺包括轧棉、纺、织、染色，发现的大染缸证明了有染色工序存在。有的遗址发现了大量的陶纺锤，也有少数玉石的，表明搓线、纺纱已成为家庭副业。

印度河文明地区的贸易有相当发展。许多地方出土的物品中包括青铜刻度尺、燧石砝码、青铜或赤陶制的车船模型以及作为商品和制造者标记的印章。陆上交通工具主要是牛车，水上是木筏船。除相邻地区的贸易外，也与西亚地区贸易，输出各种工艺制品，进口宝石和贵金属。洛塔尔发现了船坞遗址，还有大型帆船模型，这种船是海上航行用的。还发现了美索不达米亚的波斯湾型的印章。美索不达米亚一些城市则发现了印度河文明的印章。

印度河流域文明遗址出土的青铜舞女

许多遗址还出土有大量印章，共有数千枚，多数有铭文和图像。另外有些陶器和金属制品也有铭文。迄今这种有文字的物品已发现约 2500 件。文字符号加在一起共约 500 个。是象形文字，书写由右而左。有的印章上只有一个符号，最多的有

20 个。尽管许多学者做了各种解读努力，可惜到目前为止仍然未能成功。这就使许多问题，包括这个文明的真正创造者是谁，仍处在云雾之中。

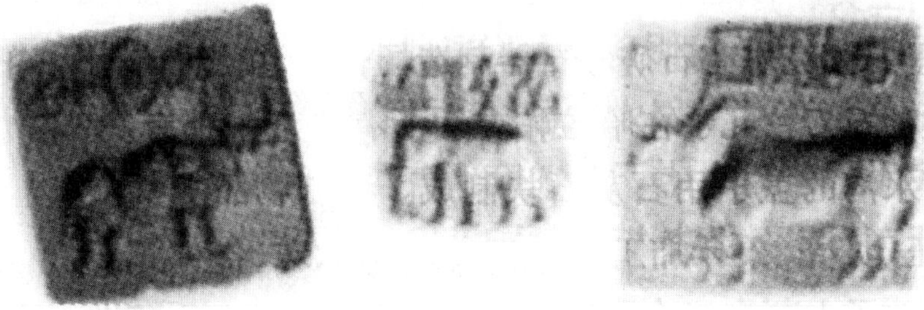

印度河流域文明遗址出土的印章

印度河流域文明居民的宗教情况，只有一些供推测的线索。除了大浴池被认为可能与宗教有关外，出土的许多印章、赤陶塑像、石雕像、护身符等很可能都与宗教有关。从这些图像看，当时似乎崇拜许多神，其中最突出的是许多印章上出现的一个头上有角、呈瑜伽坐式、周围有象、虎、犀牛、水牛、鹿等动物的神，他和后来印度教湿婆神的形象很接近。印章上也有女人像，似乎是女神崇拜。如有个图像是肚子里长出一颗植物的女人，很可能是象征丰产的大地女神。还有的图像表明崇拜男女生殖器，崇拜某些动植物如象、驼峰牛、老虎、菩提树等。没有发现庙宇。

印度河流域文明显然已进入阶级社会，有了早期的国家。但阶级关系、国家组织是什么样的，从现有资料中都无法知晓。这一广阔地区出土的文物在许多方面有惊人的一致性：同样的工艺水平和风格，同样的文字，同样的度量衡，同样的城市设计。这就提出一个问题：经济文化上的同一性是否有政治上的统一与之适应？摩亨佐-达罗、哈拉帕两大遗址相距400多公里，至于边远遗址相距更远。它们究竟是处在一个统一的国家之下，还是处在由于联系密切而形成了经济文化一致性的不同城邦之下？只有解读了令人不明究竟的文字，才能指望得到答案。学者们的推测是一批小城邦的可能性更大，统治者可能是大商人阶级。

印度河流域文明存在约 600 年，终结原因迄今仍然是个谜。只知道大约前 1750 年左右，这一文明衰落了。城市遭到破坏，商业停止，手工制造业衰败，人口流散。摩亨佐－达罗遗址最后几层发现大堆散乱的骸骨，像是发生过屠杀。在哈拉帕，在卫城的顶层也有类似情况。以往学者多据此推论说，发生了外族入

印度河流域文明遗址出土的畜力车模型

侵，并说可能是雅利安人的入侵，毁坏了这里的文明。但是，雅利安人入侵在时间上要晚数百年，况且多数遗址并没有发现战乱迹象。所以近年来多数学者否定了这种说法，特别是否定了雅利安人入侵说，而倾向于认为，这一文明的衰落可能主要是由于自然环境发生重大改变，以不同形式破坏了生态平衡，使这里人们的生存发生严重危机，不得不流散（向东、向南）。也有人认为，自然灾害伴随着外来人的入侵。不过入侵者不是雅利安人，而可能是西部近邻的落后部落。这些都是猜测。

印度河流域文明虽然衰落了，但它的许多成就通过其流散的居民流传下来，为后来的文化所继承。如农作物的各种品种、家禽家畜的绝大多数品种、纺织工艺和许多手工制造工艺都流传下来。像有盖篷结构的二轮运货牛车的样式，直到近代也没有多大变化。印度河文明的居民对首饰等装饰品的喜爱，对后来印度人可能有影响。印度河文明的宗教的某些因素，如女神崇拜、类似湿婆神的崇拜、生殖器崇拜等可能都被婆罗门教吸收。印度河流域文明没有因这个文明的毁灭而泯灭。它是印度文明史的起点，其流传下来的部分，构成了后来印度文明的渊源之一。

印度河流域文明是世界最古老的文明之一，它的居民所表现出的伟大创造性不仅在印度，而且在世界文明史上都占有重要的地位。

印度河流域文明衰落后，次大陆又回到史前时代。分布在各地的居民点，有些属于早期金、石并用文化阶段，大多数还处于新石器时代的前期和中期。没有城市，只有星星点点散布各地的初始的小规模的农业居民点。时钟仿佛被倒拨了，向后足足退了一千年。

第二章

雅利安人入主印度

一、雅利安人占领印度河、恒河流域

大约前15世纪开始，雅利安人从西北方分批地陆续进入次大陆，并在这里定居下来，成了后来印度人的主体。雅利安意为高贵的人，是他们的自称。雅利安人并非一个种族，过去欧洲学者把他们视作一个种族已被否定。他们可能有不同的部落起源，并经历了多次部落的分化与融合，共同点是都属印欧语系。在前15世纪以前他们就离开了原居住地南俄、中亚一带印欧草原，来到伊朗。一部分人留在伊朗，另一部分人后来经阿富汗陆续进入南亚次大陆西北部。这后一部分人逐渐形成自己的语言即吠陀语，被称为印度雅利安人。雅利安人大约是在数百年的时间内分批进来的。他们来印度后早期的历史在他们最早形成的吠陀文献[①]中有较多反映，考古发掘也发现了属于他们的许多文化遗址。从这些文献和

① 指《梨俱吠陀》、《娑摩吠陀》、《耶柔吠陀》、《阿闼婆吠陀》四部吠陀本集。吠陀本集是古代印度婆罗门教最早的经典，是雅利安人进入印度后逐渐形成的。吠陀意为“知识”。《梨俱吠陀》形成最早，约为前1500—前1000年，内容为祭祀时颂神的诗歌，共10卷1028首，是四吠陀的基础。其余三部较晚，都

遗址中可以看出雅利安人由氏族社会向阶级社会过渡和形成国家的情况。这段时期史称吠陀时代，其中前 15—前 10 世纪被称为早期吠陀时期，此后至前 6 世纪为后期吠陀时期。

雅利安人首先占领印度河上游的五河流域。在这里，遇到原居民的激烈抵抗。这些原居民可能是后期哈拉帕文明的幸存者或者是其衰落后的居民，被雅利安人称作达萨或达休（意为敌人）。据他们说，达萨是黑皮肤，说邪恶语言，扁平鼻子，不事献祭。学者多推断是达罗毗荼人。身材高大的雅利安人善骑马和驾驭马拉战车冲锋陷阵，装备比他们低劣的原居民不是他们的对手。这在《梨俱吠陀》里得到了反映：雅利安人的战神因陀罗经常施展霹雳般的威力，搜集敌人的首级踩在脚下，或摧毁城堡，夷平敌人的住地，他因而被称为“城堡的摧毁者”。这些原居民或被杀戮，或被赶走，或被奴役而变成了奴隶。所以达萨以后又转意为奴隶。

当进入次大陆时，雅利安人还处在部落社会末期，以畜牧业为生。母牛受到珍视，甚至崇拜。占领印度河流域后，开始时没有改变游牧生活，后来逐渐吸收当地先进文化，学会农业生产，懂得利用河水灌溉土地，从游牧生活转变为定居生活。农作物和饲养的家畜和哈拉帕文明时基本一样，不同的是他们带来了马。衣着原以毛织品为主，后学会了植棉织布。手工业开始脱离畜牧业、农业而成为单独部门，《梨俱吠陀》中讲到有木匠、陶匠、瓦匠、皮匠、纺织工、造车工等专业手工业者。制陶业有了发展。铜器和青铜器逐渐被使用。有商人经商，交换是以物易物，也常常以牛作等价物。运输靠牛车、马车。从《梨俱吠陀》中也可知道，雅利安人喜爱音乐、饮酒、掷骰子和战车比赛，也喜爱首饰等装饰品，表明已与当地文化逐渐融合。这时雅利安人的社会组织仍是部落——氏族——家庭结构，实行一夫一妻制，男子在家庭和社会中占有支配地位，不过女子并不受歧视。氏族社会已逐渐解体，耕畜已私有，土地属氏族公社，但由各户占有使用，定期重新分配。奴隶可赏赐、赠送。《梨俱吠陀》中讲到，有个僧侣从部落首领

形成于前 1000 年以后。《娑摩吠陀》是祭祀时唱的歌词，共 1549 首，大多来自《梨俱吠陀》的诗篇。《耶柔吠陀》是祭祀祷文，也有部分颂诗。《阿闼婆吠陀》是祛灾除病的咒语，也包括部分颂诗。它形成最晚，约在前 10—前 8 世纪。雅利安人很长时期没有文字，四吠陀的内容是通过口头传诵，代代相承，最后才形成文字。吠陀文献特别是《梨俱吠陀》反映了雅利安人由西北进入印度的征服战争、他们的部落生活和社会制度、由氏族社会向阶级社会的转化以及原始宗教和婆罗门教的形成等情况。《梨俱吠陀》是研究这段历史最主要的史料。四吠陀用的是吠陀语，每部都不可能出自一人之手，它们都是集体创作，在流传中不断增补。

那里得到大量金银赏赐，还得到载有少女奴隶的 10 辆战车。又讲到有人以大量羊、驴和达萨作为奉献。

随着人口增长，前 12—前 11 世纪，雅利安人的定居区域逐渐向东部的恒河流域扩展。这是一个比较长的过程。这里的原居民除达罗毗荼人外，还有属于澳—亚语系的孟达人，他们或被征服，或被赶到森林地区。雅利安人又吸收了恒河流域地方文化，最突出的是学会了种水稻以及吸纳了当地某些宗教因素。

在恒河流域，生产力有了新的发展。开始使用铁器。考古发掘最早发现铁的地点是今北方邦的阿特兰吉凯拉。与彩绘灰陶一起有铁器出土。据碳 14 测定时间为前 1025±110 年。德里以东河间地带发现了史诗中一雅利安人部落的都城哈斯提那普拉遗址，在彩绘灰陶文化层上发现有铁制武器和工具，时间在前 600 年左右。在阿拉姆吉尔普尔、考沙姆比等地的发现，也说明约前 1000 年后已使用铁器。铁器是适应开发森林和开垦荒地的需要而出现的，是生产力的革命性的变革。铁器出现后，铁制斧头、犁头、箭头、矛头和刀剑，对开发恒河流域起重大作用。恒河北岸的森林以前是靠火烧。梵书记载火神引路，一路向东，遇到大河方停。有了铁器后，可以砍伐而不必完全烧毁，这对维护森林资源是有积极意义的。铁犁头出现后，土地可以深耕，提高了农业生产量。《百道梵书》讲到与犁田有关的仪式时提到用六头、八头、十二头、二十四头牛犁地。牛也更珍贵了。母牛逐渐被神化。也正是在恒河流域，水稻成了主要的种植作物。棉花、甘蔗的种植增加。水稻和这些作物对灌溉要求较高，推动了水利设施的兴修和使用。《阿闼婆吠陀》中记述了把河水引进新渠道的仪式。

手工业也有了进一步的发展。工匠种类中又增加了铁匠、编织工、刺绣工、染工等，表明出现了新的手工业部门。棉纺织业发展起来，专业织工增多。恒河中游发现了北方黑色涂釉彩陶，其制作工艺远比彩绘灰陶精细，属前 6—前 4 世纪，是雅利安人文化与地方文化融合后的文化，从旁遮普到恒河下游都有。

商业的发展更为突出。地方贸易主要商品是盐、金属制品，形成了一定的商业路线。另一种贸易是与西亚间的贸易，陆上通道重要枢纽是呾叉始罗。还有海路贸易。除实物交换外，已用贵金属（金块）作媒介。在生产发展的基础上，开始出现了少量城镇。它们既是政治中心，又是商业中心。但规模都很小，不能和摩亨佐－达罗、哈拉帕相比。

这时，雅利安人的氏族社会进一步解体，逐渐向形成阶级社会发展。部落还保留，但在部落中基层组织已不是氏族公社，而是农村公社（村社）。它由许多父系大家庭组成。土地由各家庭长期占有、使用。每个部落都包括有许多这样的村社。部落首领大多数由选举产生。部落还有长老会和全体成员会议。部落首领的权力还要受这两个机构的制约。由于战争频繁奴隶增多，部落首领、村社首领在战争中得到奴隶，对一些上层予以赏赐，这样，拥有奴隶者的范围就逐渐在扩大。

雅利安人说的吠陀语逐渐发展成梵语，约在前 7—前 6 世纪开始形成文字即梵文，用婆罗米字体书写。此后，雅利安人在各地吸收当地土著语言，又形成了作为民间语言的俗语，不同地区有不同的俗语，后逐渐形成各自的文字，一般也都用婆罗米字体书写。

二、国家的产生

随着生产的发展，为掠夺财富而进行的战争越来越频繁。这种战争不仅是征服当地土著，也在雅利安人各部落之间展开。有些部落力量越来越发展，占地越来越多。相传婆罗多部落就成了北印度势力最强大的部落。为了战胜对方，部落间常常结成联盟。实力最强的部落首领常举行马祭以震慑四方。《梨俱吠陀》中描写了 10 个部落联合起来对婆罗多部落的一场大战。史诗《摩诃婆罗多》描写了婆罗多族内部两个支系——俱卢族和般度族进行的争夺王位的战争。经济发展和越来越多的战争造成了以下结果：1. 由战俘转变成的奴隶增多，拿奴隶赏赐、赠礼的现象较多出现，握有奴隶的人已不限于少数首领。这样就最终形成了奴隶和奴隶主阶级。有一处文献提到，在鸯伽国，有 1 万名从各国掳来的女奴，被鸯伽国王分赠给他的婆罗门祭司。战俘奴隶有土著居民，也有雅利安人。2. 当雅利安人占领地区越来越大时，不能把被征服土著都变成奴隶或赶走。变成奴隶的是少数，绝大部分居民还留在土地上，继续从事生产，但土地被征服者宣布为己有，他们成了被奴役者。这就出现了征服者对广大被征服居民的统治。3. 在雅利安人中，经济的发展和战争掠夺加速两极分化。部落首领和上层经济地位上升。而在另一极，有少数人因天灾人祸等原因，欠债无力偿还，被迫当奴隶还债。雅利安人部落首领贪欲日增，开始强迫部落成员把过去向部落首领自愿交纳的贡献变成强制性赋税。这样，在社会中就逐渐形成了不同阶级：以雅利安部落首领和婆罗门上层为代表的统治阶级，部分由雅利安人、大部分由被征服居民构成的下层劳动者阶级和奴隶阶层。

就是在这种阶级压迫和种族压迫中，部落首领的权力越来越大，并把部落所辖领土（无论雅利安人居住或被征服的土著居民的土地）都视作自己所有。他的权力不再是部落性质的。地域性质的王权开始形成。部落首领成了国王。国王加冕典礼称作灌顶大礼。原部落的长老会变成了少数贵族垄断的机构，部落全体成员会议也失去了作用。国王建立了职业军队，任命了高级官吏。村社头人成了基层官吏和国王的收税人。这样，原部落组织就变成了国家机关。国家产生了。由此可见，印度雅利安人国家的形成是沿着阶级分化和种族压迫两条交织在一起的路线发展的，是出于维护阶级统治和对被征服种族统治的双重需要。

没有史料能说明雅利安人最早的一批小国形成的确切年代。但据吠陀文献和史诗材料推断约为前 9—前 8 世纪。这些国家有的是君主制的，也有共和制的。后者还保存更多军事民主制时代的特点。

三、种姓制度

就在阶级社会和国家逐渐形成的过程中，带有突出的印度特色的社会等级制度——种姓制度也同时形成。种姓制度经历了两个阶段；第一阶段是瓦尔纳制，以后又在它的基础上，发展为阇提制。我国佛教典籍把瓦尔纳和阇提都译作种姓。其实，两者是有区别的。这一时期出现的是瓦尔那制。

梵语瓦尔那一词意为“色”、“质”，最初是用来区别征服者与被征服种族的，目的是为了保持雅利安人的统治地位。在《梨俱吠陀》中可以看到，雅利安人自称“雅利安瓦尔那”，而把黑皮肤的被征服种族称为“达萨瓦尔那”，含有轻蔑、贬损之意。到《梨俱吠陀》后期，一方面随着雅利安人自身的社会分工的进一步发展，瓦尔那制被用来区分雅利安人因社会分工地位不同而形成的不同社会集团；另一方面，随着对土著部落的大量征服，土著部落成了一个特定的被役使的集团，这样，就形成了一套维护雅利安人上层对下层劳动者特别是被征服居民的统治的社会等级制度。社会被分成四个瓦尔那，即婆罗门、刹帝利（《梨俱吠陀》中叫罗贾尼亚）、吠舍、首陀罗。四个瓦尔那职责不同，地位不同，这些都在吠陀文献中做了规定。婆罗门掌管祭祀，垄断教育。刹帝利负责征战和管理。吠舍包括农民、牧民和商人，职司物质财富的生产和纳税。首陀罗主要由被征服居民构成，其义务是为上述三个种姓服务。

从世界各国历史看，在进入文明社会时形成社会等级，这本是普遍现象。印度的特点在于，这种等级的形成不但与社会分工相关，且与种族压迫联系在一起，受到统治者维护。更重要的，瓦尔那制很早就被婆罗门加以宗教化、神圣化，把它变成婆罗门教的社会结构。《梨俱吠陀》中把瓦尔那制的产生说成是神的安排。第 10 卷第一次讲到四个瓦尔那时说："他（指普鲁沙，即生主神）的嘴变成了婆罗门，他的双臂变成了罗贾尼亚，他的双腿变成了吠舍，他的双脚生出首陀罗。"学者一般倾向认为，这首赞歌是婆罗门后来添加到《梨俱吠陀》中的，婆罗门这样做是为了确立其在社会中至高无上的地位，并把对非雅利安人的压迫固定化。从吠陀末期起，婆罗门就制定出种种清规戒律，在宗教和社会生活上限制和歧视低种姓特别是首陀罗，人为地加剧本来就因经济、社会地位差别而形成的不平等。如前三个瓦尔那被定为再生族，能参与吠陀宗教生活，可佩戴作为再生族标志的圣线；首陀罗为一生族，没有参与吠陀宗教生活和佩戴圣线的资格。在法律地位方面，高级瓦尔那可以不受惩罚地打骂首陀罗，其他欺压行为也只受很轻的惩罚。首陀罗如冒犯高级瓦尔那则要受重罚。婆罗门进而提出"洁净"的宗教观念，在社会生活方面歧视首陀罗。如认为首陀罗从事的职业是不洁的。因此，高级种姓不能与他们共餐和通婚，不能接受他们的食物。高级种姓男子娶低级种姓女子（称顺婚）是可以的，但反过来（逆婚）则不行。如发生这种情况，除低级瓦尔那要受惩罚外，其子女要降为贱民。前三个瓦尔那在《梨俱吠陀》时期职业上还没有规定世袭，在通婚、共餐和接受食物方面也没有限制。到吠陀后期，在前两个种姓与吠舍之间，在上述诸方面逐渐有所限制。任何种姓违反规定的都要受到惩罚，严重的会丧失种姓。这个发展与婆罗门、刹帝利在国家生活中权势加强的趋势是一致的。

除上述四瓦尔那外，大约在吠陀时期后期，出现了四瓦尔那以外的贱民，即不可接触者。最早的不可接触者是首陀罗中那些从事屠宰、制革、埋葬、清扫等职业的人，这些职业被认为是最不洁的，是亵渎神的，从事这些工作的人也就被认为是不洁者。婆罗门由此编造出“玷污说”，即高级种姓接触不可接触者就会被玷污，因此必须避免接触；被玷污的，要举行相应仪式净身。贱民不能住在村里，不能在公共水井打水，甚至不能在某些公共道路上行走。种种残酷压迫贱民的制度由此兴起。贱民队伍也不断扩充。一些原始部落在被征服后，其居民被视为贱民。有些首陀罗甚至高级种姓的人因在婚姻等问题上严重违反规定，丧失种姓身份，也成了贱民。贱民是种姓金字塔中处于最底层的受压迫者。

由上可见，瓦尔那制是这样一种制度，它的社会等级反映了阶级压迫和种姓压迫的内容。对首陀罗、贱民的歧视、压迫既带有阶级压迫性质，又带有种族压迫色彩。它把阶级压迫、种族压迫和社会压迫交织在一起，再用宗教使之神圣化。这样，这种等级压迫制度就比任何其他国家的等级压迫制度更严酷也更牢固。瓦尔那区分与阶级区分一致又不一致。大体说来，统治者和剥削者属于婆罗门、刹帝利两个高级种姓，但这两个高级种姓内又都有贫富之分和有权无权之分。吠舍、首陀罗和贱民虽然都属于下层群众，但吠舍中包括有大商人，他们不能算是被剥削者；从社会和宗教角度来说，吠舍属高级种姓，而贱民连首陀罗的地位都没有。奴隶大部分来自低级种姓，但高级种姓沦为奴隶的也并非个别现象。可见，这种制度与阶级压迫有一定联系，但又不是一回事，不能把两者简单地划等号。

种姓制度是印度进入阶级社会后社会组织的基本结构，与各时期的阶级关系并存。这种制度把社会各个集团隔离，使之相互封闭，同时又使之相互依存，形成一种静态的平衡。对于阶级压迫，它是一种补充，又起掩盖作用。所以在古代社会一直受到统治者的维护。印度是阶级社会，又是种姓社会。它的框架是阶级—种姓框架。这是了解古代印度历史发展必须掌握的一把钥匙。

四、婆罗门教的形成

在阶级社会和国家形成的过程中，婆罗门教也逐渐形成。雅利安人原始宗教信仰是自然崇拜、万物有灵论，表现为崇拜各种代表自然现象和社会现象的神，如天神、太阳神、雨神、风暴神、战神等，还崇拜各种地方保护神。《梨俱吠陀》

提到数十个大神的名字，最主要的有因陀罗（雷电和战争神）、阿耆尼（火神）、瓦鲁那（天神、宇宙秩序维护者）、布鲁沙（生主神）等。后期吠陀时期，婆罗门学者把原始的宗教学说，加以整理发挥，构成体系，形成了婆罗门教。它成了统治阶级统治人民的重要精神武器。主要经典是四部《吠陀》、《奥义书》[①]、《薄伽梵歌》[②]等。《吠陀》被认为是天启，是神的意旨的体现。

婆罗门教保留了多神崇拜的特点，但有新的变化。1. 万神殿中三大主神逐渐形成。在诸神中，逐渐出现最高的神，叫普拉贾帕提，是宇宙创造神，由《梨俱吠陀》中的生主神布鲁沙演变而来。普拉贾帕提在《奥义书》中被进一步抽象化，成了宇宙精神——梵天。另外，史诗时代逐渐突出的毗湿奴神和湿婆神得到了确定。毗湿奴神原为太阳神的形式之一，现在成了宇宙维护神。湿婆神由原动物神演变而成，职司破坏和毁灭邪恶。他们和梵天一起，成为婆罗门教三大主神。此外，像头神甘奈希、女神帕尔瓦提开始受崇拜，毗湿奴神开始有了各种化身，包括罗摩、克利希那等。因陀罗、阿耆尼、瓦鲁那等《梨俱吠陀》时期的大神地位下降。这些变化反映了人间等级的建立创造了天堂等级，世俗王权要求有天堂的王权相配合。婆罗门教在形成过程中，保留了原来崇拜的许多神和动植物神，也吸收了当地原来居民的一些宗教内容。2. 形成了婆罗门教的基本神学体系。主要内容是：梵我如一说，认为梵是世界的主宰，它创造万物，也存在于万物之中，宗教信仰者追求的最高目标就是达到梵我如一；作业（羯摩）和轮回转世说，认为灵魂不灭，会轮回转世，转世的依据是作业（人的每一行动都是作业），只有作业正确，才会向好的方向轮回，最终得到解脱；达摩（身份、本分、法）说，即强调每个种姓、每个人都有自身的达摩，都必须按照达摩的要求行动，例如遵守种姓义务和规定，再生族要恪守人生四阶段（梵行期、家居期、林栖期、苦行期）的要求，女人要尽自己的本份等，这样才能正确作业，这是行为规范，不能违背。3. 规定了繁琐的祭祀仪式，祭祀只能由婆罗门主持。祭祀仪式在日常生活中也要实行。一个人一生要执行至少40次仪式，生老病死、婚丧嫁娶都要请婆罗门举行仪式。婆罗门既是宗教教义的解释者，又成了宗教仪式唯一有资格的主持人。这就保证了他们在宗教领域的无可取代的垄断

① 梵书是用散文阐发吠陀经典的著作。每种吠陀本集都有其梵书，基本内容是讲述吠陀本集中提到的祭祀的起源、仪式及其意义等，形成于前1000年后。

② 《薄伽梵歌》，是穿插在大史诗《摩诃婆罗多》中的篇章，是一篇哲学、伦理学大全，被认为是印度教宗教哲学的精华。

地位。

吠陀天启，祭祀万能，婆罗门至上，这是婆罗门教的突出特点。婆罗门教信仰多神，但《奥义书》有一神论倾向，它强调梵是万物的创造者，又论证了一和多的统一。所以婆罗门教并非纯粹的多神教，称它为一元多神似乎更贴切。作为一个宗教，它很松散，既无公认的创始人，最初又无僧侣组织和庙宇。这表明作为世界最早的宗教之一，它还不完备，还带有一些原始宗教的特点。不过《奥义书》中所体现的神学思辨很高深，在当时世界上可说是少见的。

婆罗门教是为巩固婆罗门、刹帝利上层的统治地位而创立的宗教，是以维护现有阶级—种姓秩序，使受压迫者接受现实和安于现状为目的的。它把人们的希望引向来世，排斥任何反抗和进取，因此，它虽对国家最初的形成起一些积极作用，但给社会带来的影响有很大的消极面。

五、十六国与亚历山大入侵

关于印度最初形成国家的情况，佛教、耆那教经典的记述被认为是可信的。《长阿含经》第 5 卷记载，大约前 6 世纪初，北印度有 16 个较大国家存在。其中乾陀罗、剑浮沙在印度河流域上游，婆蹉在拉贾斯坦，阿般提在温德亚山脉以北，阿湿婆在温德亚山脉以南，其余的都在恒河流域。这表明，随着雅利安人向恒河流域扩张，恒河流域已经成了主要的活动舞台。另外的经典提到了另外一些小国的名字，如迦毗罗卫国、考利耶国等。

国家机器在逐步发展，部落长老会议和全体成员会议名义上还存在，但已失去作用。军队已成为领津贴的常备军，兵种有步兵、骑兵、战车兵和象军。王权神授观念开始出现。神赋予国家以神性需要婆罗门的中介作用，而婆罗门需要国王的布施，这就为国王与婆罗门的紧密结合、互相依存提供了新的需要和可能。宗教和行政是分离的。宫廷有主祭司负责祭祀、占卜和充当国王顾问，但他并不是行政官。国王手下有分别管理行政事务和军事事务的官员。地方行政官有千村长、百村长、十村长，最基层是村。立法和司法制度初具雏形。旧的主张平等的部落立法已失去作用，新的法令由国王颁布。婆罗门法学家也开始撰写法经法论，逐渐形成在本宗教领域内有影响的宗教法。有各级官员审理案件，国王是最高法官。判案以国王法令为依据，宗教法对判案也有一定影响。国家的主要收入来源是税收。最重要的是土地税，税率一般为总产量的 1/6，所以国王又被称为“六分之一享有者”。

十六国为争夺领土不断互相征战。在这种征战中，恒河流域的摩揭陀国势力日盛，成为列国中最强大的国家。摩揭陀位于比哈尔南部，可能建立于前 7 世纪中期，后征服了恒河下游的鸯伽，建都王舍城（今比哈尔邦的拉志吉尔）。又打败了北邻强国居萨罗和迦尸的联盟，兼并后者；和北印度另一邻国跋祇进行了长达 16 年的战争，最后吞并了它。到优陀那拔陀罗统治时（约前 460—前 444），在恒河岸建立了新都即华氏城。在这以后两百年间，摩揭陀版图继续扩大。在难陀王朝统治下，征服了恒河流域其他国家及温德亚山脉以北的阿般提并向南印扩展，版图包括整个恒河流域、中印度部分地区、羯陵伽部分地区和南印度个别地区，成了当时最强大的区域性国家。

约前 516 年，波斯国王大流士率军入侵，征服了旁遮普和印度河以西地区。前 327 年，马其顿国王亚历山大在征服波斯帝国后率军越过兴都库斯山侵入印度西北部地区。在抵达比阿斯河后，他还想过河东进，但因沿途遭到抵抗，伤亡很大，将士长期在外，思乡厌战，不得不放弃这个打算，班师回国。在信德和杰鲁姆河以北地区留有驻军。

亚历山大军队的抢掠屠杀给次大陆带来了损害，不过在客观上也带来了一些积极因素。印度与西亚、欧洲的联系通道加宽了，希腊人记载印度的书籍出现，印度开始为西方知识界所知晓。希腊人有许多留在印度西北部，希腊文明开始对印度发生影响，包括雕刻艺术风格的影响，希腊艺术与印度艺术结合形成犍陀罗艺术流派；天文学知识方面也受到希腊的影响；史学方面的影响更大。亚历山大的史学家留下了有价值的历史、地理著作，使印度历史年代在对应之下第一次得以确认。通过同一条渠道，印度也把自己的哲学、宗教思想、数学和天文知识传播到西亚、希腊和欧洲。印度与希腊、欧洲的贸易路线打开了，这对印度后来的经济发展是十分有利的。

六、经济发展和阶级——种姓关系的变化

考古发掘表明，从前6世纪起，一种黑色磨光陶器在恒河上中游广大地区被发现。这种陶器表面光亮无瑕，主要被富裕人家用作餐具。和这种陶器一起出土的还有较多的铁器、钱币，后期还有烧砖和城市建筑遗址。这就表明次大陆居民的物质文明已发展到一个新的时期。

农业生产方面，前500年以后由于铁矿的开采和冶炼风箱的利用，使大规模制造铁器成了可能，农业已较多使用铁器，深耕所必需的铁犁铧已较广泛使用。土地有的翻耕二至三次，并按照土质不同而种植不同的作物。兴修水利受到重视，灌溉面积扩大，农业产量有了很大增加。农业基本生产者是村社农民，包括雅利安人吠舍种姓的农民和被征服土著中的农民。土地属于国有，实际上为村社占有使用。耕地分到户，作为份地，由各户长期占有使用。牧场、森林和荒地由村社公用。当时土地只有少量被开垦，在村社与村社间都有大片森林和荒地存在。村社小的几十户，大的数百户。村社上层常常占有较大的份地，雇工帮助耕种，成为较富裕的农业主，有的还兼营商业。份地不能买卖或转让。这一时期，开始出现国王把一些土地捐赠给婆罗门的现象。如佛经里有居萨罗波斯匿王向婆罗门捐赠土地的记载，还有摩揭陀国王向婆罗门赠赐土地的记载。这种土地称为“梵分”或“梵封”。但捐赠的不是土地的所有权，只是税收收入。佛经记载波斯匿王常常是把一个村子甚至几个村子作为“梵分”捐赠。不过从全印度看，捐赠土地这一时期仍是个别现象。婆罗门得到的赠地多由原耕种者耕种，也使用雇工，但数量有限。

手工业有了进一步发展。村社农民以纺织作副业的日渐普遍。专业手工业者的数量大为增加，出现了一些手工业村，如木匠村、铁匠村、陶匠村等，表明农业手工业分工加强。在城市，手工业的种类越来越多。《佛本生经》中提到有18种匠人，说明生产领域的分工越来越细。

商业的发展和城市的出现是这一时期经济发展的最突出现象。农业生产出更多剩余产品和手工业、商业的发展使较多城市的出现成为可能。这是哈拉帕文明消失后一千余年印度重新出现城市。前6世纪新的城市首先出现在恒河中游地

区，以后北印度其他地区也陆续出现。佛经提到许多城市，如王舍城、华氏城、吠舍厘、考山比、马土腊、乌贾因等。它们既是政治中心，也是贸易中心。据考古发掘的遗址表明，它们都有下水道、城堡，房屋初为泥砖、木料结构，后有了烧砖。印度史学界把这一时期城市的出现称为第二次城市化。

随着雅利安人的政治活动中心转移到恒河流域，这里也成了主要的贸易中心。恒河流域与印度河流域以及南印度建立了贸易往来。主要是陆路贸易，商队有时达到几百辆牛车。与国外的贸易继续发展。这一时期文献常提到与锡兰、缅甸和泰国的贸易。

商业发展的一个重要表现是货币的出现。考古发现最早的货币是压印货币，有银的和铜的，其重量和成色由打印的标志保证。货币的出现大大便利了贸易的开展。除货币外，有些大商人开始使用银票，在不同城市间兑换。

商品货币关系的发展造成了社会阶级—种姓关系的重大变化。大商人、达官显贵和婆罗门上层越来越富有。《增一阿含经》提到一个婆罗门在布施时，“用八万四千银钵盛满碎金，复有八万四千金钵盛满碎银。”[①] 虽系夸张，却也说明婆罗门有的已成富豪大户。在农村，少数受赐大片土地的婆罗门收入丰厚，有的也拥有奴隶。上述这些人在佛典中被称为“大家”、“长者”、“居士”，他们的权势随着财富的增多而上升。

农民、手工业者和小商人则随着税收的加重，地位不断恶化。农民土地收入不足以糊口的只好做雇工。借高利贷无力偿还者即沦为债务奴隶。

商品经济的发展使种姓关系也有了变化。刹帝利掌握政治权力，又可以通过战争大量掠夺，地位上升，在宗教上已不甘屈居于婆罗门之下。他们不愿看到婆罗门垄断宗教权力并把宗教引向仪式化道路，使国王每年要花费大量钱财献祭和赠赐婆罗门，影响刹帝利的收入。吠舍种姓中大商人和富裕农业主经济地位上升，但宗教地位依然较为低下。他们不但不满意婆罗门享有过分的宗教特权，更对他们把城市发展、放高利贷和出海贸易宣布为有悖婆罗门教义教规的邪恶行为感到愤愤不平。富裕农业主对婆罗门主张杀牲祭祀很不赞同，大量牲畜被宰杀有碍农业生产的发展。这样，在刹帝利、吠舍大商人、富裕农业主与婆罗门上层之间就产生了尖锐的矛盾。前者都希望打破婆罗门的特权地位和对经济发展实行的种种限制，又不希望从根本上改变种姓制度和触动现有的社会秩序，因为维护这

① （前秦）昙摩难提译本:《增一阿含经》，第19卷。

种制度和秩序也是他们的利益所在。这种形势导致了反婆罗门各流派的兴起。婆罗门教在东印度的控制较弱，这里成了新的思潮的发祥地。这是高级种姓中不同利益集团的矛盾在意识形态领域的表现，它也间接地反映了下层人民的不满，因而得到要求改变自己地位的下层人民的积极响应和参与，形成有广大群众参加的宗教运动。

七、佛教和耆那教的兴起

这一时期意识形态领域颇为活跃，各种思潮蜂起，一些新教派出现，百家争鸣，各展其长。反对婆罗门教、反对婆罗门的特权地位是斗争焦点。各派主张也不相同。其中影响最大的是佛教的兴起。

佛教创始人悉达多·乔达摩是迦毗罗卫国净饭王之子，刹帝利种姓。迦毗罗卫位于今尼泊尔南部与印度接界的提罗拉科特一带。悉达多出生在兰毗尼。其生卒年代有不同说法。一说为前 565—前 485 年，一说为前 563—前 483 年，也有认为是前 567—前 487 年或前 624—前 544 年的。他 16 岁结婚，虽生活在环境极为优越的宫廷中，但看到人生种种欲求带来的痛苦，深感尘世欢乐空虚无常。他羡慕出家人的清心寡欲和恬静无为，所以在儿子出生后，就毅然别离家人，舍弃王子身份，出家修行，时年 29 岁。有 6 年时间他云游各地，过着严格的苦行生活，但一无所获。35 岁时，他放弃苦修。有一天，在溪流中洗浴后，他坐在一株菩提树下冥思，最终竟然大彻大悟，对世界和人生有了全新的认识。他开始传道，接收和化导弟子，从此被称为佛陀（意为觉者）或释迦牟尼（他属释迦部落，牟尼意为圣者）。在婆罗奈斯（今贝那勒斯）之鹿野苑他首次对弟子说法，逐渐形成佛教教义。此后四十多年，他带着大批弟子在今北方邦、比哈尔一带传教，信徒越来越多。还建立了僧伽（教团）、寺院。男女都可为僧人。他的不懈努力使佛教广为流行。他去世后，佛教不但在印度继续传播，而且流传到包括中国在内的亚洲许多国家，成为世界三大宗教之一。

佛教创立者不承认婆罗门教吠陀经典的权威，提出了一套与婆罗门教有很大不同的主张。这套主张在佛陀圆寂后由其弟子会诵记录，编纂成佛教经典。

缘起说是佛教的哲学基础。佛教不承认神造万物、万物有神说。它对世界的看法是缘起说。认为世界万物是由包括四大（地、水、火、风）在内的五蕴（蕴，积聚之义。五蕴为色蕴即物质现象、受蕴即感觉、想蕴即知觉或表象、行蕴即意志、识蕴即意识或认识作用）构成。每一事物都是合成的、相对的、暂时的，都有起因而且产生后果，都在不断变动中。任何事物包括人都是依一定条件而存在，依一定条件而改变或消亡。这就是无我无常，即无永恒主体，无不变事物。把缘起说用于人生现象，又提出了十二因缘说。十二因缘说说明人的意识、欲望如何产生，如何引起各种后果，引起来世再生等，强调过去的因造成现在的果，现在的因造成将来的果。缘起说正是它的教义的基本前提。

从这个前提出发，提出了四谛说。谛，真理之意。四谛为：苦谛，说明人生充满痛苦，是个苦海。不但有生老病死之苦，还有别离、憎怨、失望、五盛阴[①]等痛苦，谓之八苦。集谛，说明痛苦的根源是有各种欲望。本来世间一切变化无常，不值得去追求。然而人们由于无明或无知，产生各种爱欲贪欲，这就不能不导致各种痛苦。人的每一思想、言语、行动都是作业，作业就有果报，形成轮回，重新受苦。作业和轮回说来自婆罗门教，与缘起说是矛盾的。灭谛，说明要免除轮回，解脱苦难，关键在于根除欲望。做到这点就能停止作业和轮回，进入佛教的最高理想境地，即涅槃（意为灭），亦即不生不灭的极乐境界。道谛，规定了修行的道路，即八正道：正见、正思维、正语、正业（正确行为，包括身、口、意三业清静，戒杀生、戒偷盗、戒淫乱、戒妄语、戒酒等五戒）、正命、正精进、正念和正定。提出任何人只要遵循这八正道，不论社会出身，都可得到解脱，修成阿罗汉果。对在俗弟子要求放宽，但五戒中前三戒必须遵守。

释迦牟尼头像

佛教主张每个人依靠自身修行即可达到解脱。这就排除了婆罗门教的杀牲献

① 或称“五阴盛”，意为人生自身就是诸苦的集合体。“五阴”指人生，“盛”是盛满之意。

祭和繁琐仪式，而且排除了婆罗门的中介作用。

佛教不受瓦尔那制限制，提出“四种姓者皆悉平等”①，宣布除奴隶和未还清债务者外，任何人都能入教，都能成为僧人或在俗弟子，都能通过修行得到解脱。佛陀要求弟子到各地去宣传佛音，强调富人和穷人、高种姓和低种姓在教内一律平等。佛教僧尼可以接受任何种姓的任何布施，包括食物。对婆罗门高居人上，自命不凡，佛教提出激烈抨击，揭露他们愚冥无识，指出他们所宣扬的神造四姓（种姓）说是欺诈。佛教并不否定四种姓的存在，认为是人类形成之初职业分工不同造成的，但反对种姓歧视。在四种姓中，强调刹帝利应占首位，认为没有王权就无以正法治民，社会就不能存在。《长阿含经》说：“刹帝生为最，能集诸种姓，……天人中最胜。”② 至于婆罗门，只能居第二位。

佛教对商业持赞同、支持态度。佛教著作以赞许口吻提到城市、航海。佛陀接受了富商的捐赠。佛教不谴责高利贷，相反，与高利贷商人有密切联系，规劝负债人还清债务，不许接纳未还清债者入教。无怪乎在佛陀最早的在俗弟子中，就有两个路过菩提伽耶的商人。商人是佛教的主要支持者，给予佛教大量布施。

佛教不赞成奴隶制度，禁止其弟子买卖奴隶。《长阿含经》中规劝奴隶主体面待奴。但佛陀禁止超度奴隶。被解放的奴隶可以受戒，未被解放的不允。佛教寺院本身也役使奴隶。

一方面，佛教反对婆罗门的特权地位，反对杀牲祭祀和仪式主义，主张抬高刹帝利的地位，赞同城市发展和航海贸易，这些都鲜明地反映了刹帝利、吠舍大商人和富裕农业主的要求，代表了他们的利益，他们是佛教的主要支柱。另一方面，佛教的四姓平等主张、廉价的简便易行的修行方式以及用通俗易懂的俗语传教，都和婆罗门教形成鲜明对照，对下层群众有吸引力，因此也受到下层人民欢迎。他们以改宗佛教表示对婆罗门的抗议，并期望改善自己的地位。其中的首陀罗在婆罗门教内备受歧视，更是热烈欢迎佛教，把加入佛教作为寻求宗教地位平等的手段。

早期佛教在加强王权、削弱种姓歧视、打破婆罗门教对经济发展的阻碍等方面有一定的进步性。但作为一种宗教，它的进步作用有很大局限，消极作用则很突出。早期佛教并不是根本反对种姓制度、奴隶制度，只是要在宗教领域内加以

---

① （后秦）佛陀耶舍译本：《长阿含经》，第6卷。

② 同上书，第22卷。

改善。就宗教思想体系说，虽然看起来它是否定神，但整个学说是把人们导向追求虚幻的来世幸福，使人不是积极地而是消极地看待生活，不是进取，而是容忍和安于现状。因此它对人的思想的负面作用是显而易见的。

刹帝利贵族、吠舍大商人和富裕农业主既要利用下层群众力量反对婆罗门特权地位，又要维护现行社会秩序和统治秩序，在这种情况下，佛教正好成了他们控制群众的有效工具。

佛教传播很早就得到一些国王和富商的支持。摩揭陀的瓶沙王、阿阇世王都成了佛教徒，王舍城的竹林精舍是他们赞助设立的，它成了佛陀活动的基地之一。乔萨罗的胜军王也给予很大支持。他的都城舍卫城的富豪须达多买园林捐赠给佛陀就得到他的支持，这座园林就是著名的祇树给孤独园，是佛陀活动另一中心。

佛陀去世不久，在阿阇世王赞助下，在摩揭陀首都王舍城举行了第一次佛教结集。各僧伽成员共 500 人出席，集体会诵佛陀的说法言论。结果汇编成律藏和经藏。第二次结集于前 387 年在吠舍厘城举行。第三次是在孔雀帝国阿育王时期举行，早期佛教经典律藏、经藏、论藏三藏最后汇编完成。

耆那教是反婆罗门教派中另一有影响的派别，尽管其影响远不能与佛教相比。耆那教创始人是伐弹摩那。相传在他之前已有 23 个先知，他是第 24 位。伐弹摩那是跋祇国（今比哈尔境内）一个部族的王子，属刹帝利种姓。出生年代也是众说纷纭，一说是前 540—前 468 年，一说生于前 538 年，一说生于前 599 年，大致说与佛陀是同时代人。他 28 岁离家修行，进入森林过苦行生活。据说 12 年后方得道。此后开始传教，收纳了大批弟子。他被尊称为大雄(意为伟大的英雄)或耆那（意为胜利者、完成修行的人）。其创立的教派也就被称为耆那教。在比哈尔，大雄组织了僧团，信徒越来越多。后来，该教又传播到南印度和西印度，成了有全国影响的教派。

耆那教也否认吠陀经典，不相信神造万物，认为婆罗门至上是人为的，骗人的，祭祀、祈祷是白费精力和时间，徒然杀害生灵，增加罪恶。耆那教教义可集中概括为七谛说。七谛为：命（灵魂）、非命（非灵魂）、漏入、系缚、制御、寂静、解脱。该教反对神创世说，认为世界万物是由非灵魂和灵魂构成。耆那教也吸收了婆罗门教的轮回转世说，提出摆脱轮回就要实行三宝(正智、正信、正行)五戒（戒杀生、戒欺诓、戒偷盗、戒奸淫、戒私财）。耆那教同样强调人生目的就是求得灵魂解脱，进入不生不灭的极乐境界。

严格要求不杀生和实行禁欲主义是耆那教的突出特点。按教义要求，越是苦行，越有利于摆脱业的束缚。僧侣应抛弃家庭，在森林隐居，或游方，奉行苦行主义。大雄去世后，出现天衣派与白袍派之分。前者连衣服都抛弃，后者较灵活，允许有一定的生活必需品。对在俗信徒只要求遵守五戒中的前三戒。

耆那教虽不反对种姓制度，但谴责婆罗门的特权地位，主张种姓平等，对低级种姓采取比较宽容的态度。耆那教禁止在俗弟子买卖奴隶，但和佛教一样，也不许未解放的奴隶及未偿清债务的人入教。这说明，它也和佛教一样，并不在原则上反对奴隶制度。耆那教和佛教一样也强调王权至上，这与反对婆罗门特权地位是一致的。它也赞同发展商业。这和它五戒中的戒私财一条看似矛盾，实则不矛盾。因为戒私财被解释成仅仅禁止占有地产，对经商、放高利贷则不加限制。这就说明，为什么耆那教会受到商人的积极支持。耆那教出现的社会意义与佛教有很多相似之处。它得到了商人和刹帝利的支持。和佛教不同的是，它过分强调不杀生和苦行主义注定了在农民和许多手工业者中得不到支持。这样，耆那教就不能有广泛的支持者，而仅仅成了商人、少数手工业者和城市居民的宗教。

耆那教经典是《十一支》(支，意为部分)，是大雄去世后两百余年他的弟子结集汇编的。

这一时期在反婆罗门教诸派别中，还有一个唯物主义哲学思想流派，这就是顺世论派。其创始人是阿耆多·翅舍钦婆罗。它受到所有宗教教派的攻击，被认为是邪门歪道。其文献都被烧毁。现在知道的一点情况是从其他派别批判它的著作中零零星星反映出来的。

在佛教、耆那教得到传播的情况下，婆罗门教的影响大为削弱。杀牲祭祀不得不减少，婆罗门的威望降低。但婆罗门还是竭力维护自己的特权地位。刹帝利、吠舍大商人支持佛教、耆那教，但还想同时利用婆罗门教，所以婆罗门教依然有相当影响。佛教、耆那教未正面否定种姓制，因此对婆罗门教的冲击作用很有限制。

第三章

孔雀帝国

一、孔雀帝国的建立

亚历山大从印度河撤军的时候，北印摩揭陀国难陀王朝的统治也处在风雨飘摇之中。大概是各地发生了起义。这时，一个叫旃多罗笈多·毛里亚的年轻人夺取了难陀王朝的王位，建立了孔雀王朝。关于旃多罗笈多的出身、种姓，说法不一。婆罗门传说他是难陀王朝的国王和一首陀罗女子所生。也有说他家族是为宫廷养孔雀的。佛教文献则说他出身于毛里亚族。毛里亚来源于 Mora，意为孔雀。这个家族原住在靠近今尼泊尔边界的地区，属刹帝利种姓，也有说属吠舍种姓的。相传他生在华氏城，父早亡，母亲把他交给一牧人收养，后者把他卖给一个猎人。适有学者考底利耶路过，带他到呾叉始罗学习。在那里他学到了知识和本领。佛教、耆那教的文献说，他在呾叉始罗和考底利耶制订了推翻难陀王朝的计划，可靠性如何很难确定。希腊史学家查士丁在《庞培·特洛吉〈腓力浦史〉摘要》中说，他招募一帮人马，鼓动推翻不得人心的政府，[1] 很快有更多人加入，发

① V.D.Mahajan, *History of India from Beginning to 1526 A.D.*, New Delhi, 1981, p.164.

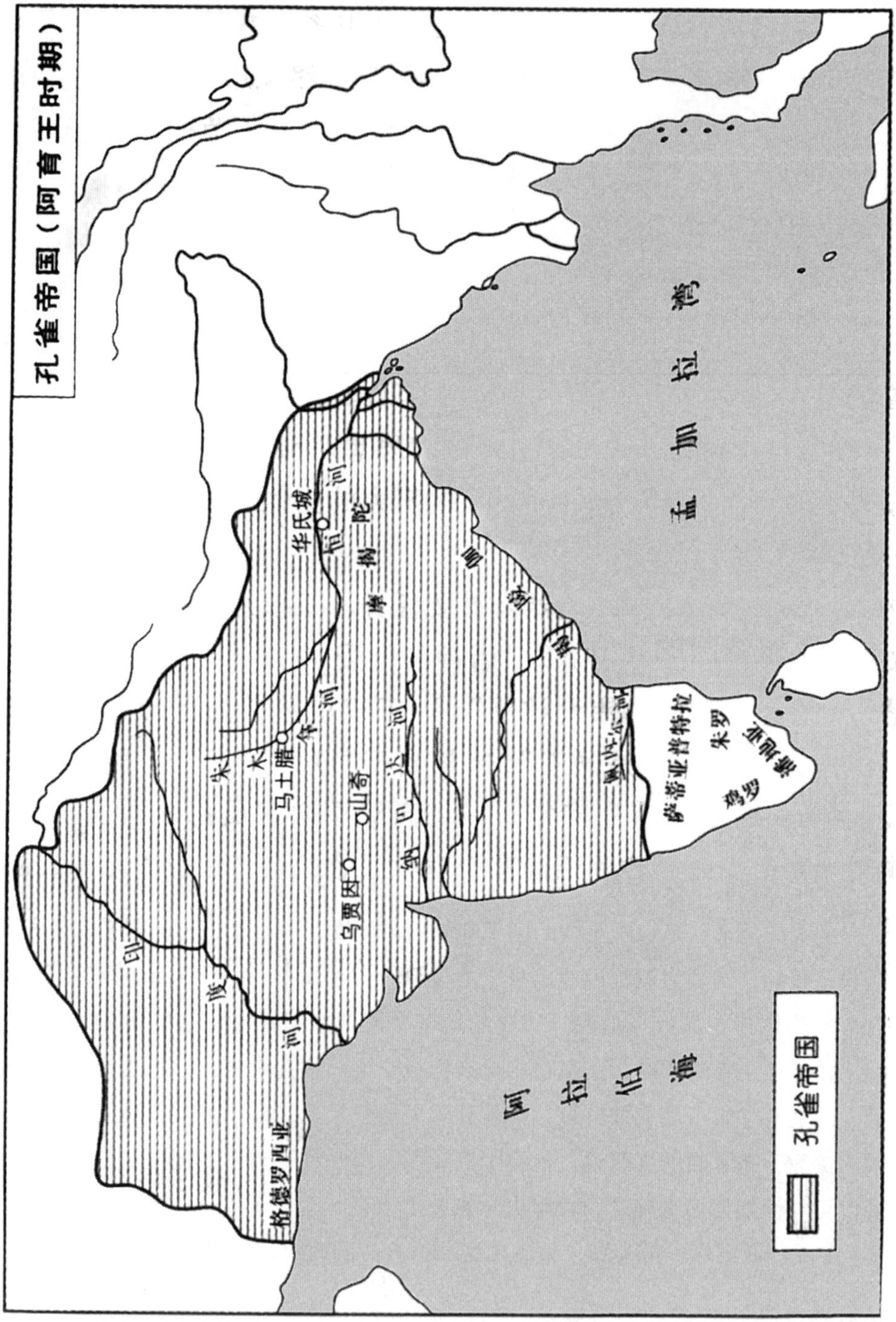
孔雀帝国（阿育王时期）
孟加拉湾
阿拉伯海
华氏城
恒河
摩揭陀
朱木拿河
马土腊
山奇
乌贾因
讷巴达河
印度河
格德罗西亚
羯陵伽
萨蒂亚普特拉
朱罗
喀拉拉
孔雀帝国

展成一支强大的武装力量。旃多罗笈多领导了驱逐亚历山大留下的驻军的斗争，迫其撤走。推翻难陀王朝则经过了艰巨的战斗。旃多罗笈多攻下华氏城后，控制了整个恒河流域。前 322 年（时间有不同说法），旃多罗笈多在华氏城加冕称王。他建立的帝国史称孔雀帝国。

旃多罗笈多把原难陀王朝的领土和从马其顿人统治下解放出来的西北地区都置于自己统治之下，印度河流域一些小国被兼并。这样，帝国的版图便包括整个印度河流域和恒河流域。

前 305 年西亚塞琉古国国王率军侵入印度河地区，被旃多罗笈多打败，被迫签订条约，把阿富汗斯坦的一部分包括今坎大哈、喀布尔、赫拉特等地区和俾路支斯坦部分割给旃多罗笈多，后者给他 500 头大象作为补偿。两个国王还结为姻亲（旃多罗笈多娶塞琉古一世之女）。孔雀王朝的西北边界达到了兴都库什山脉和阿富汗斯坦。旃多罗笈多还向次大陆西部、南部扩张，西部征服了索拉施特拉，南部征服了纳巴达河以北地区。旃多罗笈多成了促进全印度统一的第一个国王，这是他的历史功绩。

旃多罗笈多在位 24 年，据耆那教传说，他晚年皈依了耆那教。他去世后其子宾头沙罗继承王位。他继续南征，把帝国疆界扩大到南印度德干地区。宾头沙罗去世后，其子庇耶陀西继位，他就是阿育王。在位期为前 273—前 232 年。他继续在南印度征服，前 261 年征服了东海岸的羯陵伽。阿育王铭文中提到这次战争俘虏 15 万人，10 万人战死，说明遇到了激烈抵抗。此后再没有扩大征服。孔雀帝国版图至此达到顶点：东起布拉马普特拉河，西至阿拉伯海，西北包括阿富汗斯坦大部分地区，南抵佩内尔河。次大陆处在其版图之外的只有迈索尔南部地区和半岛最南端。据记载，半岛最南端这时已出现一些小国，主要有朱罗、潘迪亚、基腊罗普特拉和萨提亚普特拉。这样，经过从旃多罗笈多到阿育王的征服，孔雀帝国便扩展成为次大陆有史以来第一个统一的大帝国。

孔雀帝国与次大陆以外的周围国家建立了联系。塞琉古帝国先后派麦伽斯提尼和德玛科为使节常驻华氏城。阿育王铭文还提到埃及、马其顿、叙利亚、施勒尼、伊庇鲁斯等国家，并说与它们互有使节往来。他还向一些国家派出佛教使团。

二、集权制

孔雀帝国的广大领土是征服得来的，要巩固征服成果，就要有比较完备的政治统治体制和较牢固的经济基础和思想基础。孔雀王朝的帝王们，特别是阿育王，在这方面是做了很大的努力的。他们建立起了印度历史上第一个中央集权的统治体系。

建立以王权为中心的国家机器是首要任务。王权开始被神化。阿育王在铭文敕令中自称“天爱王”，即“诸神的宠爱者”。《摩奴法论》则宣称国王是“具有人的形象的伟大神明”。[①] 王权也被尊为至高无上的权力。《政事论》说，“国家就是国王”，这相当于“朕即国家”。王位世袭，一般由长子继承，由国王事先确定。一切高级军政官员都由国王任命。国王诏谕成了最高法律。这些诏谕甚至对人民的社会和宗教生活都加以规定。诏谕常说“所有人都是我的孩子”。这样，国王就成了专制君主。不过，在行使权力时，国王还多少受大臣会议的限制，军事民主时代的遗风尚未完全绝迹。

据《政事论》说，国王之下有首相、税务总长、司库、军队司令、主祭司等大臣。他们构成大臣会议，在一切重大问题上为国王出谋划策，执行国王的决定。他们都由国王挑选任命。大臣们都有助手，成了各行政部门首脑。还有规模更大一些的国务会议，在紧急需要时召开会议，供国王咨询。行政部门有税收、国库、公共工程等，设有各级官职。帝国核心地区由中央直辖，其余地区划分为省，省下设县，基层是村。华氏城、考山比、呾叉始罗、乌贾因是最重要的城市。城市分内地城市与外地城市两种。内地城市指中央直辖地区的城市，中央控制较严。外地城市由省督任命的官员管理。

保持一支强大的军队是帝国统治的根本。据罗马史家普里尼记载，帝国兵力在旃多罗笈多时为步兵60万、骑兵3万、战象9000头，还有8000辆战车和一支水师。军队驻扎在战略要地。使用密探是另一种重要的控制手段。密探按系统直接向国王密报。各式各样职业的人都被利用来做密探。

① 蒋忠新译:《摩奴法论》，中国社会科学出版社1986年版，第7章。

维持这样庞大的行政机构和军队要求有充足的财政收入。孔雀王朝时期形成了一整套的税收制度。《政事论》开列的税单包括土地税、城市税、森林税、矿山税、道路税、执照税、产品税、商品税等。有一套机构负责收税。

孔雀王朝的帝王们对思想统治的重要性也有所认识。尤其是阿育王，他在这方面有深谋远虑，采取了一些重要举措：1. 通过石刻铭文直接向百姓发布旨意。考古发现在整个帝国范围内许多地区都有阿育王的铭文。铭文刻在专门竖立的石柱上或岩石上。现已发现45处，181篇。用的是各地的俗语，以婆罗米字体书写。在西北地区，也有用驴唇体和亚拉姆体书写的。他要百姓知道，他是为了百姓幸福、为了和平统治帝国的。铭文多刻在交通要道处，显然是希望让尽可能多的人知晓。2. 利用佛教，安抚民心。阿育王第13号大铭文讲到，羯陵伽之战给人民带来的大量死亡和伤害使他感到非常痛苦和悔恨，他决定不再使用暴力并皈依佛教。当时，佛教正处在上升阶段，他要利用这个新宗教来服务于巩固帝国的目的。孔雀王朝的帝王们原来是信奉婆罗门教的，但对其他宗教也不反对。阿育王研究过佛教经典，对佛教有一定了解。他皈依佛教不是没有思想基础。他声称，从佛教教义中找到了抚平自己负罪心灵的最好手段，并说这样做也是为了满足人民的愿望。他大量建筑佛塔，广修精舍，对佛教寺院慷慨捐赠，亲自去各地巡礼佛迹，还带着女儿去了兰毗尼园，访问了迦毗罗卫城。佛教第三次结集也就是在他赞助下在华氏城举行的。阿育王还派大量僧侣到希腊化国家、锡兰和缅甸传教，佛教大规模传播到国外是从这时开始的。不过，阿育王并没有把佛教立为国教。作为一个帝王，他把个人信仰和国家政策区分开来。他的宗教政策仍是兼容并蓄。他宣布“国王尊重所有教派的人”，[1] 又说，国王所希望的是“一切教派皆能在他的版图之内和

阿育王石柱

① D.C.Sircar, *Inscriptions of Ashoka,* New Delhi,1957, p.49.

睦相处。”① 大量的铭文宣传宗教团结和容忍，规劝各教相互尊重。他向各教派布施，建造石窟提供给各教派僧侣居住。3. 自己提出了一种“达摩”（意为正法、大法）说，力图创立一个具有包容性的新的思想体系，作为国家的指导思想。阿育王感到，通过暴力建立统治，被征服者是不甘心的，他们对统治者心存嫉恨是很难化解的；在宗教方面，既然存在不同教派，它们为争夺群众会随时发生冲突，成为社会不稳定的根源。正是为了疏通民心，消除宗教间冲突扩大的可能性，促使这个庞大的帝国内部各种不同成分间建立起和谐的秩序，形成一种共同的责任感，他提出了自己的“达摩”主张，并大力宣传，要求全国人民遵守和奉行。“达摩”说的主要内容是：孝顺父母、尊敬长上、宽厚容忍、自制自洁、尊重别的宗教、善待奴隶和仆人等。如第 11 号大岩石铭文讲到遵循达摩就是“善待奴隶和仆人，服从父母，对朋友、熟人、亲戚、沙门、婆罗门友爱慷慨，不杀生。”第 2 号石柱诏书说：“遵行达摩就是做了功德。然而达摩都包括哪些内容呢？它包括少作恶、多行善、慈悲、慷慨、真诚、纯洁。”第 12 号石刻诏书说：“达摩基本精神的发扬光大可以表现在很多方面，而根本所在则是出言谨饬，即不在不当的场合称扬自己的教派或贬低别的教派。”每个人“都应该在所有的场合，并以一切方式对别的教派给予充分的尊重”。② 为了防止宗教冲突，他禁止举行公

阿育王铭文的婆罗米字体文字

① D.C.Sircar, *Inscriptions of Ashoka,* New Delhi,1957, p.45.

② Ibid., p.49.

众的宗教节日庆祝或集会，只允许举行由国家举办的活动。禁止杀牲祭祀，禁止宰杀天鹅、鹦鹉等许多种动物食用。他本人停止狩猎，并命令御膳房每天只准宰两只孔雀、一头鹿。阿育王说，坚持这些原则不仅对社会有利，而且于个人有益。这些主张很像中国的儒家伦理。有人说，阿育王宣扬达摩就是宣扬佛法。这是不正确的。他的达摩说并非佛法，而是把佛教中道德伦理因素和其他宗教的及非宗教的道德伦理因素糅合一起，实际上是一个超越各宗教之上的阐明君臣关系和各种人与人之间关系的道德伦理体系，在多数情况下是从世俗而不是宗教角度出发说的。这是出于巩固统治的需要而不是为了弘扬佛教。所以把它说成宗教宣传是不适当的。在"达摩"说提出后，阿育王命令所有官员都要大张旗鼓地宣传它，又专门设立了达摩大监察官的职位，指派专人监督各项原则的落实。

上述这一切制度和措施对缓和矛盾，巩固全国统一，使孔雀帝国能维持一百三十多年起了积极作用。整个阿育王统治时期政治局势较为稳定。他本人非常自豪地说，由于他采取的政策正确，已"使鼓声化作法音"。他的"达摩"说"已为人民所效法，并正在遵行。他们由此而获得了进步并将继续进步"①。

阿育王是印度历史上第一位伟大君主，孔雀王朝统治体制和政策的确立大都是和他的名字联系在一起的。他着眼于帝国的巩固和发展，敢于突破陈见，独树一帜，不愧为有远见有魄力的政治家。他的建树对后世有很大影响，一直是帝王们效法的榜样。然而，阿育王的愿望并未能完全实现。他提倡不诉诸暴力对一个国家政权来说不现实。他的"达摩"说被遵行是有限的，在宗教思想牢牢支配群众的时代，世俗伦理是没有根基的。所以在他去世后，"达摩"说也就再无人提起。

三、农业和工商业

孔雀王朝一百多年的相对和平局面为帝国经济发展创造了条件。

农业发展受到特别重视。《政事论》强调农业是社会财富的基础，应任命具

① D.C.Sircar, *Inscriptions of Ashoka,* New Delhi,1957, p.68.

有丰富农业基础知识的人担任农业官员。农业的发展表现为铁犁、铁锄、铁斧等工具使用地区的扩大。以往在恒河中下游比较普遍，现在在印度河流域以及南印度、西印度也很普遍了。这大大有助于开垦荒地，扩大种植面积和精耕细作。孔雀王朝实行有组织的垦荒，建立了许多移民村，羯陵伽战役的大量战俘可能很多都被送去开荒。水利灌溉朝着形成系统的方向发展，多数是村社和地方政府兴建的，有渠道、水池、水井，村社有管理水利的人员，地方政府有专门的水利官员。中央和省政府也在最需要的地方重点兴建水坝。耕地面积因垦荒而扩大，产量有了提高。经济作物如棉花、麻等种植面积也较前增多。

到孔雀王朝时期，土地国有制已经正式形成。国王成了全国土地的最高所有者。某些印度教经书、某些佛教经典、麦伽斯提尼的记载都指出了这点。印度教《卡提雅纳法经》说，国王是土地的主人，有权获得土地产品的六分之一。佛教《长阿含经》卷 6 说，国王是“田地的主人”。麦伽斯特尼的记载说“全国皆为王室之所有”，“全印度皆为王室的土地，私人不得占有任何土地”。

但土地国有只意味着国王或国家拥有土地的最高所有权，包括对森林、荒地、矿藏的所有权。至于土地实际上的占有，则有不同形式。第一种是国家直接领有的土地，即国有土地。它又分为两类：一类是土地仍然由村社长期占有，分成份地，由村社农民世袭占有使用。农民要向国家（国王）纳税，通常是收获物的 1/6，由村社头人收齐后统一上缴。农民只要按规定纳税，其使用权是不能剥夺的。另一类是《政事论》所说的王室土地，包括王庄、移民村等，有专门官员管理。王庄土地由奴隶、雇工和囚犯耕种；移民村土地由首陀罗移民或战俘耕种。王室土地的收入直接上缴国库。第二种占有形式是国王赏赐、捐赠土地给婆罗门、佛教寺院和某些宠臣，归他们私人占有。赏赐给婆罗门的“梵分”地数量增多。如《佛本生经》讲到一个婆罗门从国王那里得到 5 个村子、100 个女奴和 700 匹马的赏赐。《阿育王经》讲到国王赐给高僧优波笈多“一国”（一个地区）封邑。赏赐和分封的仍然只是税收收入，不是土地的所有权，只不过有的可以世代继承。赐封的土地有的是荒地，有的是村社耕种的土地。在后种情况下，通常原耕种者照样占有和耕种其土地，只不过在他们上面加了一层占有者，农民此后把土地税交给他们而不是国家。第三种是私人垦荒而得到占有权。《摩奴法论》说，土地属于最早砍伐树木的人，而鹿属于第一个射死它的人。这一规定可以说明对私人开荒是鼓励的。税收开始时减免，一段时期以后再按正常税率交纳。

村社是农村的基本结构。每个村社内部都是农业与手工业直接结合。纺织是家庭副业，家家男耕女织。村社内有专门的手工业者如铁匠、木匠、陶工、理发匠等。他们或有小块份地，或靠村社农户提供口粮，作为对他们服务的报酬。村社头人由村社全体成员会议选出，接受政府任命，成为村长，负责收税，也负责村社的行政管理。村长下有由长老们组成的评议会（潘查雅特），处理各种事务。村社内有自己的婆罗门，他除主持祭祀外，还担任教师；还有会计、警卫等公职人员。由于税收是以实物交纳，生活日用品大多能自给自足。除了购买食盐、铁器等自己和本村社不能生产的产品，村社很少与外界联系。当一个村社人口增长到容纳不下时，一部分人会迁出，另建一个同样模式的村社。这样一种构成使印度广大农村自给自足，处在闭塞状态，不管外界王朝如何更替而长期保持，变化缓慢。

孔雀王朝重视手工业和商业的发展。手工业有了较大进步。前2世纪开始能炼钢，在恒河中游发现了钢制的坚韧工具和锋利武器。属于王室的手工业作坊已能生产较精细的纺织品和金银宝石装饰品，供王室享用和对外输出。纺织品生产已出现地区专业化。《佛本生经》、《政事论》提到中国的蚕丝，说明中国蚕丝已传入。《政事论》还讲到印度已有自己的丝织业。恒河中游精制的黑色磨光陶器工艺精美，行销全印度。犍陀罗毛毯全印度闻名。造船、石雕、采矿、冶炼等业得到较大发展。阿育王时官营的造船工场已能造出出海的大船。采矿和冶炼业由国家垄断，迈索尔金矿、乔塔纳格普尔的金矿和铜矿可能都是孔雀王朝时开始采掘的。开采的矿藏还有银矿、铁矿等。国家对矿山享有垄断权，但大部分是出租给商人经营。手工业者、商人都有自己的行会，各有规章，对自己成员的利益起某种保障作用。国家政权对行会内部事务并不干预。手工业行会内有雇工，实行按时或按件计资，或给以产品价值的一部分，作为工资。

帝国版图的辽阔和长期的相对和平局面，使已经形成的以恒河下游为枢纽的辐射交通网保持畅通，大大便利了内外贸易的发展。孔雀王朝重视修筑道路，要求在路边植树挖井，改善了交通条件。麦伽斯提尼讲到皇家干道，它以华氏城为中心，西北通到边境，向东通到孟加拉、奥里萨。与南印度的贸易逐渐发展起来，恒河流域先进的手工艺开始传播到南方。恒河是水上主要交通干道，担当了货物运输的相当部分。《佛本生经》讲到有一个富商，有成百辆牛车，在城乡间进行粮食交易。[①] 海外贸易继续发展。与锡兰、缅甸、波斯湾、西亚都有贸易往

① D.R.Chanana, *Slavery in Ancient India,* New Delhi，1960，p.159.

来。孔雀王朝发行了货币，压印货币已普遍使用。私人开钱庄的多了起来，使用汇票已不是新鲜事。在工商业发展的基础上，一批城市繁荣起来。

四、不发达的奴隶制

孔雀王朝时期，奴隶制有进一步的发展，奴隶数量增多。《摩奴法论》提到，奴隶的来源有七种，“即在行伍中或战斗中捕获的俘虏、为了衣食而为人服役的家奴、在主人家生于奴隶妇女的奴隶、被买来或被赠与的奴隶、由父子相传为奴者、不能清偿罚金被罚为奴者”①。值得注意的是，这时债务奴隶增多，其中有些是婆罗门、刹帝利沦为短期债奴者。这反映了随着商品经济的发展，社会贫富分化日益加剧。

奴隶被主人视作会说话的工具，可随意处置，包括鞭打、处罚、买卖、转赠。有记载说，一个奴隶相当于 8 条牛的价格。奴隶没有任何自由。《佛本生经》经常讲到奴隶遭主人鞭挞，受到各种折磨。

奴隶的数量无法知道，但从奴价昂贵可以推断，数量不是很多。雅利安人征服者本来是可以把战俘大量转变为奴隶，甚至掠虏被征服部落的平民为奴的，但没有这样做。这是因为：1. 经济上没有这种必要性。土地有首陀罗耕种，手工业和服役有贱民和首陀罗担当，并不存在缺乏人手的问题。2. 从政治上来说，把被征服居民纳入雅利安人文明体制要比把他们都转变为奴隶安全得多，更有利于巩固帝国统治。阿育王铭文强调善待奴隶，羯陵伽战役尽管有 15 万战俘，并没有把他们变成奴隶，说明他认识到奴隶制的存在是个不稳定的因素。3. 种姓观念和宗教习俗的限制。土著居民被认为是不洁的，许多工作不能让他们做，高级种姓甚至不能和他们接触，这就限制了把他们大量转变为奴隶的可能性。而雅利安人国家间战争获得的战俘都是高级种姓（只有刹帝利才有资格当兵），把高级种姓变为奴隶对维护强调高级种姓尊严和权威的种姓制度是不利的，这也是不能把战俘都变为奴隶的原因。

① 马香雪据迭朗善法译本译：《摩奴法典》，商务印书馆 1982 年版，第 209—210 页。

从现有材料看，奴隶只有很少部分直接用于农业生产。在国王庄地上用的奴隶可能稍多些。《政事论》提到在国王庄地上，“农业监督人应该用奴隶、雇工和罪犯在多次犁过的王田上播种。”[①] 佛教文献也讲到有奴隶在土地上劳动。如佛经中说到贝拿勒斯附近有奴隶村，一个叫庇法里·马纳瓦的人有奴隶村 14 个。[②]《佛本生经》中讲到，一个婆罗门“苦役奴子，酷令平地，走使东西”。[③]《五分律》记载，文荼长者家有一名奴隶从事耕耘。还提到“有诸比丘尼，畜田犁牛奴，自看耕种。”[④] 但这类记载很少，多数记载都是说有大量奴隶用于家庭服务，做仆人、侍从、舞女、歌手、奶妈等。主要集中在宫廷和显贵之家，女奴居多。《佛本生经》讲到一大臣家有 700 女奴，提到贵族或富商女子出嫁时，常有大量女奴陪嫁。梵书中也提到统治者赠送大量女奴给婆罗门僧侣。[⑤]

从阶级地位说，奴隶是处于最低层。但如果和希腊、罗马的奴隶作比较，应该说，印度奴隶的处境要好得多。主人是不能任意杀害奴隶的，也没有用奴隶陪葬的做法。阿育王的铭文、法论和《政事论》都强调要善待雇工和奴隶。《政事论》规定，奴隶可以有自己挣的财产，其财产可以有亲属继承。债奴的孩子不应是奴隶。女奴隶如果为主人生了孩子，母子都可获得自由。善待女奴被特别强调。《政事论》规定，如果强迫抵债的女奴收拾尸体、污物或残羹剩饭，如果逼迫女奴为裸体的主人洗澡，如果鞭挞或强奸女奴，所抵债务即被勾销。[⑥] 强奸和侮辱女奴的，出卖怀孕女奴而不提供必要食物的，强迫女奴做肮脏下贱工作的主人，都要受到罚款惩处。还规定，债奴到期应获得自由。主人不给自由者要受罚。奴隶还可以赎买自由，主人不允者也要受罚。高级种姓战俘奴隶在一段时期后可获得自由，或以奴隶价格的半价为赎金赎回自由。对奴隶不许苛待，没有正当理由监禁奴隶者，要受罚款的惩处。这些清楚地表明，国家不允许过分虐待奴隶。

不能说印度统治者特别善良，也不能说上述规定都实行了，所有奴隶都受到了较温和的对待。但总体上不能不承认，这些规定有相当的影响。所以能这样，除了统治者巩固统治的策略考虑外，更主要的是受了种姓制度的牵制。奴隶中有些是高级种姓沦落的，如果奴隶主对奴隶可以任意侮辱、杀害，不免泥沙俱下，

---

① R.Shamasastri,（Transl.）,*Kautalya's Arthashastra*, Mysore,1958,V.2, ch.24.

② D.R.Chanana, *Slavery in Ancient India*, p.42.

③ （西晋）法护译本：《生经》，卷一。

④ （宋）佛陀什译本：《五分律》，卷二十二、二十九。

⑤ D.D.Kosambi, *A Introduction to the Study of Indian History*, Bombay,1985, p.133.

⑥ 崔连仲等编译：《古代东方史资料选辑》，商务印书馆 1989 年版，第 415 页。

高级种姓奴隶的种姓尊严就会受到损害，这是掌权的高级种姓不能不考虑的。统治上层既掌握阶级压迫和种姓压迫这两种手段，就要使两者都发挥效能，这就注定了奴隶制在印度的存在有自己的与众不同的特点。

孔雀王朝是奴隶制社会吗？这是国内外学术界一直有争议的问题。要作出判断，关键是看奴隶在社会生产中占什么地位。从现有的材料看，不能得出奴隶是主要的生产者的结论。生产劳动的主要承担者还是农民和手工业者，奴隶的作用充其量也是很次要的。既然如此，那就不能说当时的社会形态是奴隶制社会。家庭奴隶制也很重要，但毕竟不属于生产领域；家庭奴隶再多，也不能决定一个社会的基本生产方式。

那么，孔雀王朝是一种什么社会呢？

印度随着原始社会瓦解出现的生产关系有多种。不仅有奴隶制，还有雇工制以及随着土地捐赠而产生的私人封建占有制。后两者在生产领域中都占有一定比重，但也不占主导地位。占主导地位的是国家（国王）作为全国土地最高所有者与村社农民的关系。马克思在研究东方土地制度时指出：在亚洲，“地租的实物形式同时又是国税的主要因素”[①]。又说，如果“像在亚洲那样，国家既作为土地所有者，同时又作为主权者而同直接生产者相对立，那么，地租和赋税就会合为一体，或者不如说，不会再有什么同这个地租形式不同的赋税。……在这里，国家就是最高的地主。在这里，主权就是在全国范围内集中的土地所有权”。[②] 这就是说，在土地国有制的情况下，地税和地租是合一的。国家向农民征收的地税中包括地租，国王和农民的关系除君主臣民的关系外，还有最高地主和国家佃农关系的一面。这一论断揭示了国家（国王）与村社农民关系的两重性和土地国有的实质。而后来印度封建土地关系的形成（由国王通过土地捐赠和分封，把地税和地租收入同时让渡给私人）正是由这种两重性脱胎而来。换言之，这种国家（国王）对村社农民的剥削正是形成后来私人封建剥削的胚胎和原初形式。这样看来，笔者主张把孔雀王朝的社会形态称作原始封建社会。原始封建社会系由原始社会演变而来，生产力水平的高低与奴隶制社会没有什么不同。它存在多种经济成分，除了国家（国王）剥削村社农民这种主要成分外，还有其他次要成分，奴隶制是其一。它不同于封建社会，后者是私人封建剥削为主，而且是以生产力发

① 《马克思恩格斯论中国》，人民出版社 1957 年版，第 17 页。

② 《资本论》，第 3 卷，人民出版社 1975 年版，第 891 页。

展的较高水平为条件的。把孔雀王朝时期的社会称作原始封建社会还可以在上层建筑方面找到理由。如果孔雀王朝时期是奴隶制社会，那就意味着奴隶主阶级和奴隶的矛盾是主要矛盾。如果是这样，上层建筑的任务就应该突出维护对奴隶的压榨。但无论从阿育王铭文中，或是《政事论》、《摩奴法论》中，都看不出这点。相反，强调的是善待奴隶和对奴隶主的种种约束。而阿育王的“达摩”说和《政事论》提出的行为规范是封建式的道德伦理、宽厚容忍和非暴力，这与维护奴隶制干系不大，倒是与巩固对农民与其他下层人民的统治关系密切。

如果对孔雀王朝社会性质的这种认识能够成立，那么就可以进一步说，印度原始社会瓦解后至封建社会形成前，其社会形态是原始封建社会。这个问题涉及理论和史料两个方面，关系重大。笔者的认识未必成熟，还需要做进一步的探讨。

五、宗教状况及种姓制度的发展

孔雀王朝时期，总的趋势是佛教发展迅速，婆罗门教走下坡路，耆那教小有增长。佛教得到吠舍商人、刹帝利和下层广大人民的支持，阿育王皈依佛教更给了它以强有力的推动，使它迅速在整个次大陆传播开来。在其发展中，它内部出现了分裂。约前 4 世纪起，进入了部派佛教时期。大约在佛祖逝世一百年后，开始分为上座部和大众部，以后两派又都发生分裂，共形成 18 个或 20 个部派。分歧主要在于对教义的不同解释，对戒规也有不同看法。各部派都殚精竭虑，编织自己的体系。一般群众不了解他们那些深奥玄秘的理论，只是抱着对原始佛教的热情而保持着对佛教的信仰。

婆罗门教走下坡路表现在婆罗门地位下降，得到的捐赠赏赐减少，婆罗门教的阵地因佛教信众增多而日见缩小。但婆罗门绝不愿意交出地盘，仍努力维持对群众的影响。阿育王的兼容并蓄政策为它保持影响提供了可能。

种姓制度这一时期有新的发展。孔雀王朝版图的扩大使种姓制覆盖范围扩大。被征服地区居民最初接受的都是婆罗门教。接受婆罗门教，就意味着被纳入种姓制度的社会框架内。通常接纳的办法是，外来种族中有权势者被承认为刹帝利，绝大多数下层群众为首陀罗，有的成了贱民。自然，同化有个过程，是伴随这些地区与孔雀王朝中心地区政治、经济、文化联系的加强而逐步实现的。

孔雀王朝时期，种姓制度随着社会经济的发展，在以下两个方面出现了新变化：

其一是受商品经济的冲击，高级种姓内部发生分化，部分人经济地位下降，不得不从事低级种姓的某些职业如务农，经营手工业或成为小本商人。这样在部分高级种姓那里就出现了种姓地位与现实脱节的现象。

其二是阇提制的形成。瓦尔那制产生之后，由于社会劳动分工的进一步发展，在各瓦尔那中都出现了许多不同的职业或职能集团。各个集团日益走向封闭化。其原因：1. 各职业集团都希望以保持职业垄断来保障自己生活地位的稳定。商人要垄断市场，手工业者要垄断技术和生产资料。各行各业都不希望有外人插足。2. 属于较高瓦尔那的职业集团仍要保持较高的瓦尔那地位。属于从事洁净职业的各职业集团都要保持其纯洁性。以上两方面最可靠的保证就是职业世袭、施行集团内婚制和在各职业集团间遵守瓦尔那制的种种戒规。越是较高瓦尔那的职业集团，这种要求越强烈。这样，首先是高级瓦尔那的职业集团，而后是首陀罗瓦尔那中那些从事被认为是较洁净职业的集团，逐渐施行起严格的职业世袭和内婚制，低级瓦尔那职业集团、被认为从事不洁职业的集团，也只得被动地施行封闭。这种做法甚至影响到贱民，贱民中有些职业集团自认为比别的贱民职业集团地位稍高，也施行封闭。于是，整个社会就分割为无数个以职业世袭、内婚制、在相互关系上适用瓦尔那制规定为特征的封闭性的小集团。此外，有些小集团是由于种姓杂并形成的，有些是被接纳的外来种族集团或土著部落构成的。这些大量的形形色色的小集团就是阇提，又叫亚种姓、次种姓。这是种姓制度在内容和结构上的重大发展，是长时期逐渐演化的过程和结果。

阇提制与瓦尔那制有相同一面，也有所不同。

阇提制是在瓦尔那制大框架中形成的，自然也是等级化的，而且比瓦尔那制要复杂得多。婆罗门、刹帝利瓦尔那的各个阇提的宗教地位高于吠舍、首陀罗瓦尔那的各个阇提，贱民中的各个阇提仍然是处于等级金字塔的最底层。同一瓦尔那形成的阇提又有高低之分。阇提制并没有取代瓦尔那制，只是把瓦尔那制更具体化。瓦尔那制依然是阇提制的基础和坐标。

阇提制与瓦尔那制的不同在于：1. 瓦尔那制是宗教地位和社会地位的等级，阇提制是体现这种等级的职业集团。瓦尔那制为每种瓦尔那划定的职业范围很宽泛，在瓦尔那范围内可以选择改变职业。阇提则专业化，世袭，不能改变。阇提制与社会日常生活的关联比瓦尔那制更紧密。2. 瓦尔那是全国性的，阇提则是范围很小。即便同一职业，在不同地方也会形成不同的阇提，彼此并不认同。3. 瓦尔那制讲出身，但不是太严格（除首陀罗外）。阇提制则决定一切的是出身。阇提梵语意为"出身"、"种"。一个人属于什么阇提从出生那天就决定了，终生不能改变。4. 瓦尔那制在婚姻、饮食方面的限制较宽，阇提制施行集团内婚，使这种限制严格得多。

阇提制一面把社会分割成细碎的、封闭的蜂窝状组织，一面又造成了它们间的相互依存和相互制约。人们的思想境界、活动空间、创业积极性和交往能力受到很大的束缚，社会进步受到很大妨碍。

阇提制是种姓制在内容和结构上的新发展，但在出现之初，似乎是扰乱了瓦尔那制的正常秩序，引起了思想混乱。究竟如何对待它？这是婆罗门上层不能不明确作出解释的大问题。婆罗门上层看到，阇提制与瓦尔那制并不冲突，瓦尔那制的规定都可以通过阇提制来实现，因此，很快就顺应形势变化赞同和支持这个新趋势。据认为是前2世纪（一说前3世纪）到公元2世纪间编纂完成的《摩奴法论》认同了阇提制，把它与瓦尔那等同看待，甚至把瓦尔那也叫做阇提，把婆罗门、刹帝利叫做婆罗门阇提、刹帝利阇提，把低级瓦尔那叫做低级阇提。① 这样做显然是为了把阇提制维持在瓦尔那制框架内，强调它是瓦尔那制的新形式，以保证种姓制的基础结构不致因阇提制的出现而受到破坏。这个承认对维护种姓制是很重要的。事实上，阇提制形成最后这种形态也是婆罗门参与促进的结果。

六、妇女的社会地位

印度妇女地位在后期吠陀时期出现了显著的下降趋势。随着铁器的普遍使用，雅利安人转向以农耕生活为主，加之商业手工业的发展，男子在经济中的地位上升，妇女的劳动则退居辅助地位。女性在经济生活中地位下降决定了她们在社会生活各方面地位的降低。商品经济的发展和阶级分化大大地加强了这种趋

① 《摩奴法论》，第8、10章。

势。上层阶级富有了，又不参加体力劳动，追求享乐成了他们的人生目的。于是，妇女成了他们的享乐工具和玩物。妇女地位的下降与婆罗门教的观念和种姓制度也是分不开的。如果说，妇女地位下降是世界历史上一定时期的普遍现象，在印度，由于婆罗门教和种姓制度的影响，就更突出，这正是印度妇女特别不幸之所在，也是印度古代社会最突出的弊端之一。

后期吠陀时期，男尊女卑的思想倾向因受到婆罗门教的肯定和加以神圣化而逐渐成为社会的正统观念。妇女不再能参加部落的长老会和村社评议会，在国家出现后也不能担任公职，这样就失去了参政权利。除少数上层社会妇女有条件接受教育外，普通妇女既没有受教育的经济条件，也不允许学习《吠陀》经典。一般女孩只能学习极简单的写算知识，还有唱歌跳舞，以供男人们娱乐之用。在早期吠陀时期，妇女参加宗教活动是不受限制的，吠陀时期后期则越来越多地给予限制。许多宗教仪式不许妇女参加，妇女被说成是“邪恶的化身”、“痛苦的源泉”，参加仪式不但不会带来福祉，相反会引起灾难。妇女地位的下降尤其反映在婚姻、家庭生活中。在种姓框架下，“顺婚”、“逆婚”的规定最鲜明地反映了对低种姓妇女的歧视。低种姓男子不能娶高种姓的女子为妻，低种姓的女子却有义务给高种姓的男子做玩物！女子在家庭中是没有权利的。作为女孩、妻子或母亲，只能处于被动、服从和依附地位。对于一个已婚女子来说，她生活的主旨就是服侍好丈夫。忠贞于丈夫，把丈夫奉若神明，无条件服从，就是婆罗门宣扬的最高“妇道”。《罗摩衍那》有一节是这样写的：

> 不管住在城中还是山林，
> 不管丈夫是罪人还是歹徒，
> 妇女们只要把丈夫来热爱，
> 她的世界就非常幸福。
> 即使丈夫邪恶淫逸，
> 即使他没有什么钱财，
> 品质高贵的妇女们，
> 都把他当做最高神灵看待。[①]

正是为了确立丈夫对妻子的统治地位，妻子提出离婚是不许可的。忠贞、宽容、服从、逆来顺受被看做是妇女的美德，历来的神话故事都喋喋不休地宣扬这

① 季羡林：《罗摩衍那初探》，外国文学出版社 1979 年版，第 60 页。

方面的模范事迹，塑造了一个又一个典型，要世人效仿。《阿闼婆吠陀》中提到了“萨提”，即寡妇投身火葬堆殉夫自尽，说明这种做法在某些高级种姓中开始流行，但还不普遍。不过寡妇再嫁已受到多重阻挠，事实上难以实行。一夫一妻制是基本的家庭结构，但统治阶级和有钱人中多妻制并非个别现象。闺阃制此时也开始出现，妇女的活动受到越来越多的限制。

不过，和高级种姓比较起来，低级种姓妇女相对说受限制较少。高级种姓妇女不参加劳动，经济上完全依赖丈夫。低级种姓妇女必须参加劳动，要参加劳动就不得不抛头露面。所以，宗教规章的严格限制，在一定程度上对她们不起作用。

佛教、耆那教兴起后，在对婆罗门的特权地位和种姓歧视制度形成挑战的气氛下，歧视妇女的某些观念和做法也受到抨击。有些妇女受到鼓励，开始采取各种途径，争取妇女的自由权利。这是前6世纪以来在所有佛教、耆那教流行地区出现的一个新气象，但在婆罗门教社会，情况依然如故。婆罗门上层反对这个新趋向，表现在《摩奴法论》中对妇女的地位作出了更具有压迫性的规定。

萨提场景

七、古典梵语、宗教文学及雕刻艺术

雅利安人说的吠陀梵语，在他们进入印度十多个世纪后，由于社会生活的变化以及与土著居民的广泛接触，已发生相当变化。有些词失去原意，同时出现大批新词。语法结构也发生混乱。需要把它规范化，于是，出现了文法书。波你尼前 4 世纪末编写的《八章书》成了梵语语法经典。之后，迦旃延那写的《释补》、波颠阇利写的《大疏》，对之做了注释、解说。经过规范的语言称为古典梵语。这以后，用梵语写的著作开始出现。《政事论》、《摩奴法论》据认为是这时期写的，有些经书也是这一时期写的。

当古典梵语形成的时候，在印度各地，由吠陀梵语吸收各地原居民语言而形成的各种俗语已在各地流行。古典梵语大概从未成为大众的口头语言。孔雀王朝的官方语言也是俗语——摩揭陀语。俗语在这时已开始文字化。阿育王铭文是流传下来的最早的书写文件，是用摩揭陀语写的。前 1 世纪，佛经开始见诸文字。现在流传的最早的佛经是巴利文佛经。巴利语是桑奇和乌贾因地区的俗语。据说最早的佛经是摩揭陀语写的，但已失传。这样，从前 4 世纪以后的几个世纪起，印度就以梵语、俗语两种形式进入精神产品文学创作时代。

带有浓厚宗教色彩的文学是印度早期最主要的精神产品，与思辨的宗教哲学并列为古印度文明最早取得的辉煌成果。吠陀诗歌除大量颂神诗外，还有少量世俗诗、格言诗、对话诗等，其中不乏好诗，其文学价值得到公认。《摩诃婆罗多》、《罗摩衍那》两大史诗是宗教文学成就最集中最突出的表现。《摩诃婆罗多》主要内容的形成时间约为前 5—前 4 世纪，《罗摩衍那》核心内容的形成时间约在前 3 世纪。最后定型时间前者约为公元 4 世纪，后者约为公元 3 世纪（有不同说法）。据传说，前者作者是毗耶娑（广博仙人），后者是蚁垤仙人。实际上，他们可能都只是在成书上起了重要作用，这两部巨著不可能出自一人之手，只可能是许多世代许多无名诗人共同创作的结晶。《摩诃婆罗多》有 18 篇，10 万颂，描述前 11—前 9 世纪发生在北印度婆罗多王国的俱卢族和般度族之间的战争的故事。此外穿插了大量的宗教哲学、政治、伦理内容，被称为印度古代大百科全书。《罗摩衍那》共 7 篇，19 000 多颂，是写恒河中游十车王国家发生的宫廷阴谋和王子罗摩与妻子悉达悲欢离合的故事。两大史诗以其思想内容的丰富，叙事艺术的精湛，人物形象塑造的丰满，成为文学瑰宝，不但在印度而且在世界文学史上都占有突出的地位。世界上也许再没有任何别的文学作品，在持久而又深刻地影响一个民族的整个社会生活方面，能和这两大史诗相比。单从文学领域看，后来所有梵语和各地方语文学作品无不在内容、题材、表现手法方面，受到两大史诗这种或那种影响。两大史诗成了直到近代印度所有文艺创作汲取营养的一个重要源泉。故事体文学作品最早散见于佛教、耆那教的一些经藏中。最典型的代表是《佛本生经》。它是巴利文经典《小阿含经》第10部经，记述佛陀前生的故事。全书汇集的故事有五百多个，采取韵散杂糅文体。这些故事多为吸收、利用民间流传的故事和寓言改编而成，寓意深刻，描写生动，反映了当时的社会状况和人民的生活与斗争。现在的《佛本生经》不是原典，原典失传，这是后人据原典的古僧诃罗文译本写就的。

孔雀王朝时期，印度优美的雕刻艺术开始崭露头角。遍布帝国的阿育王石柱

桑奇佛塔门坊雕饰

表明了石刻艺术的精湛技巧。有的学者估计，阿育王当年立的石柱至少有三四十个，[①] 但已发现的仅十多个。每根石柱都是由整块巨石雕凿而成。萨尔纳特发现的一根石柱的柱顶雕刻最为精美。四头雄狮背靠背蹲踞，面向四方，似在怒吼，威风凛凛，形态逼真。其下的顶板，中央为佛教法轮，两侧是一头公牛和一匹奔马，背后是一狮一象，都是栩栩如生。这根石柱已成了印度古代艺术的代表作之一。石窟的开凿很早就开始了。最早的是伽耶附近的巴拉哈尔石窟，是给佛教僧侣住的。随后，石窟建造扩大到西印度、南印度。阿育王时期，开始大量修筑佛塔（窣堵波），作为对佛尊崇的表示。流传下来的桑奇的佛塔很典型。门坊和立柱上的浮雕优美动人。当时还没有佛的形象出现，雕刻所表现的只是佛的象征和古诗情节。

印度的雕刻艺术还处于草创阶段，雕塑技巧逐渐有所进步，这在桑奇佛塔围栏和牌坊的浮雕中表现得很明显。这些浮雕背景有山有水，人物造型各异。其中《王室出巡》浮雕群描写宾头沙罗王出王舍城拜佛的场面，给人留下的印象是又热闹又壮观。这一时期晚期，波斯影响逐渐消退，印度本土风格逐渐突出，如雕花多用莲花卷涡纹，以天鹅、孔雀、大象等做雕饰，在男女精灵像的造型上，女性娇柔丰满，男性健壮挺拔，多裸半身，奠定了后来印度人雕艺术特色的基础。

八、帝国的瓦解

前 232 年阿育王去世后，孔雀帝国开始衰落。国王更换频仍。布里哈德罗陀是最后一个国王。在他统治时，孔雀帝国失去了先前的威势。许多地区如克什米尔、犍陀罗、比哈尔、兴都库什山以南地区等都脱离帝国而独立。前 206 年西亚的大夏国王安提奥求斯率军越过兴都库什山侵入印度西北部，迫使这里的统治者交纳大批贡物，满载而归。孔雀帝国的统治者无力保卫自己的国家，威望一落千丈。此后，握有实力的地方统治者纷纷自立为王，布里哈德罗陀只保有原来摩揭陀的地区。前 185 年（说法不一，有说前 187 年，有说前 180 年）布里哈德罗陀

① R.C.Majumdar, *Ancient India,* Delhi, 1977, p.223.

被他的将军普希亚密多罗·巽加杀害。后者建立了巽加王朝，仍都华氏城。普希亚密多罗·巽加是婆罗门种姓，代表对阿育王政策不满的婆罗门上层的利益。他即位后，恢复婆罗门教的主导地位，举行马祭，倚重婆罗门；同时迫害佛教徒，许多佛教寺院被毁。孔雀帝国一百三十多年的统治结束。阿育王的政策也被推翻。随着孔雀帝国的瓦解，印度又回复到列国割据的局面。

孔雀帝国在印度历史上占有重要地位。它是印度历史上第一个全印度统一的大帝国。在它统治的一百多年里，以恒河中下游为中心的摩揭陀的政治统治体制和婆罗门教、佛教文化传播到印度其他地区，北印度、南印度增加了接触，雅利安人与原土著居民加强了融合，许多土著部落被农耕文明同化，次大陆从北到南、自东而西开始有了商业往来。这一切，为地理上的印度逐渐形成为真正的统一国家奠定了第一块基石。孔雀帝国的统治体制和许多政策也为后世许多王朝的君主们提供了有益的借鉴。

第四章

南北诸王朝割据时期

一、割据局面的出现和贵霜帝国的兴衰

孔雀帝国灭亡后，印度重新陷于四分五裂状态。北印度和南印度都有许多国家，割据一方，相互争霸。

在北印度，摩揭陀的巽加王朝前 73 年为甘婆王朝取代。前 28 年，甘婆王朝被南印度的萨塔瓦哈纳国家征服。萨塔瓦哈纳军队离去时，留下一些小王国。在西北印度，从孔雀帝国分裂出的一些小国不久就遭到了来自北方的大夏—希腊人和塞族人（西徐亚人）的先后入侵。入侵者都在印度西北部建立了自己的国家。

公元 1 世纪下半叶，西北印度和北印度政治形势又发生重大变化，一个大帝国出现了。它就是贵霜帝国，是由西北方新来的入侵者大月氏人建立的。前 2 世纪后半期，大月氏人南渡阿姆河，控制了阿姆河与锡尔河流域，把辖境分为五部，各由一号称为“翕候”的首领统辖，贵霜是其一部。公元 1 世纪初，贵霜翕候丘就却打败其他四部，建立统一国家，自立为王，国号贵霜。1 世纪中期，丘就却率军南下侵入次大陆，征服了印度西北部的希腊人国家，势力扩大

到印度河上游。其子阎高珍统治时期，又征服塞种—安息人建立的国家，势力达到恒河流域上游。迦腻色伽统治时期(公元78—101年)，贵霜帝国达到极盛，征服了乌贾因的塞族人国家，还攻陷过华氏城，成为地跨中亚、阿富汗和印度西北部、北部的大帝国。首都也由中亚迁至富楼沙（今白沙瓦附近)。这样，印度北方不但成了贵霜帝国的一部分，而且成了帝国的中心。贵霜统治者把北印度划分为省，派王族成员作为副王分别统辖。迦腻色伽原来信仰婆罗门教诸神，后皈依佛教，成了佛教的积极保护者，不过他也尊重婆罗门教，实行兼容政策。阎高珍发行的货币上有湿婆神像，迦腻色伽发行的货币上有佛像。迦腻色伽死于一次中亚战争。他去世后帝国开始衰落。婆苏提瓦任国王时，受其统治的印度大部分地区又都独立。公元3世纪中期，贵霜帝国西部地区被伊朗新出现的萨珊帝国占领。贵霜成为其附庸，只剩下以首都为中心的一小块地区，后被笈多帝国吞并。

南印度德干地区在孔雀帝国垮台后也出现割据局面。主要的国家是羯陵伽、西萨特拉普和萨塔瓦哈纳。公元1世纪前期羯陵伽衰落。1世纪后半期，西萨特拉普被萨塔瓦哈拉征服。后者的疆域主要在德干北部，存在到公元225年，后分裂为5个小国。在半岛最南端，孔雀帝国时期存在的朱罗、潘地亚和哲罗依然存在。这里居住的主要是达罗毗荼人，语言属泰米尔语系。婆罗门教开始传入。

二、社会经济的发展和奴隶制的衰落

农业生产在缓慢地发展。由于铁器农具的普遍使用，耕作已较前精细。农具式样有所改进。呾叉始罗考古发现，属于公元1世纪的铁斧、铁锹，式样与以往均有所不同。水利灌溉普遍受到重视。耕作技术包括耕耘、播种、施肥都开始讲究细作。这一时期的文献中有许多关于农业技术和农业过程的描述。文献还讲到蔬菜、果树种植种类的多种多样，表明园艺技术也有进步。

手工业和商业的发展较农业醒目。印度的铁制品和钢制品已远销埃及。棉纺织品工艺精细，染成各种颜色，色彩绚丽，受到欧洲人的喜爱。欧洲人讲到印度

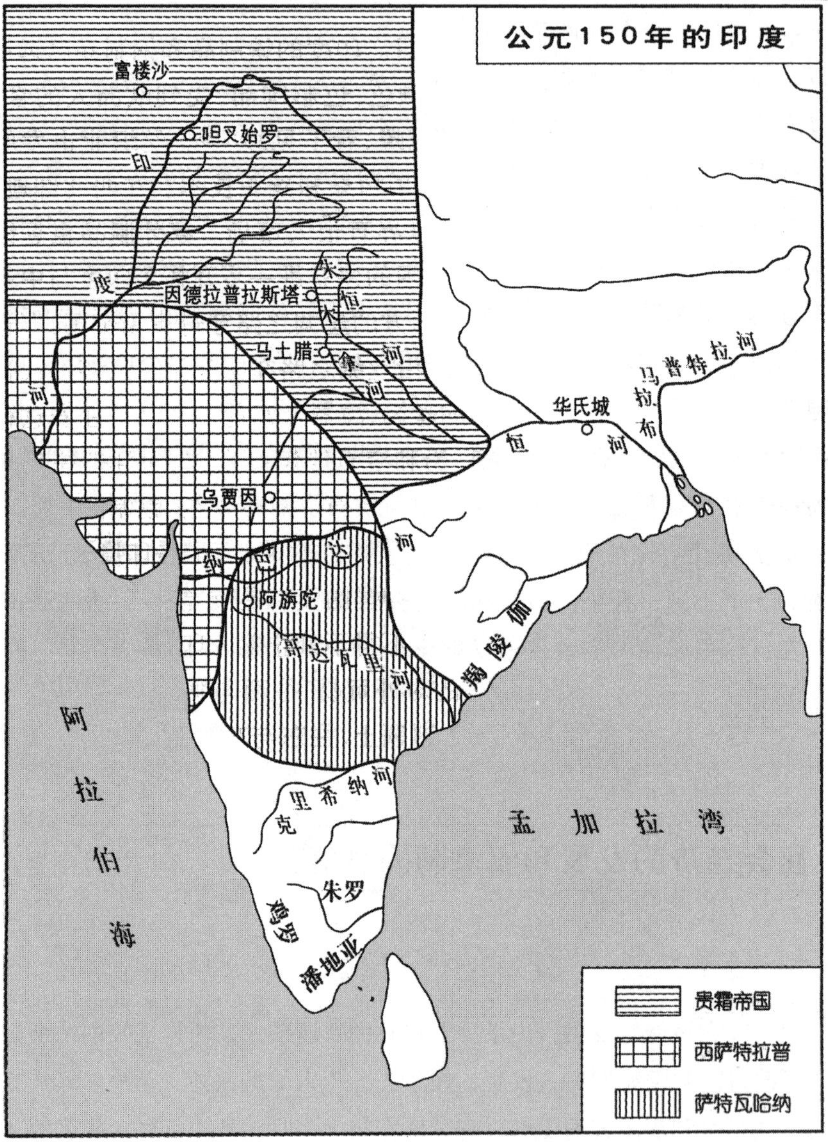
公元150年的印度
富楼沙
呾叉始罗
印
度
河
因德拉普拉斯塔
朱
木
拿
河
恒
河
马土腊
乌贾因
纳
巴
达
河
阿旃陀
哥达瓦里河
克
里希纳河
朱罗
鸡罗
潘地亚
羯陵伽
华氏城
恒
河
马普特拉河
拉
布
阿
拉
伯
海
孟加拉湾
贵霜帝国
西萨特拉普
萨特瓦哈纳

布说，它“薄得像蛇蜕，看不见纱”[①]。丝织业也发展起来，在中国蚕丝传入后，印度人学会了植桑和丝织技术。在西北部地区，毛织业有了发展，毛织品在希腊化世界有很大市场。象牙制品也远销罗马。商业的发展更为突出。贵霜帝国的建立进一步开拓了印度与中亚和西方的贸易通道。此时，从中国到西方的丝绸之路穿过贵霜帝国，有支线通到呾叉始罗和乌贾因。印度商人沿丝绸之路在中亚设立许多商栈和侨居地，不仅作为中间商人把中国的丝绸、漆器及其他工艺品销往安息和罗马帝国，把罗马帝国的玻璃器皿、铅和宝石等销往东方，而且把往来商品的部分运到印度，把印度的棉布、香料、宝石、象牙、丝绸、钢制品等运向西方。罗马贵妇人以穿用中国丝绸、印度棉布为荣，又酷爱印度的珠宝、钻石、孔雀、鹦鹉、猴子等。印度与罗马帝国的贸易是顺差，罗马金币和黄金大量流入印度，以至于罗马统治者后来不得不禁止输入印度细棉布、胡椒和钢制品。在南印度，也有比较发展的对外贸易，往西与阿拉伯半岛、红海沿岸、东北非、地中海、罗马帝国的欧洲领土，往东与东南亚各国都有频繁的贸易往来。考古发现在阿里卡梅杜港（今本地治里附近）有罗马帝国商人的贸易站，其遗址有大量罗马钱币和玻璃器皿出土。各国都发行有货币。贵霜帝国发行的金币数量较大。黄金主要来自罗马帝国、中亚，也可能部分来自卡纳塔克和南比哈尔金矿。

商品货币关系的发展引起的重要社会变动之一是奴隶制走向衰落。其原因是：奴隶价格昂贵，而在商品经济有了发展的情况下，雇工的工资较为便宜，使用雇工比使用奴隶省钱又省事；奴隶制的存在对维护种姓制是个妨碍，在婆罗门看来，维护种姓制比维护奴隶制作用更大；奴隶制的存在是一个社会不安定的因素，主人的虐待会引起反抗，奴隶逃亡的事时有发生，既然奴隶在生产中所起作用很小，没有必要让这种不安定的因素存在。

反映奴隶制衰落的材料主要见于晚期的法论，如《那罗陀法论》（约完成于公元1—4世纪）、《布梨哈斯跋提法论》（约完成于公元3—5世纪）等。《政事论》的有些内容被认为是较晚（约2—3世纪）完成的，这些部分也反映这方面的情况。《政事论》提出不要再把自由人变成奴隶，主张国王下令解放能交出赎金的奴隶，把原奴隶耕种的王室土地出租给分成制佃农耕种。《那罗陀法论》规定，奴隶劳动只限于清扫门口、厕所等不洁工作，不能从事属于劳动者职业的洁净工作。就是说，把奴隶排除在生产劳动之外。《那罗陀法论》还按来源不同把

① R.Thapar, *A History of India,* Volume One, London,1966, p.113.

奴隶分成 15 类，提出其中大部分的解放条件，如在约定期内被奴役的，期满即可解放；债奴只要还清债务和利息就可解放等。《那罗陀法论》还规定了解放奴隶的仪式：主人从奴隶肩上取下水罐打碎，或用混有谷物和花瓣的水浇洒在奴隶头上，或宣布他（她）是自由人，让他（她）向东方离去。

三、大乘佛教

就在佛教横向发展的同时，约 1 世纪时，在部派佛教之外又有一个新的派别出现，即大乘佛教。它首先出现在南印度的萨塔瓦哈纳国，不久传到北印度，贵霜帝国信奉的就是大乘佛教。乘，运载之意，喻达到解脱之途。大乘，意为宽阔通途。它兴起后即贬称原来的部派佛教为小乘，从此，佛教就有了大乘小乘两大派。

大乘与小乘的主要区别在于：1. 大乘佛教说自己的宗旨是自度度他，是兼度，而小乘只是自度。他们说大乘的宗旨才是佛陀的初衷，批评小乘主张太局限，歪曲了佛的教导。2. 小乘以修阿罗汉果为目标，大乘则以修佛果为最高目的，并提出修菩萨行作为第一步目标。菩萨是梵文菩提萨埵的简称，菩提意为觉、智，萨埵意为众生，菩提萨埵即为“觉有情”、“道众生”、“用诸佛道成就众生”之意。菩萨的修行称菩萨行，其教法以达到佛果为目的，称佛果乘。菩萨是修佛果过程中有极高成就而尚未达到佛果的人，或已能达到佛果但宁愿留在人间普度众生，把觉悟所得之果贡献给众生的佛。佛典上常提到的菩萨有弥勒、文殊、普贤、观世音等。大乘高僧或居士特出者也被尊称为菩萨，如龙树、世亲等。大乘佛教主张所有佛教徒都应修菩萨行，成就佛果。3. 如何修菩萨行？大乘主张是“六度”、“四摄”、学习“五明”。“六度”的度，梵文是到彼岸之意。“六度”即布施、持戒、忍、精进、禅定和智慧，是讲修行的各种途径。“四摄”的摄，意为大众团结的条件。“四摄”即布施、爱语、利行和同事（使自己生活、活动同于大众）。这是讲菩萨在众生中活动的方法。为了利益众生，必须广学多问，因此要学习“五明”，即五种学问。“五明”是声明（声韵、语义）、工巧明、医方明、因明（逻辑学）和内明（佛学）。这些规定比小乘的道谛的规定更广泛，与世俗活动结合更紧密，更易为普通群众接受。4. 小乘以佛陀为导师，但并不把他看做神。大乘则把他神化，并开始雕塑佛像，供奉礼拜。佛也多起来了，三方十世有许多佛。菩萨后来也有了偶像，成了崇拜对象。这样做是吸收了婆罗门教的供神拜神做法。虔敬拜佛也成了修菩萨行的主要内容之一。5. 大乘有自己的经典，如《大般若波罗密多经》、《妙法莲花经》、《大宝积经》等等，是用梵语写的。大乘的教义也与小乘有所不同。

大乘佛教兴起后，逐渐得到传播，与小乘同时流行，并传到国外。通过贵霜帝国直接、间接流传国外的佛教主要是大乘，流行于中亚、中国、朝鲜、日本等国家。小乘主要流行于东南亚国家和锡兰。

大乘佛教的出现是佛教在和婆罗门教争夺群众的过程中，适应形势需要而发生的变化。为争取更多信徒，必须有新的主张。大乘提出的修行途径对富人穷人都有吸引力，富人穷人可以用不同方式修行，积德行善，做起来比小乘要求的容易。至于把佛神化和采用偶像崇拜的新做法则是为了适合一般人的传统宗教心理。佛教要争取群众，不能不顺应群众的这种心理。

面对佛教、耆那教的强有力的挑战，婆罗门教内部也出现了不同主张。不同的思想家从不同侧面阐发婆罗门教学说，探讨婆罗门教的发展道路，以求在逆境中保持对群众的控制，巩固婆罗门教的地位。这样，在婆罗门教内部，从前2世纪到公元4世纪，逐渐形成了六大哲学派别，即数论派、瑜伽派、胜论派、正理派、弥曼差派和吠檀多派。影响最大、传播最广的是吠檀多派。它发展了奥义书的一元论思想，成了后来印度教宗教哲学的基础。六派哲学的出现表明婆罗门教内部思想有相当程度的活跃。值得注意的是，它们在祭祀和婆罗门作用的问题上，也开始对婆罗门教的传统做某些修正。这就防止了婆罗门教的僵化，为它日后转变为印度教准备了思想土壤。

四、梵语文学与雕刻艺术

公元1世纪左右，古典梵语文学作为印度主要的一种文学开始产生。除诗歌继续发展外，神话、故事、传记、戏剧等文学形式都开始出现或有初步发展。

《往世书》（大小 36 部）固然包含历史资料，但神话传说占更重要的地位。它是神话的海洋，围绕梵天、毗湿奴、湿婆三大主神，特别是后两大主神的事迹演绎出内容极其丰富的故事，在民间流传极广。其中的《薄伽梵歌往事书》是颂扬毗湿奴大神的，其在群众中家喻户晓的程度几乎可与两大史诗相比。《往世书》基本上采用诗歌体。

梵语文学另一组成部分是梵语佛教文学。大乘佛教用梵文写经，小乘有些部派也用梵文写经。其中都包含有带有文学色彩的内容，如传记、故事等。前者有《大事》、《神通游戏》等，是关于佛陀的传记，后者有《百缘经》、《天譬喻经》等，是故事集锦（许多是讲佛本生故事）。前者内容神奇，描写夸张，已不像巴利文佛教文学那样具有较多民间文学色彩。后者每个故事总结一条道德训喻，比较贴近生活。这两类作品都采用韵散杂糅文体。

有些佛教诗人、学者创作了诗歌、故事、戏剧等文学作品。最著名的诗人、戏剧家是马鸣。他大约是公元 1—2 世纪的人，属婆罗门种姓。贵霜帝国的迦腻色伽国王对他很敬重，给予积极的支持、保护。他写了《佛所行赞》和《美难陀传》两部叙事诗。前者是佛陀的传记，内容连贯，结构严谨，穿插的故事都与主题结合紧密，是佛教传记文学最好的一部。《美难陀传》讲佛陀度化异母兄弟难陀的故事，是利用流行的难陀的传说加工而成。这两部叙事诗是现存最早的古典梵语叙事诗。传说波你尼、迦旃衍那写有叙事诗，但均已失传。马鸣还写有三部戏剧。剧本是在我国新疆吐鲁番发现的（1910 年），都已残破不全。其中《舍利弗传》尚可看出大致内容。剧中有喜剧性丑角，终场有祝福诗。剧中角色中上层人士说梵语，普通人说俗语。三个剧本均用韵散杂糅形式写成。这是现存的最早的梵语剧本。

犍陀罗造型的佛像

公元 1 世纪后，随着俗语的发展，有些人用俗语创作文学作品，导致俗语文学的出现。如一部用摩诃剌陀语写的抒情诗集，包括有 700 首诗，是约 2 世纪时萨塔瓦哈纳一个叫哈拉的国王写的，反映了摩诃剌陀地区的社会生活。这些诗富有乡土气息，可能采自民歌或脱胎于民歌，其风格对以后梵语抒情诗的发展有一定影响。《故事广记》是这一时期俗语文学的另一代表作品，是用毗舍遮语(流行于温德亚山脉）写的故事集。作者是德富。原著可能是散文体，已经佚失。现存的是它的梵语改写本，采用诗体。《故事广记》反映的内容有城乡生活、商业发展、妇女地位、宗教活动等，以世俗故事为主。

雕刻艺术的进步是这一时期造型艺术最重要的发展。由于希腊罗马艺术通过希腊化的西亚人和地中海沿岸居民传入，这一时期在西北印度出现了犍陀罗艺术流派。这是希腊罗马雕刻风格与印度本土风格融合的结果。这种艺术 19 世纪前半期方为世人知晓：考古学家和艺术家从呾叉始罗、白沙瓦等地发掘出大批艺术品，发现它们与前一时期出土的这类艺术品在风格上迥然不同。这里的雕刻品大部分是用灰青色和青黑色的云母质片岩作材料（后期也有泥塑的），很少使用金属材料。这种艺术最基本的特征是采用古希腊罗马的艺术技巧和艺术形式反映佛教思想内容。前期雕刻品比较接近希腊风格，人物面庞与希腊神话人物相似，头发梳希腊罗马式发髻，服饰为希腊式披风，石柱的柱头雕饰也是模仿罗马式样。在表现佛传故事的雕刻中，佛像被创造出来了，并且有了单独的塑像，其形象酷似希腊神。可以说，初期犍陀罗艺术是希腊罗马艺术在印度的一个支流，它的美学准则是遵循大夏时代希腊文化的传统。初期艺术品属于贵霜帝国之前和贵霜帝国前期。到了公元 4 世纪，犍陀罗艺术才形成自已独具的风格。这时，佛像已不再是希腊神的外形，面部表情严肃庄重，体形粗短，衣服单薄，好像着水后贴在身上一般。犍陀罗艺术成了后来印度古典主义艺术的先驱之一。它未能发展下去，公元 6 世纪白匈奴人入侵使它遭到破坏。

在印度其他地区，印度本土风格的雕刻艺术也在发展。公元前后的几个世纪，形成了马土腊艺术流派和阿玛拉瓦提艺术流派。马土腊在犍陀罗南部，受希腊艺术影响较小。这里的雕刻是以印度固有艺术为主，多少吸收了希腊艺术特点。使用的材料是红砂石。雕塑品中有许多小神灵像，姿态各异。有一个逗弄小鸟的树神像，树神为一姿容俏丽的美女，裸着上身，微笑地弯着腰肢，手提鸟笼。小鸟刚从笼中飞出，顽皮地啄着她的头

菩萨

发。整个雕像不仅比例精确，姿态优美，而且脱离了庄重的宗教主题，表现了雕刻家世俗的审美旨趣。雕刻品中也有佛像。其特点是稳健典雅，肌肉匀称，所披袈裟如出水状态。腿略长，头后面有圆形的光环。整个说，比犍陀罗后期佛像精美。马土腊艺术同样成了后来印度古典主义艺术的先驱，而且与它在体系上更接近。阿玛拉瓦提艺术有自己的特色。阿玛拉瓦提位于哥达瓦里河口，是萨塔瓦哈纳国的首都。这里的艺术很少受希腊艺术的影响，而是直接继承了巴卢特与桑奇的传统，保持了印度自有的风格。在佛传故事雕刻中仍用早期象征手法，如以菩提树、宝座、足迹等代表佛。人物、动物造型上仍与桑奇风格一样，但技巧更臻完美。较晚时期开始有佛像出现，佛像颇似犍陀罗造型，说明受了后者的影响。但在其他方面影响不大。正是这派艺术进一步提高、发展，成了后来印度古典主义艺术的主要源流。

第五章

笈多帝国

一、笈多帝国的建立

公元 4 世纪初，以恒河中游一带为中心，又有一个新的帝国出现，这就是笈多帝国。它打破了当时印度的混乱局面，使印度大部分地区又复归统一。

笈多王朝的建立者旃多罗・笈多一世的先辈原是比哈尔的一个小君主，信奉婆罗门教，最初可能是臣属贵霜帝国，贵霜帝国瓦解后成为独立国家，公元 319 年，旃多罗・笈多继位，开始在恒河流域中部扩张势力，征服了乔萨罗、考山比，还用联姻手段，控制了邻近的梨车族的共和国。他在位期间，疆域包括比哈尔、今北方邦部分和孟加拉部分，大致相当于孔雀帝国瓦解后的摩揭陀国领土。这片地区成了笈多帝国的核心区域。旃多罗・笈多自称王中之王。他指定儿子沙摩多罗・笈多为继承人，而后隐居死去。沙摩多罗・笈多即位后，把对外征服推进到一个新阶段。从阿拉哈巴德发现的他的宫廷诗人哈瑞西纳撰写的颂扬他的铭文（刻在阿育王立的石柱上）中可知，他具有非凡的军事才能，德里和今北方邦西部 4 个王国被征服，他又成功地征服了恒河流域西部 9 个王国，还俘虏了德干北部12个王国的国王，但都放回复位。还征服了北部、东北部一些边远地区国家（包括贵霜残余势力）。在南印度，他的军队到达泰米尔纳杜的建志，帕那瓦的统治者也被迫承认了他的宗主权。这样，沙摩多罗·笈多就使帝国疆域得到很大扩展。他被称为“征服者国王”。其子旃多罗·笈多二世（375—415年在位）统治时期进一步向南扩张。与德干西部的伐卡塔卡国王联姻，加强在南印度西部的影响。又兼并了已成为其藩属国的塞族人国家西萨特拉普，直接控制了西海岸港口，使笈多帝国可以直接与外国进行海上贸易，大大加强了其经济地位。旃多罗·笈多二世时期，帝国国势达到极盛，疆土包括几乎整个北印度（除克什米尔外）和南印度的一部分。此时政局稳定，贸易繁荣，文化发展。旃多罗·笈多二世自称超日王。我国东晋高僧法显访印度正是在他统治时期。旃多罗·笈多二世去世后，其子鸠摩罗·笈多继位。他统治40年，帝国继续保持和平繁荣局面。到斯坎达·笈多统治时，占领了巴克特利亚的白匈奴人（嚈哒人）从西北部入侵印度河流域，被击退。笈多帝国统治者是婆罗门教信奉者，对其他宗教也实行兼容并蓄的政策。

南印度在整个笈多帝国时期除部分地区被征服外，一直存在着许多独立的小国。其中重要的有伐卡塔卡（在德干西部和今中央邦）、卡丹巴（德干西南部）、帕那瓦（泰米尔纳杜）、西甘加（迈索尔南部）和半岛最南端的潘地亚、朱罗、哲罗。

二、松散的统一

笈多帝国的统治制度与孔雀帝国大致相同，也有明显的区别。最突出的不同点是中央集权较弱，权力相对分散。第一，中央直接统治地区只是比哈尔、今北方邦、中央邦部分和北孟加拉。大部分地区在征服后，保留原来的王公，采取藩属国制度。这样做，不仅是有意采取怀柔政策，也是力量不足的表现。藩属国王公义务有四：朝见、贡献、军事服务和联姻（嫁女儿给笈多王室）。他们由笈多帝王颁发诏书，获准统治原来统治的地区。第二，即便在中央直接统治的地区，在省和县两级，许多权力也处在地方势力手中。地方官员通常是从地方势力中任

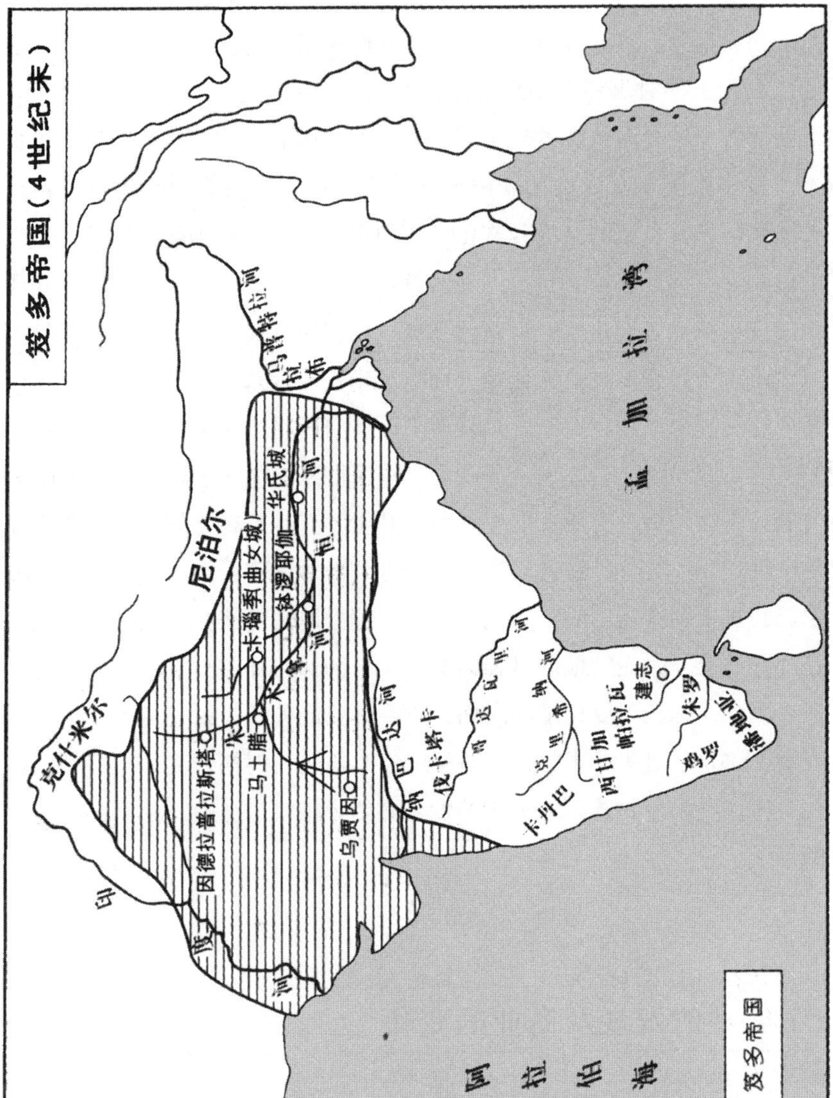
笈多帝国（4世纪末）
尼泊尔
克什米尔
因德拉普拉斯塔
马土腊
卡瑙季
曲女城
钵逻耶伽
华氏城
恒河
乌贾因
伐卡塔卡
卡丹巴
西甘加
帕拉瓦
建志
朱罗
孟加拉湾
阿拉伯海
笈多帝国

命。地方贵族、大的商人同业公会都参与地方政治。孔雀王朝是权力集中于中央，阿育王要了解每个官员的所作所为。笈多王朝的帝王鲜有人敢抱这样的奢望。第三，笈多王朝常备军数量较孔雀王朝少，各藩属国提供的军队构成笈多王朝军队的很大部分。这导致藩属国保有相当的军事实力。总之，笈多王朝的统一并不是像孔雀王朝时那样中央集权，它的统一之下实际上保存着很大的不统一。孔雀王朝靠统一的行政机构管理全国，靠以权力做后盾的“达摩”教导维护和巩固统一。笈多帝国对众多的藩属国无法管理，只能靠商业和文化去联系。实际上，各藩属国各有自己的制度、文化。它们虽然都在不同程度上接受了来自笈多王朝的影响，但都还保留着自己的地区特色。统一中的多元化，这个后来印度社会文化的突出特点，在这个时期就已形成。严格说，笈多王朝统治的疆域内，不仅行政上不统一，在制度，文化等方面也从未统一起来。

造成这种现象的原因有三。1. 笈多王朝本身经济力量、军事力量不足，不能实现完全的兼并和统一。2. 从全印度看，地区性经济文化进入一个新的阶段，即有所发展又不够发展。有所发展导致各地开始具有越来越强的个性，并都要突出自己的个性；不够发展则造成了趋向统一的因素力量薄弱，还无力把个性吸纳到主流中。孔雀王朝较高度的统一是以全国大部分地区经济文化还很不发展为前提的，在那种情况下，先进地区以强力实现统一和保持强有力的中央集权是有可能的。笈多王朝面临已经变化了的局面，再要保持高度统一就很难了。从历史发展的过程看，这是前进中的现象，不是倒退。3. 与这一时期印度社会开始向封建社会转变有密切关系。封建土地关系的发展必然带来权力分散，妨碍强有力的中央集权的形成。

三、工农业的发展及商业的变化

笈多帝国的建立为次大陆大部分地区创造了较长时期的和平安定局面。这对印度社会经济的发展十分有利。法显记载说，印度经济繁荣，人民殷乐，反映了他的直观感觉。

农业方面，笈多王朝重视兴修水利工程和开荒。在索拉施特拉的吉里纳加尔附近修建的苏达尔萨纳水库，规模宏大，使很多农田受益。许多地方修建了水库、蓄水池。重视水利使灌溉面积扩大，大量垦荒使耕地面积增加。耕种技术越来越受到重视，一般都区别土壤，因地制宜种植最适合的作物。轮作间作、施肥和防治病虫害的知识都增长了。农产品种类很多，今日印度的农产品种类（包括粮食、蔬菜、瓜果）那时大都有了。农产量增加。稻米和小麦已能出口。桑树种植与养蚕业兴盛起来。

手工业发展表现在：铜、铁等金属的开采、冶炼和铸造有很大进步。公元415年在德里库特卜尖塔附近竖立的著名铁柱，高23英尺，虽经一千多年的风吹雨打，迄今未曾锈蚀，说明冶炼水平之高。造船业有了发展，这一时期已能建造载百人以上的大型多桨帆船。建筑技术有新的进步，普遍以砖石代替土木，佛塔、庙宇、石窟等的建造工艺较前复杂、精巧。纺织工业进一步发展，平纹细棉布蜚声国外，地毯，毛毯的制造业也日益兴盛。只是丝织业因与罗马贸易衰落受到很大打击，西印度不少丝织工改行，或迁居他地，另谋生计。

笈多帝国时期内外贸易都很活跃。帝国中央政府重视修筑和养护道路，鼓励商业发展。帝国发行的金币在古代印度是最多的，银币也不少。货币流通量的增加对商业繁荣是一个促进。商业发展的突出现象是北印度与南印度间贸易往来的加强，陆上干线主要有两条：一是横穿占谢浦尔沿东海岸的路线，二是经过乌贾因、纳西克和卡瓦尔沿西海岸的路线。这两条干线把南北连接起来，使北方的手工业制品远销南方，对南方的经济发展是个有力的促进。南印度的经济发展水平参差不齐。大致上说，沿海地区较发展，特别是各大河入海口的三角洲地区，德干高原稍次。半岛南端和帕那瓦部分地区盛产香料、珠宝、象牙，沿海港口建志、卡维里帕塔拉姆、马杜赖、提鲁加鲁等都是重要的货物集散地。南北联系的加强使南印度的产品也能大量运往北印度。内河航道这一时期作为商业渠道的作用增加。恒河、朱木那河、纳巴达河、哥达瓦里河、克利希那河及科佛里河都成了主要商道。这些商道不但连接了东西印度，而且能把东西印度的商品输送到贯通南北的两条干线上来。应该说，笈多帝国时期在内贸方面较以往任何时期都要发展。

外贸方面却是发展、萎缩兼有。原来的北路贸易变化最大。由于罗马帝国严格限制印度的部分产品输入，也由于罗马帝国所属各地区的商人越来越多地直接向中国购买丝绸，使印度中间商人失去转手机会，北路贸易在3世纪后就趋于衰落。罗马帝国分裂后，印度与东罗马帝国维持着低水平的贸易关系，到5世纪中期也告停止。北路贸易的衰落对北印度经济发展有很大的负面影响。与西亚、北非的海路贸易仍然保持，特别是笈多帝国兼并西海岸地区，直接控制西海岸港口后，以这些港口为基地，与西亚、北非、东非的贸易还有发展。半岛南端地区也积极参与了这个进程。这一时期发展最大的是与东南亚的贸易。恒河出海口、羯陵伽各港口和半岛南端各港口是主要基地。印度商人在东南亚设立许多商站并移民各地。移民、传教和商业活动导致印度文化传播到东南亚许多国家、包括缅甸、暹罗、越南、马来亚、印尼等。印度文化扩展到东南亚就始于这个时期。这一时期输出品仍以棉纺织品、香料、珠宝、象牙制品、兰靛等为主。输入品除继续从西方进口金、银、铅、锡贵金属外，从中亚、伊朗、阿拉伯国家进口良种马成为大宗。还从中国进口丝绸，从埃塞俄比亚进口象牙。印度商人有的远至中国广州就地购买中国产品。印度商船穿梭于各个海面，印度商人成了当时亚洲最活跃的商业势力之一。

商业、手工业的行会制在继续发展。有些地方出现了行会联合的现象，甚至有商人同业公会和手工业行会联合的。这意味着竞争的加强和商业资本控制手工业趋势的强化。商业公会兼营信贷业务成为突出现象，不仅在商人内部存放款，也对手工业者贷款。商人和手工业行会经济力量的发展，在政治上也得到了反映。各个城市成立的协助官员管理的委员会都有商人、手工业者的代表参加。和孔雀王朝不同，那时城市管理机构人员都由国家任命，这时是推选的，实际由地方大商业行会把持。笈多王朝通过行会控制商人、手工业者，对其内部事务并不太多干预。

四、封建生产关系的形成

在生产力和商品经济发展的基础上，从笈多帝国后期起，印度的土地关系开始发生重大变化。此前已出现的趋势这一时期有很大发展，从而为印度历史上封建主义社会形态的形成奠定了基础。封建主义形态的最后形成是在戒日帝国时期。

笈多帝国之前，印度土地关系就有两种趋向产生：一是统治者向婆罗门、佛教寺院、少数官员和宠臣赠赐土地；二是村社上层占有更多土地，使用雇工、佃农耕种。

笈多帝国时期，两种倾向都有发展，特别是第一种。沿袭以往轨迹更大规模地实行宗教捐赠，成了这一时期最引人瞩目的现象。

笈多帝国成立之初，这种情况还不多见。但5世纪以来，以土地做宗教捐赠的便明显增多。婆罗门、新出现的印度教神庙和佛教寺院都得到了大量赠赐土地。这种情况不但发生在笈多帝国，在南印度诸国也是如此。南印度的伐卡塔卡、帕那瓦、羯陵伽、卡丹巴、西甘加这一时期都出现同样的现象。

这一时期的赐地不但数量增多，而且具有一些新的特点：

第一，出现了永久赐地。赠赐土地永久化的趋向在这一时期的法论中清楚地表现出来。在《祭言法论》中提出，国王赠赐土地要立契据，或用棉布，或书铜板，上面要写明赠赐人和受赠赐人的姓名、赠赐土地数量、坐落和赠赐日期，并使这契据万世流传。《布梨哈斯跋提法论》也强调所赐土地不可剥夺，应与日月同久，传之万世。这种永久赐地都是给僧侣、寺院的。迄今考古发掘已发现了一批笈多帝国和南印度国家颁发的铜板赐地文书。就时间说，多为6世纪后的，4—5世纪的还很少。迄今发现的最早的铜板赐地文书是南印度建志的帕那瓦王朝湿瓦斯坎达瓦尔曼国王4世纪中期颁发的。索拉施特拉发现的铜板文书被确认是4世纪末颁发的。北方发现的特奈德赫铜板文书颁发于432—433年，时为鸠摩罗·笈多一世统治时期。[①] 这些铭文都讲到所赐土地“世代永传，与日月同辉”。伐卡塔卡、帕那瓦、羯陵伽、孟加拉、中印度也都有铜板文书发现。我国东晋高僧法显在《佛国记》中记载北印度的情况说：“自佛般泥洹后，诸国王、长者、居士为众僧起精舍供养，供给田宅、园圃、民户、牛犊，铁券书录，后王王相传，无敢废者，至今不绝。”[②] 这表明除国王外，也有商人、殷富之家向寺院作这种永久性捐赠。这种永久性捐赠使寺院、僧侣成为大片土地的世袭占有者。婆罗门所得赐地最多。

第二，国王赐赠的一般还是土地上的税收收入。但在有些情况下，不仅地税，而且该土地上居民应交给国家的一切捐税和应服的劳役也一并赠赐。据现有

① A.K.Mazudar, *A Concise History of Ancient India,* V.I,New Delhi,1977, p.48.

② （东晋）法显：《法显传》，文学古籍刊行社1955年版，第14页。

材料，开这种赠赐先例的是伐卡塔卡的国王普拉伐拉森纳二世。他颁发的一份赐地文书中首先给予了这种一揽子赠赐。

第三，有些统治者把所赐土地上的行政、司法权也授予被赐人。伐卡塔卡发现的赐地文书至少有 6 个讲到，所赐土地上的农民和手工业者不仅要把税收交给受赐者，而且要服从他们的命令。另两个属于笈多王朝后期的铭文中，统治者命令政府官员和士兵不许烦扰这些婆罗门受赐者。5 世纪统治者在赐地时，一般还保留惩罚偷窃者的权力，以后有的把这种权力审判权授予了受赐人。据现有材料，这种赏赐办法最初主要是在笈多帝国边远地区实行。笈多帝国末期，在帝国核心地区也有这类赏赐。

第四，把土地赐予某些世俗人士或行会代管，指定其收入用于宗教目的。已出土的某些铭文属于这类赏赐铭文。如中印度乌萨卡勒帕的国王伽雅纳塔就把一个村子的土地赐给指定的专人，用于宗教花费。他的继承人萨尔伐纳塔又把另一个村子的土地分成四份。指定专人代管，收入用于宗教目的。士兵不准进入该地。①

这样，笈多帝国时期捐赠土地的流行便促进了婆罗门和寺院封建主阶层的形成。他们不但得到地税和土地上的其他捐税收入，有的还得到行政和司法权力。土地的世袭权等于赋予他们私有权。他们承担的义务是为统治者祈求神的保佑并帮助维护现有统治秩序和社会秩序的安定。

从现有材料看，还没有发现笈多帝国时期赐给军政官员土地的铭文。《布梨哈斯跋提法论》讲到要以土地封给官员代替薪金。这种主张是否被采纳，是否有食邑存在，尚待进一步的考古发掘证明。

封赐给世俗人士的有个别例子。如 533—534 年的一份由萨尔伐纳塔颁发的文书，把两个村子连同行政权、财政权都赏赐给一个叫普林达巴塔的人，后者可能是一个地方首领，他又把这两个村子转赠给寺院做宗教用途。②

上述所有捐赠的土地，有的是待垦的荒地，有的是村社农民正在耕种的土地。在后一种情况下，则不改变原来的秩序，土地继续由村社集体占有，农民世袭耕种。只不过农民必须把原来交给国家的地租税（有的还有其他捐税）交给被赠赐者，成了这些占有者的佃农。所以法显的《佛国记》记载，国王赐给寺院土地时，常常同时“供给”民户。③ 在存在村社的情况下，农民离开村社土地就失

① S.P. Sharma, *Indian Feudalism C.300—1000A.D.*, New Delhi, 1980, p.10.

② S.P. Sharma, op. cit., p.11.

③ （东晋）法显：《法显传》，文学古籍刊行社 1955 年版，第 23、26 页。

去享有份地的权利，所以不会轻易离开。

统治者把越来越多的土地和权力捐赠给僧侣、寺院是出于维护统治的需要。生产力的提高和农业效益的增加使这样做有了可能。具体说，第一，统治者需要宗教为他们服务，就不能不给僧侣以优厚报偿。他们希望利用宗教控制群众，就要提高僧侣和寺院的地位。使高级僧侣富有，使寺院富丽堂皇，都能增强宗教在群众心目中的地位。第二，土地赠赐作为一种报酬手段是可行的，国家负担较轻，比动用国库要方便得多，有保障得多。第三，用荒地捐赠是鼓励开荒和发展农业生产的手段。赋予行政权力、司法权力则可以使婆罗门或寺庙承担教化土著部落、约束下层群众的任务。总之，是要把对宗教上层的报偿和动用其力量更好地为巩固政权服务紧密结合起来。无论笈多帝国或其他国家的统治者都不可能意识到，他们这样做，客观上是在造就一种封建的生产关系，使这种关系越来越占重要地位。他们更不会意识到，这样做的结果导致了一种新的社会形态——封建主义的社会形态在印度的出现。

土地赠赐是在土地国有的框架内进行的。国王仍然是土地最高所有者。他以最高所有者的身份赠赐。那些得到永久赐地者实际上已得到所有权，不过其所有权也不是绝对的，也附有条件。出土的铭文中有的就规定了受赐者应尽的义务，包括效忠国王、为国王服务等。如果违背规定，不尽义务，或本人死去而无子嗣，土地还要回归国家。至于非永久赐地，一般只是终生享有，更不是所有权的让渡。

至于笈多帝国以前村社上层占有土地使用雇工或佃农耕种而成为小地主的趋向，在这一时期也有发展，但与前一趋向比较起来，只占很次要的地位。土地买卖的现象仍不显著。属于 6 世纪以后的铭文才有一些提到购买土地和转让财产的事例，而且购买土地也是为了捐赠给寺庙。迄今还没有发现仅仅是为了扩大占有而兼并土地的铭文。

随着封建关系的初步建立，社会主要矛盾已转变为封建主阶级（作为最高土地所有者的国家地主和大量私人地主）与农民阶级（村社农民和佃农）的矛盾。各种土地受赐者在国家管理严格时，还按照国家规定的税收标准向佃农收取，但只要有可能，就把国家的规定置于脑后，而尽可能地榨取。佃农的负担大大加重了。

笈多王朝后期是印度向封建社会转变的开始，当时形成的私人封建主阶层基本上是宗教封建主，世俗封建主还很少。而且，即便是前一类，覆盖地区也不够广。作为一种新的生产关系，它本身还没有发育成熟，还需要时间酝酿进一步发展的条件。

五、婆罗门教转化成印度教

笈多王朝时期，在宗教方面也有一个重大的变化发生：婆罗门教通过自身改变，逐渐演化成印度教，出现了印度教发展势头超过佛教的新局面。

佛教在笈多帝国和南方国家依然是受到保护的，在西北印度、北印度和南印度一些地区还很昌盛。法显402年经过葱岭进入印度，游历二十余国，409年离印去锡兰。他的《佛国记》记述了这次西行求法的经历。据记载，当时在西北印度和北印度，佛教是相当流行的，有的地区小乘兴盛，有的地区大乘兴盛，有的地区则大、小乘并行。著名的佛教学者无著、世亲、陈那等也正是在这时写出了他们最好的著作。规模宏大的那烂陀寺也是5世纪由笈多帝王鸠摩罗·笈多扩建，后来它发展为著名的佛教学术中心。笈多帝国时期留下的大量佛像和佛教建筑物，包括阿旃陀石窟、埃罗拉石窟等，也说明佛教的昌盛。

然而，和贵霜帝国时期相比，佛教的发展势头已有所减弱。由于笈多帝国和南印度许多国家统治者信奉婆罗门教，也由于北路贸易衰退，商人对佛教的捐助减少，这一时期新建的佛塔、寺院等佛教建筑显然少于前一时期。法显记述的多半是旧景，他提到的新建筑不多。

这一时期更醒目的现象是，婆罗门教自身发生了变化，逐渐转变成印度教，在群众中重新发展起来，并得到笈多帝国和南印度多数国家君主们的信奉和推崇。

笈多王朝的帝王沙摩多罗·笈多、鸠摩罗·笈多等都举行马祭。旃多罗·笈多二世本人还钻研梵文经典，具有较深的造诣，被称为圣人——国王。笈多帝王赠赐婆罗门的土地最多，这一时期有大量学者编纂、诠释婆罗门教原有典籍，撰写新的典籍。这些措施都对婆罗门教的振兴起了推动作用。不过，婆罗门教振兴的更大动力来自它内部的变革。早在佛教出现的同时，婆罗门教内也产生了众多派别。正宗六派哲学的逐渐形成就是婆罗门教内寻求变革的一种反映。其中吠檀多派等反对注重祭祀，强调内心信仰、亲证神和修行，这派主张的传播对克服婆罗门教盛行的祭祀万能、婆罗门至上起一定作用。《薄伽梵歌》（形成年代说法多种多样）对祭祀万能也做了批判，指出它是婆罗门愚弄群众的卑劣手段。《薄伽梵歌》的流行，把对祭祀至上的批判也传播开来。这样，婆罗门教就在佛教、耆那教强有力的挑战面前，不声不响地进行着改革，逐渐地在内容和形式上都发生了变化，演变成了印度教。其变化表现在：

1. 形成了主神崇拜和化身说。婆罗门教后期初步形成的梵天、毗湿奴、湿婆三大主神，其地位此时期进一步得到巩固，特别是毗湿奴和湿婆，受到群众最广泛的信仰，并由此形成了毗湿奴派和湿婆派，两派都以自己信奉的神为最高主神。前者主要流行于北印度、东印度，后者主要流行于西印度、南印度。两大主神又被说成有众多化身或表现形式。按毗湿奴派的说法，毗湿奴神为拯救人类，不同时期以不同化身出现。《往世书》描绘毗湿奴有10个化身，即鱼、龟、野猪、人狮、侏儒、罗摩、持斧罗摩、克利希那、佛陀、迦尔基。把一些动物和史诗中的主人公罗摩、克利希那作为化身，表明较多居民崇拜的对象被容纳进来；把佛陀也作为化身之一，显然是争取佛教徒的一种手段。湿婆神也有多种表现形式。他通常的形象是戴着骷髅项圈，手持三股叉，也以林伽（男生殖器）形式接受崇拜，有时也表现为舞王。据说他来到人间是为了惩恶扬善，拯救世界。6世纪起，从湿婆派中又分出了一个派别叫性力派。它主张女神的性力是最高神或最高实在——梵显现出的积极活动方面，是宇宙万物创造和发展的动因，而男神则是非活动方面，只有男女神结合才能产生强大的力量。这一派崇拜性力，有一系列神秘仪式，有的仪式公开。在它的影响下，梵天、毗湿奴、湿婆三大主神的配偶受到特别崇拜。梵天的配偶是娑罗室伐底（辩才天女），毗湿奴的配偶是拉克湿米（繁荣女神）。湿婆的配偶有各种表现形式：帕尔瓦蒂（雪山神女）、迦里（时母）、杜尔迦（难近母）等。性力派在孟加拉也很流行，东印度土著居民崇拜生育繁殖的女神，性力派正是吸收民间崇拜因素的结果。这样，就形成了印度教的三大派。此外，印度教崇拜的神还有很多，包括甘奈希（象头神）、主神的坐骑、其他神如太阳神、月神、风神，等等。对母牛、神猴的崇拜盛行。恒河也成了圣水，神话说它是从毗湿奴足下流出的。贝纳勒斯、阿拉哈巴德都成了圣地。

2. 和婆罗门教不一样，《吠陀》虽然仍被视为经典，但它在宗教上所占的重要地位已被《薄伽梵歌》和《往世书》取代。《薄伽梵歌》被毗湿奴派看做是主要经典。《往世书》则受到两派尊重。《薄伽梵歌》强调个人获得最终解脱有三条道路可循，即业道，指严格奉行达摩、羯摩，有为而不追求结果；证悟，指通过一定的修持亲证梵；虔信，指对神的信爱、皈依。它把内心信仰提到和业道、证悟同样的位置，强调只要虔诚信神就可接近神，同样是解脱的一条道路。按照这种主张，敬神主要靠内心信仰，不需要复杂的祭祀仪式。从此，在印度教内祭祀少了，开始盛行偶像崇拜，它被认为是虔敬神的重要方式。与此相联系，这一时期开始有了简单的印度教神庙。

3. 首陀罗的宗教地位有所改进。允许听诵史诗、《往世书》，能崇拜克利希那，允许在家内举行宗教仪式。这是为了稳住广大农民、手工业者，阻止他们改信佛教。不过贱民的宗教和社会地位没有任何改变。《佛国记》记载道："旃荼罗，名为恶人，与人别居，若入城市，则击木以自异，人则识而避之，不相唐突。"① 情况和以前一样。

这些改变的结果在一定程度上削弱了原婆罗门教的仪式主义，打破了婆罗门在宗教中的垄断特权，使首陀罗的地位有所改善。这些改变符合广大群众的愿望，因此减轻了群众对接受它的抵触情绪。新的改变还通过化身说、强调女神崇拜等更多地容纳、吸收了各地民间宗教因素。它的松散性、包容性、适应性非常有利于不同地区不同文化背景的人接受。这样，印度教的兴起就有了客观条件，具备了和佛教、耆那教抗争的能力。印度教在笈多王朝时只是奠定根基，进一步的形成和发展属于以后的几个世纪。

六、文学艺术的黄金时代

笈多王朝时期被认为是古代印度鼎盛时期，特别是在文化方面，被认为是印度教文学艺术的黄金时代。笈多王朝和南方主要国家统治者崇奉印度教和印度教的重新得势是促使印度教文化发展的重要原因。佛教文学艺术也继续有所发展。

印度教典籍的编纂取得很大成就。婆罗门教的许多口头传诵的重要经典，公元后逐渐形成文字，这一时期被进一步编纂或最终整理完成。史诗《摩诃婆罗多》和《罗摩衍那》的最后定型本是这个时期形成的。《往世书》这一时期在加紧编写，最终成书约在 7—12 世纪。《摩奴法论》、《耶贾纳瓦尔基耶法论》、《那罗陀法论》、《布梨哈斯跋提法论》也在这时最终完成。印度教六派哲学的后继者这一时期和以后都又写了新的经论，对原典作新的注疏，进一步发挥本派观点。

① （东晋）法显：《法显传》，第 13—14 页。

梵语文学得到相当发展。笈多帝王大力奖掖文学和学术活动。沙摩多罗·笈多本人也能写梵文诗，有“诗人国王”之称。旃多罗·笈多二世宫廷有“九宝”，是指受他保护、恩宠的9位各方面才学名流，其中包括迦梨陀娑。4—6世纪是古典梵语文学创作的高峰期。除风格、技巧创新外，在内容和题材方面已不像先前那样完全依属于宗教，而是部分地与宗教拉开了距离，成为独立发展的艺术形式之一。一些文学家开始创作世俗作品，尽管他们多出身婆罗门，思想上免不了仍受宗教束缚。同样情况也出现在佛教、耆那教梵语文学中。另一突出现象是探讨文艺理论的著作较多地出现。婆罗多的《剧论》就是其一。其原始形式产生于公元前后，这一时期最后定型。对戏剧的起源、性质、功能、演出等各方面，该书都作了理论探讨，并总结了实践经验，为古典戏剧的进一步发展奠定了基础。在诗歌方面，伐摩那的《诗庄严经》、檀丁的《诗镜》对诗歌的修辞、韵律、风格等作了深刻的探讨，提出了一些很有见地的看法。这样，古典梵语文学就出现了欣欣向荣的局面，成了印度文学园地中最绚丽的花朵。

这时期最有成就的文学家是迦梨陀娑，最有代表性的作品是他的诗歌、戏剧。迦梨陀娑出生年代和生平事迹都不清楚，据推断大约是3—5世纪的人，婆罗门种姓。他写的诗歌主要有《时令之环》、《云使》、《鸠摩罗出世》、《罗估世系》等，剧本有《摩罗维迦和火友王》、《优哩婆湿》、《沙恭达罗》等。这些作品多数依然取材于宗教传说，但着重描写的不是神性而是人性。如《云使》写一个被贬谪的药叉想念妻子，托雨云带信，情意缠绵。《优哩婆湿》写天国女子和人间国王相爱，热烈向往人间自由幸福的生活。《沙恭达罗》写森林修道者的义女忠于爱情，既敢于抗争又宽容大度，是善良妇女的典型。诗中剧中作者赞美纯真的爱情，颂扬人民的正直善良，揭露统治阶级的荒淫无耻，表现了追求完美进步的思想。在写作风格上也多有创新，达到了内容与形式的和谐统一。尤其《沙恭达罗》是他的最高成就，被译成多种文字在世界各国上演，成为戏剧宝库的精品。这一时期梵语名著还有伐致诃利的《三百咏》、阿摩卢的《百咏》、首陀罗迦的《小泥车》等。后者是剧本，描写一贫穷的婆罗门青年与一妓女相爱的曲折故事。

雕刻、绘画与建筑艺术此时期都有长足进步。

雕刻艺术进入了古典主义风格时期。原三个流派：犍陀罗艺术、马土腊艺术和阿玛拉瓦提艺术都向这个方向进化，犍陀罗艺术是掺和了印度本土风格逐渐发生演变。三者共同构成了笈多王朝古典主义艺术的源流。

古典主义风格不仅意味着掌握完美的雕刻技巧，而且意味着运用所有技巧和知识去创造理想化的美的崇高目的。古典主义艺术要求和谐、平衡、宁静，不允许夸张、过分渲染与戏化。这方面的代表作有比哈尔的灰泥浮雕塑像《蛇公主》、阿旃陀石窟的石雕嵌板《蛇王与王后》、马德拉斯神庙浮雕《王妃、卫兵和骑象者》、犍陀罗的《王子菩萨》、格罗赫瓦神庙中楣的《两对朝圣的行列图》等。这些作品构图完美平衡，前几幅人物端庄典雅，背景几乎没有单独的装饰图案。最后一幅两队人物错落有致，姿态各异，步履轻松，整个图面气氛和谐而又活泼。

笈多王朝的人物造型逐渐形成一种美学标准。它不用希腊人的几何度量标准，而是采取了大自然中所发现的花枝、动物形体的活的曲线。如人的脸部要像酱叶子般圆润，肩与前臂要像象鼻般弯曲，女性身躯要像母牛口鼻般柔软，男性胸膛要像雄狮肢体般健壮等。这种美学标准一直影响到后来。

以往雕刻主要是佛教艺术，此时佛教艺术虽仍占相当比重，印度教艺术更是蒸蒸日上。毗湿奴、湿婆及其化身和各种表现形式的造型大量出现。章西附近一座寺庙外墙的浮雕，其中有毗湿奴的宇宙梦，构思恢弘灵巧，堪称这一时期印度教雕刻的代表作。南印度帕那瓦王朝在马默拉普拉姆建造的浮雕很有特色。其中有以恒河神下降为主题的大型浮雕，甚为壮观。在朱罗出现的舞王湿婆雕塑，造型匀称优美，是印度雕塑最享盛名的精品之一。

石窟和绘画的发展是紧密联系在一起的。开凿石窟供僧人作住所古已有之，但石窟以壁画装饰则主要是这一时期的新创。最重要的石窟有：阿旃陀石窟、巴

阿旃陀石窟内景

阿旃陀石窟壁画

格石窟和埃罗拉石窟。

阿旃陀石窟最珍贵的宝藏是壁画。这也是古印度留下的最早的绘画作品。其中最早的约为前1世纪的作品，大量的属于5世纪后。绘画主题以佛本生故事和佛悟道传道的事迹为主，也有表现社会情况与自然风光的，还有放牧、狩猎、战争场面。整个画面布局和谐，色彩鲜亮，人物栩栩如生。阿旃陀石窟不仅壁画创作成就辉煌，在建筑和雕刻方面也都有很高的艺术价值。它不仅是印度人民的辉煌宝库，对我国、对其他东方国家都有强烈影响。我国石窟艺术是学印度的，在发展中逐渐形成了自己的风格。阿旃陀石窟在后来的战乱中被人遗忘，长期湮没在林莽草丛之中。直到1819年才被几名打猎的英国军人偶然发现。英人罗伯特·盖尔用20年时间临摹全部壁画，于1860年公展，引起轰动。不幸毁于大火。后来孟买艺术学校校长格列福斯又率学生来此临摹，结果出版了《阿旃陀佛教石窟画》，使阿旃陀壁画从此驰名世界。后人看《大唐西域记》，发现玄奘关于摩诃剌陀国的记载中有一段讲到那个国家东部山区有个石窟寺，并对其位置、建筑、雕刻等做了描述。考古学家倾向于认为，这里讲的就是阿旃陀石窟。这更使它的名声大振。

印度教寺庙建筑这时已经开始。最早是5世纪初建立的，如桑西第17号庙、南印度德干高德庙等。这时还比较简陋，但它预示着大规模建造印度教神庙的时期即将来临。

七、笈多帝国的灭亡

笈多帝国经过一个多世纪的繁荣后，5 世纪下半期开始走向衰落。斯坎达·笈多（455—467 年在位）以后又有好几个君主统治，其中较重要的是布陀·笈多和纳拉辛加·笈多。在布陀·笈多统治时，白匈奴人在其首领头罗曼率领下又开始新的入侵。大约在 5 世纪末 6 世纪初，他们征服了北印度很大部分地区，建立了自己的统治。约 515 年头罗曼死去，其子密希尔库拉继位，以奢羯罗都城。他进一步向恒河流域中下游进攻，一度还打到摩揭陀边境。但公元 528 年他终于被笈多帝国藩属王公马尔华的耶输达曼和笈多帝国君主纳拉辛加·笈多打败。白匈奴人的国家随之瓦解。留在印度的白匈奴人逐渐被同化。

6 世纪上半期，笈多帝国本身开始分崩离析。耶输达曼赶走白匈奴人后，也反叛笈多王朝，接着对周围地区实行征服。在这种情况下，不但各藩属国纷纷脱离帝国而独立，就是帝国直辖地区的省督们也纷纷自立。最后笈多帝国的封臣在摩揭陀也成立一些小国。笈多王位又传了几代。有的学者说，笈多王朝最后的君主是库马尔·笈多三世和维什奴·笈多，约至 570 年灭亡。也有学者持另外的说法，详情不明。总之到 6 世纪中期后帝国已衰亡。在摩揭陀的笈多的封臣建立的小国史称后期笈多，但与笈多王朝已不是一回事了。

笈多帝国也是靠武力建立和维持的。帝国内部经济发展不平衡，各地经济联系还很弱，使统一缺乏牢固的基础。帝国的收藩政策保留了较强的地方分散性，这种分散性又由于封建关系的发展日益得到加强。当笈多王朝武运亨通，处在不断的征服过程中时，大量的掳获物和分封能起到稳定局势的作用。当征服停止，内部潜藏的分裂因素就因争夺利益而开始上升。笈多王朝的财政收入因赐地增多和与罗马帝国的贸易衰落而受影响。帝国试图用降低含金量的办法维持金币的流通，也告失败。白匈奴人的入侵和占据大片领土，缩小了笈多王朝的财政收入，大大增加了其财政负担，使其国库更加拮据。当王朝统治者企图以增加税收、贡赋来弥补行政、军事开支之不足时，就给了诸藩属王公和地方势力中央实力空虚的信息，使他们看到了反叛、自立时机已经到来。笈多王朝的军事实力在对白匈奴人的长期战争中已消耗殆尽，没有力量阻止分裂趋势。统一帝国的瓦解是不可避免的。有的学者把分裂原因主要归之为白匈奴人的入侵。这是只看到外因，忽视了内因。白匈奴人入侵终归还是被笈多王朝联合其藩属打败了，这说明单凭这一因素并不能置笈多帝国于死地。白匈奴人入侵对促使帝国瓦解起一定作用，但不是决定性作用。

第六章

戒日帝国及其后的地区性王国

一、戒日帝国的兴衰

笈多帝国瓦解后，一度统一的北印度再次分裂。诸侯割据，互争雄长。耶输达曼统治的马尔华国家在他去世后被梅特拉卡和后期笈多灭亡。7 世纪后北印度较重要的国家有：后期笈多，又叫摩腊婆国，领土包括摩揭陀和马尔华；穆克里族的国家，叫羯若鞠阇国，都卡瑙季（曲女城），统治地区包括恒河中游和下游一部分；古吉拉人的国家，叫瞿折罗国，主要统治地区是拉其普他那；梅特拉卡族国家，叫伐拉毗国，统治地区在卡提阿瓦半岛；高达人的国家，叫金耳国，主要统治地区在孟加拉；普希亚布蒂族国家，叫萨他尼湿伐罗国，都旦尼沙，主要统治地区在德里以北恒河、朱木拿河与萨特累季河河间地区；在最北部，有克什米尔国；在阿萨姆，有迦摩缕波国。

这些国家各霸一方，竭力向外扩张势力。彼此在征战中互有胜败。在实现统一的目标上最后取得成功的是旦尼沙的统治家族。

旦尼沙的统治家族原为穆克里国家的藩属，后争得独立。独立后的第三个国王是阿底亚·伐弹那（即日增王）。他娶了后期笈多统治者马哈森纳·笈多的妹妹，生子叫波罗羯罗·伐弹那（即光增王）。他是第四王。他通过武力扩展了领土，自称“王中王”。萨他尼湿伐罗国所处的河间地区农业发达，又是恒河印度河两大水系相邻处，扼北印度、东印度、中印度交通之咽喉，商业发展。这种地理位置为其扩张提供了难得的有利条件。波罗羯罗·伐弹那与穆克里族国家联姻，以女儿罗阇室利嫁其王伽罗诃伐摩，共同对付马尔华的后期笈多的统治者提婆·笈多。公元606年波罗羯罗·伐弹那去世，子曷罗阇·伐弹那（王增王）继位。这年，提婆·笈多联合高达人国家的国王设赏迦进攻卡瑙季，穆克里族国家的国王伽罗诃伐摩被杀，王后罗阇室利被俘。旦尼沙的曷罗阇·伐弹那决心替妹夫报仇并营救妹妹，出兵打败了提婆·笈多，但在讨伐设赏伽时被后者设圈套谋杀。其弟曷利沙·伐弹那（喜增王）同年继位。

曷利沙·伐弹那得知妹妹罗阇室利已逃出，进入温德亚山脉森林中，就先去森林中找回了正准备自焚的妹妹。可能是应他妹妹的请求，曷利沙·伐弹那和妹妹共同治理羯若鞠阇国。初仅自称王子，号尸罗逸多，意译为戒日。6年以后即612年，曷利沙·伐弹那宣布卡瑙季与旦尼沙两国合并，以卡瑙季为首都。恒河上中游从此都处于他的统治下。历史上称他为戒日王。

戒日王对高达人国家的讨伐时间拖得很长。到643年在迦摩缕波国国王帮助下，两面夹击，终于完全征服了这个国家。戒日王占领了西孟加拉，把东孟加拉划给迦摩缕波。后者不久成了戒日王的藩属。戒日王还向西征服卡提阿瓦半岛上的伐拉毗，用联姻手段使之臣服于己，获得了西海岸诸港口，从此享有海上贸易的利益。这样，除克什米尔、西旁遮普、拉其普他那、古吉拉特和东印度边远地区外，北印度都处在他的统治下。在南方的扩张却遇到了障碍。德干的遮娄其那时国力正强，国王是补罗稽舍二世。大约630年戒日王远征德干，被他打败，不得不退回纳巴达河以北。这样，戒日帝国就局限于北印度。

戒日王终于在北印度大部分地区建立了一个以卡瑙季为中心的大帝国。这不仅意味着北印度大部分地区又实现了统一，而且意味着北印度的政治、经济中心已由恒河下游转移到恒河中游。

戒日王帝国的统治制度类似笈多帝国。戒日王用的称号是“通天王”。他也由大臣会议辅佐。帝国的统一也是不彻底的，保留的藩属国比笈多帝国时期还多，这些藩属国有些是被征服后保留下来的，有些是被迫臣服的。帝国直接统治的地区限于恒河中游和下游部分地区。可以说，这个帝国更是个众多封建小国的集合

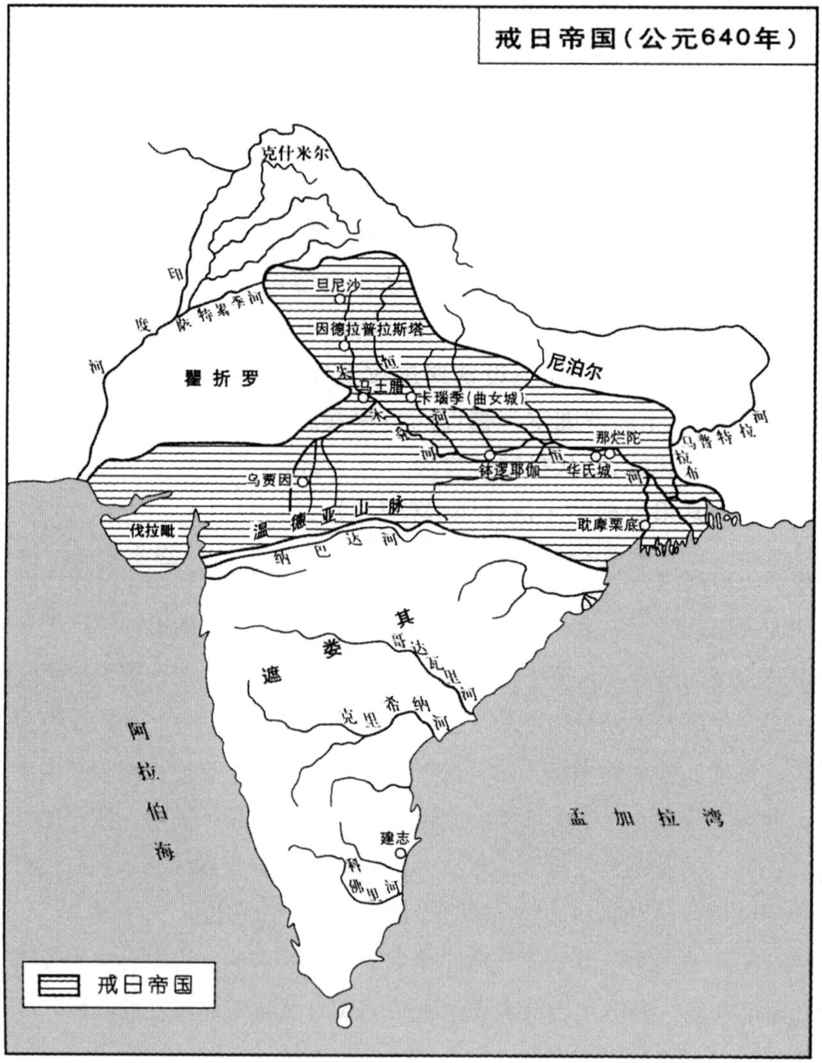
戒日帝国（公元640年）
克什米尔
印度河
萨特累季河
旦尼沙
因德拉普拉斯塔
瞿折罗
马土腊
卡瑙季（曲女城）
尼泊尔
恒河
那烂陀
钵逻耶伽
华氏城
乌普特拉河
拉布
乌贾因
温德亚山脉
伐拉毗
纳巴达河
耽摩栗底
其
娄
遮
哥达瓦里河
克里希纳河
阿拉伯海
孟加拉湾
建志
科佛里河
戒日帝国

体。藩属国的义务是向帝国中央交纳贡赋和必要时提供军队随国王的军队出征。

戒日王是个有魄力的君主，不但重大事务事必躬亲，而且经常在全国各地巡行视察，驻跸于各地。他的营帐就成了中央办事机构的所在地。他也常过问藩属国的内部事务。

戒日王经常保持一支强大的军队。据《大唐西域记》记载，帝国最初有“象军五千，马军二万，步军五万”。这可能只是帝国的常备军，不包括随时征召的藩属国的军队。常备军驻扎于各个战略要地，用来戍边和威慑诸侯。他统治时期，基本上保持了政治稳定。

和笈多王朝比较起来，刑法要严峻得多。通常的惩治手段是监禁、终身监禁、流放和截肢。火、水、称、毒等带有原始社会遗习的判案手段也时而采用①。尽管法令严酷，社会治安状况仍不如笈多时期。

戒日王原来对湿婆、太阳神和佛陀都信仰，晚年倾向佛教，大力倡导，在北印度建立许多佛塔和寺院，对佛教徒慷慨布施。不过，不论他自己在信仰上有什么变化，在他整个在位时期，都坚持实行兼容并蓄政策。我国唐朝高僧玄奘就是在这时来印度参学的，受到戒日王敬重和礼遇，返国后由他口授写了《大唐西域记》。据《大唐西域记》记载，戒日王“每於行宫日修珍馔，饭诸异学，僧众一千，婆罗门五百”②。戒日王每五年举行一次无遮大会，邀请各宗教僧侣、学者参加。共开了六次。643 年在钵逻耶加举行的大会，有数十万人参加，帝国宫廷大臣、许多藩属国王公都到会了。大会第一天供奉佛像，第二天供奉太阳神像，第三天供奉湿婆像。大会期间，除对佛教僧侣优惠布施外，对婆罗门、耆那教徒等也都给予布施。③《大唐西域记》记载说，每次无遮大会戒日王都“倾竭府库，惠施群有”④，各个教派都能得到布施，他也向各教派捐赠土地。戒日王此举是很明智的，为了巩固他所建立的大帝国，他需要兼容各种势力。

戒日王重视保护、促进文学艺术，尊重学者。由于他的支持和保护，那烂陀寺成了著名的教育和学术中心。他自己在文学上也有很高造诣。据说他写了三个剧本，两个是古典体裁的喜剧，一个是宗教题材的戏剧。不过印度有的学者对此

---

① 即在没有证据的情况下，实行“神判”。如果火烧不伤，水溺不死，人重于石，服毒不损，即被认为无罪。

② 《大唐西域记》，卷五。

③ 慧立、彦悰著:《大慈恩寺三藏法师传》，卷五，中华书局 1983 年版。

④ 《大唐西域记》，卷五。

表示怀疑，认为剧本是他手下的人写的，用他的名义问世是为了加强国王的声望，这种情况在印度史上并非第一次。

戒日王苦心经营建立起来的大帝国也未能维持长久。由于封建关系的发展，地方分裂倾向日重一日。戒日王的统一是在上层。他的保留藩侯、分封食邑、赠赐寺院土地的政策加强了地方分裂因素。他对佛教的推崇使势力日益强大的印度教上层不满，实际上是一部分地方封建势力的不满。所以当 647 年他去世后，帝国立即陷于混乱状态。戒日王是否有儿子不能确定。他女儿的儿子达罗犀那、他的大臣阿罗那顺等都起而争夺王位。阿罗那顺夺取了恒河流域的许多地方。统一的帝国不复存在。

二、再度四分五裂

戒日帝国昙花一现，在它瓦解后，印度又陷于政治上四分五裂的状态。这次分裂持续五六个世纪，在时间上是最长的。这期间在全印度形成众多地区性王国，一直到 13 世纪初才有所改变。

在北印度，8 世纪初主要国家有：克什米尔、卡瑙季、瞿折罗－普罗蒂诃罗和帕拉。瞿折罗－普罗蒂诃罗是随白匈奴人进入印度的古吉拉人建立的，9 世纪初领土包括古吉拉特、马尔华和今拉贾斯坦，信奉印度教。帕拉国位于孟加拉，8 世纪开始向外扩张，其统治者信奉佛教。8 世纪中期后，在北印度出现瞿折罗－普罗蒂诃罗、帕拉和拉喜特拉库特三国争霸的局面。拉喜特拉库特是南印度国家，位于马哈拉施特拉，都马利亚克特（今绍拉浦尔附近）。在国势强大后，它不满足于在南印度的扩张，也把目光转向北印度，参与北印度的争霸，其统治者信奉印度教。三国争夺的焦点是卡瑙季。卡瑙季原为戒日帝国的中心，政治影响大，又处于北印度的交通中枢地位，具有战略上的重要性。谁控制这里，谁就能控制恒河流域。三国争夺长达半个多世纪，互有胜负，形成拉锯之势，到头来谁也未能统一北印度。10 世纪后三国相继衰落瓦解。此后在北印度出现一批拉其普特人建立的小国。拉其普特人的来源迄今众说不一。印度学者倾向于认为他们是在北印度定居的白匈奴人后裔，或是随他们一起来的中亚部落。他们来前，这里有许多小共和国。他们同化其中，成为军事首领。在普罗蒂诃罗衰落之际便乘机拥兵自立，建立起一系列国家。10 世纪后北印度分裂得更加细碎，这就为来自中亚的穆斯林的征服提供了条件。

南印度的情况和北印度十分相似。8 世纪逐渐形成一些大国，为争夺南印度霸权彼此长期征战不休，最终没有哪个国家能保持霸权。8 世纪中期，南印度主要国家有：西遮娄其、拉喜特拉库特、帕拉瓦和朱罗。争霸首先是在遮娄其和帕拉瓦间展开。帕拉瓦势力最强时领土包括哥达瓦里河与克里希那河之间的广大地区，并使次大陆最南端的三国都成了它的藩属。它与遮娄其的战争你来我往，互有胜败。8 世纪上半期，遮娄其北方省的行政长官推翻了遮娄其国王的统治，建立了拉喜特拉库特国家。拉喜特拉库特很快取代遮娄其的位置，与帕拉瓦继续争夺在南印度的霸权，打败了帕拉瓦。帕拉瓦后被朱罗灭亡。到了这时，南印度的争霸角色改变为拉喜特拉库特与朱罗。到 972 年，拉喜特拉库特被自己的藩属灭亡，后西遮娄其代之而起。然而后西遮娄其没有拉喜特拉库特那样的实力，这就给朱罗中兴提供了机会。但朱罗的强大为时短暂。11 世纪下半期起，它的藩属不断反叛，最后，朱罗国领土被卡卡提亚和霍伊萨拉两小国瓜分。南印度诸大国在彼此斗争中也是一个个地消失了，留下的也是更加细碎的众多的软弱无力的小国。它们彼此征战不休，把无尽的财富和大量的精力都消耗在无尽头的战争中。

三、封建土地关系的发展

戒日王统治时期是印度封建社会最后形成时期。作为封建社会基础的封建土地关系，在戒日帝国迅速发展起来。此后至 12 世纪，继续向全印度发展，成了在全印度占主导地位的生产方式。

关于戒日帝国的情况，《大唐西域记》记载道："王田之内，大分为四：一充国用祭祀粢盛；二以封建辅佐宰臣；三赏聪睿硕学高才；四树福田，给诸异道。"[①]

① 《大唐西域记》，卷二。

这段记述说明：

1. 新的突出的发展是，实行了官吏食邑制。所谓“二以封建辅佐宰臣”，就是向官员分封食邑或职田，以代替薪金。孔雀王朝实行的是薪金制。笈多帝国时期大概继续施行，迄今尚未发现分封食邑的任何材料。所以《大唐西域记》关于分封食邑的记载表明了戒日王时期土地关系的最突出的变化。《大唐西域记》还记载说：“宰牧、辅臣、庶官、僚佐，各有分地，自食封邑。”① 说明实行得较普遍。不仅各级官吏得到封邑，有些被授予中央或地方官员名义的藩候和首领可能也得到了封邑。封邑大小取决于官职的高低。理论上说，食邑持有者只是享有土地上的税收，只有做官期间才能享有。但事实上，一经分封，受封者总想世袭占有。有材料说明，有的官职由几代人世袭，如孟加拉有个家族四代世袭宰相职位，中印度有五代世袭同一官职的。在这种情况下，其封邑也就几代相传。除税收外，受封者是否还享有土地上的别的收入不得而知，也未见赋予受封者行政权、司法权的记载。这种食邑因涉及全国官员，其数量不会比宗教赐地少。这样，对土地的封建占有就从以往的宗教赐地为主，改变为以世俗的封邑为主。封邑持有者成了封建主中的主要部分，尽管他们在封邑上享有的权利是有限的，不像婆罗门的永久赐地那样权利无限。

2. 捐赠僧侣、寺院土地的做法继续实行。这就是“福田”、“教田”。从文献和考古材料看，这时捐赠的规模越来越大，往往几村、几十村地赐予。巴那的《戒日王传》讲到戒日王在一次出征前，把 100 个村子的土地捐赠给婆罗门。又据《大唐大慈恩寺三藏法师传》记载，那烂陀寺蒙“国王钦重，舍百余邑，充其供养。邑二百户，日进粳米酥乳数百石”②。义净的《南海寄归内法传》讲到，他在那烂陀寺时，该寺封邑为“村余二百”，③ 说明比玄奘在时又有很大增加。佛教居士胜军论师被戒日王聘请为师，戒日王要赐给他乌荼国八十大邑，胜军未受。许多这样的赐地都是永久赐地。受赐者享有土地上的税收、各种收入和劳役。赠赐土地都有国王颁发的文书作为凭证。有些赐地同时赋予了行政、司法权，在文书中都做了清楚的说明。如戒日帝国时期另一份赐地文书说：“连同村庄所应交纳的一切赋税以及使用强制劳动之权力，连同实物和黄金收入，连同一切犯罪的审判权，不论耕种或出租，受施者及其子孙后代都有权享用这种布施。任何人包

① 《大唐西域记》，卷二。

② 《大慈恩寺三藏法师传》，卷三。

③ 义净：《南海寄归内法传》，卷第二。

括政府的任何官员都不得干涉布施。”①

3. 硕学高才也得到土地封赠。这种情况以往王朝也有，但不像戒日王时期这样成为定制。封赐办法大致同于宗教赐地。

4. 部分土地仍由国家直接领有，用于王室和国家开支。

从理论上说，不但“职田”，就是赐地，除永久赐地外，也只能享有土地税收收入。但在事实上，只要有可能，受封者都会在征税之外，以其他名义加强榨取，并力图把占有的土地变成世袭土地。他们都成了国家和农民间的封建地主。

和以前一样，分封食邑和赠赐土地一般并不影响原来耕种该土地的农民对该土地的世袭耕种权，但这些农民地位发生了变化，实际上已成了受私人封建主剥削的佃农。《大唐西域记》讲到“假种王田，六税其一”②。这就是说，地租率为六分之一。此外，还有其他名目的捐税或摊派，如牧场税、池塘税、供应过境军队及官员食宿费用、提供力役等。当然，土地的新主人对农民的索取是不会限制在国家规定的税率上的，只要有可能就会加强榨取。至于赠赐的土地属于荒地者，受赐人组织开垦后，多用雇工和分成制佃农耕种，其分成比例或地租率，就由封建主自行规定，国家并不干预。

以上是指王田的情况，也即戒日王直接控制地区的情况。至于戒日王的藩属国，据出土铭文看，封赐寺院和僧侣土地的同样很多，有的也施行官吏食邑制度。藩候可自主封赐，无需得到戒日王批准。可见，那些地区走向封建化的趋势和戒日王直接控制的地区是一样的。

促使国王们实行食邑制度并把更多土地赠赐给寺庙的主要的原因是：1. 无论戒日帝国或其他较大国家，行政机构庞大，维持它的有效运转需要大量的财政开支，可是外贸衰退，国家收入普遍减少，从国库拿出大量现金为官员发薪都成为难题。实行食邑制度，以地税代薪，能够缓解这一矛盾。2. 政治上的需要促进了封赠土地的发展。各个获得王位者要扩大自己的统治基础，都要实行封赐。封赐土地成了培植个人势力的重要手段。不仅官员得到食邑，各种提供重大服务的人也得到土地作为报偿。自然，食邑制的施行，大量土地的封赠，都是建筑在生产力有了发展，农业经营比以往有了较多受益的基础上。只有在这种条件下，人们才会对得到土地封赠感到兴趣，并以之为荣。

① ［苏联］阿西波夫：《十世纪前的印度简史》，三联书店 1957 年版，第 99 页。

② 《大唐西域记》，卷二。

戒日帝国时期，印度最终转变为封建社会。土地突出地被看做是社会财富的主要形式。取得土地不仅能获得经济权利，在许多情况下也获得了对农民的控制权力。土地成了权力的基础，通过担任官职、军职，通过宗教地位得到食邑或赠赐土地而得到剥削压迫权力成了封建社会统治阶级构成的主要渠道和基本模式。世俗的受地人被当时的文献称为萨曼塔、罗多、他库罗等。最常用的是萨曼塔，意为“臣属”，原指藩候、首领，后把高级官员也包括进来。封赠土地导致了权力的分散化。获得一个地方的土地，就获得了控制该地的权力，地方上有地位的人通常被任命担任官职，而得到封地则进一步巩固、加强其在地方上的地位。这就促进了以萨曼塔为主要链条的地方效忠关系的形成。从某种意义上说，这种效忠关系就是 8 世纪以来形成的地区性王国的政治基础，并且是这种王国能够长期保持的重要原因。

8—12 世纪，封建土地关系继续发展。无论是最初的三个在北印度争霸的主要国家——普罗蒂诃罗、帕拉、拉喜特拉库特，还是以后出现的众多的地区王国，都继续实行赠赐和分封食邑制度。发展是不平衡的，但总的趋向并无二致。拉其普特人因保留较多氏族关系，其封建土地关系的特点是多层分封，附属关系强烈，藩臣通常还有行政、司法权并对国王负有军事义务。这在当时的印度并不多见。

8—12 世纪印度土地的相当大部分已处在各种封建占有形式下，封建占有已成为土地占有的主导形式。大量农民沦为佃农，所受的剥削比以往沉重，地位趋于恶化。由于有些赐地规定受赐人可出租或自耕，也就是授予逐佃权，所以，在马尔华、拉贾斯坦、古吉拉特、马哈拉施特拉等地，都出现了土地封赠后有些农民被剥夺耕种权的现象。这些农民成了无地农民，或沦为雇工，或沦为分成制佃农，其处境比一般佃农更为困难。

在印度古代史上，关于农民反抗压迫的情况我们知道得很少。固然，宗教影响、种姓限制使农民的反抗要发动起来困难重重，在这方面无法和中国农民相比。但是，既受重重压迫，断无不反抗之理，只不过在规模上、程度上可能受一些限制。我们看不到这方面的史料主要是因为农民自己不可能有任何记载，而婆罗门对此不会关心和留下记载。近年来，历史学家注意从文学作品中搜集史料，得到一些线索，但事实的真伪还需史料印证。

四、经济活动的地区化趋势及外贸的衰退

与封建土地关系的发展密切联系在一起的，是经济活动地区化倾向的加强。到这时为止，印度社会商品经济虽有一定发展，但仍然是个农业手工业直接结合的自给自足的社会。每个家庭男耕女织，每个村社有自己的手工业者。农业手工业在家庭的结合，在村社的结合，加上种姓制限制职业的选择和人口流动，使印度经济的自给自足具有异常牢固的性质。以往的商业发展，对自然经济固然是个冲击，但只要国外贸易仍以高级消费品为主，只要农村没有真正卷入商品经济范围，有限的商业活动就只能是这个自给自足的经济结构的某种点缀和补充物。

自给自足的经济必然是地方性的。村社是个自给自足的单位。其不足部分由附近以集市为中心的小地区的交换做补充。每个小地区也基本上是自给自足，其不足部分以附近城市为中心的更大一些的地区交换做补充。城市的交换包括满足消费的各种日用品，农村的交换则主要限于自己无法生产的食盐、铁器等，其他消费品所需极其有限。

这种自给自足经济的地方性质是不言而喻的。但直到 7 世纪前，它的地区性被一种大范围贸易的外表所掩盖。这是由于：1. 许多地区手工业还不发展，这些地区城市居民所需的许多日用品仰赖较远的产地供给。2. 孔雀帝国、贵霜帝国、笈多帝国、戒日帝国等大帝国的出现促进了各地的商业联系。3. 外贸的发展，特别是北路、南路贸易刺激了某些出口手工业的生产，形成商品由内地向海港流动的一条条横贯全国的商业大动脉。但戒日帝国以后，情况有了很大变化。第一，外贸衰落，特别是北路贸易的衰落，使大范围的商品流通失去主要推动力。第二，戒日帝国之后，又形成长期割据和战争局面，使全国范围的商业大动脉难以保持。第三，地区王国的长期割据，必然导致经济的地区化的发展。各个国家都要立足于在自己版图内的自给自足，都要利用自己的资源，发展手工业、商业，满足本国的需要。第四，土地封赠特别是在大面积封赠的情况下，促成了封地范围尽可能的自给自足。当赠赐内容包括土地上的各种资源时，在封地内发展手工业就有较大的余地。8 世纪后，许多获得大面积土地赠赐的神庙、寺院既经营农业，又经营手工业、商业，成了一个个自给自足的经济单位。封地的自给自足成

为地区性经济的重要支柱。总之，从戒日帝国时期以后，以自给自足经济为基础，以一定的地区性商业活动为补充的经济活动地区化的趋向急剧加强，它就是地区性王国长期存在的基础。在以后几个世纪里，经济发展一直是在这种框架内进行的。

关于农业经济情况，留下的文献材料不多。从《大唐西域记》、义净的《南海高僧传》及出土的铭文中可知，水利灌溉普遍受到重视。在北印度，大多是村社或地方自己兴修的。如拉其普特诸国内建造了许多水利设施，包括渠道、堤坝和水井。10 世纪时国家兴修水利增多。如克什米尔的大臣苏亚主持修筑了一道可以控制克什米尔河谷洪水的大坝。南印度由国家兴修水利的较多。朱罗国王拉金德拉一世在新首都甘垓孔达—朱罗普拉姆附近建筑了一个灌溉用的大贮水池，即著名的朱罗—甘加姆池。德干高原许多地方都有小型贮水池，收贮雨水。

关于手工业，《大唐西域记》说到手工业种类繁多，工艺精美，特别讲到棉纺织品、金银首饰、珠宝、象牙、漆制品、兵器等，赞美其制作精细，质地优良。还说到各国都有一些手工业专业生产的地区，那里集中大量的专业手工业者，生产各种产品，供应市场。

关于商业，内贸方面的一个突出现象是随着政治中心的转移和分散化，原来北印度和恒河中游的一些商业都会，如呾叉始罗、富楼沙、华氏城等冷落萧条，另一方面，各地一批处于水陆交通枢纽位置的城市兴起，成为一个个新的政治、经济中心。《大唐西域记》记载，旦尼沙、卡瑙季、伐腊毗、波罗奈等城市都是“异方奇货”集散之地。“商贾逐利，来往贸迁，津路关防，轻税后过”①。商人积蓄了大量财富。如伐腊毗城“家室富饶，积财百亿者，乃有百余室矣”②。商业活动一般都得到地区王国统治者的支持。甚至有个别出土文书表明，有的商人还从国王那里得到免税经商权、行政管理权，甚至赐地。③

外贸方面，与拜占廷、伊朗的贸易到 6 世纪中期已停止。7—10 世纪北印度外贸衰退，黄金输入急剧减少。8—10 世纪很少有国家铸造金币。货币减少是对官员实行以地代薪的主要原因之一。与西亚、北非的贸易还在较低的水平上保持着。玄奘讲到西海岸港口苏拉特是重要的货物集散地，这里能看到许多外国商船。9 世纪后，阿拉伯人来印度贸易和从事转手贸易的增多。西海岸的外贸越来

① 《大唐西域记》，卷二。

② 同上书，卷十一。

③ S.P. Sharma, *Indian Feudalism*, p.57.

越被阿拉伯人掌握，他们从西海岸输出棉布、香、香料等，成为印度与西亚、北非贸易的中介。8 世纪前后，由于阿拉伯人蹂躏伊朗，强迫拜火教徒改宗，许多拜火教徒（袄教徒）逃到西印度。他们从事贸易，构成了印度商人的一部分，在近代以后发挥重要作用。与东南亚的贸易没有间断，7 世纪后还有新的发展。朱罗的海上优势促进了与这些国家的贸易往来。孟加拉、科罗曼德海岸和马拉巴海岸出现许多重要港口。如耽摩栗底、建志、故临、普哈尔（在科佛里河口）等。《大唐西域记》讲到耽摩栗底说："国滨海隅，水陆交会，奇珍异宝，多聚此国。"[①] 故临是东南亚商船在印度洋上的最大中转站。每年还有大量中国商船来这里，与印度商人以及阿拉伯商人贸易。泰米尔商人、孟加拉商人在这个领域的贸易中起主要作用，古吉拉特商人也有一定参与。这一时期输入和输出商品的主要种类较前一时期没有多大变化。

五、佛教的衰落和印度教的兴盛

戒日王是 7 世纪最有势力的佛教保护者。他在北印度广建伽蓝，对佛教寺院慷慨布施，使佛教在总的停滞趋势中，一度又有所发展。

玄奘的《大唐西域记》记述了他在印度参学、巡礼的经历，从中可以看到当时佛教的流行情况。他大约 630 年入印度境，过印度河，经呾叉始罗等国至迦湿弥罗国。随后入北印度，经一系列国家，至羯若鞠阇国、吠舍厘国、摩羯陀国，巡礼华氏城、伽耶等处圣迹，然后到达那烂陀寺（约 633 年）。一路上停留多处，学习经典。那烂陀寺是当时全印最大的佛教寺院，有常住僧四千余人，而且是最重要的佛教学术中心。玄奘在那烂陀寺居留 5 年，从戒贤法师学大乘瑜伽行派的《瑜伽师地论》及其他经典。戒贤是继承无著、世亲、护法诸大师的权威学者，对瑜伽、唯识、因明、声明都有精深研究。玄奘与印度高僧切磋辩论，声誉日隆。此后，又至东印度、南印度、中印度、西印度各国参学 4 年，向胜军等各地法师学习了《十二因缘论》等。约 642 年回到那烂陀寺，主讲瑜伽行派的

① 《大唐西域记》，卷九。

《摄大乘论》、《唯识抉论》，影响很大。当时正是佛教大乘两派中观派（空宗）和瑜伽行派（有宗）争论激烈之时，玄奘用梵文写出融合两派学说具有独到见解的《会宗论》，受到两派高僧中很多人的交口称赞。又写了《制恶见论》，批驳小乘派正量部的观点。一婆罗门写出自己的观点，挂在那烂陀寺大门上挑战。玄奘驳倒了他。戒日王十分尊敬玄奘，643 年邀请他主持在卡瑙季召开的佛教法会。戒日王亲自参加大会。出席大会的有迦摩缕波国王及其藩属国国王二十多人、佛教大小乘僧侣三千余人、婆罗门及其他教徒三千余人、那烂陀寺僧侣、学者一千余人。大会以玄奘所著《会宗论》、《制恶见论》两论的论点标宗，任人难诘。但过了 18 天竟无一异议提出。据《大唐西域记》记载，参加大会的婆罗门中有人见戒日王如此敬重玄奘的佛教，心怀不满，纵火烧毁了供佛像的宝台并欲行刺戒日王。戒日王宽大处理。只惩首恶，余党不罪。玄奘得到大小乘佛教徒的广泛爱戴，被尊称为“大乘天”、“解脱天”。戒日王请他乘大象巡行，宣告大会盛事。后又请他参加在钵罗耶伽举行的第六次无遮大会。644 年他由毕迦试出境，过雪山，经于阗返回长安（645）。在印 14 年期间，足迹遍五印度，凡五十余国，其中在戒日王领土上约度过 8 年。他不仅向印度高僧学习到大乘要义，把大量经典带回中国，促进了佛教在中国的传播，他而且旅印期间的活动，对当时印度大乘佛教的发展也起了某种推动作用。

《大唐西域记》详细记述了当时印度佛教的情况。当时仍是大小乘并行。大乘在有些地区特别是北印度日益挤掉小乘，但小乘依然兴盛。从玄奘分国的记载看，信仰小乘的国家依然比信仰大乘的多。有些国家如羯若鞠阇国、恭建那补罗国、摩诃剌佗国、邬阇衍那国等，是两者兼习，说明势力不相上下。玄奘记述道：“部执峰峙，诤论波涛，异学专门，殊途同致，十有八部，各擅锋锐；大小二乘，居止区别。”① 反映了当时佛教内部论争的激烈。这种状况固然推动了佛学的深入研讨，但对佛教的发展整体上说是有害无益的。

佛教虽然得到戒日王推崇又有所发展，但从全印度看，它昌盛的地区已经有限了。根据玄奘记载，许多佛教中心都已衰落，景象今非昔比。玄奘观察到，印度教却在迅速复兴。他写道，在羯若鞠阇国，佛教和印度教的力量对比为“邪正二道，信者相半”②。羯若鞠阇国是戒日王朝的核心地区，那里尚且如此，说明

① 《大唐西域记》卷二、八、九、十等。

② 同上书，卷五。

了佛教势力衰落和印度教势力的增长已成定势。

玄奘离印 30 年后，公元 673 年，我国唐朝又一名高僧义净从海路来到印度，首先进入东印度的耽摩栗底国，之后在北印度、中印瞻礼圣迹，往来各地参学，其间在那烂陀寺住了 10 载，685 年离印。他的《南海寄归内法传》也记载说，佛教在他所经历的地区有很多信徒，那烂陀寺“僧徒数出三千，封邑则村余二百，并积代君王之所奉施，绍降不绝”①。慧立据玄奘材料所写的《大慈恩寺三藏法师传》也说，那烂陀寺“僧徒主客常有万人，并学大乘兼十八部”，“寺内讲座日百余所”②。但这种繁盛景象已限于少数地区了。

8 世纪在孟加拉兴起的帕拉王国统治者崇信佛教，在摩羯陀建造了飞行寺、超岩寺等大寺院，使佛教在孟加拉又有所发展。超岩寺成了继那烂陀寺后最大的佛教学术中心。在信德地区佛教还保留一定影响。但这都不能扭转佛教在全印日益衰落的趋势。

在这期间，也即六七世纪起，佛教中出现一个新的派别，叫密教。它是大乘佛教与民间信仰的混合物，也吸收了印度教性力崇拜的因素。其教义主张“三密修持”，即身成佛。三密是语密（念咒）、身密（特定的手势）、意密（心观佛尊）。据认为达到心口意三业清净，与佛的心口意相印，即可获得佛果。密教的特点是把原来民间流行的、为佛祖所反对的咒术信仰，包括咒术、仪礼、俗信继承过来并加以系统化，形成一套体系。密教又分右道密教和左道密教。前者以《大日经》为经典，后者以《金刚顶经》为经典，吸收了印度教的性力崇拜仪式。多罗，即男菩萨的配偶，受到类似印度教女神所受到的崇拜。前者主要在西南印度流行，后者在东印度和南印度流行。在 11—12 世纪，在帕拉王国统治地区，从左道密教中又分出一个支派，叫易行乘。它主张崇拜导师，宣传纵欲（所谓通过大欲大乐达到本性清净），走向败坏。密教的出现对佛教影响很大，特别是后来它把大乘中观、唯识的某些理论吸收进来，使自已具有理论的外貌，很具有蛊惑性。8 世纪后，密教逐渐占领了佛教尚存的阵地，佛教逐渐密教化，整个陷于衰微状态。11 世纪起穆斯林统治者的入侵和宗教迫害给了佛教致命的最后一击。那烂陀寺、超岩寺等佛教寺院都被毁灭，许多佛教高僧、学者逃到西藏和东南亚国家避难。风行了一千余年的佛教 13 世纪从印度大地上消失。

---

① 《南海寄归内法传》，卷二。

② 《大慈恩三藏法师传》，卷三。

耆那教 9—10 世纪继续流行。古吉拉特的遮娄其统治者、卡纳塔克的西甘加统治者大力保护和支持耆那教。也就在这一时期，耆那教的许多寺庙建造起来，大雄的偶像被立于寺庙中，供信徒崇拜。不过 10 世纪后，随着上述国家的衰落，耆那教失去了一些统治者的特别支持，也处于停滞状态。

印度教却蒸蒸日上。玄奘记载贝拿勒斯有“天祠百余所，外道万余人，并多宗事大自在天”。在恒河与朱木拿河交界的阿拉哈巴德，有“天祠数百，异道实多”。[①] 天祠在百所以上的据《大唐西域记》列举还有犍陀罗、萨他尼湿伐罗国、羯若鞠阇等 18 国。

公元 8 世纪，印度教内出现一位思想家、改革家，叫商羯罗（约 788—820，有不同说法）。他的活动进一步推动了印度教的发展。他是吠檀多派最有影响的思想家，著有《梵经注》等。他的思想以《奥义书》、《薄伽梵歌》为依据，认为后期吠陀文献即吠檀多代表了吠陀思想的精华。在对世界的看法上，他提出的学说是纯粹不二论，主张世界唯一实在是梵，梵体现为小我。除了梵以外没有真正实在的事物，一切外界事物都是“摩耶”（幻）。“摩耶”有一种力量（幻力），能使人把不实的事物看成实在的，这就是无明。按照他的主张，解脱之道就在于破除无明。其根本道路，是直接证悟梵我同一。还提出一个人要真正获得解脱需要一个长过程。作为开始，认识下梵，崇拜神是必要的。他自己就常进神庙拜神。这就把他的抽象神学哲理与一般人的宗教观念调和起来，使多数人能够接受他的主张。吠檀多派学说成了印度教神学体系的主要思想基础。商羯罗还在组织方面加强印度教。他借鉴佛教建立僧伽的方法，在印度教中建立

扎格纳特神庙

① 《大唐西域记》，卷七。

了僧侣组织。又在全印度东南西北四个角落——奥里萨的浦里、西海岸的德瓦尔卡、南方的斯林吉利、喜马拉雅山上的巴德里纳特建立了四座印度教寺庙。这些寺庙成了印度教进一步传播的重要基地。商羯罗反对繁琐的仪式。在他建立的寺庙中只进行简单的崇拜。在他的推动下，以后有更多印度教寺庙建立起来。寺庙供奉的神主要是毗湿奴和湿婆，也有的供奉女神及其他神。寺庙逐渐成了印度教敬神的主要公共场所。商羯罗是南印度喀拉拉人，婆罗门种姓。他由南印度来北印度，与佛教高僧们论战，给衰落的佛教以沉重打击，把大批封建上层和普通群众吸引到印度教这边来。

印度教之所以能在婆罗门教的基础上崛起，除了宗教本身教义、仪式等的变革外，还有个因素起了不可低估的作用。这就是教内有些派别提出了社会方面的新主张，对群众有很大吸引力。这些派别是性力派、虔诚派和林伽派。前者反对种姓区分和歧视妇女，主张不分种姓、性别都可敬神，得到神的护佑。这派主要流行地区在孟加拉、奥里萨、阿萨姆。虔诚派和虔诚运动是更主要的。虔诚派7世纪后在南印度泰米尔语地区首先兴起，其特点是强调信仰者对神完全敬崇皈依就能得到神的爱助。并主张神的爱普及一切人，没有种姓和男女之别。这一派领导人是一些在民间享有威望的印度教圣人，其中有婆罗门，也有出身下级种姓的人。他们从一地到一地，宣传爱的信仰，用通俗易懂的地方语言宣讲或写作诗歌，深受群众欢迎。所到之处，形成热潮，把大批本来对婆罗门教不满而改宗佛教、耆那教的群众重新吸引到印度教旗帜下。林伽派流行于卡纳塔克，敬奉湿婆神，强烈反对种姓制度，反对歧视妇女，反对戒斋、朝香、祭祀。这些派别的主张反映了低级种姓和广大下层妇女的要求，虽然不曾为正统派采纳，但仅仅是宣传本身，就强有力地帮助了印度教征服群众。8世纪后众多的地区王国都成了印度教的天下。到10世纪印度教已在全印占统治地位。

佛教为什么会在印度消失，印度教为什么能成为占统治地位的宗教？

这实际上是一个问题的两个方面。可以说，佛教是被印度教吸收了。这个巨大变化有教派本身的原因，也与印度向封建社会转变密切相关。具体说：

第一，从佛教本身说，寺院已成为大封建主，高级僧侣腐化堕落，佛陀当年制定的教义、教规被抛到一边，它的安贫乐道的特质已经丧失。义净在《南海寄归内法传》讲到寺院处理去世僧人遗物的办法时，列举了一个“应分”遗物与“不应分”遗物的清单。非常醒目的是，在“应分”部分中列举有金银、珍宝、珠玉、钱财，“不应分”遗物中列举有田宅、村园、屋宇、邸店、奴婢、象、马、驼、骡、驴乘等，还讲到契据、酒等的处置办法。表明有些僧侣金银财宝一应俱全，既是地主，又是奴隶主，甚至兼营商业和放债。既然佛教高级僧侣和婆罗门一样都成了腐化堕落的上层，都远远脱离群众，普通人民对他们的景仰也就失去。在人民心目中，他们和婆罗门不再有重大区别。

第二，佛教获得民众的支持，主要是它具有较为平等的社会观，它反对种姓压迫，反对婆罗门的特权地位，它没有婆罗门教那些繁琐而又花费巨大的祭祀仪式。然而这些方面的优势由于印度教的出现都渐渐失去。印度教改革了原婆罗门教的教义、教规，革除了繁琐的祭祀仪式，削弱了婆罗门以往那种过分的特权地位。虔诚派、性力派、林伽派呼吁种姓平等、男女平等的宣传又博得了民心。这样，佛教的上述优势便被剥夺。

第三，大乘佛教的出现使佛教在许多方面向印度教靠拢，失去了自己的特色。表现在：代替巴利文等俗语，大乘佛教用梵文写经讲经，大大加强了婆罗门教经典语言梵文的地位，脱离了使用俗语的普通群众；语言、文学、宗教是有密切联系的，既接受梵文，就不能不受印度教文学和宗教思想的渗透；大乘教义与印度教瑜伽派接近，大乘讲“般若”（智慧），讲“止观”（心专注一，由之产生智慧），和瑜伽派所说通过总制，抑制心的作用从而生慧是一样的。大乘中也出现了像瑜伽派那样的禅师或行者，写了许多阐述亲证瑜伽诸地的著作；大乘把佛陀神化、偶像化，实际上是接受了有神论，背离了佛陀的因缘说；不仅佛陀成了神，还出现了众多佛、众多菩萨，形成多神崇拜；佛教本来是反对巫术、咒语，可是当它失去最初的伦理教义从而失去活力后，在教徒中咒术和荒诞的神秘主义便广泛流行起来。密教的形成表明它已呈严重病态。佛教的密教化也使它与印度教的密教难以区别。这样，佛教的鲜明特色便逐渐消失，在人们心目中它与印度教的界限越来越模糊。当印度教巧妙地宣布佛陀也是毗湿奴的化身后，就从整体上把佛教吸纳进印度教，一般佛教徒也就不知不觉地变成了印度教徒。

第四，佛教由印度教取代从更深层次上说，与印度社会封建关系的发展有密切关系。封建关系的形成相应地要求突出王权，加强社会等级制度。印度教的主神崇拜是人间王权在神学思想上的反映，有利于突出王权。印度教的种姓制度把世间等级神圣化，有利于加强社会等级制度。佛教比较起来在这两方面都起不了印度教的作用。大乘佛教虽把佛陀神化，但终究没有走到像印度教那样宣扬神创世说的地步。佛教的四民平等主张虽然不是反对种姓制的，却是不赞成种姓压迫的，不赞成婆罗门的特权地位的。对主要由刹帝利、婆罗门构成的封建上层来说，这当然是他们不喜欢的，因为这不能适应他们用等级制度牢固控制下层群众的需要。印度教的兴起伴随着强调种姓制度，强调婆罗门、刹帝利的特权地位，这正反映了封建统治阶层的要求。各国统治者都逐渐转到印度教一边，这是很能说明问题的。

地区性封建王国相互征战，都把领土扩张作为首要任务。佛教的非暴力信条封建统治者不会欣赏，印度教《薄伽梵歌》的“有为”主张却能被他们利用来鼓动和辩护对外战争。这是各国统治者青睐印度教的又一原因。

封建关系的发展伴随地方势力的兴起，形成了统一文化与地方文化并存和相互影响的局面。佛教虽有大小乘和部派之分，相对比较强调统一，不适应这种形势。印度教却很适应。它具有松散、多元、包容性强，适应性强等特点，能够灵活地吸收地方信仰因素，包括非雅利安人的某些信仰。只要宣布各地原来崇拜的神是毗湿奴、湿婆两大主神的化身或表现形式，就可以把它们包容进来，既无碍印度教大局，原来的居民也仍然可以照旧信仰自己的神。种姓制度能够不费事地包纳外来民族和被征服的土著部落，外来民族的上层只要请婆罗门编造个家谱，就能跻身印度教上层种姓而不致改变自己的地位。这样，印度教就对外来民族上层、地方势力包括宗教势力上层敞开了大门，便于外来文化、地方文化与印度主体文化交融和共存。在封建关系的发展不断增长着封建分裂因素的情况下，印度教以其特有的灵活性、包容性起了维护文化统一、体现文化统一的巨大作用，对促进尽可能的政治统一，也是个积极因素。

总之，印度教同化佛教而成为全印占统治地位的宗教，有宗教本身的原因，也有社会原因。就后者而论，是印度走向封建化的需要，也是封建化过程在意识形态领域的表现。

六、种姓制度的强化

以往在面临佛教严峻挑战的时候，在孔雀帝国、贵霜帝国、戒日帝国等一系列君主崇信佛教的时候，尽管婆罗门立法者推出《摩奴法论》，企图用使种姓制度严格化的办法来加强种姓制的地位，但种姓制度严格化事实上难以真正实行。

信奉佛教的君主不可能在司法方面遵循《摩奴法论》的规定，而且，对低级种姓压迫过甚，会把更多的下层群众推向佛教，这是婆罗门不能不考虑的严重问题，再加上那时婆罗门教内也有反对种姓歧视的思潮兴起，婆罗门为巩固对群众的控制，遏制佛教的发展，不能不多少对低级种姓作出点让步。例如对首陀罗宗教权利的限制稍微放宽。在佛教、耆那教发展的长时期里，虽然对种姓压迫形成了一定的冲击力，但佛教、耆那教并不否认种姓制度，只是说在他们教内实现四姓平等。这种冲击力是软弱的，对种姓制度构不成真正的威胁，因此尽管佛教一度有很大发展，种姓制度几乎是原封不动地一直存在着。8世纪后当印度教战胜了佛教，而各国的统治者又都转到印度教一边后，婆罗门觉得自己的地位巩固了，于是又把加强种姓制度的问题提上日程，这就导致了种姓压迫的强化。在封建关系日益发展的情况下，种姓制度不但作为宗教等级制度存在，而且成了服务于封建压迫的工具。

婆罗门重新得势事实上从笈多帝国已经开始。由于得到大量土地赠赐，由于许多出身非刹帝利种姓的地区性王国统治者需要依靠他们编造家谱跻身刹帝利种姓，作为回报给以优厚的布施，婆罗门的社会地位陡然得到提高。神庙成了婆罗门权力的集中体现。它不仅握有大量土地，而且得到丰厚的财物布施，成为很有经济实力的封建主。有的神庙有数额巨大的资金，能向商业行会投资收取利润，有的向村社团体放债取利。朱罗国的一些大神庙就是这样，既向商业行会提供资金，又向农村提供信贷。这些神庙的管理机构甚至吸收当地商业行会和村社会议的代表参加。较大神庙有的雇佣千百名仆奴，其工资都由神庙支付。神庙也是教育和知识中心。大的神庙能免费供养学者研修学问，吸引众多学者，成为学术基地。婆罗门上层许多人也相当富有。有的是享有永久赐地的大地主，有的还握有司法、行政权力。在政府部门担任官吏甚至大臣也是常有的事。参与商业的也不在少数。朱罗等南印度国家的婆罗门有的投资商业，有的自己就经商，甚至无视教规和种姓制度的戒规，渡海到东南亚国家去经商。这样，婆罗门不仅在精神、文化方面保持特权，而且在经济和政治领域也都成了有势力的特权等级。当然，并不是所有婆罗门都能获得这种地位的，只有上层如此。有许多婆罗门陷于贫困，早已从事低级种姓的职业。

刹帝利以往是许多人支持佛教，反对婆罗门的特权地位。8世纪后出现的突出现象是，一方面，许多获取了王权或地方统治权的出身于非刹帝利种姓的冒险家，需要求助于婆罗门替他们伪造家谱，把自己说成是刹帝利。《大唐西域记》

讲到，羯若鞠阇国、波里夜旦罗国国王是吠舍种姓，秣底补罗国、信德国国王是首陀罗种姓。他们都需要给自己谋得刹帝利的合法身份。这样，在和婆罗门的关系上就无形抬高了婆罗门的地位。另一方面，这种非刹帝利统治者既然都要千方百计跻身刹帝利种姓，也使刹帝利的统治权得到确认，刹帝利的地位也大大加强了。他们不仅继续占据大大小小主要官职，还因为得到食邑而成了世俗地主，这是以往所没有的。

经济地位的一致性使婆罗门和刹帝利结合得更紧密。两者都认识到种姓制与自己切身利益有关，对维护这种制度表现了同样的关心。

种姓制度的强化表现在对首陀罗变本加厉的歧视上。首陀罗虽然被允许在一定限度内参加宗教生活，但依然不许听诵和学习吠陀，不许进神庙。以往所有关于婚姻、饮食方面的限制不仅依然原封不动地保留，而且更严格了。以前不能完全实行的，现在都必须实行。玄奘记载道："婚娶通亲，飞伏异路，内外宗枝、姻媾不杂。"① 这一时期的法论把高级种姓接受首陀罗食物、与首陀罗同坐一条板凳都说成是玷污。

种姓制度强化的最典型、最集中的表现是对贱民的压迫。贱民人数到这时已经大大扩充。这不仅是因为被征服的土著部落有些还从事狩猎采集的，或农耕部落中那些被认为从事不洁职业者被定为贱民，还因为随着种姓制度的严格化，不少被认为违背婚姻戒规的人受到惩罚，所生的子女沦为贱民。对贱民的令人难以想象的排斥构成了印度种姓制度最黑暗、最丑陋的一面。

一个人的经济地位、政治地位、阶级地位都可以改变，但种姓地位却不能变。这是种姓制度最突出的特质，也是它加之于社会流动的桎梏。然而，改善自己地位，也即向上流动的愿望是人性所固有的，低级种姓不会甘心于处于屈辱地位。在没有另外出路的情况下，人们只有在种姓制度的秩序内，通过传统所容许的途径争取向上流动。这就是"梵化"的道路。

"梵化"的理论是印度社会学家斯里尼瓦斯提出的。② 他指的是这样一种现象：许多地位低的亚种姓希望改变自己的地位。他们或者宣称自己本来是从事别种职业的，地位较高，或者干脆宣称原来是高级种姓，只是由于这种或那种原因，才沦为今日的种姓。他们要争取恢复原来的种姓，方法是按照种姓制度规定，模仿

① 《大唐西域记》，卷二。

② M.N.Srinivas, *Social Change in Modern India,* New Delhi, 1992, p.6.

该种姓的生活习惯，遵守该种姓的戒规，放弃现有的与该种姓不相符合的生活方式，希望以整个种姓成员的这种自我约束和不懈努力，争得别的种姓承认自己的改变。在种姓制度下，既然个人改变种姓地位的可能性不存在，人们只能谋求以种姓为单位的集体改变。这种情况大量出现在近代以后，但古代绝不会没有。从已知的材料看，改变成功的个别例子也是有的，这多半需要别的因素的配合。如因为经济地位上升，在当地比较富有，其改变种姓的努力别人只好承认。但一般说，这种谋求改变的努力很少能成功地导致向上流动。在多数情况下，不过是在原水平层面上有所移动，变成了与原亚种姓多少有别，但仍属于原来瓦尔那的一个新的亚种姓。在等级森严的种姓制下，任何一个亚种姓都不愿别的亚种姓高于自己，高级种姓更不愿低级种姓闯入他们的特权圈子。所以，不管一个亚种姓自我梵化多么努力，要想得到上下左右的承认是难而又难。梵化这条道路是很难走通的。然而对低级种姓来说，要改变自己地位还能有什么路可走？所以人们仍不放弃，哪怕只有一丝一毫希望也要坚持努力。一些低级种姓不屈不挠地争取实现梵化，成了印度种姓社会一个十分突出的现象。

种姓制度的严格化归根结底是封建关系发展的需要。当越来越多的农民成为私人佃农，和手工业者一起处在宗教和世俗封建主的剥削下时，保持对农民和手工业者的控制、压迫就成了封建主和国家统治者最关心的问题。种姓制度作为一种等级制度，和封建社会阶级划分在大的方面是一致的。封建主多数是婆罗门、刹帝利，而农民、手工业者多为首陀罗和贱民。这样，利用宗教化了的种姓压迫来控制农民、手工业者，把他们保持在从属和受奴役的地位，对封建主来说，不但是最便当的手段，而且有利于掩盖封建剥削的真面目。种姓压迫成了封建阶级压迫的支柱和补充，它本身也成了封建社会制度的一个组成部分。

七、寺庙教育、地区语言及文学艺术

古代印度并没有今天这种学校，传授知识最初是通过个别传承，即跟婆罗门和佛教僧人学习。受教育者限于婆罗门、刹帝利、吠舍种姓的子弟。学习内容主要是宗教典籍、文法、算术等。

后来，有些佛教寺院向年轻僧人集中传授知识，也接受外来僧人住寺听讲，接受非僧人“学生”住寺学习。这样就形成了寺院教育中心。教育内容以宗教典籍为主，也包括部分世俗知识课程。那烂陀寺就是最著名的佛教教育中心。“寺内讲座，日百余所”，不同学术观点都可以在这里开讲和辩论，只有真正的“俊才高学”才能受到敬重。比哈尔的飞行寺、超岩寺也是有名的教育中心。在西印度的伐腊毗、南印度的建志，都有这样办教育的寺院。

印度教兴建庙宇后，也建立了附属于庙宇的教育机构。商羯罗建立的四座寺庙都是教育中心。在其他地区，也有不少寺庙兼办学校。

无论佛教寺院或印度教神庙的教育活动，通常都得到所在国家国王的支持。国王们封赠土地，捐助钱财，供做教育经费。

由于不同寺院、神庙常属不同派别，传授的知识有局限性，欲深入求知识者，常常是在一个寺院或神庙学习后，再去别的寺院或神庙，向更多高僧求教。这形成一种传统，被认为是达到知识完善的必经途径。这种办法不但使参学者得到提高，也起了促进各地区文化交流和各派观点交流的作用。

在语言方面，这一时期最重要的发展是现代地区语言的形成。这是一个漫长的发展过程。雅利安人进入印度后，在不同地区形成不同俗语。又经过很多年，由于和地方原居民的广泛接触，俗语又有变化，逐渐形成了不同地区的地区语言。大约在10世纪前后，多数地区语言趋向定型。主要地区语言有印地语（7世纪后字体演变成天成体）、旁遮普语、比哈尔语、孟加拉语、奥里萨语、古吉拉特语、马拉特语、阿萨姆语、克什米尔语、信德语等，其中印地语使用地区较广。同样的过程也发生在南印度。南印度达罗毗荼语族通用的泰米尔语，经过一个长时期的演化，在不同地区也形成有相当差别的地区语言：泰米尔语、泰卢固语、马拉雅兰语和卡纳达语。语言的这种演化，无论在北印度还是南印度，都是个自发的过程，但人为的促进因素也不能完全否认。例如，虔诚派的宣传鼓动中，印度教圣人在南印度各地用地方语言宣讲和写作诗歌，就对地区语言的形成和传播起了重要作用。耆那教僧侣在西海岸用古吉拉特语传教对古吉拉特语的最后形成同样起了重要作用。当地区语言逐渐定型后，许多地区性王国的统治者便以该地区的语言作为宫廷语言，以取代梵语。其目的是为了把地区王国的统治建立在更牢固的地区根基上。这一行动使地区语言获得官方语言身份，更促进了它在本地区的流行。

地区语言的形成是10世纪印度社会文化领域的最重大的变化。其影响是两方面的。一方面，它表明不同地区文化都得到了发展，并将因地区语言的形成而得到更大的发展，水平上的地区差别将会缩小；另一方面，地区语言的形成导致文化活动的地区化，后者又使已经存在的政治、经济活动地区化的倾向得到加强。这为印度走向统一增添了困难。印度教文化是促进印度文化统一的重要因素，但它在文化活动地区化的倾向面前也无能为力。它只能包容、影响地区文化，不能取代、合并它们。统一的印度教文化与各地区的地方文化并存，是形成印度文化特色——统一中的多元化（或多元统一）的最主要的因素。

在地区语言文学兴起之前，梵语文学继续有很大发展；地区语言文学兴起后，梵语文学趋于衰落。主要原因是梵语非民间使用语言，梵语文学作品流行范围受到很大限制。8—12 世纪，梵语文学的主要作者及其代表性作品，属于史诗、传记方面的有毗尔诃纳的《遮娄其王传》、迦乐诃纳的《王河》、波那的《戒日王传》等。前者讲遮娄其国家的历史，《王河》讲克什米尔的历史，记载较为真实，文笔简朴生动。《戒日王传》提供了戒日王的重要史料，但它主要是文学性传记，夸张、渲染的色彩较浓。属于戏剧方面的，有毗舍佉达多的《指环印》、婆吒·那罗延的《结髻记》、薄婆菩提的《茉莉和青春》、《大雄传》、《罗摩传后篇》等。后者是以《罗摩衍那》的主人公故事内容为素材加以改编的，写罗摩休妻后认识到错误，与悉多破镜重圆，含有突破封建道德观念的思想，被认为是梵剧后期的优秀作品。据说戒日王也写了三个剧本《妙容传》、《瓔珞传》和《龙喜记》，但有的学者不认为真的是他本人所写。属于故事方面的有：《五卷书》，相传为苏纽舍里曼编，实非出自一人之手，是故事集，主要讲治国处世之道，采用故事中套故事的叙事方法，韵散杂糅，在世界故事文学中占有重要地位；苏摩提婆的《故事海》，是德富用毗舍遮语（温德亚山脉一带流行）写的《伟大的故事》的梵语改写本，有三百多个故事。属于小说方面的有苏般度的《仙赐传》，波那的《迦丹波利》，檀丁的《十王子传》等。檀丁是帕拉瓦时期的小说家，又是文艺理论家，著有《诗镜》。梵语文学无论是诗、戏剧、小说，在迦梨陀娑之后都有流于程式化的倾向，用词雕琢堆砌，内容因袭模仿。这也是梵语文学衰落的内在原因。

大约 10 世纪后，各种地区语言文学逐渐兴起。印地语、孟加拉语、马拉特语、泰卢固语先后有了自己的文学作品。但总的说，此时尚处于幼年时期，文学水平还不高。

建筑艺术这一时期有新的发展。一些王朝的宫廷建筑已相当壮观，有些文学作品做了描绘，但留下的遗址极少。这一时期建筑方面的另一重要发展是大量的印度教神庙的建造。北方南方都有。较大的有北印度的卡朱拉霍庙群，南印度的马默拉普拉姆的七塔庙、坦焦尔的大湿婆庙等。总的特点是石质建筑，主神殿之上建多级塔，越往上越小，顶端有瓶状的或球形的塔顶，塔之前有大殿，供做祭神仪式用，塔壁上有精美的密密麻麻的雕刻。有的寺院是整个塔群连在一起，建筑物连绵起伏，错落有致，宛如一座小山，有的寺庙无塔，殿堂主次分明，形成群体，主殿有宏伟的大石柱，雕刻华美。有的寺庙是石窟群，沿山开凿，蔚为壮观。各寺庙建筑物中都供奉印度教神像，以毗湿奴、湿婆两大主神为主，还有其他神像。

雕刻艺术这一时期有新的变化。神像的雕刻或铸造（用青铜）相当精美。湿婆舞像是最优秀的代表作品，被视为世界艺术珍品。建筑物上的雕刻不仅有宗教神话故事，也有反映世俗生活和爱情的故事。不过，这一时期雕刻风格无论印度教还是佛教艺术总的趋势都是从古典主义发展到矫饰主义，即追求浮华、新奇，画面上添加过多的装饰，破坏了古典主义的宁静、单纯。再往后，矫饰主义发展成巴洛克风格。其特点是用各种繁缛的装饰装潢、衬托画面主要人物，突出地反映了一种追求浮夸的审美情趣。如奥里萨 12 世纪一座恒河女神像，全身从头到脚珠光宝气，在其身后，还有成串的珍宝悬在空中。这种变化与印度社会封建化是有联系的。封建主积累了大量财富，一味追求享乐，这种情趣影响了雕刻艺术，似乎塑造的人物佩戴的金银珠宝越多就越高贵。其结果是不可避免地以庸俗代替了典雅，以浮华代替了素朴，使雕刻艺术失去生气。

卡朱拉霍庙石雕

八、阿拉伯人和突厥人的入侵

7 世纪阿拉伯帝国也试图向印度扩张，曾几次进攻信德，均未能得逞。711

年倭马亚王朝东部省省督哈加吉借口一海船被劫，又派军队从陆路征伐信德。712 年春攻占了德巴尔港，接着渡过印度河，在拉瓦尔打败信德的印度教王国的军队，国王达希尔战死，阿洛尔被占领。713 年阿拉伯军队又进占了木尔坦。这样，信德和木尔坦就被阿拉伯人占领，成了阿拉伯帝国的一个新的省份。

阿拉伯征服者最初强迫居民改宗，拆除印度教、佛教寺庙，后实行较缓和的政策，允许以交纳人头税代替，印度教、佛教寺庙也允许保留。阿拉伯人建立了一套军事行政体制，各级都设军事长官治理。大片土地被分封给阿拉伯官兵，作为军事采邑。阿拉伯人力图继续扩大征服。但他们的进攻被普罗蒂诃罗、拉喜特拉库特等国家击退。阿拉伯人在信德、木尔坦维持统治达 3 个世纪之久。他们的国家是后来被入侵印度的突厥人灭亡的。

阿拉伯人的入侵开始把伊斯兰教传入印度，使一部分人改宗了伊斯兰教。但由于其统治范围有限，对印度的影响也是有限的。

真正对印度全局发生重大影响的，是 11—12 世纪突厥人的入侵。他们也是伊斯兰教徒。他们的入侵最终导致 13 世纪初穆斯林王朝——德里苏丹国在印度的建立。

公元 962 年，中亚萨曼王朝呼罗珊总督、突厥冒险家阿普提真因参与王位斗争失败，在阿富汗的伽兹尼自立为王，建立了伽兹尼国家，信奉伊斯兰教。到沙巴提真为王时，积极向外扩张。986—987 年开始侵犯印度西北边境的沙希国家，遭到抵抗，但终于迫使沙希国割让部分领土，并缴纳沉重贡赋。997 年其子马茂德继任国王后，从 1000 年起大举侵略印度。不过他侵略的目的不在于扩大领土，而是掠夺财富。1000—1027 年中，他征伐印度至少有 12 次（一说 17 次），最远深入到卡瑙季、瓜辽尔、卡提阿瓦。沙希国家的国王贾帕拉阿南达帕尔一直奋力抵抗，一度还得到拉其普特一些王公的支援，但终究无法阻挡马茂德的攻势。这时，在北印度争霸的普罗蒂诃罗已瓦解，在其废墟上出现的一批拉其普特人统治的小国忙于相互征战。虽然有些国家也做了抵抗，但都是各自为战，缺乏联合行动，加之突厥人的军队以骑兵为主，总是在农作物收获季节来犯，无须携带军需辎重，作战机动灵活，因此，所有抵抗都以失败告终。马茂德所到之处，金银珠宝被抢劫一空，不能抢走的常常被付之一炬。许多繁荣的城市被夷为平地，寺院庙宇顿成废墟。如马土腊是佛教和印度教圣地，有庙宇千余所，许多神像是用包括金银在内的材料塑成，里面装满珠宝。马茂德掠夺这个城市 20 天，运走或捣毁了所有神像，破坏了所有庙宇。又如卡提阿瓦海岸的索姆纳特神庙是当时印度最富有的庙宇，有1000婆罗门、500舞女，每天香客数十万人，拥有数以千计村庄的收入。庙中大钟以黄金做链子，柱子镶满宝石，帷幔嵌绣着珍珠，佛像内装满香客奉献的宝石。所有这些都在1025年被马茂德劫走或破坏。印度教徒做了决死的抵抗，被杀者逾5万人。马茂德的野蛮掠夺给北印度带来的破坏无法估量。

马茂德每次来犯都是长驱直入，所向无敌，表明了分裂的印度无力自卫。马茂德征服了沙希国家（1026），兼并了阿拉伯人占领的木尔坦（1008）和信德(1026)，把这些地方作为他深入印度内地侵掠的基地。

1030年，马茂德死去，伽兹尼国势衰落。这时，原为伽兹尼藩属的古尔王公崛起。古尔王公家族也是突厥人，信奉伊斯兰教，1173—1174年征服了伽兹尼，建立了古尔王朝。首都在古尔。这时国王是吉雅斯－乌德－丁·穆罕默德。他任命弟弟穆伊兹－乌德－丁·穆罕默德（文献上通常称他为穆罕默德·古尔）为伽兹尼省督。1175年，穆罕默德·古尔开始远征印度。中止了一百多年的突厥穆斯林入侵又开始了。

和马茂德不同，古尔的入侵以征服领土为目的。这时在古尔国家的西邻波斯，花剌子模势力兴起，挡住了它向西扩张的通途。这也是它集中侵略矛头于印度的原因之一。他的军队主要由突厥人、波斯人、阿富汗人雇佣兵组成，阿富汗人居多。

1179年，穆罕默德·古尔进攻旁遮普。旁遮普这时依然处在伽兹尼王朝的残余势力的统治下。到1186年，穆罕默德·古尔占领了旁遮普和信德，前锋抵达印度斯坦。

印度斯坦此时主要的拉其普特人统治的国家是：乔汉、加哈达瓦纳、帕拉马拉、昌德拉、卡拉乔瑞、遮鲁其等。前三者力量稍强。这些国家大多处在彼此不断的征战中。当穆罕默德·古尔由旁遮普南下，首当其冲的是统治德里和阿季密尔地区的乔汉。乔汉军队奋力抵抗，1190—1191年在德里附近的塔莱战役中取得胜利，穆罕默德·古尔受伤逃走。1192年，穆罕默德·古尔再率12万大军前来征伐。在第二次塔莱战役中，乔汉的军队遭到惨败，穆罕默德·古尔占领了德里。德里地处印度斯坦咽喉。这一战役的胜利不但为穆罕默德·古尔征服北印度打开了大门，也严重动摇了其他国家抵抗穆罕默德·古尔的信心。1194年，穆罕默德·古尔5万大军进攻加哈达瓦纳国（都卡瑙季），在朱木拿河岸昌德瓦尔的决定性战役中取得胜利。穆罕默德·古尔乘胜进军，占领贝拿勒斯。城内大量印度教、佛教庙宇被拆毁，在其上建立了清真寺。掠夺的财宝被运回伽兹尼，仅骆驼就足足用了 14 000 匹。此时，北印度已没有任何国家可以和穆罕默德·古尔抗衡了。

1195 年，古尔的大军又攻占瓜辽尔，迫使其统治者接受古尔的宗主权。穆罕默德·古尔征服印度是时来时去。他不在印度时，所征服领地交给其部将库特卜–乌德–丁·埃贝克管理。后者作为总督奉命不仅要巩固对所管辖地区的占领，还要伺机扩大征服。本德尔坎德就是被埃贝克征服的（1202—1203），那里的昌德拉国王帕拉马拉德瓦做了坚决抵抗，直到战死。至此，北、中印度所有拉其普特人统治的国家都被征服。对比哈尔、孟加拉的征服是由一个驻奥德的军官完成的。

1202 年，古尔国王吉雅斯病逝。穆罕默德·古尔继承王位。1205 年，西旁遮普科卡尔人起义反对穆斯林占领者。穆罕默德·古尔急率大军前来镇压，1206 年 3 月在稳定了局面后回国途中他被刺身亡。此时，北印度征服地区的管理者仍是他的部将库特卜–乌德–丁·埃贝克。

第七章

德里苏丹国时期

一、王朝变迁和征服战争

穆罕默德·古尔去世后，古尔帝国立刻崩溃。由于他没有子嗣，他的侄儿和几个权大势重的部属各霸一方，自立为王。库特卜–乌德–丁·埃贝克被拉合尔一批军事贵族推选为穆罕默德的印度领地的苏丹。这样，从1206年起，突厥人就在印度建立了穆斯林统治的国家。从伊勒图特米什苏丹统治时起，首都迁至德里。德里苏丹国即由此得名。

德里苏丹国共统治320年（1206—1526），前后有5个王朝。

第一个王朝是“奴隶王朝”，从1206年到1290年。所以叫“奴隶王朝”，是因为库特卜–乌德–丁和另外两位苏丹伊勒图特米什和巴勒班都曾是奴隶。这个叫法是不准确的，因为这个王朝11任苏丹曾是奴隶的只有他们3人，而且这3人在任苏丹前都已被解除了或事实上解除了奴隶身份。

库特卜–乌德–丁·埃贝克原为中亚一突厥家族的后裔，被辗转卖给穆罕默德·古尔当奴隶。由于他才能出众，受到宠信和重用。穆罕默德带他南侵印度，让他指挥军队打仗，甚至把管理印度领地的重任委托给他，又授予他马利克称号。库特卜－乌德－丁在长期征战中培植了亲信，在军队中树立了威望，因此在穆罕默德去世后被贵族拥立为苏丹。但他任苏丹第四年（1210）就去世了。他的儿子阿拉姆沙闻讯后在拉合尔宣布继位，但未被贵族们承认。贵族们拥立库特卜－乌德－丁的女婿、当时任巴道恩总督的伊勒图特米什来德里继任苏丹。伊勒图特米什原系库特卜－乌德－丁的奴隶，因深得其宠信被委以重任，解除了其奴隶身份，并以女儿许配。他继位后一段时期，政局动荡不定。拉其普特王公反叛迭起，孟加拉省督也自立为王。他用武力征伐和灵活的外交手段稳定了局势。印度史学家普遍认为他是德里苏丹国真正的奠基人。1236 年，伊勒图特米什去世。此前，他认为儿子无能，选择女儿拉济娅为继承人。此举遭到贵族和乌里玛的强烈反对。伊勒图特米什屈服这个压力，改变主意，让儿子鲁克－乌德－丁·菲鲁兹继位。鲁克－乌德－丁沉溺享乐，不问国事，大权落在其母沙·土尔干之手。沙·土尔干专横跋扈，不择手段地翦除异己，引发叛乱。德里一批贵族逮捕了她，废黜了鲁克－乌德－丁，拥立拉济娅为苏丹。拉济娅继位后面临兄弟的争位和贵族的反叛。她没有屈服，而是以惊人的魄力应对复杂的局面。她身着男装，丢掉面纱、亲自处理朝政，甚至带兵打仗。许多人赞扬她、钦佩她，然而，女子为王这对正统的伊斯兰教徒来说是不能接受的。贵族和正统派的反叛接连不断。支持她的贵族也心存疑虑，力图约束和控制她。伊勒图特米什的前奴隶亲信结成“四十人团”，操纵朝政。发现她不甘受控制，就决定拉她下马。1239 年她带兵去镇压一场反叛被俘，“四十人团”立即把伊勒图特米什的另一儿子捧上王位。拉济娅设法逃出，并立即率领一支武装进攻德里以求夺回王位，但被击溃。拉济娅在逃亡中被杀害（1239）。

此后政局又陷于混乱。穆斯林省督们和印度教王公们纷纷脱离苏丹控制而独立。在宫廷内，贵族和乌里玛[①] 操纵一切，苏丹更换频仍，而且多遭谋杀。直到 1246 年巴勒班成为大臣，掌握实权后，才有数十年相对平静。巴勒班曾是伊勒图特米什的奴隶，后被重用。伊勒图特米什令其辅助其幼子纳西尔－乌德－丁·马赫穆德。他帮助后者登上王位，成了掌实权的大臣。失势的贵族反对他，施展阴谋一度把他撵下台。但不久他东山再起，重新掌权。1265 年苏丹马赫穆德去世，巴勒班登上王位，成了苏丹。

① 伊斯兰教法学家和神学家，是宗教的维护者及宗教法实施的监督者。

在巴勒班执政和统治时期，抵御蒙古军队的入侵成了头等重要的问题。蒙古军队1242年占领了拉合尔,1245年占领木尔坦,1257年、1279年两次侵入旁遮普。巴勒班领导抵抗，阻止了蒙古军队的深入，但不能把他们完全驱逐出旁遮普。对反叛的省督和王公们，他重新进行征服，重新巩固了对北印度的控制。在继任苏丹后，他采取了严厉措施打击专权贵族，摧毁了力图继续操纵朝政的“四十人团”和其他贵族势力，其成员有些被杀，有些被剥夺权力，有些受到惩罚。如巴达延省督马利克·巴格达格打死一个奴隶，巴勒班使他当众受到笞刑。阿瓦德省督海巴特汗因杀死一个奴隶被鞭笞500下。海巴特汗感到屈辱，终生再未出官邸。巴勒班排除了内忧外患，使德里苏丹国在几乎趋于解体的情况下又一次稳住了局势。在他统治下，德里苏丹国的疆域包括除克什米尔、马尔华部分、古吉拉特、阿萨姆外的整个北印度，比穆罕默德·古尔征服时的版图略有扩大。巴勒班1287年去世。此后的几个苏丹都是软弱无能之辈，贵族党争又起。巴勒班只重用突厥贵族的政策也引起阿富汗贵族的不满。1290年，军队总监马利克·菲鲁兹将军篡夺政权，宣布自己为苏丹，称号为贾拉勒－乌德－丁·菲鲁兹沙。“奴隶王朝”被推翻。马利克·菲鲁兹沙是卡尔吉人（是住在阿富汗赫尔曼德河谷的突厥人，该地在阿富汗语中叫卡尔吉，以此得名），故他建立的王朝史称卡尔吉王朝。

卡尔吉王朝不久依靠突厥贵族，也依靠阿富汗贵族，这是与“奴隶王朝”不同之点。卡尔吉王朝有6位苏丹，共统治30年（1290—1320）。其中最重要的国王是阿拉－乌德－丁，卡尔吉王朝的主要成就大都和他的名字联系在一起。他镇压了突厥贵族的不断反叛，多次打退蒙古大军的入侵，1306年后还乘蒙古帝国内乱，收复了被其占据的旁遮普地区和拉合尔。阿拉－乌德－丁统治时期征服了“奴隶王朝”未曾征服过的古吉拉特，又征服了拉贾斯坦一些尚独立的拉其普特王公，允许他们作为藩属继续存在，还兼并了马尔华。这样，除克什米尔外，基本上完成了北印度的统一。之后，开始大力向南方征伐，征服了耶达婆、特林加纳、霍伊萨那和潘地亚。它们都被允许作为藩属国继续存在。这样，由于南印度国家臣属德里，德里苏丹国势力扩大到南印度大部分地区，形成为全印帝国。阿拉－乌德－丁因而被称作印度第一个穆斯林皇帝。

阿拉－乌德－丁抵抗蒙古人侵略，基本实现印度统一，功绩卓著。不过他主要精力忙于抵抗侵略和征服，在内政改革上，特别是发展经济方面，除了严格控制以外做的事情不多。这是个缺陷。他把权力集中于己是需要的，但产生了另一

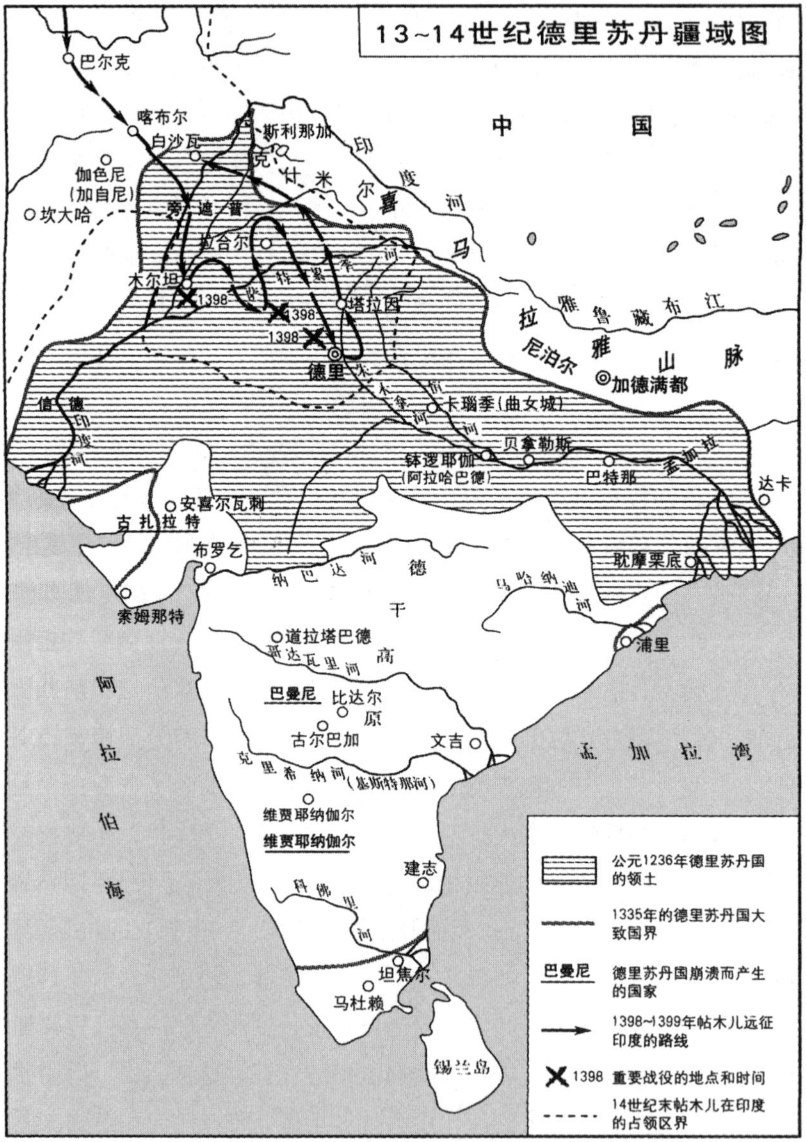

13~14世纪德里苏丹疆域图

方面的问题：政局的稳定、国家的安危全系于他一人。1316 年他的病逝使他精心营造的大厦顿时发生危机。不到四年时间，德里的王位就被一个受恩宠得到军权和库斯劳汗称号的印度教改宗者篡夺。突厥贵族立即集结在西北省省督、军队总监加济·图格卢克旗帜下，打败并杀死了库斯劳汗。加济·图格卢克宣布自任苏丹（1320），称号是吉亚斯–乌德–丁·图格卢克。图格卢克王朝开始。

图格卢克王朝共 9 任苏丹，统治 94 年（1320—1414）。王朝建立之初，一些省督和南印度的藩属国纷纷宣布独立，蒙古人也趁印度内部尚未稳定，又两次举兵来犯。这是蒙古人在印度的最后两次进攻，都被击退。使吉亚斯–乌德–丁感到真正棘手的是省督们和藩候们的反叛。他不得不三番两次地去征伐。北印度大部分地区的反叛被镇压，只有拉其普特一些王公的反叛镇压不下。1325 年吉亚斯–乌德–丁去世，其子焦纳继位为苏丹，称穆罕默德·宾·图格卢克在位时期（1325—1351）经过多次讨伐，完成了对南印度的再征服。这一次他兼并了所有南印度的附属国，分设省督统治。这时，帝国版图包括次大陆大部分地区，只有克什米尔、卡提阿瓦部分、拉贾斯坦部分、奥里萨和半岛西南端未包括进来。为了加强对南印度的控制，他把具有重要战略地位的原耶达婆国的首都德奥吉尔加以扩建，改名道拉塔巴德，作为第二都城，并修建了从德里到道拉塔巴德的道路。他命令德里的部分穆斯林贵族及宗教学者迁居道拉塔巴德，迁移费用由国家提供。

常年的战争和兴建第二都城的庞大花费造成严重财政耗竭。穆罕默德·宾·图格卢克在恒河—朱木那河河间地区提高地税，激起人民反抗。他发行代用货币（铜币，规定其相当银币价值），引起伪币泛滥，市场紊乱，百姓怨声载道。被强迫南迁的贵族多数不适应南印度的气候，染病的不少，也颇为不满，有些人强烈要求迁回德里，有的拒绝迁移，聚众反叛。这样，就在穆罕默德·宾·图格卢克统治后期（大约 1335 年起），各种矛盾都趋向激化。一些省督和藩候再次纷纷起兵反叛。苏丹顾此失彼，无力应付。第二都城只得放弃。帝国最南端马巴尔省省督塞义德·阿桑沙 1335 年宣布独立，奠定了马杜赖苏丹国的基础。在通加巴德腊河、特林加纳及克里希那河一带，印度教徒在卡帕亚·纳亚卡和克里希那·纳亚卡先后领导下，开展了争取独立的运动，驱逐了特林加纳的穆斯林总督，占领了瓦朗加尔。运动迅速扩大到西部的坎皮利省。苏丹新任命的坎皮利总督哈里哈拉、副总督布卡原为印度教徒，改宗了伊斯兰教，这时宣布回宗印度教，支持印度教群众的独立运动，1336 年在通加巴德腊河畔的哈斯提纳伐提建立独立国家。不久，建立维阇耶那伽尔城，以之为首都。这个国家就叫维阇耶那伽尔。在道拉塔巴德，穆斯林贵族也建立了独立国家。他们推举伊斯玛勒·穆赫为苏丹，穆罕默德·宾·图格卢克亲自率军前来镇压。但当他离去后，叛乱又起。1347 年，一个被称为扎法尔汗的年轻贵族哈桑被宣布为苏丹，称号是阿拉－乌德－丁·巴曼沙，建都古巴加。这就是巴曼尼王国的第一位国王。孟加拉穆斯林上层也宣布独立。1351 年穆罕默德·宾·图格卢克去世。日益加剧的分崩离析的趋势使他的后继者菲鲁兹沙一筹莫展。菲鲁兹沙所能做的，只是征服了少数反叛的藩属。他两次远征孟加拉，均无功而返。这样，在接受德里苏丹统治不过数十年之后，北印度部分地区及南印度大部分地区又都脱离出去，重新分解为一个个独立的小国家。菲鲁兹沙为解决经济困难，安定人心，采取了一些发展经济的措施，使他直接控制的地区尚能维持稳定。1388 年他去世后，瓦解的局势就无法收拾了。

1397 年起又面临新的外患：帖木儿在西亚建立以撒马尔罕为首都的大帝国后，也把注意力转向南方。1397 年他的军队渡过印度河，进攻木尔坦。次年，帖木儿亲率 92 000 名骑兵渡印度河、朱木那河，直捣德里。沿路的抵抗都被打败。帖木儿军一路大肆烧杀劫掠。图格卢克王朝的最后一个苏丹马茂德沙率军在德里外迎战，兵败后逃亡。帖木儿下令士兵洗劫德里。繁荣的德里毁于顷刻之间，多年积累的财富被劫掠一空，人民遭到血腥屠杀，学者、艺术家、工匠被掳走，一段时期几乎成了死城。15 天后，帖木儿离开德里返国（1399 年 1 月），路上征服了查谟，克什米尔王公也表示臣服。帖木儿任命归顺他的希兹尔汗为木尔坦、拉合尔和迪帕尔浦尔总督，管辖这些地区。图格卢克王朝从此一蹶不振。最后，1414 年希兹尔汗由旁遮普出兵占领德里，推翻了图格卢克王朝，自立为苏丹。这就是赛义德王朝的开始。

赛义德王朝有 4 任苏丹，共统治 37 年（1414—1450）。之所以称赛义德王朝，是因为希兹尔汗自称是先知穆罕默德后裔。但并无实据证明。希兹尔汗原为图格卢王朝的木尔坦总督，后卖身投靠帖木儿，被委以重任。帖木儿回国后不久死去，国内大乱，希兹尔汗也就成了自己的主人。由于握有重兵，势力强大，所以能攻占德里而登上王位。不过他抢到的这顶王冠，只在恒河上游、旁遮普和信德被承认。在除此之外的印度广大地区，已经是王冠比比皆是了。这一时期兴起的主要国家有拉其普特的美华尔和马尔瓦尔、古吉拉特、马尔华、坎德什、巴曼尼、维贾耶那伽尔、冈德瓦纳、奥里萨、孟加拉和江普尔等。其中拉其普特诸国和维贾耶那伽尔是印度教国家，其他国家都是伊斯兰教统治者建立的。赛义德王朝自始至终都无力改变这种局势。希兹尔汗及其子穆巴拉克沙所能做的只是对德里附近反叛的小王公进行征伐，取得的成功也是暂时的。在最后一个苏丹阿拉－乌德－丁·阿拉姆沙统治时，国土已缩小到德里周围数十里之地，旁遮普已被萨尔欣德的总督巴卢勒·洛蒂占领。1447年巴卢勒进攻德里被击退。阿拉－乌德－丁·阿拉姆沙为躲避可能的再次进攻，把朝廷迁到巴达翁，留下首相哈米德汗驻守德里。后者恐周围国家乘机进攻德里，就邀请巴卢勒·洛蒂到德里担任军队总指挥。哈米德汗想用这种办法笼络并利用巴卢勒·洛蒂。然而后者到达德里后不久，就杀了哈米德汗，1451年宣布自己为苏丹。这就结束了赛义德王朝，开始了洛蒂王朝。

洛蒂王朝有3任苏丹，共统治75年（1451—1526）。和以前几个王朝不同，这个王朝的统治家族是阿富汗人。王朝统治者征服了江普尔，兼并了比哈尔，又征服了几个拉其普特的小国家。1502年在阿格拉建立一座新城，以控制东拉贾斯坦及通向马尔华和古吉拉特的道路。阿格拉成了洛蒂王朝的新都城。1517年伊卜拉欣继承王位。为了强化自己的地位，他采取措施打击操纵朝政的贵族，结果引发多次叛乱。他的镇压也越来越残酷。由于感到形势险恶，他诏令旁遮普总督道拉特汗·洛蒂进京商讨对策。道拉特汗不明伊卜拉欣意图，心怀恐惧，不但自己不去德里，反而向喀布尔统治者巴布尔求援，邀请他进攻德里。觊觎王位的伊卜拉欣的叔父阿拉姆汗也对巴布尔发出同样的邀请，冀图借助巴布尔推翻伊卜拉欣的统治。1525年巴布尔率大军渡过印度河，向德里进发。伊卜拉欣亲往迎战。1526年4月21日，两军在旁尼帕特决战。洛蒂王朝的军队号称10万，并有1000头战象，实际上精兵约四万。巴布尔军队约两万五千人，在兵力数量上处劣势。然而战斗结果巴布尔大胜，洛蒂军队全军覆没，伊卜拉欣战死。巴布尔直取德里和阿格拉，建立了自己统治的国家，即莫卧儿国家。

随着洛蒂王朝的灭亡，德里苏丹国三百多年的统治史也到了尽头。

二、巴曼尼和维阇耶那伽尔

14世纪30年代起，德里苏丹国日趋解体，在它之外，又涌现出一大批国家。

在南印度，14 世纪中期后出现了两个较大的国家，即巴曼尼和维阇耶那伽尔，前者是伊斯兰教国家，后者是印度教国家。它们彼此尖锐对立，争战不断。两者的斗争构成了 14—16 世纪南印度政治舞台的主要场景。

南印度之所以能出现巴曼尼这样一个较大的穆斯林国家，是与图格卢克王朝建立道拉塔巴德第二都城有直接关系。正是建立这个都城，大量穆斯林迁来此地，其中包括很多贵族。他们掌握了这片地区的统治权，又得到大量土地封赠，成了这片地区的主要势力。1347 年巴曼尼国家建立后，各个权力部门都掌握在穆斯林贵族手中，政权框架完全是德里苏丹国的微型翻版。在贵族们的驱使下，阿拉－乌德－丁・巴曼沙利用当时的混乱局势，迅速向周围扩张，征服一些印度教小国。特林加纳也被征服。阿拉－乌德－丁・巴曼沙只是要它们承认自己的宗主权，并未实行兼并。所以征服过程没有遇到太激烈的抵抗。不到几年，王国疆域扩展到北以温甘加河为界，南抵克里希那河，西起道拉塔巴德，东至邦吉尔。全国被划为四个省，各设省督治理。1358 年穆罕默德・沙一世继任苏丹，与维阇耶那伽尔的长期战争开始。双方都占领过对方国土，都实行过宗教迫害政策。战争断断续续一直在延续。巴曼尼虽略占优势，但也无力征服对方。长期的战争使资源消耗巨大，社会经济和国家治理都受到严重影响。马哈穆德沙苏丹时期（1482—1518），各省省督纷纷拥兵自立，统一的国家解体。在它的废墟上出现了 5 个穆斯林国家，即比贾普尔、阿马德纳加尔、贝腊尔、高康达和比达尔。这 5 个国家彼此又不断进行争战。终于，比达尔被比贾普尔兼并，贝腊尔被阿马德纳加尔兼并。

维阇耶那伽尔是此时南印度最大的印度教国家。其创立者哈里哈拉在位时就

维阇耶那伽尔首都的神庙

积极向外扩张，控制了通加巴德腊河谷、孔坎的一部分和马拉巴海岸。1346年征服了霍伊萨拉，疆域扩大到北起克里希那河，南至科佛里河，东西抵海。1377年又征服了科佛里河以南的马杜赖苏丹国。和巴曼尼的长期战争开始后，双方互有胜负，主要是争夺富庶的通加巴德腊河间区、克里希那河与哥达瓦里河河间区。在以后的几个君主统治时期，维贾阇耶那伽尔对巴曼尼的战争屡屡失败，常常不得不赔款求和。1509年，克里希那·德瓦·拉雅继任国王。此时巴曼尼已经瓦解，他从比贾普尔手里夺占了通加巴德腊河间区。又攻打奥里萨，迫使其统治者割让大片领土。这样，他就把维阇耶那伽尔的疆域向东推进到维沙卡帕特姆，向西推进到孔坎，向南推进到半岛最南端的东部（西部仍有些独立的小国）。他因而获得了“三海和大地之王”的称号。罗耶国王统治时（1542—1570），掌实权的大臣罗摩·罗耶插手比贾普尔、阿马德纳加尔、高康达和比达尔之间的战争，和比贾普尔、高康达联合，对阿马德纳加尔作战。进入其领土后，维阇耶那伽尔军队对穆斯林态度残暴，激起所有穆斯林国家的愤怒。上述四个国家又联合起来，共同讨伐维阇耶那伽尔。1565年1月塔利科塔战役，维阇耶那伽尔军队遭到惨败，罗摩·罗耶被杀。四国联军进占维阇耶那伽尔城，大批印度教徒遭到屠杀，金银财宝被洗劫一空，著名的建筑物、雕塑被焚毁，城市变成一片废墟。这一战役成了维阇耶那伽尔历史的转折点。从此，它踏上了衰落、瓦解的斜坡。乘此机会，藩候们和地方首领纷纷拥兵自立。1612年，一印度教王公后裔德雅尔建立了独立的迈索尔国家。接着，马杜赖、坦焦尔等地方首领宣布独立。17世纪初，显赫一时的维阇耶那伽尔只剩下首都及其周围的一小块地区，最后它被比贾普尔和高康达瓜分。

三、德里苏丹国的统治体制

德里苏丹国的建立标志着印度历史进入了主要由穆斯林王朝统治的时期。

按照伊斯兰教传统，伊斯兰国家应该是一种政教合一的神权政体。哈里发是伊斯兰世界的最高领袖，各国苏丹是作为哈里发的代表统治该国。治国的依据是古兰经。司法的最高准则是沙里阿（伊斯兰法）。政治统治和传播伊斯兰教同为建国宗旨。贵族、官吏、军队和乌里玛同为国家的统治支柱。沙里阿是伊斯兰教根本法。其根据是古兰经、圣训以及对这些经典的推理性解释，内容不仅包括法律宗教理论，还包括政治、经济、社会、伦理等各方面的基本原则和行为规范。对沙里阿的解释权属乌里玛，他们的解释连哈里发、苏丹都要遵从。各种立法都要以此为据。不过，这些规定并不是每个伊斯兰政权都能做到，特别是被统治的是异教徒居民占人口多数的国家。德里苏丹国既然是在印度这样一个不仅印度教徒占人口多数，而且有悠久的历史传统的国家建立统治权，就不能不考虑这个现实。机械地照搬伊斯兰教的理论上的规定，完全不顾多数人的信仰和原有传统，在这里是绝对行不通的。德里苏丹国各王朝的主要君主认识到这一点。虽然总体上说他们还是遵循神权政治理论，但在实行上一般都有某种程度的偏离。

德里苏丹国的政治体制虽是伊斯兰教国家类型，但在一定程度上吸收了印度原有体制的因素。在印度建立王朝的穆斯林统治者来自不同民族和国家，都受到发展程度较高的波斯文化的影响。当他们把本民族、本国的特点带到印度来时，也都带来了波斯文化和体制的特点。这样，德里苏丹国的体制和各种制度就不是纯粹伊斯兰教的，也不是以某一个穆斯林民族或国家体制为主的，而是以突厥、波斯因素为主，吸收了印度原有因素的多种因素的混合体。我们可以把它称之为有印度特色的伊斯兰教体制。

在苏丹和哈里发关系上，大多数苏丹名义上都还是宣布效忠于哈里发，自称是作为哈里发的代表统治印度。但在实际上，他们只是名义上表示忠顺，只不过是要借助哈里发的声望提高自己在穆斯林臣民心目中的地位，并以哈里发支持做后盾，壮大伊斯兰统治者的声威，以加强自己在印度的统治地位。也有些苏丹公开把哈里发抛在一边，如阿拉－乌德－丁·卡尔吉及其子库图卜－乌德－丁·穆巴拉克。后者干脆宣布他自己就是哈里发。

苏丹王位继承制度，按照伊斯兰教传统，是一种贵族和乌里玛推选制。在印度，实际执行情况是因人而异的。当一个苏丹威望甚高时，他的提名具有决定性作用；而如果苏丹本人实力不够强时，王位继承往往决定于宫廷贵族包括乌里玛在内的派别斗争，甚至战场上的较量。推选常常不过是对既成事实的确认。所以，只要苏丹软弱，贵族专权，推选制就成了贵族派系斗争和操纵朝政的合法手段之一。这在德里苏丹国的整个时期是屡见不鲜的事。

苏丹握有国家的最高行政、立法、司法和军事权力。这和以前印度的君主没有什么不同，只不过立法时都要考虑沙里阿的基本规定。按照伊斯兰教理论，王权要受乌里玛约束。乌里玛对沙里阿的解释，苏丹也要服从。如果真的实行这个规定，就等于把立法权交给一般是思想比较褊狭、总是把宗教考虑置于一切之上的乌里玛，这对于在印度这样的国家实现政治统治是不利的，所以，各个王朝的苏丹们只要有力量，都不遵从这个规定。在多数情况下，苏丹们总是把对沙里阿的解释权握在自己手里，并根据维护统治的需要自行颁布法令，有的试图从沙里阿中找"根据"，有的则置沙里阿于不顾，乌里玛们只好认可。

按照沙里阿规定，君主只是神的仆人，不能说成是神。但突厥人对君权神化并不陌生（通过波斯萨珊王朝的做法得知），而印度则有此传统。所以，德里苏丹的有些君主参照这种做法，也力图把自己神化。最典型的是巴勒班。他强调他登上王位是神的意志，王权是神授予的，他是神在这个世界上的代表，在神性上仅次于先知。乌里玛们敢怒而不敢言，只好默默屈从。

德里苏丹的政权主要依靠以下几种力量统治：

官僚系统 朝廷设大臣辅佐苏丹，大臣由苏丹本人任命，基本上都是从外来的穆斯林贵族中挑选。全国划分为省。最多时有23个。省的首脑为省督，由苏丹任命。省也设有各个部门，由中央相应部门管理，其官员由朝廷任命。省下为县。县下为税区。基层是村。德里苏丹王朝以穆斯林垄断县以上所有官职，印度教徒只有改宗伊斯兰教才能跻身这个圈子。但收税要靠印度原来的税收机构和人员，所以税区的官员和办事人员基本上全是印度教徒。

德里苏丹国的官方用语是波斯语。对印度人来说，这是他们一无所知的语言。

司法系统 德里苏丹中央设有审判庭审理民事和刑事诉讼，申诉庭审理控告官员案件，惩戒庭处理谋反案件。苏丹是司法的最高权威，重大案件由他亲自审理，有时也组织一批法学家供咨询。判案主要依据沙里阿和苏丹的法令。民事案件若原、被告都属别的宗教教徒，则参照他们自己的宗教法审理；若一方是穆斯林，另一方不是，则仍按伊斯兰教法判案。各省和重要城市有审判庭和申诉庭。高级法官都是穆斯林担任，中低级法官穆斯林、印度教徒兼有。

军队 德里苏丹国始终保持一支人数众多的军队。骑兵是主要成分，象军也是重要兵种，战象由苏丹垄断。这一时期，开始使用火药于军事，军队中成立了使用火器的工兵团。骑兵、工兵主要由穆斯林组成，象军和步兵多为印度教徒。苏丹是全国军队的最高统帅，战时由他亲自率兵或任命统帅。军事组织不同王朝有所不同。最初是苏丹、省督和部分贵族都养军队，阿拉-乌德-丁·卡尔吉起不允许贵族有军队，改为统归国家招募，由国家统一负担军事费用。兵员最多时达 47.5 万人。国家保持战士和战马登记册，并实行战马烙印制度。这种状况延续到菲鲁兹沙·图格卢克统治时，他又把军队组织改为贵族养兵的封建体制。洛蒂王朝也是贵族养兵，没有统一的编制。

穆斯林贵族 广义说，高级官员和军官都属贵族。贵族最高头衔是汗，其次为马利克，再次为阿密尔。也有的贵族未担任官职，没有头衔。贵族的权势是任何苏丹也不能轻视的。他们有的是部落、氏族首领，有的是皇亲国戚，有的是前朝或当朝元老，有的是得势的前奴隶。如伊勒图特米什的奴隶构成的"四十人团"，能把不听控制的苏丹拉下马。贵族中有不同的势力圈子。"奴隶王朝"时突厥贵族几乎垄断全部权力，卡尔吉王朝时阿富汗贵族也受到重视，洛蒂王朝时，阿富汗贵族占主导地位。各个时期贵族又分不同派别，彼此不断明争暗斗，都采取种种手段影响甚至控制苏丹。随着一些印度封建主皈依伊斯兰教，他们也构成穆斯林贵族的一部分，但属二等角色，在地方上有些势力，在中央则一直受到排斥。

乌里玛 德里苏丹国规定伊斯兰教为国教，乌里玛是宗教的维护者和宗教法实施的监督者。苏丹虽不愿受他们限制，但需要他们在宗教领域发挥作用，帮助巩固政治统治。高级官吏的行动要受他们约束。当出现违反沙里阿的情况时，会受到他们反对。苏丹实行某些重大措施，需要得到他们从宗教角度的认可。虽然在多数情况下，苏丹或权臣不按沙里阿行事，他们屈服于压力也只好默认，但当苏丹势力软弱时，他们的反对常常能掀起汹涌波澜。由于沙里阿规定乌里玛可以参与推选苏丹，他们在干预朝政上也是一支不可小视的力量。

上述 5 个支柱构成了德里苏丹国统治体制的上层结构。这是穆斯林建立自己的统治后自上而下安排的。由于高、中级官员、军官、法官基本上都由穆斯林垄断，它意味着中央、省、甚至县的全部权力（除印度教附属国外）已转移到穆斯林上层手中。各种安排的总目的，是确保穆斯林世俗和宗教上层在印度政治和宗教舞台上的统治地位。如果说在上层结构，这一点可以做到，那么，当涉及统治体制的下层结构时，要实现穆斯林的垄断就完全不可能了。这不仅因为穆斯林人数有限，更因为在像印度这样大的国家里，在税收方面，在司法方面，要撇开传统的程序、习俗和机构另搞一套，是绝对行不通的。县以下结构除增加税区一级外，基本未动，人员也基本上是印度教徒为主的原班人马，这都是不得已而为之。

这样，穆斯林王朝的统治体制就分成上下截然不同的两段。上层结构是新建的，完全排斥印度教徒。上层结构中也吸收了某些印度教因素（如王权神化观念、司法方面涉及印度教徒沿用印度教法典等)。下层结构利用了原印度教国家体制的基础。这看来似乎是矛盾的，其实并不矛盾，因为德里的穆斯林统治者认识到，没有这种利用，穆斯林体制的上层结构就无以支撑。这是当时唯一可行的安排，尽管它与伊斯兰教神权政治的模式已有相当距离。这是一种妥协，为了实现在印度的统治，这一点不大的让步是必不可少的。

四、宗教压迫

德里苏丹国以伊斯兰教为国教。按沙里阿的规定，君主在宗教方面的任务，是把非穆斯林领土伊斯兰化。非伊斯兰信仰虽允许存在，但对非穆斯林征收一种人头税，作为得到国家承认和保护的条件。德里苏丹国就是这样做的，规定所有非穆斯林，除妇女、小孩、婆罗门及担任国家公职者外，都要交纳人头税。从菲鲁兹沙·图格卢克统治时起，婆罗门也要交纳。对印度教徒朝拜圣地也征收香客税。德里苏丹国的税制在土地税、工商业税等方面对穆斯林、非穆斯林也实行区别对待。印度教徒只要改宗伊斯兰教就可免除人头税并在其他税收方面得到优惠。改宗还是担任中、高级官职的条件。司法也不平等，当一个案件诉讼两方有

埃贝克统治时建立的清真寺

一方是穆斯林时，要按伊斯兰教法判案。这些规定是明显的宗教歧视，目的是要确保穆斯林的特权地位，并造成一种驱使印度教徒改宗的局面。乌里玛们不放弃任何机会，劝诱印度教徒改宗。在战争时期，为了打击印度教势力，为了掠夺财物，摧毁印度教寺庙是经常的事。征服之初，有些印度教寺庙被改建为清真寺。最典型的是德里的库瓦特－乌尔－伊斯兰清真寺，原为毗湿奴庙，因改建匆忙，还保留了许多原来的建筑痕迹。在德里苏丹国稳定后，这种摧毁印度教庙宇的做法就不多了。但统治者规定，在有清真寺的地方，不许再兴建印度教寺庙。印度教徒只能在现有的寺庙内或自己的家中举行宗教仪式，只能在没有清真寺的农村修建新的寺庙。

虽然德里苏丹总的说都施行宗教歧视政策，但他们的态度并非没有差别。比较正统的有图格卢克王朝的菲鲁兹沙、洛蒂王朝的西甘达尔沙等。在对待印度教徒的态度上，这些君主是比较严厉。菲鲁兹沙在自传中以炫耀的口吻写道："我鼓励我的异教臣民接受先知的宗教，并允诺改宗者可免除人头税。"① 还津津乐道地描述他是怎样破坏印度教庙宇，禁止印度教节日活动，杀害印度教徒和强迫印度教徒改宗的。堪培拉、普利的神庙就是他下令毁坏的，所有偶像被砸碎。也正是他，规定婆罗门也必须交纳人头税。西甘达尔沙也具有某种宗教狂热。他下令破坏了大量印度教庙宇，在有的上面建立了清真寺，还禁止印度教徒在朱木拿河沐浴。有些苏丹相对较为开明，如阿拉－乌德－丁·卡尔吉、穆罕默德·宾·图格卢克等。他们虽然也实行歧视政策，但一般并不采用暴力手段。他们总是把政治利益置于宗教考虑之上。穆罕默德·宾·图格卢克还经常与印度教、耆那教圣人交谈，对他们比较尊重。

五、土地制度

随着德里苏丹政治统治的建立，苏丹们作为君主，也继承了印度以往君主所拥有的全国土地的最高所有权。苏丹们用各种形式把土地封赐给穆斯林上层，使

① L.P.Sharma, *Medieval History of India*, Delhi, 1981, p.157.

他们不但垄断政治、司法、军事权力，而且取得了大片土地的占有权。在德里苏丹的统治下，国家直接控制了全国土地的相当大部分，穆斯林封建主成了印度封建主中的主要成分。

德里苏丹国的土地占有形式有以下几种：

哈里萨 是国家（或苏丹）直接领有的土地，由国家派官员收税，其收入用于国家和王室开支。

伊克塔 边远省份整个省的土地作为伊克塔交给省督管理和收税。征税的数额、办法由中央规定。省督用税收收入供养和保持一支军队，供苏丹调遣。省督的薪金也从税收收入中扣除。剩余的部分上缴中央政府。

军役田 从伊勒图特米什起，对国家的常备军就部分地采取了分给军役田代替薪金的办法。最初不能世袭。后来实际上成了世袭领地。一度曾经取消，后恢复。

官吏食邑 官员的薪金最初都是现金支付，逐渐地，也改变为以分封食邑代薪的办法。不久就出现了变食邑为世袭地的趋向。

瓦克夫和伊纳姆 即宗教赐地。瓦克夫是赠赐给清真寺的，伊纳姆是赠赐给神学家的，均免除地税及国家的一切要求，可以世袭。

印度教宗教土地 随着部分印度教寺庙被摧毁，印度教寺庙土地部分被收归国有。还存在的寺庙，其土地仍被保留。婆罗门原来得到的大量赐地大部分也被保留。

印度教藩属国的土地 仍保持原来的各种占有关系未变。

这样，德里苏丹国建立后，尽管在土地制度上较之以往只有些微小变化，但非常醒目的是，土地的很大部分已转到伊斯兰教封建主手中。原来印度教君主直接领有的国有土地成了苏丹政权直接领有的国有土地；原来数量巨大的印度教官吏食邑被没收，分封给了伊斯兰教官吏；原来印度教庙宇土地的相当部分转赐给了清真寺。穆斯林封建主已成了德里苏丹国封建主阶级的主要部分。

印度教封建主还保留了原来占有土地的一部分，仍然是封建主阶级中的一个组成部分。

土地的封建占有者虽说在很大程度上斗转星移，但耕种土地的人依然是原来的农民，依然生活在村社内。农民对份地的世袭占有和使用权没有因占有者的更换而受到影响。穆斯林统治者一般不干预村社事务。所以无论土地的封建占有权转给谁，对农民来说没有什么区别。对他们影响更直接的是税率和税制，也就是他们应缴的地租税数额。在整个德里苏丹统治时期，租税呈增高趋势，这就导致了农民地位的恶化。

六、13—15 世纪社会经济的发展

穆斯林统治者征服印度之初，对印度的社会经济带来了严重的破坏。但当他们的统治稳定后，情况就发生了变化。毕竟与专门来掠夺财富的入侵者不同，他们在印度定居，成为印度的统治者。作为统治者，为了保证国家机器的正常运转，也为了抵御外敌，巩固国防，他们不能不担负起发展经济的责任。相对统一的出现为社会经济发展提供了有利的客观条件。德里苏丹国后期，许多地区脱离出去，新建立的国家如巴曼尼、维阇耶那伽尔等的统治者中也有些人对发展经济比较重视。

德里苏丹国始终是处在蒙古军队不断入侵和内部反叛迭起的威胁下，要维持一支庞大的军队，时时感到财政拮据。阿拉－乌德－丁·卡尔吉主要采取增税和控制物价的办法。他把土地税提高到总产量的 1/2，把商业税提高一倍，又增加了牧场税和房屋税。这些措施固然能使国库增加收入于一时，但对经济发展起有害作用。一些较有眼光的统治者认识到，除了增税之外，发展农业和贸易具有很大的重要性，认为这是开源创收的主要途径。较突出的有“奴隶王朝”的库特卜－乌德－丁·埃贝克、图格卢克王朝的吉亚斯－乌德－丁·图格卢克、穆罕默德·宾·图格卢克、菲鲁兹沙·图格卢克等。库特卜在给他的省督的诏令中强调，他们的职责之一是扩大耕地面积，增加生产，促进经济繁荣。还讲到要保护农民免受过度的压榨和暴虐。“奴隶王朝”和卡尔吉王朝时兴修了一系列水利灌溉工程。吉亚斯－乌德－丁·图格卢克重视开垦荒地，把提高了的土地税降下来，恢复到总产量的 1/5—1/3 之间。规定各省每年土地税提高的幅度不能超过 1/11—1/10。穆罕默德·宾·图格卢克统治时，最初偏重增加税收，因税赋过重，加上灾荒和动乱，土地大片荒芜，使他认识到要增加国家收入，必须走发展农业的道路。他建立了农业部，以促进开垦荒地和改善农业生产条件，兴修了许多水渠，挖掘了许多水井，还提倡种植高产作物。菲鲁兹沙·图格卢克统治时，对改进农

业十分重视。他鼓励人民开垦荒地，扩大种植面积，对新开垦的土地只征收轻微的地税。他成立了公共工程部，大力促进由国家兴修水利，为农民提供灌溉便利。最突出的是，他开辟了5道运河，其水源引自朱木拿河、萨特累季河、加格腊河等。短的数十里，长的160里。虽然有的是以供应新建城市用水为主，但运河经过之处，大片土地受益，提高了农业产量。他还建造了50个小水坝、30个蓄水池、150口公用井。据说他还自己拿钱，作为修水利的经费。对从这些水利设施中受益的农民，征收相当于产量1/10的水税，如果是开荒灌溉，水税减半。他还用国家经费开辟了1200个果园，以增加国家收入。

苏丹的重视，鼓励了民间兴修水利和改进农业条件。民间工程规模虽小，但形式多样，因地制宜，效果显著。结果，使灌溉面积在耕地总面积的比重大为增加，也促进了荒地的垦殖。农业工具也在逐渐改进。例如，一种经过改进的波斯水车在奥德、孟加拉和旁遮普广泛使用。在阿格拉地区，使用大皮桶灌田，提高了效率。选择和培育良种受到重视，土壤改良和施肥方法也得到了改进。更为突出的是，经济作物种植面积有了增加，出现了地区种植专业化的趋向。例如，马拉巴海岸的胡椒、生姜、卡瑙季的甘蔗、马尔华的小麦、萨尔苏提的大米、道拉塔巴德的葡萄等都以产量高、质量好闻名遐迩。经济作物种植面积的扩大表明已懂得经济地利用土地条件，较好地掌握了根据土质种植适合作物的技术。农业虽有发展，但战乱和重税政策带来的危害极大，几乎每个较大的发展都有较大的破坏紧跟其后，抵消其成果。无论德里苏丹国还是其他国家都是如此。所以整个说，农业经济处在很不稳定的状态。

德里苏丹国、巴曼尼、维阇耶那伽尔对手工业、商业都实行鼓励政策。私人开矿的也增多了，按规定，开矿需要经过国家允许，并要把产量的1/5作为税收缴给国家。德里苏丹国为便利商业运转，在伊勒图特米什时期发行了标准货币。基本的货币是：莫胡尔，金币；坦卡，银币；吉塔尔，铜币。1坦卡等于50吉塔尔。坦卡是标准货币单位，是现代印度卢比的前身。金币主要用在大宗贸易上，在一般市场上较少流行。标准货币的发行促进了商品流通和全国各地的经济联系。13—16世纪又有一批新兴城市出现，多为德里苏丹国和其他国家的都城或省会，其中有些是新建的。德里是最重要最繁荣的商业中心。14世纪初来印的摩洛哥旅行家伊本·巴图塔称它为穆斯林世界东方部分最堂皇富丽的城市，说这里住有最富裕的商人，有大量官营手工工场，全国各地的产品这里都可看到。外贸继续发展，主要是海路贸易。

七、封建压迫与人民起义

在印度历史文献中，穆斯林编年史家第一次留下了较多关于人民起义的材料，使我们对封建压迫和人民的反抗有了较多的了解。

苏丹和贵族过着骄奢淫逸的生活。宫廷通常豢养着大量奴隶。菲鲁兹沙时有4万人，部分在国家作坊做工，部分在宫廷服役。还有大批放鹰人、乐师、舞女等。贵族觐见苏丹要贡献厚礼，其中包括貌美女奴和从各地掠夺的稀有珍宝。每次征服战争，将军们要把获得的最珍贵的战利品送到首都，用来装饰宫廷。宫廷的豪华奢侈令所有来到印度的外国旅行家感到惊异。大贵族以及小王公在自己的领域内一切都模仿苏丹宫廷。一些欧洲旅行家记载，进入省邑和一些小国家的都城也像进入德里一样。商品货币关系的发展刺激了所有封建主的奢望，追求享乐、比阔气成了贵族的时髦风尚。

德里苏丹由于面临蒙古人的不断入侵和内部藩侯与省督的不断叛乱，始终维持一支庞大的军队。在一段时期内，军饷是用现金支付的，这就极大地增加了国库的负担。即便后来改用分给军役田的办法，浩大的战费开支也始终是个财政重担。军役田分出得越多，国家手中掌握的财源就越少。

德里苏丹为了军事和政治的需要，新建、扩建了好几座城市。这也是一项很大的开支。所有这一切费用都只能靠增加税收，从农民、手工业者和商人身上榨取。然而，由于开支过于浩大，税收的增加也弥补不了财政亏空。穆罕默德·宾·图格卢克发行代用币，结果引发通货膨胀。投机者大量制造的伪币充斥市场，铜币贬值，不啻废铁。物价上涨数倍，使城市下层人民蒙受重大损失。在进出口贸易面临中断的情况下，苏丹不得不下令以金银换回铜币。回收的铜币堆积如山，使国库仅存的金银又白白流失。国库近乎一无所有，于是，又只能通过加征新捐税，把所有的损失转嫁到人民头上。

各种新捐税越来越多，人民负担沉重，民心动乱。图格卢克王朝的菲鲁兹沙统治时，为了安定民心，保证统治秩序的稳定，实行了税制改革，取消了24种捐税，只征5种税，即土地税、人头税、宗教税、战利品税和灌溉税。这个改革稍微减轻了人民负担，但国库紧张的问题未能解决。他去世后，这种规定就被抛到一边。各种苛捐杂税又猛增起来。

德里苏丹各王朝都有人民起义发生。西北地区、恒河与朱木拿河河间地、卡瑙季、瓜辽尔、古吉拉特、奥德、孟加拉和南印度都爆发过起义。起义主要矛头是反对苏丹的苛重榨取。“奴隶王朝”时期主要起义有：1259—1260年在旁遮普和拉其普他那东北部爆发的农民起义，领导人是摩尔加。起义武装劫夺德里军队的军需辎重，威胁德里。1265年，德里附近爆发农民起义，切断了德里与外界的交通线，德里不得不紧闭城门。这两次起义都被军队镇压。

卡尔吉王朝主要的起义发生在1301年5月阿拉－乌德－丁出征兰坦波尔时。当时，人民非常穷困，反对加捐加税，而警察实行高压，逼得人民铤而走险。德里的贫民在下级军官哈吉·毛拉领导下，杀死警察总监，砸开监狱释放囚犯，占领国库，把金坦卡分发给贫民。起义者把一位赛义德立为国王，控制德里整整7天。后被贵族的武装力量镇压，哈吉·毛拉被杀。

图格卢克王朝的主要起义，是1327—1330年在恒河与朱木拿河河间地区接连不断发生的农民起义，主要是由穆罕默德·宾·图格卢克提高地税引起。河间地的租税增加了一二十倍，王室官员又乘机巧立税目，苛刻勒索，因此使农民元气大丧，贫困不堪。四面八方都有农民造反。14世纪末，伊塔瓦、阿利加尔、科尔、坎尔皮、卡瑙季都有农民起义发生。苏丹纳西尔－乌德－丁不得不亲自率领军队镇压。

赛义德王朝的突出事件，是西北地区由贾斯腊特·科卡尔领导的科卡尔族农民起义，苏丹穆伊兹－乌德－丁·穆巴拉克亲自前往镇压。旁遮普的巴廷达等地也爆发了农民起义。1420—1424年苏丹前去镇压，农民逃入丛林，进行游击战，只是过了很长时期才被镇压。

洛蒂王朝时，1465—1470年间尼姆萨尔的农民起义，断断续续，时起时伏。1490年江普尔农民起义，参加者有10万人之多。1492—1493年，今北方邦东部地区农民在朱加领导下起义，处死了德里委派的令人憎恨的卡腊总督。

八、苏菲派与虔诚运动

如果说，人民起义是阶级矛盾的爆发，苏菲派的活动和跨教派的虔诚运动则是对德里苏丹宗教歧视政策的一种异议和抗议。两者也具有反正统派的宗教改革性质。

德里苏丹国及由它分解出的众多伊斯兰教小国的统治者大都属于伊斯兰教逊尼派。什叶派在印度势力很小。7世纪占领信德和木尔坦的阿拉伯人是什叶派，后来，两地政权转到什叶派内的伊斯迈尔派手中。11世纪两地被入侵印度的伽兹尼国王马茂德征服，什叶派很多人被迫放弃信仰。此后，什叶派只在少数地区存在。“奴隶王朝”时曾发动过一次反叛，遭到镇压。巴曼尼国家成立后，什叶派在那里有较强的势力。后来在其废墟上出现的小国如比贾普尔、高康达，其统治者家族就属什叶派。

还在穆罕默德·古尔征服北印度前后，伊斯兰教苏菲派就跟着传入。德里苏丹国建立后，更多的苏菲派信仰者来到印度。

苏菲派作为伊斯兰教正统派的挑战者和异端，产生于7世纪末的阿拉伯帝国，主要在下层人民中流行。10世纪左右在伊朗有很大发展。进入印度后，受到印度教和佛教的很大影响。其教义主张真主是万物的创造者，万物都是他的一部分。崇敬真主不在于外部形式，而在于内心信仰，在于对真主的爱以及对作为真主一部分的每个生命体的爱。还认为物质享受欲望是人的天敌，欲望越强，爱心越少。因此，必须放弃尘世享乐，奉行禁欲、守贫的原则。只有这样，才能最终达到神人一体。还强调虔信真主离不开师尊（称为皮尔或谢赫）的指导和帮助，并认为在宗教活动中，音乐有助于激发爱心。他们的教义中也有一些神秘主义的信条，在修行方式上吸收了瑜伽的因素，不过不主张去森林中修行，而主张在城市附近或乡村集体活动，影响和教导下层群众。这个派别一般不主张参与政治，甚至不愿与当政者接触。德里苏丹国建立后，他们对苏丹的一些政策持批判态度，也同样反对乌里玛，认为他们屈服于世俗诱惑，追随苏丹做违背古兰经的事并为之辩解，是背离了古兰经的教旨。他们不参与上层活动，而是在下层群众中传教，主张宗教宽容，与印度教徒友好相处。乌里玛谴责苏菲派是异端，但他们的主张却得到许多穆斯林和印度教徒的称赞和尊重。

与逊尼派不同，苏菲派组织了教团。每个教团由一个谢赫（或称皮尔）主持。教团下建立了一系列修道院，修道院既是集体生活单位，又是活动单位和传教中心。在印度建立的教团最主要的有奇什提教团、苏哈尔瓦底教团和费尔道希教团。前者创建人是穆因－乌德－丁·奇什提。他大约是1192年来到印度的，先在拉合尔传教，后来到德里、阿季米尔一带及南印度一些地区。著名的圣人还有尼扎姆－乌德－丁·奥利亚等。苏哈尔瓦底教团在旁遮普、信德活动，著名的圣人有巴哈·乌德·丁·扎卡利亚、萨德尔－乌德－丁·阿里弗等。费尔道希教团主要活动地区在比哈尔。孟加拉则除了有前两个教团活动外，还有许多较小的教团存在。

奇什提教团和苏哈尔瓦底教团在印度的出现几乎和德里苏丹国的建国同时。在短时期内，它们就在从旁遮普到孟加拉的广大地区内建立了许多修道院。仅德里及其周围就有两千多个。孟加拉建立的更多。苏菲派过着简朴的生活，用地方语言传教，主张伊斯兰教、印度教友好相处，很受群众欢迎。许多印度教下层群众也来修道院听讲。苏菲派并不注重劝诱改宗，但很多人受其影响接受了苏菲派。

在支持伊斯兰教征服印度和巩固对印度的统治方面，在传播和扩大伊斯兰教的影响方面，苏菲派与逊尼派并没有不同。它的教义和活动特点易于为印度教徒了解，甚至接受，这样，在客观上它就促进了印度教徒的改宗，起到了乌里玛们起不到的作用。因此，苏丹和贵族对苏菲派的活动持默许态度，有些苏丹和贵族还给予积极支持，如封赐土地给修道院，捐赠经费等。随着时间的推移，苏菲派逐渐习惯于接受上层的捐助，有的教团本身逐渐发生了变化。如苏哈尔瓦底教团有些人不再赞成禁欲主义，不再认为占有财富、与君主、贵族往来是达到修行目的的障碍了。甚至有人还接受政府指派的职务。不过，整个说，苏菲派仍与上层保持一定的距离。

正统派乌里玛与苏菲派，一个在上层，一个在民间，以不同的指导思想和形式活动，其结果是导致越来越多的印度教徒改宗。促使他们改宗的原因是多种多样的。第一，伊斯兰教没有种姓制，主张在神面前一律平等，这对于深受种姓歧视煎熬的印度教低级种姓来说，具有很大的吸引力。他们希望通过改宗，摆脱这副在印度教内怎么也摆脱不了的镣铐。第二,一些人改宗是屈服于苏丹的宗教歧视政策，尤其是征服之初的压迫政策。第三，某些印度教上层包括藩属王公改宗是为了保住自己的原有地位和既得利益，并希图跻身于穆斯林上层圈子。第四，佛教衰落后，大批佛教徒转而投身伊斯兰教，这比回到印度教种姓社会更易于接受。这种情况在孟加拉表现得最突出。改宗人数较多的地区是信德、旁遮普和孟加拉。信德、旁遮普是伊斯兰教统治最早建立的地区，两者和孟加拉都是苏菲派活动的主要地区。这三个地方后来也就成了印度穆斯林人口最密集的地方。在德里及其周围地区和南印度道拉塔巴德周围地区，改宗的人也较多。

这样，在德里苏丹国时期，伊斯兰教在印度就初步得到了发展。除外来穆斯林外，本地改宗者日益增多。伊斯兰教既包容了大量印度教改宗者，它的种族成分、社会成分都有了变化。它虽然没有种姓制度，但阶级制度、等级制度是存在的，此时就更强化了。外来穆斯林构成贵族的主要部分。本地改宗者只有少数原来的上层能进入贵族圈子，但只是二等角色。改宗伊斯兰教的下层人民，在经济上、政治上仍然处于无权地位。原来是低级种姓的，仍然在实际上受到歧视。贱民改宗伊斯兰教的，虽然理论上不再是贱民，实际上仍受到其他人漠视，很少人愿意与他们接近。低级种姓把改宗看做是踏入平等的圣殿，然而，种姓制的阴影仍伴随着他们，改宗了也仍然挥之不去。

改宗虽然是一个势头日益加强的趋势，但人数毕竟是有限的。德里的苏丹们和乌里玛们没有人相信印度会伊斯兰化，不得不承认，与印度教共存是不可回避的现实。

宗教兼容和共存可以说是印度的传统。但伊斯兰教统治者安排的共存与以往的共存却有重大区别。历史上的共存，例如佛教、耆那教、印度教的共存，虽然不同王朝君主都有个人的偏爱，但并没有国教非国教之分，并没有谁向谁征人头税的问题，并没有对哪个教派的宗教活动、兴建庙宇加以限制的规定，那时的共存是平等的。然而此时伊斯兰教与印度教的共存附有种种条件，实际上是统治宗教与被统治宗教的共存，因而是不平等的。

但是，在德里苏丹统治时期，伊斯兰教和印度教两大教派没有爆发尖锐的冲突。这是因为，穆斯林统治者在建立了统治秩序后，暴力破坏的做法基本上停止了，使客观环境变得宽松一些；苏菲派的活动起了某种缓冲作用，创造了有利于促进两教派群众接触的氛围；大量印度教徒改宗带来了两教派下层群众的沟通。改宗者不可能一下就抛弃原有生活习俗，断绝所有旧的联系，他们势必会把传统生活方式和许多印度教的因素带到伊斯兰教中，并把伊斯兰教的观念、习俗传导给自己的亲朋好友。这样，就使完全陌生的两个宗教有了彼此了解、相互渗透的契机。上述这些因素共同作用的结果，是两教派下层群众在实际生活中，开始逐渐地创造一种相互接触的气氛。例如，许多宗教节日活动，不论是伊斯兰教的，还是印度教的，两教派的群众都一起参加。甚至节日的庆祝方式也相互模仿。如圣纪节是穆斯林节日，也学习印度教的胜利节、灯节使用烟花。印度教许多群众把安拉也看做神，同样，不少穆斯林也对印度教的一些神表示崇敬。

然而这种来自下层的互相渗透，无论乌里玛还是婆罗门都抱反对态度。乌里玛强调要保持伊斯兰教的纯洁，婆罗门则惊呼这样做的结果会腐蚀印度教。乌里玛重申，伊斯兰教的教义教规不容破坏；婆罗门则提出，当务之急是保卫印度教。两教派下层群众的接近友好，却招来两教派正统势力的进一步敌对。印度教虽然是处于被统治地位，但正统派因循守旧的僵化态度绝不是维护印度教利益的正确道路。

对于两教派正统保守势力的僵化态度，两教派的群众都很反感，发出了要求改革的呼声。十四五世纪再度发展起来的虔诚运动就是这一思潮的最集中的体现。它是以往虔诚派运动的继续，在一定程度上受了苏菲派的影响。这一运动主要发生在印度教内，也在较小的程度上扩展到伊斯兰教中。值得注意的是，这一运动中，打破宗教壁垒的要求是和改革两大宗教本身缺陷的要求结合在一起的。表明这一运动不仅有反对宗教歧视性质，而且有反对封建压迫的性质。

重新兴起的虔诚运动十二三世纪首先在南印度获得声势，逐渐扩展到北印度。它的思想家有罗摩努阇、尼跋迦、摩陀婆、纳姆德夫、伐拉巴阇梨、阇多尼耶等。而最杰出的思想家是罗摩难陀（约 14 世纪后半期至 15 世纪上半期，在恒河平原）及其弟子卡比尔（1440—1518，在贝拿勒斯）。在旁遮普，主要代表人物是纳那克（1469—1539），他成了后来锡克教的创始人。

这些思想家除卡比尔外都是印度教徒，多为婆罗门种姓，也有出身低级种姓的，如拉马德瓦是裁缝的儿子，纳那克出身卡特里种姓，其成员多从事商业。卡比尔是伊斯兰教徒，据说他为贝拿勒斯一婆罗门寡妇的私生子，被遗弃，由一穆斯林织工拾去，抚养成人，也成了一名织工。虔诚运动并没有统一的组织，也不是一个教派，而是由一批不同时期不同地区的思想家提出的内容同样的主张所构成的一种思潮，由于获得广大群众拥护而形成运动。主要活动地区在北印度和南印度马哈拉施特拉。无论是思想家或参加运动的群众，都没有脱离各自原来的宗教，只是在活动上不拘泥于原来的小天地。

虔诚运动的主张包括：1. 有的主张只崇拜专一的大神，如毗湿奴或湿婆，或克里希那。有的提出神只有一个。如卡比尔说，罗摩、克里希那、拉希姆、安拉、哈里、库达、戈宾德、湿婆等都是一个神的不同名字。还说印度教徒与穆斯林有共同的神。2. 认为求得解脱的途径不是举行仪式或脱离尘世，而是对神虔诚和坚定不移的爱。说神就在人心中，敬神爱神是人人都能做到的。卡比尔、纳那克还认为，去庙宇或清真寺拜神、朝拜圣地、偶像崇拜或去圣河沐浴等，都是不必要的。3. 主张在神面前人人平等，没有种姓差别，也没有男女的不同。4. 主张对神的爱与对人类的爱一致，印度教与伊斯兰教应和睦相处，反对宗教歧视。

5. 认为要做到虔诚和爱神需要心灵和身体的纯洁，为此，需要师尊或先知的指导。6. 宗教信仰的最终目的是追求实现与神的合一。这些思想其素材并不是新的，一神思想、反对偶像崇拜见于吠陀、奥义书；强调虔诚作为解脱道路是毗湿奴派在公元最初几个世纪就提出了的主张，也见于奥义书；反对种姓歧视佛教、耆那教早就提出。但把这些思想集中成一个体系，认为适用于两大宗教，却是首次。

上述主张在卡比尔思想中表现得很典型。他接受了师尊罗摩难陀的思想，也受了苏菲派的影响。他用方言传教，写了大量诗歌，形象地表达他的主张。这些诗歌在他去世后被汇编成集，流传下来。他强调，神就在人心中，敬神爱神不在于外部形式。他写道，如果崇拜石头就能亲证神，那还不如崇拜大山；如果解脱可以通过沐浴获得，青蛙会首先得到；如果裸体游方就能做到与神合一，森林中的野鹿也能做到。人只要真正爱神，就能证悟神，何须种种外在的形式？他还反复强调说，印度教和伊斯兰教本质上是一样的，只是名字上有差别，就好像同样是金子，制成首饰后有不同名称。印度教徒和穆斯林同样能证悟神，不存在差别，因此，为教派利益而互相仇视和争斗是愚蠢的。这些对宗教狂热和形式主义的尖锐讽刺在下层群众中非常受欢迎。他的诗歌不胫而走，广泛流行。纳那克的思想与卡比尔有很多相似之处。他也尖锐批评教派偏执、种姓歧视、偶像崇拜和仪式主义，呼吁印度教徒和穆斯林抛弃分歧，共同虔信唯一的神。他还特别强调心灵和行为的纯洁，认为这是敬爱神的首要条件。

虔诚派思想家对上述主张，大多数都是身体力行的，虽然在程度上不尽相同。多数人接纳弟子和信徒都是不分种姓、性别和社会地位。罗摩难陀自己是婆罗门，但不拒绝和信仰毗湿奴的低级种姓共食。他的弟子包括皮匠、织工、理发匠、农民。他不用梵语而是用印地语传教。对妇女也一视同仁。孟加拉的阇多尼耶有个弟子叫哈里达斯是贱民。当阇多尼耶拥抱后者时，哈里达斯说别碰我。他回答道："你现已追随我，你的身体就是我的，其中蕴藏着无限的牺牲和爱的精神，像庙宇一样神圣。为什么还认为自己是不洁的？"[①] 他的弟子中有一些是穆斯林。卡比尔的弟子有穆斯林，也有印度教徒，多为下层人民。纳那克的弟子也是这样。他说："阶级和种姓区分毫无意义。所有人生来是平等的。"[②]

虔诚派的改革宣传在下层群众中获得强烈共鸣，在 13—15 世纪里，成了印度

① V.D. Mahajan, *History of India from the Beginning to 1526 A.D.*, p.368.

② Ibid., p.370.

教内最受欢迎的新思潮，在伊斯兰教内也得到下层群众拥护。然而，这一运动并没有达到思想家们的预期目的。印度教和伊斯兰教上层都对它抱鄙夷和敌视态度。乌里玛认为这一运动的目的，是企图使印度教取得与伊斯兰教分庭抗礼的地位。婆罗门则认为，这是穆斯林以伪装公正的形式瓦解印度教的手段。他们都利用自己的地位和影响千方百计地阻挠运动的开展，对所提出的改革要求完全不闻不问。运动虽然有广大群众参加，但由于采取的是和平形式，对两教派的上层并未构成威胁，不足以迫使他们做出让步。主要是由于这两方面的原因，加上洛蒂王朝濒临瓦解，巴曼尼国家分崩离析，政局动荡，战火连绵，使运动未能进一步发展下去。虔诚派关于虔诚信仰的主张仍继续流行，但关于种姓平等和宗教团结的呼吁则被弃置。而且，逐渐地以不同圣人为核心，又向着形成新的派系的方向发展。如纳那克的信徒形成以他为第一任师尊的锡克教。甚至卡比尔去世后，他的信徒也分裂为两部分，一部分把他看作是穆斯林圣人，一部分则认为他是印度教神的化身。

虔诚运动也有些负面影响。由于强调无限地爱神，在有些地区，人们不顾思想家们反对注重外在形式的教导，大修神庙，使偶像崇拜进一步发展。有的地区盛行把女孩献给神的做法，助长了神庙僧侣的腐化趋向。这是对运动初衷的偏离，也对运动的深入开展起有害影响。

但虔诚运动的意义是应该充分肯定的。1. 它力图缩小印度教、伊斯兰教两大教派的鸿沟，消除德里苏丹宗教政策造成的宗教对立和压迫。2. 对印度教来说，它是一次强烈呼吁宗教改革的运动。种姓歧视和对妇女的压迫受到谴责，朴素的平等观念受到提倡。这在以不平等为天经地义的印度教内造成了对旧观念的一次冲击。虽然没有立竿见影的成效，但留下的影响是磨灭不了的。3. 参加运动的多为农民、手工业者等下层群众，这是以宗教形式表达他们争取改善处境的愿望。4. 思想家和圣人们都是用地方语言传教和写作诗歌，对地方语言的进一步传播和地方语文学的发展作出了贡献。

九、葡萄牙的侵入

15 世纪末 16 世纪初，西方国家开始走上殖民扩张道路。地理大发现是第一步，最早取得成就的航海家也就成了最早的殖民主义冒险家。《马可·波罗游记》把中国、印度描述得甚为富庶，激发了西方冒险家对东方财富的无限贪欲。产自马鲁古群岛的香料在欧洲销路广阔，欧洲人离不开它。香料售价甚高，利润丰厚。当15世纪奥斯曼帝国切断了欧洲经由地中海得到香料的通道后，欧洲人急于找到另外的通道，既为了建立对香料贸易的垄断权，也为了来东方掠夺财富。于是，就有了地理大发现。

1498年，葡萄牙航海家瓦斯科·达·伽马绕过非洲南端的好望角，借助于一古吉拉特人的领航，从非洲东海岸到达印度西海岸的卡利库特。这是西方殖民主义势力进入印度之始。

达·伽马到来时，北印度德里苏丹国的洛蒂王朝只保有很小的版图，南印度的巴曼尼和维阇耶那伽尔也只是地处一隅。在南印度的西南海岸，有一系列小国存在，各以一个港口为首府。卡利库特就是其中之一。卡利库特是一个繁荣的商港，外商来往频繁。达·伽马受到这里统治者（称号是扎摩林）的友好接待，并被允许通商。达·伽马带回一船印度货（胡椒等），获利甚丰，震动了欧洲。1500年，葡萄牙王室派13艘商船来印贸易。卡利库特的阿拉伯商人担心自己的外贸主导地位被葡萄牙人取代，促使扎摩林拒绝葡萄牙人提出的建立商馆的要求。1502年，葡萄牙国王又派达·伽马率一支船队前来。这次，他竟寻衅炮轰卡利库特，捕获印度商船，抢劫货物。还利用卡利库特与邻国科钦的矛盾，在科钦建立了商馆。1505年，阿尔美达被任命为葡萄牙印度事务总督，他开始着手建立葡萄牙的东方海上殖民帝国。葡萄牙人依靠海上优势，控制了从印度和香料群岛去欧洲的海路，垄断了香料贸易。印度商人不能再进行香料贸易，通过海路从事其他贸易，也要取得许可，并交纳巨额许可证费。1509年，古吉拉特的苏丹巴哈杜尔沙联合埃及苏丹，共同派出战船，进攻葡萄牙船队，希图赶走葡萄牙势力，但遭失败。这年，阿尔布凯克被任命为印度事务总督。他把侵占更多地点，建立葡萄牙东方海上帝国作为自己的首要任务。1510年，他用武力占领了属于比贾普尔的港口果阿，把它变成了进一步侵略的基地和葡萄牙海上帝国的首府。

第八章

莫卧儿帝国

一、帝国的建立和领土扩展

德里苏丹国最后一个王朝洛蒂王朝是被莫卧儿大军灭亡的。1526 年，一个新的穆斯林王朝在阿格拉建立，这就是莫卧儿帝国。

莫卧儿人是来自中亚的察合台突厥人。帝国创建者巴布尔的父亲是帖木儿的四世孙，母亲是成吉思汗的十三代后裔。因有蒙古血统，被称为莫卧儿（蒙古一词的音变）人。巴布尔从父亲那里继承了费尔干纳小国的王位后，雄心勃勃，希望重振两位祖先的征服事业，便积极向外扩张，先后占领了喀布尔、伽兹尼，成了阿富汗斯坦的主宰。1507 年，自称帕迪沙（皇帝），此后开始准备向印度扩张。1524 年，洛蒂王朝的旁遮普总督道拉特汗和伊卜拉欣的叔叔阿拉姆汗因惧怕国王迫害，请求巴布尔发兵保护，这给了他求之不得的好机会。1524 年，巴布尔率军进入旁遮普，击败了苏丹军队，占领拉合尔、迪帕尔普尔等城市。1525 年年底，巴布尔再次率军进入旁遮普。这一次，他的目标是一举征服北印度。他向德里推进。洛蒂苏丹伊卜拉欣亲率大军迎战。1526 年 4 月 21 日旁尼帕特决战，巴布尔靠火炮的优势战胜了数量占优势的洛蒂军队，伊卜拉欣战死。巴布尔乘胜占领德里、阿格拉，建立了自己的国家。

然而，要真正确立在北印度的统治，还必须征服众多的拉其普特国家以及在各地割据的阿富汗军事首领。这是比征服洛蒂王朝更为艰巨的任务。拉其普特的诸王公此时联合在美华尔周围，成了北印度一支强大的势力。他们也想占领德里。美华尔（印度教王公的称号）拉纳·桑加还与阿富汗军事贵族联络，承认伊卜拉欣的弟弟马茂德·洛蒂为苏丹，建立与阿富汗军事贵族的合作。拉其普他那离德里、阿格拉不远，巴布尔感到威胁很大，决定首先征服这块地区。拉其普特人得知巴布尔占领巴亚纳、多普尔和卡尔比，便发动进攻，向巴亚纳和阿格拉推进。参加者有 7 个王公、104 个首领的军队，马茂德·洛蒂和一些阿富汗贵族也加入其中。在巴亚纳的战斗中，拉其普特人取得了初战的胜利。巴布尔看到形势严重，便宣布圣战。1527 年 3 月 16 日，两军在离阿格拉不远的坎瓦哈决战。拉其普特军队在数量上超过巴布尔军一倍（8 万 ∶ 4 万），但巴布尔军队的火炮有强大威力。战斗激烈地持续了 10 个小时，最后拉其普特军队被击溃，拉纳·桑加后来被其贵族害死。这次战役打垮了拉其普特联盟，确立了莫卧儿人在北印度的统治地位。此后，虽然还有一些拉其普特首领与莫卧儿战斗，但再也没有形成统一的力量。

坎瓦哈战役后，巴布尔转而征讨阿富汗军事首领。1529 年 5 月 6 日，在格格拉河岸一战打败了马茂德，后者逃到孟加拉，很多阿富汗贵族投降。巴布尔占领比哈尔。这样，进入印度不到 4 年，巴布尔就占领了北印度大部分地区。

1530 年巴布尔去世，长子胡马雍继位。他的几个兄弟都是王位觊觎者。他的亲戚中也不乏争夺王位的人。胡马雍为防止出现王室内讧，给他的三个弟弟分别封赐了领地：喀布尔和坎大哈封给卡姆兰；桑巴尔（罗希尔坎德）封给阿斯卡里；梅瓦特封给信达尔。他本以为这样可以使他们各得其所，但结果相反。这种分封却使他们的野心得到了新的基础。分封削弱了国家的财源和军事力量。这时，在莫卧儿疆域内外，反莫卧儿的势力重新发展。在东印度，马茂德·洛蒂回到比哈尔，不久就又同两个阿富汗贵族首领一起结成一支势力。胡马雍在勒克瑙附近的德澳腊击溃了他们，马茂德逃亡。在西印度，胡马雍派军队赶走了向拉其普他那扩张的古吉拉特的军队。此后，在德里建立新城，以备日后阿格拉受巴哈杜尔沙威胁时作为第二首都使用。巴哈杜尔沙则在此时期不仅征服了阿季米尔和东拉贾斯坦，还提供武器、人员给伊卜拉欣的部将塔他尔汗，支持他进攻阿格拉。胡马雍在击溃了塔他尔汗的进攻后，决定乘势铲除巴哈杜尔沙的势力，便率军进入马尔华，打败了他，并跟踪追击，进入古吉拉特，占领了阿默达巴德。但在他班师回阿格拉后，古吉拉特又被巴哈杜尔沙收回，马尔华也被他重新占领。

这时，在比哈尔又崛起一支新的强大的阿富汗人反莫卧儿势力，这就是后来建立了苏尔王朝的谢尔汗。1530 年，谢尔汗攻占了北印度至东印度间的要冲丘纳尔堡，在东南比哈尔立定了脚跟。为解除这个忧患，胡马雍 1537 年率军进攻比哈尔，攻占了丘纳尔堡。谢尔汗则把兵力撤入孟加拉。胡马雍过低估计了谢尔汗的力量，在没有做充分准备的情况下，就追击至孟加拉。谢尔汗迅速绕道折回南比哈尔，占领交通枢纽，断绝了胡马雍的军粮供给和返回的道路。胡马雍被困三四个月后，决定不顾一切回师阿格拉。中途在兆沙与谢尔汗的阻击部队苦战，损失惨重。谢尔汗从此自称谢尔沙（王）。胡马雍准备再次征讨谢尔沙，但几个弟弟各有打算，都不支持，半年议而不决。待到他自己最后率兵出征时，谢尔沙已大大扩充了力量，并采用外交手段，有效地把各地方势力拉到自己一边。1540 年 3 月，胡马雍率军渡过恒河，在卡瑙季附近的比尔格兰与谢尔沙对阵。5 月 17 日，谢尔沙乘胡马雍不备，发动进攻，大获全胜。胡马雍逃回阿格拉，继而逃至拉合尔。1540 年，谢尔沙进占德里和阿格拉，建立了苏尔王朝，以德里为首都。胡马雍的弟弟没有一个人愿意帮助他。胡马雍不得不再逃到信德。在那里依然得不到援助。最后，他带领 22 人来到伊朗，借助伊朗国王的帮助，从弟弟卡姆兰手里夺得坎大哈和喀布尔，算是取得一块立身之地。

苏尔王朝承继了莫卧儿的大部分疆土。1542 年马尔华也被征服。谢尔沙还征服了拉其普他那主要国家美华尔。1545 年谢尔沙去世，其子继位，称伊斯拉姆沙。此时贵族间互相倾轧，省督纷纷独立，这种形势对一直在伺机反攻复国的胡马雍有利。1554 年 11 月，胡马雍进占白沙瓦，次年初占领拉合尔。1555 年 5—6 月，在马奇瓦拉和塞尔信德击溃前来阻挡的苏尔王朝的军队，7 月进占德里和阿格拉。苏尔王朝被推翻，失国 15 年的胡马雍重登王位。但他从苏尔王朝收回的已不是当年的版图，而只是范围有限的地区。他必须从事艰难的战斗，重新征服那些已经宣布独立的地区。

这项任务胡马雍没有完成。他在重登德里王位的第二年不慎从楼梯上跌下摔死。这个任务是由阿克巴完成的。

阿克巴是胡马雍的长子。胡马雍去世时他刚 14 岁。当时他正和辅佐他的贝拉姆汗在旁遮普同苏尔王朝的残余势力作战。1556 年 2 月 14 日，他在卡拉瑙尔即位。贝拉姆汗任摄政大臣、首相。这时得到消息，在比哈尔还拥有实力的谢尔沙的侄儿阿迪勒沙已派部将赫穆率军占领了德里和阿格拉。德里省督稍事抵抗后弃城而逃。贝拉姆汗下令处决这个省督，然后率军向德里推进。在旁尼帕特与赫穆的军队相遇。1556 年 11 月 5 日的决战以赫穆军队的全军覆没告终。赫穆被俘处死。阿克巴的大军收复德里、阿格拉后没有停息就回师旁遮普，消灭了苏尔王朝在这里的残余势力。

1562 年后阿克巴独立执政。从这时起，四十多年中，他表现了雄才大略，深谋远虑，成为莫卧儿王朝、甚至整个中世纪印度的最杰出的君主。他先后征服了马尔华、冈德瓦纳、拉其普他那（美华尔除外，该国首都契托尔和大部分领土被占领，但罗阇乌代・辛格撤到乌代普尔，继续抵抗）、古吉拉特、孟加拉、比哈尔、喀布尔、克什米尔、信德、奥里萨和俾路支斯坦。这样，阿克巴就把帝国版图扩大到整个北印度以及今阿富汗的一部分。新征服地区绝大部分属兼并性质，也有部分地区保留了原王公的领地，把它们变成附属国。这种情况原拉其普特国家较多。

阿克巴的更大目标是统一整个印度。他希望南印度国家接受莫卧儿的宗主权。1591 年派遣了 4 名使节，分赴南印度坎德希、阿马德纳加尔、比贾普尔和高康达 4 国探明态度。坎德希表示愿意接受，阿马德纳加尔故意怠慢，另两国未置可否。1593 年、1600 年阿克巴两次派大军进攻阿马德纳加尔，打败了他并兼并其部分国土，阿马德纳加尔国王退到腹地继续抵抗。此后，又兼并了坎德希。阿克巴将比拉尔、阿马德纳加尔部分领土和坎德希划作 3 个省，连同马尔华、古吉拉特共 5 省，设为德干总督辖区，派总督统辖。这样，阿克巴统治时莫卧儿帝国的南方边界就达到了哥达瓦里河以南，为后来奥朗泽布时把帝国版图扩大到最大限度奠定了坚实基础。

细密画：贾汉吉尔手持其父阿克巴的画像

1605 年阿克巴逝世。其子萨利姆继位，称号为贾汉吉尔。贾汉吉尔继续阿克巴征服德干的未竟事业，从

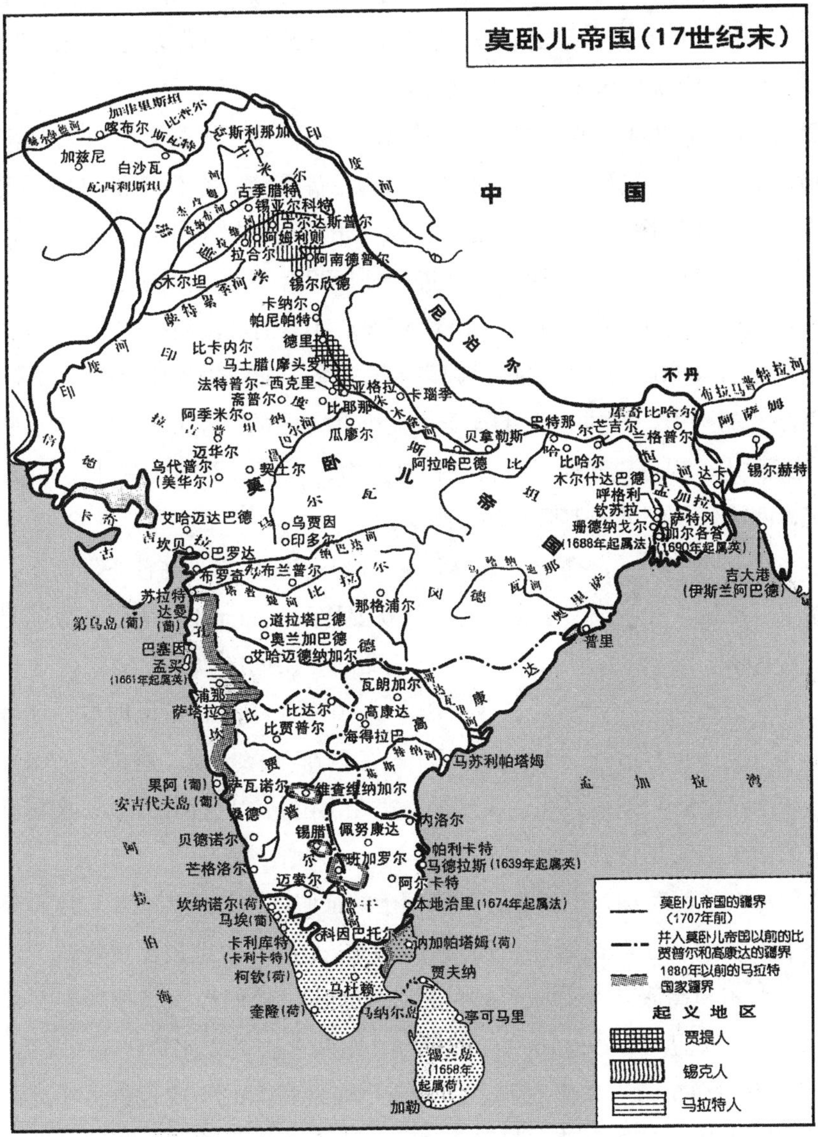
中国
不丹
喀布尔
加兹尼
白沙瓦
克什米尔
古季腊特
锡亚尔科特
古尔达斯普尔
阿姆利则
拉合尔
阿南德普尔
锡尔欣德
木尔坦
卡纳尔
帕尼帕特
德里
比卡内尔
马土腊(摩头罗)
法特普尔-西克里
亚格拉
卡瑙季
斋普尔
比耶那
阿季米尔
瓜廖尔
迈华尔
乌代普尔
(美华尔)
契土尔
贝拿勒斯
巴特那
阿拉哈巴德
比哈尔
蒙吉尔
库奇比哈尔
兰格普尔
达卡
锡尔赫特
木尔什达巴德
呼格利
钦苏拉
萨特冈
珊德纳戈尔
(1688年起属法)
加尔各答
(1690年起属英)
吉大港
(伊斯兰阿巴德)
艾哈迈达巴德
乌贾因
印多尔
巴罗达
布罗奇
坎贝
苏拉特
达曼
(葡)
第乌岛(葡)
巴塞因
孟买
(1661年起属英)
道拉塔巴德
奥兰加巴德
艾哈迈德纳加尔
浦那
萨塔拉
比达尔
比贾普尔
瓦朗加尔
高康达
海得拉巴
马苏利帕塔姆
普里
果阿(葡)
安吉代夫岛(葡)
萨瓦诺尔
维查耶纳加尔
桑德
内洛尔
贝德诺尔
佩努康达
帕利卡特
马德拉斯(1639年起属英)
芒格洛尔
班加罗尔
阿尔卡特
迈索尔
本地治里(1674年起属法)
坎纳诺尔(荷)
马埃(葡)
卡利库特
(卡利卡特)
科因巴托尔
内加帕塔姆(荷)
柯钦(荷)
马杜赖
贾夫纳
奎隆(荷)
马纳尔岛
亭可马里
锡兰岛
(1658年
起属荷)
加勒
印度河
恒河
孟加拉湾
阿拉伯海
莫卧儿帝国的疆界
(1707年前)
并入莫卧儿帝国以前的比贾普尔和高康达的疆界
1680年以前的马拉特国家疆界
起义地区
贾提人
锡克人
马拉特人

莫卧儿帝国(17世纪末)

1608年起先后几次派兵进攻阿马德纳加尔王国尚存的领土。阿马德纳加尔1621年被迫割地给莫卧儿，但仍保持国家的独立。贾汉吉尔在征服德干方面收效甚微，但在其他方面的征服取得不小成果。东孟加拉的阿富汗首领们和一些印度教王公在阿克巴逝世后又起而反叛。贾汉吉尔派伊斯拉姆汗平定了叛乱。对阿萨姆地区的扩张也开始了。在拉贾斯坦，贾汉吉尔征服了阿克巴未能征服的美华尔。他以交还领土换得后者承认莫卧儿的宗主权。

贾汉吉尔1627年去世。其子库拉姆继位。此前，他由于攻打阿马德纳加尔有功，被贾汉吉尔授予沙杰汗称号，意为世界无敌。在他统治时期，把西阿萨姆并入莫卧儿版图。沙杰汗曾远征中亚，企图夺取撒马尔罕和布哈拉，但遭到失败。在征服德干方面他取得较大进展。1629年他率领大军进攻阿马德纳加尔。后者承认了莫卧儿的宗主权。1632年沙杰汗取消其藩属地位，兼并其领土。1636年沙杰汗又亲临道拉塔巴德，调集5万大军，准备进攻比贾普尔和高康达。慑于莫卧儿的威力，高康达当年接受了莫卧儿帝国的宗主权。比贾普尔最初拒绝，当莫卧儿军队进攻开始后，自知抵御无力，也不得不接受莫卧儿的宗主权。按规定，两国每年都要向莫卧儿朝廷纳贡。

沙杰汗有四个儿子，都被任命为掌握数省大权的总督。在沙杰汗晚年，他们就开始争夺王位。一听说父亲生病，有的就要称帝。四兄弟中力量较强的是长子达拉·舒库和三子奥朗泽布。经过一场残酷的兄弟间的厮杀，奥朗泽布打败达拉·舒库，进占阿格拉，软禁了沙杰汗，于1658年7月在德里即位，称号是阿拉姆吉尔（意为世界征服者）。他的三个兄弟两个（穆拉德、达拉·舒库）被他杀死，一个（舒贾）战败而死。像这样为争夺王位兄弟间互相残杀，在莫卧儿帝国以往的历史上还是少有的。

奥朗泽布统治时期，继续进行扩张领土的征服战争，重点在南印度，目的是要最终兼并比贾普尔和高康达。1665年派贾·辛格率军进攻比贾普尔，没有成功。比贾普尔和高康达开始联合对付莫卧儿帝国。他们还和马拉特起义领袖联系，建立三方联盟。1679—1680年，莫卧儿军队再次进攻比贾普尔，又告失败。1685年，奥朗泽布亲率大军对德干发动连年来最强大的一次攻势。在进行顽强抵抗后，1686年9月比贾普尔投降，1687年9月高康达投降。两国都被并入莫卧儿帝国。至此，整个次大陆除最南端一隅外，都处在莫卧儿的统治下。印度实现了空前未有的统一。最南端的不大一片地区仍处在一批封建首领的割据下。奥朗泽布不是故意要留下这一角空白，而是因为这时镇压马拉特起义的连年不停的战斗已经耗尽了他最后的精力和帝国财力，他纵然有意走完统一印度的这最后一小步，也是力不从心了。

二、阿克巴改革

莫卧儿帝国既然也是穆斯林王朝，其统治体制和政策就和德里苏丹国有许多共同点，但也有显著的不同点。这些不同点的形成和发展主要有赖于阿克巴的努力。阿克巴是一位伟大的改革家，眼光远大，思想开明。他认识到要在印度教徒占人口多数的这个国家建立巩固的穆斯林王朝统治，就必须使自己的统治体制和政策突破狭隘的宗教偏见，适应印度的特点，易于为印度教各阶层所接受。从德里苏丹国的动荡和衰亡中他也看到控制穆斯林贵族势力、防止内讧对巩固帝国政权的迫切重要性，也多少看到了改善下层人民境遇的必要性。他一边征服，一边改革，对不合时宜的旧制大刀阔斧地破除。他的改革成果显著，结果形成了一种独特的也可称为莫卧儿型的穆斯林统治体制。

（一）王权至上的半世俗政体

莫卧儿帝国的前几位君主，不接受沙里阿（伊斯兰法）至上的原则，而是把王权摆在高于一切的地位。阿克巴宫廷史家阿布尔·法兹尔在《阿克巴则例》一书序言中写道："在真主的眼中，没有比王权更为崇高的东西。""王权是真主所发出的灿烂光辉，是太阳所射出的光芒，是宇宙的光源，是至善之书最有说服力的证据，也是一切美德的宝库。"①

王权至上的根据是君权神授说。这本是一种非伊斯兰概念，德里苏丹时就被一些苏丹利用，阿克巴时则进一步强调这种理论。阿布尔·法兹尔在同一篇序言中写道："国王的职位由真主授予一位杰出的人物"，"不需要什么中间人的推

① Abul Fazl, *Ain-I-Akbari,* transl.,by Blochmann et al. V.1, Calcutta,1939, pp.2–3.

荐。”① 这就打破了沙里阿关于君主由贵族、乌里玛推选的规定。

不仅如此，阿克巴再前进一步，使乌里玛屈从于君权。他规定，在乌里玛们对沙里阿解释发生分歧时，他是最高裁定者。这是 1579 年一份由谢赫穆巴拉克提出请求，经他批准，而由 5 位著名神学家签署的仲裁请求书宣布的。其中说道："今后穆扎希德们因宗教问题而意见分歧时，伏望陛下明察秋毫，择善而定。……倘陛下所颁法令符合《古兰经》之教义及国家利益，举国上下均将受其约束，违者逐出宗教，没收财产。"② 这意味着，解释宗教法的最高权力转到国王手中。这在伊斯兰教历史上是没有先例的。这一权力的获得意味着阿克巴不但是国家领袖，事实上也成了宗教的最高权威。不过阿克巴避免行使这种最高权力，他采用了另一种办法：把所有正统派法官免职，停付正统派乌里玛俸禄，而以拥护他改革的人来接替。

对哈里发的最高宗教和世俗地位莫卧儿君主们根本不承认。自巴布尔起，就自称帕迪沙。这样，就完全确立了自己的自主地位，摆脱了德里苏丹对哈里发的那种半承认关系。

阿克巴这些做法使莫卧儿政权不再像德里苏丹国那样受伊斯兰神权至上原则的支配，虽然仍以伊斯兰教为国教。这样做的意义在于使君主有绝对的权力按照国家利益，也就是穆斯林统治阶级的全局利益实行改革，破除宗教陈规，打破保守势力的阻挠，为创立新制开辟道路。当然由于莫卧儿统治集团主要是外来的穆斯林，维护伊斯兰教的主导地位是维护贵族统治的基础。所以，阿克巴只是破除了宗教对政治的支配权力，并不是把伊斯兰教完全排除政治之外，一点不考虑宗教利益。这与近代世俗政体仍是不一样的。

（二）强有力的中央集权制

阿克巴年幼登基，最初一切不得不依赖他的老师、首相贝拉姆汗，造成贝拉姆汗大权独揽的局面。阿克巴看到德里苏丹国时首相权势过重，成了贵族争夺目标，往往造成政局不稳，所以在亲临国政后，他以加强君主集权为行动方针，把

① Abul Fazl, *Ain-I-Akbari,* transl.,by Blochmann et al. V.1, Calcutta,1939, p. 3.

② Ibid., p.196.

军、政、司法最高权力收到自己手中。贝拉姆汗去职后，不再设首相职位，一切重大决定由君主直接作出。

阿克巴统治时，只设4名大臣。除贝拉姆汗首相外，有财政大臣、军队总监和大法官。此外的重要官员有首都大法官、道德监督和市场管理的负责人、情报部门首脑和王室总管等。这些职位后来都被提升到大臣等级。大臣在权力上是互相牵制的。如各大臣所辖部门的财政开支都要经财政大臣审查，而财政大臣涉及军事的部分财权战时要交军事总监掌管，大法官所决定的土地赐赠须经其他大臣同意等。这样，就可以防止任何一个大臣权力过重。

莫卧儿时期对征服地区除拉其普特一些王公外，都实行直接兼并，统一行政区划。阿克巴时帝国划为15个省。后随着领土的扩大，到奥朗泽布时增加到20个。省的行政机构是中央机构的缩影。省督下有财政、军事、宗教事务、情报等部门以及法官，业务上都受中央相应部门的领导。省主要官员由国王任命。阿克巴赋予省财政主管较大权力。他的地位仅次于省督，但不属省督而直属中央财政大臣管辖。这样做，是为了使其牵制省督，防止省督权势过重。南方各省由德干总督统辖，这一职位通常任命王子担任。

省下设县。县行政官归省督领导，但任免权属于国王。其他官员有税收财政主管、法官、警察长等。县以下设税区。农村的管理仍由村长和村社选出的评议会（潘查雅特）负责。

（三）曼沙布制

莫卧儿帝国的军队以骑兵为主，其次是步兵，象兵。巴布尔时开始有炮兵，阿克巴时数量增加，大量使用火炮，由大象、骆驼拉运。还建立了一支不大的海军。军队人数在贾汉吉尔和沙杰汗时约为三十万人。帝国军队分为两类：一类为国库供养的，阿克巴时约为一万两千人，其招募、训练、装备、指挥由中央和省负责，他们是帝国军队的核心。首都卫戍和各省重镇的驻守主要由他们承担。另一类更大量的是曼沙布达尔的军队，征服战争时征召他们作为补充力量或主力。统一规范的曼沙布达尔养兵制是莫卧儿帝国在军事制度上的一大改革。

曼沙布意为品级，曼沙布达尔意为品级的领有者，曼沙布制即军事品级制度。这是阿克巴统治时制定的新制，1573—1574年开始实行。按照这种制度，全国制订统一的军事品级，共 66 级。按品级定薪俸，按薪俸多少拨给相应的土地作为军事采邑。曼沙布达尔按品级高低供养数量不等的骑兵，负责其装备、训练，听候征召，为国家征战。所需经费由采邑的税收中开支，多余的归曼沙布达尔。曼沙布以十人长为最低等级，最高等级阿克巴时是 12 000 人长，贾汉吉尔和沙杰汗时是 40 000 人长。5000 人长以上品级只授予皇族成员。印度有些学者认为，多少人长就意味着要养多少兵。多数学者不同意这种看法，认为要求的养兵数比品级的人长数要少，后者可能是理论上的最高要求。阿克巴统治后期，又把品级分为扎特和沙瓦尔两种。每个曼沙布达尔有一个扎特级、一个沙瓦尔级。对于这种区分的含义，学者们迄今仍是众说纷纭。有人认为扎特级表示品级要求供养的骑兵数，是理论上的，沙瓦尔级表示实际需要供养的数额。有人认为扎特级表示要求养兵总数，沙瓦尔表示要求供养的骑兵数。还有人持别的主张。究竟哪种说法正确，无法确定。阿克巴还规定对每个曼沙布达尔养的士兵都要注册登记，对其战马要统一施行烙印制度。还专门成立一个部门，负责此项工作。他还定期亲自抽查、检阅曼沙布达尔的军队。这些做法是为了防止曼沙布达尔弄虚作假，逃避义务。

阿克巴这项新制的创设是成功的，既避免了由国家统一养兵不可避免会带来的财政困难，又改变了以往贵族养兵的无序状态。这种办法也保证了君主对军权的较牢固的控制。

曼沙布制也把高、中级文职官员包括在品级系列中。不过对他们来说，品级只标志一个地位的高低和俸禄级别。他们不承担养兵义务，他们的俸禄由国库用现金支付。

随着帝国的扩张，曼沙布达尔的人数在贾汉吉尔、沙杰汗和奥朗泽布统治时不断扩充。阿克巴在位末年为 1658 人，贾汉吉尔时 2069 人，沙杰汗时 8000 人，奥朗泽布时 11 456 人（1690）。不过增加的多为较低级的曼沙布达尔，高级曼沙布达尔增加较少。奥朗泽布时有 7999 个曼沙布达尔领取现金薪俸，约占总人数的 2/3，3452 人受封采邑，约占总人数的 1/3。由于莫卧儿帝国的领土扩张在阿克巴时已基本完成，对南印度两国的征服时间又较晚，所以增加的曼沙布达尔分封采邑的相应减少。奥朗泽布时期财政困难已很突出，曼沙布达尔薪俸被降低，全国实际养兵数因之也大幅度减少。

（四）土地制度

莫卧儿时期的土地关系较德里时期又有新的发展。德里苏丹国时期土地制度不稳定，变化较大，莫卧儿时期则正规化了，形成札吉尔制和柴明达尔制，使得印度的封建土地关系有新的发展。

莫卧儿君主们同样宣布自己是全国土地的最高所有者，同样，君主(或国家)只直接占有部分土地，叫哈里萨。这部分的税收收入供国家开支和王室使用。由于哈里萨不断因征服而扩大，又不断因分封而缩小，所以它的数量一直变动不定。但大体上可以说，它只占全国土地的一小部分，大部分被分封出去。

莫卧儿时期的土地分封主要采取军事采邑形式，与曼沙布制紧密联系在一起，这是和以往不同的。军事采邑叫札吉尔（波斯语，意为得到一块土地），它的领有者（即曼沙布达尔）叫札吉达尔。札吉达尔只享有地税收入，其义务是按品级规定供养和保持一支骑兵队伍（包括人员和马匹）为君主服务。札吉尔的大小是以曼沙布制各品级的薪金数折合土地税收入计算的。高级曼沙布达尔的札吉尔有成千上万比加，低级的只有数十至数百比加。1647 年，全国曼沙布达尔总数是 8000 人。其中有 445 个高级曼沙布达尔，只占曼沙布达尔总人数的 5.5%，可是其领地上的税收收入却占全国地税总收入的 61.5%。这就表明莫卧儿掌握的全国土地的大约同样比重集中在这 445 个大札吉达尔手里。其中作为这个金字塔顶端的头三种人人数只有 68 人，其札吉达尔收入却占全国地税总收入的 36.6%。这表明土地占有的集中程度是相当高的。不过，和德里苏丹国后期承认伊克塔世袭不同，莫卧儿君主们严格规定札吉尔不能世袭，札吉达尔死后土地要由国家收回。札吉达尔只能按国家规定的土地税税率征收。为防止札吉达尔坐地生根，分给的土地经常调换地点，最严格时每三四年调换一次。莫卧儿君主们希望保持对土地所有权的垄断，不希望札吉达尔成为土地所有者。但理想是一回事，现实又是另一回事。札吉达尔既得到土地占有权，就总想把土地变成世袭所有。当中央权力削弱时，要收回札吉达尔死后的土地是相当困难的，常常不得不承认世袭或变相世袭（名义上国家收回，实际上留下很大部分给继承人）。所以在莫卧儿王朝后期出现了“世袭札吉尔”的名称。按规定，札吉达尔只能收取国家规定的地税额，但实际上，他们往往自行提高税额，而且都向农民征收杂税（阿布瓦布），如放牧税、池塘税、砍柴税等。阿克巴及沙杰汗都曾明令禁止征收杂税，但未能贯彻执行。札吉达尔们还经常征用采邑上的农民的无偿劳役。这样，他们就成了事实上的封建地主。

莫卧儿时期另一种较普遍兴起的封建土地占有者是柴明达尔（意为土地持有者）。这个名称是这一时期普遍使用的，但它所反映的占有关系则在德里苏丹国时期就已出现。那时，被穆斯林征服的印度教王公首领只要纳贡和提供军事服务，就被允许保留土地，并可世袭；那时，负责农村征税的某些印度教官员被赋予得到税收总量中的一定份额的权力，而村社负责收税上缴的村长除自己的土地免税外，也得到为自己向农民加征某种杂税的权力；那时，已经出现了一些包税人，他们以一定的出价从国家或伊克塔达尔手里取得一定地区的包税权，他们长期包下去，久而久之俨然成了其包税土地的占有者。这些因素合在一起，在德里苏丹国时期逐渐形成为一种有别于札吉尔的新的封建占有形式。这个过程到莫卧儿时期之初完成。莫卧儿君主保留了这几种人的权利。于是，各种因素的老名字被一个更广泛使用的新名称代替，这就是柴明达尔。一系列地方名称仍保留，如德斯穆克、帕提尔、纳雅克、达鲁克达尔、马古扎瓦尔等，只是柴明达尔在各地的不同称呼。

莫卧儿时期的柴明达尔包括印度教王公、部落氏族首领、长期包税人、负责农村征税的印度教官吏以及某些成了小封建主的村社上层。他们的共同点是：1. 其权利都不是来自国家拨给的采邑，大都是起源于莫卧儿帝国之前，得到莫卧儿帝国承认又有所增加。2. 他们中王公的土地是可以世袭的，其他人甚至连法律上的土地占有者都不是。但在事实上，他们不但成了其包税土地的占有者，而且地位稳定，常常世代相传。不像札吉达尔死后土地还要收回。3. 他们中印度教徒居多。除王公藩候外，多数属中下层封建主。有的处在国家与农民中间，有的处在札吉达尔与农民中间，与直接生产者农民的接触较多。

柴明达尔封建主阶层的形成意味着封建土地占有关系的复杂化，因为许多由包税人、税吏和村社上层形成的柴明达尔是在大札吉尔范围之内。这就是说，许多柴明达尔并非单独占有土地，他们在其中享有权利的土地其实就是札吉达尔占有的土地，他们成了第二层封建占有者。这就使得在许多地区，在国家与农民间形成一种多层的封建占有关系。

柴明达尔阶层的形成是莫卧儿政权对印度教封建主让步和利用的结果。对印度教王公，通过承认他们的世袭权取得他们的效忠和服务；对农村已经形成的中小封建主，则通过承认他们包税收税的权利，利用他们为莫卧儿政权的税收制度服务。

和德里苏丹一样，莫卧儿王朝也赠赐土地给清真寺（叫瓦克夫）、伊斯兰教神学家、苏菲派圣人（叫苏尤加尔）等。前者是永久性的，后者为终生享用。以往德里苏丹国时期存在的印度教寺庙和婆罗门封地都保留下来。阿克巴时其他宗教的有些僧侣也得到赐地。宗教土地在整个封建占有的土地中所占比重已大大降低。阿克巴时这类土地税收在各省地税中的比重为2%—5%不等。由于世袭倾向的发展，1690年奥朗泽布宣布这类土地一律世袭，但不准买卖转让。

莫卧儿帝国时期的土地占有关系标志着印度封建土地关系的进一步发展。在国王继续保有土地的最高所有权的框架下，形成了多层的封建占有，而且世袭的倾向进一步加强。由于封建占有关系的普遍化，全国农民的绝大部分已成为受封建剥削压迫的佃农。不过和以往一样，上层占有关系的重新调整，对农民世袭占有和使用自己份地的权利仍然很少影响。他们要向新的占有者交纳租税，提供劳役。但只要做到这点，没有人能把他们从土地上赶走。这一时期由于农村人口增长，雇工和分成制佃农人数增加。分成制佃农租种新垦荒地、寺庙土地和村社上层的土地，所受剥削重于一般的佃农。一般佃农租税率为1/3，加上杂税约为近2/5，分成制农民一般是对半分，相当1/2，如果主人提供耕畜、农具，分成比例还要远远高于此数。分成制农民对土地的耕种是没有保障的，地主可以随时收回土地自耕或另佃别人。雇工的工资都很低，常常是付给实物，有的是收获后统一支付。这不是真正的雇佣关系，而是封建租佃关系的一种补充形式。分成制佃农和雇工有些是本村社的贫困户或手工业者，有些是外来者（因战争、灾荒等原因），他们在新居处享受不到一个村社成员通常所享有的传统权利。

（五）联合印度教封建贵族的政策

德里苏丹国时期伊斯兰教封建贵族垄断全部政治权力的做法事实证明是不成功的，在德里苏丹统治的整个时期，反抗不断发生。巴布尔征服过程中遇到的强烈抵抗，也使他认识到高压政策只能激起更强烈的仇恨。他开始采取一些笼络的措施，如给胡马雍娶了一位拉其普特公主做妻子，又吸收一些拉其普特人参加他的军队。胡马雍最初没有重视这个问题，其结果是当他被谢尔沙跟踪追击时，没有一个拉其普特藩属援救他。相反，这些藩属乘机纷纷宣布独立。当阿克巴重新征服时，如何对待印度教封建主的问题严重地摆在他的面前。拉其普特贵族在北印度是一支不可轻视的军事力量。阿克巴看到，如能把这支力量联合到自己一边，近则有助于彻底孤立和消灭仍在负隅顽抗的阿富汗残余贵族势力；远则有利于扩大莫卧儿王朝统治的基础，减少印度教徒接受伊斯兰教王朝统治的思想阻力；而且拉其普特人的军事力量未尝不可加以利用。挥舞拉其普特剑对莫卧儿未来在南印度的征服也绝不是没有好处的。阿克巴确立了对拉其普特封建贵族的新方针：制服而后怀柔联合，吸收其加入莫卧儿王朝统治集团。这个方针开始并非十分明确，但他在行动上坚定不移地朝着这个方向前进。在征服过程中，他采取三项原则：1. 对愿意接受莫卧儿宗主权的，保留其原有领地不兼并，保留王公的统治地位，授予曼沙布（品级），其领地作为札吉尔仍由其领有。有的被任命为朝廷重臣，有的结为姻亲。如斋浦尔的王公巴尔马尔 1562 年自愿接受莫卧儿宗主权，阿克巴娶了他的女儿为妻，她就是贾汉吉尔的母亲。阿克巴授予巴尔马尔及其子孙 5000 人长到 7000 人长的高级品级。此后，莫卧儿王朝得到斋浦尔王公最忠诚最有力的支持。又如比卡尼尔、斋萨迈尔等王公 1567 年自愿接受宗主权，阿克巴都授予曼沙布，并和有的王公联姻。2. 对坚决抵抗的，以武力征服，但除特殊需要外一般不兼并，而是迫使其接受宗主权和交纳年贡。3. 无论哪种情况，要塞都由莫卧儿军队进驻。这是为了预防可能的叛乱。在拉其普特诸王公中，坚决不接受莫卧儿宗主权的是美华尔。1567 年，阿克巴率军攻打美华尔，包围奇托尔堡。国王乌达亚 · 辛格退到丛林中，把守卫堡垒的任务交给部将贾伊马尔。贾伊马尔防守严密，阿克巴围攻 5 个月不下。后贾伊马尔在一次巡视时偶尔中火枪致死。拉其普特贵族女眷自焚，男子在法特 · 辛格领导下，出城与莫卧儿军队决战，直至全部阵亡。盛怒之下的阿克巴下令屠杀大批抵抗者，这是他戎马生涯中一次越轨的残暴行为。事后，他感到后悔，下令为贾伊马尔和法特 · 辛格各立一铜像，树立在阿格拉堡门前，以表示对拉其普特人英勇顽强精神的尊敬。奇托尔堡虽然丢失，美华尔王公仍继续抵抗。阿克巴总结经验教训，改变策略，先后派拉其普特王公曼 · 辛格（巴尔马尔之孙）、巴格万 · 达斯和托达尔 · 马尔劝说美华尔王公接受莫卧儿宗主权。只是在这些努力都失败后才于 1576 年派曼 · 辛格率大军征讨。此时美华尔王乌达亚 · 辛格已病故，新王普拉塔普抵抗失败，退到深山，继续战斗。他死后，子阿马尔 · 辛格坚持抵抗。阿克巴终未能征服这个国家。不过，尽管未能征服美华尔，阿克巴的政策却使他得以以少数几次战斗，就使长期对德里苏丹国抱敌对态度的拉其普特绝大多数王公归顺了莫卧儿王朝并转而为它竭诚效力，这是以往所有的穆斯林统治者做梦都不敢想的。

阿克巴信任并重用拉其普特王公，用不同方式把他们吸收到莫卧儿贵族圈子里来。他授予巴尔马尔5000人长品级，授予曼·辛格7000人长品级，这样高的品级本来是只授予皇族的。阿克巴称曼·辛格为弗占德（意为儿子），让他率大军征服古吉拉特、喀布尔和奥里萨。在征服奥里萨后，任命他管理比哈尔和孟加拉。阿克巴时5000人长至7000人长的曼沙布达尔共32人，其中拉其普特就有4人，1000人长至4000人长的共93人，拉其普特10人。拉其普特王公为莫卧儿征服全印提供了优秀的指挥官和精锐部队，在征服古吉拉特、马尔华、比哈尔、孟加拉、克什米尔、奥里萨及德干诸国中都立下了汗马功劳。拉其普特王公贵族还有一些人担任朝廷大臣、省督、省财政官等重要职务，在治理国家方面也发挥了重要作用，如王公巴格万·达斯被任命为旁遮普省督，罗伊·辛格被任命为苏拉特总督，罗伊·苏尔江被任命为贝拿勒斯省督等。

与拉其普特封建主的联盟为在更广大范围联合印度教封建主创造了条件。阿克巴统治后期415名高级曼沙布达尔中印度教徒有51人。担任朝廷大臣和地方长官职务的印度教徒也有不少。最著名的是印度教王公托达尔·马尔。他做了10年财政大臣，领导进行田赋改革，取得了显著成就。雷伊·帕特尔·达斯坦任过孟加拉、比哈尔和喀布尔等省的财政官，被授予5000人长品级。1596年阿克巴任命的12个省财政官中，就有8人是印度教徒。1594年，印度教徒在贵族总数中约占16%。莫卧儿王朝得到了拉其普特及其他印度教上层的支持和服务，这对帝国的巩固起了决定性作用。

阿克巴此项政策在贾汉吉尔和沙杰汗时继续得到遵循。贾汉吉尔娶了一位卡恰瓦哈公主和一位佐德普尔公主，这两位公主的父兄都官居显位。贾汉吉尔最终征服美华尔并得到其承认莫卧儿的宗主权后，给予其王公优惠待遇，他被授予5000人长品级，所有莫卧儿占领的领土及奇托尔堡都交还，王公也无需去首都觐见皇帝。在南印度，莫卧儿统治者重点抚慰和争取马拉特封建主，结果有部分马拉特封建主站到莫卧儿一边，在南方各省担任官职，并被授予相应品级。贾汉吉尔时，印度教徒在贵族中的比重提高到24%，到奥朗泽布继位时进一步提高到33%。这样，莫卧儿的统治基础就大大扩大了，印度教上层的相当部分已倾向于承认它是可以接受的政权。

（六）宗教平等政策

在一个印度教徒占人口绝大多数的国家里，像德里苏丹国那样施行歧视性的宗教政策只能使自己的统治陷于孤立。宗教政策牵动每个人的思想感情。一个外来的异教政权对印度教不能宽容，印度教居民就决不会宽容加在他们头上的外来统治。这是莫卧儿君主、特别是阿克巴从德里苏丹失败的教训中看得很清楚的。巴布尔、胡马雍在征服过程中有时不得不诉诸圣战，他们也曾下令拆毁印度教寺庙改建清真寺。但在非战争时期他们对印度教的政策都有了缓和。一方面，阿克巴希望在印度的统治长久下去，希望莫卧儿王朝成为印度的而不再是外来的王朝。他不能不考虑争取广大印度教徒支持的问题。联合印度教封建主的政治需要也要求改变对印度教的态度。另一方面，德里苏丹国后期伊斯兰教徒与印度教徒要求相互接近的潮流使他看到了实行新的宗教政策的可能性。苏菲派和虔诚运动关于宗教团结的宣传鼓动对他也有一定影响。阿克巴一反德里苏丹的做法，决定实行宗教平等政策。

1562 年他颁令禁止把战俘变为奴隶，取消奴隶贸易。1563 年，取消了对印度教徒征收的香客税。据《阿克巴本纪》记载，向朝圣香客索取钱财，在印度已经成为一种惯例。阿克巴废除了这些高达数百万的税收。他认为这样攫取财物应受到谴责，颁令在他所有的统治区内禁止征收这种税。1564 年，他又下令取消对非穆斯林居民征收的歧视性的人头税。这种税收更是广大印度教徒所深恶痛绝的。这两种税的取消震动很大，获得所有非穆斯林居民的欢迎。这是他在宗教政策方面实行改革的最得人心的措施，开辟了伊斯兰教、印度教两大宗教及其他教派平等共存的可能性，也减轻了人民的负担。他是冒着财政上减少大量收入的风险这样做的。当时就遭到国家财政部门和正统派乌里玛的强烈反对。但他不顾一切阻挠，坚持执行，表现了他的远见卓识和非凡的魄力。他还取消了税收上穆斯林非穆斯林的差别待遇，废除了遴选政府官员的宗教限制，取消了对印度教建造寺庙的限制，禁止强迫战俘改宗伊斯兰教，还明确宣布："印度教徒在年轻时被迫改宗为穆斯林者，允许恢复其祖上的信仰，任何人不得干涉宗教信仰。……如果人们希望建立礼拜堂、祈祷室、偶像庙和拜火寺，不得干扰。"[①] 这项规定实际上是宣布了信仰自由，建立寺庙自由，使他的宗教宽容政策有了切实的基础。为

---

① Abul Fazl, *Ain-I-Akbari,* transl.,by Blochmann et al. V.1, Calcutta,1939, p.217.

了照顾印度教徒的宗教感情，阿克巴对宰牛也做了适当限制，并自己带头停止食用牛肉。他的宫廷既举行伊斯兰教节日活动，也举行印度教节日活动。他还时常做印度教徒打扮，额上画着刹帝利种姓标志，佩戴耳饰。在阿格拉附近的西克里建新都时，宫殿有些部分仍照印度教宫廷式样建造，清真寺也吸收印度教庙宇特点。还专门修建了印度教寺庙。这些措施都是为了提倡一种与印度教亲近和相互尊重的风气，也反映了他力图通过文化的融合促进两大教派的平等相处。

教义上的沟通和互相理解对僧侣和知识界是更重要的。他下令将印度教吠陀经典、两大史诗、六派哲学的典籍译成波斯文。1575 年又在法特普尔—西克里城（他的新都）建立了祈祷厅，开始主要是供穆斯林各派学者举行讨论使用。莫卧儿君主是逊尼派，他对穆斯林其他派别也一视同仁。1578 年起，印度教、耆那教、祆教、天主教等各教派的学者也都被邀请参加讨论。阿克巴常常参加聆听。他把这种坦诚相见的讨论看做是彼此沟通思想的好机会。但这种讨论总是以相互激烈指责结束。1582 年他停止举行讨论。此后，改为邀请各教派的学者到宫中长谈，向他们了解各宗教的真谛。从与各派的接触中他发现，尽管各派教义差别很大，都有一些好的思想，而这些好的思想是在激烈的争论中常常被淹没了的。如能都强调这一面，对促进宗教协调大有好处。他又认识到，尽管各派神的名称不同，都体现一种信仰，说真理就只在一个宗教手里是没有什么道理的。正是对各宗教教义的进一步了解，推动他走上了要创建一个跨越现有教派的新的宗教团体的道路。

1582 年他建立了这个团体，叫丁 – 伊 – 伊拉希，意为神圣信仰。他的指导思想是，既然各个宗教都有真理，各种信仰的人就应不囿成见，相互接近，相互理解，和睦共处，共同信仰神和效忠君主。他要在上层社会传播这种主张，并为持这种主张的人提供一个组织实体，阿布尔·法兹尔成了他的顾问和这个团体的主要负责人。阿布尔·法兹尔是阿拉伯人，谢赫穆巴拉克的儿子，思想开明，他认为所有道路都通向神，所有宗教都有真理。他的思想与阿克巴接近，对后者有一定影响。神圣信仰团体要求其成员：1. 一神信仰。阿克巴没有说这个神是谁。他认为叫什么名字不是重要的，重要的是对神的真诚信仰。他把太阳、火都看做是神的体现。成员见面都要呼“神是伟大的”口号。2. 提倡道德理性主义，强调多做善事，生活简朴，素食，不娶老妪和幼女。3. 把敬神和效忠皇权联系起来，以效忠皇帝作为信仰神的重要体现。规定每个参加者都要能为君主牺牲财产、生命、荣誉、宗教。能做到这四种牺牲的是一等成员，只能牺牲其中三种的是二等成员，其余依此类推。无论什么宗教的人只要赞成这几点，都可参加这个团体。手续也很简便。凡愿参加者，随时可见阿克巴，把自己的头巾放在他的脚上。阿克巴给他一个写有“神是伟大的”口号的夏斯特，表示批准。直到阿克巴去世，其成员总共只有几千人，绝大多数是伊斯兰教徒，印度教徒不多。对阿克巴效忠最力的拉其普特王公曼·辛格、巴格万·达斯都没有参加。曼·辛格说，除了印度教和伊斯兰教外，“我不知道其他任何宗教”。[①] 在伊斯兰教方面，建立这个团体引起的反感更为强烈。乌里玛谴责阿克巴此举是要建立新的宗教，是离经叛道。许多伊斯兰教徒抱着怀疑的眼光看待他的行动，对他的做法迷惑不解。随着他的去世，神圣信仰也就烟消云散。阿克巴此举是失败的。这并不奇怪，虽然他并不是要建立一个新的宗教取代现有宗教，但在存在着伊斯兰教和印度教两大现有宗教的情况下，要建立一个跨越教派的新的宗教团体是违反大多数人的宗教感情的；把对神的信仰和效忠皇权联系在一起，甚至规定为效忠皇帝可以牺牲宗教更是标新立异，违背一般宗教原则。多数史学家批评他此举是多余的，不现实的，不仅没有为他的平等的宗教政策增色，反而为正统派攻击改革提供了新的借口。

阿克巴的宗教政策虽然也有缺陷，整个说是积极的，进步的。他是穆斯林入主印度后第一个把宗教政策建立在真正平等基础上的君主，为伊斯兰教、印度教两大宗教群众的互相接近和文化上的互相渗透与融合开辟了较为宽阔的道路。

然而，这种获得多数人拥护的政策却遭到伊斯兰教正统派的激烈反对。他们甚至称阿克巴为“异端皇帝”。1580 年，江普尔的法官穆罕默德·亚兹迪公开宣称，背叛异端皇帝是合法行动。1518—1582 年，孟加拉、比哈尔发生叛乱。连阿克巴的异母兄弟米尔扎·哈基姆也打起了维护宗教正统的旗号，率军由喀布尔进攻旁遮普。反叛者满以为可以一呼百应，煽起伊斯兰教徒的宗教狂热，推翻阿克巴的改革和他的统治。然而，完全出乎他们的意料，反应寥寥，使他们遭到了可耻的失败。

（七）促进经济文化发展的其他措施

阿克巴对社会经济和文化的发展是很重视的，采取了一系列措施促进经济和

---

① Abul Fazl, *Ain-I-Akbari,* transl.,by Blochmann et al. V.1, Calcutta,1939, p.215.

文化的发展。《阿克巴则例》中讲到，阿克巴要求各省长“应把注意力集中于增加农业生产，提高土地利用率上”①。17世纪初期，印度人口约一亿三千五百万人。荒地还很多。阿克巴提供贷款鼓励开垦荒地。他指令各级官员要鼓励扩大耕种面积，保护农民的合法利益，不得任意勒索。还提到对贫困的农民，要给予帮助，使他们能继续从事耕种。兴修水利受到重视，阿克巴要求各级官员把鼓励农村兴办水利当做一项重要任务去完成。

地税改革是阿克巴时期的一件大事，对充实国家财政、促进农业发展起了重要作用。胡马雍执政时大量分封札吉尔，全国土地的4/5分出，王室土地只剩1/5，国家财政收入严重萎缩；而札吉达尔对农民的榨取常常不受法律规则的约束，使农民负担加重。1556—1557年、1573—1574年两次发生大灾荒和瘟疫，恒河中下游广大地区土地荒芜，人口流散，农民生活无着，国家财政收入处于枯竭边缘。这一切，使阿克巴决心整顿税制，建立正规的地税制，以增加国家财政收入，减轻农民负担，促进国家的政治稳定和经济发展。

阿克巴亲临朝政不久，就为改革做准备。1563年至1570年首先对王室土地的税收制度作出规定：土地丈量，估定产量，以现金纳税，各地区各种粮食的现金折价由中央规定。1570年起，规定札吉尔土地也施行这种制度，同时应对土地的质量、产量、税额和粮食折价标准都一一登记。1580年起把全国划分为182个税区。这就为1580年实行的扎卜塔制（标准课税制）提供了基础。

在新制的创立和施行上，托达尔·马尔起了重要作用。他是阿克巴的财政大臣，是印度教徒。这个制度是他根据阿克巴的思想提出，得到阿克巴批准的，他也是实施这次改革的总负责人。这个制度的主要内容为：国家直接派官吏向农民征税；对土地实行准确丈量，用嵌有铁环的竹竿代替绳子做量具，土地单位定为比加；土地按休耕情况分为四类，只有处于耕种下的土地交税；在每一税区，根据以往十年的产量，分别确定各类土地每比加的平均产量，这个平均产量就是国家征税依据的标准产量；税率为标准产量的1/3；以现金纳税，中央根据各地价格的差异，定出各地区各类粮食的折价，税率和标准折价十年不变；国家发给纳税农民证书，上面注明土地数量、质量和应交税额；遇到自然灾害可以减免。这种制度既实行于王室土地，也实行于札吉尔土地，后者也由国家派官吏负责征税，不过税收交给札吉达尔而不是国库。这个制度还规定所有持有宗教土地500

① Abul Fazl, *Ain-I-Akbari,* transl.,by Blochmann et al. V.1, Calcutta,1939, V.2, p.37.

比加以上者，应接受皇帝审查，不服从者没收土地。此后为慈善目的赠赐土地要由皇帝本人批准。

在施行新的税制时，取消了地方附加税和各种杂税。税收单一化，简单明了。

新税制的实施取得了很大成功，使国家的地税收入不但得到稳定，而且有很大的增加。农民负担也得到减轻。新税制也有缺陷。货币税的实行使农民必须在收获季节到市场低价求售，造成谷贱伤农，便利了商人高利贷者加重盘剥。

在手工业商业方面，阿克巴取消了一系列苛捐杂税，如手工艺人税、港口税、集市税、货物税、货币汇兑税、房屋买卖税等，减轻了手工业者和商人的负担，还撤销了一系列关卡，并重视修筑道路，便利了商品流转。货币进一步标准化是另一项意义深远的措施。他发行了一套由不同面额构成的金银铜质货币，成色固定，形状美观。最高面额的金币叫山萨布或萨含萨，用于巨额贸易。通常用的金币叫伊拉希，相当 10 卢比。银币叫卢比，重 172 格令。还有半卢比、1/4 卢比、1/8 卢比、1/16 卢比、1/20 卢比的银币。铜币叫达姆（派萨），40 达姆为一卢比。最小的铜币叫吉塔尔，是一达姆的 1/25。各种货币上都印有阿克巴的名字（没有头像）、铸币厂的名字和发行年代。这套货币的发行使全国朝着货币规范化的方向迈出了一大步。

细密画：阿克巴看表演

莫卧儿君主们对教育比较重视。巴布尔和胡马雍在德里等地建立了穆斯林学院。阿克巴实行进一步鼓励的政策，这一时期建立了大量的伊斯兰教学校和印度教学校，政府都给予资助，规定除神学课程外，还要把地理、历史、数学、天文等都列入教学内容。贾汉吉尔和沙杰汗继承了这个改革，推动这个倾向继续发展。莫卧儿时期虽然国家没有设立专门的教育部门，但拨出一定款项用于教育，对著名的教师和学者给予补助和捐赠，而且不限于伊斯兰教。这种对教育的积极态度是德里苏丹时期所不能比拟的。莫卧儿时期学校之多超过历史上任何时期。

阿克巴竭力促进伊斯兰教和印度教两种文化的接近和融合。伊斯兰教和印度教文化上的接近在德里苏丹国时期是在下面自发地进行的，阿克巴则自觉推进这个过程。他积极鼓励文学、艺术、建筑等方面两大宗教不同流派不同风格的融合，并努力促进在融合的基础上创立印度特色的新的风格、新的流派。这方面是有成绩的，这在建筑、绘画、音乐等方面表现得特别明显，可以说都形成了新的风格和流派。文化上的互相渗透、吸收和某种融合为帝国政治上的统一增加了一定程度的文化心理基础。

阿克巴的上述政策和改革，使莫卧儿政权具有了较突出的进步性，外来成分减弱，本土成分增强；宗教性质减弱，世俗成分增强。因此，它能获得包括印度教徒在内的广大群众的支持，从而能在推动印度的社会发展和历史前进方面起更大的积极作用。阿克巴的政策基本上为贾汉吉尔和沙杰汗继承，所以尽管他去世，他开创的各种改革在以后一个世纪里仍继续开花结果。后人为表示对他的崇敬，尊称他为阿克巴大帝。

三、荷兰、英国、法国殖民主义势力的侵入

就在莫卧儿统治时期，西方殖民势力对印度的侵略加强。除葡萄牙人继续盘踞西海岸外，荷兰、英国、法国都把自己的势力伸向印度。

整个 16 世纪，葡萄牙垄断了东方航线，垄断了印度与欧洲的贸易。葡萄牙人曾觐见阿克巴，希望他改宗天主教，他也希望在征服南印度时能得到葡萄牙人的帮助。但双方都无意接受。后来得知葡萄牙人强占苏拉特附近的布尔萨尔村庄，阿克巴对葡萄牙人的憎恶加强。

16 世纪末，荷兰作为一个新兴殖民主义国家乘葡萄牙势衰，打破了葡萄牙人对香料群岛的控制，跟着又来到印度扩张商业势力。1602 年荷兰商人成立了荷兰东印度公司，由国家授权垄断对东方的贸易，并授予宣战、媾和、占领领土、建立要塞等特权，开贸易公司获得政治、军事特权的先例。英国大商人和王室也早就积极谋求向东方扩张。1600 年底，经国王批准，在伦敦成立了英国东印度公司，获得了在东方的贸易垄断权。此后数十年中，又从国王和议会手里获

得了修筑要塞、建立军队、对非基督教民族宣战、媾和以及统治所征服的殖民地等政治、军事特权。英国东印度公司最初的目标是垄断东方至欧洲的香料贸易，所以头几次商船主要是去爪哇和香料群岛。后来在香料群岛受荷兰排斥使它必须改变目标。当发现印度马拉巴海岸也有胡椒，而且印度棉纺织品在欧洲有广阔销路后，便决定把主要扩张目标转到印度。17 世纪初法国人也来到印度，但未能立定脚跟。1664 年法国东印度公司成立，才真正着手在印度发展商业势力。法国公司与荷兰、英国的不同，是由国家控制，贷给资金，是专制制度的产物。

与葡萄牙人来印度时不同，荷兰人、英国人、法国人来到印度面临的是强大的莫卧儿帝国，这使他们很难为所欲为。不过，17 世纪 30 年代前，南印度的比贾普尔、高康达还是独立国家。这给他们争取在印度立足提供了较有利的条件。

这些新来的商人公司第一步要达到的目标是争取印度国家允许他们在这里经商和设立商馆。1605 年，荷兰商人首先谋得高康达国王同意，在东南海岸的马苏利帕塔姆建立了它在印度的第一个商馆。1611 年，英国东印度公司如法炮制。法国东印度公司来得较晚，1669 年才在马苏利帕塔姆建立商馆。

在莫卧儿帝国境内建立商馆较费周折，因为受到葡萄牙人的阻挠。1608 年英国东印度公司的商船“赫克托尔号”的船长霍金斯奉命晋见莫卧儿皇帝贾汉吉尔，递交英国国王要求通商的书信。霍金斯 1609 年见到皇帝，在宫廷住到 1611 年。贾汉吉尔有意答应，但在首都的葡萄牙人竭力从中作梗。直到 1612 年公司有两艘船在苏拉特附近海面打败葡萄牙人，贾汉吉尔才正式允准。1613 年英国人在苏拉特设立商馆。1614 年，英国东印度公司的船队支持苏拉特地方统治者打败专横的葡萄牙人的船队，贾汉吉尔很高兴，就颁令允许英国东印度公司与莫卧儿帝国建立长久贸易关系。葡萄牙传教士在宫廷继续不断施展阴谋，阻挠印英贸易的开展。为消除这个障碍并争取更有利的贸易条件，1615 年英王詹姆士一世任命托马斯·罗为大使，常驻莫卧儿宫廷。1616 年初托马斯·罗晋见贾汉吉尔，建议英印签订友好通商条约。贾汉吉尔不愿，但在 1618 年颁布敕令，允许英国人在莫卧儿帝国境内贸易和设立商馆，不过要照章纳税。托马斯·罗 1619 年回国。此后，英国人便抓住机会，在印度东西海岸和孟加拉、比哈尔建立了一大批商馆。1639 年，又以每年 600 英镑的代价，从昌德拉吉里罗阇（前维阇耶那伽尔王国统治者后裔）手中租得沿海一条地和一个小岛，建立圣乔治堡，后发展成马德拉斯市（1653）。1668 年公司从英王手里得到葡萄牙国王作为公主嫁妆赠送给英王的孟买。1698 年，又以 1200 卢比的代价从孟加拉一个王公手里买到苏塔纳提商馆所在地和附近另两个乡村的柴明达尔权，在这块土地上建立了威廉堡，后发展成加尔各答市。公司把所有商馆分三大片管辖，这就形成了马德拉斯、孟买、加尔各答三个管区。荷兰东印度公司17世纪初也得到莫卧儿皇帝允准在其境内通商和建立商馆。到17世纪中期已在古吉拉特、孟加拉、比哈尔和南印度海岸建立了一大批商馆。法国东印度公司1668年在苏拉特建立第一个商馆。

荷兰东印度公司在胡格利开设的商馆

在印度的贸易地位初步巩固后，17世纪中期起，无论英国还是荷兰的东印度公司都开始积极谋求贸易特权，这是他们早就觊觎的目标了。莫卧儿皇帝为维护帝国利益，拒绝了他们的无理要求。公司从莫卧儿皇帝那里得不到允准，就把注意力转向地方统治者。南印度小国则经不住他们的诱惑和压力。1632年，高康达国王颁发给英国东印度公司一个诏谕，允准它每年交纳500帕戈达（南印度金币），即可在该国各个港口自由贸易，免除一切税收。这等于只征收少量固定关税，对公司十分有利。1651年，孟加拉纳瓦布（省督）沙·舒贾因公司医生治好了他的病，特许英国人在每年交纳3000卢比象征性税款后，可在孟加拉境内贸易，免除一切税收。这对英国人是极大的优惠，其他国家商人仍要交纳总值2.5%的关税。

在商馆设防和建立殖民据点是各国商人竭力追求的另一个目标。英国人建立的圣乔治堡、威廉堡都是设防据点，孟买也被建成设防据点。这三个由据点发展的城市，有越来越多的印度商人和手工业者来此居住，商馆成了政权，管理城市，还向印度居民征税。它们实际成了小型殖民地。荷兰人在普利卡特、尼加帕塔姆等建立了设防据点。法国人急于赶上英国人、荷兰人，1672年用武力占领高康达国的圣·托梅。在被高康达和荷兰人的联合武装赶走后，同年，从比贾普尔的一个省督手里买到沿海一小片土地和村庄，在这里建立据点，奠定了后来法国人在印度的总部——本地治里的基础。

小型殖民地的建立，使公司从中可以得到大量税收，这对于以掠夺财富为目的各国商人来说，无疑是个刺激，极大地鼓励了他们的贪欲。但是，面对强大的莫卧儿帝国，还没有人敢有领土野心。这一时期，只有英国东印度公司董事会主席乔赛亚·蔡尔德为首的一小撮人，利令智昏，竟想诉诸武力来勒索特权，1686年发动了对莫卧儿帝国的战争。这次战争的起因是奥朗泽布皇帝因英国人滥用在孟加拉得到的免税权，1680年取消了孟加拉纳瓦布（总督的称号）授予他们的这个特权；英国人要求在孟加拉胡格利河口建立商馆，也没有被允许。1686年公司从英国向孟加拉派来10艘战船和1000名士兵，10月攻击胡格利、希季里、巴拉索尔等莫卧儿要塞。加拉纳瓦布谢斯特汗最初失利，但很快转败为胜。1687年，公司从伦敦又派战船来印，进攻吉大港。为配合孟加拉英人行动，公司的孟买管区总督约翰·蔡尔德于1688年12月封锁西海岸莫卧儿帝国港口，掳掠船只，并派船到红海、波斯湾扣截朝圣香客船只。奥朗泽布大怒，下令对英国商馆实行全面攻击。英国商馆很快大都被占领。英国人几乎被赶到海上，这才认识到，自己对莫卧儿实力的估计是完全错误的。于是不得不卑躬屈膝地求和。根据1690年缔结的和约，奥朗泽布允许英国人继续在印度贸易，公司赔款17 000英镑，保证以后不再有不轨行为。公司决策者这次冒险就这样可耻地失败了。

从此以后，直到18世纪中期，英国人再也不敢轻易冒险，暂时也不敢再有过分的奢望。他们以及其他国家的商人们只得把主要注意力集中于扩大贸易。他们把大量的印度产品，主要是棉纺织品、香料、生丝、硝石、蓝靛等运到欧洲高价销售，部分运到东南亚换取香料输往欧洲。为了取得所需要的产品，各国公司通过印度商人的网络，深入农村、集镇，提供预付款，收购产品。荷兰人和英国人的贸易额较大，他们在印度商人资金短缺时还常常向其贷款。那时这些国家没

孟买海面的英国东印度公司商船

有什么产品可以拿到印度销售，所以印度年年出超，大量金银流入，其情形就像古代印度的外贸一样。早期殖民主义者的商业活动固然带有掠夺因素，但在多数情况下只能进行正常贸易。他们对印度产品的大量需求包括订购，刺激了印度手工业和农业经济作物的生产；大量金银的流入，使印度的财力增强。所以他们的商业活动对印度经济发展也有有利的一面。17 世纪中期印度资本主义萌芽的出现就是与这种形势密切相关的。

当然，在商业活动的活跃表层下，极大的隐患已在潜伏着并悄悄地发展着。殖民主义势力已经在沿海建立了桥头堡，逐渐摸清了情况，并开始酝酿扩张计划。他们都在严密地注视着印度形势，并积极地准备待机而动。

四、16—17 世纪封建经济的繁荣

印度的统一，相对较长时期的稳定和阿克巴改革，为社会经济的进一步发展创造了非常有利的条件。16 世纪下半期到 17 世纪，印度社会经济，特别是商品经济有了较大增长，印度封建社会进入了它的繁荣阶段。

农业的发展从各省地税收入的增长中可以看出。例如，德里省的地税 1594 年是 1500 万卢比，1700 年增加到 3000 万卢比，增长一倍。同一时期，阿格拉的地税从 1300 万卢比增加到 2400 万卢比，增长 84%。其重要原因之一，是耕地面积的扩大。国家为了鼓励扩大种植面积，提供低息贷款给农民。从 1594 年到 1720 年，全国耕地面积由 1.27 亿比加增加到 2.78 亿比加，增长 118%。总耕地中，棉花、甘蔗、蓝靛等经济作物种植面积所占比重增大，一些地区专业化性质进一步加强。例如古吉拉特和木尔坦的棉花，拉合尔的甘蔗，阿格拉西南比耶那和卡尔皮地区的蓝靛，南印度沿海的胡椒、椰子等都以产量高、质量好闻名全国。桑树种植也很普遍，不再需要从中国进口生丝。烟草、玉米的种植越来越多。大米、蔗糖等产量充足，已向周边国家出口。农业生产工具没有多大进步，但农作物的多样性，使用肥料的普遍，轮作制的复杂，灌溉面积的规模以及农业技术的精细程度，都比德里苏丹时期有明显进步。此时期来过印度的欧洲旅行家普遍认为，论农业技术水平，印度与欧洲国家相比毫不逊色。

这一时期，社会经济变化的突出内容是商品货币关系的发展。促使发展的因素有：农业生产的增长不但使封建主收入增多，消费需要增长，也使农民的经济地位得到相对改善，使他们对市场产品有了较多需求；农业种植地区专业化的趋势使各地区间产品交换的必要性空前增长；货币税的实行把所有农民推向市场，据估计，农民仅仅为了卖粮纳税，就要把农产品总量的 20% 左右拿到市场销售；相对和平环境和法制秩序的建立，使某些商品的全国流通有了较大的可能性；欧洲各国东印度公司的大量求购，导致产量的大大增加。

商品货币关系日益渗入农村。农民和市场的联系有的是通过中间商人收购，有的直接到市场销售。以往农民种庄稼只考虑吃饭和纳税，如今也开始考虑市场价格。土质适合种植经济作物的，就拿出部分种植经济作物，以求售个高价。农民手中有了一些货币，也购进某些廉价原料，发展家庭副业生产。商品经济的发展使农民的分化加强。有些农民由于作物歉收或某种天灾人祸，凑不齐税款，只好借债。高利贷在农村迅速发展。为了借债而抵押、出卖土地的现象有日益增多的趋势。札吉达尔和柴明达尔为了获得更多货币，竭力把对领地的有条件占有变为世袭所有，对农民的剥削变本加厉，使农民不得不把更多产品拿到市场销售，留作口粮的部分缩小，这也是导致许多农民借债的原因之一。阿克巴、贾汉吉尔和沙杰汗时，由于中央力量强大，对世袭倾向和税率严加控制。到奥朗泽布时，中央权力减弱，控制无力，不仅土地国有制面临危机，也使农民的基本生活条件失去保障。

商品货币关系发展对手工业者产生很大影响。村社手工业者有些脱离出去而成为为市场而生产的小商品生产者，有些继续留在村社内，但与农民的劳动交换开始带有商品交换性质，如有的实行按时计酬，有的实行按件计酬，以货币支付。有些村社的手工业者也把部分产品投入市场。城市手工业者分工加强，专业化倾向增长。市场对消费品日益增加的需求，使以往由单个手工业者完成的工作如今分成了一道道工序、都由专门的、独立的手工业者承担。如纺织业分成了纺、织、漂染、印花等，丝织业分成了缫丝、丝织等。许多城乡手工业者接受商人的预付款，进入外商、印度包买商的收购网中。

商品货币关系发展的更集中的表现是商业和城市的繁盛。城乡间的贸易开始发展起来。城里卖有各种各样的农产品，城市生产的手工业品也开始到了农村。如在马拉巴海岸，商人常常向农民预购胡椒和生姜，而用他们从海港采购的棉布和其他商品来交换，以牟取厚利。大小节日集会成了城乡物资交流的市场。据历史学家哈菲汗记载，在纪念穆斯林圣人和在寺庙附近庆祝节日时，经常有数十万人汇集在那里，买卖各种商品。各地区之间的物资交流也日益频繁，特别是农业专业区与手工业专业区的互通有无。如比哈尔的小麦沿恒河运往德里和阿格拉，奥里萨和孟加拉的大米、孟加拉的生丝从海路运到马德拉斯，从陆路运到阿格拉。科罗曼德海岸的纺织品运到古吉拉特，马拉巴海岸的胡椒运到北印度等。帝国各省省会和沿交通要道的大城市都发展成商业城市。阿克巴统治时，帝国大城市约有120个，市镇约有3200个，城市人口占总人口的15%。阿格拉有80万居民，德里、拉合尔也都在50万人以上。据欧洲旅行家拉·费特奇说，阿格拉和法特普尔·西克里都比伦敦还大。16世纪一欧洲旅行家记载说，从阿格拉到法特普尔间10英里，沿大道两边都有商店，使人感到仿佛还在城市中。17世纪中期访问印度的法国医生贝尔尼也说，德里不小于巴黎。

外贸有很大发展。自从西方殖民者控制了通向东方的海道后，阿拉伯中间商人已被排除。与欧洲的贸易由各国东印度公司垄断。欧洲商人在印度开商馆，通过印度商业网络深入城镇、乡村收购纺织品、香料、蓝靛、硝石等产品，输往欧洲和西亚、北非，数量与日俱增，与以往相比，这种贸易，较为稳定和较有组织性。印度商人仍继续从事对西亚、北非的贸易，但相对于欧洲商人来说，处于次要角色。与东南亚各国的贸易仍在继续，这种近邻国家贸易虽然欧洲人也已插手进来，印度商人还是主要角色。

在日益繁盛的内外贸易中，商人势力得到进一步发展。古吉拉特商人（其中有印度教徒、耆那教徒、穆斯林）、马尔瓦里商人（印度教徒）、珀西商人（袄教徒）成为全国性的大商人集团，科罗曼德海岸的切提商人（印度教徒）、马拉巴海岸的穆斯林商人、木尔坦的穆斯林商人成了地区性有影响的商人集团。大商人积累了大量财富，雄踞一方。如古吉拉特商人威尔吉·乌霍拉支配苏拉特港口的输出入贸易，有一支很大的船队，是西印度首富，在全国许多地区，甚至在西亚都设有商号和代理店。另一古吉拉特商人穆斯林阿卜杜尔·加富尔·布霍拉去世时遗产有550万卢比现金和商品，还有一支17艘海船的船队。阿格拉、德里和孟加拉都有不少类似的富商。这一时期贵族中也有不少人经商，有的王公贵族有自己的商船从事贸易。如奥朗泽布时期一个叫米尔·朱姆那的大贵族就有一支很大的船队，从事与波斯、阿拉伯半岛和东南亚国家的贸易。甚至奥朗泽布的一名大法官也秘密参与外贸活动。商业营业中使用汇票的增多，大商号、大钱庄在一个地方开出的汇票，在另外地方可以承兑，减少了携带巨额现金的不便，便利了跨地区商业活动的开展。

正是在商品经济有了较大发展的基础上，17世纪中期起，印度城乡开始出现资本主义生产关系的萌芽。有两种形式。典型形式是资本主义性质的手工工场。它以雇佣劳动为基础，有简单的生产协作。例如，孟加拉、迈索尔出现许多棉纺织手工工场，织机从三五台到十多台不等，雇工生产，按件计酬。迈索尔税法还专门规定了对不同数量织机户的征税办法。孟加拉、古吉拉特等地的缫丝工场有的有30口锅，每口锅由两人操作，实行计件工资。北印度、孟加拉的制糖工场有的雇工五十多人。旁遮普、克什米尔的披肩工场常常雇佣数百工人。迈索尔的冶铁工场有几道工序，各种工作工资不等，部分用现金、部分用实物支付。资本主义性质的手工雇佣劳动规模更大的是造船业和采矿业，通常由专人承包，再由承包人雇佣各类手工工人，分别完成各种工序。采矿业主要在南印度，有铁矿、钻石矿等。高康达的钻石矿由私人向国家租赁矿山，雇工开采，实行计时工资。每个矿少者数百人，多者数千人。有个矿有6000人，有个矿区工人总数达60 000人。在纺织、缫丝、制糖等部门，手工工场主多为手工业者地位上升而来，或为商人兼营。像造船、采矿这样大规模的生产，其经营者只可能是资本雄厚的大商人。资本主义萌芽的另一种形式是包买商制度。外贸和内贸的发展对纺织品、丝织品、香料、蓝靛等的需求越来越大，商人为保证获得足够的产品，便广泛采取了包买形式。普遍的做法是提供预付款订购，交付产品时再最后结算。在手工业者和农民普遍贫困的情况下，许多人只有拿到预付款才能购买原料，因此乐于接受。这些接受预付款的手工业者和农民在生产上就形成了对包买商的依赖，他们与市场的直接联系被切断。这样的包买商大小都有。如南印度的卡济·维兰纳控制了从马德拉斯到阿尔马冈整个地区的纺工织工。包买制度有不同的形式，也即不同的控制程度。提供预付款收取产品是较低级的控制形式。比这种形式稍高的控制形式是提供原料，收取产品。如供纱收布，供布漂染，各付工资。在这种情况下，生产者在购销两方面与市场的联系都被切断，实际上成了包买商指挥下系列生产过程的加工者，失去了独立的小商品生产者的身份。包买制度的最高阶段是提供生产工具和原料，使生产者成为纯粹的工人。但这个阶段在印度没有达到，一般都还停留在初级或中级阶段上，所以，包买商对小生产者的控制，在印度是资本主义萌芽一种较低级的形式。

资本主义萌芽这两种形式的出现表明，由于商品经济有较大的发展，印度封建社会母体内也开始孕育了资本主义的新质要素。从发展方向上说，和欧洲先进国家的历程并没有根本的不同。但从发展程度看，则较之欧洲先进国家已落后了至少一个世纪。直到英国征服前，资本主义萌芽在印度都还是很微弱的，不过是自然经济无垠沙漠中的点点绿洲。一两千年来凝结的自给自足经济的板块依然十分结实，不要说破裂了，就是裂缝也还是很小的。莫卧儿帝国君主们在观念上依然停留于农本思想，没有欧洲先进国家那种重商主义的观念和政策。城市依然在封建国家的严密控制下，商人虽有经济实力，但没有能自主发展经济的政治地位。种姓制度的种种戒规更使商业和手工业的发展（例如建立各工种的协作）受到重重束缚。在农村，土地私有权的不确定限制了封建主和私人向土地投资。封建占有者只关心收取地租，没有人对改进经营感到关切。城乡的生产都仍然是以满足封建消费为主要价值取向，外贸流入的大量金银不是被挥霍掉了，就是被窖藏地下，很少被用做资金，投入扩大再生产。

尽管如此，商品经济的较大发展和资本主义萌芽的出现毕竟表明，新的历史转折时期来到了。如果当政的莫卧儿君主能抓住这个历史机遇，审时度势，采取有力的措施，革除阻挠新趋势发展的障碍，推动资本主义萌芽的发展，则不但可以缩小印度落后的差距，加速印度的经济发展，而且国家经济实力的增强也能增强印度抵御殖民主义扩张的能力。莫卧儿的君主能否做到这一点，将在很大程度上决定印度未来的命运。

五、奥朗泽布的反动政策

十分不幸的是，1658 年继位的奥朗泽布对历史发展潮流一无所知，不但没有实行促进发展的政策，反而采取一系列反动政策破坏全国的稳定统一，阻碍商品货币关系的发展。其结果不是使印度往前赶，而是开倒车，从而也为英国殖民征服提供了求之不得的好机会。

17 世纪后半期，商品经济发展带来的社会矛盾日趋尖锐。一是封建主阶级的剥削压迫变本加厉。商品经济的发展，大量金银的流入，极大地刺激了封建主的贪欲。贾汉吉尔和沙杰汗统治时起就开始大兴土木，建筑豪华的宫殿、陵墓、城堡和花园。王公贵族在较小的范围内攀比模仿，也同样追求豪华排场。结果奢侈糜费泛滥，国库多年积累的财富被挥霍殆尽。为了弥补财政亏空，沙杰汗统治后期，开始对农民、手工业者和商人加征各种名目的新捐税。各地统治者则在各自境内非法设立关卡，向过往商人征税。札吉达尔们更是置中央的规定于不顾，随意提高租税额，或另立新名目，加强对农民的榨取。这样加重剥削压迫的结果，导致一些地区开始发生起义或反映人民不满的运动。二是地方封建主和中央矛盾的加剧。地方封建主既然同样追求奢侈和挥霍，就想方设法开辟财源。一方面从下层人民身上加强征敛；另一方面则竭力规避对中央承担的军事义务或纳贡义务，同时力图将占有地世袭化。这样就不仅使帝国的曼沙布制面临瓦解，也加剧了国家财政的困难。札吉达尔土地有封无退，中央对新补充的曼沙布达尔只好拿更多的王室领地封出，结果王室领地日益缩小。当中央强制某些封建主履行规定的义务时，他们不但拒不执行，还常常兴兵反叛。

奥朗泽布登基后，面对窘迫的财政形势，着力提倡简朴、节约，反对浮华奢侈。他身体力行，在宫廷减少铺张，紧缩开支。鉴于大量增加的苛捐杂税已沉重到使人民不堪承受的地步，他下令取消了一批非法征收的捐税。为了开辟新的财源，也为了完成国家的统一，他继续进行对比贾普尔和高康达的征服战争。然而，战争旷日持久，军费甚巨，反而加重了国家的财政困难。

在这种情况下，他改变方向，转而实行一种导致严重后果的错误政策。

他把农民应缴给国家或札吉达尔的租税率提高到总产量的 1/2，使农民的负担不是减轻，而是更重了。更错误的是，他认为国家面临的严重困难，根源在于没有按《沙里阿》行事，过多照顾了印度教徒的利益，使穆斯林的利益受到损害。在穆斯林中出现的奢侈风气，他认为也是受印度教徒腐蚀的结果。还认为，在国家面临严重困难的时刻，不能指望印度教徒的效忠，唯一可以信赖的是穆斯林，特别是穆斯林上层封建主。基于这种认识，他采取了打击印度教势力，增强伊斯兰教封建主地位的政策，期望借此解决财政困难，保持伊斯兰教封建主对朝廷的效忠，挽救国家危机。奥朗泽布一向具有宗教狂热，而且偏激固执。还在争夺王位时，他就打出了维护伊斯兰正统的旗号。在他看来，君主的首要任务是维护伊斯兰教，弘扬伊斯兰教，即便政治统治需要也不能削弱这一宗旨。他出台的一系列反动政策正是基于这种认识。而一大批不满阿克巴改革的正统派从他争夺王位时起就聚集在他的周围，对他形成这样的政策无疑起了推波助澜的恶劣作用。

1679 年他重新对印度教徒征收人头税。所有印度教王公、印度教官员和士兵也都必须交纳，这是以前从未有过的。香客税也被恢复。他宣布废除伊斯兰教封建主所欠商人高利贷者的债务，商人高利贷者绝大多数是印度教徒。他恢复了对伊斯兰教和印度教商人的不平等税率，前者为商品价值的2.5%，后者为5%。随后又完全取消了伊斯兰教徒的商业税。他没收了一些印度教寺庙的土地，把其中一部分作为札吉尔分给了伊斯兰教封建主。他下令拆毁印度教一些寺庙，特别是北印度的重要寺庙，如贝拿勒斯的毗湿瓦纳特庙、马土腊的凯夏夫·迪奥庙、巴特那的索姆纳特庙等，有的还在其废墟上建立了清真寺。他下令关闭印度教的学校，虽未能执行，但对印度教寺庙的打击直接影响到印度教的教育。他还命令国家机关大幅度裁减雇用的印度教徒职员。甚至在宗教生活方面他也对印度教徒加以限制，如禁止举行宗教节日庆祝集会，禁止印度教徒养马坐轿（拉其普特人例外）等。所有这些措施都是为了恢复穆斯林上层对异教徒的统治地位，并造成一种强大的压力，驱使印度教徒改宗伊斯兰教。奥朗泽布这种政策是开历史的倒车。宗教宽容，联合印度教封建主和减轻人民负担，这是阿克巴建造帝国大厦的基石，奥朗泽布的反动政策拆除了这些基石。阿克巴经过艰苦的努力，使穆斯林政权摆脱神权政治阴影，具有了半世俗政权性质，奥朗泽布又恢复了神权政治，而且在实践上比以往所有穆斯林君主都有过之而无不及。

奥朗泽布的错误政策把印度拖回到已被历史抛弃的狭隘偏执的宗教歧视政策上去；他的经济政策使人民负担加重，使商人利益受到损害，破坏了经济的正常发展，从而也使印度失去了较快发展的可能性。奥朗泽布以为他的一套措施能解除经济困难，巩固帝国，结果恰恰相反。财政枯竭变本加厉，而政治上则是民怨沸腾，烽火遍地，起义接二连三爆发，莫卧儿帝国从此一蹶不振。

六、反对莫卧儿统治的起义

17世纪下半期爆发的起义主要有：1656年开始的马拉特起义，1669—1723年的贾特人起义，1627年的萨特纳米教派起义，1675—1715年的锡克教徒起义等。值得注意的是，这些都是非伊斯兰教徒发动的，都有下层人民参加，既带有反对封建压迫性质，又带有反对宗教压迫的性质。

马拉特人起义　马拉特人是印度教徒，分布于德干西部今马哈拉施特拉一带。17 世纪处于比贾普尔国家统治下，大部分是农民，有部分小封建主，少数人在比贾普尔朝中担任高级官职，被授予札吉尔。17 世纪后半期莫卧儿帝国开始征服这里，对马拉特农民的剥削更加沉重，马拉特小封建主的利益也受到损害。农民要求减轻负担，小封建主要求维护和发展自己的经济力量，这一切只有摆脱外来封建主的统治才有可能。这样，他们便在争取建立马拉特人独立国家的旗帜下联合起来，西瓦吉成了他们的领袖。奥朗泽布打击印度教的政策加强了他们反抗莫卧儿征服和统治的决心。西瓦吉的父亲在比贾普尔朝廷中做官，获得大片札吉尔领地。西瓦吉住在浦那领地上，正是在这里，反映小封建主和农民的要求，他开始采取行动。1656 年起，他用谋略把周围封建主的领地夺过来，建立了连成一片的领地。这种行动既为比贾普尔统治者所不容，也是正在征服这里的奥朗泽布所不愿看到的。他们都派来大军征讨。西瓦吉一度失败，割地求和。到 1670 年又恢复作战，收复失地并转入进攻，打到莫卧儿帝国境内，占领部分地区。同时，又给予比贾普尔军队多次重创。1674 年，西瓦吉隆重宣布建立马拉特独立国家，自己加冕为王，以赖加尔为首都。他利用莫卧儿帝国忙于与比贾普尔交战之机，继续扩大领地，把势力伸展到南印度坎纳拉和卡尔纳提克等地。奥朗泽布征服了比贾普尔和高康达后，倾其全力进攻马拉特国家。这时西瓦吉已去世（1680），他的儿子和继承人沙姆布吉抵挡不住，国土大部分被占领，他本人也被俘并被处死。但是，马拉特人不久又恢复了元气，再度开始对莫卧儿帝国的战争。马拉特军队到处袭击，不断取胜。奥朗泽布亲率大军夺取一个个堡垒，但只要他离开，堡垒就又失去。这场战争无止境地迁延下去，耗尽了莫卧儿的财力物力，也最终耗尽了奥朗泽布的精力，1707 年奥朗泽布死于德干征途。马拉特人所以能取胜，是因为西瓦吉采取了减轻农民负担、依靠农民作战的政策。他驱逐了伊斯兰教札吉达尔，废除了包税制，改为国家直接征税，建立地籍簿，防止收税中营私舞弊。这些措施把地税额减少到只占总产量的 30%—40%，国家的收入反而稍有增加。西瓦吉的军队由农民构成，战争的解放性质和西瓦吉减轻农民负担的政策，使这支队伍具有较强的战斗力，打起仗来相对机动灵活，能深入敌后，能随时分散和集中，应付自如，出奇制胜。马拉特人获胜还因为他们内部相对团结一致，这不仅是因为这时马拉特人还很少大封建主，还因为奥朗泽布的宗教压迫政策大大加强了他们团结对敌的决心。

贾特人起义 贾特人居住在朱木拿河两岸，信奉印度教，大部分是农民，少数人是柴明达尔。17 世纪 60—70 年代地税被提高到总产量的 1/2 使农民不堪忍受。

此外，这里的穆斯林官员阿卜杜尔·纳比根据奥朗泽布命令拆除印度教神庙，并在其废墟上建立清真寺，使人民的宗教感情受到损害。1669年马土腊的贾特人在柴明达尔郭克拉领导下起义，杀死了阿卜杜尔·纳比。1670年奥朗泽布命令拆毁另一座神庙——凯夏夫·莱神庙，更激起人民的愤恨。起义武装迅速扩大到两万人。当地政权派来镇压起义的军队都被击溃。奥朗泽布亲领大军前来讨伐。在进行英勇的抵抗后，起义遭到镇压。郭克拉被俘并被处死。然而，反抗的火焰在人们心中并未熄灭。1686年在罗阇拉姆领导下，起义再度爆发。在两年时间内，打败了当地的军队，并一度向前推进，对阿格拉构成威胁。1688年罗阇拉姆阵亡，他的侄儿楚拉曼继续领导斗争。奥朗泽布直到去世也未能把起义镇压下去。贾特人建立了一个小王国，首都在巴拉特普尔。

萨特纳米教派起义　萨特纳米派是马土腊附近纳尔诺尔地方的一个宗教教派。大部分成员是农民和手工业者。1672年农民和地方官员发生冲突，迅即转变为起义。地方政权无力应对，奥朗泽布亲率军队来此镇压。萨特纳米派顽强抵抗，2000人战死，起义终于被镇压。

锡克教徒起义　锡克教创始人是那纳克（1469—1539）。前文已述及他是虔诚运动的圣人之一，出身于旁遮普拉合尔一商人家庭，属卡特里种姓。他曾在国内外广泛游历，伊斯兰教对他有一定影响。在虔诚运动中，他在旁遮普一带活动，宣传虔诚派主张。他认为神是一，世界万物包括人都由他创造、支配，在神面前人人平等，任何人只要始终虔诚于神，就可得到解脱。他反对种姓歧视，要求信徒打破不同种姓不能共食的规定；反对隐居和遁世观念，号召积极行动追求和促进人的幸福。对偶像崇拜、朝圣及其他仪式，他都认为是无意义的行动。他主张印度教徒、伊斯兰教徒相互接近，友好相处，反对宗教歧视。晚年，他学习苏菲派教团，建立教派组织，创立了锡克教（锡克意为弟子）。最初，锡克教只是印度教内的一个教派，后来才逐渐发展为独立的宗教。其追随者包括城市商人、手工业者和贾特种姓的农民。他要求信徒完全服从他的精神领导，强调一个人追求品质和行为的纯洁没有师尊的指导是不行的。他也就成了锡克教第一任古鲁（师尊）。在去世前，他把宣传他的思想的责任指派给弟子列纳，列纳成了第二任古鲁（即安加德古鲁）。第三任、第四任古鲁是阿马尔·达斯和拉姆·达斯，也都是前任古鲁去世前指定的。阿克巴会见过阿尔马·达斯，并赐赠土地给他，也赐赠500比加土地给拉姆·达斯，阿姆利则城就是在这片土地上建立的。拉姆·达斯1518年去世，此前，任命其子阿尔詹为第五任古鲁。从这时起，古鲁职位变成世袭。阿尔詹在阿姆利则建立了金庙，作为宗教圣地，并把历任古鲁的教导编辑成锡克教经典。由于阿尔詹对莫卧儿王朝的反叛者提供庇护，激怒了贾汉吉尔皇帝，他下令逮捕阿尔詹并把他折磨致死。从此，锡克教与莫卧儿朝廷关系恶化。1606 年哈尔·戈文德继任古鲁后，开始把锡克教变成武装集团。他自称真理国王，以腰佩双剑象征拥有宗教和世俗的全权，建立了骑兵队伍。结果遭到莫卧儿皇帝的镇压。特格·巴哈杜尔成为第九任古鲁时，正是奥朗泽布推行反动的宗教政策的时期。特格·巴哈杜尔坚决反对这种政策，在公共集会上谴责奥朗泽布的倒行逆施。奥朗泽布命令他去德里，监禁了他，要他改宗伊斯兰教，遭到拒绝。奥朗泽布把他残酷地处死。特格·巴哈杜尔临死前指令其子戈文德·辛格为继承人。1675 年，戈文德·辛格被立为第十任古鲁后，积极准备与莫卧儿帝国作战。成千上万农民、手工业者加入教派。在群众推动下，1699 年戈文德·辛格宣布建立锡克教徒公社，把古鲁的权力转交公社，公社内部实行民主制度，所有成员一律平等。他要求每个锡克教徒在名字上加上辛格（意为狮子）一词，要求人人蓄长发长须、佩剑、穿短裤、戴梳子和铁手镯，是为五项教规，以此来加强教徒的自我意识和群体观念。戈文德·辛格宣布要粉碎压迫者莫卧儿帝国，建立一个从白沙瓦到拉合尔的锡克教国家，这样就举起了锡克教徒起义的旗帜。在他领导下，锡克教徒英勇作战，武装力量最多时达 8 万人，多次打败奥朗泽布派来镇压的军队。然而，他本人 1708 年被帕坦人杀害，起义受挫。他是最后一位古鲁，此后不再设古鲁职位。继任的领导人是班达。他继续领导锡克教徒与莫卧儿帝国作战。参加起义的下层人民数量更多。1710 年，锡克军队打败莫卧儿军，占领了锡尔欣德全境，赶走莫卧儿官吏和当地封建主。班达又率军向拉合尔逼进，但未能攻下这座城市。莫卧儿统治者接连派大军前来征讨，锡克军队最终战败，班达被俘并被残酷处死。锡克教徒的起义有其进步性，但他们被激起的宗教狂热妨碍了吸收印度教和伊斯兰教农民参加斗争，这是起义受挫的重要原因。但起义只是暂时被镇压，锡克武装力量化整为零，继续进行斗争。

上述这些起义此起彼伏，使奥朗泽布捉襟见肘，穷于应对。更为严重的是，各省省督并不是如他预期的那样成为帝国支柱，而是各自拥兵自立，在他去世后即不再听从朝廷命令，处于独立半独立状态。而马拉特国家则日益强大，开始对外扩张，占领莫卧儿帝国在中印的大片腹地。这样，莫卧儿帝国几代君主艰辛缔造的统一，在 18 世纪上半期便又分崩离析。印度重新回到四分五裂的状态。

帝国的瓦解有经济、政治、军事多方面的原因。商品经济的发展会带来社会矛盾的尖锐化，会削弱中央的财政、军事实力，这是个客观的发展过程，不能全归结为奥朗泽布的错误。但毋庸置疑的是，奥朗泽布的政策使各种矛盾急剧地尖锐化，迅速发展到无法控制的地步，在促使帝国的最终瓦解上起了极为恶劣的作用。

七、穆斯林王朝统治在社会方面带来的变化

在穆斯林王朝统治下，印度的教育和教育制度有一定发展，阿克巴统治时变化尤其显著。

直到莫卧儿帝国时期，印度并没有官办的教育机构。教育附属于宗教，寺庙（佛教寺院、印度教神庙、伊斯兰教清真寺）办学为主，有学问的婆罗门、佛教高僧和伊斯兰教学者也招收弟子，私人传授。德里苏丹国和莫卧儿帝国时期，印度教、伊斯兰教都有各自的基础教育学校和高等学院。一般来是本宗教的子弟上本宗教的学校。基础教育学校就近招收男女儿童入学。高等学院的学生来自不同地区。德里苏丹国时期因对印度教采取压制态度，穆斯林教育得到发展，印度教寺庙办学受到削弱。莫卧儿帝国时期，这种现象得到扭转。莫卧儿君主们虽没有建立统一的教育制度，也没有成立专门的教育主管机构，但一般来说对教育是重视的，在财力上给学校以资助，不论是伊斯兰教的还是印度教的，都鼓励发展，对各宗教的学者都实行积极保护的政策。因此，直到奥朗泽布实行打击印度教的反动政策以前，无论伊斯兰教的教育或印度教的教育都得到了较大发展。

德里、阿格拉、法特普尔—西克里、勒克瑙、安巴拉、瓜辽尔、克什米尔、阿拉哈巴德、拉合尔、江普尔、锡尔科特等地是穆斯林高等教育中心。教学语言是波斯语。不同的高等学校在教学研究领域方面各有专长，并因其专长而享有盛名。如德里的沙·瓦利·乌拉学院以研究传统的生活价值闻名，勒克瑙的法兰吉·玛哈尔学院以法学教育的高水平著称。这些学校的著名教师受到社会广泛的尊敬。印度教的学校教学用语是梵语或地区语言。贝拿勒斯、阿拉哈巴德、马土腊、纳迪亚、米提拉、阿底亚、斯里那加等地是印度教高等教育的主要中心。其中贝拿勒斯的学院因在宗教、语言、文学的研究上取得较高成就而享誉全国。基

础教育学校在城乡都较普遍。儿童一般5岁入学，男女并招，四年结业。如果继续深造，再申请进高等学院。女孩进高等学院的很少。低级种姓的女孩通常家长不再让其上学。高级种姓的殷富家庭一般选择延请家庭教师，而不让年轻女子去学校抛头露面。无论伊斯兰教学校还是印度教学校，本来主要是教授与宗教有关的课程，阿克巴规定，数学、历史、地理等非宗教科目也要列入教学范围，虽未能完全实行，有些学校是实行了。这是一个重要变化，拓展了知识传授的范围，对开阔学生眼界十分必要。既然教学不限于宗教内容，有的学院吸收学生也开始打破教派界限，伊斯兰教高等学院接受印度教学生，印度教高等学院也招收伊斯兰教学生。不过这种情况还限于少数学校。两大宗派的正统派强烈反对混合办学。莫卧儿帝国时期，首都和有些大城市设有图书馆。1641年阿格拉图书馆藏书有24 000册。

印度妇女地位在穆斯林王朝统治下没有得到改善。无论在印度教内还是伊斯兰教内，妇女都仍然是受歧视的。固然，社会上层或高种姓的妇女由于有机会受高等教育，出了一些才智杰出的人物，如穆斯林方面，巴布尔的女儿高尔巴丹贝加姆著有《胡马雍本记》，胡马雍的侄女萨莉玛·苏丹娜写了一些波斯语诗歌，泽卜–温–妮萨是阿拉伯语、波斯语学者，又是书法家等。她们的文化修养都达到很高水平。但整体说，女子既不能参政，在学术、艺术领域的才华至多也只能在家内、在社会的小圈子内显露一下而已。女子在家庭内普遍处于依附地位。在上层社会则成为君主、贵族、富人们的玩物或花瓶。阿克巴后宫有500嫔妃和宫女，拉其普特王公曼·辛格后宫嫔妃则达1500人。高官、贵族虽不能和君主、王公相比，但也都拥有众多妻妾，女仆成群，前呼后拥。印度教中有些高级种姓流行一夫多妻制，如孟加拉有的婆罗门种姓娶妻多少不受限制。由于允许顺婚（即高种姓男子娶低种姓女子），使一夫多妻在一些高级种姓中成为常见现象。低级种姓基本上是一夫一妻制。伊斯兰教规定穆斯林男子都可以多妻，逊尼派允许同时拥有4个妻妾，什叶派则允许更多。虽然，这些规定都是理论上的，照规定施行的是少数，大多数还是一夫一妻，但这些规定本身也就能说明妇女地位的低下。印度教和伊斯兰教上层都实行深闺制，后者更严格，所以上层妇女参加社会活动的机会很少。印度教高级种姓中盛行的萨提制继续保持，寡妇再嫁实际上被禁止。女儿出嫁要陪上丰厚的妆奁，否则在夫家会受歧视，甚至折磨致死。穷苦人家陪不起嫁妆，把生女儿看成灾祸，导致溺婴盛行。童婚也与此有密切关系，因为童婚要求的嫁妆要少得多。穆斯林妇女童婚较少，在寡妇再嫁和遗产继承方面较为宽松，但也受到一定限制。妇女无权利、地位越是社会上层和高级种姓越是突出。下层群众由于妇女必须跟男子一起干活谋生，顾不了那么多清规戒律，所以处境要好得多。萨提在下层妇女中很少实行，深闺制则根本行不通。阿克巴虽然颁布了一些改善妇女地位的法令，但社会宗教习俗绝非一纸法令所能改变，何况还有不同宗教的问题，印度教正统派认为阿克巴的法令是干涉印度教内部事务。伊斯兰教正统派也不赞成王权干预伊斯兰教宗教生活。改革法令几乎没有效果。印度教与伊斯兰教歧视妇女的陋习相结合，使印度妇女所受的压迫分外沉重。

穆斯林王朝的统治对印度教的种姓制是个打击。面对新的形势，印度教婆罗门继续维护种姓制度，越是面临伊斯兰教统治的压力，越是力图使种姓制度严格化。然而在事实上，随着穆斯林统治权的建立和伊斯兰教成为国教，婆罗门的权威已今非昔比。固然，阿克巴实行了宗教平等政策，但婆罗门已不可能像昔日那样从统治者那里得到全力支持和许多特权。他们的土地部分被剥夺，神庙部分被拆毁，对教育和知识的垄断权也被打破，这样，他们在社会中的地位不可避免地一落千丈。刹帝利的地位因穆斯林统治权的建立受到的影响更大。既然德里苏丹国时期他们在中央和省、县的统治权全被剥夺，而且随着统治权的丢失，对土地的占有权也在很大程度上丧失，他们作为传统的统治者、管理者和主要世俗封建主的地位就受到严重削弱。莫卧儿统治时期吸收了一批刹帝利封建主参加统治行列，使他们的地位有所改善，但参与掌权的毕竟是少数人，和昔日他们独揽政权的局面相比，有天壤之别。婆罗门、刹帝利以往是处在社会顶端，如今不但多数人不在顶端，还有不少人由于失去权力和财源、经济地位下降，被迫从事低级种姓的职业。种姓制度一向由这两个具有特权地位的高种姓来维护，两者势力的削弱对种姓制度是一个沉重的打击。再加上低级种姓大批改宗，而虔诚运动又公开地、广泛地批判种姓歧视。这一切，使种姓制度受到的冲击比以往所受佛教的冲击还要猛烈，要继续保持种姓原来的严格性已经没有可能。当然，这并不意味着种姓制度的存在发生了危机。婆罗门、刹帝利封建主在莫卧儿帝国仍然是上层的一部分，而在所有印度教附属国里仍然掌权。只要他们的势力依然存在。就会在印度教社会里继续维护种姓压迫。而且种姓制度是建立在自然经济的基础上的，只要自然经济没有根本改变，社会仍固守成规，人口很少流动，它的根基就仍然存在。光凭外部力量的冲击是不足以使它动摇的。

穆斯林在印度的人口逐渐增长。17 世纪印度人口约 15 000 万，穆斯林占 1/4

左右。其居住最集中的地区是旁遮普、信德、孟加拉和今北方邦部分地区、克什米尔河谷地区。各省省会及附近也都有相当多的穆斯林居民。穆斯林贵族、官员、宗教上层主要是外来的察哈台突厥人，还有德里苏丹国留下的阿富汗人和突厥人。这两部分人数量有限。由于改宗者数量巨大，17 世纪他们的后代已构成了印度穆斯林人口的大多数。其中绝大部分属于下层群众。外来穆斯林中有部分人和改宗的穆斯林上层通婚，逐渐融合。不过这个过程还刚刚开始。伊斯兰教没有种姓制度，但等级制度是存在的。贵族、官员、宗教上层自恃血统纯正，不但轻视改宗的下层群众，就是改宗的上层也被他们视为庶支旁系，只配充当二等角色。中央和省一级的统治核心主要是由外来穆斯林上层构成的。而改宗者上层对于广大改宗者下层群众原来抱有的种姓偏见根深蒂固，同样也并未因为改换了门庭就顿时消失，所以，下层改宗者就是在伊斯兰教内也仍然处于种姓阴影的笼罩下。

印度教与伊斯兰教两大宗教由德里苏丹时期的不平等共存转变为莫卧儿帝国前几位君主时期的基本平等共存，这是个有意义的进步。两大宗教在文化方面、在群众的衣食住行等生活方面，逐渐增加了相互了解和接近，共同点逐渐增多。然而，两大宗教间仍存在着鸿沟，这不仅是因为印度教上层与伊斯兰教上层之间存在着权力和利益之争，而且因为两大宗教在教义上、宗教习俗上有许多直接牴牾之处，如印度教实行偶像崇拜，伊斯兰教反对偶像崇拜；印度教崇敬母牛，伊斯兰教禁食猪肉，宰杀母牛；印度教宗教游行鼓乐喧天，伊斯兰教做礼拜要保持安静等。这些不同习俗很容易被双方正统势力利用，煽动宗教狂热，加剧对立。所以，即便在阿克巴的宗教平等政策下，两大宗教也仍然是两个社会，同在一块国土上生活，彼此却有着相当程度的隔膜。如果说，阿克巴的政策是沿着努力减少隔膜的方向前进，而且确实取得了成果，奥朗泽布的所作所为，则是故意把宗教对立的沉渣重新搅起，使阿克巴改革的一切成果化作灰烬。两大宗教间鸿沟的加深对印度后来的历史发展影响巨大，为英国殖民统治者利用宗教矛盾提供了契机。

八、两种文明汇合下的文学艺术

德里苏丹国和莫卧儿帝国统治在语言、文学、艺术等方面给印度带来的影响具有两重性。一方面，它使梵语、梵语文学和印度教艺术的发展受到阻碍和削弱，因为它以波斯语代替梵语作为官方语言，波斯语文学和伊斯兰艺术成了受推崇、保护和促进的主体，梵语、梵语文学和印度教艺术虽然还在一定范围内存在和发展，但显然失去了原先的势头。另一方面，它又对印度文化艺术的发展起了丰富和促进繁荣的作用。穆斯林带来了伊斯兰文化艺术，特别是已有较高发展水平的波斯文化艺术，包括语言、文学、建筑、绘画、音乐等，给印度的文化艺术宝库增添了新的内容、新的色彩、新的风格，使原来就已多样化的印度文学艺术更加丰富多彩。莫卧儿帝国时期的发展比德里苏丹国时期更明显，正是在莫卧儿帝国前期，出现了文化艺术繁荣的局面。

这种繁荣的客观条件是：德里苏丹国前期，尤其是莫卧儿帝国前期经济的较大发展；14 世纪，特别是 16 世纪以来相对统一与稳定局面的出现；苏菲派活动、虔诚运动和阿克巴的宗教政策推动了印度教、伊斯兰教两大宗教接近的趋向；德里苏丹和莫卧儿君主对发展文学艺术大都采取支持和促进的政策，以及大批波斯和中亚的学者、艺术家、工匠为躲避蒙古人侵略集聚德里，使德里成了 13 世纪后期以来穆斯林东方世界最重要的文化中心等。

文学 波斯语文学在德里苏丹国和莫卧儿君主们的积极推崇下，得到了最突出的发展。许多因避难从波斯、中亚来的诗人、作家对这种文学的兴起起了重要作用。德里苏丹时期最杰出的诗人是阿米尔·霍斯陆（1253—1325）。他在诗歌、散文、音乐和文艺理论等方面都有很高造诣，是一位多产的作家。阿拉－乌德－丁·卡尔吉在位的二十年是他文学生涯中最辉煌的时期。据传属于他的作品就有 99 种之多。除主要用波斯语写作外，有少量作品是用乌尔都语写的。在他之前，波斯语作家、诗人是严格地遵循地道的波斯风格。他创作中开始吸收印度文学的内容、风格，为形成印度化的波斯语文学奠定了基础。他的叙事诗《赫哲尔故事》、《恩惠的宝库》等，抒情诗集《青春的赠礼》等，被认为是波斯文学的精华。他因而获得了“桂冠诗人”的美名。另外的著名诗人有阿米尔·哈桑·迪哈尔维、巴德尔－乌德－丁·穆罕默德等。在散文文学方面，齐阿·纳赫沙比（死于 1350）擅长写流畅简练的散文。他的《鹦鹉书》和《旅途》被认为是波斯语散文的名著。波斯语文学家重视历史题材。明哈杰－乌德－丁·西拉兹写的《纳西尔通史》，齐亚－乌德－丁·巴兰尼写的《菲鲁兹王史记》，沙姆斯－伊－西拉杰·阿菲夫写的《菲鲁兹王朝史》，亚希亚·宾·艾哈默德写的《穆巴拉克王朝史》都有重要的史料价值，成了研究德里苏丹国历史的主要依据。莫卧儿时期波斯语文学继续发展。最著名的诗人有克扎里·麦什哈迪、萨义德·贾马勒－乌德－丁·乌尔菲等。最著名的史学家及其著作有：毛拉·达乌德，著有《阿勒菲史》，阿布尔·法兹尔，著有《阿克巴则例》、《阿克巴本纪》，巴道尼，著有《史乘选萃》，尼扎姆－乌德－丁·艾哈默德，著有《阿克巴王朝通史》，费济·萨尔欣迪，著有《阿克巴本记》等。其中，阿布尔·法兹尔最负盛名。他的上述两部著作具有很高的史料价值。他还是诗人、散文作家和评论家，在文坛上有相当地位。莫卧儿时期大量梵文的典籍、著作，包括部分吠陀文献、两大史诗等都被译成波斯语。在这方面，阿克巴起了推动作用，是他下令这样做的。这使外来的穆斯林学者和贵族第一次有机会接触印度教典籍和文学作品。

梵语文学在穆斯林入侵前已呈衰落趋势。德里苏丹国时期，在某些印度教王公统治的国家尚有较多作品问世。但既然梵语丧失了宫廷语言地位，梵语文学整体上说失去了支柱，从此也就一蹶不振。

一方面，梵语文学日渐衰落，另一方面，印度教知识界并不打算接受波斯语及波斯语文学。这种情况促使各地方的知识分子倾注全力普及和提高地区语言和文学。因此，13 世纪后一个突出现象是各地区语言文学的勃兴。虔诚运动的圣人们用通俗易懂的地区语言讲道和写作诗歌，对地区语言文学的发展起了有力的促进作用。今日印度主要的地区语种除乌尔都语外，在 10 世纪前后都已形成。乌尔都语是在德里苏丹国时期形成的。由于伊斯兰教徒和印度教徒相互往来的种种需要，使一种共同语言的产生有了必要和可能，这就形成了乌尔都语。它起源于德里西部的一种由俗语演变的方言。这种方言在德里和米鲁特地区已通用了几百年，穆斯林到来后，吸收了波斯语因素，逐渐变得波斯化了，但原来的方言成分仍部分保留。结果这种语言成了北印穆斯林的民间语言，印度教徒也有部分人使用。

各地方语文学都或多或少地继承了梵语文学的传统，或受了它的影响。两大史诗、《薄伽梵歌往世书》以及迦梨陀娑等诗人和剧作家的精品被各地方语的诗人、作家翻译成地方语言。两大史诗和往世书的内容被加工改写成各种作品，从其中取材创作的新作品也不胜枚举。所以它们的发展并非从零开始，而是有一定的起点。从它们的早中期作品中已能看到一些较成熟之作，例如，印地语英雄史诗作品和以格比尔达斯、加耶西、苏尔达斯、杜勒西达斯等著名作家为代表的虔诚文学不同流派的作品；乌尔都语杰出诗人法赫路丁·尼扎密、毛拉阿塞杜勒·瓦基黑的叙事诗和韵体散文以及德里诗派苏达、密尔、达尔德和密尔·哈森四大诗人的叙事诗；孟加拉语“孟格尔”（颂体诗）作品，特别是杰出诗人钱迪达斯的《黑天颂》；

马拉特语杰出诗人埃格那特、达索本德、杜格拉姆、斯摩勒特·拉姆达斯的作品等。其他语种也都各有一些有才华的诗人、作家，成就了一批好作品。文坛上这种百花齐放的兴盛局面自笈多王朝后已经好几百年未曾有过。

建筑艺术 穆斯林统治带来的艺术方面最突出的成就就要数建筑和绘画了。印度原有的建筑是横梁式的，支柱很多，缺乏曲线美。如今保存下来的宫殿建筑极少，较多的是庙宇。由于穆斯林入侵的破坏，北方庙宇留下的已不多，南方保留的较多，其中许多在农村而不在城市。今日印度德里、阿格拉、拉合尔、木尔坦、阿拉哈巴德及其他许多城市矗立的雄伟、壮丽的城堡、宫殿、清真寺和陵墓，都是德里苏丹国，特别是莫卧儿帝国时期营造的。穆斯林把从中亚、波斯带来的伊斯兰教建筑风格运用于印度。这些建筑架构是穹隆式的，广泛采用拱券结构，以花卉图案、几何图案和古兰经语句的精美雕刻为装饰，具有优美的曲线。这种伊斯兰教的独特风格，是以往印度建筑所没有的。当德里政权初建时，利用印度工匠较多，因此在建筑中保留较多印度成分。如库特卜－乌德－丁·埃贝克在一个印度教湿婆庙的废墟上修建了库瓦特－乌尔－伊斯兰清真寺，并开始建造库特卜尖塔。伊勒图特米什把清真寺扩大一倍，完成了尖塔建造。新的建筑式样，特别是尖塔都是伊斯兰教风格，但印度建筑的某些结构仍被保留，从砖瓦和墙壁上也可明显看到原来印度教雕刻装饰与伊斯兰教雕刻装饰并存的痕迹。卡尔吉王朝时，从中亚、波斯避难来的大批建筑师和工匠带来了高超的伊斯兰教建筑技术，也带来了丰富多彩的伊斯兰教特色。从这时起伊斯兰风格便在印度风行开来，特别是在德里、阿格拉等北印大城市。阿拉－乌德－丁·卡尔吉扩建了库瓦特－乌尔－伊斯兰清真寺，修建了伊斯兰风格的阿来门，使其更臻完美。另一座清真寺贾马阿特·哈纳清真寺在苏菲派圣人尼扎姆－乌德－丁·奥利亚的墓地上建立起来。它完全是按照伊斯兰教风格设计的，是南亚次大陆最早的一座典型的伊斯兰风格的清真寺。图格卢克王朝在建筑方面做的事情更多，特别是菲鲁兹沙。他兴建了菲鲁兹巴德宫殿堡垒，还建立了许多清真寺、陵墓、要塞和城池。不过这一时期的建筑没有卡尔吉王朝时期生动活泼，而是较为简朴和平淡。这与图格卢克的正统宗教思想和较困难的财政形势有密切关系。赛义德王朝和洛蒂王朝由于版图有限，政局不稳，建筑方面的建树不大。德里苏丹国时期，孟加拉、江普尔、马尔华、古吉拉特及德干各国统治者也都模仿德里苏丹，竞相兴建宫殿、陵墓、清真寺。如果说在首都德里、阿格拉建筑中虽多少吸收了印度传统因素，但伊斯兰风格显然占压倒优势，在其他地区和其他国家，伊斯兰教建筑中吸收印度传统成分就多得多，以至于在不同地区形成了伊斯兰教与印度教混合而成的不同风格。如孟加拉由于缺乏石料，伊斯兰建筑也采用了传统的砖瓦式结构，其特点是倾斜的半圆形屋顶，用琉璃砖镶嵌，并有精细雕刻的飞檐，图案常为莲花，印度传统特色清晰可见。

莫卧儿帝国时期，建筑艺术达到了精美的高峰。长时期的相对和平、昌盛以及可供利用的资源的丰富，使莫卧儿人能够大兴土木，使用贵重材料，在艺术上精益求精。在建筑风格上，伊斯兰教和印度教艺术混合的趋势加强，同样，在德里、阿格拉是伊斯兰风格占压倒优势，在地方上，则是印度教色彩较多保留。莫卧儿建筑的特色是轮廓鲜明的圆顶、带石柱的宫殿大厅、巨形拱顶的大门和有流水的花园。建筑材料来自印度各地，工匠也是从各地招募来的。阿克巴时期到沙杰汗时期是莫卧儿帝国最繁荣的时期，也是建筑艺术最繁荣的时期。德里的胡马雍皇陵是莫卧儿风格发展的突出的里程碑。在这里首次采取双层圆顶结构。阿克巴在阿格拉、法特普尔－西克里、拉合尔、阿拉哈巴德都筑有城堡。阿格拉城堡是用红砂石建造，有四个大门，气势恢弘。法特普尔－西克里城堡宫殿是一个风格各异的建筑物群，依山傍水，庄重美观，主要建筑材料也是红砂石。这一时期建筑都或多或少吸收了印度建筑的传统特征，如方柱、栋梁、门楣、底层平面设计、印度教雕饰图案和耆那教建筑的小阁等。甚至胡马雍皇陵也是使用印度教建筑常用的白色大理石，而不是波斯建筑常用的彩色砖装饰。这种融合趋势在贾汉吉尔和沙杰汗时期继续发展。贾汉吉尔时期建筑物数量较少，但有两座很突出。一是阿克巴陵墓，二是阿格拉的伊蒂马德－乌德－道拉(努尔·贾汗皇后的父亲)

胡马雍墓

墓。前者由五层由下而上逐渐缩小的平台构成，用白色大理石建成的最高一层上有一个拱状的屋顶；后者完全是白色大理石建成，并镶嵌有组成各色图案的宝石。沙杰汗时期莫卧儿建筑在数量上、艺术上都达到顶峰。这一时期建造的宫殿、城堡、清真寺、花园是最多的。在建筑的多样化和新颖上虽不及阿克巴时期，但在气势上，在装饰的巧妙上，在炫耀豪华上，都远远胜过前一时期。大理石被广泛使用使建筑物更富美感，更显得壮丽。阿格拉的大清真寺是这一时期的重要建筑。而最辉煌的建筑是阿格拉的泰姬陵。这座沙杰汗为纪念故去的爱妻穆姆塔兹·马哈勒而修建的大理石陵墓花费了国库相当于450万英镑的钱财，1631年动工，每天用工两万余人，直到1653年才完成。洁白如玉的墙壁上镶嵌着组成花卉图案的五颜六色的宝石，对称的尖塔烘托着轮廓优美的巨大圆顶。整个建筑仿佛是在蓝天白云间绘就的美丽的图画。其建筑的雄伟，外形的优美和构思的富有想象力，都堪称绝世佳作。无怪乎人们形象地称它为"大理石之梦"，是"写在云际的诗篇"。这是莫卧儿帝国乃至整个印度建筑艺术史上最光辉的成就。德里红堡也是沙杰汗建造的。高大的红砂石墙内矗立着雄伟壮丽的宫殿群。花园、水池点缀其间。在城堡宫殿建筑方面未有超过此者，以至于有位作家发自心底赞叹道："如果人间有天堂，它就在这里，就在这里。"奥朗泽布时期，新的建筑几乎没有了。盛开的建筑艺术之花趋于凋谢。

绘画　在绘画方面，莫卧儿时期的突出发展，是细密画的出现，形成了新的画派——莫卧儿画派。印度以往时期的绘画可能是由于气候潮湿，大部分没有保存下来，现存的只有少量壁画。德里苏丹国时期，因统治者拘泥于宗教法的规定，没有致力于发展绘画艺术。莫卧儿人入主印度后，突破了教法束缚，使绘画艺术发展起来。这首先要归功于胡马雍和阿克巴。胡马雍不顾宗教戒规，聘请两位波斯画家米尔·萨伊德·阿利和赫瓦贾·阿卜杜勒·萨马德来他的宫廷，他自己和儿子阿克巴都跟两位老师学画。阿克巴继帝位后，提出为《阿米尔·哈扎姆的故事》抄本作插图，要这两位画家带一批印度人一道工作。抄本需要一千多幅插图，因而完成这项工程就等于开办一个画家培训班，培养印度画家。此后，为文学著作（包括两大史诗的波斯文译本）插图逐渐流行，使一代画家成长起来，形成一个生气勃勃的莫卧儿画派。其中，除穆斯林外，还有印度教徒。贾汉吉尔统治时，绘画风气进一步兴盛，从给文学著作作插图，发展到为集锦画册作画。王公、淑女、花卉、禽兽、生活风趣、狩猎情景、战斗场面都成了绘画题材，而且很多画是实地写真。流传下来的大量作品中，有许多无论在构思上，在人物描写的逼真和传神上，在色彩的搭配和使用上，都处理得恰到好处，堪称杰作。贾汉吉尔在宫廷建立了画廊，展示优秀作品。他还是艺术批评家，对每位著名画家的特点都了如指掌。主要的印度画家有巴萨万、达斯万特、桑瓦尔·达斯、比尚·达斯、马诺哈尔、阿加·拉扎和戈瓦尔丹等。由于绘画大师是外请的，最初绘画艺术显然是处于波斯风格的直接影响下，后来由于许多印度教徒参与学画作画，不可避免地把印度的特色带了进来，与波斯风格结合，如写实主义、立体画法、采用印度特有的印度红、孔雀蓝颜料等。这样，就像建筑艺术一样，也逐渐形成了印度自己的艺术风格。这种风格具有写实主义倾向，对印度后来绘画艺术的发展有很大影响。沙杰汗统治时，由于他本人对建筑艺术更感兴趣，对绘画艺术兴趣较小，所以绘画艺术得到的推动不如前两位君主时期，但他还是提供赞助，给画家以支持。到奥朗泽布时期，情况发生变化。奥朗泽布基于正统宗教观念，反对伊斯兰教徒从事绘画、音乐，撤销了对绘画艺术的赞助，把画家赶出宫廷，使刚刚兴盛的绘画艺术遭到严重挫折。18 世纪只有在拉其普特印度教国家和个别伊斯兰教国家里，绘画艺术继续受到保护，仍有一段时期的兴盛。

德里苏丹国时期，苏菲派在其宗教活动中引进了音乐，乌里玛是反对的。莫卧儿时期的前几位君主们不顾正统派的反对，邀请穆斯林音乐家、舞蹈家来宫廷，给予赞助，鼓励发展音乐、舞蹈。穆斯林音乐家、舞蹈家带来了独具特色的伊斯兰音乐、舞蹈，引进了新的乐器和歌唱、表演风格。这些新的因素逐渐与印度传统的音乐舞蹈相融合，形成了印度新的音乐舞蹈风格，增加了流派，使这两门艺术都得到了丰富和提高。阿克巴时有 36 名音乐家享受朝廷的资助，最著名的音乐家是坦森和巴兹·巴哈杜尔。到奥朗泽布即位后，宫廷音乐舞蹈被禁止，音乐家、舞蹈家也遭到了和画家同样的命运。

伊斯兰教与印度教文学艺术互相影响与吸收是个自发而又属必然的过程。伊斯兰文明和印度教文明在当时都是发展程度较高的文明，各有自己的优点和不足，在印度接触后必然要相互影响和渗透，使两者都得到丰富、提高，并在某些领域达到融合。这是一个进步现象，伊斯兰教和印度教的文学家、艺术家、建筑师和工匠都自觉不自觉地参与了这个使人类文明得以丰富、发展的过程，都对此作出了自己的贡献。德里苏丹和莫卧儿君主们虽然始终以保持伊斯兰的支配或主导地位为指导思想，但其中部分开明者如阿克巴大帝，自觉不自觉地奉行促进两大文明交流和结合的政策，对于推动这个历史过程的发展所起的积极作用，同样是值得称颂的。

第九章

印度沦为英国殖民地

一、莫卧儿帝国的瓦解

奥朗泽布 1707 年去世不久，印度就形成割据局面。到 18 世纪 50 年代，莫卧儿朝廷所剩领土只有以德里、阿格拉为中心的一片地区。操纵朝廷的穆斯林权贵相互倾轧，导致不断废立皇帝。从 1707 年到 1837 年，换了 14 人，其中 1719 年一年就四易帝位。这 14 个皇帝中被杀、被废、被弄瞎眼的就有 4 人。皇帝成了贵族手里的工具，朝廷只是个空躯壳。

大量出现的独立、半独立国家有三类：起义中建立的国家；原藩属国恢复独立；省督们坐地称王或仅仅在名义上承认皇帝的权威。18 世纪 50 年代较大的国家有：

马拉特联盟　进入 18 世纪后，随着莫卧儿政权的衰落，马拉特人进行的战争转变成侵略掠夺战争。他们深入帝国腹地，掠夺财富，抢占土地。在这个过程中，军事首领们各占大片领土，形成了半独立状态。这样，马拉特国家就演变成了马拉特联盟。联盟的首领是佩什瓦（首相的称号）。自巴吉·拉奥一世任佩什瓦后，这个职位成了世袭的，佩什瓦事实上成了马拉特国家的国王。至于军事首领们，其征服土地都被作为札吉尔分封给了他们，而且他们对领地有世袭统治权。这样的首领称号有信地亚（在瓜辽尔）、霍尔卡（在印多尔），朋斯拉（在那格浦尔）和盖克华（在巴罗达）。

马拉特诸王公四处征战，使联盟的领土越来越扩展，18 世纪 40—50 年代包括几乎整个德干和部分北印度，成了全印割据势力中领土最大、实力最强的国家。然而，不可一世只是表面现象，联盟的分裂却随时可能发生。被蹂躏地区人民憎恨他，他的军队也腐化变质。莫卧儿帝国后期的许多弊端都在他身上再现。

旁遮普锡克教徒国家 戈宾德·辛格 1708 年被帕坦人杀害后，班达继续领导反对莫卧儿帝国的斗争，1710 年大败莫卧儿军，占领了锡尔欣德全境，赶走莫卧儿官吏和当地封建主。莫卧儿统治者派大军前来征讨，锡克教军队最终战败，班达被俘并被残酷处死。但 18 世纪 30 年代锡克教徒又重新开始斗争，60 年代占领了旁遮普全境。军事领袖们在所占领土上建立了锡克教国家。

孟加拉、奥德、海德拉巴、卡尔那提克 这些都是莫卧儿帝国的省督据地自立形成的国家，虽未公开宣布脱离莫卧儿帝国，实际上都是独立国家。

迈索尔 是莫卧儿帝国解体中地方首领建立的一个国家，大权掌握在军队司令、穆斯林海德尔·阿里手中。他实行军事改革，由国家招募军队，统一指挥，用高薪招募欧籍军官，教授新的战术，又建立炮兵部队，结果迈索尔军队成了南印度一支装备最优良的军队。迈索尔向四外扩张，兼并小国，疆域北抵克里希那河，南跨科佛里河，东部与卡尔那提克接壤，西部抵达海岸。

18 世纪上半期，这许多国家彼此无休止的征战，争夺领土和地区霸权。在北印度，主要的争夺对象是莫卧儿帝国残存的领土。马拉特联盟是主要一方，一度占领德里。在南印度，争夺主要发生在马拉特联盟、海德拉巴和迈索尔之间，三者除争夺周围小国领土外，还经常占领对方领土。马拉特人军事力量较强，宣称要重新统一印度，让马拉特国旗“从克里希纳河飘扬到印度河”。[①] 然而，它外强中干，绝没有能力征服和统一印度。

印度的内乱对虎视眈眈一直想进攻印度的西北方邻国伊朗和阿富汗统治者是个极大的诱惑。1738 年，伊朗国王纳狄尔沙率 5 万大军入侵，占领白沙瓦，翌年兵抵德里，纵兵洗劫了德里城，屠杀居民两万，抢走财富价值 7 亿卢比。10

---

① R.C. Majumdar, H.C. Raychaudhuri, K. Datta, *An Advanced History of India,* V.1, MacMillan, 1978, p.589.

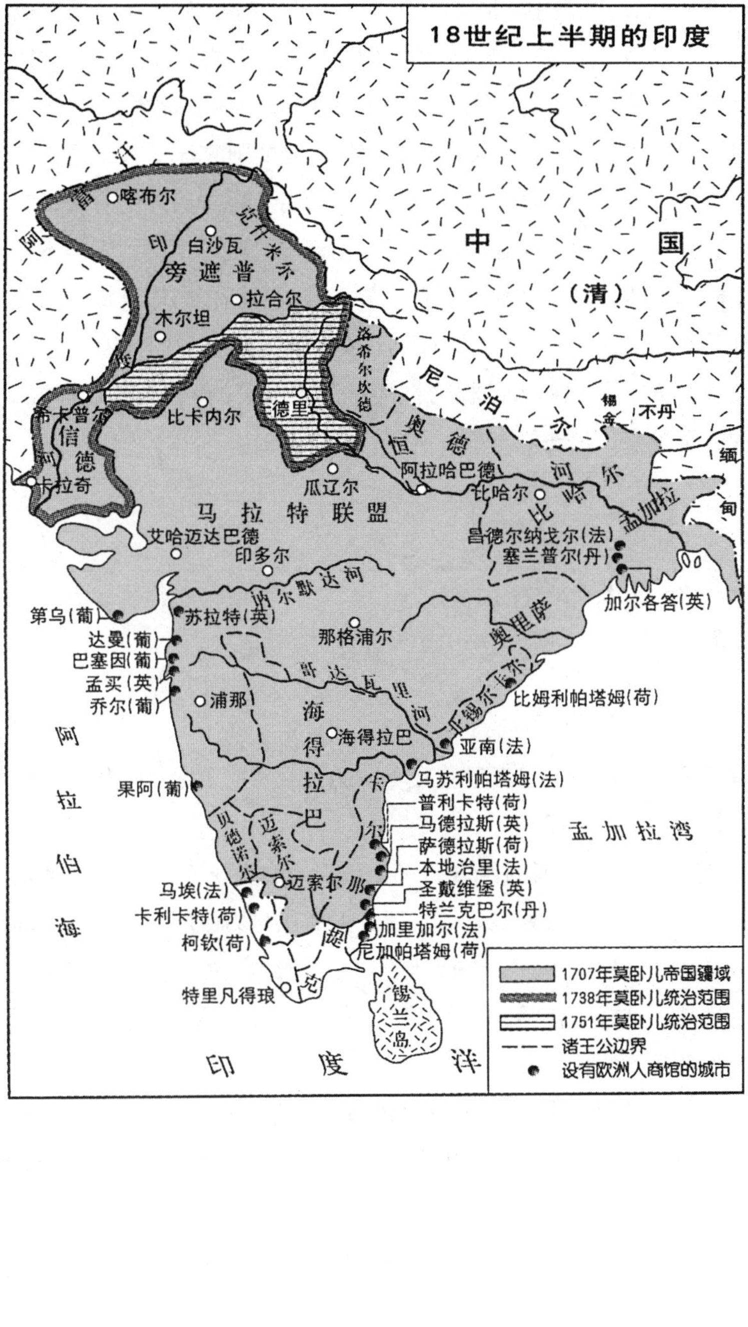
中国
(清)
阿富汗
喀布尔
克什米尔
白沙瓦
旁遮普
拉合尔
木尔坦
洛希尔坎德
德里
比卡内尔
希卡普尔
信德
卡拉奇
尼泊尔
锡金
不丹
缅甸
奥德
恒河
阿拉哈巴德
瓜辽尔
比哈尔
比哈尔
孟加拉
马拉特联盟
艾哈迈达巴德
印多尔
昌德尔纳戈尔(法)
塞兰普尔(丹)
加尔各答(英)
纳尔默达河
第乌(葡)
苏拉特(英)
那格浦尔
奥里萨
达曼(葡)
巴塞因(葡)
孟买(英)
乔尔(葡)
戈达瓦里河
北锡尔卡尔
比姆利帕塔姆(荷)
浦那
海得拉巴
海得拉巴
亚南(法)
马苏利帕塔姆(法)
阿拉伯海
果阿(葡)
卡尔那
普利卡特(荷)
马德拉斯(英)
孟加拉湾
萨德拉斯(荷)
贝德诺尔
迈索尔
本地治里(法)
马埃(法)
迈索尔
圣戴维堡(英)
卡利卡特(荷)
特兰克巴尔(丹)
加里加尔(法)
柯钦(荷)
尼加帕塔姆(荷)
特里凡得琅
锡兰岛
印度洋
1707年莫卧儿帝国疆域
1738年莫卧儿统治范围
1751年莫卧儿统治范围
诸王公边界
设有欧洲人商馆的城市
18世纪上半期的印度

年后，阿富汗国王阿赫迈德沙·阿卜达利又步纳狄尔沙后尘大举入侵。1747 年起的十多年中，阿富汗军队先后 12 次侵入，多次到达德里，其劫掠破坏程度较狄纳尔沙更为严重，运走的掠夺物价值无法估计。兵祸连年的印度又遭此反复洗劫，国穷财尽已到了无以复加的地步。

阿富汗人入侵对希图在北印度建立霸权的马拉特人是个严重挑战。为了挽回威望，马拉特人组织了一支 45 000 人的大军，迎战阿富汗人。马拉特军队一方无任何盟友可资依靠，阿富汗人却得到北印度一些穆斯林王公统治者的支持。1761 年 1 月 14 日，马拉特军与阿赫迈德沙率领的阿富汗军在帕尼帕特决战，马拉特军全军覆没，主帅阵亡。这次战役给马拉特人以毁灭性的打击，它再也无力重振雄风。阿富汗人也未能在印度立足，由于国内政局不稳，不得不撤出印度。

印度的割据势力互相削弱，这种形势正好为英国侵略印度提供了便利，正如马克思所形象描绘的："大莫卧儿的无上权力被他的总督们摧毁，总督们的权力被马拉塔人摧毁，马拉塔人的权力被阿富汗人摧毁；而在大家这样混战的时候，不列颠人闯了进来，把他们全都征服了。"①

二、英国征服印度的开始

帝国的瓦解为殖民主义者早就在等待的征服开放了绿灯。他们立即像饿狼扑食一般猛扑过来。

18 世纪中期，在印度的西方殖民主义势力数英国东印度公司最强。葡萄牙人的力量已衰落，法国人处境不佳。荷兰人商业势力雄厚，但其他方面较弱。英国人本来是准备好要开始下一步行动的，岂料法国人抢先一步，对英国人的优势地位构成挑战。这样，伴随着在印度展开侵略攻势，英法之间也展开了争夺优势地位的激烈斗争。

1742 年，杜布莱克斯被法国政府任命为本地治里总督。他是一个野心勃勃、眼光敏锐的殖民主义者。趁印度内乱之机，他一边积极插手印度王公的内争，一

① 《马克思恩格斯全集》，第 12 卷，人民出版社 1998 年版，第 245 页。

边建立了一支由欧洲教官训练的印度土兵队伍，打算双管齐下，控制或征服印度小封建国家，在南印度建立一个法国殖民帝国。他首先把这种策略用在海德拉巴，在其内争中，扶植王位觊觎者穆扎法尔·姜格争夺王位，果然取得成功。穆扎法尔·姜格为感谢他，任命他为克里希那河以南至科摩林角之间广大地区的省督，并接受一支法国军队常驻海德拉巴。杜布莱克斯似乎一举就要实现其在南印度建立帝国的美梦了。

然而，英国人绝不愿看见法国人得势，便立即仿效法国人建立印度土兵队伍，同时插手海德拉巴藩属国卡尔纳提克的封建内争。英国人支持一派，与受海德拉巴和法国人支持的另一派争夺，取得成功。英法殖民者都不愿让对方占据优势，这就不可避免要发生尖锐冲突以至战争，这就是三次卡尔那提克战争①。第一次（1746—1748）是英国海军捕获法国船只，法国舰队采取报复行动，1746年攻占了英国殖民据点马德拉斯②。后根据在欧洲签订的《亚琛条约》归还。第二次卡尔那提克战争（1749—1754）是因英、法东印度公司在海德拉巴和卡尔那提克两国的王位继承争端中各支持一方引起。英法及两国的争夺双方都参加了战争。结果在海德拉巴法国支持的一方取胜，在卡尔那提克英国支持的一方取胜。1756—1763年发生了第三次卡尔那提克战争。这是英法在欧洲进行的七年战争（1756—1763）在印度的扩展。此时由于英国人已在孟加拉得势，英法在印度的力量对比显然有利于英。1757年3月，法国人在孟加拉的据点昌德纳戈尔被英军占领。1758年英法两国都派军队来印，互相进攻对方的据点。法国人战败，丧失了一切据点。但根据七年战争结束签订的《巴黎条约》，本地治里等5个据点交还法国，但不能设防。从此，法国人在印度仅保留商业势力，不复成为英国的竞争对手了。杜布莱克斯美梦的破产主要不是在印度决定的，而是在世界商战中英强法弱所决定。

在与法国人开战同时，英国殖民者也积极窥察动向，准备在其他地区插手。孟加拉突然发生的事件正好给他们提供了机会。

孟加拉（当时包括比哈尔、奥里萨）是印度最富庶的地区之一。英国人在此设有许多商馆，并在加尔各答修建了威廉堡。在南印度插手王公内争的成功，使他们非常希望在孟加拉如法炮制。孟加拉纳瓦布（原为省督称号）阿拉瓦迪汗无

① 因战场在卡尔那提克，故得名。

② 马德拉斯位于卡尔那提克境内。

子，指定小女儿的儿子西拉杰－乌德－朵拉为继承人，两个大女儿不满，要争王位，各有一些追随者。英国人便插手其中，支持他们的阴谋活动，又不经纳瓦布允许，擅自在加尔各答增修炮台，阿拉瓦迪汗鉴于南印度发生的事件，对外国人的侵略野心有一定认识，一再讲到要防范英人的不轨。西拉杰－乌德－朵拉1756年继位后，要英人拆除增修炮台，英人不理，反而收容他的政敌。纳瓦布屡次交涉，均遭拒绝。他认识到英国人抱有野心，决定给予打击，迫英人服从。1756年6月4日他派兵攻占卡锡姆巴札尔的英国商馆，6月20日又出兵占领加尔各答。英人退到海上。

这个消息传到马德拉斯，那里的总督决定立即派兵收复加尔各答。一支由海军上将沃森和克莱武率领的3000人的军队(内土兵2200人）乘船在孟加拉登陆。克莱武原为英国东印度公司职员，在第二次卡尔那提克战争中成为军官，长于谋略，立有战功。1757年1月2日英军重新占领了加尔各答。西拉杰－乌德－朵拉没有长远考虑，见英军到来，不知所措，又缺乏准备，因此于2月9日与英军议和，答应恢复公司原有一切权利，赔偿损失。但英国人并不就此罢手，而是要乘机实现征服孟加拉的既定目标。沃森和克莱武不顾西拉杰反对，占领了法国商馆所在地昌德纳戈尔，接着，以纳瓦布收容法国人为由再兴战端。纳瓦布当时有数万大军，财力也充足，但将领不忠。大商人、金融家与英国人联系密切，希望进一步发展关系。克莱武了解这种局势，知道单靠军事进攻并无成功把握，而施展政治阴谋却有广阔余地。克莱武用公司大代理商阿米昌德牵线，收买了纳瓦布的将军米尔·贾法尔等，又取得孟加拉最大金融家贾格特·塞特的支持。他们一起签订了密约。米尔·贾法尔应允帮助英人推翻西拉杰，条件是扶植他当纳瓦布。纳瓦布另一名将领罗·杜尔拉布也参与了阴谋。阿米昌德要求在密约上写明应给他的一大笔酬金，克莱武则以伪造沃森签字（沃森不赞成用此密谋手段）的假密约文本欺骗了他。

克莱武和米尔·贾法尔

纳瓦布率领的孟加拉军与克莱武率领的英军在普拉西摆开阵势。前者有7万人，40门大炮；后者只有3000人。在走向战场时，克莱武忐忑不安，唯恐发生变故。然而，6月23日交战中，米尔·贾法尔和罗·杜尔拉布果然按兵不动，在前锋小有接触后，就力促纳瓦布下令收兵。收兵变成了大溃逃。纳瓦布一口气逃回首都穆希达巴德。这样，克莱武未经激烈战斗就取得决胜，西拉杰几天后被俘，遭到杀害，米尔·贾法尔被安置到纳瓦布宝座上，成了英国人的傀儡。

英国人吹嘘自己的胜利，但也不得不承认，这个胜利不是来自战场，而是来自密室，来自卑鄙手段，来自那些拿国家主权做交易的卖国贼的拱手相送。《东孟加拉县志》写道，是贾格特·塞特的卢比帮助克莱武的剑征服了孟加拉。[①]1757年6月23日普拉西战役使英国东印度公司实际上控制了孟加拉。公司武力征服印度由此开端。

征服孟加拉的胜利来得太容易，连英国人自己都还没有做好统治的准备。所以，英国人只能满足于做太上皇，而把直接统治权留给他们扶植的傀儡。公司利用自己的最高统治地位，予取予求，竭力勒索榨取。米尔·贾法尔无力满足被赶下台。新扶植的纳瓦布米尔·卡西姆始则唯命是从，后来对公司及其职员的贪婪感到无法忍受，于1763年6月举兵反抗，但遭失败。卡西姆逃到毗邻的奥德求援。这时莫卧儿皇帝沙·阿拉姆二世也在奥德，奥德纳瓦布苏查－乌德－朵拉是他的首相。他们对英国人在孟加拉的胜利本来没打算做什么反应，只是在卡西姆恳求下，才决定与他采取联合军事行动，帮助他收复孟加拉。1764年10月22日，孟加拉和奥德联军在布克萨尔与英军决战，遭到失败。皇帝投降，卡西姆和苏查－乌德－朵拉逃走，英军进入奥德。考虑到自己在孟加拉尚立脚未稳，再占奥德，力不从心，公司决定：把奥德的大部分归还给纳瓦布，后者支付给公司500万卢比，接受英军驻扎奥德；把部分地区送给莫卧儿皇帝，换取皇帝颁布敕令，授予公司在孟加拉、比哈尔、奥里萨的迪万尼权利（管理财政权）。1765年公司利用莫卧儿皇帝的敕令接管了孟加拉的财政管理权，1772年最后接管全部统治权，把首府从穆希达巴德迁至加尔各答。

孟加拉被征服是印度命运转折的开始。然而在当时没有人对这个事变特别在意。封建王公们依然在那里互相厮杀，孟加拉的变化在他们看来就像在其他任何地方发生的统治王朝更替一样平常无奇。

---

① “Mushidabad”, in *Gazetteer of East Bengal*, Calcutta, p.62.

三、迈索尔和马拉特联盟的沦亡

英国东印度公司当时在印度的三个管区都直属公司。加尔各答管区在领土上的扩展，对另外两个管区——孟买和马德拉斯管区是个强烈刺激。后两者从 18 世纪 60 年代起也分别开始了征服领土的行动。

马德拉斯管区的英人首先遇到的对手是迈索尔。公司自知力量不足，一开始就利用马拉特联盟、海德拉巴和迈索尔的矛盾联此制彼，谋渔人之利。1766 年公司派一支部队协同海德拉巴和马拉特联盟军队进攻迈索尔。迈索尔的海德尔·阿里用纳贡和割让土地的办法使马拉特联盟退出战争，又采用同样手段，把海德拉巴拉到自己一边，订立了军事同盟条约。这样，海德拉巴、马拉特联盟与公司对迈索尔的战争变成了迈索尔、海德拉巴对公司的战争。这就是第一次英国—迈索尔战争（1767—1769）。迈索尔与海德拉巴一方初战失利。1768 年海德拉巴把北部沿海岸几县——北西尔卡尔割给公司。海德尔·阿里的军队战斗力较强，他本人又很有军事才能。他采取让出两厢引敌深入而以骑兵突袭英纵深领地的战略。当英人突然发现迈索尔军队出现在马德拉斯近郊时，不得不求和。根据 1769 年和约，双方交还彼此所占领土。海德尔·阿里此时仍以马拉特联盟为主要敌人，为了对付马拉特人，又和英缔结军事盟约。第一次英迈战争英国人除从海德拉巴得到北西尔卡尔外，从迈索尔什么也没得到。

孟买管区的英国人面对的是马拉特联盟这个更强大的对手。英国人的策略从一开始就是寻求利用马拉特联盟内部的矛盾，从中打进楔子，分化瓦解，各个击破。这样的机会在 1775 年到来了。1773 年佩什瓦纳拉扬·拉奥被政敌杀害，他的叔父拉古纳特·拉奥继位，遭到政敌反对，他们立前佩什瓦遗腹子继承。拉·拉奥被逐，便向孟买当局求援。英人立即答应给予军事援助，1775 年 3 月双方缔结苏拉特条约，英人答应派一支 2500 人的部队援助拉奥，由他承担军事费用。一旦行动成功，佩什瓦将把巴塞因港、萨尔赛特岛和孟买附近的一些小岛永远割给英国公司。1775 年 5 月英攻萨尔赛特，开始了第一次英国—马拉特联盟战争（1775—1782）。马拉特人起而抵抗，使英军一时不能得逞。1778 年孟买英人再次派兵 3900 人向浦那进攻。1779 年 1 月在途中被击败，被迫与马拉特人签订瓦德冈条约，答应不再支持拉奥，并把占领的马拉特土地交还。总督哈斯丁斯① 不承认这个条约，战争又起。

南印度国家在和英国人初次交锋后，对英人的贪婪狡诈在不同程度上有了认识。海德尔·阿里首先醒悟，看到了英国人的侵略野心和对印度的危险性。他对着《古兰经》发誓，要赶走英人，并努力说服马拉特联盟和海德拉巴统治者共同抗英。后两者接受他的提议。1780 年三国建立了抗英联盟。

三国抗英联盟的建立是印度王公在印度被征服过程中采取联合行动的第二次尝试，也是一次更重要尝试。按照计划，海德拉巴进攻北西尔卡尔，迈索尔进攻卡尔那提克，马拉特联盟进攻孟买和孟加拉，还打算争取法国的援助。这一联合使英国人真正感到害怕。如果此计划实现，英国不但不能继续扩张，就是现有地盘也难以保全。英国征服印度整个过程中这是个真正的关头。它决心不惜一切代价摧毁这个联盟。英国人这时在印度已实行了统一领导，有了通盘战略和统一行动计划。

鉴于三国联盟中迈索尔反英最坚决，英国人就对另两国施展拉拢手腕。当 1780 年三国反英军事行动开始后，英国人把贡土尔县交还海德拉巴，首先使之脱离联盟。又同马拉特联盟中的朋斯拉单独媾和，给了他一笔钱，使他也停止了军事行动。

虽然失去海德拉巴和朋斯拉使三国联盟缺手断臂，迈索尔和马拉特联盟的佩什瓦、信地亚仍坚持战斗。在西部战线，英军在 1780 年占领了瓜辽尔堡垒，但信地亚使他们吃了几个败仗。在东部战线，海德尔·阿里率领一支 90 000 人的队伍进入卡尔那提克，最初曾给予马德拉斯英军以沉重打击。然而，英国人从孟加拉派来援军，在以后的战斗中双方互有胜负。海德尔·阿里 1782 年去世，其子提普苏丹接替他的位置，继续领导抗英战争。英国人看到两线作战不能取胜，进一步施展离间计，拉拢信地亚，让他从中斡旋，于 1782 年与佩什瓦签订了《萨尔培条约》。英国人取得萨尔塞特岛，归还其他所占领土，信地亚、佩什瓦退出战争。马拉特联盟单独媾和是对迈索尔的背叛。迈索尔也不能指望取胜，1784 年 3 月双方订立曼加洛尔和约，互相归还征服领土。就马拉特人来说，1780—1782 年战争是第一次英马战争的继续，就迈索尔来，是第二次英迈战争（1782—1784）。

① 1773 年起，孟加拉管区总督兼管孟买、马德拉斯两管区宣战和媾和，实为印度总督。

英国人虽无所获，却顺利地度过了他们征服印度中遇到的最大一次难关。三国同盟的瓦解是英国分化瓦解策略的成功。它也表明，印度王公的利己主义使他们政治上鼠目寸光，要实现真正的联合抵抗是做不到的。

公司董事会居安思危，指示其印度代理人不要再扩大领土，而先巩固现有领地。英国政府也持此态度。1784 年庇特法案规定公司不准再扩大领土，在印度内争中要奉行“不干涉政策”。不干涉、不扩大领土是假的，用一些时间消化获得的成果，做好充分准备，然后再进攻才是真的。三国同盟瓦解是个转折点，从此，英国征服全印的大门就敞开了。

经过一段时期积蓄力量后，从 1790 年起，公司在南印度开始了新的征服行动。从这时起，他们总结以往教训，采取集中力量打击主要目标的战略，首先要征服的是迈索尔。

从第二次英迈战争中英国人看到，像迈索尔这样坚决抗英又有一定实力的国家，要征服它只有借助印度王公的力量，特别是马拉特联盟的力量。用印度王公打印度王公，是它的分化瓦解各个击破策略的进一步运用。第二次英迈战争后，迈索尔又和马拉特联盟、海德拉巴为争夺领土发生战争。英国人趁机插手，以共同瓜分迈索尔的领土为诱饵，把马拉特联盟、海德拉巴拉过来。1790 年 7 月与两国签订了反迈索尔的盟约。马拉特联盟、海德拉巴答应各派 1 万人和英军一同行动。有了这样的准备，英国人于 1790 年发动了第三次英迈战争（1790—1792）。提普苏丹率迈索尔军民英勇抗战。他作战勇敢，有“迈索尔虎”之称，但由于四面受敌，寡不敌众，在首都被围困的情况下，不得不求和。1792 年 3 月签订锡林伽帕丹条约，赔款 3300 万卢比，割让领土一半，由英国人、马拉特联盟和海德拉巴瓜分。在签订条约时，提普苏丹痛切地对马拉特联盟军统帅哈里帕恩特·拉奥说：“你应当明白，我并不是你的敌人，你的真正敌人是英国人，你必须提防他们。”① 可惜马拉特人听不进去。马拉特联盟、海德拉巴不久自相火并，海德拉巴被打败，割出一半领土给马拉特联盟，从此失去南印度三强之一的地位。 海德拉巴为对付马拉特人，接受英国驻军，订立了军费补助金条约（1798），成了英国公司的附属国。

第三次英迈战争后，提普苏丹励精图治，大力扩充军队，革新内政，准备最后决战。他改编军队，进一步扩充步兵，配备火枪，在法国军官帮助下，建立军

① Mohibul Hasan Khan, *Tipu Sulan,* Calcutta, 1951, p. 268.

事工场，制造火枪、大炮；由于缴纳赔款和供养大量军队的需要，把地税提高了30%，关税提高7%以上；设立各种国营作坊，生产紧缺商品；力图把商业置于国家监督下，打击走私，稳定市场；没收了一部分有叛乱行为的封建主和印度教寺庙的地产。这些措施使国库得到充实，军力得到加强。他还积极开展外交活动，派使者去法国争取支持。他的措施得到人民拥护，但是封建上层中的一部分人由于特权受到损害，心怀不满。

提普苏丹

英国人在几年时间里为新的进攻做了充分准备。1799年2月新任总督威尔斯莱发动了第四次英迈战争(1799)。英国政府全力支持，让他掌握一切可以拨归他使用的政府兵力。海德拉巴作为英附庸参战。马拉特联盟虽未出兵但表示支持英人。迈索尔领土在1792年已缩小一半，此时三面受敌，形势极为险峻，但全国军民准备誓死战斗，抵抗侵略。这一次，英国人除军事进攻外，还采取了在孟加拉的做法，从迈索尔内部收买不满的封建主做内应。结果在高层出现了一个内奸集团，为首的是首相普尔纳亚和轻骑兵司令卡马尔－乌德－丁。战争开始后，尽管提普奋力领导抗战，全国军民同仇敌忾，这个盘踞高级指挥机构的内奸集团用隐瞒军情，提供假情报，故意违抗军令等手段破坏提普的军事指挥，对前线将士抗击敌人有功者不仅无奖励，反而申斥。结果使英军得以长驱直入，提普军队两次被击败，不得不退守首都。英军5月4日用大炮轰开城墙，冲入城内。当提普苏丹指挥军队与敌人肉搏时，这个内奸集团竟下令关闭内城城门断绝他的退路，提普力御强敌，战死沙场。内奸们在塔楼竖起白旗，向英军投降。迈索尔最终沦亡。迈索尔宫廷史家认为，这最后的决战不是败于战场，而是败于内奸集团的出卖，是这个集团把提普苏丹出卖给英国人，到处阻碍他的行动。提普苏丹是一个有作为的、抗英最坚决的政治家和军事家，一直被印度人民尊崇为民族英雄，受到敬仰。

迈索尔领土大部分被英人兼并，海德拉巴得到一些，少部分留下，扶植原印度教王公的后裔——一个幼童为王。作为犒赏普尔纳亚被任命为摄政王，保留首相职位，事实上成了无冕王，其他叛徒也一一加官晋爵。迈索尔与英人签订资助条约，一支英军驻此，由迈索尔供养。

迈索尔的沦亡使英国人实现了对德干地区以南的印度的征服。这一成功，把他们推上了与马拉特联盟最后争夺德干地区和印度斯坦统治权的地位。

英国人此时有可能集中力量进攻马拉特联盟了，而此时的马拉特联盟仍忙于内战，没有做任何准备来对付英国人的可能侵略。1802 年 10 月，印多尔王公霍尔卡打败了佩什瓦和信地亚联军。佩什瓦巴吉·拉奥逃到巴塞因，向那里的英人求援。英人同意，乘机强迫他签订了《巴塞因条约》(1802 年 12 月)，接受 6000 英军驻扎佩什瓦领土内，负担其费用。英军开到浦那，恢复了佩什瓦的政权。总督威尔斯莱想借佩什瓦的地位来控制整个马拉特联盟，宣布英人同佩什瓦签订的条约适用于整个马拉特联盟。在遭到各王公拒绝后，他便于 1803 年发动了蓄谋已久的战争。这就是第二次英马战争（1803—1805）。

威尔斯莱在开始军事行动的同时，利用马拉特各王公间的矛盾，挑拨离间，阻止他们联合。这种外交手腕是成功的，结果分别打败了信地亚、朋斯拉，并征服了霍尔卡大部分国土。

这次战争的结果，马拉特联盟各王公丧失了大片土地，在一定程度上受英人控制，马拉特联盟已失去强国地位，政治上已部分失去自主权。

马拉特王公们感到自己蒙受了羞辱。近一个世纪来在印度封建势力纷争中处于支配地位所形成的高傲心理和自信心，使他们绝不愿接受英国人这个外来侵略势力作为印度的主宰。英国人作为胜利者的飞扬跋扈，也使他们极为憎恶。这方面感受最深的是佩什瓦巴吉·拉奥二世，他由于 1802 年的条约已处于对英国人的完全依附地位，那里的英国统监就是太上皇，颐指气使，专横跋扈。佩什瓦急于摆脱难以容忍的英国控制，不久就秘密派人和信地亚、霍尔卡、朋斯拉接触。英人发现后先发制人，迫使他于 1817 年签订新约，规定佩什瓦割部分领土给英国人，作为供养驻军费用，此后与马拉特联盟诸王公的交往要通过英统监。这实际上是剥夺了佩什瓦在马拉特联盟中的领导地位。稍早于此，英乘拉古吉·朋斯拉二世去世，那格浦尔内讧，诱使新王公与英缔结了依附条约（1816 年 5 月）。

佩什瓦不甘心接受给他的打击。普通马拉特人也认为这是侮辱他们的民族感情，反英情绪增长。1817 年 11 月，佩什瓦巴吉·拉奥二世领导人民起义，烧毁统监官邸，攻打英国军营。佩什瓦起义对其他马拉特王公是个鼓舞，朋斯拉、霍尔卡起兵响应，与英军展开激战。1817 年底朋斯拉军、霍尔卡军都被击溃。1818 年初佩什瓦军队也被击溃，6 月佩什瓦投降。总督哈斯丁斯勋爵就此机会决定取消佩什瓦职位，除掉这个马拉特人民民族统一的象征；兼并佩什瓦的领地，把它的一小部分交给西瓦吉的后裔统治（即后来的萨塔拉土邦）；巴吉·拉奥二世被软禁在康浦尔，靠每年领取80万卢比的养老金生活。1818年1月，霍尔卡与英国人订立《曼达索尔条约》，割大领地归英人，接受一支英军驻扎，除非通过英国驻扎官，不得与任何其他王公往来。朋斯拉也与英订约，部分领土被兼并，剩下的部分立一个未成年的幼主统治。

1817—1818年，马拉特联盟与英人的战争是第三次马拉特战争。其结果马拉特联盟不复存在。马拉特各个王公领地的相当部分被兼并，并入孟买管区，但各王公国家的残骸被保留下来，它们都成了依属英国东印度公司的土邦。英国人没有敢完全兼并，害怕过激的处理会引发新的反抗，招致未来形势的不稳。

马拉特联盟的瓦解消除了英国征服印度道路上最强劲的敌手。德干和印度斯坦落入英人之手意味着，英国征服全印已取得决定性胜利。印度各地，特别是北、中印度尚有一大批大大小小的王公存在，但是已没有任何力量堪称英国人的对手了。

四、附属国体系的建立

征服马拉特后，英国殖民者凭借自己的实力，运用外交手段，不战而使一大批王公依附于己，成了公司藩属国。

印度分裂得如此细碎，要对每一个王公都实行军事征服是公司力量所不及的，对大批弱小的王公也并非都需要武力征服。所以英国人很早就考虑另一种征服手段，即用驻军和订立条约的办法把他们变成自己的附庸。这是一种政治征服。

条约的内容是多种多样的，但有共同点。最常用的一种是资助同盟条约（又叫军费补助金条约）。主要内容是：英国军队驻扎该国，担负防御任务，由该国负担全部费用，或划出一片土地给公司作为给养费来源；外交上，接受东印度公司监护。这是一种不平等条约，接受这个条约就等于承认对东印度公司的依属关系。对东印度公司来说，采用这个办法好处是：这是一种不经过战争的征服，无需耗费公司钱财，且大量军队的费用由驻在国负担，使公司既能根据需要扩充军队，又不用增加一文开支；这种控制虽然只是初步的，但是为加深控制奠定基础。一些王公所以接受这种条约，或是因为惧怕征服，或是内部有矛盾，靠英国人撑腰。当然也有少数是战败后由英国人作出这种安排的。最早实行这种方法是在奥德，1765 年英国东印度公司与奥德土王公订立了资助条约。

1798 年威尔斯莱任总督时，把政治征服提到重要地位。他声称要“在印度斯坦和德干的每一个地区，建立一个广泛的联盟和政治关系的体系”，“把英国人的政权提高到印度的最高权力地位”。[①] 在迈索尔和马拉特联盟尚存在时，大多数王公观望形势，不肯轻易就范。当两国被征服后，风向顿时起了变化。王公们看到这两国尚且敌不过英国人，自知无力自保，因而争先恐后与英国东印度公司订约。从 1818 年到 1823 年，出现了订立附属同盟条约的高潮。这 5 年间，拉其普他那 20 个王公，中印度 145 个小王公，卡提阿瓦半岛 145 个小王公都进入了资助同盟条约体系。在此前后，奥里萨和南印度的一批小王公也接受了附属同盟条约。这个手段的成功，使英国征服进程大大加速。

五、信德和旁遮普被征服

到 19 世纪 20 年代初，英国人完成了对印度河和萨特累季河以南的印度的征服。20 年代中期，东印度公司发动英缅战争（1824—1826），得到了部分领土即阿萨姆。到 20 年代后半期，在印度，还保持独立的就只是信德和旁遮普了。

19 世纪 30 年代，公司首先强迫信德存在的三个小国接受英国驻军，在外交上受英监护，把它们变成了附属国。1843 年又借口三国统治者对英不忠，发动战争打败三国并予兼并。这以后，就把目标转向旁遮普。旁遮普 19 世纪初有十多个锡克教军事首领统辖地，到 20 年代，其中一个最强大的首领兰吉特·辛格用武力打败了其他首领，实现了萨特累季河以北至印度河的统一，还征服了克什米尔，建立了强大的旁遮普锡克教国家。统一大业得到广大人民衷心拥护和支持。兰吉特·辛格采取了一系列进步的改革措施使经济有所发展，保持了政局相对安定，也增强了国家的实力。作为一位有作为的君主，他享有人民的广泛爱

① ［印度］辛哈、巴奈尔哲:《印度通史》，第 4 卷，商务印书馆 1973 年版，第 889 页。

戴。然而，统一的旁遮普未能保持下去。兰吉特·辛格去世后，其继承者用越来越多的国有土地封赠上层，满足其要求，这样就削弱了中央政权的基础，增强了大封建主的势力，从而增加了分裂的因素，进入40年代后，中央政权被掌握军权的大封建主控制，大封建主间争权夺利，结党拉派，完全置国家利益于不顾。这时，在政治舞台上出现了一个特殊现象：锡克军队下级军官出于爱国热情，组成军人委员会，来监督政府的国防政策，1844年控制了中央权力。大王和他的朝廷依然存在，但在保卫国家的问题上得听命于军人委员会。军队参政与锡克教存在的军事民主传统有关。他们代表的是中小封建主的利益，反映了下层人民的要求。军人委员会镇压勾结英人的内奸，打击蓄意不服从的封建主势力，威震全国。封建贵族和军队上层害怕这种监督会损害封建贵族的根本利益，力求摆脱它。军人委员会虽有很大权力，但只是处于监督地位，各级高官和军队指挥权都原封未动，这个尖锐的矛盾，埋伏下未来形势逆转的危险种子，因为贵族们既握有军事指挥权、行政领导权，就有足够的力量来打击军队，实现自己的卑劣目的。这种情况在后来发生的抗英战争中淋漓尽致地表现出来：封建贵族和军队上层竟不惜采取借刀杀人之计，借助英国侵略者的力量来摧毁旁遮普人民用血肉筑起的抵御侵略者的长城。

在征服了信德后，英国人在萨特累季河与朱木拿河之间集结了4万军队，有94门大炮，70条大船，积极准备进攻。1845年底开始了对旁遮普进攻。英国人了解旁遮普国家的政治形势，知道大封建主、军队上层与军人委员会的矛盾正好可以利用，就施展手段，收买宫廷权贵及军队上层指挥官多人，订立密约，从内部来破坏军人委员会领导的抗英战争。与英国人勾结的有首相拉尔·辛格、军队总司令特吉·辛格、宫廷大臣、查谟王公古拉布·辛格等。军人委员会对他们的活动是不了解的，军队的指挥权继续操在特吉·辛格手里，他指挥的军队有5万人。当英军发动进攻后，锡克军队在菲罗兹普尔附近英勇抵抗，锡克军猛烈冲锋和准确的炮击使英军阵地动摇，但指挥战斗的拉尔·辛格在紧要关头逡巡不前，坐失良机，终至失败。英军也伤657人，死215人，包括2名将军。此后菲罗兹沙赫战役中，锡克军本处优势，指挥战争的特吉·辛格却下令退却，把该地拱手送给英国人。锡克军队准备在索拉翁镇与英军决战，英国人事先就得到详细情报，做了充分准备。大战方酣，特吉·辛格和拉尔·辛格又临阵脱逃，而且渡过萨特累季河后下令拆桥，不让士兵渡河。锡克士兵后退无路，仍英勇奋战，直至牺牲。大批人坠河溺毙。他们的宁死不屈的精神使胜利者谈起来都惊叹不已。整

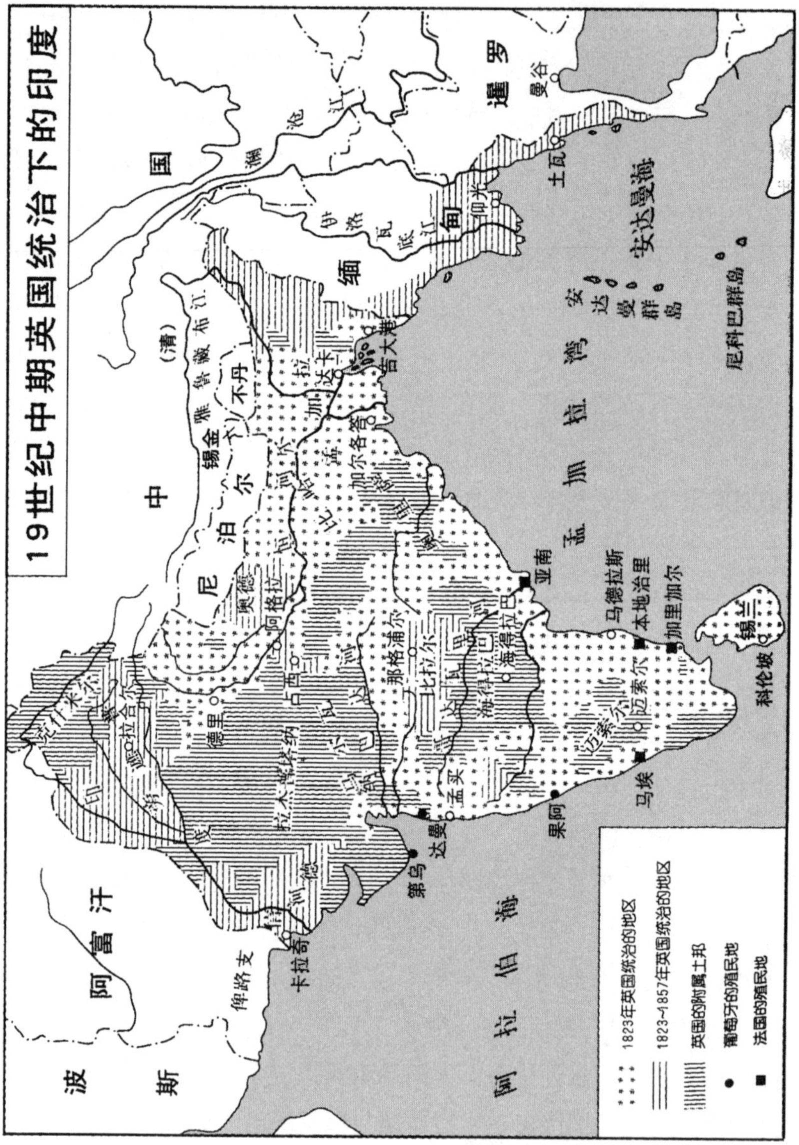
19世纪中期英国统治下的印度
1823年英国统治的地区
1823~1857年英国统治的地区
英国的附属土邦
葡萄牙的殖民地
法国的殖民地
中
国
（清）
尼泊尔
锡金
不丹
缅
甸
暹罗
曼谷
土瓦
仰光
安达曼海
安达曼群岛
尼科巴群岛
孟加拉湾
阿拉伯海
波
斯
阿富汗
俾路支
卡拉奇
第乌
达曼
果阿
马埃
迈索尔
科伦坡
锡兰
加里加尔
本地治里
马德拉斯
亚南
海得拉巴
那格浦尔
孟买
德里
阿格拉
加尔各答
吉大港
达卡
旁遮普
克什米尔

个战争期间，古拉布·辛格按兵不动，不给抗英的锡克军以任何援助。1846年2月20日，英军未经战斗占领了旁遮普首府拉合尔。国家主权、人民利益、千万条旁遮普优秀儿子的生命都成了这一邦卖国求荣的内奸的可耻阴谋的牺牲品。英国未敢立即吞并旁遮普，1846年3月9日与锡克王公签订了拉合尔条约，同年年底又订立了补充条约。两者内容包括：在旁遮普驻扎英军和英国驻扎官；成立摄政会议辅佐未成年的大君达利普·辛格，摄政会议的行动要听命于驻扎官；锡克军队大大裁减，大炮基本交出；赔款1500万卢比，萨特累季河南岸的锡克领地及比阿斯河与萨特累季河之间的地区割让给英国人；查谟和克什米尔以100万英镑的代价卖给查谟王公古拉布·辛格，作为对他的犒赏。锡克军队和人民对这种丧权辱国的条约十分气愤。1848年4月19日木尔坦锡克士兵和人民起义，发展到白沙瓦等许多地区，有的封建主也参加起义，但因力量分散遭到镇压。1849年3月29日，英当局宣布兼并旁遮普，英国人征服印度最终完成。

东印度公司征服印度，从1757年算起，到1849年兼并旁遮普止，共用了92年时间。所以如此旷日持久，首先是由于印度人民进行了抵抗，有些抵抗很顽强，是可歌可泣的；其次，公司以小灭大，以弱胜强，不能一蹴而就。英国人能取胜，主要是利用了印度的封建分裂状况。他们建立了印度土兵队伍，用印度人打印度人，印度土兵人数在19世纪中期达到二十多万人，实际担当了征服印度主力的角色。这么多军队若要公司负担军费，它一天也不能维持，它用签订资助条约的办法，把军费分摊到印度人头上，巧妙地解决了这个问题。在征服印度的方式上，它采用军事进攻和政治阴谋双管齐下的办法，从内部攻破堡垒，弥补其军事力量之不足；采取直接兼并和建立藩属国并举的办法，避免了兵力和精力的分散，减少了达到目标的阻力。英国人在印度，从整体上说原是处于劣势，由于狡猾地使用上述办法，扬长避短，在解决一个个局部问题时，就使自己从劣势变成优势。这样逐步积累的结果，终于使整个力量对比发生了于己有利的转化。

印度如果有明确的抵御外侮的观念，如果能团结一致，就不会败给东印度公司。但这样的观念和行动在当时的印度是不可能有的。印度沦为英国殖民地归根结底是封建势力败于正在兴起的资本主义势力，是落后的封建制度败于正在向上发展的资本主义制度。

第十章

英国东印度公司的统治

一、英属印度和印度土邦

东印度公司在征服中使用了军事征服和建立藩属国两种手段，征服后自然产生了两种统治形式：直接领有的殖民地和间接统治的附属国。本来，建立藩属国体系是在征服过程中采取的权宜之计，是通向兼并的过渡形式，有些附属国例如，卡尔那提克、贝拿勒斯、坦焦尔等后来都被兼并。但征服过程中由于不断遇到人民起义或封建主的反叛，英国人认识到，所有地区都由公司兼并不是好办法，不如保留一些王公，让他们在英国监护下继续统治，既利于控制群众，又能缓和封建主和敌对情绪。这也是分而治之的办法：保留众多王公，让他们互相牵制，就会使他们都死心塌地依赖英国。这样，在征服印度后，附属国体系就被作为统治形式的一种有意地保留下来。公司与附属王公订立各种条约，名义上它们是“盟国”，与公司处于平等的地位，实际上，不但在军事上，外交上要受公司监护，王位继承也要经公司批准，公司驻扎官就是太上皇。内政方面有一些自主权，这是不同于公司直接统治的地方。这就形成了近代土邦制度。这样，印度在英国统治下就分成了两部分：一部分由公司直接统治，叫“英属印度”；另一部分是众多附属国，叫“印度土邦”，由公司通过驻扎官间接统治。到公司征服印度完成时，土邦共 554 个，星罗棋布地遍及印度各地，人口占全印 1/4，面积占 2/5。①

英国实现了印度的统一，却又人为地把分裂状态在一定程度上固定下来，造成统一中的不统一，对后来印度政治、经济发展起了有害作用。

二、双重权力中心：公司统治和议会监督

按照英王和议会授予东印度公司的特许状规定，印度既是由公司征服，就是公司的的殖民地，由公司统治。所以在征服孟加拉后，就由公司建立政权。伦敦的公司董事会成了英属印度的最高权力机构，从方针政策的制定到文武官员的任命都由它行使权力，在印度的政府就是它的执行机构。不过，特许状法也规定，英王对公司领地有最高领有权。这意味着，英国议会和政府可以指导、监督公司对印度的管理，将来可以收归国家管理。这就是公司统治时期形成的双重权力中心的法权基础。

18 世纪 70 年代，鉴于公司征服扩大，领地增加，英国议会就开始实现对印度管理的指导权。英国上层各界都有此要求，特别是在工业中新成长的工业资产阶级要求更强烈，希望对印度的统治应该有利于英国整个经济的发展，而不是让公司少数商人独享其利。议会要插手，公司不能抗拒，但总是希望不要干预过多。70 年代后半期，公司财政拮据，请求政府贷款，这使议会有充分理由插手控制。

议会的第一步行动是 1773 年通过《东印度公司法》，规定公司董事会有关对印征服、统治的民政或军政函件要向英国内阁备案，以供审查。此前，公司在印

① 土邦数后来有变化。据 19 世纪 20—30 年代英国政府委派的土邦调查委员会报告和西蒙的调查团报告，当时的土邦数是 562 个。1941 年人口普查得到的土邦人口数为 9318 万，占全印人口 38 898 万的近 24%。印巴分治前，土邦总面积为 71 万平方英里，占全印总面积 158 万平方英里的 44.3%。

度的三个管区是平行的，在印度没有设立统一的领导机构。法案规定，把孟加拉管区总督升格为印度总督（最初仍叫孟加拉总督），由一个参事会辅佐，除管理孟加拉管区事务外，还拥有孟买、马德拉斯管区宣战媾和的批准权。总督和参事会接受公司董事会指令，但由英国国王任命，人选不限于公司职员（第二任总督起改由公司提名，国王批准），任期 5 年。第一任总督是原孟加拉管区总督华伦·哈斯丁斯。这就在实际上设立了英属印度的中央政府，虽然它的权力是不完全的。既然总督及其参事会的任命权归国王，英国政府就可借此影响公司的统治。

在此以前，司法权是完全赋予公司的。1773 年法案规定在加尔各答建立最高法院，它是国王的法庭，由一名首席法官和三名法官组成，都由国王任命，负责审理在印公司职员和英国臣民的案件。

英国议会采取的更重要的行动，是 1784 年通过另一个《东印度公司法》。它是由首相庇特提议的，史称“庇特法案”。根据这个法案，由国王任命一个议会监督局来监督东印度公司的民政和军政，它由 6 人组成，其中包括 1 名主要国务大臣和财政大臣。公司董事会下达的一切指示、命令都必须事先向它报告，不取得同意不能下达。监督局有权提出意见，要董事会修改，也可以就宣战媾和问题直接下达指令。公司继续保有文武职员的任命权。这就意味着，虽然统治印度的各种政策还由公司提出，但有关军事、政治的最高决策权已转到英国议会手中。法案进一步加强了总督权力，规定总督有权在涉及战时的军务、税务处理问题上，对其他两管区起监督指导作用。

1773 年法案和 1784 年法案形成了双重权力中心的统治体制。议会监督局规定方针大计，公司董事会负责日常管理和任命官员。第一个中心高于第二个中心，但只能通过第二个中心起指导作用。这是公司和英国议会共同管理的体制，这种体制一直存在到 1858 年东印度公司统治被取消为止。

三、英属印度行政、司法机构的建立

公司原来的三个商业管区在获得领土后，成了三个省，原来各管区的总督和参事会成了省政政府。1773 年法案把孟加拉管区总督升格为印度总督后，总督及其参事会就是中央政府。这样，就构成了英属印度的中央和省两级政权。

总督参事会和省督参事会最初各有 4 名成员。后英军总司令和各管区司令分别参加总督参事会和省督参事会，作为其成员。参事会设秘书若干人，分工负责一些部门的工作，这些部门后来逐渐发展为中央各部和省府各厅。

县一级政权的主要官员是收税官，负责税收、行政、司法事务。还有治安长官，负责维持社会秩序。设有警察局，协助他工作。

政府官员是从公司职员中任命的，最初职员和官员一身二任。哈斯丁斯任总督后，把公司职员分为商业职员和行政职员，一人不能再兼两者。行政职员就成了官员，这就是印度文官制度的起始。当时公司职员都与公司订有契约，故又称契约文官制。公司职员由董事会董事荐任。

公司在建立政权伊始确定了由英人垄断全部官职的原则。这个原则在 1793 年议会通过的公司特许状法中得到确认，该法案规定，在印度，所有参事以下的主要文官职位必须由公司契约文官担任。契约文官都是董事们送来的要升官发财的贵族子弟，野心很大，知识不多，对印度情况一无了解。由这种素质的人构成官员队伍，公司早期政权的极端专横暴戾就可想而知了。排斥印度人的做法强烈地反映了商人政权的排他性和专制性。1806 年，在英国国内舆论压力下，公司董事会在英国建立海利伯锐学院，作为培训未来印度文官的基地，以改善文官素质。其课程有东方语言、宗教、历史等。此后，文官素质才略有变化。

公司政权虽不让印度人担任文官，收税却离不开印度人的帮助，所以基层税收部门雇佣了大量印籍职员。在农村，继续让村社上层起类似基层政权的作用。

司法系统方面，除已存在英国国王法院系统外，又建立了第二套即英属印度本身的法院系统。1773 年起在加尔各答、孟买、马德拉斯都建立了高等法院。司法中一开始就出现种族歧视：涉及英国人的案件只能由高等法院审理，无论什么地方发生事端，要控诉英国人就要到管区首府。对一般人来说这是支付不起的，这就为一些殖民主义分子为非作歹残害百姓提供了保护。

总起来看，这时建立的统治体制属初创阶段，是由商业组织转化而来，带有明显的商人政权性质。商业垄断必然导致政治垄断，所以排他性和专制性是其特色。这样的政权基本上还是商业垄断组织的附属物，是它的政治体现。

四、殖民掠夺的手段

18 世纪中期，英国资本主义发展还处在原始积累阶段。东印度公司在印度的掠夺是服务于原始积累需要的。这一时期，它的剥削政策也无处不体现原始积累时期那种赤裸裸的暴力掠夺的特点。

（一）扶植傀儡，直接勒索

普拉西战役后，英国人把米尔·贾法尔扶上孟加拉纳瓦布宝座，迫使他支付对英国人的“损失赔偿费”150 万英镑，对公司职员“献礼”1 238 575 英镑。此后又以各种借口索取，米尔·贾法尔不能及时支付被废黜，卡西姆被立为纳瓦布，代价是“赠礼”20 万英镑，并把孟加拉最富庶的三个县布德万、米德纳普尔和吉大港割让给公司，使孟加拉国库收入丧失了一半。卡西姆起义失败后，殖民者利用纳瓦布更替和继承又勒索到 73 万英镑。孟加拉国库早就被搜刮一空，纳瓦布只有向大商人借债上贡，用加重税收的办法偿还。在其他被征服的王公国家，也都是这样无休止地勒索，常常逼得王公走投无路。公司如此垂范，其官员自然无不效仿。凡有权者，无不百般敲诈搜刮，贪污受贿，中饱私囊。克莱武在征服孟加拉后被任命为孟加拉管区总督，他以各种手段为自己搜刮了 20 万英镑以及大量珍宝，还得到一片年收入 27 000 英镑的封地。他本是公司的一个书记员，薪金有限，1767 年回国时，却成了腰缠万贯的富翁，买了议员席位并被英王赐予普拉西男爵爵位。后来，有人在议会弹劾他，他竟厚颜无耻地辩白说：“请想想普拉西战役胜利给我的地位吧！一个伟大的王公要巴结我，一个富裕的城市受我支配，它的富裕和人口的稠密都超过伦敦。其中最富有的银行家为了博得我的一笑而竞相出价。我出入只为我敞开的金库，两手抓满了黄金和珠宝。主席先生，此刻我对我自己那时的节制真是大为吃惊。”[1] 这真是一个典型的殖民强

① 辛哈、班纳吉：《印度通史》，第 3 卷，商务印书馆 1973 年版，第 810 页。

盗的惟妙惟肖的自画像。然而，浓妆艳抹只能使他的丑恶面貌更让人作呕。公司职员还利用一些王公的困难处境大放高利贷。如在卡尔那提克，一大批公司职员成为王公的债主。有个年收入 200 英镑的小职员也借给纳瓦布数千英镑。这些债主连坑带骗，利上滚利，一转眼翻几倍。据公司在接管卡尔那提克政权后所做的调查，公司职员向王公索取的 2200 余万英镑债务中，有 130 万是真实欠债，有 1900 万英镑纯属欺骗或敲诈。

（二）垄断贸易，排挤印商

在征服领土前，公司购买印度商品输出，要通过印度大商人居间。对印度大商人从繁荣的商业、金融业活动中得到可观收益，英国人甚为嫉妒。征服领土后，公司立即利用自己的统治权建立自己在商业上的支配地位。在孟加拉，公司首先规定，对外贸易由它垄断，印度商人不能再进行。在内贸方面，虽不能明令排除印度商人，但是甩开了印度商人的居间，用自己的印籍代理人直接深入市镇、农村收购产品。公司还垄断一些重要商品如盐、槟榔、烟草的贸易，把印度商人活动压缩到一个有限的范围内。就是在这个有限范围内，还加征各种捐税，妨碍他们正常贸易的进行。如公司垄断从孟管区向孟加拉输入棉花的贸易，当印度商人从北印度输入时，就加征 30% 入境税。

孟加拉的印商受到这样的排斥，要想在商业领域继续立足，就只有一个选

英国东印度公司在孟加拉的基地——威廉堡

择：要么变成公司的代理商，要么撤出，否则就会在这里被窒息。结果许多商人走第一条路，成了英商代理商，另有许多商人撤出商业领域，把资金转投入购买土地和放高利贷上。到 18 世纪末，在孟加拉已无独立的印度富商，中小商人也都成了依附于公司的商人。这一过程在马德拉斯管区、孟买管区也发生了，但程度较轻。一是与兼并时间早晚有关，二是孟买周围有很多土邦，要靠印商沟通联系。

（三）在金融信贷领域排斥印人

在金融领域，排挤印度金融家的过程是通过关闭原有的私人铸币厂、停止印度金融家替政府办理汇兑税收业务、支持英国人建立银行、赋予他们发行钞票和实行汇兑税收业务等办法实现的。这样，印度金融家原来在国家金融信贷领域享有的权利都被英国人夺去，剩下的就只是从事私人信贷了。在私人信贷领域，印度金融家同样遭到排挤，活动余地越来越小。在这种情况下，有些金融家便只好把资本转投入土地上，有的宣告破产。受害最典型的是孟加拉首富贾格特·塞特。这个家族拥有资产达 1 亿卢比，其钱庄在各地设有分支，从达卡到德里，他的支票到处可以承兑。当年事业最兴盛时，孟加拉纳瓦布对皇帝贡献 1000 万卢比，他一张支票汇去。马拉特人一次从其钱庄抢劫 2000 万卢比，钱庄继续营业。英国人和欧商来印后许多人向他借过钱。他垄断孟加拉金银块贸易，办理税收汇兑业务，孟加拉约 2/3 税收是经他手进入国库的。尽管他在克莱武征服孟加拉的阴谋中帮了大忙，然而公司占领孟加拉后，卸磨杀驴，剥夺了他的一切权利。遭此厄运，这个煊赫一时的“世界银行家”终于破产。

（四）强迫贸易和强迫生产

在孟加拉，公司既通过排挤印商在贸易中占据支配地位，就放肆地把贸易变成强买强卖。例如，它的代理人收买棉丝织品只付半价，卖英国货却把价格成倍地提高，若遭拒绝，鞭挞和拘留就接踵而至。公司职员通常私设武装，任意抓人罚款，使许多市集、码头的正常商业活动受到摧残。贸易变成了变相抢劫。对生产者的暴力手段还不止于此。对于特别精细的产品，公司为保证货源，还采取了强迫手工业者接受订货为它生产的办法。谁若拒绝，就遭毒打。有时公司还把织户集中到商馆，在皮鞭威胁下日夜不停地做工。城乡织户成了英国商馆的苦力，以致有人为避免被抓而宁愿砍掉自己的拇指。染工处境也不比织工好。在马德拉斯管区，公司规定染工必须为公司工作，否则要挨 24 下皮鞭，罚款 24 卢比，然后驱逐出境。制盐工、丝织工也大致遭受同样命运。公司用这种强制手段不但保证得到所需要的产品，而且付资很少。这种极端破坏生产力的办法很快就使一些最享盛誉的手工产品部门陷于衰败。

（五）土地税的疯狂榨取

东印度公司既转变为国家政权，就在商业之外，获得一种新的榨取手段——税收。这是不花本钱的收入，其数量随着领土的扩张而增大。从占领孟加拉起，它就把榨取土地税作为头等重要的任务，对它的重视甚至远远超过了贸易本身。

东印度公司不但以国家身份征收地税，还以土地最高所有权继承者的身份征收地租，他们征的土地税实际上也是租税合一的。

在征服之初，为了最大限度地榨取，采取了以五年、三年甚至一年为期的短期包税制，有的包给原来的占有者，有的不考虑原来的占有关系，实行公开招标，税额因之被急剧提高。原来的柴明达尔很少人能按时完成上缴税款任务，结果，包税权很快转到那些搜刮手段更凶狠的人的手中，他们多为商人、原柴明达尔管家、前公司职员等。为捞回本利，他们使用一切可能的方法榨取。一个叫罗埃的公司前职员包税后实行连坐制度，规定逃亡户欠租由未逃亡户承担，不能缴税的，抢走其耕牛、农具，查抄财产。殴打更是经常使用的手段，有的故意当着父亲的面抽打儿子，或当着儿子的面抽打父亲，有的被捆绑，置于中午烈日下暴晒。结果，农民被迫卖儿卖女，成群结队逃亡，造成许多村庄十室九空，遍地荒凉。18 世纪末孟加拉有大量耕地变成野兽出没的草莽。1765—1793 年接连发生 4 次大饥荒，1770 年饥荒最重，饿毙 1000 万人，占该省总人口的 1/3。然而，1771 年公司用皮鞭征税反而增加 10%。总督哈斯丁斯 1772 年给董事会报告中得意洋洋地说："虽然本省居民至少减少了 1/3 以及庄稼相应的减少，可是 1771 年的净税收甚至超过 1768 年，……之所以如此，是由于用暴力强行保持以前水平的结果。”[①] 这是刽子手的自供状。短期包税的最初结果是税额的直线上升，给公司带来巨大收入。1764/1765 年度孟加拉实收田赋 8 175 533 卢比，1765/1766 年度，即英国东印度公司接管征税权头一年，就增加到 14 704 875 卢比，提高 80% 以上，到 1790/1791 年度，增加到 26 800 989 卢比，提高 227%。

这种不顾一切的榨取，只几年工夫，便把其征服地区的农村抢得精光，以致连简单再生产都难以为继，税收额急剧下降。公司这才不得不考虑实行较正规的地税制，以便把榨取高额地税建立在较为稳定可靠的基础上。殖民当局还认识到，保持固定的纳税者阶层是必要的。这样的纳税者阶层关心保持局势稳定，会成为政权的支柱。殖民当局终于觉察到，完全抛开原来的土地占有关系无论从政治上，还是从财政上说，都是危险的，要实现上述两个稳定，就要利用原来的土地关系，任何税制改变只能在原来的基础上实行。

五、正规地税制的实行

18 世纪末至 19 世纪 20 年代，公司政权在英属印度先后实行三种正规的地税制。英国人搞不清楚印度的土地多层分割的占有关系，但必须在一连串的占有者中确定一个纳税阶层。究竟应确定谁，这是很费斟酌的。要考虑的不仅有传统因素，还有政治因素。所做的选择必须既有利于保证公司税收的稳定，又有利于巩固政治统治。各地情况不同，所作选择也因而有别。但无论实行哪种税制，保证尽可能高的榨取是共同目的。因此，这几种税制虽然是正规的，却仍然是耗竭性的榨取。

柴明达尔永久地税制 最早实行的是柴明达尔永久地税制，是总督康华里 1793 年在孟加拉管区（包括比哈尔、奥里萨）实行的。1790 年起以 10 年为期试验，但过了 3 年就宣布正式实行。

这种税制以当时的柴明达尔为纳税人。他们应把其占有的土地 1790 年试行

① 罗梅什·杜特著，陈洪进译：《英属印度经济史》，上册，生活·读书·新知三联书店 1965 年版，第 46 页。

新税制时估定的地税额作为地租，将其中的10/11作为地税缴给政府，这个税额永远不变。如不能按期如数缴纳，则收回并拍卖其土地。纳税人被承认为其负责纳税土地的所有者，他们成了地主，原占有使用土地的农民成为佃户。对柴明达尔如何收租和收取多少，政府不加过问。采取永久税制是形势所迫。公司急需以孟加拉税收支持对迈索尔、马拉特联盟的战争和增加商业资金。它需要把税额定得很高，税额永久不变是使纳税者愿意接受的条件，因为从长远来说，随着生产的发展，地税在柴明达尔收入中的比重会逐步降低，税额不变对柴明达尔有利。根据新制，孟加拉管区的总税额定为268万英镑，比公司获得孟加拉收税权第一年提高83%。这一制度后来又实行于贝拿勒斯和马德拉斯管区北方部分地区。

到19世纪初英国人征服地区扩大后，新的地区实行何种税制的问题在英国统治上层中争论很大。永久地税制被认为于政府财政有损，遭到反对，以后实行的所有税制，税额都改为非永久性，一般每五年重订一次。有部分地区实行了柴明达尔非永久性地税制。

莱特瓦尔地税制 莱特，阿拉伯文意为农民；莱特瓦尔，农民持有者之意。这种税制于1792—1808年在马德拉斯管区巴拉马哈尔等地区试行，1820年托罗斯·蒙罗任马德拉斯省督时，在全管区所有未实行柴明达尔制地区普遍推行。主要内容为：以农民（公社成员和小地主，不包括佃农）为其实际占有土地的纳税人，他们被承认为土地所有者。估定税额的办法是，先对整片农田估税，再定到每块土地，税率为净产量的95%，相当于总产量的45%左右；税率是非永久性的，可以改变。公司兼并了马拉特联盟诸王公的部分领地后，1819年把莱特瓦尔制推广到孟买管区。这样，莱特瓦尔制推行地区就占了德干和南印度的大部分。

马德拉斯和孟买管区之所以实行这种以农民为主要纳税人的地税制，是因为两地有共同的不同于孟加拉的特点：迈索尔和马拉特联盟札吉达尔封建主抗英激烈，英国人要除掉他们；这里没有像孟加拉那样发展的柴明达尔包税人阶层；这里村社的影响较强。这样，不要中间纳税人而由农民、小地主直接纳税，与现实情况比较靠近。殖民当局也乐于这样做：农民直接纳税而不经过中间人意味着政府可获得全部地租而不是与地主分享。

马哈瓦尔地税制 马哈，印地语意为庄地；马哈瓦尔即庄地持有者之意。1822年在后来构成西北省的德里、阿格拉和恒河流域地区实行。这里有些地方存在着札吉达尔、柴明达尔和其他类似的封建土地占有者，有些地方还存在着共同占有的农村公社。马哈瓦尔制的内容是：按庄地定税，庄地原为封建主占有的，即以封建主为纳税人，原为村社集体占有的，即以农村公社为纳税人，纳税人有土地所有权；在地主为纳税人的情况下，税率为地租额的 83%，由村社共同纳税的地产，税率为净收入的 95%；税率是可变动的。这种税制除地主纳税人外，很大一片地区确定村社为纳税人，故又被称为村社地税制。

这三种税制以纳税人分，可分为两类，即地主为纳税人和农民为纳税人；如以税率是否可变分，亦可分为两类：永久性和非永久性。

这套税制实行的结果是：1. 殖民政权得到了较稳定的而又是极高的土地税收入。这些收入除维持行政、军事开支外，部分用于支持在印度进行的征服战争，还有相当部分每年以“输英购货”形式，换成商品运回英国。1793—1812 年，用税收结余购货价值达 25 134 672 英镑，平均每年 1 332 877 英镑。土地税收入转化成商业资本，大大增添了公司的商业利润。2. 给土地关系带来重大变化，在印度历史上第一次从法律上确立了土地私有制。这与当时的经济发展趋向是一致的。然而，殖民统治者为了榨取更多地税，继承了已经摇摇欲坠的国家最高土地所有权。这样，他们在推进了土地关系中新趋向发展的同时，又人为地阻碍这种趋向的彻底发展。其结果便使封建主和农民的土地私有制变成了残缺不全的、不伦不类的怪物。表现在：柴明达尔向殖民当局缴纳的不只是地税，还有地租的绝大部分，而且欠税者土地还要被拍卖；莱特瓦尔制下农民名为土地所有者，实际上也可说是国家佃农。正如马克思一针见血指出的，三种地税制都是殖民当局为了自身利益而制造的，“一个是对英国地主所有制的拙劣摹仿，另一个是对法国的农民所有制的拙劣摹仿”[①]，马哈瓦尔制则是印度农村公社的讽刺画。地主土地私有制是在牺牲农民利益的基础上确立的。在这些地区，农民一夜之间就丧失了对其耕种土地世世代代享有的不容剥夺的权利，成了无权佃农。当局对他们的利益丝毫未加保障。3. 培植起了一个主要由原来的柴明达尔构成的中间人地主阶级，作为殖民政权的支柱。他们意识到是殖民政权在扶植自己，就依之为靠山，成为英国人在农村的统治支柱。4. 新税制成了农业发展的新桎梏。由于税额苛重，在非永久性税制地区又在每次修订时提高，农民和地主只有在年景好时才能缴齐税额。农民无果腹之粮，维持再生产都困难；地主无剩余之租，许多人对持有土地的积极性也不高，土地失去流通价值。

直到 19 世纪初，公司就是用上述这些强制手段掠夺财富的，充分表现出这

① 《马克思恩格斯全集》，第 12 卷，人民出版社 1998 年版，第 241 页。

个商人政权的贪得无厌，它把印度看成是到手的摇钱树，非摇得叶落枝折不肯罢手。这样的政策对印度经济带来的破坏是非常严重的，造成的直接后果是农业停滞、手工业衰退、商业萧条。公司购买印度商品原来靠输入金银块，这一时期由于大量使用税收购货，金银块的输入停止，从而形成了印度财富的单向外流。除公司榨取外，公司职员用各种手段谋取的财富也源源不断输往英国。据现代史学家估计，1757—1780 年，英国人从孟加拉掠走财富约 3800 万英镑，1757—1815 年，从印度掠走财富共达 10 亿英镑。这大量财富流水般滚滚涌入英国，使那里刚开始转动的蒸汽机车轮大大加速，促进了工业革命的进程，带动了商业、金融业、航海业的全面发展。英国的繁荣在很大程度上是靠殖民地半殖民地滋养，印度从这时起就成了它在海外的一个最大的供血库。

六、殖民政策进入新阶段

18 世纪末 19 世纪初，随着工业革命的完成，英国资本主义发展到工业资本统治阶段。工业资本的剥削与以往商业资本不同，要求有广阔的市场推销英国大工厂产品，要求有充足的原料供应，以便能不断地扩大再生产。这样，英国在印度的殖民政策就发生了重大变化：从原始积累阶段进到自由资本主义殖民政策阶段。新的殖民政策的重心，是把印度变成英国商品的市场和原料产地。大工业的产品质优价廉，不怕竞争，所以自由贸易成了这一时期对外扩张的冠冕堂皇口号。

与新的经济发展相适应，工业资产阶级及其在议会的代表强烈地要求打破东印度公司的垄断，开放印度市场。东印度公司的商业寡头十分不愿，竭力维护自己的垄断特权，但压力难以抵御。在英国议会的指使下，公司的商业垄断权被一步步剥夺，印度的大门终于向英国所有商人开放。从这时起，殖民政权虽仍操在公司手里，但已逐步转变成工业资本扩张和剥削的工具。

殖民政策的这一转变是以议会通过的三个法案为标志的，即 1813 年东印度公司特许状法、1833 年特许状法和 1853 年特许状法。三个法案构成了殖民政策新阶段的宪章。

1813 年法案首先取消了东印度公司对印度贸易的垄断权，使印度对所有英国商人开放，公司只保留茶叶贸易垄断权。1833 年法案取消了这个保留，并进而禁止公司在印贸易，撤销其在印贸易机构，使英国人可以自由定居印度，从事贸易和各种职业。在公司停止贸易活动后，公司股东享受 10.5% 的固定股息，由印度税收中支付，公司债务由印度税收偿还。此后公司在印度只是作为政权机构存在。

三个法案在统治体制和基本的统治政策上做了一系列新规定，使其适应新的要求。

1833 年法案使监督局主席成为负责印度事务的内阁成员，主管方针政策的制定。并规定英国议会派专人去印度，负责印度的立法，他参加总督参事会，为专门的立法成员，第一个派来的立法成员是英国著名政论家马考莱。这意味着，双重权力中心体系的第一中心的权力大大加强。

在英属印度，加强了集中统一领导。第一，1833 年法案规定此后孟加拉总督改称印度总督，其参事会改称印度总督参事会，使之名副其实地成为英属印度中央政权。第二，把立法与行政职能分开，开始建立立法机构——总督立法会议，由总督参事会成员加上英国议会派来的专职立法成员构成。1853 年法案扩大了总督立法会议的组成，除原有成员外，规定每省派一人参加，加尔各答最高法院派两人参加，这些成员称为增设成员。第三，1836 年把孟加拉省北印度部分地区划出，设西北省，由一名副省督治理，后改为阿格拉省，在吞并奥德后，改为阿格拉与奥德联合省。旁遮普被兼并后设特派专员治理；1859 年升格为副省督治理省。1861 年在中印度设中央省，由特派专员治理。

新体制的重要措施之一是实行印度文官考试选拔制度。1833 年法案规定，印度人或在印度出生的英国臣民，不应因宗教、出身、肤色的原因而被剥夺担任高级官员的可能性。这是公开宣布取消公司对印度官职的垄断权。但在当时，这还只是一个空洞的许诺，因为只要公司董事保留官员荐任权，就没有公司以外的人，更不要说印度人被荐任。印度民族主义者迫切要求落实这个诺言。1853 年法案取消了公司董事会任命官员的权利，规定实行文官公开考试选拔制度。考试在伦敦举行。无论英国人、印度人，凡年龄符合规定（最初规定最高限制是 23 岁）都可参加。这样，就把自由竞争原则从贸易领域贯彻到政治领域。改革文官选拔办法，提高文官素质，这对按照新的殖民政策开拓印度，改善管理是非常必要的。第一次考试 1855 年举行。合格而被入选者，经过培训，任命为收税官、治安长官一级的职务。印度文官此后就主要通过这种途径补充。不过，这个竞争对于英国人是平等的，对于印度人则不平等。由于考试只在伦敦举行，只用英语，又有年龄限制，在最初一段时期，具有参加考试条件的印度人为数甚少，能被录取者更是凤毛麟角。英人垄断官职现象并未解决。

1813 年法案还规定印度总督每年从公司税收中拨出不少于 10 万卢比的经费用于复兴文化教育，开始把培养为英国统治服务的人才作为一项重要任务看待。

1813 年法案还规定允许基督教传教士进入印度传教，在加尔各答设大主教职位，在马德拉斯、孟买省设主教职位。公司以往是不许传教的，因为传教会加强印度人对公司统治的反感，妨碍对印度王公的拉拢；传教士还可能在英国揭露公司残酷奴役的非人道暴行，于公司不利。此时要开拓印度市场，精神征服也提上日程，所以英国议会不顾公司反对，鼓励在印度传播基督教。

七、印度转变为英国的商品市场和原料产地

东印度公司对印贸易垄断权取消后，大批英国私商蜂拥来印，开办各种公司商号，有些在印度的英国人包括前公司职员，也建立了商业公司或代理行。从这时起，英印贸易逐渐转到英国私商手里。英印贸易的性质发生了根本性的变化：英国变成大工业产品特别是棉纺织品、五金制品、煤炭的输出国；英国从印输出香料、棉纺织品停止了，改为输出大工业所需的农业原料如棉花、生丝等。这就意味着，印度从制造品输出国变成英国工业品的输入国和农业原料的供应国。

变印度为英国的商品市场靠商品本身的竞争力，它是打开市场的重炮；也靠殖民政权的帮助，没有这个帮助，它面临的阻力是很难克服的。

1813 年起，英国商品对印输出额直线上升。不过，增长倍数虽高，由于基数小，绝对量并不大。当时遇到的主要问题是印度棉纺织手工业还充足地供应着本国市场。印度棉纺织业前一段主要是在被征服地区受到摧残，新征服地区受影响不大，就是前一段受摧残，也不等于这个工业部门的消失，因为当时手织机很简陋，生产主要靠手艺，只要人还在，手艺就还在，就还能生产出来。所以，在全印，棉纺织手工业部门依然存在，不但能满足印度消费，还能供给出口，这是

横亘在英国棉纺织品进军印度道路上的最严重的障碍。要进一步打开印度市场，就必须除去这个障碍，于是英国政府和英属印度殖民政权就一起出来助阵。实行差别关税是它们使用的重要手段。英国政府对印度纺织品进口采取了禁止性保护关税政策（虽然它是自由贸易的鼓吹者!），1824 年定的关税率为：棉布按价征 67.5%，细棉布 37.5%，其他棉织品 50%。而大约同一时期，英印殖民政府却一再降低英国商品的进口税，1836 年降低后，对各类棉纺织品只征 2%—3.5% 的关税。当英国布大举进入内地后，为便利其运销，当局取消了各地原来征收的过境税。英国大机器产品本来成本就低，由于享受差别关税，竞争能力更得到加强，这就大大帮助了它占领印度市场。印度纺织品首先被英国的关税壁垒堵死了外销出路，在国内又受到英国货的排挤，市场渐渐被英国货夺去。1813 年，从加尔各答还向英国输出价值 200 万英镑的棉布，到 1830 年，不但不出口，反而输入 200 万英镑的英国棉织品。印度向英国输出的棉布，1814 年是 126 万匹，到 1835 年降到 30 万匹。而同时期英国布进入印度的数量由 90 万码增加到 5100 万码。到 1857 年，英国棉纺织品输入印度的总值比 1832 年增长 14 倍。印度这个棉织品的国度开始被大量外来棉织品充斥了。英国纺织品首先占领印度城镇市场，跟着英国棉纱打入农村，进入农户家中。这就使印度传统的棉纺织业受到致命打击。丝织业也受到沉重打击。19 世纪初印度丝织品不准输英，1832 年准进口，税率高达 20%，而英丝织品入印，关税只征 3.5%。其他受打击的，还有造船业、五金业、制糖业等。孟古尔是孟加拉著名的五金生产中心，本来营业兴旺，19 世纪 40 年代英国人朱恩德尔去该城访问时，据他说这里已是一片荒凉景象。这足以说明五金业所遭打击之沉重。

1813 年后，把印度变成英国农业原料供应地的过程也开始了。1813—1844 年印度输往英国的原棉由 4100 吨上升到 40 000 吨，增加近 10 倍。1813 年从加尔各答向英出口生丝 638 包，1828 年为 10 431 包，增加近 17 倍。但英国人很快发现，在把印度变成原料产地方面，遇到的阻力比变印度为商品市场更大得多。关键的问题在于印度农业是自给自足性质的经济，耕地绝大部分种植粮食作物，经济作物的种植以满足家庭副业和专业手工业者的需要为限，加之税收苛重，灾荒频仍，农业生产很不稳定，产量时常下降。英国人在市场上得不到足够的农业原料出口。这个障碍必须克服，殖民政权又出马上阵了。

19 世纪 30 年代开始到 70 年代止，在全印所有非永久性税制地区进行的新一轮税制改革，在很大程度上就是为了解决这个问题。这次改革的目的是改变印度农业的自给自足性质，使它的商品性质加强，增加经济作物的种植，以满足原料输出的需要。也有保证税收稳定的考虑，因为这些税制在实行中清楚表明，税率定得过高税收是没有保证的，必须根据实际情况作出调整。

改革是1833年从西北省开始的，1835年起在孟买省实行，1855年起在马德拉斯省实行。同样的改革精神也被运用于19世纪30年代后新征服或兼并地区的地税安排上。改革的主要内容是：1. 降低税率。西北省从1833年起税率由地租的83%或农民净收入的95%降低到地租或农民净收入的66%。孟买、马德拉斯两省50年代也降到这个比例。1856年西北省又进一步降低到地租或农民净收入的50%。1864年孟买、马德拉斯也降到50%。自此以后，地租的50%或农民净收入的50%就成了官方宣布的标准税率。2. 延长修订地税周期。此后不是每5年修订一次税率，而是一般每30年修订一次，使税额能在一个长期内相对稳定。3. 部分地区规定，此后征税主要依据土质好坏，分等定税，地好税高，税额定到每块土地。4. 再次明确规定纳税者可以自由支配其土地，包括抵押转卖。这些措施的中心是刺激地主、农民生产积极性，使他们能得到改善经营的好处，驱使他们扩大经济作物种植面积；同时使土地获得流通价值，鼓励商人、高利贷者购买土地，这些人熟悉市场，能根据需要多种经济作物投入市场。对殖民政权来说，这样做实际上是放弃了最高土地所有权的要求，完全承认地主和莱特的所有权，在税收上是有些损失，但这是实现变印度为英国市场和原料产地这个大目标所必须的，税收的损失可以从原料榨取获得的好处中得到补偿，何况从较长时期看，农民、地主经营积极性的提高会导致开垦荒地，扩大种植面积，税收的暂时减少也会补起来。改革后许多地区实征税额的增高便是证明。

这次改革的结果，果然如殖民者预期的那样，经济作物的种植面积扩大了，拿到市场上出卖的农产品显著增多。由于地税降低且相对稳定，土地经营可以得到实际好处，土地立即获得流通价值，成为借债的抵押品和买卖对象，商人高利贷者开始大量购买农民的土地。这方面殖民政权更以法律手段来促进。凡农民以土地抵押向商人高利贷者借债逾期不能归还的，就由法院出面判定以抵押的土地抵偿债务。商人高利贷者兼并土地现象在19世纪40年代后规模越来越大，最先实行改革的西北省最突出。如阿里加县1838—1868年农民土地有84%转手，法梯浦尔县1840—1870年有72%转手。从全省说，19世纪40—70年代初，转到商人高利贷者手中的土地占全省总耕地的27%，转到地主和富裕农民手里的还不包括在内。这样就出现了一个主要由商人高利贷者构成的新地主阶层。这种情况在孟买、马德拉斯省也是一样的，但由于这里改革开始较晚，程度不及西北省。这个新地主阶层把农业和商业结合起来，按市场需要规定佃农多种经济作物。这样，印度农业经济与市场联系加强，它的自给自足性质逐渐被打破，投入市场的经济作物产品越来越多，英国得到了所需要数量的出口原料。

在把印度变为原料供应地的过程中，英国人也曾考虑在印度大力开办种植园。有些英商或前公司职员办起了蓝靛、茶叶、咖啡种植园，但数量不多。殖民政权积极支持，如把属于国家的土地租给他们，地租很低，给他们长期贷款等。

19 世纪 40 年代以后从印度出口原料数量激增。从 1833 年到 1844 年，出口棉花从 3200 万磅增加到 8800 万磅，粮食出口 1849 年价值为 858 000 英镑，到 1858 年增加到 380 万英镑。1854—1859 年英从印输出原料增长了两倍。1858 年输往英国的原料总值为 2827 万英镑。英国商人从印度输出的农产品中，还有一项特别的产品——鸦片。鸦片产于孟加拉、比哈尔、贝拿勒斯和西印度马尔瓦一带，英国侵占孟加拉后，实行专卖，公司政权收购罂粟后，加工成鸦片，拍卖给私商，鼓励向中国走私。此项罪恶的贸易减少了英国的白银外流，使公司能有较多资金用来在印度收购农业原料输英。

在把印度变成英国商品市场和原料产地的过程中遇到的另一突出问题，是印度境内交通的不便。港口狭小，道路失修，没有邮政系统，城市与城市间运输货物都很困难，更不用说城乡间的交通了。旷日持久的长途商运不但损坏货品，而且糜费巨大，使价格大幅度增高。要开拓印度市场，这是迫切需要解决的问题。这就在殖民政权面前提出了交通建设的必要性。19 世纪 30—50 年代，孟买、加尔各答、马德拉斯港口进行了扩建改建，这三个城市成了繁荣的吞吐港和最主要的商业中心。在商道方面，修复了从孟买到加尔各答、从加尔各答到白沙瓦、从马德拉斯到邦加罗尔的主要干线，其中一部分是新建的。30 年代开始在内河使用轮船。50 年代开始架设电线，创办电报业务。建立了全国统一的邮政系统，实行统一的半安那邮费，以邮票代替现金支付。50 年代初开始修建铁路，到 1858 年，共建成线路 277 英里。1854 年，总督参事会下成立了公共工程部，进一步规划道路、海港和水利工程的建设。这些措施大大便利了商品运输，减少了商业花费，并打开了通向内地广阔市场的门户。英国、印度间的海上交通在苏伊士运河 1869 年通航后大大改善。航程缩短了一半，从孟买到伦敦不用一月即可到达。这对英国加强与印度的贸易往来无疑是很有利的。

英商在印贸易需要大量印度商人做代理商。这样就形成了以英国大商号为中心，以印度大商人为中间环节，以印度地方中小商人为基层的商业网。英商在印度贸易局面的真正打开是与印商的参与、协助分不开的。

英国商人在印度从事输出入贸易，得到在印度的英国商业银行的支持，包括信贷和外汇方面的支持。1813 年后英国人在印度开设的银行和代理行增多。19 世纪 40 年代孟加拉、孟买、马德拉斯都建立起管区银行。它们都是私人商业银行，但被授权执行某些国家银行职能。它们只贷款给英商，支持其贸易活动。

八、思想文化领域的开拓

三个特许状法已经在原则上规定了英印政权应当实行的、与殖民政策新阶段相适应的文化教育政策。以往几十年，殖民政权只顾征战和掠夺，在思想文化领域采取一切维持原状的方针，几乎什么事也没有做。只是 1781 年在加尔各答建立了伊斯兰学院，1791 年在贝拿勒斯建立了梵文学院，两者继续实行传统教育。当殖民政策新阶段把开拓市场的任务提上日程后，就提出了思想文化领域同样进行开拓，为经济目标服务的问题。这就有必要实行新的思想文化政策。

推广西方教育是最重要的措施。1813 年法案规定每年拨款不少于 10 万卢比复兴文化教育。钱数是很少的，但毕竟标志着官方办教育的开始。办什么样的教育？这笔钱应该花在哪里？开始时在殖民政权上层存在着分歧。有一部分人主张保持旧式的印度教育制度，另一部分人主张实行欧式教育制度，以英语为媒介。两部分人争论长达数年之久。前者被称为东方派（或东学派），后者称西方派（或英学派）。西方派以总督丙丁克、总督立法会议成员马考莱为代表，认为巩固殖民统治最根本的办法是通过灌输西方思想和文化，摧毁印度人的传统意识和价值观。马考莱公开说，实现西方教育就是要“在英国人和被他们统治的亿万印度人中间造就一个中间阶层，这些人从血统和肤色说是印度人、但其趣味、观点和智能是英国式的”[①]。按照马考莱的期望，这个中间阶层将成为英国殖民统治和商业开发的可靠助手，并成为“渗透”西方文明的媒介。西方派的观点显然更适合

① G.M. Young,ed., *Macaulay's Speeches?* London, 1935, p.359.

殖民政策新阶段的需要，因此，1858 年总督参事会作出决定，此后教育拨款只应用来推广西方教育。

西方教育其实并不是从这时起由官方开始的，在此以前，已有三部分人着手进行。1. 私人办欧式学校。2. 传教士办学，以英语为媒介。3. 更重要的，印度民族主义早期活动家已在商人资助下于 1817 年在加尔各答建立了印度学院，1828 年在孟买建立了爱尔芬斯顿学院，都实行近代教育，对殖民当局最后决策起了推动作用。1835 年起当局开始创办一批近代学校和学院。1843 年教育委员会控制的学校有 28 所，到 1855 年增加到 151 所。1854 年议会监督局主席查理士・伍德根据对教育发展情况的调查，就进一步改进提出了意见，这就是《伍德教育文件》，其要点是建立从小学到大学的相互衔接的完整的教育体系；在各管区城市设立大学，实行附属学院制；设立补助金制度，由政府对符合条件的私立学校给予财政补助；在各省建立公共教育部，负责教育方面的领导。此后，近代教育的发展更为迅速。1857 年，按伦敦大学模式，在加尔各答、孟买和马德拉斯建立了三所大学，开始授予学位。1829 年近代大、中学生数约 3000 人，1855 年增加到 49 000 人。为吸引更多人接受西方教育，1837 年规定以英语代替波斯语作为公务语言，1844 年又采取了优先录用会英语者为公务员的政策。结果使近代教育得到更大发展。

从 19 世纪 40 年代起，印度地方语言的教学也开始受到重视。孟买管区强调，要和英语一起使用印度地方语言推广西方教育。西北省 1840 年有官办的英语—印度语学校 9 所。《伍德文件》也强调不能以英语取代印度语言，初级教育主要应以地方语言进行，英语教育和地方语教育都应发展。这表明英当局的教育政策向前发展一步，强调推广西方教育要用多种媒介实现。

18 世纪 80 年代起，某些东印度公司的前职员开始在印度创办英文报刊。第一家报纸《孟加拉新闻》创办于 1780 年。到 19 世纪初，三个管区有好几种这样的报纸。到 1833 年，除了英文报纸增多外，还出现了大约二十种印度文字办的报纸。

1813 年后，大量英国传教士进入印度传教。还有些美国传教士来印。19 世纪 20 年代在孟加拉积极活动的有 3 个团体：伦敦传教会、浸礼派教会和教堂传教会。著名英国传教士、苏格兰教会的亚历山大・达夫 1830 年来印度，住在加尔各答，直到 1863 年。这些传教团和教士一边宣传基督福音，一边办学办报，从事印度历史文化研究。传教士活动的结果使印度出现了一批改宗者。其中，数量较多的是低种姓的下层人民，对他们来说，改宗是为了摆脱种姓枷锁，争取生存权利。也有部分高级种姓的知识分子改宗。到50年代，改宗者有91 092人。50年代在印传教会有19个，传教士339人。殖民政权积极支持传教，不少官方人士宣称要使印度基督教化。丙丁克任总督时颁布继承法，规定改宗不得导致失去继承权。

在促进基督教传播同时，殖民政权开始采取立法手段改革印度教的某些突出陋习。总督丙丁克是辉格党人、边沁的信徒，他宣布要按边沁的原则改造印度。传教士一直抨击印度教陋习，要求立法禁止。印度新兴的资产阶级知识分子也呼吁当局采取措施。这样，就导致20年代末期起颁布一系列社会改革的立法。1829年，成立了专门机构镇压拦路抢劫的自称是向迦里女神献祭的汰旗匪帮，有三千多人被捕。此前，通过两个法律，禁止把孩童抛入苏格尔岛海中的人祭恶习，① 禁止杀婴溺婴。② 更重要的立法是禁止"撒提"（即寡妇在丈夫火葬堆上自焚殉夫），多次颁令宣布"撒提"为非法。1843年颁令废除奴隶制。1847—1854年对奥里萨孔德人的人祭恶习③ 加以取缔。1856年又通过了印度教寡妇再婚法，规定对寡妇再嫁不得干涉。

九、新阶段殖民政策的影响

新阶段殖民政策给印度带来的影响是双重的。

英国商品进军打垮了印度一些传统的、获得相当发展的手工业部门，破坏了现有的生产力，同时使千百万手工业者失去了谋生手段。昔日著名纺织中心达卡，其人口到19世纪40年代减至两万。另一纺织中心贝拿勒斯，到19世纪50年代至少有15万人成了无固定职业的赤贫。连总督丙丁克也承认，纺织工人的尸骨漂白了印度斯坦平原。土地兼并和高利贷盛行使成千上万农民失去土地，不得不承受地主的苛重剥削。在17—18世纪的西方国家，失去生产资料的手工业者和农民被吸收到新兴工业部门。在印度，既没有新工厂创建，也就没有大量吸

① 这种人祭是为了向神还愿。

② 主要是女婴被杀被溺，因为女孩出嫁要有丰厚嫁奁，父母出不起。

③ 这种祭祀被认为可以增加土地的肥力。

收失业手工业者和失地农民的途径。结果正如马克思所说，“印度人失掉了他们的旧世界而没有获得一个新世界，这就使他们现在所遭受的灾难具有一种特殊的悲惨色彩”。①

商业是发展了，但其背后是印度更多财富被掠走。由于英印贸易是不等价交换，贸易越发展，印度受榨取越重。从贸易构成上说，也是不平等的。印度提供的是原料，输入的是工业制品，形成了工业英国、农业印度，城市英国、乡村印度这种人为的不合理的分工，使印度成了英国的农业附庸。就内贸说，其发展不是城乡间、地区间社会分工自然增长的结果，而是围绕着销售英国产品和收购出口原料这个轴心进行，传统的互通有无的商业联系被打断或遭削弱。这样一种内贸的发展实质上是为外贸服务的。外贸发展不是内贸发展的延续，内贸倒成了外贸的附属品，这是反常的、畸形的。无论外贸内贸，占统治地位的都是英商，印商只取得一个小伙伴的地位。

思想文化领域的开拓是为瓦解印度人的民族自尊心服务的。学校、报刊、教会对印度文明不加分析地鄙视、排斥，通过各种途径把民族虚无主义、自卑感和崇洋媚外心理灌输到人们心田，对年轻一代，特别是知识分子的思想生长产生了严重的毒害作用。有不少从学校培养出来的知识分子成了这一攻势的俘虏。这个危害是深远的，影响到印度后来的进步发展。

殖民者的开拓、改造作用也带来了另一面结果：印度社会长期保持的自然经济被冲垮，商品经济得到了发展。农业、手工业的直接结合一向是自然经济赖以保持的枢纽，这个枢纽如今无论在家庭范围，还是在村社范围都遭到破坏。农村公社是自然经济的外壳，对自然经济的保持起维护作用，这个组织形式也因地税制的实行、商品经济渗入农村以及土地买卖的发展而成为过时之物，悄然退出了历史舞台。交通建设的进步使内地开放，地区闭塞局面开始打破。这一切，深深触动了印度社会的根基，造成了印度历史上一场空前未有的、真正的、最大的“社会革命”，② 没有这场革命，印度社会的较快发展是不可能的。

在思想文化领域的开拓、改造同样产生两面结果。西方资产阶级思想的传播，对封建陋习的批判，对推动印度知识界实现思想变革，有积极的意义。正像商品进军深深触动自然经济的根基一样，西方文明的冲击也深深触动印度传统观

① 《马克思恩格斯全集》，第 12 卷，人民出版社 1998 年版，第 139 页。
② 同上书，第 142 页。

念的根基，为未来新思想新观念的产生和发展准备了土壤。

新阶段殖民政策为什么会同时有这正反两方面的作用？这是一个重大的理论问题。第一个对此作出精辟阐述的是马克思。他在全面考察了资本主义发生和发展史，特别是考察了殖民主义与资本主义的相互关系后，1853年在《不列颠在印度的统治》和《不列颠在印度统治的未来结果》两篇文章中提出了殖民主义双重历史使命的科学论断。他写道："英国在印度要完成双重的使命：一个是破坏的使命，即消灭旧的亚洲式的社会；另一个是重建的使命，即在亚洲为西方式的社会奠定物质基础。"[①] 这就为学术界研究殖民主义提供了一把入门的钥匙。两种使命是西方资产阶级只要来东方建立殖民统治都必须实行的，是近代殖民主义内在的两重性。殖民主义的剥削和统治都是为它的"极卑鄙的利益所驱使"，并不考虑其行为后果，但只要他们追求实现其掠夺目的，无论意识到与否，他们都是在实现着这两重使命。当然，不同的殖民主义者由于种种内部外部的原因实现的程度可能有别，特别是建设性使命一面，但完全出此窠臼是不可能的。运用这个观点考察、分析英国统治印度以来的殖民政策及其影响，就可以看到，英国殖民主义者实现对印度的统治和剥削的过程，也正是在逐步实现马克思所说的双重使命的过程。如果说在前一段原始积累性质的政策中，人们看到的主要是破坏性一面，其建设性一面还模糊不清（有一些），那么，殖民政策新阶段使其破坏性使命和建设性使命都得到了较突出显现。正像马克思所说：到了19世纪50年代，虽然"他们的重建工作在这大堆大堆的废墟里使人很难看得出来"，但"这种工作还是开始了。"[②] 殖民主义者在坏事做尽的同时，"充当了历史的不自觉的工具"[③]，这就是历史的辩证法。殖民主义两重使命不能理解为破坏性使命是怀的，建设性使命是好的。两者都有消极一面和积极一面，这是在评价殖民主义的历史作用时要慎重把握的。[④]

① 《马克思恩格斯全集》，第12卷，人民出版社1998年版，第246页。

② 同上书，第246页。

③ 同上书，第143页。

④ 参见林承节：《关于殖民主义双重使命的几点认识》，载《北大史学》1996年第3期。

第十一章

民族大起义和英王接管印度

一、早期反英起义

印度人民对英国殖民统治的反抗很早就已开始。最先起来进行斗争的是少数封建主和部分下层人民。18 世纪后半期 19 世纪上半期的起义有三种情况：1. 少数王公不甘心接受英国摆布，因而起来领导的起义，如 1763 年孟加拉纳瓦布米尔·卡西姆领导起义，1781 年贝拿勒斯土邦封建上层领导起义，1799 年奥德被废黜的纳瓦布瓦济尔·阿里领导起义，1808 年特拉凡柯尔土邦首相韦卢·坦皮领导起义等。2. 不堪勒索的柴明达尔领导的暴动。3. 农民和其他下层人民起义。敲骨吸髓的短期包税制是激起农民起义的主要原因。1783 年孟加拉迪纳吉普尔县农民起义是第一次规模较大的农民反英起义。英国人调了很多兵力，才把起义镇压下去。实行正规税制后，由于税额苛重，农民的境况没有好转。起义继续在许多地区发生。孟加拉米德纳普尔起义（1799—1800）、孟买管区的库尔格农民起义（1802—1805）、北印度的巴雷利地区农民和城市贫民起义（1835—1848）、孟加拉的桑塔尔人起义是19 世纪 40—50 年代规模较大的起义。上述这几种起义，虽然斗争英勇，但都是零散发生的，又没有很好地组织，当局很快镇压了。

二、资产阶级的社会改革和政治运动

19 世纪 20—30 年代，印度出现了最早的近代知识分子。其中多数人是近代学校培养出来的，有些是通过报刊、书籍或通过和英人接触、私人传授接受了西方思想和知识。这些人大多数出身于地主、富有人家，是高级种姓。他们学习近代知识是为了升官发财，飞黄腾达。但不少人受培根、洛克、休谟、边沁、孟德斯鸠等西方哲学家和政治家的思想所吸引，倾慕自由、平等、博爱思想，崇拜议会民主制度。当他们用西方思想和体制的标尺来衡量印度，则不期而然地对印度的现状、对英国殖民统治政策感到不满，发出了学习西方、复兴印度的呼声，而且开始把印度看做一个整体，不像封建王公那样只看到自己的小地盘。这样，资产阶级民族主义观念就在他们中间开始产生。他们成了有初步民族意识的知识分子，成了即将诞生的民族资产阶级的第一批政治代表。他们登上政坛预示着资产阶级民族主义运动的即将诞生。

罗姆·摩罕·罗易

正像西方国家一样，印度民族主义运动也是从资产阶级启蒙活劝开始的，其先驱和杰出代表是罗姆·摩罕·罗易（1772—1833），印度民族主义者公认他是“近代民族复兴的先知”。罗姆·摩罕·罗易出身于孟加拉一个显贵的印度教婆罗门家庭。他通晓波斯语、阿拉伯语，后又学习梵文、英文等。掌握这么多种文字使他有可能接触各种宗教经典和外国哲学、文学名著，从而有较开阔的眼界，能够用比较的方法来观察、思考印度的社会、政治问题。1805 年至 1814 年他在英国税收部门服务，体察到英国殖民统治机器怎样压榨人民以及人民的苦难。这使他越来越明确地认识到，印度政治生活中没有民主、自由，过去的统治者统治是如此，英国殖民统治下也是如此。在宗教和社会方面，对比其他宗教，他痛切感到印度教弊端很多，严重阻碍印度社会的进步。1814 年他辞去政府职务后，便把主要精力放在为印度复兴而开展的工作和社会活动上。他希望吸取西方所长，革除印度教弊端，使印度跟上时代潮流，获得进步发展。

1818 年，罗易首先发动了反对撒提的运动。这项残酷的习俗仅 1818 年在孟加拉管区就夺去了 839 名妇女的生命。罗易写文章激烈批判这个陋习，指出这是吃人的制度，是愚昧无知的表现。他征集数百人在禁止撒提的请愿书上签名，最终导致 1829 年总督丙丁克宣布撒提非法。1830 年两千名正统印度教徒上书英国枢密院，要求否定丙丁克的决定。罗易也赶到英国，作了反申请，终于取得胜利。罗易还对多妻制、禁止寡妇改嫁、童婚和种姓歧视等陋规宣战。他倡导不同种姓之间通婚，主张妇女有继承权。

罗易在宗教改革上的最重要行动是提出梵是唯一的神的学说，就是要在吠擅多基础上恢复一神论来代替多神论。1828 年他建立了梵社。梵社庙堂开放，任何人只要崇信一神，都可进入。梵社宗旨说，要一视同仁地聚会各界人士，促进各种宗教信仰者之间的团结。梵社被正统派斥责为“异端”、“基督教仿制品”，罗易受到各种辱骂，但他并不畏惧，而是继续高举火炬，给印度人指出前进的方向。

罗易强调一神论反映了实现印度统一和人民团结的要求，他的兼容并蓄的主张表明了印度需要和外界加强交往，吸收西方的先进思想，他摒弃所有印度教陋规则是为了解开束缚群众的绳索，使他们能够积极参加社会政治生活。这就是他以宗教改革来为印度政治复兴做准备的具体表现。

罗易还大力提倡兴办近代学校和民族报刊，对群众进行政治启蒙教育，使他们了解西方资产阶级先进思想和近代科学技术。19 世纪初，当殖民统治围绕印度是否应引入西方教育制度展开激烈争论时，罗易要求当局确立实行西方教育的方针。1817 年，他在一个英国朋友帮助下，在加尔各答建立了印度学院。这是印度人自己办起来的第一所西方教育和印度教育相结合的近代类型的学院，其课程包括自然科学和人文社会科学，英、印语言并用。印度学院的成立，推动孟买大商人在 1828 年捐助建立了同样类型的爱尔芬斯顿学院。这一东一西两所学院成为培养民族知识分子的摇篮。1821 年罗易创办了孟加拉文周刊《明月报》，次年又办了波斯文的《境报》。他还大量地用孟加拉语写文章，翻译宗教典籍，讨论社会问题，以便他的观点能够在普通群众中传播。

复兴印度的强烈愿望使罗易的视线自然逐渐扩展到政治方面。他认为英国统治把印度从以往统治者长期暴虐统治下解救出来是印度的“幸运”，他祈求神让英国的统治在未来若干世纪继续下去。自然，对一切反英起义他都表示反对。但他同时认为，现行统治制度在许多方面是有弊端的，例如，司法中存在种族歧视，报刊自由受到限制，立法和行政机构排斥印度人参加等。他要求改革，并说他相信只要通过合法途径，让当局听到印度人的呼声，就能促使它实行改革。

不管罗姆·摩罕·罗易的改革要求多么温和，多么有局限，他首先倡导改革，点燃了复兴印度的火炬，揭开了资产阶级社会和政治运动的帷幕，这个历史功绩是永垂史册的。

罗易的主张和活动在印度知识界中影响逐渐扩大。19 世纪 40 年代起，要求改革的声势增强并逐渐形成为全印的运动。

运动分两条线进行：一条线是宗教社会改革运动，另一条线是政治改良运动。

宗教社会改革运动实质上是资产阶级启蒙运动的一种形式。其目的是用资产阶级的神学世界观取代旧的神学体系，使印度教适应变化了的环境，变换内容和形式，为资产阶级的民族要求服务。改革的团体除梵社外，还有 1875 年成立的圣社，创立者是僧人达耶难陀·萨拉斯瓦蒂。梵社主要基地在孟加拉，在南印度、西印度有其分支；圣社主要活动在旁遮普和北印度。这两个组织的改革活动主要包括以下内容：主张一神论代替多神论；主张内心崇拜代替繁琐的仪式；主张现世积极行动，反对弃世遁世；提倡理性主义的新道德伦理观，革除印度教压迫贱民和妇女的种种陋习。很多知识分子参与改革之中并组织各种协会，开展革除陋习的宣传工作。这些活动虽遇到正统派强烈反对，但在知识分子中、在下层种姓和妇女中还是得到了相当多人的拥护。许多下层种姓和妇女积极参加了各种改革活动。宗教改革运动不仅起了思想启蒙作用，也成为培养民族运动领导人的学校。

政治改良运动的目标是争取殖民当局实行经济、政治、司法改革。从罗易 19 世纪 20 年代提出要求起到 50 年代，是运动的起步时期。一批地区性民族主义组织的出现是其标志。1851 年孟加拉管区的知识分子和自由派地主在加尔各答成立了英属印度协会（英印协会）。在孟买管区，1851 年首先在浦那建立了德干协会，1852 年在孟买建立了孟买协会。孟买协会是由一些与印度大商人有密切联系的知识分子建立的，达达拜·瑙罗吉是创建者之一。在马德拉斯管区，1852 年成立了马德拉斯本地人协会。三个协会的成员都包括知识分子、商人和自由派地主。知识分子起领导作用，后两者是他们的阶级基础。这些协会彼此间没有联系，但它们的活动方式和所提要求的内容基本上是一样的：都办了报纸，都向英国议会递交陈请书。主要要求是允许印度人参加国家管理，参加中央和地方立法会议的立法工作，降低土地税和盐税，发展民族工商业等。这些要求还十分温和，但这一时期的活动，启迪了人民的民族主义意识，为以后改良运动的进一步发展奠定了基础。

三、民族大起义

当早期的改良活动家在争取政治改革的道路上刚刚蹒跚起步时，1857 年，一场轰轰烈烈的大起义爆发了。这是印度历史上第一次出现的由部分封建主和下层人民共同进行的争取印度独立的全国性武装起义，是英国统治以来不断发生的封建主和下层人民反英武装起义发展的顶峰。卷入起义的地区占全印面积的六分之一，人口占十分之一。起义持续两年多，对英国殖民统治是个严重的震撼和打击。

这次起义是英国统治以来民族矛盾的总爆发，是 19 世纪初英国殖民政策进入新阶段后，印度人民与英国殖民者之间的矛盾空前激化的结果。人民的强烈反英情绪终于通过起义迸发出来。

英国殖民政策新阶段的恶果到 19 世纪中期已充分显露。印度被变成英国商品市场和原料产地是以印度传统手工业尤其是纺织业的毁灭，农民普遍陷入债务罗网，千百万人丧失土地为代价的。大量手工业者失去谋生手段，被抛进失业的苦海。他们别无生计，或沦为城市赤贫，或涌向农村，挤进那本已负荷过重的土地，加入佃农行列。破产的农民则成为兼并他们土地的新地主的佃农，接受苛重的封建剥削，生活条件更加恶化。这种情况在北印度最严重，这也就是为什么北印度成了起义主要地区的原因。

印度士兵[①]成了大起义的突击力量，这是以往起义所没有的现象。土兵队伍到1853年膨胀到233 000人（英印军队共28万人），分属孟加拉、孟买、马德拉斯三个军区。北、中印度属孟加拉军区，这里英印军队共17万人，其中土兵137 000人。他们多来自西北省和奥德农民家庭。据西北省阿里加县收税官记述，这里大多数农户家中都有人在军队中服役。陆军少将威特拉姆1855年写道，奥德农家几乎每户都有一个成员当兵，孟加拉军士兵来自奥德的有75 000人。土兵跟他们的家乡保持密切联系，实为穿军装的农民。他们所以参加起义，有军队内部的原因，如种族歧视，印度人只能当低级军官，任何欧籍士兵都能在他们的印籍军官上级面前耀武扬威；军队原享有战时额外津贴被裁减；不顾印度教禁忌，强迫印度土兵出海作战；在军队内鼓励改宗基督教，以及后来成为起义导火线的侮辱印度宗教感情的涂油子弹事件等，这些使印度土兵对英国人的离心倾向增长。更重要的，西北省农民手工业者的破产、奥德被兼并后对农民手工业者的有害影响（地租增加，手工业者失去传统市场），在他们思想上不能不引起强烈反响。英当局承认收到了14 000份印籍士兵的控诉信，讲述他们家庭遭受的摧残。他们起而反英实际上反映了农民和手工业者的愤怒情绪。

殖民政策新阶段也触及到部分封建王公和部分封建主的利益。土邦王公是殖民统治的支柱之一，保留土邦制度是巩固政治统治的需要。但遍布各地的土邦对开拓印度市场又有很大妨碍。第一，英属印度取消了内地过境税，土邦依然有关卡税，商品进出土邦都要纳税。第二，新建交通设施要穿过土邦，有时会遇到土邦方面的阻挠，对实行全印整体规划是个干扰。第三，有些土邦正是英国所需要的原料的重要产地，如那格浦尔、比拉尔盛产棉花，英国殖民当局希望能直接控制。第四，土邦的大量存在缩小了英国殖民政权的税收来源。对某些土邦王公或后裔的年金是一笔不小的开支。为了减少妨碍，公司决定采取有限度兼并土邦的政策，19世纪30—40年代董事会就定下了这个方针。30年代兼并已经开始，其借口有二：一是“丧失权利说”，二是“治理不善说”，这都是为兼并而杜撰的理由。“丧失权利说”意思是王公无嗣而亡，其全部权利和领土即行丧失，养嗣无权继承。这个说法不仅违反印度的传统，也与公司以往的态度相违背。至于“治理不善说”，这更是装在口袋里随时都可掏出的理由。土邦王公腐败，这几乎是有土邦就存在的事实。藩属体系的建立使王公有权力而无责任，有依靠而无顾

① 为英国服役的印度籍士兵。

忌，这正是治理不善的根源，把这作为兼并理由是很荒唐的。

1848 年大贺胥勋爵任总督后，更是大刀阔斧实行兼并。被兼并的土邦有海德拉巴的比拉尔省（1853）、奥德（1856）、萨塔拉（1848）、章西（1853）、那格浦尔（1853）、桑姆巴普尔、巴格特、乌代普尔等。此外，还取消了一批王公的年金和称号。如前佩什瓦巴吉·拉奥二世的养子那那·萨希布就被取消了佩什称号和 80 万卢比年金的继承权。卡尔那提克纳瓦布和坦焦尔罗阇死后无嗣，其称号都被取消。有名无实的莫卧儿末代皇帝巴哈杜尔沙二世也被告知，在他死后，要取消皇帝称号，其家庭要被赶出德里。兼并土邦受损害的不仅是王公，土邦行政机构和军队的解散使大批官员、士兵失去职业。大贺胥在奥德、孟买管区还以清查免税土地持有者的合法资格为由，没收了一批地主的土地，引起持有这类土地的地主人心惶惶。

殖民政策新阶段还严重伤害了印度人民的宗教感情。一些传教士和官员叫嚣要使基督教的旗帜插遍印度每个角落以及殖民政权开始以立法手段鼓励改宗基督教，使印度教徒和穆斯林无不感到威胁。起义前夕出现印度教游方僧四出游说，伊斯兰教瓦哈比派秘密鼓动，保卫宗教都是最主要的宣传内容。

上述情况表明，农民、手工业者、士兵、宗教人士和部分封建主都是殖民政策新阶段的受害者，这也就是他们能够结成反英统一战线的共同基础。封建王公和大地主拥有自己的政治势力，在群众中保有传统的政治、思想影响。因而，大起义的领导权在大多数情况下便掌握在他们手里。除被推上台的莫卧儿皇帝巴哈杜尔沙二世外，其他主要领导人有那那·萨希布、章西女王、坦地亚·托比、昆瓦尔·辛格等。

这次大起义是经过了一定酝酿的。起义前夕，在农村中秘密传递着烤薄饼，在士兵中传递着红荷花，这是预示要发生大变动的信号。

1857 年初，英印军队改用恩菲尔德来复枪，其子弹包皮上涂有动物油脂（猪油或牛油），使用时需用牙咬。印度教徒和穆斯林都认为这是侮辱自己的宗教感情。前者手捧恒河水，后者面对古兰经，发誓要把英国统治者赶走。1857 年 3 月，巴拉克浦尔的印籍士兵因拒绝使用这种子弹，遭到镇压。一个叫潘迪的士兵击毙了英国军官被绞死，他所在的团队被解散。5 月 6 日，在米鲁特，当局又因士兵拒绝使用此种子弹，逮捕 85 名士兵并判重刑。

涂油子弹事件成了起义爆发的导火线。5 月 10 日，驻米鲁特的士兵揭竿而起，冲进监狱，释放被关押的伙伴，杀死了几名英国军官，烧毁了殖民官府，得到人民响应。起义军连夜向德里进发，次日抵德里城下，德里士兵和市民打开城门迎接。在消灭了城内的英国顽抗势力后，起义军占领德里。所以要来德里是因为这是莫卧儿帝国首都，皇帝巴哈杜尔沙二世还在这里，起义者要拥立皇帝为领袖，号召全国反英。巴哈杜尔沙二世始则犹豫，后来还是被说服参加。以他的名义向全国发出文告，宣布恢复莫卧儿帝国的政权，号召全国人民一致起来，赶走英国侵略者。

巴哈杜尔沙二世

占领德里的消息传出，各地闻风响应，迅即形成烈火燎原之势。5 月 13 日费罗兹浦尔驻军起义，20 日阿里加军民起义，21 日白沙瓦附近驻军起义，30 日勒克瑙、巴雷利军民起义，6 月 4 日康浦尔、贝拿勒斯军民起义，5 日斋浦尔军民起义，6 日章西、阿拉哈巴德军民起义，……不到 4 个月，起义地区就囊括了几乎整个北印度和中印度大片地区，包括西北省、奥德、洛希尔坎德、比哈尔和本德尔坎德。在这广大地区内，起义城市连成一片，殖民政权除少数据点外荡然无存。民族政权到处建立起来。在旁遮普、拉其普他那、马哈拉施特拉、海德拉巴和孟加拉，也有零散的起义发生。

1857 年 5 月 10 日到 8 月是起义沿上升线发展时期。德里、康浦尔、勒克瑙是起义的主要中心。

德里是起义的心脏。皇帝在这里，这里就是起义的中央政权所在地。许多地方的印度士兵在起义后自动来首都汇合，接受调遣。这里聚集的武装力量很快达 5 万人。政权、军权最初都操在皇族手里。康浦尔起义领导人是那那 · 萨希布，起义不久他就加冕为马拉特联盟的佩什瓦。他的家臣唐地亚 · 托比指挥起义队伍。康浦尔附近成千上万农民加入起义行列，迫使当地殖民者的军队投降。那那 · 萨由恢复佩什瓦称号对马拉特人有一定号召力。在他们看来，这是恢复马拉特人国家的信号。勒克瑙是原奥德土邦首府，这里起义主要领导人是著名穆斯林学者、前奥德纳瓦布顾问阿赫默德沙。他反英态度坚决，被英国东印度公司当局监禁。勒克瑙士兵起义后被救出。起义力量宣布恢复奥德国家，因纳瓦布年幼，由其母哈兹拉特 · 玛哈尔摄政。

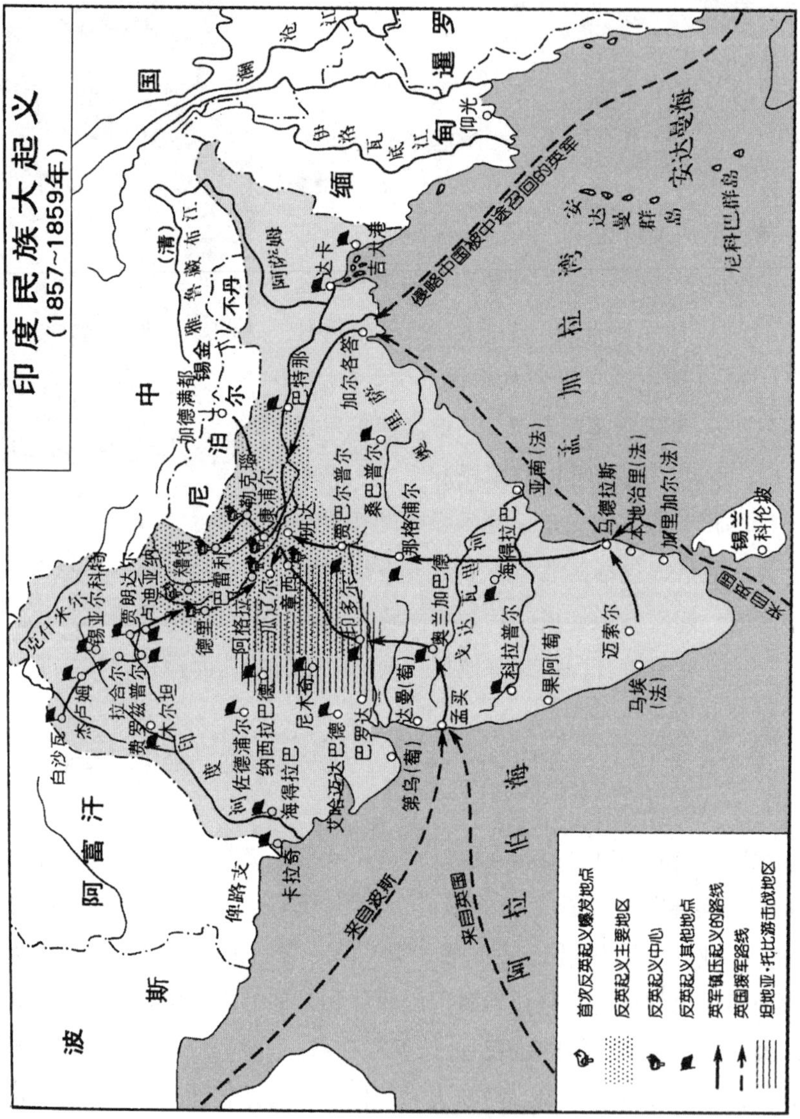
印度民族大起义
（1857~1859年）
中
国
尼
泊
尔
加德满都
锡金
不丹
阿萨姆
达卡
吉大港
缅
甸
伊洛瓦底江
仰光
暹
罗
安达曼海
安达曼群岛
尼科巴群岛
孟
加
拉
湾
侵略中国途中被召回的英军
加尔各答
巴特那
亚南（法）
马德拉斯
本地治里（法）
加里加尔（法）
锡兰
科伦坡
马埃（法）
果阿（葡）
迈索尔
科拉普尔
海得拉巴
那格浦尔
桑巴尔普尔
贾巴尔普尔
奥兰加巴德
孟买
达曼（葡）
第乌（葡）
巴罗达
艾哈迈达巴德
尼木奇
印多尔
章西
瓜廖尔
阿格拉
德里
巴雷利
勒克瑙
坎普尔
安拉阿巴德
贝拿勒斯
纳西拉巴德
佐德浦尔
海得拉巴
卡拉奇
俾路支
阿
富
汗
波
斯
白沙瓦
杰卢姆
拉合尔
费罗兹普尔
木尔坦
克什米尔
锡亚尔科特
贾朗达尔
卢迪亚纳
阿
拉
伯
海
来自波斯
来自英国
首次反英起义爆发地点
反英起义主要地区
反英起义中心
反英起义其他地点
英军镇压起义的路线
英国援军路线
坦地亚·托比游击战地区

面对这突如其来的形势，英国殖民统治者惊恐万状。当时印度的英籍士兵只有四万多人，驻扎分散，不足以镇压起义。当局赶忙从英国和伊朗调兵，并把正派往中国的侵略军中途截留来印，同时征召尼泊尔和旁遮普封建主的军事力量。英国援军分数路向起义地区发动进攻。

1857 年 9 月到 1858 年 4 月是城市保卫战时期。这是大起义的第二阶段。英军反扑的重点目标是德里、康浦尔、勒克瑙。康浦尔在 1857 年 7 月 16 日就已失陷。对德里的反攻始于 6 月，但只是在 9 月援军开到后，才大规模攻城。在德里，掌权的皇亲贵族并不认真组织防御，却竭力设法克扣军饷，向商人敲诈勒索。王妃姬娜特·玛哈尔、大臣阿赫沙奴拉还秘密通敌，充当内奸。起义士兵极为愤慨。7 月，他们通过选举建立了新的政权机构——行政会议，由 6 名军队代表，4 名文职人员组成。巴雷利起义士兵领袖、原炮兵上尉巴克特汗被推举为领导人。行政会议接管了德里政权，不顾贵族反对，采取了许多革命措施巩固与群众的联系和加强防御力量，如惩治内奸（包括对通敌的王妃实行监视），打击投机商，向富商征收特别税，取消盐税、糖税，分给起义牺牲的战士 5 比加免税土地，宣布以后将废除柴明达尔制，保证“土地归耕种者”等，得到人民热烈拥护。革命士兵和行政会议还迫使皇帝巴哈杜尔沙二世任命巴克特汗为军队总司令，从王子米尔扎手里接管了德里的防御指挥权。封建贵族不愿大权旁落，对行政会议和巴克特汗的工作竭力阻挠破坏，但只要被行政会议查获，给予惩治也毫不留情。随着时间的推移，德里起义军的财政供应发生很大困难。各地来此的部队在款项分配时常发生纠纷。有越来越多的队伍撤走。到 9 月初只剩 12 000 人。此时英国围城军队却增加到 11 000 人。9 月 14 日，英军分五路发起总攻。封建贵族准备投敌，起义军民则在巴克特汗领导下英勇抗敌。在英军用重炮轰开城墙蜂拥入城后，起义军浴血巷战。德里保卫战坚持了 6 天。英军遭重大伤亡，死五千多人，4 名司令官 2 死 2 伤。起义军受到更大损失，无力支撑。19 日，巴克特汗不得不率军撤出德里。行前，他要求皇帝随起义军一同撤出，遭到拒绝。巴哈杜尔沙二世率家人躲在胡马雍陵墓，被英军抓获。他被流放仰光，1862 年死于该地。他的二子一孙则在押解途中被杀。莫卧儿王朝至此(1857 年 9 月）正式灭亡。英军重占德里后，实行血腥的大屠杀。被俘的起义者被绑在炮口轰击，平民被惨杀者无数，血流成河，尸体布满街头，大火到处燃烧，数日不息，许多建筑物被夷为平地。殖民者把对起义的无限仇恨尽情地、野兽般疯狂地倾泻在这个古老的城市和人民头上。

德里陷落使起义失去了全国中心，失去了旗帜。从此，形势急转直下。勒克瑙保卫战也进行得顽强激烈。这里在起义后成立了军事委员会，但未掌实权，领导权依然操在原土邦王公的大臣们手里。他们反英态度不坚定，对甚孚众望的阿赫默德沙竭力排斥，造成起义力量内部分裂。1858 年 2 月 19 日，英军数万人开始攻城，勒克瑙起义军以及参加保卫城市的大量农民，在处于劣势的情况下据城力守，坚持到 3 月 21 日才被迫撤离。英军占领城市后同样进行了血腥屠杀。勒克瑙虽失陷，奥德农村在一段时期内仍顽强抵抗。

章西女王

章西保卫战也因其激烈顽强和带有全民性质，在大起义中占有光荣地位。章西原为马拉特联盟佩什瓦的附属国，1804 年与英国人订约，成为东印度公司附属国。1853 年王公去世无子，由收养的一个幼儿继承。公司不承认，以“丧失权利说”为由兼并该土邦。年轻的王后拉克湿米・巴依多次呈请公司归还，均遭拒绝。大起义爆发后，章西也加入起义行列。拉克湿米・巴依成为领导人。她意志坚定，斗争勇敢，深受人民爱戴。1858 年 3 月下旬，英军开始围困章西。拉克湿米・巴依亲自监督修筑防御工事，并领导人民坚壁清野，准备作长期斗争。3 月 24 日英军开始攻城，女王率领全城军民奋勇抗战。在敌人炮火下，工人赶制武器，农民抢修城墙，连广大妇女也积极参加防御，担任慰问、运输、救护。女王身着戎装指挥战斗。4 月 3 日，英军突入城内，女王领导巷战，终因寡不敌众，5 日章西失守。女王着男装，背负养子，率部突出重围，与坦地亚・托比的队伍会师，占领瓜辽尔城。6 月 17 日在抗击英军进攻中，她身先士卒，勇敢杀敌，不幸牺牲，时年 23 岁。她的英勇事迹一直为印度人民传诵，成为鼓舞人民反英斗争的强大精神力量。在主要的起义中心沦陷后，其他起义城市也相继被英军攻占。

从 1858 年 4 月起，大起义转入游击战阶段。从各沦陷城市撤出的队伍加上原来分散在农村的起义力量大约总共有 12 万人。他们分别在比哈尔、奥德和洛希尔坎德、中印度三片地区开展有声有色的游击战，显示了印度人民的顽强战斗精神。在比哈尔地区，领导游击战的是 70 岁高龄的昆瓦尔·辛格。他本是贾加

章西女王冲锋陷阵图

迪什普尔地区的大柴明达尔，因不能按时纳税面临土地被没收的困境。他决定参加起义，带动了附近一大片地区的农民跟着他参加战斗。由于他年迈而作战英勇，深受人民拥护，他的部队屡挫敌军，一度切断了加尔各答与贝拿勒斯间的交通线。从勒克瑙退出的起义军有些加入了他的队伍。在他不幸负伤逝世后，起义队伍由他的弟弟阿马尔·辛格领导，继续进行游击战。又坚持了一段时间。在奥德和洛希尔坎德地区，由康浦尔和勒克瑙退出的部分起义军先是转战奥德北部一带，后进入洛希尔坎德。1858 年 5 月，英军进攻洛希尔坎德，起义军到处袭击英军，特别是阿赫默德沙领导的一支队伍，给了英军很大打击。广大群众支持起义军，据参加这次进攻的英国军官说，他们沿途得不到粮食，居民拒绝帮助他们，甚至不卖给他们农产品，军队来这里好像进入大沙漠中一样。在抵抗英军失败后，起义军向尼泊尔撤退，有的进入尼泊尔境内，有的留在边境森林中，消失在那里。那那·萨希布下落不明，可能死在边境。阿赫默德沙率领的队伍回到奥德，但他不久被一个叛变的封建主杀害。巴克特汗率领的从德里退出的队伍在法鲁哈巴德一带作战，坚持了

址地亚·托比

一段时间，也向尼泊尔撤退，下落不明。游击战更重要的战场在中印度。坦地亚·托比领导的一支队伍在北迄瓜辽尔南跨纳巴达河的广大区域纵横驰骋，神出鬼没，使英军后追前堵，疲于奔命。这片地区的游击战坚持一年左右。1859 年 4 月 7 日，坦地亚·托比被一个混入起义军内部的叫曼·辛格的封建主出卖被捕，4 月 18 日这位具有卓越军事才能的领导人英勇就义。

在大起义最后阶段，英国统治者在军事进攻同时，还大力开展政治攻势，拉拢参加起义的封建主，从内部彻底瓦解起义势力。1858 年 11 月发布了维多利亚女王诏书，宣布停止实行兼并政策，不再采取任何有损封建主地位和特权的措施。绝大多数封建主在得知这个消息后放下了武器。坦地亚·托比等坚定的抗英领袖就是在这种背景下被出卖的。轰轰烈烈的大起义在坦地亚·托比牺牲后即告结束。

四、起义的性质和历史意义

大起义发生后，英国当局为淡化事态性质，欺骗舆论，故意把它说成是兵变或封建王公叛乱。印度人民起而反对英国统治这个严酷的事实他们是不能承认的，要承认这点就等于承认他们的殖民统治不得人心，遭人痛恨。马克思此时住在伦敦，对印度事态一直密切注视。正是他第一个以惊人的洞察力指出了这次起义的性质。1857 年 7 月 31 日，也就是起义刚爆发两个多月，他在《来自印度的消息》一文中对起义作了深刻分析后写道：“各阶层的居民迅速结成了一个反对英国统治的共同联盟”。“以后还会出现另外一些事实，这些事实甚至能使约翰牛也相信，他认为是军事叛乱的运动，实际上是民族起义。”①

民族起义是指各阶级（不一定全部）共同进行的以推翻外国统治为目标的起义。有的学者认为，在资产阶级产生之前，印度没有民族存在，不可能有民族起义。这是把民族和民族发展的资本主义阶段混为一谈了。马克思主义认为，民族是个不断发展的历史范畴，不同时期有不同内容，在资本主义出现前存在着前资

① 《马克思恩格斯全集》，第 12 卷，人民出版社 1962 年版，第 270—271 页。

本主义民族。马克思、恩格斯在论述中国、印度等东方国家的著作中，不止一次地把这些国家的人民称为“东方民族”、“古代民族”、“比较不进步的民族”。[①]英国入侵前，印度已形成为一个多民族的国家，当时是处在民族发展的封建主义阶段中。到19世纪中期，印度社会经济发展程度和英国入侵前已有很大不同，不过，资产阶级民族确实还未形成，在孟加拉、孟买、马德拉斯等地区，正在形成由封建民族向资产阶级民族转化的条件，在其他地区，包括构成起义主要地区的北印度，连这个阶段都还没有达到。在这种情况下，各阶级的仇英情绪最后表现为封建主领导的民族大起义就是很自然的事了。封建主领导起义的指导思想是封建民族主义观念，即要恢复封建的独立国家。这种观念不仅存在于封建主中，也存在于人民群众中。起义的士兵最先推出莫卧儿皇帝来领导起义，固然是出于动员全国力量的策略考虑，但不能否认，这也反映了他们的一种观念，即认为只有封建君主才能号令全国，只有恢复莫卧儿皇帝权力，起义才名正言顺。封建民族主义既是各阶层都能接受，也就自然成了这次起义的旗帜。

从基本类型上说，这次起义仍属旧式起义，与以往近一个世纪以来印度下层人民与部分封建主的武装斗争没有本质上的区别。但是，和那些起义相比，这次起义有许多新特点、新发展，堪称这类起义的顶峰。第一，它不再像以往封建主领导的起义那样，只谋求恢复个别王公的独立，而是以恢复全印度的独立为目标。第二，印度士兵和人民群众一同起义，给起义带来了某些革命民主主义因素。马克思早就预言，英国当局建立土著军队的同时，“也就组织起了印度人民过去从未有过的第一支核心的反抗力量”。[②] 事实确是如此。印度士兵为这次起义提供了有组织的武装力量。孟加拉军区印度士兵共137 571人，其中约有70 000人参加了起义，另有30 000人在暴动之前被解除了武装。北印度殖民军队几近全部瓦解。马克思也讽刺地说道：“50个孟加拉团已不复存在。孟加拉军全军覆没。”[③] 军队参加起义，把敌人的武装力量转变为人民的武装力量，弥补了下层群众缺乏军事训练和武器的缺陷。大量士兵参加起义还为起义带来革命民主主义因素。士兵虽然多数来自农民，但因为接触西方思想影响较多，在转到革命阵营后，一般眼光较为开阔。有些军官和士兵有一定的民主主义观念。他们需要莫卧

① 《马克思恩格斯全集》，第12卷，人民出版社1962年版，第500页。《资本论》，第3卷，第373页。《政治经济学批判》，人民出版社1955年版，第92页。《马克思恩格斯论中国》，第11、54页。

② 《马克思恩格斯全集》，第12卷，人民出版社1962年版，第251页。

③ 同上书，第270页。

儿皇帝做旗号，但绝不想由他来恢复封建专制统治。事实上，不过是要借用他的名义，并不把他这个皇帝放在眼里。因此，当德里的皇亲国戚、宫廷权臣置大敌于不顾，漠视人民疾苦，一意以权谋私时，他们不能容忍，就把德里的行政、军事大权夺到自己手里。德里行政会议采取的措施，都体现了下层人民的革命要求，也反映了西方资产阶级民主思想的影响。尤其能说明后一点的是他们对皇帝的态度。据宫廷史家记载，皇帝经常抱怨说，行政会议通常是先通过决议，然后让他在既成事实面前签字认可。还抱怨说，士兵穿着军靴随意进出宫廷，骑兵经常把马拴在宫院内，尤其是，有些士兵跟他说话竟用“老头儿！听着”一类的言词，甚至拍他的肩膀，捋他的胡须。皇帝敢怒不敢言，只好自叹命苦。这表明在革命士兵心目中，皇帝已不再是神圣偶像。由革命士兵代表的这种革命民主主义虽不能说是这次起义的主流，至少也是其中的一种倾向。它对封建主恢复封建秩序的企图起到某种制约作用。第三，印度教徒和伊斯兰教徒打破宗教壁垒，实现了战斗中的大团结。起义是由涂油子弹事件直接引起，表明印度人民的宗教感情是十分强烈的。英国殖民者曾暗存侥幸，以为宗教隔阂能阻止印度教徒、伊斯兰教徒实现任何有意义的联合。然而，和他们的希望相反，起义爆发后，参加起义者无论属何宗教，无论是士兵还是普遍群众，都自觉丢弃前嫌，团结一致，共同战斗。19 世纪中期亚洲各国人民起义一般都披着宗教外衣，印度大起义却自觉减少宗教色彩，这是很引人瞩目的现象。宗教团结表现在：最早拥立莫卧儿皇帝恢复权力的米鲁特和德里的军队主要成分并非穆斯林，而是印度教徒；莫卧儿旗号不但伊斯兰教封建主接受，某些印度教封建主也接受；巴克特汗掌握德里军政大权得到印度教徒、伊斯兰教徒士兵和群众的共同支持；德里行政会议通过的决议三令五申禁杀母牛；圣战口号被解释为只针对英国人；当德里被围、处境危急时，莫卧儿皇帝向拉其普他那、北印度和旁遮普的一些印度教王公呼吁共同抗英，并提出必要时可以把王位让给他们。在宗教感情如此强烈的印度，印度教徒和伊斯兰教徒能够忘却了他们相互间的仇隙而联合起来反对他们共同的统治者，这实在是英国统治以来印度民族解放运动史上值得骄傲的一页。第四，在起义的广大农村地区，凡有英国蓝靛、咖啡种植场的，其代理店都被捣毁（如在巴特那地区，昆瓦尔·辛格下令这样做）。农民和手工业者还到处自发地起来，驱逐英国殖民统治者扶植起来的，兼并他们土地的新地主，收回被夺占的土地，打击商业高利贷者，焚烧他们的账册契据，形成红色恐怖。这就使反英起义从摧毁殖民政权进一步发展到在农村打击它的经济支柱。不过，农民只是夺回自己原来被兼并的土地，至于原来属于老地主的被兼并的土地，又帮助老地主收回。打击新地主和商人高利贷者，由老地主夺回被他们兼并的土地，与反殖斗争的方向一致，一般不属反封建范畴，但农民夺回自己的土地则具有反封建性质。所以，大起义也并非丝毫没有反封建内容，不过不是反对整个封建势力，而只是反对地主阶级中那个依仗殖民政权撑腰最肆无忌惮地掠夺农民土地的阶层。

总之，这次起义虽未超出旧式起义框框，却是旧式起义发展最充分的体现，而且上述有的特点已越出旧框框，带有某些新型斗争的因素。

这次起义所以失败，就全国来说，是因为封建王公和封建主的绝大多数依然站在英国殖民者一边，竭力阻止自己地区发生起义并从兵力、财力上支持英国统治者，以致起义在范围上受到限制，在全国仍是个小的局部，使殖民统治者有可能把未起义的更广大地区变成镇压起义的基地，从四面八方对起义地区形成包围。北印度的帕提亚拉王公、锦德王公、卡那尔王公都把自己的资源交殖民当局支配。旁遮普、拉其普他那的许多王公提供兵力帮助镇压。整个起义期间，英国派来军队 112 000 人，而征召的印度兵达 31 万人。总督坎宁（1856 年取代大贺胥）承认，土邦王公起了溢洪道作用。如果像瓜辽尔、海德拉巴这样的土邦也参加起义，那么，汹涌洪水的第一个浪头就会把他们卷没。英军攻陷德里后，坎宁收到一封孟加拉王公、地主、大商人的贺信，有 2500 人签名。大多数封建主以及大商人支持殖民统治支撑了他们的信心，使他们无后顾之忧，能集中力量镇压起义。

起义失败的内部原因，首先在于领导起义的封建主在变化了的政治经济形势面前，提不出适应发展潮流的向前看的远景目标，而是一味向后看，追求恢复封建旧秩序，对下层人民改善经济地位的要求毫不考虑，使广大群众失望。封建主参加起义的目的从莫卧儿皇帝诏书、那那·萨希布给法国皇帝的信和奥德纳瓦布宣言这三份重要文件中便可看出。巴哈杜尔沙二世 1857 年 8 月发布的诏书提出，要恢复王公养嗣权利，归还被没收的王公领地，取消殖民政权对地主的种种勒索，被剥夺土地的柴明达尔凡参加起义的土地一律归还，维护和保障地主的尊严和荣誉，使每个地主都能全权统治其领地。还提出恢复大商人的地位，使手工业者"重新为国王、王公和富人服务"等。至于如何对待农民则只字未提。那那·萨希布给路易·波拿巴的信中列举了英国殖民统治的罪行，其中大部分是讲印度王公的领地被剥夺，年金被取消，地主土地课税太重，地主及寺庙的免税土地被重新征税，干预印度教，等等。信中讲到起义主要是解决这些问题。奥德纳瓦布宣言在列举英国殖民者破坏印度人的宗教、荣誉、生命、财产四大罪行后特别指出，在英国统治下竟把印度上等阶级和下等阶级一样看待，上等阶级没有得到特别的尊重。这三份文件表明，封建王公领导起义就是要重建封建主阶级在政治、经济、社会、思想各方面的统治地位。正是在这种思想指导下，参加起义的大小封建主到处都是忙于抓权，夺回失去的土地、特权，对起义的下层人民则只知利用，从不考虑如何改善他们的地位。许多地区起义政权摊派的税收比过去一点不减，起义后和起义前看不到多大差别。只有像德里这样革命士兵和下层人民力量特别强大的地方，下层人民的愿望才在起义政权的政策上得到反映。纵观整个起义政权，可以看到起义力量内部存在着两条路线，德里行政会议的政策代表一条路线——较多反映下层人民利益的路线，可惜这种情况太少，另一条路线就是多数地区政权执行的单纯复旧路线，这条路线是领导大起义的封建主的路线。完全复旧是开历史倒车，违背历史潮流，是行不通的。这里且不多谈，毕竟这还只是他们的主观愿望。仅就现实而论，他们的所作所为不可避免地会阻碍群众的进一步发动。已参加起义的群众对他们感到失望，未起义地区的群众看到起义后不过如此，对于起义的积极性也骤然消退。这就是为什么起义像狂风暴雨一阵瓢泼而下后，却突然停止不前的根本原因。

起义的失败还因为，各地封建主虽说口头上大都接受莫卧儿旗号，但内心里还是各有各的主意，各打各的算盘，都想在起义后扩大自己的势力。加之，起义的王公和封建主各有部属，自成系统，平素既少接触，战时就很难相互为谋。这一切在起义的组织领导上，表现为各自以我为中心，消极防御，孤城自守，从来没有形成统一指挥，没有统一的战略目标和战术配合，不能利用起义头几个月敌人无招架之力的有利形势，主动发起战略出击，扩大起义范围和影响。这就给敌人以充分机会，重整旗鼓，全面发动反扑。

军事技术力量对比印度人处劣势也是起义失败的原因之一。印度人的旧式前膛炮在射程上就远不如英国军队的新发明的后膛炮。英国人方面拥有广布各地的电讯系统，能够及时获悉和交换情报，决定行动方针，起义力量方面却没有这种条件，以致往往在得到情报时，敌人已经兵临城下。至于指挥官的军事素质和经验，更是无法相比了。

事实表明，封建主阶级的历史包袱是过于沉重了，此时要他们来领导一场民族起义，推翻在各方面都比较强大的英国统治者，是他们力所不及的。

印度资产阶级改良活动家没有参加大起义。他们对起义是同情的。孟加拉

《印度爱国者报》编辑哈里斯·钱德拉·穆克吉在起义爆发十多天后发表文章，把起义称为“伟大的民族事业”，说它“从一开始就获得了全国的同情”，“人民广泛参加和协助起义”。又说：“没有一个印度人感觉不到英国统治给印度带来的深重苦难，这种苦难是与从属外国统治分不开的。在印度知识界中，没有一个人不感到由于外国统治限制了自己的前途和抱负。”[①] 但是，尽管对起义人民表示深刻同情，对起义本身，他们却是普遍不赞成并持反对态度。这有经济方面的原因，也有政治方面的原因。资产阶级改良活动家希望在英国统治下发展资本主义，担心起义会导致封建制度复辟，使历史发生逆转。资产阶级新兴力量自身的利益是和英国统治及印度的资本主义发展方向联系在一起的。维护英国统治在他们看来就是维护资本主义发展方向，也就是维护自身现实利益和未来利益。宁要英国统治，不要封建主复辟，这是他们的基本原则。这种立场使他们置身起义之外，并公开反对起义，客观上为殖民统治者起到了减压作用。

这次大起义对英国殖民统治是一次强烈震撼，虽未达到推翻英国殖民统治的目的，却也给予殖民者以沉重打击。自征服印度以来，英国统治者一向趾高气扬，完全不把印度人放在眼里。如今却突然发现，自己的宝座下原来堆的是干柴，随时有燃烧的可能。藐视一切的自信消失了，从此，大起义就像个可怕的魔影始终笼罩在他们的心头，使之谈虎色变，心有余悸。它后来的政策调整，特别是对资产阶级的某些让步都与这种心理密切相关。例如，总督参事会成员乔治·奇斯里就公开说，一味用镇压的办法对付印度的民族运动是不行的，那只会加强印度人和士兵的不满，说不定哪一天又会爆发另一个1857年。[②]

这次大起义虽然资产阶级改良活动家不赞成也不支持，却对方兴未艾的资产阶级民族运动起了有力的推波助澜作用。人民勇敢的斗争精神给了他们以勇气，增强了他们斗争的信心。大起义又给了他们一张向殖民当局施加压力且有持久效力的王牌：既然殖民当局对大起义的恐惧心理始终存在，害怕资产阶级运动与人民群众结合，他们就利用这点，经常以“可能爆发起义”相威慑，要求当局实行改革。例如，当看到殖民当局无意改变英人垄断高级官职的政策，《印度爱国者报》在1860年就发表文章指出，坚持歧视印度人的政策就会重蹈大起义的覆辙。[③] 这张王牌常常是很起作用的。

---

① S.R. Mehrotra, *Towards India's Freedom and Partition,* New Delhi, 1979, pp.20–21.

② B. Martin, *New India 1885,* Bombay, 1969, p.329.

③ R.C.Majumdar, *History of Freedom Movement in India,* V.2, p.165.

大起义极大地提高了广大人民群众的爱国主义觉悟。赶走外国侵略者，恢复印度独立的思想第一次提出并传播到民间，大量反英斗争的英雄事迹和英雄人物的故事广泛流传，在群众中播下了革命种子，留下了反英斗争的革命传统，成为推动印度民族运动发展和走向胜利的最强大的精神鼓舞源泉。正是大起义之后，资产阶级运动中出现了小资产阶级革命民主派。小资产阶级民主主义者邦基姆·钱德拉·恰特尔吉曾想以章西女王为主人公写一部历史小说，鼓舞人民斗争。秘密组织活动家萨瓦尔卡20世纪初专门写了《1857年独立战争》一书，号召发扬大起义的革命传统，准备进行第二次和成功的民族战争，解放祖国。大起义的革命传统培养了一代又一代青年，成为印度人民永远取之不尽的精神宝藏。这次大起义的重要意义不限于印度国内，从更大范围说，它和中国太平天国革命、伊朗巴布教徒运动、日本明治维新一起，构成了亚洲殖民地半殖民地反殖反封的第一次革命风暴，显示了亚洲人民不甘心受奴役的英勇反抗精神。

五、英王接管印度后的统治体制和政策变化

大起义冲击的一个直接结果是东印度公司统治印度的终结。1858年8月2日，英国议会通过《印度政府法》，规定结束东印度公司对印度的统治，印度由英国女王接管，由印度总督代表英王统治。总督坎宁这年11月在阿拉哈巴德宣读的维多利亚女王诏书中宣布了这项变动。英国国王接管印度本来只是个时间问题，在大起义中做这件事却有特殊的政治用意：把公司当做替罪羊，并造成一种英国政府接管会使印度面貌一新的印象，以安抚人心，最终瓦解起义。女王诏书还宣布，东印度公司政权与印度土邦王公签订的所有条约、协定继续有效。这就是说，以前附属于公司政权的土邦，从此转为附属于英国国王直接建立的殖民政权。英国政府直接统治印度的时期开始了。

英王接管后，第一位的任务是从大起义中吸取教训，巩固对印度的政治统治。为此就要对统治体制和政策作相应的调整并修补漏洞。总的来看，在统治体制和政策上是有继承也有变化。继承是主要的。变化的方面也不少，总的趋势是：强化殖民统治机器，巩固与封建主的政治联盟，拉拢日益兴起的资产阶级民族主义

势力等。英王接管使英国对印度的统治从大起义的震撼中得到复原与巩固。

一元化统治的建立和统治机器的强化是最主要的变化之一。1858 年《印度政府法》规定，英王接管后，在英国内阁中设印度事务大臣职位，负责管理印度事务。他由一个 15 人组成的印度事务会议协助。取消监督局，先前由监督局和公司董事会分别行使的权力统一归印度事务大臣及印度事务会议行使。印度总督是英王在印直接代表，职权不变。1858 年女王诏书又给总督加上副王职衔，这个称呼主要供在管理土邦中使用。总督在有关印度的方针大计上接受印度事务大臣指导，但在具体政策的制定上和日常管理上有决定权。这样，1784 年以来一直实行的双重权力中心体制就变成了权力中心一元化的体制。最高决策权力操作在英国议会和政府手中，它的决定通过总督贯彻执行。总督听命于英国内阁，内阁向议会负责。原总督坎宁被任命为英王统治后的第一位总督和副王。

总督参事会过去没有成员间的分工。英王直接统治后，1861 年英国议会通过印度参事会法，规定实行分工，成立内政、外交、税收、财政、法律、军事等部门，每个成员负责一个部门，这就是政府部长制的开始。这个办法在省督参事会中也实行了。

根据 1861 年印度参事会法和 1892 年印度参事会法，立法会议进一步扩大规模，权限也有所增加。立法会议的设置是为了形成立法权与行政权分离的体制。如果说，在公司统治时期，这样做是为了限制公司的权力，在英王接管后，则主要是为了拉拢印度上层和知识界。无论是中央的或省的立法会议都是没有实权的。总督和省督不对它负责，相反，它通过的法案还必须由总督、省督批准方为有效。

法院系统也进行了调整，两套高等法院并存已没有必要。1861 年改组为统一的高等法院，分别设在加尔各答、孟买、马德拉斯，后在阿拉哈巴德也设立了。30 年代起由马考莱主持起草的民事诉讼法典、刑法典、刑事诉讼法典于 1859 年到 1861 年被通过并颁布实行。

军队实行了改组。公司的军队改为国家军队。针对大起义暴露的问题，减少了士兵总人数，提高了英籍士兵在军队中的数量比重。英印人比例初为 1 比 2，后改为 1 比 3(大起义前约为 1 比 5)。1863 年，205 000 名士兵中英人为 65 000 人。印籍士兵来源逐渐改为以招募锡克教徒、帕坦人为主，另外招募大量尼泊尔廓尔喀人参加。在军队编制上，把不同民族、宗教、种姓的人分别编成基层单位，又把这样的不同单位混合构成团队。这被称为“分割与平衡”的原则。炮兵完全由英人担任。

这样，英王直接统治使殖民地的国家机器进一步集中、统一和强化了。这个统治机器既是高压的，又在某些方面带有一些资产阶级民主色彩。这就使英国统治者可以用软硬兼施的两手来保持对印度的严密控制。

英王接管后在统治政策方面也有重要变化。可归纳为两方面：一是停止对印度某些封建上层的损害，加强与他们的政治联盟，使自己统治的基石更牢固；二是宣布印度人享受与英国臣民待遇和权利平等的原则，并展示逐步实现改革的前景，在政治上抚慰上层和知识界，以扩大自己统治的社会基础。具体措施为：

1. 放弃有限兼并土邦的做法，从多方面抚慰王公。坎宁总督 1860 年宣布承认王公有权养嗣继承王位，把兼并的土邦有些归还给了原来的统治者或其养子，如特里－加瓦、科拉普尔、达尔、迈索尔等，大部分没有归还。

1877 年英王宣布兼任印度皇帝。这就把所有印度土邦都变为了英王的臣属，从而确立了英王的最高权力地位。英王的最高权力由副王（总督）行使，总督参事会设政治部专门负责对土邦的管理工作。英王对土邦的控制政策和以往一样，但更注重拉拢，如设立了“印度之星”奖章，授予特别效忠的王公；对“功绩”显著的王公授予爵士称号；又规定一批有影响的王公在重要场合享受礼炮待遇，并按王公的重要性分为数等。这些办法在对王公一般地起抚慰作用的同时，也在他们中突出差别，刺激他们为效忠英王争先恐后，以得到最高待遇为荣。

2. 改革侵害封建主权利的做法，安抚地主阶级。审查免税土地持有者资格的工作基本上停止了，奥德兼并后当局实行莱特瓦尔制，达鲁克达尔（奥德封建土地占有者）的土地被剥夺。如今放弃了这种做法，改为实行达鲁克达尔地税制，即以达鲁克达尔为地方和纳税人，被剥夺的 23 522 块地产有 23 157 块归还了原达鲁克达尔。农民却成了无权佃农。

3. 放弃官方促进传播基督教和以立法手段实行社会改革的做法。大起义粉碎了使印度基督教化的狂想。官方不再直接鼓励传教。基督教此后传播是传教士的事。关于印度社会改革，因涉及宗教习俗，反应强烈，当局也决定不再由官方立法推动。大起义之后的几十年，官方关于社会改革的立法很少了，只有少数情况例外。

4. 扩大立法会议，吸收印度人参加。1892 年起，一批资产阶级活动家进入了中央和省立法会议。

5. 在大城市和各县建立自治机构，让地方人士参与管理市政公益事业。

总之，英王接管后英国对印度的统治更自觉地运用镇压和拉拢两手并举的策略，巩固其统治基础。不仅要使封建上层成为自己的统治基石，还逐渐注意拉拢资产阶级知识界，其目的是要尽力拉开上中层与下层人民之间的距离，使类似1857年大起义这样的各阶层联合的反英斗争不再发生。这个策略收到了一定效果。自此以后，殖民政权与封建势力的联盟得到巩固与加强。封建上层完全站到殖民统治者一边，再没有封建主参加和领导起义的情况发生。然而，殖民当局要把资产阶级也拉过去的打算并没有实现，也不可能实现。它的某些让步资产阶级活动家乐于接受，但这挡不住资产阶级随着资本主义发展提出越来越高的要求。

第十二章

大工业的出现和资产阶级民族运动的初步发展

一、资本主义大工业的产生和初步发展

印度近代资本主义大工业产生于19世纪50年代，它不是印度社会内部资本主义萌芽自然成长的结果，那些稚嫩的萌芽已被英国商品进军摧毁，而是从西方移植和仿制的产物。19世纪上半期殖民政策新阶段导致的印度社会经济的深刻变动，为实现移植创造了条件。

到19世纪50年代，把印度改变成英国商品市商场和原料产地的工作已取得相当进展。农业、手工业、商业、金融业都被转入为英国工业资本剥削服务的轨道。商品货币关系发展起来，自然经济最终瓦解。农业卷入市场经济范围，土地越来越集中在商人新地主手中。不少农民失去土地，不少手工业者失去谋生手段。这些被剥夺了生产资料的人不得不靠出卖劳力为生。这就为印度建立资本主义大工业准备了市场和劳力的条件。英国在印度实行自由贸易政策后，从事英印贸易的英国私人商业公司，实力越来越雄厚。而印度大商人也在买办贸易和自营

贸易中积累了资本。这样，不但英国人在印度办大工业资金不成问题，印度商人要办大工业也有起码的资金。

英国人向印度移植大工业是为了谋取更多利润。这是英国资本主义发展到相当程度后产生的一种新的需要。经过工业革命后，英国钢铁工业、机械工业、能源动力工业都发展比较迅速，要拿到印度出售的不仅仅是纺织品了，还有大量重工业产品，这些产品只有在印度办大工业的情况下才有市场，换言之，在印度办工业是促进英国重工业产品外销的手段。在印度办工业，对在印度的英国人说，是把商业资本就地转化为工业资本，从事更有利可图的剥削；对居住在本国的英国人来说是资本输出，可以利用印度的廉价劳力、原料、地皮，生产印度所需的产品或运销欧洲。在印度办工业，修铁路，办原料加工厂，还有利于进一步把印度开拓成英国的商品市场和原料产地。总之，在印度办工业可以一举数得。19世纪50—60年代英国人在印度办工业只是个开始，数量有限，所以这一时期英国殖民政策仍属工业资本剥削阶段。

在印度办工业是英国人和印度人同时开始的，这是其他东方国家所没有的现象。这是因为印度大商人多数人兼有买办商人和民族商人两重身份，他们既有较多机会积累资本，又有较灵活的营业自主权，因而只要办大工业的客观条件具备了，只要英国人可以办，他们也就会同时办起来。

19世纪20—40年代，印度已经出现了一些缫丝、轧棉、制糖、纺织等方面的小型手工工场，还有煤矿和个别小型钢铁厂，有简单的机械设备。有的属英资，有的属印资。50年代，开始修筑铁路，同时，英国商人和印度商人开始兴办较大规模的近代工厂。1854年英国人在加尔各答附近建成第一座黄麻纺织工厂，投入生产，属奥克兰公司。同年，印度商人考瓦斯吉·纳纳拜·达瓦尔在孟买建立了第一座棉纺厂。英国人把黄麻工业作为他们兴办工厂企业的第一个重点部门，因为黄麻制品在欧洲很畅销，而印度人则把棉纺织业作为发展重点。棉纺织关系国计民生，国内销路广，再者很多印度商人从事过棉花贸易，熟悉行情。大工业的机器都靠进口，技术人员也靠从英国聘请。除了大工厂以外，19世纪50年代后出现了更多小型原料加工企业，多数属印资。其创办者绝大多数是商人和地主。印度资本主义的发展没有经过资本主义手工工场阶段，但在大工厂出现后，出现大量手工工场，与大工业并存，成了大工业的后备力量，也弥补了大工业门类和数量的不足。

资本主义大工业的出现是个重要的界碑，标志着印度社会形态在英国统治下开始发生变化，在封建主义成分（它本身已丧失纯粹性质）之外，出现了资本主义成分，它与封建主义成分并存，并逐渐占主导地位；而在资本主义成分中，占统治地位的是英国资本，它支配一切，使一切服从于它的剥削。这样，印度就由殖民地封建社会转变成殖民地半封建社会。它是资本主义社会在殖民地的扭曲变种。

英国人办大工业，其资金的最初来源主要是在印度的剥削所得。黄麻工业就是这种情况。但资本输出不久就成了主要因素，成了推动英资大工业增长的主要动力。从投资的分布看，修铁路是最主要的投资项目。铁路能方便货物运输，降低运费，有利于开拓内地，把印度与世界市场更紧密地联系起来。铁路是工业发展的先驱，能带动其他工业部门的发展，它还是钢铁、煤炭等原材料的巨大消耗者，能带动英国重工业产品在印度的销售。修铁路还有政治、军事意义，便于随时调兵镇压任何地方发生的起义。殖民当局对修铁路十分重视。为鼓励英国私人公司来印承包，采取了种种优惠措施。其中包括长期提供土地，免除各种税收；政府保障 4.5%—5% 的投资利润，达不到这个数额的，不足部分由政府补贴，超过这个数额的，超出部分政府和公司分成；铁路修成后，政府有权在 25 年后买回。这种制度，尤其是保障利润制，造成了非常惊人的浪费。因为既然利润按投资额保障，投入成本越多，利润越多，至于效益如何是不用考虑的，因此，铁路公司尽量增加工程花费，大贺胥总督估计每英里费用 8000 英镑，实际花费接近 18 000 英镑。19 世纪 60 年代后保障利润制不再实行，改为国家修建。但财力不敷，80 年代又和私人公司合营，对私人资本重新实行保障利润制，但利润率降为 3.5%，私人公司分利 40%，政府可在 25 年后收回。这叫新的保障利润制。1861 年印度共修成铁路 1588 英里，到 1901 年已是 25 373 英里了。投资总额为 2.267 亿英镑。仅利润每年就达 600 万英镑左右。修铁路用的铁轨、桥梁材料、机车等都由英国输入，甚至煤的一部分也由英国输入。80 年代以后，私人修建的铁路被国家陆续收买，铁路转归国有，收买铁路的费用一部分是向英国资本家借债，构成了印度国债的重要部分，促进了另一种形式的资本输出，即借贷资本的输出，英国资本每年得到大量利息。马克思对修铁路的作用做了高度评价，他说："铁路系统在印度将真正成为现代工业的先驱"①，修铁路的"后果将是无法估量的"②。的确，纵横贯穿全国的铁路把内地与沿海城市连结起来，打破了交

① 《马克思恩格斯全集》，第 12 卷，人民出版社 1998 年版，第 249 页。

② 同上书，第 247 页。

通闭塞状态，使全国联系更为紧密；铁路和机车的维修，动力的供应本身就促进了在印度建立修配厂，促进了采煤业发展，可以说铁路宣告了印度大工业时期的开始。就社会意义方面说，铁路使人开阔眼界，促进人际交往和信息交流，增进统一观念，对打破种姓界限也起了相当作用。

电报线的架设从 19 世纪 50 年代开始，60 年代后速度加快。1860—1861 年度为 11 093 英里，1890—1891 年度增加到 37 070 英里。电讯业务的开通使原来旷日持久的信息传递成为瞬间可达的事，极大地方便了商业联系，当然也方便了英国对印度的政治控制。

英国资本开办的大工厂在 19 世纪下半期数量并不多，主要是黄麻纺织厂。到 1893 年共建成 28 个，织机 9580 台，雇用工人 69 179 人。麻布制作麻袋、枪衣，在美国、欧洲、澳大利亚、新西兰有很大市场。此外是煤矿，这是为了供应铁路和工厂能源。1875 年建立了孟加拉钢铁公司，主要是炼铁，产量有限。还有少数机车修配厂、军械厂和棉纺织厂。

开办种植园是另一个重要投资项目，种植园中多附有产品的初级加工厂。种植园主要是种植蓝靛、茶叶、咖啡。意义较大且得到较大发展的是茶叶种植园。1833 年后东印度公司政权鉴于英国对茶叶的需要量日益增长，就在印度阿萨姆试种，结果成功。茶叶种植面积从 1853 年为 2000 英亩，到 1871 年增加到 31 000 英亩，产量从 366 万磅增加到 600 万磅。印度茶输往英国，逐渐取代中国茶的地位。

印度开设私人银行是英国资本输出的另一重要形式。19 世纪 40 年代，在孟加拉、孟买、马德拉斯建立的三个管区银行有分支 59 个，遍及大中城市。除管区银行外，还有一些纯粹私人银行，1870 年有 7 个，1894 年有 14 个。

英国对印资本输出是通过一种特殊的经济组织——一大批经理行实现的，经理行通常也采取近代公司的形式，由熟习印度情况的人建立。其职能很广泛，包括接受委托代为建厂，向需要的工业企业提供设备、技术、资金，包销产品，办理存放款业务等。在企业开办起来后，掌握有这些企业的部分股权。这样，经理行对其经理的企业建立了实际上的控制权。经理行也常常用手里的资金自己创办工业企业和经营商业，壮大自己的势力。随着资本输出的增加，经理行控制和自己建立的工厂企业越来越多，有的主要在某一个工业部门内扩展，更多的跨越部门，成为包罗万象的集合体。如 1892 年成立的马丁公司，就控制有铁路、煤矿、工厂、茶叶种植园、保险公司等。经理行不仅是资本输出的渠道，它本身（势力大的经理行）也逐渐发展成一种垄断资本财团。

19 世纪 60—90 年代印度民族资本在棉纺织业开始了大规模发展。主要的工业区在孟买。至 1895 年，孟买有 72 家棉纺织厂，其中有 14 家属英资所有。60 年代起，又在以阿迈达巴德为中心的古吉拉特地区和那格浦尔开辟了另一片建厂区。这里离棉花产区近，原棉供应更为方便。1893—1894 年度，包括古吉拉特地区在内的整个孟买管区共有棉纺织厂 142 家，纱锭 365 万枚，织机 31 100 台，雇用工人 13 万人。这样，西印度就成了印度民族资本的发祥地，而棉织业就成了其最主要的投资部门。孟加拉这段时期民族资本也出现了，但很少。最早的印度工厂主多半是大买办商人转化而来，其中有帕西商人、古吉拉特商人、马尔瓦利商人；以宗教分，有祆教徒，印度教徒，也有少数穆斯林。孟买第一家棉纺厂创建者考·纳·达瓦尔是帕西商人。在随后建立的一批孟买工厂中，帕西商人都占重要地位，其中包括后来成为印度最大财团塔塔财团奠基人的詹姆谢特吉·塔塔。古吉拉特工厂投资者中，除大商人外还有土邦王公及其官员，这是与孟买不同的地方。

值得注意的是，印度资本家办厂不久也模仿英国人建立了经理行。第一家经理行是 1858 年在孟买成立的费拉姆齐公司，它成了东方纺织厂的经理行。1887 年成立的塔塔父子公司成了塔塔家族企业的经理行。印度资本家也建立经理行是为了吸收更多资金，增强兴办实业的能力。

印度最早的工厂主并不想和英国竞争。在最初几十年，产品以供手织机使用的粗棉纱为主，而且一开始就尽可能输往亚洲特别是到中国销售。正是有海外市场，才促进了这一时期棉纺织业的较快发展。除棉纱外，棉纺织厂也生产部分质地较粗的棉布在国内销售。

英印工业虽同时发展，英国资本相对印度资本来说，无论在资金上、技术上和政府的支持上都占优势。在投资总额中，英资占绝大部分，所有铁路、港口、电讯等近代交通设施以及重大水利工程都属殖民国家所有。对工业企业和种植园的投资中，除棉纺织业外，都是英国私人投资占主要地位。英资修铁路、办种植园，都得到政府提供的种种优惠，印人建工厂，得不到任何照顾。更突出的是关税政策上的歧视。印度对英国商品包括纺织品输入征收的关税本来就极低，1874 年曼彻斯特商会还借口受到印度纺织品竞争，强烈要求殖民当局完全取消英国棉纺织品的进口税。议会支持其要求。在强大的压力下，殖民当局于 1882 年全部取消了英国棉纺织品的进口税。后来出于财政困难，1894 年不得不恢复这项关税，却同时向印度工厂生产的同类产品征收同等税率的“出厂税”，据说这是为了“公平竞争”！这种税收史上罕见的歧视只能说明这些外国统治者是如何不择手段地维护自己的私利！印度民族主义者费罗兹沙·梅塔气愤地说，殖民当局这样做，是要把年幼的印度工业扼杀在摇篮里。

资本主义大工业的发展使印度的面貌开始发生重大变化。1894 年印度工厂有 815 家（大中小厂都在内），平均每日使用工人数 349 810。交通设施有了很大进步，铁路、公路、水路已把全国各地城市紧密联结起来，1865 年印度与欧洲的第一条电报线架成，这意味着印度与外部世界的联系进一步增强。随着大工业兴起，农村人口大量向城市流动，城市人口迅速增加。1872 年城市人口占全国总人口的比例是 8.7%，1901 年增长到 10.84%。1901 年，全印度 10 万人以上的城市有 24 个，5—10 万人的城市有 42 个，2—5 万人的城市 135 个，1—2 万的城市 393 个。加尔各答、孟买、马德拉斯、海德拉巴是全国最大的 4 个城市，其中最大的加尔各答市 1891 年人口达 744 249 人。这些城市已是工商业城市，与中世纪印度城市相比，面貌迥异。城市建筑模仿英国，市区已有煤气灯、自来水、电报，还有博物院、动物园、画馆、花园、球场，到处已是“车如流水马如龙”的景象。自然，这里只是英国殖民者和少数印度富人的天堂，广大下层群众则生活在破旧的街区，相当多的人住在污秽不堪的贫民窟中。

二、19 世纪下半期的工农运动

商品经济和大工业的发展使资产阶级和地主分享到好处，工人、农民的处境却没有改善。当无限制的盘剥使他们甚至连半饥半饱的生活也得不到保障时，他们便只有起而反抗了。工人开始进行自发斗争，农民运动也在新的基础上开展起来。

19 世纪 90 年代初，全国产业工人约为四十万人，到 90 年代末，工厂、铁路和矿山工人总数达 80 万人。工人队伍来源于无地少地的农民和破产手工业者。19 世纪 40—50 年代以来，由于土地兼并盛行，农民失地者日渐增多。更有大量农民耕种小块土地，不足养家糊口。这些过剩的劳力必须另谋生路，或设法挣得额外收入，弥补家庭费用的匮乏。大工业出现前，他们主要挤在农村当临时雇工，大工业出现后，有条件的便去了工厂，更多青壮劳力去铁路、矿山或种植园当季节工，通常，由包工头来农村招工，去工厂后要受包工头的中间剥削。破产的城镇手工业者唯一出路是当工人。由于工资过低，无法维持一家人生活，他们的妻子儿女也得做工糊口，这就形成了女工和童工队伍。90 年代初，女工童工在加尔各答占工人总数的 25%，在马德拉斯占 5%。

由于大工业中英资占统治地位，印度工人阶级大多数在英资企业中工作，在印资企业中工作的不足六分之一。在英资企业的工人，除遭受沉重剥削外，还受到种族歧视和压迫。英国资本家和工头经常借故侮辱工人，骂他们天生愚蠢低能。体罚是常有的事。无论英资或印资企业，工人工资都极低。劳动条件极端恶劣。资本家为了谋取更多利润，竭力延长工人劳动时间，通常工人是日出前 15 分钟上工，日落后 15 分钟收工，每天劳动时间为 12—13 个小时。在还没有电灯照明的情况下，自然光照为工厂主的贪婪剥设定了极限。正规的休息日是没有的，每周劳动时间约达 80 个小时。劳动保护设备极为简陋，因工致残的事屡有发生，致病的更是家常便饭了。矿工的劳动条件最差。官方调查承认，他们是在“臭气熏天，没有任何技术安全保证”和通风设备的条件下工作，要一连熬 12 个小时甚至更多，出矿井后几乎无力支撑到回家。女工也和男子一样经受折磨，有些有孩子的，不得不把孩子带到工厂。

多数工人常年居住在临时搭起的矮棚屋，没有窗户，没有用水设备，室内甚至直不起腰。有些工人住在工棚以外，破破烂烂、密密麻麻的小屋构成了成片成片的贫民窟，与富人住宅的豪华恰成鲜明对照。

工人们没有文化，能够从事复杂技术工种的是少数，大部分是非熟练工人。工厂的生产效率很低。工厂主希望增加效益不是靠提高生产率，不是靠改善工人文化素质，而是靠肉体摧残，靠耗竭工人的每点每滴血汗。一个目睹此时印度工厂实况的英国人说：印度的每座工厂就是一座监狱，享有全权的监工用棍棒来维持纪律。这种摧残使许多人进厂不久就损害了体力。据官方材料，19 世纪 90 年代初，工厂很少有 40 岁以上的工人。

19 世纪最后几十年，失业现象已经出现。民族资本的纺织厂受到英资排挤时常开工不足。90 年代初，孟买各厂不完全就业工人有 25 000 人，几乎占全市纺织工人总数的一半，有些厂因不景气裁减大量工人。失业或半失业给工人带来的困苦更加难以名状。许多人陷入永远挣不脱的债务罗网，不少人流落街头，沦为没有固定职业的赤贫。

19 世纪 60—70 年代工人就开始了罢工斗争，要求提高工资，缩短劳动日，改善劳动条件。第一次大罢工于 1862 年发生在孟加拉浩拉火车站，有 1200 人参加，要求实行八小时工作制。另一次重要罢工是 1877 年那格浦尔皇后纺织厂的罢工，目的是要求提高工资。60—70 年代罢工还是个别现象，到 80 年代有了发展。1882—1890 年，在孟买和马德拉斯管区发生了 25 次较大的罢工，并出现了组织工会的最初尝试。1890 年孟买一家纺织厂建立了第一个工人组织——孟买纺织工人协会，它还不是真正的工会，至多是雏形。创建人是一个马拉特职员叫洛堪德，他的活动带有社会慈善服务的性质。他还创办一个刊物叫《穷人之友》，并起草呼吁书，要求改善工人劳动条件的物质待遇。有 5500 名工人在上面签名。到 90 年代以后，罢工扩及更多工厂企业。1881 年，印度政府被迫颁布第一个《工厂法》，对童工、女工的劳动时间作了些限制（也是为了削弱印度产品的竞争能力）。

第二次地税改革后，由于税率降低，部分农民地位有所改善。但由于土地兼并盛行，农民全部或部分失去土地者日渐增多，加之地主剥削加重，高利贷猖獗，多数农民的生活状况没有大的改变，许多佃农甚至趋于恶化。在孟加拉等实行永久税制地区，由于增产税率不变，出现了土地多层转租现象。在土地所有者和实际耕种的佃农之间，不仅有二地主，还有三地主、四地主……有时有好几层。佃农头上加了这么大的重压，其处境的悲惨是不言而喻的。

19 世纪 60—70 年代，一些地区的农民又起来反抗，在大起义后的死水塘里投下石子，引起了新的波澜。

1859—1860 年，孟加拉发生了蓝靛种植园农民暴动，反抗英国种植园主的强迫种植和残酷剥削。1859 年 9 月，起义从纳迪亚县开始。戈文德普尔村的农民在种植场主前雇员迪卡姆巴尔·经斯瓦斯和比什努·比斯瓦斯兄弟领导下，首先宣布拒绝种植蓝靛。9 月 13 日，种植场主派一支 100 人的武装力量前来讨伐，被农民击退。暴动迅速扩大到附近地区。农民集体宣誓不再种植蓝靛作物。到 1860 年春，运动扩大到包括帕布那、穆尔希达巴德、达卡等县在内的孟加拉所有种植蓝靛的地区。农民不承认所有合同和欠债，并联合起来驱逐债主和种植场主，还到处攻击种植场主的收购点，烧毁契据，抗击前来镇压的警察武装。

蓝靛农民的斗争得到资产阶级知识分子的同情和支持。他们运用掌握的报刊，向全国揭露种植园黑暗内幕，谴责种植场主像对待奴隶那样对待农民，同时也劝导农民要用合法手段斗争，不要采取暴力行动。有人还编写歌谣，倾诉农民的痛苦，歌颂他们的反抗斗争。总督坎宁关于当时的局势写道："1860 年秋，事情看来很危急。……大约有一个星期，我比德里那些日子（按：指大起义）以来任何时候都忧虑，我感到，只要一发愤怒的子弹或种植场主的一个愚蠢行动就会使整个下孟加拉的收购点化为灰烬。"①。在农民团结一致的斗争下，种植场主的骄矜自信终于崩溃。他们不得不放弃了强制农民种植的打算。到 1860 年底，孟加拉不再有蓝靛的种植。

19 世纪 70 年代初，东孟加拉的帕布那、博格拉县发生了另一场农民反抗斗争。与蓝靛暴动不同，这里的斗争是反对柴明达尔提高地租，加重剥削。1873 年 5 月，帕布那县约素夫沙希区的农民建立了农民协会。它组织集会和示威游行，反对提高地租和夺佃，吸引了附近所有农民参加。农民一致发动抗租运动，并向法庭控告地主的暴行。斗争逐渐扩大到整个帕布那县和博格拉县。在所有这些地区建立了农民协会，据一个材料记载，约二百八十多个村庄的农民一致拒绝缴纳提高的地租，并焚毁强加给他们的租约。斗争口号是："不许提高地租"，"不许夺走土地"。在地主用暴力手段强迫农民缴租时，就以暴力回敬暴力。有些地方抢夺了地主财物，袭击了警察局。在多数情况下，地主不敢正面对抗，所以暴力行动并不普遍。农民主要是依靠自己的团结一致，并以有组织的力量来保障自己的权利。

帕布那、博格拉的斗争也得到了资产阶级知识分子的同情和支持。他们赞颂这场斗争"有益于整个国家"，在报刊上广为介绍，呼吁给以强有力的支持，但对斗争中出现暴力表示谴责。

殖民政权逮捕了将近 300 人。同时不得不允诺采取措施限制地主专横，保障农民合法权利。1873 年底农民的斗争逐渐停止。

19 世纪 70 年代中后期，德干形势一直紧张，农民斗争连绵不断，1875 年、1879 年连续发生农民起义。《泰晤士报》惊呼，这是"1857 年黑暗日子以来印度半岛从未有过的暴乱事件"。②

1874 年 12 月，浦那县尔德村农民首先发动了对高利贷者的抵制运动。很快这个运动扩展到全县及附近的阿迈德那加尔、绍拉浦尔、萨塔拉等县，有成千上万农民参加，并由抵制发展成武装起义。在浦那县及附近地区，1875 年霍尼雅

① M.M. Ahluwalia, *Freedom Struggle in India, 1858—1909,* Delhi, 1965, p.236.

② *Times*, June 3,1879.

领导农民武装袭击高利贷者、新地主，要他们交出债据、地契，予以焚毁，对敢于顽抗者给予严惩。在两年多时间内，这大片地区摆脱了高利贷的剥削和土地兼并。他因此获得了“债农之友”的称号。后人为他编写歌谣，把他和马拉特民族英雄西瓦吉相媲美。1875 年殖民当局派骑兵来镇压，逮捕 600 人，霍尼雅不幸于次年被捕，起义受挫。

1876—1877 年，德干发生大饥荒，农民饥毙者成千上万。1878 年末至 1879 年，马哈拉施特拉又出现一支支新的农民武装队伍。打击的矛头仍然是高利贷者和新地主。数以百计的村庄遭到袭击，武装农民还常袭击运载谷物的列车。

1879 年马哈拉施特拉农民起义中的一个新事物是青年知识分子瓦苏德夫·帕达开参与并领导农民斗争。这年春天，帕达开在和农民起义领袖哈里·奈克建立联系后，创立了一支由他本人领导的不大的队伍。其打击矛头也是高利贷者和新地主。1879 年春夏，这支队伍进行了一系列的攻击，并把没收的部分财产分给了追随他的腊木西族人和其他农民。帕达开的计划是筹集经费，建立大部队，促进全印起义。他告诉农民，仅仅反对高利贷者和地主是不够的，农民要根本摆脱贫困地位，就要推翻英国殖民统治。他还把自己看做是农民的儿子，努力使农民信任自己。他为农民运动制定了纲领，其内容除反对高利贷者、地主的盘剥外，还包括建立共和国，发展民族工商业等资产阶级的要求。总之，他要把农民起义和民族解放斗争结合起来并使前者成为实现民族解放的手段之一。

帕达开的行动引起殖民当局的惊恐。一千五百多人的一支军队被派来镇压，军区司令官亲自督阵。这年夏天，各支起义武装都被击溃，被捕人数近一千人。当局悬赏捉拿帕达开，7 月 21 日他不幸被捕，判终生苦役。到年底，剩下的零星武装力量都被镇压。

19 世纪 90 年代的农民斗争较重要的还有阿萨姆农民起义（1893—1894）、马拉巴尔海岸毛普拉农民起义（1894,1896—1898）等，矛头都是反对封建主的，都遭殖民当局镇压。

鉴于仅仅依靠镇压难以控制局势，殖民当局在镇压的同时，也采取了政治瓦解手段，这就是实行租佃立法和土地转让立法。

1859 年孟加拉租佃法是第一个这样的法令。具体内容是，禁止地主任意夺占欠租者的财产和抓走农民，给予连续耕种同一块地满 20 年的佃农永佃权，只有在特殊情况下经法院判决才能提高地租。这个法令只能惠及少数人，因为只有很少人能符合上述条件。1885 年制定了第二个孟加拉租佃法，规定佃耕同一地主的土地满 12 年者都有永佃权，其地租只能在 15 年内提高一次。这个法案使更多一些佃农有了佃权，但他们和原来获得佃权的佃农加在一起，也只占农民中的少数。孟加拉的做法成了其他实行柴明达尔税制的省效法的榜样。19 世纪 70—80 年代，西北省、阿格拉奥德制和旁遮普都先后制定了租佃法，虽然具体规定各有不同，总的精神是相同的。结果，农民都被分成了三类：有永佃权和固定地租权的，有永佃权和限制提高地租权的，无佃权地租可随时提高的。这个措施对农民起了分化作用，此后，起来争取权利的就只有条件最差的农民了。

殖民政权制定的另一类法案是关于土地转让和信贷等方面的。1879 年德干农民救济法和 1900 年旁遮普土地转让法是用来缓解商人高利贷者大量兼并土地引起的严重矛盾，鼓励商人高利贷者兼并土地是殖民政权为实现工业资本剥削而采取的一项政策，但兼并过速会带来政治不稳，这也是当局要防止的。德干农民救济法主要是对高利贷剥削和兼并土地做些限制，规定法院在允许土地抵偿债务前要调查债务性质的具体情况；扩大法院对高利贷者债户关系的监督，规定仲裁办法，限制土地转卖，并规定法院有权降低利率和决定债务分期偿还办法，旁遮普土地让法对商人高利贷者这些“非农业阶级”兼并土地同样做了限制。主要内容是非农业阶级不准再从农业阶级那里买地；抵押土地满 20 年者抵消债务，土地归还。同样的限制又以立法形式在西北省、孟买省和本德尔坎德实行。这些法案对商人高利贷者的兼并起到了某些限制作用。但商人高利贷者用种种办法逃避规定，所以法令的内容并未能完全执行。

殖民当局以上措施多少缓解了租佃矛盾和土地兼并的矛盾。租佃立法给没有佃权的农民以盼头，使得到佃权的农民希望得到更多保障。土地转让立法造成了政府捍卫农民利益的印象。这样尽管这些矛盾都还存在，但农民对殖民政权的不满情绪得到了缓和。19 世纪 80 年代到 20 世纪初没有大的农民起义发生与此有密切关系。殖民政权的立法可以说在一定程度上收到预期结果。

三、印度国大党的成立

印度资产阶级争取改良的运动在 19 世纪 70—80 年代无论在深度上还是广度

上都有很大发展，不仅运动的组织性大大加强，而且民族要求开始被理论化，理论的认识开始向实际行动转化。这一切的结晶是全印民族主义组织——印度国大党的成立，它为印度民族运动的发展提供了一个领导，一个中心，一个有潜力的发展基础。国大党的成立标志着资产阶级的政治运动已发展成为印度民族运动的主流。资产阶级已进入政治舞台的中心位置，成为民族运动新的历史时期的领导力量。

19 世纪 60—70 年代随着民族资产阶级的诞生，资产阶级政治运动获得了真正的名副其实的阶级基础，同时商人和自由派地主的支持依然如故。这意味着运动基础的充实和加固。由于实践地位的不同，工业资产阶级比商人和自由派地主有更强的民族主义要求。商人固然受到英国商业资本的竞争排挤，但还可以兼营买办贸易，在印度内部贸易领域还有发展机会。工业资本则不同，英国货的竞争，英资控制贷款、设备，等于扼住它的咽喉，它是一筹莫展的。工业发展要有市场、原料、能源，要有一系列经济部门发展的配合，工业资本家视野较商人开阔，因而也能更深地体会到殖民统治给印度经济发展带来的困难和危害。这样，他们对英印矛盾在经济方面的尖锐对立性质以及殖民政权的压迫作用就能有较深入的认识，从而在政治上表现为比商人有更强烈的民族要求。这就是资产阶级政治运动在 60—80 年代迅速发展的内部原因。

殖民政权的反动政策从反面促进了运动的发展。大起义后，当局把巩固与封建主的联盟摆在首位，以为只要做到这点，殖民统治就有了安全保障，资产阶级改良活动是掀不起巨浪的。所以，它施展的拉拢手段，重点是对封建主用的。在任命各级立法会议的印度成员时，主要是任命王公、地主。大起义后，虽然继续在伦敦举行印度文官考试，其参加者的年龄资格却限制更严。原来规定 23 岁以下可参加考试，1877 年降低到 19 岁以下。这使印度人进入文官殿堂的大门更加狭窄。李通任总督时，为了加强对印度的控制，1878 年接连颁布了武器管制法和印度语种报刊限制法。1879 年当局迎合英国纺织业巨头的要求又决定取消英国商品的进口税。这一切使资产阶级的不满情绪日益增长。

19 世纪 70—80 年代民族运动的一个突出进展，是把资产阶级民族主义要求理论化，揭露殖民统治的本质，从理论上论述民族运动的必然性和必要性，为其政治经济要求提供理论依据。这就是关于印度贫困与复兴道路的学说，是由两位著名的思想家和民族运动领导人达达拜·瑙罗吉和马哈底瓦·伦纳德提出的。

达达拜·瑙罗吉（1825—1917）是印度民族解放运动早期最著名的活动家，

瑙罗吉

国大党奠基人之一。他诞生在孟买一个祆教士家庭，在爱尔芬斯顿学院毕业后不久就被任命为这个学院的数学和自然哲学教授，是最早在大学里任教授职务的少数印度人之一。19 世纪 30 年代，当西印度资产阶级启蒙运动开始发展时，瑙罗吉就是主要活动家之一。他建立的社会改革和文化教育团体总计不下三十多个，影响遍及孟买管区。还主办《真理之声》杂志，宣传进步思想，号召和组织人民向陈腐的社会习俗宣战，争取印度社会的进步和发展。40 年代起，他把注意力转向政治改革。1852 年，和几位志同道合者共同建立了孟买协会。到 50 年代，瑙罗吉就成了孟买民族主义者公认的领袖。1855 年后，他作为卡马公司的合资经营人和代表常驻伦敦，这使他有可能更深入地考察英国资本主义的发展与殖民政策的关系。1865 年他建立了伦敦印度协会，后与东印度协会合并，他担任主席。这个组织在英国积极开展活动，其成员到 1871 年发展到千人以上。1869 年在国内的加尔各答、孟买等地也设立了分支。

就是在英国期间，他深入剖析英国对印度的殖民剥削政策及其对印度的影响，提出了“财富外流论”（或称“经济耗竭论”）的学说，深刻揭露了英印关系的实质。这个理论在 1901 年出版的他的著作集《印度的贫困和非英国式统治》一书中得到了最全面的阐述。

瑙罗吉认为，英国统治印度固然给印度带来了统一和秩序，但其代价是印度财富无休止地外流。他说：“英国统治者站在印度的大门口，让世界相信，他们在保卫印度免受外来人的侵犯，而实际上，却通过后门陆续地把他们在前门所守卫着的那些珍宝尽行偷走。”① 英国人在印度既是达官显贵，又是投资者、企业主和商人。英国人每年做官和经营工商业得到的薪金、各种津贴、利润、利息以及英印政府的各种行政、军事花费，都是印度人民创造的财富。英国人（官员、企业家和商人）每年要把在印度所得大部分汇回英国。加上以印度政府名义在英国支付的“家内花费”（包括偿付外债利息），造成了印度财富年年大量外流。其数量 1867 年估计为 800 万英镑，占当年印度税收的 1/4。1870 年估计为 1200 万英镑，1883—1892 年 10 年间估计平均每年为 3.59 亿卢比，1905 年则估计达到 5.15 亿

① D.Naoroji, *Poverty and Un-British Rule*, London, 1901, p.212.

卢比。这样多的财富年年流往国外，就如同年年被大量抽血，这就是印度贫穷和遭受各种痛苦不幸的根源。瑙罗吉把英国在印度的榨取和以往外来入侵者的掠夺做了对比，认为英国的榨取更严酷，英国是"最坏的外来入侵者"[①]。以往的入侵者是一种间断的突袭性的掳掠，英国是长期榨取，根本不允许印度有恢复创伤的机会。他打比方说，以往的入侵者像是屠夫东砍一刀西剁一刀，而英国像是用锐利的手术刀直取心脏。这样，"印度的命运就极其可悲了"。大量财富的外流给印度社会发展带来极为严重的后果，它破坏了印度资本的正常积累，妨碍了民族资本的发展，使英国资本得以轻而易举地垄断印度几乎所有经济部门。除了物质财富外流，瑙罗吉指出，还有一种精神财富外流。他认为，英国人既垄断了所有行政、司法、军事、经济、工程技术等部门的最高职位，当他们退休时，也就把管理国家各部门的经验和知识统统带走了，印度人到头来一无所得。瑙罗吉对英国剥削政策的揭露是比较彻底的，然而，当问题触及如何对待英国殖民统治时，却又表现了温和态度。他仍然相信英国人"有公平、正义的本能"，认为所以出现上述情况，是因为英国在印度的殖民统治背离了英国的正义原则，是"非英国式的统治"，那些在印度贪婪榨取的人并不知道，他们这样做不仅损害印度利益，也从根本上损害了英国利益。他相信，只要向英国舆论呼吁，申诉大义，英国人就会考虑英印双方利益的大局，改变在印度的殖民政策。这个理论的提出在英国和印度产生强烈反响。印度民族主义者普遍反映受到启发，思路因之而开阔。正如尼赫鲁后来所说：瑙罗吉的《印度的贫困和非英国式统治》一书"在我国民族思想的发展中起了革命作用"，"给我们的民族主义提供了政治经济基础"[②]。一英国人写道，他的论点从每个讲坛都可听到，他的理论"造成了一种反对和不满气氛"[③]。瑙罗吉因此也就成了全印度民族主义者公认的领袖之一。

伦纳德

民族主义理论另一创立者马哈底瓦·戈文达·伦纳德（1842—1901）是孟买管区资产阶级运动的另一位领袖，也是国大党奠基人之一。他出生于孟买管区那西克城附近一个婆罗门家庭，毕业于爱尔芬斯顿学

① D.Naoroji, *Poverty and Un-British Rule,* London, 1901，p. 224.

② ［印］尼赫鲁：《尼赫鲁自传》，世界知识出版社 1956 年版，第 426 页。

③ B. Prasad, *Bondage and Freedom,* New Delhi,1979, p.282.

院。后加入文官系统，逝世前任孟买高等法院法官。他在学校时就深受瑙罗吉思想的影响，所以要选择文官道路是出于为祖国服务的考虑。在他那个时代，很多人都认为担任公职是为社会服务，认为两者并不矛盾。

19 世纪 70 年代伦纳德在浦那担任法官时，参加了这里刚成立不久的政治组织浦那人民协会，并成了它的实际负责人，领导开展了多种活动。与此同时，他注重理论研究，结合印度实际，钻研了亚当·斯密、马尔萨斯、李嘉图和李斯特等著名西方经济学家的著作。正是在这个基础上，他吸收了这些名家学说的思想内容，对印度的贫困和振兴道路提出了自己的一套学说。这套理论可以称之为"农业附庸论"或"工业振兴论"。

他也和瑙罗吉一样，认为英国殖民剥削是造成印度贫穷和经济落后的根本原因。但他不认为财富外流是关键，而认为关键是英国压制印度工业发展，把印度变成它的农业附庸国。1893 年他写道："庞大的印度殖民地被当做一个种植园，种植原料供英国人用英国船运出，用英国技术和资本加工成制造品，再由英国商人运到殖民地，给他们在印度和别地方的相应的英国公司销售"。[①] 他说，印度人口众多，工业得不到发展，主要靠农业生存，而农业经营条件和技术水平非常落后，税负又重，承受不了过重的压力，因而造成连年饥荒。它反过来又影响工业，使工业发展缺乏资本、原料和市场。他认为改变印度经济落后状况的根本出路是发展民族工业，实现工业化。为此，要求印度人要有进取精神，敢于投资兴办民族工业和商业，特别是办大工业，认为只有大生产才能和外国竞争。他要求殖民政府考虑在印度的长远利益，给民族工业的发展提供各种方便，如实行保护关税政策，发放低息贷款，用补贴的办法鼓励发展新工业部门，向印度工厂加工订货，创办技术学院培养高级技术人才等。还要求英国资本来印度投资，帮助实现印度的工业化。他还主张改善信贷系统，使之现代化，以便于资金周转，适应工业发展的需要。土地问题在他的经济理论中占有重要地位。1880—1883 年，他写了许多文章阐述自己的主张。他认为，土地问题的解决原则必须和实现国家工业化的总目标一致起来，也就是说必须促进农村资本主义的发展。具体主张是："必须顺应不可避免的土地资本集中的潮流，"[②] 不应采取任何措施加以干预。土地兼并会产生大地主，但只要鼓励和引导他们在农业上投资，改进农业经营条

① B. Chandra, *Nationalism and Colonialism in Modern India,* New Delhi, 1979, p.106.

② M. Ranade, *Essays on Indian Economics,* Madras, 1906, p.227.

件，就有可能使地主转变为农业资本家，这正是国家工业发展的要求。他还主张把农民从债务罗网中解脱出来，以防发生阶级对抗，办法是广泛发展农村工业，容纳过剩劳力；建立农村信贷网，向农民提供信贷。总之，他发展农业资本主义道路的主张是以发展大地主土地所有制为前提，然后逐步向资本主义经营方式转变。这实质上是普鲁士道路，伦纳德的理论和瑙罗吉的理论在基本上是一致的，两者相互补充，构成了一个理论整体。印度资产阶级经济学家正是把他们两人作为印度经济理论的奠基人，他们的理论后来为国大党所遵循，成了它制定纲领政策的依据。

19 世纪 70—80 年代民族改良运动的另一突出进展，是新的地区性民族主义组织的建立和大规模政治鼓动的开展。原来各管区存在的民族主义组织成员构成太狭窄，斗争方式太软弱，缺乏对新形势的适应力。70—80 年代大批青年知识分子走出大学校门，他们中有不少人投入民族运动，成为新生力量。于是，出现了建立新的基础较广泛的地区性民族主义组织的要求。

孟加拉新组织的建立是和苏伦德拉特・班纳吉（1848—1952）的名字连在一起的。班纳吉出生在孟加拉一个婆罗门家庭，大学毕业后，去英国以优异成绩通过了文官考试，被任命为孟加拉一个县治安长官，但不久就被当局借故除名。他再去英国，想学法律，却被告知，除名文官没有进入法界的资格。这一连串打击使他逐渐醒悟，认识到自己的遭遇正是一个在外国统治下备受歧视、政治上没有丝毫权利的民族的缩影。从此他投身民族运动，决心为争取印度人的权利而斗争。1876 年他和阿南达・高士共同建立了一个新的组织，这就是印度协会。它迅速发展成为孟加拉第一大组织。在孟买管区，1870 年成立了浦那人民协会，领导人是加・瓦・卓施，后来还有伦纳德。1885 年，孟买管区协会成立，领导人是梅塔、帖兰和提亚勃吉。在马德拉斯，1884 年成立了新的组织，叫马德拉斯士绅会，主要领导人是 G．苏・阿叶尔、维・恰里阿尔、阿・恰鲁等。这几个新成立的组织，其基础都比老组织广泛，得到工业资本家积极支持，大批新涌现的青年知识分子参与其中。

这些新组织明确提出，民族要求光靠上书陈情是不够的，必须持续不断地鼓动，提出那些能给我国同胞带来持久利益的要求。班纳吉是个出色的演说家，他在各种集会上，深刻揭露印度人民在英国治下所遭受的歧视和屈辱，号召青年们起来争取印度的权利与自由。为了用生动的形象鼓舞青年，他讲述各国人民的斗争史，介绍英雄人物的事迹，最常讲的是意大利民族英雄马志尼。他要求青年们学习马志尼的精神，用宪政鼓动方法争取印度人应有的权利。1877—1878年，为反对当局降低文官考试年龄标准，他专程到北印度、旁遮普、孟买和马德拉斯进行巡回演说，呼吁展开全国性的政治鼓动，要求放宽文官考试年龄限制和在印度同时举行考试。他的活动得到各地区民族主义组织的热情支持，形成了有史以来第一次全国性的大规模政治鼓动。许多中小城镇、边远地区以前不曾卷入政治斗争浪潮的，这次都卷进来了。1878年殖民当局又颁布了两项镇压民族运动的法令：武器法和印度语种报刊法。班纳吉立即领导印度协会开展反对这两项法令的新的政治鼓动，还同来访的浦那人民协会的代表一起召开民族报刊会议，协调应对办法。

民族运动的发展不可避免地把建立全国统一组织的任务提上日程。从本质上说，这是随着民族资产阶级产生和民族运动的发展，资产阶级民族主义意识有了进一步增长的结果。上述各地的新的组织都有这种要求，行动得最早的是苏·班纳吉和他领导的印度协会。1883年12月他以印度协会的名义，在加尔各答发起召开了第一次印度国民会议。不过参加会议者主要还是印度协会在孟加拉以及北印度一些地区的地方组织，其他地区组织没有参加。因为在成立什么样的组织、如何成立的问题上当时正在报刊上热烈讨论，还没有一致认识。

当印度民族主义活动家正致力于推进印度组织的统一时，英国激进自由主义者休姆参加进来。他原为印度高级文官，1882年退休。政治上他是个资产阶级激进自由主义者，认为维护英国统治的关键在于逐步实行改革，把印度引上宪政发展道路，为此，就要争取中产阶级、知识界的合作和支持。正是从维护英国的根本利益出发，他主张建立全印政治组织，以便通过这个组织实现对话，并使印度资产阶级和知识界有一个表达自己的意愿的合法讲坛。他认为这样的组织可以起政府的合法反对派的作用，能够成为疏导人民群众不满的“安全阀”。他向印度许多活动家透露了自己的想法，自然得到赞同，因为当时印度的活动家所希望建立的统一组织，也正是这样一个能起合法反对派作用的组织，在目标上没有什么不同。休姆在英国上层社会有一定关系，他能帮助组织，则是求之不得的。这样，休姆很快就取得了发起建立统一组织的主导权。他广泛接触印度的活动家，商讨计划，又会见总督杜富林，取得同意和支持，为统一组织的成立开辟道路。

大约1885年初，休姆与印度的活动家首先一起建立了印度国民同盟，以其名义发出通告，定于12月在浦那召开印度国民同盟成立大会。1885年12月28日，印度国民同盟成立大会在孟买召开（因浦那发生时疫），正式改名为印度国民大

国大党成立大会，1885 年

会，这就宣告了印度国大党的诞生。参加成立大会的有达·瑙罗吉、费·梅塔、伍·彭纳吉、G. 苏·阿叶尔、帖兰、伦纳德等。大会通过的决议包括：请求英国政府派皇家委员会调查印度行政管理情况；取消英国印度事务大臣会议；扩大立法会议在财政和税收方面的立法和监督职权；各省立法会议增加民选成员名额；在英、印同时进行文官考试，放宽报考年龄限制等。孟加拉著名律师伍·彭纳吉被选为大会主席。会议结束时在休姆带领下为英国女王起立致敬。这表明，它和以往地区性民族主义组织相比，在性质上并没有什么变化。但参加大会的 72 名代表来自全国各省，使这个组织真正具有全国代表性。就在国大党成立大会开会时，以印度协会等孟加拉组织的名义召开的第二次印度国民会议也在加尔各答举行。印度国民会议一结束，班纳吉就代表它宣布参加国大党，承认国大党为全印统一组织。这就大大加固了国大党的基础，使它作为一个全国组织具有不容挑战的权威性。这次大会立下了一项不成文的先例：在会上只讨论政治、经济问题，不讨论容易引起磨擦的社会、宗教问题；只讨论全国性问题，不讨论地方性事务。这就为国大党定下了世俗主义和强调印度民族大团结的基调。如伍·彭纳吉在主席致词中说，国大党的中心使命是以民族团结的感情代替种性、宗教信仰和地方偏见的分裂因素，以便使整个印度民族得到进步发展。这一原则的确立就使国大党有可能成为广泛容纳各宗教、各社会阶层的，不带宗教色彩的民族主义政治组织。这两点显示了国大党的未来发展方向。

休姆的活动对国大党的建立起了积极作用，他担任国大党秘书长直到 1906 年。印度有人称他为“国大党之父”，这是过分夸大了他的作用，事实上他只是顺水推舟，促使已经酝酿很久的事情成熟。学术界还有另一种看法，认为他是殖民当局的别动队，或说国大党是殖民当局的“产儿”，这都是没有根据的杜撰。

国大党的成立对印度资产阶级民族解放运动的发展具有重大意义。这不是说，它当时就为运动提供了新的强有力的领导，在以后相当长一段时期内，并没有出现这种情况；而是指，一个统一的全印组织的出现本身就具有强烈影响。它成了全国民族主义力量的聚合点，成了传播和培育资产阶级民族主义的中心。印度人民从它身上，从它那还甚温和的活动中，感受到新潮流的气息，受到吸引，受到鼓舞，逐渐有越来越多的人自觉地投入这激荡的新潮流中。人们把国大党的成立看做是民族团结和新生的标志。正如马德拉斯著名活动家维·恰里阿尔所说：“我们现在开始认识到，尽管在语言、社会习俗上存在着差别，我们具有了各种因素，使我们真正形成一个民族。”[①] 另一位活动家G．苏·阿叶尔也说：“从今以后，我们能够用比以往任何时候都更确定的口吻谈论统一的印度民族，表达民族意见，反映民族期望。”[②] 资产阶级民族主义产生了国大党，国大党又以自己的活动滋润着、培育着资产阶级民族主义。在两者相互作用中，资产阶级民族运动得以一步步向前发展。

国大党的成立，标志着印度资产阶级民族主义运动进入全国性有组织发展的新时期。

国大党成立后，在头二十年内，其活动限于要求局部改良。在传播民族主义思想、推进民族要求、组织民族力量等方面，虽做了许多工作，取得了一定成绩，但和人们的巨大期望相比，进展是微不足道的。这是因为，国大党的构成比19世纪70—80年代各管区的政治组织更复杂。除了知识分子和资产阶级（两者占主导地位）外，还有自由派地主和持自由主义立场的英国人。它是资产阶级和自由派地主的政党。资产阶级本身当时还很软弱，还希望在英国的庇护下成长。自由派地主比资产阶级还保守。此外还有个更保守的势力在起制约作用，这就是以休姆为代表的英国人。这样构成的党，各种力量互相牵制，即便有人提出较激烈的目标，主张较激进的斗争方式，也是通不过的。这样，国大党的活动就只能归结为年复一年地通过原来已提出过的各式各样的要求改良的决议了。

尽管国大党的成立是英国统治者许可的，国大党成立后在提出各项要求时，所用语言是温和的，并且照例对英国统治表示感激和效忠，也照例伴随着决不赞

---

① B. Martin, *New India 1885*, Bombay, p.298.

② Ibid., p.298.

同武装斗争的保证，但殖民当局看到其在群众中的影响日益增长，害怕它成为未来的反英中心，因而从1888年起开始改变态度，企图把它扼杀于襁褓之中。但国大党没有屈服，而是顶住压力，坚持下去，终于挫败了当局的图谋。殖民政权见压制手段不能奏效，转而采取拉拢手段。1892年实行新的立法会议改革，把一些国大党著名活动家吸收进入了中央和省立法会议。国大党欢呼这项改革，可是他们更坚持自己的既定方针，相信只要持之以恒，就能够取得英国政府的更多让步。殖民当局的如意算盘再次落空。

四、穆斯林启蒙活动及其与国大党的关系

19世纪中期，资产阶级启蒙活动在经济发展水平相对落后的穆斯林社会中也开始了。

穆斯林社会经济发展和近代教育发展相对落后有历史的原因，其商业发展一直较弱，也有人为的原因，他们不甘丧失政治权力和思想文化上原来具有的优势地位，拒绝接受西方近代教育。这种人为的隔离要保持长久是不可能的。19世纪60—70年代，随着商品经济和资本主义关系在穆斯林中间也渐渐发展起来，穆斯林的封闭性被冲破。穆斯林子弟就读近代学校的日益增多。尽管在毕业生中穆斯林所占比例还十分微小，但毕竟从中产生出了新的知识分子。这就为穆斯林开始进行启蒙活动提供了可能性。

当穆斯林知识分子开始迈出这一步时，印度的政治形势和19世纪20—30年代印度教徒开始进行启蒙活动时相比，已有很大不同。印度教徒在接受近代教育方面已经取得了较大进展，在办学、办报、参加司法服务方面都把穆斯林远远撇在后面。穆斯林启蒙活动家更突出地感到穆斯林的落后。这使他们的活动从一开始就有双重的出发点，一是振兴印度，一是促进穆斯林的发展，提高穆斯林的地位，着重点是在后者。这两个目标本来是一致的，但由于把着重点放在后者，就潜藏着很大的矛盾，不过在一开始，一致的方面还是主要的。

穆斯林启蒙活动家最主要的人物是北印度的赛义德·阿赫默德汗和孟加拉的阿布杜尔·拉蒂夫、赛义德·阿米尔·阿里。赛义德·阿赫默德汗（1817—

1898）出身德里一个贵族家庭，原在殖民政权中任法官，1870 年退休，全力以直赴从事穆斯林复兴活动。阿布杜尔·拉蒂夫是作家，任加尔各答穆斯林学院英语和阿拉伯语教授。赛义德·阿米尔·阿里是个法官。他们都认为，改变穆斯林落后地位的关键是传播西方教育。为此，必须与殖民当局合作、接近，争取支持。1863 年阿布杜尔·拉蒂夫在加尔各答建立了文学社。这是第一个穆斯林启蒙团体，其宗旨明确规定，要关心当代政治，了解现代思想和知识。赛义德·阿赫默德汗 1864 年在北印度建立了科学社（最初叫翻译社），主要任务是把西方著名哲学、史学和经济学著作译成乌尔都语，供穆斯林阅读。1868—1870 年，他专程去英国了解其教育制度、政治制度和科学技术。回印后，创办了《社会改革家》报，大力鼓吹学习西方先进思想和科学，同时提倡用穆斯林一般群众使用的乌尔都语作为文学语言，来代替只有上层才能掌握的波斯语和阿拉伯语。他自己用乌尔都语写了许多著作，这样就使他的主张能够直接为一般群众所了解。赛义德·阿赫默德汗的更有意义的活动是 1877 年在阿里加建立了穆斯林英语—东方语学院，即著名的阿里加学院。这是第一所穆斯林近代类型的学院，目标是培养既掌握东方知识又掌握西方科学文化的穆斯林。推广西方教育和建立阿里加学院遭到穆斯林正统势力的激烈反对。保守的乌列玛认为这些行动和伊斯兰教义不相符，要求任何人都不要给赛义德·阿赫默德汗以帮助。赛义德·阿赫默德汗在重重困难面前没有气馁。他竭力论证《古兰经》不反对接受外来思想，和西方人接近并不违反教规，并严厉批判封建正统派的盲目自大情绪。他写道："穆斯林要社会错误地崇拜那些顽固傲慢分子的盲目性，以为世界所有民族都在他们之下。殊不知世界上任何民族都不是靠自己单个努力取得物质进步和精神幸福的。"他嘲笑顽固势力像井底之蛙，以为世界只有他们的眼界那么大，并激愤地指出："偏见和进步是水火不相容的。"① 尽管他受到正统派怒骂，被宣布为"异端"、"叛逆者"，穆斯林知识界和青年中还是有许多人拥护他，跟着他走。

赛义德·阿赫默德汗要求改革伊斯兰教的陈腐旧规，适应新的环境。他宣传的改革主张包括改革仪式，宗教教育与世俗教育相结合，取消多妻制，解放妇女。在经济方面，他特别强调促进贸易，采用西方科学技术，在农村采有现代科学耕种方法，等等。他还要求伊斯兰教各教派团结起来，求同存异，不要因看法不同而争执不休。他说："信仰上的差别不应成为不睦的根源，一个穆斯林只要

① *Journal of Modern Asia Studies*, Oxford, June 1968.

相信神和先知穆罕默德，就是我们的兄弟，就应该用神赋予我们的爱爱他。”[①] 他的阿里加学院既有逊尼派学生，又有叶派学生，各自保持自己的信仰，互不干预，这些都反映了穆斯林中倾向发展资本主义的新兴力量要求振兴伊斯兰教社会的强烈愿望。

赛义德·阿赫默德汗

在19世纪80年代上半期以前，赛义德·阿赫默德汗是印度各宗教、各民族大团结的拥护者，他建立的科学社包括印度教徒成员，阿里加学院也有印度教徒学生。1883年他说：“印度教徒兄弟和穆斯林共同呼吸印度的空气，共饮恒河和朱木纳河水，共食印度大地上出产的粮食，……印度教徒和穆斯林实际上属于一个民族。”[②] 又说：“要记住，印度教徒、穆斯林只是宗教称呼。换言之，所有住在这个国家的印度教徒、穆斯林，甚至基督教徒构成一个民族。那种只考虑宗教区别，把一个国家的居民看做两个不同民族的时代已一去不复返了。”[③] 他还举例说：“我们的祖国印度就像一个新娘。她的两个美丽的闪烁着光彩的眼睛就是印度教徒和穆斯林。”[④] 又有一次他讲到，“印度教徒和穆斯林是住在同一土地上，受同一个统治者统治，风雨同舟，患难与共”。“我们应当同心协力一致行动，如果联合就能相互支持，如果彼此反对就会共同灭亡”。[⑤] 这些话反映了他最初的民族主义立场，当时赢得印度教徒和穆斯林的一致赞扬（不过这一时期他偶尔也有与上面意思相左的讲话）。

赛义德·阿赫默德汗和阿布杜尔·拉蒂夫、赛义德·阿米尔·阿里也分别提出一些政治改革方面的要求。赛义德·阿米尔·阿里1877年在加尔各答建立了全国穆斯林协会，后改名为中央伊斯兰教协会，目的是团结所有穆斯林，用合法的和宪政的手段，促进穆斯林以及整个印度人民的利益。这是穆斯林第一个社会政治组织，它提出了一些改革要求，影响逐渐扩大。赛义德·阿赫默德汗认为英国的政治原则是法治，比莫卧儿的君主专制要好。但他也指出，由于不倾听印度的呼声，英国的法制“也是专制主义的”[⑥]。他渴望印度民族获得平等权利。他说：

① *Journal of Modern Asia Studies,* Oxford, June 1968.
② Tara Chand, *History of Freedom Movement in India,* V.2, New Delhi,1974, p.357.
③ R. Gopal, *Indian Muslims,* Bombay, 1959，p.48.
④ Tara Chand, op. cit., p.358.
⑤ G.A. Natesan, *Eminent Mussalmans,* Madras, p. 23.
⑥ *Journal of Modern Asian Studies,* Jule 1968.

“一个民族只要没有获得与统治种族平等和参加管理自己国家事务的权利，就不配获得荣誉和尊敬。”[①]1877年，印度协会特使苏·班纳吉访问北印度，进行关于反对降低文官考试年龄标准的鼓动，受到他的支持。他亲自主持会议，由班纳吉演讲。孟加拉在民族运动中走在最前列，他深为赞赏，称孟加拉知识界是民族解放运动的先锋，说正是“由于他们的工作，知识和自由得以复兴，爱国主义感情得以在全国传播，……他们确实是印度整个民族的精华”。[②]

赛义德·阿赫默德汗等启蒙活动家的这些活动，打破了穆斯林长期以来与外界脱离的闭塞状态，使他们开始接触新思潮，开始认识到自己的落后而奋起直追，这对促进广大穆斯林的政治觉醒，对促进印度民族运动向纵深方向发展都起了有益作用。

然而，穆斯林启蒙活动未能沿着这个方向继续前进。就在他们开始活动不久，一个重大的转折发生了。

转折发生在国大党成立后。当国大党的宪政改革主张在社会上获得越来越大的反响时，穆斯林启蒙活动家却认为这对穆斯林未来的地位构成了威胁。从这时起，他们的活动改变了角度，民族主义的内容淡薄了，他们唯一强调的是伊斯兰教派的利益。由此引出了一系列矛头指向国大党的言论和行动。

第一，提出“两个民族”论。这是为强调穆斯林的独特利益提供理论依据。赛义德·阿赫默德汗、阿布杜尔·拉蒂夫和阿米尔·阿里都说，穆斯林和印度教徒宗教不同，文化、语言不同，习俗不同，它们各自构成了单独的实体，各自形成独立的民族。这种新理论完全改变了他们原来的说法，表明在他们心中，教派利益的考虑已上升到首位，印度整体利益的考虑已降到次要地位了。

第二，提出代议制原则不适合印度国情论。赛义德·阿默赫德汗说，代议制也许是印度从英国统治者那里学到的最宝贵的东西，但不适用于印度，因为实行代议制需要有统一的民族，大致相同的文化水平，而印度并不是统一的民族，也没有同一的文化程度，因而，引进代议制不能产生任何好的结果，只能妨碍这个国家的和平、安定与繁荣，使人民中先进部分奴役落后部分。还说，国大党提出这个要求是无视历史和现实，这个要求对印度各民族，特别是对穆斯林充满危险和痛苦。他也反对文官考试制度，认为“现代意义上的教育并没有在人民各部

① R.Gopal, op. cit., p. 48.

② Vishnoo Bhagwan, *Indian Political Thinkers*, Delhi, 1976, p.95.

分间造成同等的或符合比例的进展”，在这种情况下举行考试，只能使印度教徒垄断绝大部分职位，而使穆斯林“处于依附地位”。① 穆斯林许多报刊公开宣布，国大党的宪政改革要求它们是不赞同的，决不能接受。

第三，把国大党说成是印度教徒组织，是为印度教徒谋私利的工具。国大党成立后有部分穆斯林参加其活动。赛义德·阿赫默德汗等则号召穆斯林不要参加国大党，并联合印度教地主势力开展反国大党活动。1888年，赛义德·阿赫默德汗联合伊斯兰教和印度教封建地主势力，建立了一个叫印度爱国者联合会的组织，其主要任务就是攻击国大党。这个组织把国大党说成穆斯林的敌人，把殖民统治者说成自己的保护者，宣称该组织的目标就是要加强英国统治，消除国大党煽起的反英情绪。1893年他又和英国人一起建立了穆斯林英印防卫协会，公开宣布其目标是防止国大党在穆斯林中进行政治鼓动，促进效忠英国的精神。

第四，提出维护穆斯林利益的根本道路是依靠英国统治者保护的主张。他们要求各级立法会议成员由当局任命；如果实行选举，就要求给予穆斯林和印度教徒以对等名额。还主张官员不要经过考试取得资格，而是由当局任命，在任命时要给予穆斯林更多机会，以便与印度教徒保持平衡。

第五，提出穆斯林当前任务是办教育，不是搞政治的口号。既然要依靠殖民统治者庇护，就没有必要搞政治斗争。1886年，赛义德·阿赫默德汗发起一年一度召开穆斯林全国教育会议，除推广西方教育本身外，也有吸引穆斯林的注意力、阻止他们参加国大党活动之意。

赛义德·阿赫默德汗等活动的转向在穆斯林中产生很大影响。不但旁遮普、联合省、孟加拉的多数穆斯林跟他们走，就是孟买和马德拉斯，也有许多穆斯林把他们看做权威，按他们的要求行事。国大党终于未能把全国穆斯林多数争取过来。

穆斯林启蒙活动家态度发生如此大的变化是有深刻的历史和现实原因的。这个原因可用两句话概括，这就是：穆斯林社会和印度教社会经济文化发展上差距的加大，使穆斯林上层感到自己的利益受到威胁，因而要利用宗教建立人为的壁垒，以维护自己的利益；这个冲突被殖民统治者有意加以利用，使之扩大化、尖锐化。这两种因素的结合就造成了穆斯林教派主义的兴起和发展。

当穆斯林启蒙活动家前一段强调宗教、民族团结时，他们并非不知道穆斯林

① V. Bhagwan, op. cit., p.97.

社会发展落后于印度教社会，但那时的差距远没有后来凸显。当经济上印度民族工业得到发展，政治上国大党的影响迅速扩大后，两者的差距急剧拉大，矛盾便上升到首位。不但穆斯林封建势力，而且新出现的资本主义因素都要求借助宗教保护自己的地位。这就形成了强大的压力，使启蒙活动家们不能不反映他们的要求。穆斯林启蒙活动家最初是把教派利益和民族利益并列，如今终于把教派利益置于民族利益之上。"宁要英国统治，决不要印度教徒多数统治"，这成了他们的座右铭。赛义德·阿赫默德汗在一次讲话中说："现在让我们设想一下，如果所有英国人都离开印度，谁将成为印度的统治者？两个民族——穆斯林和印度教徒在这种情况下能够平起平坐共享权力吗？肯定不能。必然是一个征服另一个，一个把另一个踢到一边。"① 腔调完全变了，较之以前，判若两人。

启蒙活动家转向教派主义也是殖民统治者挑唆、利用的结果。英国统治者在使用分而治之的伎俩上是很善于抓住不同时期的主要矛盾的。鉴于资产阶级民族主义运动兴起过程中穆斯林有疑虑，便乘机插手进来，进行挑拨，利用穆斯林上层来对抗国大党，以遏制民族运动的发展。这个新动向最早反映在1871年出版的英国殖民政权官员维·亨特尔写的《我们的印度穆斯林》一书里。作者明确提出，19世纪70年代的形势不同于大起义之后，必须在穆斯林上层中寻找和培植殖民统治的新支柱。70年代末80年代初，殖民当局开始采取这种新的政策。赛义德·阿赫默德汗等启蒙活动家提出的与当局合作，争取当局支持的方针，正适合殖民统治者接近穆斯林的需要。阿里加学院的建立就得到了英国殖民当局的赞助。总督瑙思布洛克给予10 000卢比的资助，作为奖学金。继任总督李通参加奠基礼。允诺照顾穆斯林"特殊利益"，是殖民当局拉拢穆斯林上层的重要手段。例如当中央伊斯兰教协会要求总督在选用文官中优先照顾穆斯林时，总督杜富林1885年就作出决定，要各级地方殖民政权尽力这样做，并授意高等法院在任命法官时也这样做。1894年，中央伊斯兰教协会又派代表晋见总督，要求立法会议选举和任命成员时照顾穆斯林，总督兰兹唐尼在回答中保证给穆斯林以"合理数量"的席位。赛义德·阿赫默德汗1878年、1881年两次被任命为总督立法会议成员，1889年又被授予勋章，这都是殖民当局经过精心考虑作出的安排。英国殖民当局还阴险地挑动穆斯林上层反国大党。如西北省省督柯尔文就说国大党只代表印度教徒。80年代，对赛义德·阿赫默德汗影响更直接的是一个叫伯克

① V. Bhagwan, op. cit., p.98.

的英国人。他担任阿里加学院院长，主编学院刊物，在该刊物上连篇累牍发表文章攻击国大党，并威吓穆斯林说，如果国大党的要求实现了，它“将成为比任何伊斯兰教皇帝都更残酷的专制暴君”①。他在赛义德·阿赫默德汗身边所起的作用，只要看看下面一段他写的极富蛊惑性的文字就一目了然。他写道：“国大党的目的是把这个国家的政权从英国人手里转到印度教徒手中。……对穆斯林和英国人来说，迫切的任务是联合起来，和这个鼓动者作斗争，防止引进任何不适合印度需要和特点的民主统治形式。”② 这就是他给穆斯林指的路！不难看出，他正是英国分而治之政策的一个不带官方头衔的执行人。

穆斯林启蒙活动家态度的变化使启蒙活动改变了方向，对穆斯林本身、对印度民族运动的发展都起了非常有害的作用。穆斯林投入政治活动原可以为印度民族运动增添劲旅，促进它的更大发展。然而，由于引导的错误，这支新崛起的力量却有自己的独特方向，在一定程度上对国大党的活动起了牵制甚至抵消的作用。

国大党从成立之日起就要争取穆斯林，但它低估了这个任务的复杂性，不是坚持不懈地采取措施，如加强和穆斯林各界人物的接触、协商，在提出各种要求时适当考虑穆斯林的观点等，而是盲目乐观，看到一些穆斯林参加国大党就宣称享有多数穆斯林的支持，以至与穆斯林上层距离越来越大，为英国殖民统治者插手挑拨留下了广阔空间。

---

① *Aligarh Institute Gazette*, July-December 1988.

② R. Gopal, op. cit., p.72.

第十三章

英国殖民剥削加强和1905—1908年民族运动高潮

一、英国资本输出和民族工业的初步发展

19世纪70年代英国对印资本输出急剧增长。1896年总投资额约2.94亿英镑，到第一次世界大战前达到4亿英镑以上。据霍德华的《印度与金本位》一书估计，1910年英人在印投资所得的利润、利息加上佣金、汇费、保险费及其他银行收入总计为4000万英镑。这个数字已大大超过英国对印度贸易所得的利润数，后者1913年总计为2800万英镑。这说明资本输出已上升为英国剥削印度的主要手段。

在印度的投资并非都直接用于生产领域。据乔治·派斯1911年1月在英国《皇家统计学杂志》上发表的估计材料，如以1909—1910年度投资总额为100，则投资项目类别构成为：殖民政权的英镑公债50%，铁路37.4%，种植园6.6%，矿产、石油1.8%，银行0.9%，工商业0.7%，其他1.5%。从这个材料可以看出，殖民政权的债务就占了总投资额的一半。殖民政权欠英国的债务1858—1859年

度为 1589 万英镑，到 1913 年增至 1.77 亿英镑。固然，这笔钱中的相当部分被用来回收私人修建的铁路和作为国家修建铁路和水利工程的投资，但纯属行政、军事开支的部分仍占相当大比重。

修铁路继续是最大的建设性投资项目。到 1901 年铁路已达 25 373 英里，投资总额为 2.26 亿英镑。仅利润每年就达 600 万英镑左右。修铁路用的铁轨、桥梁材料、机车等都由英国输入，甚至煤的一部分也由英国输入。19 世纪 80 年代后，私人公司修建的合同到期者，由国家收买。电报线的架设 1890—1891 年度增加到 3707 英里，基本上做到了各城市间都有电报线连通。

大型水利工程的兴建这一时期引人注目，构成另一重大投资项目。1901 年英属印度灌溉面积比 1876 年增加 1/3。全印度灌溉面积 4400 万英亩，其中政府兴修水利工程而形成的灌溉面积为 1170 万英亩。1900—1901 年度兴建了 39 个大型工程，仅旁遮普一省的投资就达 1.073 亿卢比，利润高达 10.5%。水利工程的修建不仅保证了更多原料输出，受益农民缴纳水税也构成了当局的一项新的收入。

英国资本投资工厂、矿山的比重仍然较低。主要投资部门还是黄麻纺织业和采煤业。黄麻厂到 1913—1914 年度有 64 个，织机 36 050 台，纱锭 744 789 枚。其产量已超过当时世界上最大的黄麻制品中心英国的丹地。英资开采的煤矿数量很多，但机械化程度低，产量不高。此外，在比哈尔、奥里萨还有一些云母矿，在海德拉巴、迈索尔有一些小金矿。

资本输出充分地利用了经理行的渠道。经理行不仅数量增多，而且，有一些大经理行在第一世界大战前已发展成为有相当实力的垄断集团。这可以说是英国资本在印度形成的一种主要垄断形式。19 世纪 80—90 年代，茶叶、黄麻纺织等部门建立了同业卡特尔，就销售、生产达成某种协定，不过不如经理行制度发展。

在印度开设私人银行是英国资本输出的另一重要形式。孟加拉、孟买、马德拉斯三个管区银行 1870—1900 年度吸收存款增加 1.3 倍。汇兑银行到 1900 年增加到 8 个，1870—1900 年度资本总额增加了六倍多。

资本输出极大地加强了英国对印度的经济控制。英国资本家既同殖民政权一起垄断印度几乎所有现代化交通手段，又有大经理行、大公司支配着国民经济的一系列部门，还掌握着作为金融中心的大银行。这样，就牢牢控制了印度的经济命脉。

民族资本依然主要局限于棉纺织业部门。到第一次世界大战前，全印棉纺织厂增加到 264 个，纱锭达 662 万枚，织机 96 700 台，绝大部分属于印资。印度工厂出产的棉布，1900—1901 年度是 4.206 亿码，1912—1913 年度增至 12.141 亿码。印度工厂产棉布和进口棉布在国内棉布消费总量中比重，1901—1912 年度分别为 11.9%、62.7%，到 1911—1912 年度改变为 23.3%、54%。然而就在这一时期，它遇到的困难越来越大。19 世纪末 20 世纪初，远东市场逐渐为日本纺织品占领，印度纺织品被挤出，不得不改外销为内销，并较多生产细布细纱与进口的英国细布细纱竞争。正是在这种困难时候，殖民当局又对印度纺织品加征 3.5% 的出厂税，使其在国内市场竞争中处于更不利的地位。印度棉布生产成本高，质量又不如英国布，销售面临严重困难。如果不是 1905 年司瓦德西运动起了促销作用，很难想象印度棉纺织厂主们能顺利通过这个难关，更不要说进一步发展了。司瓦德西运动即提倡国货运动，是靠人们的政治热情抑制英国布的销售，为印度布人为地扩大销路。然而随着运动被镇压，英国布卷土重来，印度布又陷入滞销困境。

司瓦德西运动中还建立了许多小工厂，如制糖厂、玻璃厂、造纸厂等，还有数以百计的小煤矿。虽然设备简陋，产量有限，也是人们爱国热情的一种表现。

这一时期民族工业最有意义的发展是塔塔家族开始创办重工业，特别是塔塔钢铁厂的建立。道拉勃·塔塔利用司瓦德西的大好形势为塔塔钢铁厂筹资，获得比预期更大的成功。这个厂 1911 年出铁，1912 年出钢，成了当时印度唯一的有一定规模的钢铁厂。1910 年后，塔塔家族又建立了水力发电站、水泥厂，为印资进入重工业领域奠定了初步基础。

19 世纪 80 年代印度人也开始办银行。这意味着传统的以商业高利贷家族为代表的旧信贷体系已不能适应形势的需要，金融业也顺应形势转到资本主义的轨道上来。一些商人模仿英国人建立股份银行，既是一种有利的投资形式，也是为了解决发展民族大工业缺乏资金的燃眉之急。司瓦德西运动推动印度人建立更多银行，较大的有印度银行、巴罗达银行、孟买商业银行、迈索尔银行等。虽然这些匆匆成立的金融机构能存留下来的为数有限，它毕竟使印度人积累了经验，进一步认识到银行在经济发展中的中枢作用。后来印度逐渐成长起来的大实业家无不把建立自己的银行作为首要任务看待，不能不说在一定程度上是得益于这种来自实践的切身体验。

二、反对分割孟加拉

19世纪末20世纪初，由于大量小资产阶级各阶层和青年知识分子加入国大党，为它灌注了新鲜血液，国大党内开始出现一个小资产阶级民主派。与国大党领导层不同，他们认为英国人虽然带来了某些积极因素，但长期的殖民统治和剥削造成了印度经济落后，人民极端贫困，殖民统治是独裁统治，印度人不但处于无权地位，而且饱尝亡国奴的痛楚。他们把国大党的改良主义要求和集会、上书、通过决议的斗争方式讥讽地称之为“乞讨”，提出了“不要乞讨要战斗”的口号。并认为现在是到了摒弃争取皮毛改革的要求，行动起来冲击殖民统治堡垒的时候了，国大党应该走到群众中，去发动广大群众进行坚决的斗争。这一派人被称为激进派，其主要领导人是巴尔·甘加达尔·提拉克、比平·钱德拉·帕尔、奥若宾多·高士和拉拉·拉吉帕特·拉伊。

提拉克（1856—1920）出生在马哈拉施特拉一个婆罗门知识分子家庭，从小就听到关于印度民族大起义的描述，对其中涌现出的民族英雄人物甚为钦佩。在孟买上大学时，他看到1877—1878年饥荒中无数人饿死，而英国殖民者却为女王兼任印度皇帝大搞豪华庆典，感到愤愤不平。从此，反对殖民统治、争取民族

提拉克（中）、比·帕尔（右）、拉·拉伊（左）

解放的思想在他心中扎下了根。毕业后他开始办学办报（英文的《马拉特人》报和马拉特文的《狮报》），从事爱国主义教育和宣传活动。办报使他广泛接触社会，开阔了眼界，越发认识到殖民统治的严重恶果。他痛苦地说："印度是被戕害的民族"，"正在外国人的压迫和暴虐下受苦"①。"我们丧失了我们的独立国家，……商业凋敝，工业衰败，光荣成了过去，财富损失殆尽。"② 他得出结论；印度落到这步田地，关键是丧失政治独立；要复兴印度，必须首先恢复政治独立。他说："只有一种药能治印度人民的病，这就是政权。它应当掌握在我们自己手中。"③ 国大党成立不久，他就参与了它的活动。使他失望的是，直到19世纪90年代中期国大党领导人还是只有改良要求，根本不愿考虑印度立这个根本问题。既然不能指望他们提出这方面的要求，提拉克就把这个任务自行担当起来。1895年他提出了争取"司瓦拉吉"（自主）的政治纲领，号召人民以西瓦吉为榜样，赶走未来统治者，恢复印度的独立。他的鼓动在马哈拉施特拉产生强大影响，那里成了小资产阶级激进派的中心之一。小资产阶级激进派活动的第二个中心是孟加拉，主要领导人之一的比·帕尔（1858—1932）生在一个印度教正统派家庭。早年参加梵杜，主张印度教改革。1887年参加国大党，1901年创办了英文周刊《新印度》。另一领导人奥·高士（1872—1950）出生在孟加拉一个医生家庭。在英国剑桥大学毕业后参加文官考试，虽成绩优异但未被录取，因为他在大学发表过几次爱国主义的演讲。1893年回印，任巴罗达学院副院长。在孟买《印度教之光》周报发表多篇文章，批评国大党的路线和斗争方式。反分割运动兴起后，他回到孟加拉而成为激进派领导人。激进派第三个活动中心在旁遮普。其领导人拉·拉伊（1865—1928）大学毕业后最初加入梵社，后参加国大党活动。他写了马志尼、加里波第和西瓦吉小传，把这些民族英雄形象传播到群众中，树为楷模。1904年创办《旁遮普报》，在宣传激进民族主义同时，进一步批评国大党的错误领导方针，赢得了"旁遮普之狮"的美名。在南印度的马德拉斯省也

奥若宾多·高士

① *The Voice of India*, January 1886.

② 苏联科学院东方研究所：《印度民族解放运动与提拉克的活动》，俄文版，莫斯科，1958年版，第526页。

③ 同上书，第563页。

有激进派，领导人为契达姆巴拉·皮莱，是个律师。

19世纪末20世纪初，英国在经济上加强对印度榨取的同时，政治上的控制也强化了。这除了印度国内的原因外，还有更深一层的考虑，就是英帝国的战略利益的考虑。

印度对大英帝国的重要性是多重的。除经济价值外，从一开始就还有极其重要的战略价值。印度幅员辽阔，人力物力资源雄厚，又处于欧亚非的交通要道上，从19世纪中期以来，就被英国当做在亚洲和东非扩大侵略的基地，被称为“东方海上的英国兵营”。从印度派出的军队参加过侵略中国和亚洲、非洲一系列国家的战争。到了帝国主义时期，印度作为英帝国的兵员和物资供应地，在英国的世界战略中更占有突出地位。这是英国无论金融寡头还是白厅决策者，无论执政党还是在野党都看得明白的。19世纪末20世纪初，亚洲人民的反殖斗争有日趋发展之势。英国统治者对印度的形势也感到不安。他们虽不认为国大党已构成现实威胁，但担心有朝一日会出现控制不了的形势。正是出于维护英国金融寡头在印度利益和大英帝国世界战略利益的考虑，伦敦决策者在90年代末期决定采取政治攻势，摧垮国大党，瓦解民族进步力量。1899年野心勃勃的帝国主义分子寇松被任命为印度总督，白厅交给他的就是这样的任务。寇松露骨地扬言：“我相信国大党正摇摇欲坠。我的抱负之一就是促使它寿终正寝。”① 在他走马上任前夕，英国事务大臣哈弥尔顿拍着他的肩膀说：“如果国大党在一年或两年内垮台了，你就是促其灭亡的主要功臣。”②

寇松上任伊始，就颁布了加尔各答市政局法，把民选代表比例削减一半，加强官方控制，使加尔各答民族主义力量多年斗争在这个机构中争到的支配地位化为乌有。1904年，修改了原来制定的《国务机密法》，扩大适用范围，把民族报刊置于当局更严密的钳制下。新法规定，凡登载批评殖民当局的文章，不论内容如何，都被看做是“煽动对政府的怀疑和仇恨”，编辑和作者都要被监禁。同年，又颁布《大学法》，把学校实际上置于官方控制之下。1905年在中央内务部下设置中央情报局，在各省成立刑事侦缉部，加强对人民的控制和镇压。他还着意拉拢王公，专门设立了王公学院，培养王公子弟，使他们在未来能更好地效忠英国统治。最后，也是最恶毒的一项措施，就是分割孟加拉省（当时还包括比哈尔、

① Tara Chand, *History of Freedom Movement in India,* V.3, New Delhi,1972, p.300.

② Ibid., p.296.

奥里萨、阿萨姆）即把这个省一分为二，把孟加拉东部几县划出，和阿萨姆一起构成东孟加拉和阿萨姆省，余下的孟加拉县份加上比哈尔、奥里萨为西孟加拉省。分割的理由据说是原省份太大，“不便管理”。这只是个借口，实际的目的，第一，要分裂孟加拉这个民族运动最发达地区的民族力量，第二，制造出宗教对立的两个省，挑动宗教矛盾，转移人们的视线。孟加拉全省有7800万人，印度教徒占多数。按照分割计划，东孟加拉和阿萨姆因穆斯林居住集中成了穆斯林占人口多数的省，西孟加拉是印度教徒占多数。两个省因居民多数的宗教不同会产生矛盾，甚至对立，这样就能转移民族斗争的大方向。

寇松的倒行逆施引起印度人民的强烈反对。1903—1904年孟加拉举行了上千次抗议集会，反对寇松的反动政策，特别是拟议中的对孟加拉的分割。国大党年会也通过决议，提出谴责。但寇松一意孤行，全然置印度人民的反对于不顾。

1905年8月7日，孟加拉各地区各阶层代表12 000人在加尔各答举行大会，决定开展抵制英货运动，以迫使当局撤销分割孟加拉的决定；同时提倡司瓦德西(意为自产)，号召使用国货。大会之后，抵制和司瓦德西运动便在孟加拉如火如荼地开展起来。

1905年10月26日是孟加拉分割法生效的日子。这一天被孟加拉各民族主义组织宣布为“国丧日”。整个加尔各答商人罢市，学生罢课，居民成群结队涌向街头，高呼“祖国万岁”口号，高唱《向祖国致敬》歌，举行示威游行。根据年轻的泰戈尔（即后来的著名印度诗人）的倡议，人们清早还涌向恒河沐浴，举行传统的缠腕带活动，象征东、西孟加拉团结。泰戈尔还特地写了一首歌曲，歌词为：“所有孟加拉兄弟姐妹们，让我们永远心连着心，永不离分。”这天，还举行抗议分割大会，通过了人民宣言，其中讲到要尽一切努力，反对肢解孟加拉，保持民族的团结一致。

孟加拉抵制英货运动开展得轰轰烈烈。到处成立了主要由爱国学生组成的志愿服务队。他们以各种形式宣传抵制英货意义，并在经营英货的商店门外设置纠察线，劝阻人们不买英货。对拒绝响应的商人实行社会抵制。各个城市都出现了国货商店。

抵制和司瓦德西运动由孟加拉扩展到其他地区。其中开展得较好的有孟买省、旁遮普省、联合省以及马德拉斯省的泰米尔兰德地区。以提拉克为代表的国大党激进派在其中起了重要作用。

三、抵制运动转变成民族革命运动

极进派把运动的突然到来看做是争取实现独立目标的好机会。运动开始不久，提拉克就在《狮报》上提出一个“四点纲领”，要求国大党采纳，以之指导运动。“四点纲领”即司瓦拉吉、司瓦德西、抵制和民族教育。他强调说，这四者地位中司瓦拉吉是目的，其他三项是实现目的的手段。关于抵制，他说抵制固然是为了迫使英国当局撤销分割法，但印度人受歧视、受压迫并不仅仅表现为分割孟加拉。印度人民只要仍处在英国统治下，撤销这个法令还会有另一个法令出现。

1906年，不顾国大党领导层的反对，激进派利用各种形式，在群众中大力宣传“四点纲领”。他们的打算是，只要这个纲领在群众中生根，就会在国大党内开花结果。这年，孟加拉流行大量反英传单和小册子。一份题为《谁是我们的国王》的传单在历数英国殖民者罪行后说：“他们吸吮我们的血，他们靠榨取我们的金钱而脑满肠肥。为什么我们应该服从这些邪恶的统治者”？“现在我们要站起来，我们必须管理自己的国家。”另一份标题叫《金色的孟加拉》的传单，号召孟加拉人民不分宗教，团结奋起，“把外国老爷们从城乡赶走，把政权掌握在自己手里。”[①] 这年，奥若宾多·高士从巴罗达土邦来到孟加拉，他主编《向祖国致敬报》，把它变成宣传“四点纲领”的最坚强的阵地。奥·高士着重强调，没有司瓦拉吉，民族的一切都没有保障。

1905年运动兴起后，激进派采取了积极的步骤发动工农，以扩大运动的范围。在激进派力量较强大的大城市，如孟买、浦那、加尔各答、阿迈达巴德等，派出了大量工作者到工厂鼓动。这些工作者深入工棚，散发传单，召开秘密会议，在工人集会中讲话，指出工人改善地位的根本前提是实现司瓦拉吉。如契·皮莱在梯涅维里工人集会上说，工人受压迫是因为英国统治限制了这个国家的经济发展，“只有实现司瓦拉吉，才能改善工人地位”。[②]

① Ahluwalia, *Freedom Struggle in India*, p.286.

② *Times of India*, April 21, 1908.

激进派发动工人的工作不久就取得显著成效。1905 年前，工人的罢工完全是经济斗争。从 1906 年起，罢工开始带有反殖政治斗争内容。

对农民的发动工作较弱一些，但也做了相当努力。1905 年在孟加拉、马哈拉施特拉有些农村，农民经常举行集会，听“城里来的人”演讲。农村市场上的英国货受到抵制，销售不出，农民普遍要求供应国货。英国报刊报道，孟加拉的抵制运动已扩展到“遥远的乡村”。

工人农民一定程度的发动扩大了运动规模，他们把自己的阶级要求和斗争方式带到运动中来，为它增添了新的内容，加强了运动的战斗性。工农的发动还使小资产阶级激进派的力量得到加强，从而壮大了运动的左翼。

由于激进派的努力，1906 年，要求司瓦拉吉已成为普遍呼声。激进派还提名提拉克为国大党 1906 年年会主席候选人，显然是要夺取国大党领导权。国大党领导层鉴于提拉克威望甚高，无法阻挡，只得请在英国的国大党元老瑙罗吉前来压阵。瑙罗吉被一致选举为 1906 年年会主席。然而这位元老也不能不反映新气候。20 世纪初的形势发展和他多年的斗争实践已使他得出结论：英国殖民统治是印度的“主要祸害”，“自治是把印度从灾难和错误中拯救出来的惟一道路。”① 他在年会上发表的主席讲话中说，印度人民的要求整个来说可以归结为一句话：“自治或司瓦拉吉。”② 就在这次年会上，国大党终于前进一步，第一次通过了要求印度自治的决议，并通过了司瓦德西、抵制和民族教育等项决议。这意味着国大党领导层终于接受了“四点纲领”。

随着运动的发展，实现司瓦拉吉采取什么道路成了理论上和实践上都亟待解决的问题。提拉克此前曾反复考虑在印度实行武装斗争的可能性，他的结论是，对这种可能性原则上不应排斥，但现实没有条件实行，因为人民还没有组织，没有武装，没有团结起来。抵制和司瓦德西运动的开展使他受到启示。在充分考虑了印度现实条件后，1905 年末，他提出了消极抵抗道路的主张。消极抵抗思想是建立在这样的认识的基础上，即：为数不多的英国人所以能对这个有三亿人口的大国实行统治，是由于得到印度人的协助。如果印度人都起来说“不”，英国统治就会垮台。提拉克说：“我们将拒绝用印度人的鲜血和金钱协助他们在印度境内外作战，拒绝协助他们维持治安，将建立自己的法庭，当时机到来时，将拒

① B. Prasad, *Bondage and Freedon*, New Delhl, 1979, p.307.

② *Congress Presidential Addresses from the Foundation to the Silver Jubilee, Containing Full text of the Presidential Addresses From 1885 to 1910,* Madras,1935, p.724.

绝纳税”，只要大家一致行动，通过消极抵抗，就能“造成使英国官僚统治成为不可能的条件”①。他要求人民准备入狱，准备受苦。

这一思想提出后，极进派即广为宣传，并努力把正在开展的抵制运动变为实现消极抵抗的开端。在宣传中，一些领导人又做了自己的发挥。如比·帕尔提出，消极抵抗应包括放弃一切公职和称号，抵制国家机关、法庭、国立学校，还主张建立平行的国家机关。他说：“否定性的工作要做，积极训练也要做。我们的纲领还应包括建立人民的权力机关，它应独立于现存的政权机关，和它平行地开展活动。”② 奥若宾多·高士的发挥更富有创造性。他提出了消极抵抗可以转变为武装抵抗的论点。

1906—1907 年抵制英货发展到高峰，司瓦德西呼声回响全印。在许多城市，堆积如山的英国纺织品和烟、糖、盐被当众焚烧。熊熊烈焰伴随着震耳欲聋的欢呼声冲向天空。

抵制运动也扩大到教育领域，出现了抵制公立学校，兴办民族教育的热潮。1906 年孟加拉建立了包括文、理、工科的民族学院，作为建立大学的第一步。还建立了一所民族技术学院，培养兴办实业的技术人才。到 1908 年，孟加拉建立的民族中学有 53 所。

1907 年，工农群众的斗争加强。在旁遮普，拉·拉伊、阿·辛格号召农民抗税，得到热烈响应。农民政治积极性空前高涨，积极参加抵制和集会。阿·辛格因势利导，在拉瓦尔品第的一次群众大会上，号召印度教徒、锡克教徒、穆斯林、印度士兵、政府职员团结起来，抵制殖民政权，实现司瓦拉吉目标。殖民当局图谋迫害阿·辛格等，5 月 1 日拉瓦尔品第的群众举行抗议示威，有 3000 人参加，包括铁路工人、学生、城市贫民和郊区农民。当警察用大头棒驱散游行队伍时，示威群众以棍棒、石头自卫，几乎发展成武装起义。在加尔各答，1907 年 9—10 月，为抗议当局逮捕比·帕尔，接连举行集会示威。10 月 2 日的示威演变成和警察的街垒战。冲突持续到第二天，市内交通中断，不少警察反戈，加入群众行列。当局动用军队，才被群众的反抗镇压下去。

1905 年开始的这场斗争，还有一个新的因素参与，这就是秘密革命组织的大量出现。秘密革命组织主要由国大党外的青年知识分子组成，以发动武装斗争

---

① D.V. Tamankar, *Lokamanya Tilak,* London, 1956, p.115.

② B.Pal, *Swadeshi and Swaraj,* Calcutta, 1954, p.138.

推翻殖民统治为目标。19 世纪末这种组织就已出现，但大量涌现和展开活动是在这场斗争高潮中。

郭克雷

形势的发展不但使统治者感到惊慌，也使国大党领导人忐忑不安。1906 年自由党在英国执政，为瓦解运动，宣布打算在印度实行立法会议的新的改革。在这紧要关头，国大党领导人不愿再前进了，便趁势抓住这个伸过来的橄榄枝，谋求与当局妥协。1907 年，苏·班纳吉和国大党另一领导人郭克雷分别在印度和英国会见英国上层，答应停止运动以便改革能够实现。正是在这种背景下，在 1907 年年会上，国大党领导人利用当时偶然发生的争执，制造分裂，把激进派排除出国大党，自己退出了运动。

殖民当局自运动开始就把主要矛头指向激进派和秘密革命组织。在国大党还保持统一的时候，他们使用镇压手段还不能不有所顾虑，国大党分裂后，便肆无忌惮地对革命力量发动进攻。奥·高士、比·帕尔、契·皮莱等一大批激进派领导人被捕，革命报刊被查禁。这种疯狂镇压导致秘密革命组织走上个人恐怖道路。1908 年后，暗杀殖民政权官员、法官、警官的事件接连不断。但这只能为当局进一步镇压提供口实和线索。秘密革命组织几乎全被破坏，其成员大批被送上绞刑架，或流放，或终身监禁。1908 年 7 月当局最后以“煽动叛乱”罪，逮捕提拉克并判 6 年监禁。

孟买工人做了最后努力来挽救局势。7 月 23—29 日，10 万工人举行 6 天政治总罢工，作为对当局对提拉克判刑的回答。这一壮举是 1905—1908 年斗争高潮的最高点，也是运动的终结点。

1905—1908 年运动失败首先是因为印度资产阶级此时还没有革命的要求，在被汹涌的大潮推着前进时，始终三心二意，顾虑重重，唯恐运动深入会引起英国报复，有碍于民族资本主义的发展。他们对抵制和司瓦德西热情较高，从中得到经济实惠后就心满意足，不想再有更高要求。运动的失败也因为小资产阶级及其知识分子本身的软弱。在印度，由于资产阶级经济上有相当实力，政治上控制国大党，小资产阶级在各方面都依附于资产阶级。由于认识这一点，激进派从来没有想到独立领导运动，即便不得已起来争夺领导权时，也仍然希望拉着资产阶级一同领导。小资产阶级及其知识分子可以在一定阶段充当革命的先锋队，但要领导运动取得胜利是很少可能的。

这场斗争虽然失败，但在印度民族运动史上意义重大，影响深远。它标志着印度民族的觉醒，小资产阶级群众和工农群众在资产阶级民族主义旗帜下奋起斗争，这在印度历史上还是第一次；它把印度民族运动由争取改良阶段推进到革命阶段，开辟了民族革命的历史新时期；激进派从斗争纲领到斗争方式上都有很多创新，对后来甘地领导的斗争有很大影响；它还给民族工商业以直接而有力的推动，开创了以民族运动促进民族资本发展的先河。这场斗争在亚洲民族运动史上也占有重要地位，构成了20世纪初亚洲觉醒的重要组成部分。

在镇压了运动之后，1909年5月，殖民当局向温和派许诺的立法会议改革法出台。它规定扩大中央立法会议和省立法会议规模并增加民选成员比例。为挑动宗教冲突和分裂民族力量，这个法案第一次为穆斯林设立了单独选举区。

改革远不能消除小资产阶级和下层群众的反英情绪。秘密革命组织的暗杀活动有增无减，当局一再颁布高压法令，仍无力制止。1911年英国上层不得不采取新的抚慰措施：这年英王乔治五世访印，在古都德里举行觐见大典，宣布撤销东、西孟加拉省建制，改为建立三个行省，即孟加拉省、比哈尔省和奥里萨省。还宣布把英属印度的首都由加尔各答迁到德里。前者实际上是撤销孟加拉分割法令，是为了消除激起不满的热点；后者是为了造成一种尊重印度传统的表象，以取得印度人特别是穆斯林的好感。

国大党上层对英王无限感激。秘密革命组织则不为所惑。1912年当总督的迁都队伍列鼓号齐鸣进入德里时，秘密革命组织成员的一颗炸弹使他身负重伤。这就是他们对殖民当局新策略的回答。

四、穆斯林联盟的成立及其内部新兴力量的出现

穆斯林上层与国大党的对立在19世纪末已成为民族运动中的一个严重问题。1899年寇松任总督后，变本加厉推行挑动教派冲突的政策。分割孟加拉的目的之一就在于此。为解除孟加拉穆斯林上层误解，1904年他特地赴东孟加拉游说，向穆斯林封建主面授机宜，说明分割对穆斯林非常有“好处”，是使孟加拉的穆

斯林有一个自己的政治实体。结果，孟加拉大多数穆斯林封建主和知识分子接受其挑动，都转到支持分割的立场上。

反分割运动开展后，穆斯林上层出面为分割辩护，甚至为之欢呼，给运动的开展制造困难。但运动还是开展得有声有色。殖民统治者一计不成又生一计，1906 年在英国的印度事务大臣摩莱放出打算改组印度立法会议的风声后，即授意穆斯林上层组织一个代表团晋见总督，提出穆斯林的愿望和要求。这样的代表团迅速组成。1906 年 12 月，代表团向总督提出如下要求：在确定穆斯林在各级立法会议应享有的席位时，不但要考虑穆斯林所占人口比例，而且要考虑它在政治上的重要性；不通过竞争考试，直接任命穆斯林担任各级文官。总督当即表示在原则上应允这些要求。

这次晋见后，穆斯林领导人决定立即建立一个全印穆斯林组织，以便在即将到来的立法会议选举中代表穆斯林的利益。1906 年 12 月 30 日，在穆斯林教育会议结束后召开了政治会议，会上成立了全印穆斯林联盟。1907 年 12 月，穆斯林联盟在卡拉奇和阿里加召开首次年会，通过了盟章，成立了中央理事会，阿加汗当选为常任主席。这样，全印穆斯林的政治组织就在“维护穆斯林利益”的口号声中出现了。

穆斯林联盟成立后，把要求建立穆斯林单独选举区和实现总督承诺作为首要任务。这正符合总督的心意。1909 年颁布的印度会议法给穆斯林上层送去了他们梦寐以求的单独选举区的“礼物”。此举的直接后果是使穆斯林联盟和国大党的政治分歧空前的深化。

穆斯林联盟成立几年后，在其内部成长起了一股新兴力量，即青年穆斯林一代。他们开始反映正在出现的穆斯林资产阶级的愿望，也反映一部分穆斯林群众的泛伊斯兰情绪，后者是由英国对西亚、北非穆斯林国家的不公正态度引起。其代表人物有阿布尔·卡拉姆·阿扎德、邵克特·阿里和穆罕默德·阿里兄弟、穆罕默德·阿里·真纳等。阿扎德（1888—1958）出生于一个著名学者家庭，年轻时就力图摆脱伊斯兰教正统的束缚。阿扎德就是他给自己取的笔名，意为自由。1905 年他加入了孟加拉一个反英秘密组织，在穆斯林青年中开展工作。1908 年他到伊拉克、埃及、土耳其等国访问，深受泛伊斯兰运动影响，认为英国是穆斯林的敌人。回国后在加尔各答创办《新月报》，在穆斯林中有很大影响。阿里兄弟出身于封建主和官吏家庭，都是阿里加学院的毕业生。穆罕默德·阿里（1878—1931）留学英国，回国后在加尔各答创办了《同志报》。穆罕默德·阿里·真纳（1876—1948）出身于卡提阿瓦半岛一个商人家庭，1892年去英国留学，回国后当律师。对赛义德·阿赫默德汗后来的观点不以为然。孟加拉掀起反分割斗争后参加了国大党，给1906年国大党年会主席瑙罗吉做秘书。1913年参加了穆斯林联盟后，积极促进穆斯林联盟与国大党的携手，被国大党领导人郭克雷誉为“印度教徒—穆斯林团结的友好使者”①。这些新生力量一致认为，印度只有争得自治才能进步繁荣，穆斯林只有参加争取独立的斗争才能获得真正的利益。他们要求穆斯林成为爱国者和战士，与国大党团结起来，共同为争取印度的自由而斗争。这些新主张强烈地震动了穆斯林各阶层，到1913年便在穆斯林联盟中占了上风，使它的政策发生了明显的转变。1913年3月，穆斯林联盟勒克瑙年会通过了主张印度自治的决议。其中规定，穆斯林联盟的奋斗目标是通过宪政手段，争取建立适合印度的自治制度。并强调，要通过与其他教派合作来实现这一目标。

既然在争取自治的目标上趋于一致，穆斯林联盟、国大党两组织在友好的气氛下接触便有了可能性。这种接触在这次年会后就开始了。

自然，穆斯林联盟政策转变并不意味着它不再是教派政治组织。它的目标一面是民族主义的，另一面还是教派主义的，强调为穆斯林谋利益。穆斯林社会落后于印度教社会是个客观现实，上层的利益冲突也是个客观现实，即便穆斯林资产阶级也处在上层利益冲突的矛盾中，并受穆斯林封建势力制约。所以穆斯林联盟和国大党两组织要真正实现合作绝不是一件容易的事。

五、第一次世界大战后经济的发展与动荡

第一次世界大战对印度经济发展有正反两方面的影响。战争一开始，英国就最广泛地利用印度的人力、物力和财力，来满足它的军事需要。大战中，征募新兵1 161 789人，派出海外作战的1 215 338人，死伤101 439人。这不但使印度大量青壮劳力离开生产战线，而且使军费开支每年达3000万英镑之多。战争期

① H. Bolitho, *Jinnah: Creator of Pakistan,* London, 1964, p.75.

间，英国对印度的物资掠夺是耗竭性的，不仅农产品、纺织品、皮革制品、钢材等军需物资由国家统购或通过市场压价收购，还突击开采矿产，大量抽走原准备在印度使用的交通器材。英国当局和英印殖民当局还演出双簧剧，由后者代表印度向前者“馈赠”1亿英镑，作为“战时贡献”。1918年又捐赠4500万英镑，英国动用了1550万英镑。两者合计11 550万英镑。这个数字超过大战期间印度平均每年赋税收入总额。土邦王公另有贡献。连总督哈定都不能不承认，整个印度都被英国作战部“搜罗一空”。自然，所有这些战争花费和贡献都被当局以增税等形式转嫁到印度人民头上。

战争爆发之初，由于外贸关系突然被打断，引起输出的急剧减少和农产品价格暴跌，农民损失惨重，民族工业产品的市场大大缩小，加之工厂进口设备和辅助材料中断，结果造成生产紊乱，企业濒临危机。但是，战争的爆发却也给印度工厂企业带来了好处：来自英国产品的竞争大大削弱，军事订货和供应军需扩大了企业的国内外销路；农产品原料价格总体上说下跌，工业品价格上涨；英国资本输出减少，等等。这一切，为印度的工业发展造成了某些机会。

大战中得益最大的是现有的主要工业部门黄麻纺织业、棉纺织业和钢铁业。这些部门得到的订货最多，产量都有大幅度增加。收购和供应战争物资也使商业颇为活跃。

大战中英国对印度的物资需要和印度在大战中的作用促使英国统治者重新审定自己的政策，采取在一定程度上促进印度工业发展的新方针。以往殖民政权关心的只是如何把印度开拓成英国的商品市场、原料产地和投资场所，从未通盘考虑（甚至从剥削角度）发展印度工业的问题。战争暴露出：印度工业不发展，一旦和外部世界的联系受阻，会发生怎样的混乱；另一方面又表明，幸亏印度工业有一定发展，才能帮助英国解决军需供应的困难，英国统治者知道，未来国际冲突不会减弱，发生新的世界大战是很可能的。只有使印度工业得到进一步发展，才能使之更充分地起到英国供应基地的作用。

1916年5月，当大战还在进行时，英印当局就第一次任命一个工业调查委员会，考察印度工业发展的潜力，研究国家应采取的政策。1918年委员会发表的调查报告提出两个基本建议：政府应在工业发展中起积极作用；建立相应的管理机构并发展科技力量。从这时起，英国殖民政权的经济政策发生了变动。

第一次世界大战后，沿这个方向采取的措施有：把各省的工业管理划归省工业部长负责；总督参事会建立工业部，起协调和宏观指导作用；规定政府各部门所需物品尽量在印度购买；提高进口税，1917 年棉布进口税由 3.5% 提高到 7.5%，对印度纺织品征收的出厂税维持 3.5% 不变，1921 年商品进口税总税率升到 11%，1922 年升到 15%；实行保护关税等。后者是最重要的。英国政府任命的委员会提出了实行保护的三原则，即原料、市场不成问题，有发展前途；属急需产品，但没有保护难以发展；经过一段时间可以不需保护而独立发展。这种政策被称为“区别保护”或“选择性保护”政策。1924 年，钢铁业、棉纺织业、造纸业、火柴业、制糖业等 9 个部门获准保护，这些部门的外来产品的进口税被大幅度提高，导致进口急剧减少。许多部门如玻璃、水泥、采煤、毛纺织等要求保护，被以这种或那种理由拒绝。综观保护政策实施情况，可以说，英国赞成保护的部门，大都是受英国以外其他国家（如日本、美国）产品竞争的部门；不赞成的大都是英国产品竞争的部门。当局尽管要发展印度工业，也不愿英国工厂的利益受到损害。在有些情况下（如棉纺织业），英国工厂主不可避免地要受到影响，当局的解决办法是对英货特惠，如棉织品，英国货的进口税只及日本货、美国货进口税的 70% 左右。这种露骨的做法遭到印度及其他国家商界的强烈指责。为了掩饰，1932 年英国把印度拉入帝国特惠体系，以互惠为名，行对英国货特惠之实。保护关税不仅是印人受益，在被保护的那 9 个部门有产业的英国人同样受益。《1935 年印度政府法》明确规定，在印英资企业在一切方面享有印资企业享有的同等待遇，换言之，印度民族力量争取到的一切保护措施英人都可坐享其成。

第一次世界大战后的二十年中，印度工业得到了相当大的发展。这段时期发展也不平衡，大致可分为两个阶段：头几年较大发展时期和随后的动荡发展时期。战后印度经济转入正常轨道，百废待兴，市场广阔，出现工业勃兴是不难理解的。英国资本趁机大肆扩张，兴办各种企业，成立大量公司，形成前所未有的“大创业”高潮。1921—1923 年每年平均输出资本 3020 万英镑（包括少量对锡兰输出额），是英国对印度资本输出史上创纪录的几年。民族工业在战时积累了大量资本，战后也以较快速度增长。在印度登记的公司数（包括英资印资）1918—1919 年度为 2789 个，实收资本 10.6 亿卢比，到 1921—1922 年度公司数增加到 5189 个，实收资本达 23.05 亿卢比。棉纺织厂战后大量增加设备。塔塔钢铁厂则实行了改建扩建计划。

战后初期高潮未能持久，20 世纪 20 年代中期开始了动荡时期。战后外国货物卷土重来，其势凶猛，很快对印度几乎所有工业部门构成严重威胁。国内市场需求量受消费能力限制，并非如想象的那样大，许多产品滞销，造成资金大量积压，影响生产的正常进行。设备进口也不是一帆风顺，价格抬得过高，使创业花费过重，生产成本增加。所有这些因素都阻碍了工业持续发展。许多企业经受不了这样的压力而垮台。

1929—1933 年，世界经济危机的影响扩及印度，给印度工业发展带来了新的打击。经济危机降低了国外市场对印度农产品的需求，造成农产品价格的大幅度跌落，严重影响了国内购买力，加重了棉纺织等工业销售方面的困难。更有甚者，日本依靠通货贬值在印度倾销其纺织品，作为转嫁危机的一种手段，棉布价格几乎与原棉相等，很快抢去了印度的一部分市场。这一切使棉纺织业及其他工业面临严重危机。只是在保护关税扩大到棉纺织、制糖、丝织等部门后，这些部门才得以渡过难关。更多部门申请保护遭到拒绝，即使没有垮台，也处于停滞不前的状态中。

1937—1938 年，新的世界经济危机再次冲击印度，造成印度工业发展的新的动荡。由于农产品输出受到严重影响，国内市场再度萎缩，造成许多厂开工不足，生产下降。只是由于第二次世界大战爆发才使局面得以改变。

这一段时期，有动荡也有发展。如果英国当局能在更多部门实行保护关税，整个形势会好得多。不过，整个说来，没有出现企业大面积破产现象。主要的工业部门棉纺织业、钢铁业等，由于享受保护关税还有发展。如棉纺织业 1929—1938 年，纱锭由 870 万枚增至 970 万枚，织机由 17 万台增至 19 万台，从业人数由 35 万人增加到 44 万人。1933—1934 年度在全国棉布总消费量中，印度工厂产布占 56%，手工织布占 28%，输入布只占 16%。到 1939—1940 年度，三者比率进一步改变为：印度工厂产布 61.4%，手工织布 29.4%，输入布 9.2% 。这就是说，到第二次世界大战前，输入布在印度市场上已降到无足轻重地位。钢铁业方面，塔塔钢铁厂 1929—1932 年每年产钢 60 万吨，1936—1938 年每年产钢 70 万吨以上。1929 年塔塔钢铁厂提供的钢占印度总消费量的 30%，到 1939 年上升到 75%，这也是个可观的进展。

大工业中，这一时期有较大发展的是制糖业、水泥业。这两个部门很快发展为印度工业的新台柱。其他部门也有发展，但比较缓慢。至于小企业，在 20 世纪 20 年代中期至 30 年代末期，总的趋势是大量增加，但波动起伏，动荡不定，有生有灭。1934 年全印工厂共 8658 家，从业人数 108.7 万人，到 1939 年，工厂数增至 10 466 家，从业人数增至 175.1 万人。

到1939年，印度大工业主要产量如下：钢78.1万吨，棉纱12.64亿磅，棉布41.16亿码，黄麻制品118.9万吨，食糖69.5万吨，水泥172万吨，煤2776.8万吨，硫酸58.7万吨，电力25.32亿度。

之所以能在动荡中发展，除得益于保护关税外，国大党倡导的司瓦德西运动也起到了重要作用。1931—1935年第二次不合作运动时期，马德拉斯建立了31家纺织厂。甘地关于全面发展乡村工业的呼吁正是数以千计的小企业出现的重要原因。

两次大战间，印度银行业也有相当发展。第一次世界大战后，殖民政权认识到，印度没有中央银行为国家宏观控制经济带来一定困难。1921年当局把孟加拉等三个管区银行合并，建立印度帝国银行。它还是私人商业银行性质，殖民政权授权它执行部分中央银行职能。1935年，当局又前进一步，建立了印度储备银行。当时，在英国金融界和实业界占主导地位的观点是，中央银行国有会使它屈从政治压力，于国家对经济的宏观管理不利。所以，印度储备银行仍定为私人股份制银行，资本5000万卢比，每股100卢比，在全国发行。中央董事会中，总督可任命5名董事，银行总裁和两名副总裁由总督根据董事会推荐任命。储备银行被授予所有中央银行职能，同时被禁止直接参与各种商业信贷活动。印度现代银行系统的发展至此趋于完备。原授予印度帝国银行的国家金融职能都转归储备银行，帝国银行又复成为纯粹的私人商业银行，也是当时实力最雄厚的商业银行。印度储备银行、印度帝国银行以及几家大英资汇兑银行一起，构成印度银行巨头，成为全国金融活动的神经中枢。印资银行战后初期曾有一定发展，然而，工业动荡时期的到来也带来了印资银行业的动荡，能存在下来的只有少数较大的银行。

两次大战间，印度外贸波动很大，变化很大。总的趋势是英国要竭力维持和充分利用它的印度大市场，而印度随着工业发展，扩大了多边贸易，对英国经济上依附程度逐渐减弱。据1937年统计材料，英国在印度输出总额中所占比重仅为34%，在输入总额中仅为30%。日本和美国在印度输出入中的地位相对增强。当然，英国仍占支配地位，在输出入绝对量上远非后两者所能及。

两次大战间印度交通建设又有新的发展。除继续扩展铁路外，公路建设、水上运输都有长足进展。1932年还首次开辟了国内航空线。20世纪30年代开始使用无线电技术，建立了国家广播电台。

20世纪30年代，英国对印资本输出达到顶峰。据英国经济学杂志《统计学家》估计，到1939年投资总额为10.71—11.2亿英镑。经理行势力得到了最充分的发展，一个个大经理行都成了包罗万象的大财团。据30年代初统计，25家英国大经理行控制了各种公司共373家。其中马克·里奥德公司控制60家，资本950万卢比；邓肯兄弟公司控制54家，资本1350万卢比。经理行还与银行建立了密切关系，一般都在大银行中投资，握有大量股票。

印度民族资本在两次大战期间有了较大发展。这不仅是利用了第一次世界大战后复兴和殖民政权调整政策的有利形势，还因为第一次世界大战后民族运动的蓬勃开展为民族工业提供了强大的推动力。民族资本的增长在数量上比不过英国资本，但速度较快。塔塔钢铁厂在更新设备后，生产能力扩大，并购置了大片煤田，保证了产量稳步上升。在电力供应方面，塔塔家族的电力公司独占鳌头，这个优势一直保持下来。两次大战间民族资本获得较大发展的新工业部门是制糖、水泥和化学。到1939年印度糖厂增加到145家，产量自给有余，开始出口。水泥业因受战后建筑业发展的刺激出现热潮，很快形成以塔塔家族为首的联合水泥公司和达尔米亚水泥公司并雄的局面，水泥产量基本上已能满足国内消费。塔塔家族建立了化学公司，规模较大，与英资的帝国化学公司并驾齐驱，在化学界共占领导地位。正是在这个发展中，民族资本也逐渐形成了自己的大财团。最早形成的是塔塔财团，在第一次世界大战结束时已经形成。到第二次世界大战前，塔塔父子公司共控制25家公司，实收资本达1.046亿卢比，不但成为民族资本的魁首，就单个经理行而言，其实力已远远超过任何英资大经理行。30年代又有了几个大财团形成，其中居首位的是比尔拉财团。比尔拉家族到第二次世界大战前已拥有黄麻公司、棉纺织公司、轮船公司、造纸公司、工具公司、糖厂等一大批企业。到1939年控制的公司已达44家，成为印资第二大财团。与英资财团不同，印资财团都建立了大银行，作为自身的金融中心。产业资本与银行资本在印度财团这里逐渐走向融合而成为金融资本。第二次世界大战前夕，印度共有大经理行76家，英资32家，控制公司701家；印资44家，控制公司239家。

英国人在经济领域的统治地位仍然是毋庸置疑的。但印度财团的出现意味着英国在印度已为自己造成了一个强大的竞争对手。英国资本在工业领域里已从巅峰地位下降，由绝对优势降为相对优势。

第一次世界大战前殖民当局在发展农业方面所做的工作不过是在各省设立农业部，建立几家农业研究所和农业学校以及修建水利工程。一战后，农业划归各省管理，中央只管协调，不承担花费。1926年，在舆论压力下，英国任命一个皇家委员会调查印度农业状况。根据该委员会的建议，1929年成立了帝国农业研究会，负责农业技术的研究和推广。20—30年代引进小麦、棉花、黄麻等作物的优良品种，试验推广。但政府只是说说而已，没有具体保证措施，所以推广计划始终停留在纸面上。

第一次世界大战后，随着民族运动的高涨，农民要求改善地位的呼声越来越高。为阻止农民跟着国大党走，当局不得不多少关注农民问题。提出来的措施包括建立农民信贷合作社，实行互助；成立土地抵押银行，接受土地抵押，发放低息贷款等。这些皮毛措施解决不了根深蒂固的农村贫困问题。

两次大战间，印度土地关系方面总的发展趋势是，农民进一步分化，佃农进一步增多，产权进一步集中，使用进一步分散。

20世纪初，在英属印度，新老地主的土地已占土地总面积的65%强。第一次世界大战后土地兼并继续盛行。当局限制商人兼并土地的立法被商人和投机者以种种办法规避，更多土地转入其手中。例如孟买省，1917—1943年又有500万英亩土地为商人高利贷者兼并。1931年英属印度农民中自耕农有2040万人，占农民总数的43.96%，而佃农有3620万人，占56%强。农民失地增多的原因仍然是地税沉重和高利贷猖獗。此外，有两点需要特别指出：一是两次世界经济危机给印度农民带来沉重打击。资本主义世界工业的萧条造成农产品价格暴跌，需求大幅度缩减，使印度农民蒙受严重损失。在这种灾难面前，殖民政权对农民没有任何保护措施，征税一如既往。农民为了按时纳税交租，除了借高利贷，别无他途。据印度中央银行调查委员会报告，英属印度各省农村负债1924年总额为60亿卢比，1930年，也即1929—1933年世界经济危机开始不久，就猛烈上升到90亿卢比，1937年更增加到180亿卢比。负债的并不都是农民，但农民只要负债，有相当部分除了卖地外是永远无法解脱的。二是人口增长导致土地负荷大大超重，土地分割越来越细碎。印度人口1921年为3.057亿人，1941年近4亿人。人口增长过猛而工业、服务业不能容纳，大量的过剩人口只有都挤在农业上。农民所有者和佃农的人均土地随人口增加而越来越少。据统计，1891—1892年实际从事农业的人口人均土地为2.23英亩，到1939—1940年，只有1.90英亩。

为稳定农村形势，20世纪20—30年代，英属印度各省都颁布了新的租佃法，给予柴明达尔地区绝大部分佃农以程度不同的佃权，有些已得到部分佃权的扩大了权利范围。但次佃农和分成制佃农被排除在外，莱特瓦尔制地区佃农的权利没有任何法案提及。这清楚地表明殖民当局在出于无奈不得不触及他们的盟友——

封建地主的利益时，仍然为他们保留了相当大的空间，让他们不受任何约束地去榨取。地主们既然还保有这样的权利，对英国的效忠就不会减弱，对半封建体制的维护则会竭尽全力。这样，殖民当局的租佃立法就同时达到了缓和农村矛盾和支撑半封建体制的双重目的。获得佃权的佃农，经济地位逐渐得到改善；没有佃权的佃农和数量庞大的农业工人境遇依旧，成了农民中生活最困苦、地位最低下的阶层。

殖民政权的政策使印度农业逐渐具有商品农业性质。但那是人为的，不自然的。两次大战间，印度经济的发展特别是工业的发展，为农业商品化提供了社会劳动分工这个实在的基础。工业对农业原料的大量需求，城市人口的迅速增加，成了推动农业商品经济发展的新的杠杆。20 世纪 30 年代，在英属印度，经济作物播种面积已占全部耕地面积的 19%。据印度储备银行的调查材料，第二次世界大战前，农作物产量的商品部分约占总产量的 35%。

农业由自然经济走向商品经济是社会的进步，是资本主义发展的必要准备和条件。然而，直到 20 世纪上半期，这个转化还不完全是正常的自然的发展进程。为输出原料服务这个不自然的因素不仅存在，还占主导地位。另一个突出的现象是，经济作物产品上市量的增多不是农业生产技术改进和生产力增长的结果，而是靠缩小粮食播种面积、扩大经济作物种植面积的途径实现。这也是不自然的，结果造成印度粮食紧缺，依靠进口弥补。第二次世界大战前，年输入约一百四十万吨，创印度有史以来进口粮食的最高纪录。农业商品经济靠这种办法发展，其兴盛是虚假的，潜伏着随时可能爆发大饥荒的危险。

英国人和印度资本家很早就把近代资本主义大生产移植到印度工业的土壤上，但在农业方面却迟迟没有这样做。由于在现有生产方式下，从市场上可以得到足够的原料输出，没有英国人对在印度兴建农场感兴趣。至于印度商人、地主，既然买地、放高利贷、经商同样可以赚钱，就没有人甘愿冒风险去改变农业经营方式。维持半封建体制的稳定有利于维持农村的政治稳定，这也是殖民统治者所需要的。半封建剥削的有利可图和殖民政权对这种体制的维护是农村资本主义发展迟缓的最主要的原因。

第十四章

甘地领导权的建立和第一次不合作运动

一、第一次世界大战中民族运动的进展

对于英国把印度拖入帝国主义战争，印度民族主义力量绝大部分持支持态度，希望在英国困难时候给予帮助，以换取它允诺战后给予印度自治。只有秘密革命组织持反对态度，它主张利用大战给英国带来的困境，发动武装起义，夺回印度的独立。

1915 年，秘密革命组织两次策划武装起义。第一次策划者是贝纳勒斯和旁遮普的秘密革命组织，计划 2 月在北印度和旁遮普举行总起义。第二次策划者是孟加拉朱甘达尔党，计划在孟加拉发动起义。但两次计划均因事先被当局发现而告流产。当局残酷镇压，使秘密革命组织几近全部瓦解。

国大党、穆斯林联盟全力支持英国作战，而英国当局对战后印度自治不愿做任何承诺。在一阵充满希望的热情过后，有些领导人清醒过来。认识到要英国以德报德是不可能的；要实现印度自治的目标就要靠自己，靠斗争。于是，民族运动又从停顿走向复苏。

从狱中释放的提拉克1916年4月建立了自治同盟，重新进行争取自治的宣传鼓动。大约与此同时，新近参加国大党活动的英国激进自由主义者安妮·贝桑特也在南印度建立全印自治同盟。两个组织密切合作，使自治宣传鼓动迅速扩展到全国各地。当自治鼓动使印度政治气氛重新活跃起来后，国大党两派成员中都产生了要求实现国大党统一的强大呼声。提拉克的政治观点此时也有变化，如明确表示反对暴力斗争，同意以争取自治而不是独立作为当前目标等，使原来担心他们太激进的国大党上层中的多数人解除了顾虑。经过一番谈判，双方达成协议。1906年当国大党年会在勒克瑙开幕时，代表们以雷鸣般的掌声欢迎提拉克出现在主席台上。至此，分裂的国大党重新实现统一，提拉克成了国大党最孚众望的领袖。

1916年印度民族运动史上另一件有历史意义的事，是国大党和穆斯林联盟签订了共同的行动纲领—勒克瑙协定。1913年后两组织的接触逐渐发展为共同商讨制定以实现自治为目标的政治改革方案。遇到的主要问题，一是穆斯林单独选举制，二是立法会议的席位分配。国大党从团结穆斯林的大局考虑，接受真纳建议，在第一个问题上做了让步，同意穆斯林实行单独选举区制；在第二个问题上双方经过协商，也达成了协议。1916年12月，国大党和穆斯林联盟同时在勒克瑙举行年会，都批准了共同拟定的协定草案。勒克瑙协定的达成表明，如果双方都能撇开英国统治者的干预，都能从民族利益的大局着想，坐下来协商，两者的分歧并不是不能解决的。

1916年末1917年初，国大党、穆斯林联盟和自治同盟共同要求印度自治，这种局面是从来没有过的。殖民当局软禁贝桑特夫人，激起民族主义力量的强烈抗议，国大党有些人甚至主张实行消极抵抗。英国统治者知道，人民的激烈情绪并不仅仅是针对个别软禁事件，而是对英国拒绝允诺印度自治的强烈不满。为了缓和这种情绪，保证印度对英国作战的继续支持，新任印度事务大臣蒙太古1917年8月20日在下院发表了一个重要的政策宣言。他说："国王陛下政府的政策……就是要使印度人越来越多地参与统治机构的各部门，以便在作为英帝国的一个不可分割部分的印度，进一步实现责任政府。"① 对贝桑特夫人及其助手的禁令也随之解除。

1918年11月蒙太古来印，与总督蔡姆斯福德一起，会见印度各界人士，拟

① V.P. Menon, *The Transfer of Power in India*, Princeton, 1957, p. 16.

定战后改革方案。1919年底，以这个方案为蓝本的新的《印度政府法》在英国议会通过，1921年开始实施。新方案在远景目标上只是重复了蒙太古宣言。在近期目标上只规定在省一级实行双头政治，即规定重要的省由省督和参事会掌握，把部分不太重要的省交给由省督任命的省立法会议成员(多为印度人) 管理。

二、甘地领导权的建立

第一次世界大战使印度人民饱受祸殃。印度承受帝国主义经济榨取和供应战争双副重担。国库年年被搜刮一空。为了弥补赤字，殖民当局滥发货币并巧立名目增加税收。战争时期税收总额增加50%以上。许多生活日用品因税收加重而提价，加上商人囤积居奇，市场农产品奇缺，造成物价全面暴涨。城市下层人民的生活陷于极度窘困之中。在农村，由于运输手段的缺乏和商人把持市场，农产品的收购价到处被压得很低。粮价上涨的好处农民得不到，只是促进了商人的投机活动。由于租税苛重，加上许多省份连年受灾，致使高利贷异常猖獗，农民负债现象比战前更为严重。战后广大劳动人民迫切要求改变自己的经济地位，然而殖民当局在这方面没有采取任何措施。

大战期间在夹缝中实力得到初步发展的资产阶级，看到战后英国资本又汹涌而来，力图恢复和加强对印度经济的全面控制，很为民族资本的前景担心。利用战后人民反英情绪的高涨，资产阶级也把争取自治的口号喊得更加响亮。

俄国十月革命的胜利和亚洲被压迫民族争取自由斗争的高潮，给印度人民以极大鼓舞，美国总统威尔逊提出的民族自决原则也颇具吸引力。这些成了促进战后印度民族斗争高涨的国际方面的重要因素。

1919年公布的以蒙太古—蔡姆斯福德改革方案为蓝本的《印度政府法》使印度民族主义力量大失所望。他们看到，英国统治者只想做一些小的改革，根本无意很快让印度自治。对英国的善意抱有很大希望的资产阶级和民族主义者普遍感到上当受骗。

印度穆斯林还对英国在处置土耳其问题上的食言十分不满。当初支持英国作战时，他们为维护哈里发地位，曾要求英国在战胜土耳其后，为土耳其保留伊斯兰教圣地和阿拉伯属地，不要损害哈里发的地位。英国首相也曾允诺这些要求。但酝酿和约的情况表明，英国当局同样不打算实现这个诺言。这使印度穆斯林极为震惊。

鉴于印度各阶层的不满急速发展，殖民当局企图诉诸高压来控制局势。1919年3月通过了罗拉特法，授权司法部门可随时拘捕任何被怀疑为反政府的嫌疑犯，并可不经辩护而判刑。和当局的愿望相反，此举不但未能遏制人民的不满情绪，反倒成了不满情绪爆发的导火线。战后群众性的反英斗争高潮就是在反罗拉特法的怒吼声中揭开了帷幕。

国大党和穆斯林联盟在新形势要求做出反应时，一时拿不出有力的对策。就国大党来说，主要是刚统一不久，人们的认识不一致，提拉克担心激烈的行动会再次导致分裂局面。正在大家一筹莫展之时，甘地带着他的非暴力不合作策略出现在印度政治舞台，解决了国大党和穆斯林联盟领导人都解决不了的问题，成了一颗光彩夺目的新星。

莫汉达斯·卡拉姆昌德·甘地（1869—1948）出生在西印度卡提阿瓦半岛波尔邦达土邦的一个官吏家庭。其家族属吠舍种姓。但从甘地祖父起便弃商从政，连续担任过几个小土邦的首相。甘地的父亲、叔父也都做过波尔邦达土邦的首相。甘地的家庭特别是他的母亲对印度教很虔诚，这对他后来的思想成长有一定影响。1887年甘地在念完中学后考取萨玛达斯学院，1889年赴英留学，在伦敦大学攻读法律，取得律师资格。正是在英国，他不仅受到西方资产阶级思想影响，也初次接触到各种宗教经典。基督教的《新约》特别是《登山宝训》给了他极其深刻的印象。他决心“以后要多读宗教书籍，以求熟悉所有主要的宗教”①。1891年他回到印度，在孟买、拉吉科特当律师。因业务不兴，1893年，应印度富商之聘赴南非为其处理债务纠纷。连他自己也没有想到他在南非一住就是二十多年，而且完全改变了生活道路。

在南非，印度侨民受到严重的种族歧视。甘地作为一个“有色人种律师”，也亲身饱尝这种滋味。应广大侨民的要求，他放弃了律师的地位和收入，全力领导他们进行反歧视斗争。正是在这场斗争中，他开始形成非暴力思想，提出了“萨提亚格拉哈”即坚持真理的斗争方式（他当时又称之为消极抵抗），并努力地不分宗教、种姓，团结所有印侨开展斗争。他的大无畏和牺牲精神在印度也赢得

① ［印度］甘地：《甘地自传》，杜危、吴耀宗译，商务印书馆1985年版，第411页。

崇敬，后来他被尊称为圣雄源出于此。

1915年初，带着在南非建树的崇高声誉，也带着为祖国解放事业贡献力量的一颗赤诚之心，甘地回到印度。他试图把在南非取得的经验和斗争方式运用于印度，1916—1917年在比哈尔、古吉拉特的个别乡村和工厂，开展了以改善下层人民境遇为目的的坚持真理运动，赢得了人民拥护和爱戴。和一般政治家不同，甘地带有浓厚的宗教意识。他把政治和宗教揉为一体，主张政治宗教化，宗教政治化，并宣称自己的使命就是把这一原则变为现实。

宗教和政治两者如何结合？他认为关键是把追求真理作为人和社会一切行动（包括政治斗争）的最高准则。真理按他的解释是实在、正义、完满、和谐，真理就是神，这样，就把人间的圆满完善与神同格化了。信神就是追求真理和道德完善。他又提出追求真理的道路只能是非暴力的道路。非暴力就是爱，是人的本性。真理只有用无限的爱才能得到；若采取暴力只能背道而驰，陷于黑暗深渊。从这个信念出发看英国统治，他认为英国在印度的剥削和专制统治是违背真理的，印度必须实现司瓦拉吉；同时他又认为，西方资本主义制度所代表的现代文明导致社会产生种种弊端，也是违背真理的，印度的未来社会不应是现代文明的社会，而应是一个以男耕女织为基础的、自给自足的没有剥削没有暴力的社会。现有的大工业可以保存，但必须为小生产服务；现有的城市可以继续发展，但必须为农村服务。1909年他写的《印度自治》一书清晰明确地勾画了他的这种理想的蓝图。

直到1919年，他认为，印度面临的首要任务不是立即结束英国人的统治，而是追求自身精神完善。追求自身精神完善指培养自助、自洁、自苦精神，加强纪律性，实行宗教团结，取消贱民制等。这就是后来他提出的建设性纲领的胚胎。他认为，没有自身完善，就是把政权拿回来了，也不会改变现行社会状况。而实现了精神完善，英国就统治不下去了，就会归还印度的政治自主权。这就是以追求自身完善来感化统治者的道路。

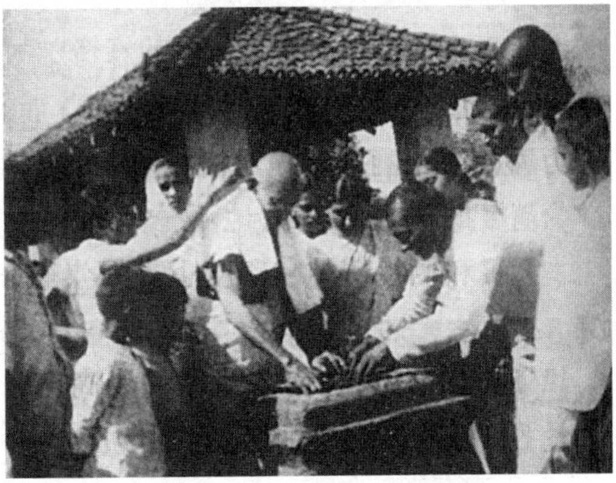
甘地在萨巴玛蒂真理学院

在对群众的态度上，他主张实现各阶层各宗教的大团结，吸引尽可能多的群众参加坚持真理的斗争，一则可以壮大民族运动的力量，再则也可使尽可能多的人在斗争中提高精神境界，努力实现精神完善。

甘地上述政治态度有和国大党相同的一面，也有根本不同的一面。他的思想体系国大党政治家没有人赞同，认为太具幻想，是复古倒退，把政治和宗教混同实为荒谬而唐突。所以，尽管对他的精神和品格人人敬佩，但在政治上则大多数人对他不屑一顾。

然而，正是这个政治上不为人看重的甘地，却在国大党和穆盟领导人面对罗拉特法束手无策之际，采取了令人意想不到的反击行动并引发了群众斗争高潮。1919 年 3 月罗拉特法被通过后，他就号召 3 月 30 日（后改为 4 月 4 日）全国举行一天总罢业，停止工作，举行祈祷与绝食，来反对这一邪恶的法律。这个号召得到了超乎他预料的热烈响应。3 月 30 日德里因未得到更改日期的通知首先发动。商、学、工各界举行总罢业。人们涌向街头，举行抗议示威，遭军警镇压。8 人被枪杀，受伤者甚众。4 月 6 日，孟买及许多城市举行总罢业。运动迅速向全国扩展。旁遮普是斗争最激烈的地区之一，许多城市发生武装冲突。当局在那里宣布实行紧急状态法。4 月 13 日，阿姆利则市的近万名群众在贾利安瓦拉 – 巴格集会，听民族主义者演讲。英国将军戴尔率军队包围了会场，不经警告就下令向人群开抢，血腥的大屠杀持续了十多分钟。仅据官方数字，就有 379 人被打死，1200 人受伤。这就是骇人听闻的阿姆利则惨案。事件发生后，当局始则封锁消息，后来消息泄露，激起全国强烈抗议，不得不装模作样地进行调查。戴尔却被英国上层视作英雄，资产阶级为嘉许他还给了他两万英镑奖金。孟买和阿迈达巴德等地群众为抗议英国当局暴行举行示威，发展成与军警的激烈的武装冲突。甘地对英国当局的暴行十分愤慨，同时对运动发展成为暴力斗争感到不安与失望。他说："在人民还没有取得这样的资格以前，我便号召他们发动文明的不服从运动，这个错误在我看来就像喜马拉雅山那么大。"① 于是他决定停止进行非暴力抵抗运动。国大党组织一个平行的调查团，调查旁遮普惨案真相，甘地是其主要成员。反罗拉特法的斗争成了战后民族斗争高潮的序曲。

反罗拉特法斗争只是反对英国的一项法令，并不是反对殖民统治本身。运动中止后，形势的演变把甘地进一步推向前进，终于把他由一个对英国统治的合作主义者转变成一个不合作主义者。

---

① 《甘地自传》，第 411 页。

促成这个根本性变化的最后因素，是5月14日英国对土耳其和约草案的公布和5月28日英国调查旁遮普惨案的亨特尔委员会报告的发表。前者表明当局决心要背弃诺言，肢解奥斯曼帝国，后者则为刽子手百般辩护，并反诬印度人民要对这次屠杀负责。甘地看到，英国当局在这两大问题上蓄意侮辱印度人民的感情，理性的呼吁丝毫打动不了他们的心，因而感到“一切希望都成了泡影。”① 他得出结论说，英国当局行动如此“不谨慎、不道德、不正义”，再不配享有印度人民的好感和合作。② 因此，他提出了不合作思想。

不合作思想首先是作为穆斯林维护哈里发地位的斗争策略提出来的。新成立不久的基拉法（即哈里发）委员会按照他设计的方案，决定从8月1日起开始实行不合作策略，包括放弃荣誉称号，抵制立法会议，抵制法庭和公立学校等。甘地号召印度教徒积极参加，并把基拉法问题和旁遮普问题联结起来，作为开展不合作运动的两个理由，要求国大党也考虑开展不合作运动。

从合作到不合作，这是个革命性的变化。甘地虽没有直接提出司瓦拉吉目标，但不合作运动的逻辑结局必然是如此。他没有直接提出也许是一种策略考虑。

作为一种策略，非暴力不合作比之国大党此时奉行的响应性合作策略明显地具有许多优点：第一，他是直接行动的策略，具有强大的打击力量。它的多种抵制内容可以使社会各界在各条战线上以各种方式同时行动，而且各条战线的斗争浑然成为一个整体，开展起来有声有色，能够强有力地表达人民的不满情绪，对英国当局施加强大压力。第二，它是既能发动群众又能控制群众的策略，能够把人民的反英运动控制在安全线内，以保证领导权掌握在资产阶级手中。第三，它是使资产阶级得利大风险小的策略。不合作促进司瓦德西，能带来很大经济利益。政治上即便遭到报复，也不会像对待暴力斗争那样激烈。

资产阶级立即称赞这种策略，并对国大党施加影响，促其采纳。1920年9月，国大党加尔各答特别会议（此时提拉克已去世）经过激烈辩论，通过了接受甘地的不合作策略的决议，并明确规定不合作运动的目标是实现司瓦拉吉，在不合作内容上加进了抵制英货。同年12月国大党那格浦尔年会正式通过了不合作决议案。这两次会议上，国大党不少政治家对实现不合作的可能性表示过怀疑，也有人认为抵制立法会议是放弃国大党发挥政治影响的讲坛，并非明智之举。还有些

① B.P. Sitaramayya, *The History of the Indian National Congress,* V.1, Bombay, 1936, p. 239.

② M.K.Gandhi, *Young India,* New York,1924, pp.219–220.

人认为甘地思想体系特殊，领导政治运动未必适合。这些想法都被绝大多数代表的反英情绪淹没。参加大会的中、小资产阶级各界人士代表，包括数量众多的穆斯林坚决拥护甘地，拥护不合作策略。这种强烈的呼声使任何有疑虑的国大党领导人也要退避三舍。国大党接受不合作策略意味着接受甘地的领导。从这时起，甘地成了印度民族运动的不容挑战的领导人。

三、1920—1922 年的不合作运动

加尔各答特别会议后，国大党的不合作运动就已开始。从这时起，基拉法委员会领导的不合作运动和国大党的不合作运动合二为一，总领导人就是甘地。穆斯林的许多领导人包括阿扎德、阿里兄弟都参加了国大党。

1920 年 11 月是立法会议选举的日子，所有国大党和基拉法委员会的候选人退出竞选，所有支持这两组织的群众拒绝参加投票，结果使选举在许多地方成了没有候选人或只有极少选民参加投票的滑稽剧。

1921 年运动获得蓬勃发展，各阶层群众以不同方式参加斗争。放弃称号、官职，抵制法庭、公立学校，抵制英货同时开展。大批律师，包括莫提拉尔·尼赫鲁、奇塔兰占·达斯、拉贾戈帕拉恰雷、拉金德拉·普拉沙德、伐拉白·巴特尔等，放弃了丰厚的、有的甚至是王公般的收入，参加抵制。莫·尼赫鲁为准备入狱，还练习睡地板。抵制公立学校一度形成高潮。1920—1922 年，约有六千名大学生、42 000 名中学生退出了公立学校。1921—1922 年新建民族学校和学院共 1257 所。还有很多从殖民政权领取补助金的学校，宣布脱离与殖民政权的附属关系。抵制英货成绩更为显著，主要是抵制布、烟、酒等。1920—1921 年进口布总值为 10.2 亿卢比，1921—1922 年降至 5.7 亿卢比。集中焚烧英国货的壮观情景到处可见。

莫提拉尔·尼赫鲁

随着抵制的开展，像 1905—1908 年运动一样，出现了志愿服务队，主要由青年学生组成，负责纠察，劝阻人

们不买外国货，帮助组织集会游行，为民族运动募捐等。1920—1921 年志愿队员有 15 万人。

建设性工作也取得很大成绩。1921 年 1 月，国大党工作委员会决定在民族学校教授印度斯坦语和手纺。3 月底 4 月初进而决定，在全印实行三项任务：募集提拉克司瓦拉吉基金 1000 万卢比，发展党员 1000 人，推广纺车 200 万辆。这个决定得到印度各界人民的热烈支持。到 6 月 30 日，募集基金的任务超额完成，手纺车的推广基本达到指标，国大党成员发展到 500 万人，到年底达 1000 万人。建设性工作不仅壮大了国大党的组织和财力，也使它领导的运动深入到下层群众中，成了国大党联系群众的重要桥梁。

抵制和建设性工作，这是甘地为运动划定的两大行动范围。两者都包括发动工农参加。除此之外，甘地不希望工农有别种性质别种方式的发动。然而，工农一旦参加运动，就不会限于甘地划定的框子，势必还会根据自己的需要，以自己的形式开展斗争。1921 年前后就是这种情况。工人广泛开展罢工斗争，1920 年有二百余次，1921 年有四百余次。农民运动不但在许多省开展，在有些地区如联合省的巴雷利、奥德、南印度马拉巴海岸等还发展为或大或小规模的武装斗争。比哈尔几千农民捣毁了种植场主的糖厂。阿萨姆种植园的工人则成帮结队离开种植园。毛普拉起义（1921—1922 年初）是这一时期发生的最重要的下层群众的自发斗争。起义者宣布建立哈里发王国，袭击警察局、法院、政权机关。一些为非作歹的地主、高利贷者也受到打击，其地契借据等文书被烧毁。领导人初为阿里・穆萨利亚尔，他被捕后是库恩哈麦德・哈季。殖民当局调来大批军队镇压，据官方宣布，起义者死 2337 人，非官方估计则超过 10 000 人，有 45 404 人被俘或投降。甘地和国大党不希望看到暴力斗争，国大党工作委员会通过专门决议，对毛普拉起义表示遗憾，号召用非暴力方式进行斗争。

殖民当局第一次面对不合作运动，一段时期不敢贸然镇压。运动中一些较激进的领导人认为运动冲力不够，开始主张运动升级。有些人如穆罕默德・阿里公开谈论武装斗争的可能性。7 月在卡拉奇举行的全印度基拉法会议上通过决议，号召穆斯林退出英印军队。殖民当局害怕军心浮动，9 月 14 日逮捕阿里兄弟。甘地主持召开一次跨党派会议，通过宣言，号召所有印籍文职人员和军人断绝和当局的联系。甘地并非真的要发动一个这样的运动，他只是要维护不合作的权利，并对激进主义者起安抚作用。当局开始扩大镇压范围，9 月，一些省宣布志愿服务队非法，国大党一批领导人被捕。

11月17日，英国王储威尔士亲王访印。国大党号召各界人民抵制与亲王访问有关的一切活动，在亲王到来时举行总罢业。阿拉哈巴德、加尔各答成功地做到这点，亲王遇到的是空荡荡的街道。但孟买群众示威时与警察发生流血冲突。群众中有少数人参加欢迎仪式，与抵制者发生冲突。三天中有59人死亡，殖民当局借此实行大举镇压。12月，志愿服务队在全印被宣布为非法。国大党和基拉法委员会一些著名活动家如莫提拉尔·尼赫鲁、拉·拉伊等被捕。群众响应甘地号召，自愿进监狱，抗议当局的迫害。三万多人被捕，监狱人满为患。

国大党内和基拉法委员会内越来越多的人要求抗税，要求引导运动向纵深发展。甘地对此十分犹豫，怕激起暴力，控制不了局面。但这种呼声是如此强烈，如果不接受，不合作策略就有被抛弃的危险。1921年底，国大党阿迈达巴德年会根据甘地建议，宣布准备实行抗税，授权甘地为领导这一运动的唯一权威。

甘地选择孟买省苏拉特县的巴多利税区作试点。1922年2月1日向总督里丁提出了最后通牒。其中说，如果当局一周内不答应释放政治犯，取消对不合作运动的镇压和对报刊的限制，就将在巴多利开始不合作运动的最后阶段——抗税。甘地来到巴多利做准备工作，并要求全国各地集中视线于巴多利，听从指挥，不要擅自行动。

此时印度局势异常紧张。即将开始不服从运动的决定扣人心弦。全国各地在等待消息。殖民当局坐立不安。然而就在这时，一个突发的偶然事件改变了整个形势。

1922年2月5日，在联合省戈拉克浦尔县的曹里曹拉村，发生了烧死警察的暴力事件。事情的起因是群众的和平游行遭警察的暴力袭击。愤怒的群众放火烧了警察署，22人被烧死。2月8日，甘地从报纸上看到这则消息后，立即决定停止开展不服从运动。2月11—12日国大党工作委员会作出决议，停止开展不服从运动，代之实行以提倡手纺、印穆团结、消除贱民制为主要内容的建设性纲领。不服从运动的停止开展意味着第一次不合作运动的中止。尽管基拉法委员会宣布继续进行不合作运动，但国大党停止运动使它势孤力单，很难再开展下去。在解释停止运动的原因时，甘地说是为了防止运动发展为暴力斗争。他说，“神意已经很清楚”，再不停止就是“违反我们的誓言和对神犯罪”[①]。

国大党主要领导人此时大多数在狱中，对甘地的决定感到愕然和愤怒。但既

① 南布迪里巴德著，何新译：《圣雄甘地和甘地主义》，生活·读书·新知三联书店1961年版，第32页。

然工作委员会已授权甘地领导运动，甘地思想体系是很特殊的，怎么能要求他的决策都符合一般政治家的思维常规呢？

殖民当局总算渡过了急流险滩。它可以放心大胆地实行镇压了。1922 年 3 月 10 日终于逮捕了甘地，判 6 年监禁。

第一次不合作运动虽然半途而废，在印度民族运动发展史上仍具有重大意义。第一，它发动起全国各地区各阶层群众参加民族斗争，动员面之广是以往无法比拟的。农民的发动一向是最薄弱的。这次运动在较大的范围内打开了这个死角，使广大农民登上了政治舞台。第二，非常可喜的是，印度教徒和穆斯林实现了团结合作，使得这次运动真正成了全民运动。第三，这次发动在精神方面的最大收获是使人民消除了恐惧心理。群众斗志昂扬，不怕坐牢，对实现司瓦拉吉目标的决心和信心增强。第四，这次不合作实践表明，靠一次运动虽不足以威胁殖民统治的生存，但它的震撼力足以使殖民当局心惊胆战。当局经历了这次不合作，像是经历了一场地震，不但事后心有余悸，而且对它将来还会爆发的前景感到恐惧。这样，不合作运动就像 1857—1859 年大起义一样，也产生了威摄作用，促使当局对印度人民的要求不能不认真对待，不能不作出一些让步。

不合作运动停止后，民族运动跌入低谷。秘密组织的活动恢复。国大党内因对低潮时应采取的策略意见不一，形成主变派（主张参加立法会议选举）和不变派，两者几乎闹到要分裂的地步。甘地 1924 年出狱（因病提前释放）后做了些让步，允许司瓦拉吉党作为国大党一部分并代表国大党参加立法会议。更严重的问题是，穆斯林领导人和国大党的关系发生逆转。穆斯林领导人认为甘地不和他们商量就停止不合作运动是无视、甚至是出卖穆斯林利益。已参加国大党的除少数人外，纷纷离开国大党，其中包括阿里兄弟。真纳则由于对不合作运动持异议早就离开国大党。国大党和穆斯林联盟旧的隔阂重新泛起，猜疑、对立又复成为两者关系中占主导地位的因素。

四、共产主义运动的兴起

战后印度政坛上的另一重大事件是共产主义运动的兴起。

第一次世界大战和俄国十月革命后，印度革命者与外界的接触使社会主义和共产主义思潮传入印度。资本主义在印度的发展和工人运动的开展为这些思潮在印度的传播提供了物质基础和土壤。传进来的思潮五花八门，人们宣布信仰社会主义也是从不同立场出发，因而也就形成了不同派别。

共产主义运动是主要潮流之一。最早接受十月革命影响的是一些小资产阶级秘密革命组织成员和国大党内的少数激进青年。他们要把马克思主义运用于印度，开辟一条通向民族解放和进步发展目标的新途径。这批最早的马克思主义者和印度工人运动相结合，产生了印度的共产主义运动。

马克思主义首先是在国外的印度革命者中传播。在最早的接受者和传播者中，最重要的是马拉本德拉·纳特·罗易(原名那兰德拉·纳特·巴塔恰利亚，1887— 1954)。他原是孟加拉秘密革命组织成员，在大战中多次被派往国外购买军火。1915 年为得到德国贷款，取道美国赴德，在美国滞留。1917 年因遭政治指控，逃到墨西哥，先参加墨西哥社会党，后和党内的共产主义者一起建立了墨西哥共产党。1920 年参加共产国际第二次代表大会，被任命为共产国际中亚局主要负责人之一，此后就住在塔什干，负责创立印度的共产主义运动。

罗易首先在流亡塔什干的印度革命者中宣传马克思主义。1920 年 10 月 17 日，在塔什干建立了侨民共产党。罗易创办了报刊《印度独立先锋》，写了一些小册子和传单，介绍马克思主义，论述印度民族斗争的形势和任务。这些宣传品都被秘密运到印度散发。1922 年，还开始派遣党员回国工作，先后派遣二十多人，有些回到国内，有些进入印度国境后被捕。后者于 1933 年 5 月在白沙瓦被审判，此即殖民当局迫害共产主义者的第一个行动。

丹吉

就在侨民共产党成立的同时，在印度国内，也有少数先进知识分子接受了马克思主义。1921— 1922 年，加尔各答、孟买、拉合尔、马德拉斯和康浦尔都建立了共产主义小组。加尔各答小组的创建者是穆札法·艾哈迈德。他是孟加拉激进报刊《新时代》的编辑，曾在加尔各答海员中工作。1921 年他首先建立了共产主义小组，并和罗易建立了联系。1923 年创办了孟加拉语报《人民之声》，宣传马克思主义。孟买小组的创建者是斯里帕德·阿姆里特·丹吉（1899—1991）。他在大学时因参加学生运动被开除。1920 年参加了不合作运动，但不赞同甘地的纲领和策略。他成立了共产主义小组，1922 年创办了英文周刊《社会主义者》，这是印度第一份宣传马克思主义的刊物。孟买地区工人数量多，居住集中，丹吉积极做发动工作，成效显著。丹吉本人继续留在国大党内，以便在知识界、特别是青年知识分子中开展工作。拉合尔小组的创建人是古拉姆·候赛因，他是白沙瓦一所学院的讲师，后投身共产主义运动，来到拉合尔，建立了这个小组，创办了乌尔都语月刊《革命》。马德拉斯小组的创建人是辛加腊威鲁·捷底阿尔。他是国大党成员、律师，办有《工农报》，宣传马克思主义，并继续留在国大党内。康浦尔小组创建人是邵卡特·乌尼玛斯，是罗易派回国的共产主义者之一。

第一次不合作运动停止后，有些参加者因对甘地的不合作策略失望，转而接受共产主义。1923—1925 年，不但原来的共产主义小组得到发展，在卡拉奇等地还建立了新的小组。

殖民当局感到不安。在“粉碎布尔什维克阴谋”的叫嚣声中，1924 年又对共产主义运动实行新的摧残。共产主义小组的领导人几乎全部被捕。

就在这时，康浦尔一个报刊编辑萨提亚·巴克塔宣布要建立一个合法的共产党，在得到当局允许后，于 1925 年 12 月 26 日在康浦尔召开了印度共产主义者第一次全国会议。各共产主义小组为防止共产主义旗帜被人利用，只得参加会议。会上成立了印度共产党，选出的中央执行委员会包括各个共产主义小组的负责人，辛加腊威鲁当选主席。巴克塔篡权未成，不久离去。印共的建立标志着共产主义运动的重大进展。不过，党以合法形式成立，给自己后来的活动造成很大困难。

印共此时没有加入共产国际，但继续接受罗易指导，1925 年后，也处于英共影响下。罗易对印度国情的估计有偏差。他认为印度资本主义已经发展起来，民族运动必须和反对资本主义的斗争结合起来，同时进行。并认为国大党上层代表资产阶级，不是革命的力量。印共要团结国大党内的小资产阶级群众，排除其上层领导，争取改变国大党的性质，使之成为下层革命群众的统一战线组织。他的错误指导给印共带来极大危害。

印共的第一个党章是 1926 年年底公布的。其中说，党主张使印度从英国统治下解放出来，在生产方式和分配方式社会主义化的基础上建立工农共和国。1927 年 5 月党的二大修改党章，确定最低纲领是：实现独立，废除地主制，实现国有化。印共成立后，即把主要精力放在发展工人运动和组织工农党上。在孟买，工人的发动取得了突出成绩。1928 年孟买纺织工人大罢工，要求改善工人地位，有 15 万人参加。罢工中成立的红旗工会成了印度工人运动中最有战斗力的组织之一。建立工农党是出于这样两种考虑：一是印共看到改变国大党性质的目标显然无望，需要另建一个革命群众统一战线组织；二是印共作为合法党，需要一个掩护自己活动的外围组织。1926—1928 年，孟加拉、孟买、旁遮普、联合省先后建立了工农党。

1928 年 12 月，在各地工农党取得一定成绩的基础上，在加尔各答召开了第一次全印工农党代表会议，成立了全印工农党。苏汗·辛格·卓什当选为主席。会上通过了争取印度独立的决议，并指出工人阶级应当在民族运动中起领导作用。会议还强调深入开展工农阶级斗争的必要性。工农党的活动成了当时印度民族运动中一个非常活跃的因素。

印共的活动刚刚有起色，又受到殖民当局第三次重大打击。1929 年 3 月 20 日，有 31 名共产党和工会领导人被捕，使党受到的损害比以往两次更重。工农党也陷于瓦解。但当局摧垮印共的打算再次落空，党不久又恢复了活动。

1933 年 12 月，在加尔各答召开了全印共产党会议，选出了以阿底卡里为总书记的新的中央委员会。印共宣布加入共产国际。1934 年 7 月，殖民当局宣布印共非法，党被迫转入地下。

第十五章

30 年代初文明不服从运动和省自治

一、1930—1933 年文明不服从运动

1930—1933 年，甘地又领导人民开展了一场新的、规模更大、斗争更激烈的不合作运动。这一次主要是采取不服从形式，故又称为文明不服从运动。

30 年代世界经济危机给印度民族工业和下层人民生活带来的灾难性影响，是新高潮出现的经济根源。新高潮的形成是国大党左翼积极促进的结果。

20 年代中期后，主变派、不变派的活动都未能带来令人满意的结果。国大党内一批有激进情绪的青年知识分子提出了更激进的主张，形成一个新的派别，通称国大党左翼。其领导人是贾瓦哈拉尔・尼赫鲁（1889—1964）和苏巴斯・钱德拉・鲍斯（1897—1945）。贾・尼赫鲁是莫提拉尔・尼赫鲁的儿子，在英国念完大学并取得律师资格。在英国期间，除受资产阶级思想熏陶外，还受费边派及其他社会主义思潮影响。1912 年回国，参加国大党活动，追随甘地积极投身不合作运动，但对甘地的思想体系并不赞同。对他停止不合作运动也很不满意。就在不合作运动期间，他偶然被要求国大党帮助的农民邀请去了农村，了解到农民

的困苦情形，认识上有了升华。从此，他把民族运动和社会经济改革视作同等重要任务。作为国大党秘书长之一，他被公认为后起之秀。1926 年 3 月，因陪妻子看病，他来到欧洲，在这里广泛接触了各国左翼人士。中国北伐战争胜利进军的消息尤其使他振奋。他又参加了布鲁塞尔世界被压迫民族大会，还访问了莫斯科。这一切使他眼界大开，了解到世界潮流，从这时起，他的思想发生重大变化，能够从世界角度观察印度问题。1927 年回国后，开始为传播激进民族主义而奔走呼号。苏·鲍斯早年参加学生运动被开除。大学毕业后，去英国参加文官考试，以优异成绩被录取。但他毅然放弃文官资格，回印参加不合作运动。在孟加拉，他成了国大党领导人奇塔兰占·达斯的强有力的副手。达斯去世后，成了孟加拉国大党领袖并和尼赫鲁一起被任命为国大党秘书长。左翼的新主张包括：以争取独立作为国大党目标，实行社会经济改革以改善工农处境，广泛发动工农参加民族运动，和世界各国民族运动建立互助合作关系。左翼的新主张在国大党内外迅速传播，得到越来越多的人赞同和支持。

1927 年 11 月，英国政府宣布派西蒙调查团来印，就宪政改革下一步可能采取的步骤进行调查并提出建议。印度国大党要求的是司瓦拉吉，不是局部改革，加之调查团中一个印度人都没有，使印度人民深感受辱。国大党、穆斯林联盟（真纳一派）都决定抵制西蒙调查团。1928 年 2 月该团抵印，处处遇到的是打着黑旗的示威群众，听到的是“西蒙滚回去”的怒吼声。国大党、穆盟等民族主义组织决定共同拟定一份印度宪法原则的文件。这份由莫·尼赫鲁主持起草的文件，把印度斗争的目标定位为争取自治。穆盟后来没有签署这份文件，因为在立法会议席位分配问题上，与国大党发生了分歧。

国大党左翼反对降低斗争目标，坚持争取独立的目标。为争取群众支持，成立了印度独立同盟，在各大城市建立分支，开展宣传工作。广大群众都站在独立同盟一边。这种形势促使国大党多数政治家在 1928 年年会上同意，如果英国当局一年内不答应印度自治，就开展新的不合作运动争取独立。1929 年，国大党在左翼推动下，为未来的斗争积极进行思想上和组织上的准备。党员人数由最低潮的 56 000 人猛增至 50 万人。

英国当局对国大党的最后通牒置之不理。1929 年 12 月国大党拉合尔年会在贾·尼赫鲁支持下通过决议，把争取独立作为国大党斗争目标，并授权甘地开展新的不合作运动，还规定 1930 年 1 月 26 日为独立日，届时，全国各地举行群众集会，显示全国人民争取独立的决心。

1930年1月31日，甘地向总督欧文提出11点要求，其中包括降低地税50%，废除食盐专卖，实行保护关税，释放政治犯等。在遭到拒绝后，他决定开始发动文明不服从运动。

1930年3月12日，甘地率领从萨巴玛蒂真理学院挑出的78名成员，开始了著名的食盐进军。从萨巴玛蒂真理学院出发，4月5日到达丹地，次日至海边，捡起盐块以示破坏盐法。甘地号召全国人民开展一场反对盐法的群众性斗争，在有盐资源的地方到处制盐，同时普遍开展抵制英国布和禁酒运动。4月8日，又进而号召组织妇女志愿服务队担负抵制的纠察工作，焚毁洋布，家家户户纺纱，取消不可接触制，实行教派团结，抵制法庭和公立学校，放弃公职。这意味着把不服从和不合作结合起来，使运动在多层面同时展开。甘地的号召在全国获得热烈响应。各种不合作和抵制迅速掀起高潮，形成汹涌洪流。小型食盐进军在许多有盐产地的省举行，到处有群众集会，到处出现志愿服务队。妇女踊跃参加运动。甘地夫人、尼赫鲁的母亲、夫人和妹妹都带头参加，并做妇女发动工作。许许多多从来不曾参加公众活动的妇女都投身运动中，参加集会、游行和担负纠察工作。

甘地：食盐进军

当局从一开始就实行严厉镇压，大肆逮捕运动领导人和积极分子。4月14日，贾·尼赫鲁（本年国大党主席）被捕。代理主席莫·尼赫鲁随后也被捕。被捕者越来越多，监狱容纳不下，刑事犯被释放，以便腾出地点给不服从运动参加者。加尔各答、马德拉斯和孟买接连发生警察向群众开枪事件，但人民斗志昂扬，不为所惧。中央立法会议主席、国大党人维·帕特尔在退出立法会议时给总督的信中严正指出，镇压是无济于事的，成千上万的人已做好牺牲准备，另有数以百万计的人准备入狱。坐牢在群众看来，不但不再使人畏惧，相反，认为是个光荣。这反映了群众政治觉悟的提高和斗争热情的高涨。

4 月中旬后，运动进一步发展，在吉大港、白沙瓦和绍拉普尔演变为武装斗争。前者是秘密革命组织吉大港共和军发动的，后两者是群众自发的行动。三者都遭到殖民当局残酷镇压。在米曼辛格、加尔各答、卡拉奇、勒克瑙、木尔坦、拉瓦尔品第和马尔丹等地，也都发生了规模不同的暴力冲突。第一次不合作运动因发生暴力事件而被停止，这次甘地没有停止运动，是因为国大党左翼事先已要求他作出保证，即便发生暴力，也要把运动坚持到底。

武装斗争的多处出现表明了群众情绪的白热化，这使甘地和国大党感到不安。需要采取有力的措施制止类似越轨行动。甘地在认真考虑后，决定采取一项新的升级行动：他要率领一批志愿队员进占政府的达拉沙拉盐场，用此举为情绪激愤的群众树立一个坚持非暴力的正确行动的样板。但是，在他把这个行动付诸实施前，5 月 4 日，当局将他逮捕。国大党领导人继续执行他的计划。奈都夫人率两千志愿队员于 5 月 21 日到盐场附近。进占盐场是一场惊心动魄的斗争，志愿队员任凭荷枪实弹的卫兵用大头棍抽打，血流如注而不还手。只要一息尚存，就爬起来继续前进。一组倒下，第二组继续。伤者遍地，惨不忍睹。进攻持续到中午，2 人被打死，320 人受伤。这种视死如归的英雄气概令在场的美国记者惊骇不已。他描绘事件经过的现场报道在美国 1350 家报纸上披露，世界各大报转载，使世界舆论无不为之骇然。

这一行动在全国产生很大影响，进一步鼓舞了人民斗志，也使非暴力原则继续得到遵循。

不服从运动在各省以各种形式进一步开展起来。在孟买省、中央省、奥里萨省，不服从森林法形成高潮。在东印度各省，对某些附加税实行了抵制。有少数地区如巴多利和联合省一些县，还开展了抗税斗争。当局没收了部分抗税者的土地财产，农民仍不屈服。

殖民统治者的镇压变本加厉。国大党领导人几乎全部被捕，工作委员会也被宣布为非法。到 7 月底，有 67 家报馆、55 家印刷所被封闭。

除镇压外，当局也用政治手腕瓦解运动。西蒙调查团回国后提出了宪政改革建议书。通常英国议会根据调查报告提出的建议立法，这一次却宣布将在伦敦召开有印度各党派代表参加的圆桌会议，由英国政府和印度各政党一起制定印度下一步的宪政改革方案，并声明最终目标是给印度自治领地位。甘地和国大党领导人未予理睬。自由派、穆斯林联盟及其他各界人士则表示欢迎并准备参加。1930 年 11 月至 1931 年 1 月，在伦敦召开了第一次圆桌会议。由于国大党没有参加。

会议不可能认真讨论任何问题。英国统治者继续谋求国大党参加。为缓和国大党的对抗情绪，1931 年 1 月 25 日，总督下令释放甘地及国大党工作委员会所有成员，并撤销禁止国大党开会的命令。甘地与其他领导人反复磋商，最后决定由甘地和总督直接谈判。甘地和国大党领导人之所以同意谈判是因为他们看到，不服从运动按甘地的部署开展，已达到高潮，但并不能压垮殖民统治者；群众虽响应热烈，但难以经受持久的高压，运动势头已出现减弱趋向。

甘地与总督欧文经过几轮谈判，达成协议。1931 年 3 月 5 日，在德里签订协议，这就是甘地—欧文协定。协定规定，中止不服从运动；政府停止镇压，释放除犯暴力罪以外的全部政治犯；食盐专卖和盐税继续保持，但允许产盐区自制自用和在当地出售；抵制英货作为一种政治斗争手段将中止，此后提倡国货应以不违反法律的方式进行。对在抗税地区没收的农民的土地，甘地要求归还，但总督只答应归还还没有转卖的部分，至于已转卖的，则只答应研究解决。这是个休战性和议，甘地允诺代表国大党出席圆桌会议。

就协定内容说，甘地退让的太多，所得甚微，运动开展了一年多时间，几乎又回到原地。协定公布后，引起广大群众的失望，受到多方面的批评。3 月 29 日，国大党在卡拉奇举行年会。甘地赴会途中不断遇到打着黑旗的人们的抗议。在大会上争论也很激烈，但年会仍然批准了这个协定，同时重申国大党的目标是争取独立。尼赫鲁尽管对协议内容有所不满，但从维护甘地的领导地位考虑，也赞成批准协议。

1931 年 9 月 7 日，在伦敦举行第二次圆桌会议。甘地作为国大党代表参加。圆桌会议固然是个骗局，但它的召开本身也表明了英国不得不承认印度民族运动的进展：英国当局不得不同意以未来给予印度自治领地位作为会谈基础。甘地则声明他是抱着争取独立的目标参加会谈的。这次会议一开始就表明不可能达成任何协议。那么多被英国当局弄到会上来的王公、地主、教派主义者、自由主义分子，他们更关心的是依靠英国庇护，维护自己的狭隘集团的利益，对国大党则竭力牵制，不希望其势力发展。会议接触不到问题的实质，却在枝节问题上争吵不休，毫无结果。

在第二次圆桌会议期间，殖民当局就已经在破坏协议，恢复镇压。在联合省、孟加拉和西北边省，监狱里又关押了大批国大党人、志愿服务队员和抗税的农民。尼赫鲁在甘地返印前又一次被捕。在这种情况下，国大党工作委员会于 1932 年 1 月 2 日在甘地要求下举行会议，决定恢复不服从运动。这一次当局决定先发制人，

1月4日，总督下令逮捕甘地和国大党主席帕特尔，继之实行空前未有的高压措施。国大党及其附属的各种组织均被宣布为非法；成千上万人被捕，其中包括中央和省级领导人二百多人；各组织办公处被搜抄，财产被没收。当局颁布了新紧急法令，除马德拉斯、中央省和阿萨姆外，全国实际上已处于戒严状态。报刊被禁止发表任何有关反英运动的消息。国大党对此没有思想准备，而殖民当局则早有预谋。这种猝不及防的铺天盖地的镇压，使不服从运动虽宣布恢复，实际上并未能重新大规模开展。但运动在低水平上还是恢复了。抵制、不服从又在各地开展，由尚在狱外的国大党各级组织领导人负责领导。头4个月又有80 000人被捕，说明运动仍有一定规模。不过，由于遭到严厉镇压，运动很难发展下去。

镇压之外，英国工党政府又玩弄新的分化瓦解阴谋。这一次是在贱民问题上做文章。在第二次圆桌会议上，关于少数教派团体未来的选举办法因意见对立没有结果。1932年8月17日，英国首相麦克唐纳就此发表裁决书，除继续规定穆斯林单独选举制外，还规定为贱民设立单独选举区。甘地在狱中得知这一消息后极为震惊，宣布以绝食至死抗议英国统治者制造新的分裂的阴谋。绝食自9月20日开始，引起全国人民的极大关注。在舆论的压力下，印度教领导人与贱民领袖阿姆贝德卡经过紧急协商，阿姆贝德卡放弃了为贱民设立单独选举区的要求。这一协议的内容电告麦克唐纳后，他也只好宣布撤销这项裁定。9月26日甘地停止绝食。这以后他在狱中专注于解救贱民问题，多次绝食。8月23日被释放。他宣布停止个人不服从一年。不服从运动至此实际上结束。1934年10月国大党孟买年会正式决定停止不服从运动。

这次不服从运动最大的缺陷是没有真正地在大范围内组织农民抗税。农民的手脚还是一半被束缚着。抗税是不服从运动中最有力的一种斗争，能把全国最广大农民的潜在革命力量充分发挥出来，在经济上、政治上都是对殖民统治的最大威胁。但如果普遍采取这种手段，会出现两方面的结果。一是当局严厉镇压会把农民驱入暴力斗争道路，二是引发抗租斗争，损害地主利益。这两方面都是国大党所代表的资产阶级上层和自由派地主所顾忌的。所以在整个运动中，甘地和国大党除个别试点外，一直没有去认真组织。尽管运动走下坡路，也不去实行。

到伦敦出席圆桌会议，这是寻求妥协所必需。尼赫鲁等国大党活动家对它并没有寄托多大希望，可是甘地出于其独特信念，要在谈判桌上用爱的力量感化英国人。他万里迢迢去出席旷日持久的会议，对下一步运动如何发展不做任何部署。全党上下都在等他回来，谁也不知该做什么。殖民当局却抓紧这段时间为反

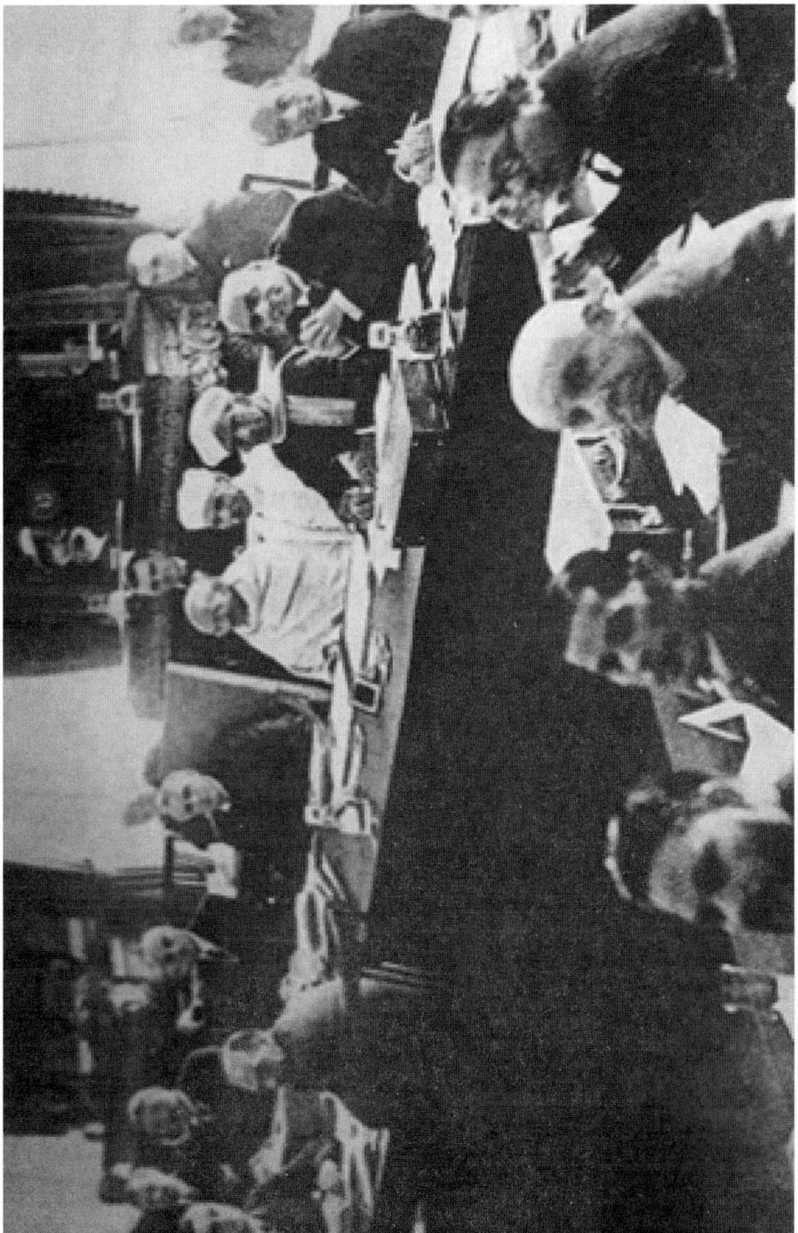

甘地出席第二次圆桌会议

扑做准备。结果当国大党发现上当而再想有所行动时，当局就能轻而易举地加以镇压。这次会议只是起了消极作用。正如尼赫鲁所说，会议“转移了全世界对印度真正问题的注意，而在印度本身，造成了失望消沉的情绪和一种屈辱感。它使反动势力在印度有机会重新抬起头来”。①

除了国大党本身的原因外，这次运动的失败与民族力量的分散也有一定关系。穆斯林联盟和其他民族主义组织都没有参加这场斗争。相反，还对国大党提出谴责，说这是印度教徒向殖民当局讹诈，以期独占政权。民族力量的分裂便于殖民当局有恃无恐地镇压运动。

这次不服从运动是甘地提出不合作策略以来开展得较充分的一次运动，是直到独立为止甘地领导的这类运动的顶峰。尽管失败，所起的作用是巨大的。第一，它把印度民族解放斗争推进到了以争取独立为现实任务的阶段，把独立思想传播到广大人民群众中，形成鼓舞人民奋起斗争的强大力量。殖民当局虽能暂时抗拒印度人民的要求，但也不得不作出新的让步，表现在1935年制定的《印度政府法》中规定实行省自治。直到这次运动前，英国统治者认为，印度宪政改革的步骤、内容、时间只能由英国决定。这次运动使他们不得不承认与印度人共同商定计划的必要，特别是承认国大党是主要对手，同意与国大党坐到一个谈判桌上。这在以前是不可想像的。第二，这次运动使国大党在群众中的威望大大加强，不但挽回了因停止第一次不合作运动造成的不良影响，而且进一步提高了国大党在人民心目中的地位。如今即便最落后的边远地区也都卷入了民族运动，处在国大党影响下，这就为国大党牢牢掌握民族运动的领导权加固了基础。第三，这次运动虽然失败，却使殖民当局进一步领略到不合作和不服从这个斗争武器的可畏。当局清楚地看到，甘地和国大党只是在有限的范围内严格控制地使用这个武器，抗税未普遍实行，还没有号召军警参加不服从运动，如果不服从运动扩大到这些方面，后果是不堪设想的。这样，这次不服从运动的开展使当局更为惴惴不安。这种心理影响的存在对民族运动的后来发展是十分有利的。

---

① 《尼赫鲁自传》，张宝芳译，世界知识出版社1956年版，第269页。

二、国大党内社会主义思潮的兴起

19 世纪 30 年代社会主义和共产主义思潮在印度的传播导致了国大党内社会主义思潮的兴起。

与共产主义者不同，国大党内的社会主义者是站在小资产阶级、资产阶级立场上接受社会主义。他们所向往的社会主义，其实是西方流行的社会民主主义，也即主张阶级调和的小资产阶级、资产阶级的社会主义。

尼赫鲁是国大党内社会主义思潮的主要代表。1927 年从欧洲回国后，他就带有明显的社会主义倾向并公开宣布自己是社会主义者。1936 年他作为国大党年会主席他在致辞中说："我相信，解决世界和印度问题的唯一途径是社会主义。……除通过社会主义外，我看不出有任何别的办法可以消除印度人民的贫困、大量失业、堕落和屈辱。"① 对于社会主义的解释，最激进时他曾讲到要对资本家实行剥夺和阶级斗争，但在遭到资产阶级和党内右翼强烈反对后，他缓和了立场，只主张国家对关键工业实行社会监督和实行公平分配，缩小贫富差距，不改变资本主义所有制。并认为社会主义可以通过国大党的领导实现。他的思想倾向对国大党青年一代有很大影响，追随者越来越多。

1932 年起，有些社会主义者开始建立社会主义团体。1935 年 5 月 17 日，在帕特那召开了全国社会主义者会议，决定在国大党内建立全印社会党。这年 10 月 21 日，在孟买召开了成立大会，正式建立了印度国民大会社会党。会上选出了领导机构——执行委员会，贾雅普拉卡什·纳拉扬（1902—1979）当选为总书记，成员包括阿恰利亚·纳伦德拉·德夫、萨普那那德等。大会通过的党章规定，党的目标是争取独立和建立社会主义国家。关于未来的设想，规定全部权力交给劳动群众，国家对经济生活的发展实行计划与控制，关键工业国有化，逐步实行生产、分配、交换的社会化，消灭一切剥削等，并强调这样的社会无需经过无产阶级革命，完全可以由国大党执政后，通过推行社会主义路线实现。所以，他们留在国大党内，构成党内党，并规定只有国大党员才能参加。他们给自己提

① J.Nehru, *India and the World,* London, 1936，pp.82–83.

出的任务是在国大党内发展左翼队伍，促使国大党接受社会主义原则，实行社会经济改革，改善工农地位。国大社会党成立时，尼赫鲁尚在狱中。1935 年他出狱后，国大社会党领导人要求他加入并担任领导，他没有接受。这并非因为他对国大社会党的主张有什么不赞同之处，而是因为，作为国大党领导人之一，他认为置身一个派别中会影响团结大多数，不利于率领大多数一道前进。虽然在组织上没有加入，他仍然被看作国大社会党的思想领袖，事实上与后者一直保持较为亲密的关系。

三、印共与国大社会党统一战线的建立

印度共产党和国大党内的社会主义者尽管根本主张不同，但也有许多相近之处。在推动民族运动深入发展和促进社会经济改革方面，双方本来有广阔的合作余地，然而在印共方面由于受罗易错误指导思想的影响，有一段时期，不但不考虑这种可能性，反而把国大党内的社会主义者，包括尼赫鲁，看作最危险的敌人。这种“左”倾宗派主义态度妨碍了民族运动内部激进翼的团结，也使自己陷于孤立。

1935 年起，处在非法地位的印共从挫折中总结教训，逐步认识到极“左”路线的错误，并开始纠正。1935 年 3 月，印共中央改组，成立了以布兰·钱德拉·约希（1907—1980）为总书记的新的中央委员会。对印度的国情重新作了认识，对国大党的历史地位和社会主义派别的作用给予了肯定。1936 年 4 月，印共与国大社会党签订协定，彼此承认都是社会主义派别，要加强合作。国大社会党接纳印共党员以个人身份加入该党。这样，两支左翼派别终于建立了合作关系。

印共和国大党左翼统一战线的建立，大大加强了民族运动左翼的力量。此后，发动工农的工作得到长足进展。在左翼共同努力下，全国工人运动重新走向团结，全印工会大会重新成为工人运动中最权威的组织。农民运动也向着组织化和激进化的方向大步前进。1936 年 4 月成立了全印农民协会。全印农协发表了《农民宣言》，提出了无偿地废除柴明达尔土地所有权、废除一切债务、减租减息以及给所有佃农以永佃权等要求。左翼还积极推动国大党 1936 年通过土地纲领，

接受了《农民宣言》中的许多要求。这样，左翼推动了工运农运，又和工农组织一起共同促进了国大党的激进化。

在土邦问题上也是如此。对于土邦人民的斗争，国大党直到30年代奉行道义上支持，组织上不干预的政策。30年代许多土邦的改革派建立了土邦人民会议，要求实行改革，给人民民主权利。下层人民还要求改善经济地位。左翼积极推动国大党上层和甘地改变政策，公开地站在土邦民主势力一边，给予一切可能的支持。1939年初，左翼的主张终于为国大党年会接受。

四、《1935年印度政府法》和省自治

在镇压了1930—1933年的不服从运动后，殖民当局加紧炮制下一步的宪政改革方案。1932年11—12月第三次圆桌会议草草结束了讨论，1934年当局提出了《印度政府法草案》交英国议会审议，并希望印度立法会议讨论，接受这个法案。

《印度政府法草案》包括两部分内容：国家体制和省体制。关于国家体制，规定实行联邦结构，即把英属印度和土邦合组成印度联邦。联邦的中央立法机构为两院：联邦大会和国务会议。前者相当下院，后者相当上院。前者中英属印度的代表由各省立法会议成员中选出，后者从有较高财产资格的人中选出。土邦的代表在前者中占三分之一席位，在后者中占五分之二席位。至于中央行政权，仍由总督掌握最高权力。关于省体制，草案规定实行省自治，即通过选举省立法会议，由获得多数席位的印度政党组织政府。这是迫于民族运动压力不得不作出的一个较大的让步。

国大党决定参加立法会议选举，以继续保持对群众的影响。甘地因感到自己与国大党左右翼的观点都不一致，退出了国大党，专心致力于实施建设性纲领。不过国大党依然以他为领袖，重大决策都要征求他同意。

1934年11月中央立法会议选举的结果，国大党得到85个选举席位的45个，穆斯林联盟得到19个。新的中央立法会议在讨论印度政府法草案时出现了尖锐对立。国大党、穆斯林联盟成员一致反对，指出这个法案不仅仍然要保持英国对

印度中央权力的牢牢控制，而且，其中关于中央立法结构的规定还明显带有利用土邦王公遏制民族运动的恶毒用心。但法案还是被官方成员以多数通过。这就是《1935 年印度政府法》。

印度各民族主义力量在全国举行抗议活动，谴责新法案，谴责英国当局的专横跋扈态度。

印度人民如此激烈的反对是英国统治者始料不及的。英国当局只好决定暂时搁置《印度政府法》中联邦结构部分的实施，而从 1937 年 4 月 1 日起，首先实行其中省自治部分，并定于 1937 年初实行省立法会议选举。

国大党、穆斯林联盟都参加了选举。国大党取得了最大胜利，在联合省、中央省、比哈尔、马德拉斯、奥里萨 5 个省获大多数，在孟买、西北边省、阿萨姆、孟加拉 4 个省获相对多数，只有在信德和旁遮普省处劣势。穆斯林联盟在穆斯林选区得到的票数较多，但比预期的要少，更重要的是没有在任何一省获得大多数。这主要是因为激进的穆斯林认为穆斯林联盟太保守，而保守的穆斯林认为穆斯林联盟在维护教派利益上不够强硬，宁肯投票给带有更强的教派性质的地方穆斯林政党。

当国大党决定参加竞选时，对如果获胜是否接受组织省政府未作决定。选举之后，意见分歧很大。最后主张组织省政府的意见占了上风。1937 年起，国大党在联合省、比哈尔、奥里萨、孟买、中央省、马德拉斯 6 个省组织了省政府。西北边省先是由地方政党组织政府，未久辞职，改由国大党成立政府。阿萨姆情况也是在其他政党组织政府失败后，建立了以国大党为主的联合政府。这样，国大党掌权的省就达 8 个。穆斯林的信德联合党在信德与其他政党建立了联合政府，在孟加拉，农民大会党、穆斯林联盟等建立了联合政府。旁遮普则由民族统一党组织联合政府。

国大党在尽可能的范围内，按照竞选纲领，做了一些有益的事情，如停止了原来省政府实行的一些镇压措施；制定了新的农业租佃法，扩大了享受佃权的佃农的范围；多少改善了工人待遇；颁布法令，准许贱民享用一切公共设施；发展女子教育，开展扫盲运动等。在穆斯林政党掌权的孟加拉、信德、旁遮普三省，也采取了程度不同的进步改革措施。

省自治是在殖民统治框架内的自治。省政府的活动不能超越《1935 年印度政府法》规定的权限范围。就是在这有限范围内，还要受省督以至总督的制约。它不可能做很多事情。但省自治的实施是有意义的。它意味着在不服从运动和工农运动猛烈冲击下，殖民统治者不得不向民族主义力量交出部分阵地。以往民族主义力量得到的让步是参加立法会议，那只是参加清谈馆，并没有实权。现在实行省自治是得到了省行政权，这是民族运动取得了实质性进展的一个标志，它大大增强了人民争取独立的决心和信心。

五、国大党和穆斯林联盟关系的恶化

这一时期，国大党和穆斯林联盟的关系趋向恶化。这与省自治的实行有直接关系。

省立法会议的竞选，主要是国大党和穆斯林联盟两大党间的竞争。由于选举结果直接决定权力在两者间的分配，所以双方都想获胜，双方的教派主义势力都把它看作是一场生死斗争。选举结果国大党遥遥领先，使穆斯林教派主义势力深感不安。穆斯林联盟在联合省获得一定席位，穆斯林联盟领导人希望国大党在组织省政府时，给穆斯林联盟两个部长职位。国大党回答说，可以，但必须以解散穆斯林联盟在该省立法会议中的议会党团为条件，这实际上是间接拒绝。穆盟认为这正体现了国大党代表印度教徒利益排斥穆斯林的本质。从这时起，就对国大党省政府发起攻击，说国大党省政府“迫害穆斯林”，例如实行民族教育、推广印度斯坦语教学、唱《向祖国致敬》歌、挂国大党党旗等，号召穆斯林抵制国大党省政府。

当穆斯林联盟这样对国大党发动攻击后，所有穆斯林其他政党都表示支持。许多地方性穆斯林政党加入穆盟，穆斯林封建上层也都向穆盟靠拢。穆盟一跃而成为真正全国性的穆斯林政党。国大党领导人此时方感到了问题的严重性，提议与穆盟协商解决矛盾。穆盟则提出，国大党必须承认穆盟是印度穆斯林的唯一代表，国大党自然不能承认。这就使任何谈判都不可能有结果。

穆斯林教派主义的发展必然在印度教团体中引起强烈反应。印度教教派主义猛烈发展起来，在组织上的集中体现就是印度教大会活动的强化和国民志愿团的出现。印度教大会成立于1910年，20—30年代分支遍及北印度。它以维护印度教利益为旗帜，反对穆盟提出的任何照顾其少数利益的要求。它也指责国大党软弱，没有对伊斯兰教的进攻作有力的回击。1937年后，它与穆斯林教派主义势力针锋相对，互相攻击。就是在这种气氛下，印度教中的更狂热的分子甚至连印度教大会也觉得不够强硬，因而另成立了国民志愿团。这个组织1925年已在马哈拉施特拉出现，30年代下半期急速活跃起来。创始人是赫志瓦尔。该组织宣布的宗旨是“保护印度教的民族、宗教和文化，进而求得全面发展并复兴古代印度教国家”。它实行领袖制，成员要绝对服从并接受集训，带有准军事组织性质。30年代主要领导人是戈瓦尔卡尔。他宣称穆斯林是印度教的“世敌”，与他们不可能和平共处，并指责国大党追求与穆盟团结是“不分敌我的荒唐怪事”。他直截了当地说：“在印度斯坦的非印度教徒必须或者接受印度教文化、语言，……或者待在这个国家里，完全服从印度教民族，没有任何企求，也不配享有任何特权和照顾，甚至没有公民权。”① 他甚至赞颂德意法西斯“复兴种族”的精神。所有教派主义的蛊惑宣传，无论伊斯兰教的还是印度教的，都是对人的心灵的戕害，对气氛的毒化，对加剧冲突都负有不可推卸的责任。

潘多拉盒子里的恶魔是英国统治者放出来的。英国人可以坐在一旁悠然自得地欣赏印度人的互为水火了。

六、穆斯林联盟拉合尔决议

穆斯林联盟和国大党的对峙在第二次世界大战中进一步发展。殖民政权为削弱来自国大党的压力，对穆盟上层进一步拉拢。1940年4月，印度事务大臣宣布，印度未来宪法的制定，必须以国大党与穆盟自己达成协议为前提条件。国大党省政府辞职，穆盟感到高兴，把它当做穆斯林的“解放日”来庆祝。这种气氛大大助长了穆斯林中主张分裂的因素。考虑到独立胜利的日子不会太远，在穆斯林联盟中谈论分裂，谈论单独建国成了时尚。以往，在伦敦的印度学生中曾有过这种议论，诗人穆罕默德·伊克巴尔也发表过类似主张，但当时都被认为是梦幻之说。现在，这种想法却被认为是可能的，甚至是唯一可行的道路。他们说，穆斯

① M.S. Golwalkar, *We or Our Nationhood Defined,* Nagpur, 1947, p.58.

林和印度教徒是两个民族，文化传统和经济条件根本不同，一个是人口多数，一个人口是少数，少数必然受多数欺压。穆斯林只有单独建国，才有自己的自由平等的未来。1940 年 3 月，穆斯林联盟拉合尔年会正式通过了建立穆斯林单独国家的决议。其中说："在这个国家任何制宪方案只有建立在下述原则基础上才是切实可行的并能为穆斯林接受，即把地理上连接的单位划分为一些区域，其构成及必要的领土调整，应使穆斯林占人口多数的地区即印度的西北地区和东部地区合并为独立的国家，其中各构成单位有自治权和主权。"这就是著名的拉合尔决议。这个决议中没有使用巴基斯坦（意为纯洁的国度）一词，这个词是伦敦的印度学生最早提出自己的主张时使用的。拉合尔决议公布后，当时的报刊就把决议要建立的国家称为巴基斯坦，后为穆盟领导所接受。自决议通过后，穆盟一切言论和行动均以实现这个决议为目标。殖民当局对拉合尔决议没有说任何不赞成的话，这给了穆盟以间接鼓励。1942 年 6 月，总督林里资哥在给印度事务大臣阿麦里的信中说，穆盟"是一个很有用的反国大党的力量"。在另一封信中，又幸灾乐祸地说：今日印度的总的形势是"国大党在向陛下政府讹诈，穆斯林联盟在向国大党讹诈"。[①] 这表明英国当局对穆盟提出分治主张是从心里感到高兴的。英国统治当局并非已确立了分裂印度的方针，它鼓励穆盟的分治要求是把它作为牵制国大党的手段。它知道，穆盟要求越高，与国大党的裂痕就越深；走得越远，两者达成协议的可能性就越小。这样，它就可以躲在国大党、穆盟的激烈对阵的背后，抗拒印度民族的独立要求，并把责任推到印度人身上。

自从穆盟提出独立建国的目标后，国大党与穆斯林联盟的对立就发展到无可挽救的地步。两者矛盾成了印度民族斗争道路上最大的最严重的障碍。

① F. Hutchins, *Indian Revolution, Gandhi and Quit India,* Harvard，1973，p.147.

第十六章

第二次世界大战中和战后的经济政治发展

一、第二次世界大战对印度经济的影响

第二次世界大战中，英国对印度物质、财政的掠夺较第一次大战尤甚。印度军队由战前的18.2万人增至二百多万人，有一百多万人被派到海外作战，王公另提供兵员37.5万人。伤亡共18万人，其中战死约1/6。军事费用急剧增加。就英属印度说，1938—1939年度军事开支占总预算的40%，1944—1945年度达79%。整个战争期间，英属印度的军事支出达164亿卢比，土邦王公提供的军费和物资在6500万卢比以上。英国殖民当局对战争所需要的物资和各种军需品实行低价强制订货。在英属印度，1939年订货总额为2.8亿卢比，1942—1943年度增加到24.7亿卢比，1944—1945年度为14.5亿卢比。除满足印度军队需要外，还供应中东战场及欧洲、亚洲战场的英国部队。印度政府从英国得到的不是现金支付，而是一笔冻结在伦敦英格兰银行的所谓英镑结存，印度作为债权人却不能自由支配。到1946年3月，结存总额达12亿英镑，另外还清偿了印度欠英国的

3.7 亿英镑的国债和铁路债券。这意味着，从印度输出物资总值至少为 15 亿英镑以上。

当战争要求印度最充分地发挥物资供应基地作用时，当局不得不采取新的刺激工业发展的政策。1940 年建立了科学和工业研究局，就工业的进一步发展提出设想。又制定了培训技术人员的计划，包括让一些急需部门的印度技术人员去英国接受训练。最重要的措施是实行新的保护关税政策。总督参事会商务成员 1940 年 6 月对保护关税政策重新作了解释，宣布新工业部门只要建立在健全的基础上，在一定时期后可以自立，都可以受到保护（如果必要）。这就打破了选择性保护的框框，大大放宽了保护范围，有利于建立各种新工业部门。

很快，一批英国资本家和印度资本家开始筹划建立新的工业企业，不仅轻工业部门扩大，重工业也有多种部门建立起来，如稀有金属冶炼加工、纺织机械制造、茶叶和食油加工机械制造、交通和电力设备、汽车修配、自行车和缝纫机制造以及一些化学工业等。由于战时进口设备运输上有困难，新建工厂数量不是很多，但门类较多。大量新工业部门的出现又带动了一系列辅助性小型工业的产生。这样，就形成了产业门类的较为多样化。这是第二次世界大战期间印度工业发展最突出的特点。不过，新的保护关税政策在执行中仍有很多问题。最主要的是新建的关税局只有权规定三年以内的保护关税，三年以后另定。这对许多打算办重工业的人来说，等于前景是个未知数，使一些人望而生畏，不敢冒险，影响了创业的积极性。

股份公司（包括英资的、印资的）大量增加是工业发展的标志之一。1939 年在印度注册的公司数为 11 114 个，实收资本 29.039 亿卢比，到 1945 年，公司数增加到 14 859 个，实收资本数增至 38.897 亿卢比。六年中，公司数增加 33.6%，实收资本数增加 34%。

新工业部门都属草创阶段，产量有限。大战中，工业发展更主要体现在原有工业部门产量的增长上。军事订货再一次起了强有力的刺激作用。如棉纺织业 1940 年政府订货占全部纺织品的 60%。1944 年棉布产量达 48.52 亿码，创历史最高纪录。棉织品不再进口，印度布除满足国内需要外还大量出口。黄麻业是大战中获利最高的部门之一，这促使英国黄麻厂主进一步扩大生产能力。1941—1942 年工厂数达 113 个，纱锭 137.5 万枚，织机 67 774 台。由于麻制品军需物资供不应求，工人劳动时间延至每周 60 小时以上。钢铁业也得到大幅度发展。钢铁产量由战前的 100 万吨增加到 134 万吨。虽然政府把收购价压得很低，但订货充足，利润仍很高。除塔塔公司生产钢铁的绝大部分外，生产钢的还有迈索尔钢铁厂、孟加拉钢铁厂。水泥业在第二次世界大战期间也很兴旺。由于国内建筑业受钢材缺乏限制，大量水泥输往国外，销路很广。

到 1945 年，印度几种主要工业品的产量为：钢材 94.5 万吨，棉纱 16.44 亿磅，棉织品 47.11 亿码，黄麻制品 108.6 万吨，糖 96.7 万吨，水泥 220.9 万吨，煤 2871.6 万吨，电力 41.16 亿度。

二、战后印度民族工业的发展

1945 年大战结束，英国虽以战胜国之一的身份走出战争，但帝国实力已江河日下。它已经疲竭了，已经没有力量保持对印度的经济控制了。

在战争期间，印度清偿了欠英国的债务。如今印度成了债权国，英国反倒成了印度的债务国。

第二次世界大战结束后，印度的货币和汇兑制度改为与国家货币组织相联结，确定了卢比的相对含金量。从此，卢比脱离了对英镑的依附，又成为独立的货币体系。

战后，由于工业需要由战时生产向和平时期生产转轨，各工业部门都受到影响。大致说来，由于军事订货停止，也由于战时设备磨损严重，新设备一时又供应不上，产量缩减是普遍现象。但是缩减幅度除棉织品、水泥外，一般不算太大，个别部门如煤、黄麻制品还稍有增加。

战后，又出现办企业高潮。战时建立的工业新部门（英资、印资都有）经过 1945 年关税局审批，大都得到了短期的关税保护。这使得建立新工业部门的趋势继续得到推进。这方面由于战后出现印英、印美合资的新趋向而更得到加强。这次办企业高潮是印度人担任主角。1945 年印度新成立公司 1170 家，1946 年增至 2484 家，1947 年增至 4510 家，1947 年公司总数达 21 853 家。印度全部股份公司的实收资本 1944 年是 35.37 亿卢比，1947 年增至 47.94 亿卢比。1945—1947 年间又出现了一批新工业部门，如汽车制造、机械工业和机车、飞机制造、电气建筑设备等。

从战争后期起，英资在印度的实力开始下降。战后，鉴于印度独立的前景已经明朗，有些英国资本家开始抽撤资本，出卖部分股票，甚至出卖企业，出卖经理行经理权。有的为了创造条件能在印度独立后继续经营，把原在英注册的英镑公司改为在印注册的卢比公司，并吸收印资加入，搞合资经营，以便在未来取得外资企业可能得不到的优惠条件。也有一些英国公司以与印资合营的形式，来印度投资或增加投资，建立新企业。1947 年初，几乎所有的工业部门都出现了英印合营公司。其中最重要的如比尔拉和纳菲尔特公司合资建立的印度斯坦汽车公司，后者除提供技术外，还掌握 25%—30% 的公司股票；塔塔与帝国化学公司合资建立的化学工厂规模也很大。不过，新增投资量远远少于抽撤资金量，所以，在生产领域的英国投资量总的说是在减少。

印度民族资本家在大战中积累了大量资金，战争后期和战后，趁大好形势一面积极筹建新厂，一面收购英资股票、企业、经理权，向英资阵地进军。到 1943 年，英资最主要的工业部门黄麻业至少有 75% 的股份已属印资。建立的新厂以重工业厂为主。如塔塔财团建立了印度钢管公司、塔塔机械和机车公司，后者是印度第一个生产火车头和车厢的大企业。比尔拉财团建立了纺织机械制造公司、电气建筑设备公司、国民机械公司等，为印度创建机械制造业部门做出了贡献。瓦尔昌德财团创办了印度第一家飞机制造厂和第一家汽车公司。斯里·拉姆财团则建立了大型化工厂，在生产化工原料方面独辟蹊径。

战时和战后，又有一批民族资本的财团出现。一个突出的现象是，垄断财团大举进入金融界，直接控制银行，同时向英资银行渗透。例如印度帝国银行的大量股票被印度财团收买，一些民族资本家如塔塔、戈恩卡还进入了该行董事会。这反映了印度民族工业的发展和民族资本实力的增强。

和工业不同，战时和战后农业方面的变化微小。在生产技术上，使用机械、电力的有了一些，但数量很少。在经营方式上，除有极少量的实验性的资本主义农场外，基本上一仍旧贯。因而农业产量没有显著增长。与 1939 年比，1947 年粮食（作物大米、小麦、豆类等）总产量增长 5.6%，糖原料增长 64.7%，黄麻和棉花大幅度减产，当然，后者与军事订货停止有直接关系。

英国统治印度近二百年，掠走的财富无法统计，给印度留下的只是一副发展很不充分而且扭曲、畸形的摊子。工业体系是不完整的，部类缺乏配套，布局集中于少数城市，更重要的是机械制造业薄弱，印度人自己办的机械制造厂限于少数部门，大多数工业设备还必须依赖进口，因此对英国经济的结构性的依附并没有改变。农业落后和工农业发展不同步是另一个严重问题。农业产值在印度独立时仍占国民生产总值的85%以上，农业人口仍占全国人口的80%以上，绝大多数农民处于贫困状态。印度依然是一个落后的农业国。

三、“退出印度”决议和“八月革命”

第二次世界大战爆发后，英国统治者又一次未与印度任何人磋商，就宣布印度参战，把印度作为它的兵力和物资供应基地使用。

印度各民族主义组织对英国再一次无视印度民意十分愤慨。国大社会党、印度共产党和在他们影响下的群众组织立即开展反战反英运动，在各地举行集会，揭露英国作战的帝国主义目的，通过反战决议，号召群众不给英国以任何帮助。国大党工作委员会1939年9月14日通过决议，谴责英国擅自把印度拖入战争，同时也谴责法西斯主义，对反抗侵略的各国人民表示敬意。讲到对战争的态度，决议指出，印度是否参战，必须由印度人民自行决定。印度决不能在它自身的自由被剥夺的情况下，带着镣铐去参加一场号称是为了民主自由而进行的战争。声明进而要求英国当局明确说明它打算怎样把它堂而皇之宣布的捍卫民主目的“运用于印度和如何在目前实行”。①

英国殖民当局对印度人民的反战运动立即加以镇压。国大社会党和印共大批活动家被捕，许多进步报刊包括印共的《民族阵线》周刊、《新世纪》月刊遭到查禁。殖民当局想把国大党拉过去支持战争，但却无意接受它提出的要求。

10月22日，国大党工作委员会再次通过决议，谴责英国自称捍卫民主的虚伪性，宣布对于英国作战不给予支持。关于印度的民族要求，决议具体提出以下几点：英国允诺印度战后独立；召开全民选举的制宪会议制定印度宪法；立即成立责任政府。并警告英国当局，如果这些要求遭到拒绝，将再一次发动文明不服从运动。10月24日，甘地宣布国大党工作委员会已授权他随时发动不服从运动。国大党工作委员会还决定，作为对英国顽固态度的强烈抗议，国大党省政府全部

① 尼赫鲁著，齐文译：《印度的发现》，世界知识出版社1958年版，第567页。

辞职。1939 年 10 月 23 日至 11 月 25 日，8 个省的国大党省政府先后辞职。国大党希望以此对殖民当局施加强大压力，但殖民当局早有准备，各省省督根据英国议会通过的 1935 年印度政府法补充法接管政府，解散立法会议，另外指定人协助治理，实际上把大权全收在省督手中。

1940 年上半年，国大党左翼和印共领导的反战运动进一步发展。可是不久，他们之间由于反战策略的不同和其他原因，发生分裂，印共成员退出了国大社会党。在左翼战线分裂的情况下，印共产生了冒险主义，轻率地提出了“变帝国主义战争为民族解放战争”的口号，号召举行政治总罢工，并准备转入武装起义。当然这只是空中楼阁。党组织遭到残酷镇压，领导人几乎全部被捕。国大社会党领导人纳拉扬、全印农协领导人萨拉斯瓦蒂、兰加及国大党左翼领导人之一苏·鲍斯也都被投入监狱。

甘地和贾·尼赫鲁

国大党 1940 年上半年实际上是在等待英国改变态度。它虽然宣布不支持英国作战，实际奉行的却是不妨碍政策。这是为了满足民族资产阶级利用战时有利条件发展经济的要求，也为了敞开谈判大门，为在可能的条件下支持英国作战留下后路。随着德国在西线的进攻节节胜利，英国处境十分困难。7 月，国大党再一次向英国提议，只要英国接受国大党条件就给予各方面的合作，包括军事合作。在又一次遭到拒绝的情况下，国大党授权甘地发动反战不合作运动。这次运动从 10 月 17 日开始，到 1941 年夏止，动员了相当大的力量参加。不过这次采取的方式是个别不服从，也即由甘地指定某个人或某组织或某一批人发表反战演说，至被捕为止，再由他指定的第二轮人进行。由于采取这种独特的方式，虽然被捕者多达数万，包括尼赫鲁、阿扎德等国大党高级领导人，运动却没有以往那种声势，对英国当局也没有构成真正的威胁。

英国统治者在镇压了这个不痛不痒的运动后，摆出了抚慰姿态。1941 年 10 月扩大了总督行政会议，又吸收 5 名亲英的印度人参加。10 月，成立了咨询会议，指定一些上层人士组成。12 月，尼赫鲁、阿扎德等领导人获释。国大党坚持自己的立场，而当局也顽固地拒绝国大党要求，这样就形成了僵局。

1941 年 6 月 22 日苏德战争爆发使大战的性质有了一定变化。印度共产党根据新的形势改变了对战争的态度，决定支持英国作战。1942 年 7 月，当局解除了对印共的禁令。国大党和其他民族主义组织对反法西斯战争是同情的，但考虑到印度的实际情况，为了一鼓作气迫使英国接受印度的要求，决定继续保持原先的立场，没有改变。

1941 年 12 月，太平洋战争爆发。日本侵略军乘胜向东南亚挺进，很快占领了新加坡、马来亚，又进入缅甸。形势的危急使英国迫切需要得到印度的全力支持。在盟国方面，美国也对英国不断提出批评，敦促它采取措施，打开僵局。1942 年 3 月，丘吉尔内阁派特使克里浦斯来印，兜售新方案。但这个新方案与以往方案大同小异，遭到国大党拒绝。

国大党对英国统治者的顽固态度极为气愤。这时日本已开始轰炸印度沿海城市，国大党看到英军在东南亚的溃退，对它有没有力量守卫印度表示怀疑。鉴于英国不能改弦更张，为了能组织全民力量保卫国家，它认为只有一条路可走，这就是要求英国立即退出印度，由自由的印度来担负防卫任务。如果英国不接受，就开展比以往任何一次规模都要大的不合作运动迫使它接受。这个主张是甘地首先提出来的，有些领导人虽对其是否合乎时宜有过疑问，后来都接受了。

1942 年 8 月 7 日，国大党全印委员会在孟买召开。8 月 8 日，通过了要求英国立即“退出印度”的决议，决定动员所有力量，开展广泛的不服从运动，以实现这个目标。甘地认为这是最后的决战，提出了“行动或者死亡”的响亮口号激励群众。他说：“我们应当或者使印度获得自由，或者在这一斗争中死去。我们不能活着眼睁睁地看着我们的奴隶地位永久化。”① 估计到运动开展起来后会出现各种复杂的局面，他要求每个印度人必要时都能在非暴力范围内各自为战。这次

① Bipan Chandra, *India's Struggle for Independence*, New Delhi, 1989, p. 460.

会议只是决策，还不是制定具体计划。

殖民当局先发制人实行大逮捕。8月9日凌晨，一举把在孟买出席会议的国大党几乎所有领导人都投入监狱。各省的许多领导人随后也被捕。国大党工作委员会、全印委员会、省委员会都被宣布为非法。全党在这个措手不及的打击下陷于混乱，“退出印度”的决议根本谈不上贯彻执行了。

然而，与殖民统治者的愿望相反，大逮捕却引发了一场突如其来的猛烈的反英风暴，而且采取了暴力斗争形式。最激烈的地区是比哈尔、联合省东部和孟买省部分地区。在这些地区，警察局和政府机关受到攻击，电线被割断，铁轨被撬翻，交通陷于中断，农村出现一支支武装小分队，孟买省还出现了秘密的反英电台。

当局实行残酷镇压，不但使用军队，还动用飞机野蛮地扫射和轰炸。大致说，暴力斗争的高潮持续到1942年底，有些地区延续到1943年下半年。官方公布的到1943年12月底为止的有关统计数字如下：警察、军队开火669次，打死1060人，打伤2179人，逮捕91 836人，铁路站被毁332个，路轨损坏411处，车辆损坏268列，邮局遭袭击的945所，警察署被袭击的208个，政府机关被袭击的749个，道路遭破坏474处，电线被损坏的12 286处，炸弹爆炸664次，警察被打死63人，打伤2012人，官员被打死10人，打伤364人，集体罚款173次，鞭笞2562人。以上数字不完全可信，打死打伤群众的数字显然被大大缩小了。据尼赫鲁在《印度的发现》一书中说，被打死的有4000人，打伤的有10 000人。英国派大量军队来印参与镇压。丘吉尔在下院承认：“派往印度镇压叛乱的白人士兵数是英国统治印度以来最多的一次。”①

国大社会党说，这场斗争是它的基层组织领导的，它称之为“八月革命”。实际上，参与领导的还有国大党的基层组织。有些地方的斗争并没有总的领导人，而更多带有自发行动的色彩。

这场斗争不是甘地指挥的一场决战，而是士兵们在失去主帅、失去指挥的情况下奋不顾身的一场殊死搏斗。它不是按“八八决议”和甘地的模式开展的，但是从大的方面说，并没有完全离开“八八决议”和甘地模式的轨道。这场斗争在目标上依然是迫使英国退出印度，这实际上是在执行“八八决议”；在斗争方式上，虽然采取了暴力形式，但并不像通常武装斗争那样去攻城略池，而是破坏交

① R.C. Majumdar, *History of freedom Movement in India,* V.3, p.315.

通设施，破坏正常的统治秩序，造成一种使英国统治者无法维持统治的局面。可见，这仍然是一种不合作策略，是以暴力形式实行不合作。当时暴力斗争的许多参加者和领导者正是这样解释自己的行动的。他们说甘地也同意在特定条件下使用暴力很难避免，当前的形势就属于这种特定条件，非暴力的不合作不够了，必须以暴力的不合作来补充。这样看来，这场斗争虽不是“退出印度”决议的直接实现，却完全可以说是这个决议的精神产儿。

这场斗争的意义不可低估。它表明群众反英情绪已经炽热化，就连长期受甘地非暴力思想熏陶的国大党广大党员，也居然要诉诸武力来争取独立。对殖民统治者来说，没有什么比这更为可怕的了。无怪乎总督林里资哥在给丘吉尔的电报中忧心忡忡地称这次斗争为“1857 年以来最严重的叛乱”。[①]

1943 年末，日本进攻的威胁越来越严重。印度沿海城市遭到狂轰滥炸。这时发生的另一重要事件，是已逃到德国的国大党左翼领导人之一苏・鲍斯来到日本，在日本政府的支持下，在东南亚建立了一支主要由被日本俘虏的印度籍士兵组成的印度国民军，宣布要随日军一起解放印度。他还在新加坡成立了自由印度临时政府，自任总理。1944 年 3 月 19 日，日军 3 个师越过印缅边界线，向印度阿萨姆的英帕尔市发动进攻，印度国民军主力也参加了战斗，但被英军击败，印度国民军也受到重创。此时世界大战东方战场的形势已发生有利于盟军的战略转折。1945 年初，英军进入缅甸，开始了全线出击。

为了准备应付战后的政治形势。新任印度总督魏菲尔于 1944 年 5 月释放甘地，并谋求与国大党重开谈判。

四、战后印度人民反英情绪的高涨和海军起义

1945 年世界反法西斯战争的胜利结束，给世界被压迫民族带来了独立自由的新希望。印度人民满怀信心迎接自己民族斗争的胜利曙光。

战后群众政治积极性空前高涨，表现在：第一，掀起了抗议审判印度国民军

① F. Hutchins, op. cit., p.282.

军官的浪潮。日本投降后，印度国民军官兵20 000多人（内穆斯林数千人）被遣返回印度。殖民当局决定从1945年11月起，以叛逆罪在红堡对国民军军官进行公审。此举是为了制造恐怖气氛，打击印度人民的爱国主义精神。印度各政党和各界人士一致起来谴责殖民当局。他们指出，印度国民军和日本站在一起是错误的，但目的是争取印度独立，其爱国精神应该肯定，审判他们就是向印度民族尊严进攻。甘地写信给总督，谴责这种审讯，说尽管他不主张武装斗争，但钦佩他们的“勇敢和爱国主义精神”。[①] 各地纷纷举行抗议集会。中央省在1945年10月上半月就举行了160次抗议集会。11月12日全国举行了“印度国民军日”。最大一次群众性会议是在加尔各答德夏普里亚公园举行的，约有20—30万人参加。尼赫鲁、帕特尔都在会上讲了话。各界人士还为援救受迫害者捐款。然而，当局仍一意孤行，继续审讯，对被指控者判处重刑。为抗议这种倒行逆施，加尔各答（鲍斯影响最强的地区）的大学生、工人、手工业者和小商人在11月21日和1946年2月11日两次举行总罢工和罢课。两次都发展成与警察的流血冲突。群众性的抗议示威由加尔各答迅速扩大到孟买、德里、米鲁特、白沙瓦等城市，所有这些城市也都是印度教徒和穆斯林一起参加斗争。在联合省和旁遮普，一些印度官员也反对审判，甚至英印军队的士兵也参加群众会议，军心不稳。这种近乎举国一致的壮观局面，在印度近代史上是罕见的。最后总督不得不赦免并释放了被判刑的军官。尼赫鲁就此写道：“这是印度人民的意志和那些印度当权者的意志之间的较量，人民的意志终于获得了胜利。”[②] 第二，日本投降后，英国政府以受降为名，调派英印军队去印度支那和印尼，实际上是去镇压那里的民族运动。国大党、穆盟、印共都号召人民起来抵制。国大党确定1945年10月25日为“保卫东南亚日”，这天，各地举行抗议集会，要求立即撤回印度军队。穆盟和印共成员也踊跃参加了抗议集会。孟买和加尔各答的码头工人拒绝给开往印尼的船只装载粮食和弹药，使轮船迟迟不能启航。

1945年7月，工党在英国再度执政，艾德里任首相。印度问题如何解决是摆在工党政府议事日程上首先要考虑的问题。工党政府最初仍抱拖延方针，不愿允诺印度独立。9月19日，艾德里和魏菲尔分别在伦敦和德里就对印政策发表了内容相同的讲话。其中回避印度的独立要求，只是宣布政府决心尽全力使印度

---

① Abul Kalam Azad, *India wins Freedom*,Bombay,*1*959，p.110.

② D.G.Tendulkar, Mahatma, *Life of Mohandas Karamchand Gandhi,* V.7, New Delhi,1969, p.17.

早日实现充分自治。关于近期措施，讲到要举行新的中央和省的立法会议选举。

印度民族力量对工党执政抱的期望很高，对艾德里、魏菲尔的政策宣言都表示不满，但因为选举涉及未来的权力分配，都宣布准备参加选举。国大党鉴于胜利在望，不打算再开展不合作运动，而要通过谈判，实现最终目标。中央立法会议选举 1945 年 11 月举行，省立法会议选举 1946 年初举行。结果，得到最多席位的都是国大党。穆斯林联盟在信德、孟加拉、旁遮普三省得到相对多数席位。根据大选结果，国大党在 8 个省又建立了省政府。穆斯林联盟在信德和孟加拉组成省政府。这样，1946 年又恢复了省自治。

民族主义的浪潮继续扩展。到 1946 年初，把军队也卷了进来。这是印度政治形势发展的一个新因素。

1946 年 2 月，爆发了孟买海军起义。起义是由英国军官对印度士兵的种族歧视和虐待引起。2 月 18 日，塔尔瓦尔号船上全体水兵首先举行罢工。一个叫杜特的水兵在墙上写了“退出印度”的标语被捕。第二天，停泊在孟买港口的 20 艘舰船的全体水兵都参加了罢工。提出的一致要求是反对种族歧视，英人印人平等，改善生活待遇。英国国旗被从桅杆上降下来，升起了国大党和穆斯林联盟的旗帜。这一天，两万水兵在孟买游行，开始提出两项政治要求：释放政治犯，包括印度国民军军官；英印军队撤出印尼。游行中高呼“打倒英帝国主义”、“印度必胜”、“革命万岁”等口号，打出了国大党、穆斯林联盟和印度共产党的旗帜。在选出一个叫“海军中央罢工委员会”的领导机构后，水兵们向英舰队司令部提出了自己的要求，然而他们得到的却是炮弹。2 月 21 日，当英国炮兵向舰船开炮后，所有罢工舰船都开炮还击。这样，罢工就转变成武装起义。炮战持续了 7 个小时。起义的消息迅速传遍全国。卡拉奇、加尔各答、马德拉斯、维萨卡帕纳姆等港口的印度海军以及德里、浦那、坦纳等基地的士兵、雇员都宣布支持孟买起义者。几乎整个海军的 75 条船舰和 20 个炮台都受到影响。2 月 22 日，在印共中央号召下，孟买 20 万工人举行总罢工，支持起义水兵的要求。全市到处举行集会、游行，广大市民群众都自动参加进来。示威群众与警察发生武装冲突，筑起了街垒，斗争持续到 24 日。只是在当局派来大批军队实行镇压后，才得以控制孟买的局势。270 人被打死，近 1700 人受伤。国大党和穆斯林联盟对水兵的罢工表示支持，但不赞成起义的做法。国大党派帕特尔劝说起义者投降，答应向当局转达他们的要求，并以国大党的力量保护他们不受迫害。真纳也采取了大致相同的立场，答应以穆盟的力量保护他们。在国大党和穆盟的压力下，23

日，起义领导机构发表告民众书，宣布停止斗争。

海军起义在整个英印军队中产生强烈影响。士兵、警察对殖民政权的离心倾向迅速发展。国大党主席阿扎德记述道："在这个时期，无论我走到那里，军队中的年轻人都来欢迎我，表达他们的同情和钦慕，全不考虑他们的欧洲籍军官会怎样处置他们。"还说，在加尔各答，"一大群警察还有警长把我的汽车团团围住。他们对我欢呼，有的甚至行触脚礼。他们都表示尊敬国大党，愿意按我们的命令行事。"① 显然，英国统治大厦的柱石出现了分崩离析的征兆。

五、英国被迫接受印度独立的要求

战后迅速发展的形势表明，民族斗争已在多条战线展开，并已形成席卷全国之势。在多种斗争中，有国大党领导的，有穆斯林联盟领导的，有印共领导的，也有群众的自发行动。反殖斗争与反封斗争交织在一起，群众发动与军队哗变同时发生。这种情况，加上国际上反帝反殖斗争蓬勃发展的客观压力，终于促使工党政府作出决断：接受印度独立要求，准备移交政权。英国统治者清楚地认识到，交出政治权力有利于保持英国在印度的经济利益和政治影响；继续拖延只会引起印度人民斗争更猛烈的发展，一旦这种斗争发展到连国大党也控制不了的地步，英国在印度不但保不住政治权力，经济利益也会丧失殆尽。

海军起义爆发的第二天，即 2 月 19 日，艾德礼在下院宣布，决定派以印度事务大臣劳伦斯为首的内阁使团去印，协助总督就制宪方法、召开制宪会议的办法和成立临时政府等问题与印度各民族主义组织和各界领导人磋商，提出解决方案。3 月 15 日，他又在下院发表讲话，承认印度的民族解放运动是全民运动，军队也卷了进来。他宣布，劳伦斯使团的任务是帮助印度"尽可能快和尽可能充分地获得自由。"印度的前途由印度制宪会议自行决定。他并且第一次宣布，"如印度选择独立——在我们看来，它有权这样做，我们将帮助他们尽可能顺利地实现这个转变。"但他同时表示，希望印度能选择继续留在英联

① Abul Kalam Azad, *Indias Wins Freedom,* Bombay,1959, p.110.

邦内。[①]

英国终于接受现实，准备撤出印度了。对艾德礼这个宣言，印度各党派、各团体都表示热烈欢迎。

内阁使团由内阁3名成员组成。除劳伦斯外，另两人是贸易局主席克里浦斯和海军大臣亚历克山大。3月23日，使团抵印。在与国大党、穆斯林联盟接触后发现，国大党和穆盟的主张很难统一。国大党主张独立后的印度是统一的联邦国家，中央权力限制在一定范围内，赋予各宪政单位以充分的自治权。穆斯林联盟则坚决主张建立单独的国家，其范围应包括整个孟加拉、旁遮普、阿萨姆、信德、西北边省和俾路支斯坦。5月5日，内阁使团和总督召开由各党派领导人参加的西姆拉会议，讨论解决方案，因国大党和穆盟意见针锋相对，毫无结果。

5月16日，内阁使团发表白皮书，提出了自己的方案，通称“内阁使团方案”。其要点是：印度由英属印度和土邦组成统一的联邦国家，中央只掌管外交、国防和交通，其余权力统统留给各省和土邦；联邦制宪会议由英属印度的代表和土邦代表组成；将英属印度分为三个省集团，即印度教徒占人口多数的A集团，包括马德拉斯、孟买、联合省、比哈尔、中央省、奥里萨六省，穆斯林占人口多数的B集团，包括旁遮普、西北边省、信德三省，穆斯林占人口多数的C集团，包括孟加拉、阿萨姆两省，这些省集团都建立自己的立法、行政机构，制定本省集团的宪法；在宪法制定前的过渡时期，英属印度成立受各主要政党支持的临时政府，由总督在改组行政会议的基础上组成。显然，这个方案反映了内阁使团力求在国大党和穆斯林联盟的对立主张中寻求折衷，其基本倾向是保持统一下的最大分权。

国大党和穆斯林联盟对此方案都宣布接受。但穆盟并未放弃单独建国的主张，只把接受此方案当作过渡。

由于国大党、穆斯林联盟同意参加制宪会议，应由英属印度选出的292名代表很快选出，国大党获211席，穆盟获73席。应由土邦产生的代表，由于国大党要求民选，王公们主张指派，意见无法一致，所以未能产生。

还在内阁使团方案公布之前，总督魏菲尔已就建立临时政府的席位分配提出了建议，即印度教徒和穆斯林按对等原则各5人，印度教徒候选人由国大党提名，穆斯林候选人由穆盟提名。其余2人，一为锡克教徒，一为印度基督教徒。

---

① Jamil-ud-Din Ahmad, *History Documents of the Muslim Freedom Movement,* Lahor, 1970, p.400.

穆盟同意这种安排。国大党拒绝，认为这个安排等于把国大党视作印度教徒的组织。内阁使团和魏菲尔对方案作了修改。6月16日公布的新方案规定临时政府由14人组成，席位分配为：国大党6名（包括1名哈里真），穆盟5名，锡克教徒、基督教徒、袄教徒各1人。并宣布如有任何政党不接受，就授权接受的政党组织政府。国大党要在自己的名额中提出一位穆斯林候选人，遭穆盟坚决反对，总督也不同意，因此宣布拒绝参加临时政府，只参加制宪会议。内阁使团6月29日离开印度回国。行前发表声明，对制宪会议选举顺利进行表示满意，对临时政府组成上发生矛盾表示遗憾。

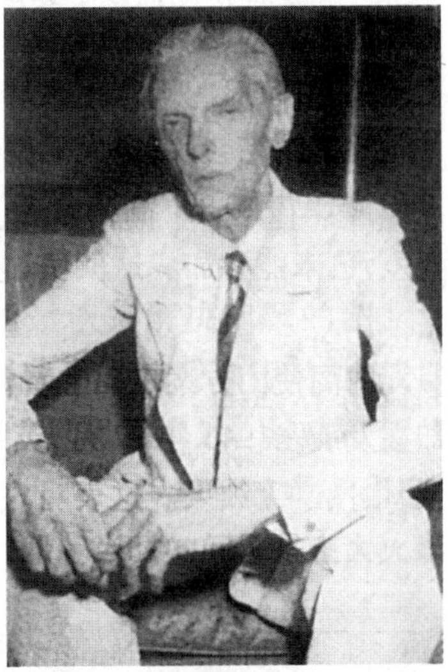
真纳

内阁使团离印后，成立临时政府的矛盾更加激化。穆盟要求总督兑现诺言，授权穆盟组织政府。但总督不想激怒国大党，决定暂不成立临时政府。穆盟极为不满，认为是对自己的蓄意侮辱和蔑视。7月29日，穆盟通过决议，撤销它对内阁使团方案的接受，不但不参加临时政府，连制宪会议也不参加了。它宣布要采取直接行动，争取建立巴基斯坦，并授权穆盟工作委员会制定组织穆斯林开展斗争的计划。工作委员会宣布8月16日为“直接行动日”，这天在各地举行总罢工和游行示威。由于双方教派主义的挑动，在加尔各答，接着在孟加拉其他地区、比哈尔和孟买发生了一系列教派流血冲突和仇杀。加尔各答三天冲突中就死了5000人，20 000人受伤，10万人无家可归。比哈尔的冲突至少死了7000人。

8月6日，总督致信尼赫鲁，邀请国大党组织临时政府，并要求国大党和穆盟商量，争取穆盟参加。国大党接受邀请，决定尼赫鲁负责此项工作。尼赫鲁与真纳会晤，邀穆盟参加，遭到拒绝。于是，国大党便自己组织了政府。8月24日，总督宣布，总督行政会议全体成员已向英王辞职，英王已批准成立印度临时政府。9月2日，临时政府正式成立，参加者除国大党外，还有锡克教徒等少数团体代表。总督魏菲尔任主席，尼赫鲁任副主席。军队总司令仍由英人担任。穆盟最初是号召穆斯林抵制临时政府，要求家家户户插黑旗抗议，但不久改变态度，表示愿意加入。10月26日，穆盟加入临时政府，利亚奎特·汗担任财政部长，其他 4 名成员担任商业、交通、卫生、法律部部长。然而，在临时政府中，穆盟仍以实现巴基斯坦为目标。这样，几乎在一切问题上，穆盟与国大党都处在对立位置上，使临时政府的工作无法开展。

关于制宪会议，国大党要求尽早召开，希望穆盟也能参加制宪会议。1946 年 12 月 9 日，制宪会议召开。穆盟拒绝参加，土邦代表因为还没有产生，也未能参加。这就使这个制宪会议缺乏代表性，不能有效地进行制宪工作。

内阁使团方案表面上看似乎有了进展，实际上，进展是虚假的，对抗却在发展。1946 年 12 月，英国当局又邀请国大党、穆盟领导人去伦敦会谈，依然毫无结果。这表明内阁使团方案事实上已告夭折。

六、蒙巴顿方案和印度自治领成立

1947 年春，印度形势极其紧张。临时政府无法工作，制宪会议形同虚设。教派冲突接二连三发生，且呈愈演愈烈之势。

英国当局感到事态严重，意识到继续留在印度是危险的，一旦形势发展到爆炸程度，要脱身就困难了。1947 年 2 月 20 日，艾德里在下院宣布：英国政府决心采取必要措施，最迟不晚于 1948 年 6 月把政权移交给印度人；如果届时印度还没有制定出宪法，就把英属印度的政权移交给某种形式的中央政府，或者在某些地区移交给现有的省政府。这是对国大党和穆斯林联盟施加压力，要他们尽早达成协议，也反映了英国此时已急于脱身的心态。艾德里还宣布，英王已任命前东南亚盟军最高统帅蒙巴顿接替魏菲尔为印度总督。

蒙巴颊和尼赫鲁

蒙巴顿是英王乔治六世的表兄弟，地位显赫，军功卓著，又善于外交，是英国上层中很有影响的人物。内阁交给他的使命，就是尽早实现移交政权。3月22日，他来到印度。他看到形势比人们在伦敦想象的还要危险和具有爆炸性，认为要避免危机演变为两大教派的内战，要避免人民斗争的进一步发展和英国权威的崩溃，就要用最快的速度解决问题。在给艾德里的报告中他写道："这里的局势十分不妙，……在我看来，通过谈判解决问题的前途渺茫。""如果我不迅速采取行动，内战即将在我的任职期间爆发。"① 蒙巴顿的助手伊斯梅后来在讲到对当时形势的认识时也说："1947年3月的印度，是一艘满载火药在大洋中航行而突然着火的船。当时的问题是在大火燃烧到弹药库之前把火扑灭。"②

蒙巴顿在和各党派领导人的磋商中，也曾提出保持印度统一的希望，但发现要穆斯林联盟接受统一是不可能的。鉴于内阁使团的方案已告失败，他得出结论：如果他也要坚持统一的方向，一定会旷日持久得不到解决。因而他放弃了这种努力，转而竭力说服国大党接受分治。

穆斯林联盟毫不妥协的态度使国大党无可奈何。尼赫鲁、帕特尔等领导人逐渐认识到，要尽早实现独立，要避免更大的流血，只有接受分治。4月22日，尼赫鲁表示，穆盟可以建立巴基斯坦，条件是不得把不愿意加入巴基斯坦的印度地区也包括进去。尼赫鲁、帕特尔的观点最初不为甘地、阿扎德等接受，但大势所趋，他们也知道没有别的路可走，最终也不得不勉强同意。

蒙巴顿看到希望的大门已经打开，遂迫不及待地沿着分治方向拟定方案。最初的方案带有使印度巴尔干化的倾向，遭到国大党拒绝。后来在V.P.梅农协助下拟出的新方案为国大党、穆斯林联盟和锡克教徒接受，这就是蒙巴顿方案。蒙巴顿事前专程去伦敦向英王和内阁汇报，受到英王和内阁的嘉许。

6月3日，蒙巴顿在全印广播电台公布了这个方案。其要点为：印度将获得自治领地位，如果穆斯林占人口多数地区希望单独建国，可以建立一个单独的自治领，英国在印度的政权将移交给两个自治领；如果要建立单独的自治领，在实现分治前，各有关省需要就自己的归属问题进行表决；自治领地位不妨碍两个自治领的制宪会议有权决定自己的未来，包括是否留在英联邦内。关于土邦归属问题，只是强调1946年5月16日内阁使团方案中提出的办法继续有效，即一旦英

① 多·拉皮埃尔、拉·柯林斯著，周万秀、吴葆璋译：《圣雄甘地》，新华出版社1986年版，第105页。

② 帕姆·杜德著，苏仲彦、桂成芳、希明译：《英国和英帝国危机》，世界知识出版社1954年版，第172页。

国移交政权，英王对土邦的最高权力即行终止，未作新的规定。

蒙巴顿方案规定印度以自治领形式接受移交政权，是事先得到国大党和穆斯林联盟同意的。国大党和穆盟原来都主张以独立国家地位接受移交。但蒙巴顿坚决要求采取自治领形式，他解释说，这丝毫不妨碍两个国家的制宪会议决定自己国家的未来地位。蒙巴顿坚持这点是因为这样做对英国最有利：第一，有利于影响两个自治领制宪会议做出留在英联邦内的决定；第二，有利于移交政权后保持英国与两个自治领关系的稳定；第三，这会使英国的退出较为体面。蒙巴顿还利用国大党与穆斯林联盟的矛盾，分别对两者施加压力，使两者不能不接受。

在蒙巴顿公布方案后，按照事先的安排，在场的尼赫鲁、真纳和巴・辛格（代表锡克教徒）都接着作了广播讲话。随后，国大党、穆斯林联盟都正式通过决议，接受蒙巴顿方案。①

英国即将移交政权和实行印巴分治的消息使全国人民惊喜交集。人民为民族独立的理想即将实现而欢欣鼓舞，同时，想到独立伴随分治，又不禁感到忧伤。

按照蒙巴顿方案的规定，孟加拉、信德、俾路支斯坦、西北边省以及阿萨姆的锡尔赫特县都举行了立法会议投票或全民公决。结果，决定加入巴基斯坦的有东孟加拉、西旁遮普、信德、西北边省、俾路支斯坦和阿萨姆的锡尔赫特县。

还在划界工作开始之前，紧张的教派对立情绪已导致许多地区发生宗教冲突。1946 年 10 月中旬，阿萨姆发生宗教骚乱，几千户人家无家可归。接着，在东孟加拉和比哈尔仇杀再起。双方狂热报复，死伤甚众。甘地以古稀高龄不惜赴汤蹈火，亲临孟加拉等地现场平息冲突，奋斗不已。而英国总督却没有采取切实有效的措施制止这种可怕的灾难蔓延。

6 月底，成立了一个有广泛权力的机构——划分委员会，负责各方面的划分工作。英国法官拉德克利夫被邀请主持旁遮普和孟加拉的划界委员会的工作。这位法官对印度的情况一无所知，全凭地图来划界。军队和文官也一分为二，由本人决定是加入巴基斯坦还是留在印度。资产和国债也作了划分，巴基斯坦将得到资产的 17.5%，同时负担同样比例的国债。1947 年 7 月 19 日，蒙巴顿宣布建立两个临时政府，分别照管未来印度、巴基斯坦两个自治领的利益。

在英属印度紧张地进行分治准备工作时，国大党和穆斯林联盟都在大力开展活动，争取尽可能多的土邦加入自己的自治领。在蒙巴顿方案制定前，有一批土

① V.D. Mahajan, *History of Modern India,* V.1, New Delhi, 1983，p.350.

邦如卡索尔、帕提亚拉、巴罗达等参加了制宪会议。蒙巴顿方案提出后，在土邦王公中出现少数人策划土邦独立的阴谋。为首的是王公院主持人博帕尔的纳瓦布，还有海德拉巴的尼扎姆、特拉凡柯尔的纳瓦布等。有人甚至主张把所有土邦合并，建立一个“土邦斯坦”。分裂活动的背后有英国保守势力的支持。如海德

帕特尔和拉·普拉沙德（右）

拉巴王公声明希望独立，就受到丘吉尔的赞许。国大党坚决反对任何分裂图谋。1947 年 6 月 15 日，国大党全印委员会通过决议，要求未参加制宪会议的土邦参加制宪会议，并宣布绝不承认任何土邦搞所谓“独立”。尼赫鲁讲话警告一切外国不得插手分裂印度。印度临时政府成立了土邦部，加紧做争取土邦的工作。帕特尔担任部长，他主持制定了一份叫做《加入协定》的文件，送给所有王公考虑。其内容是：土邦加入印度自治领只需把国防、外交、交通三项权力交给中央政府，其余所有事务仍归土邦政府掌管，中央不干预。由于采取这样灵活的政策，遇到的阻力大大减少。不到 3 个星期，绝大多数王公都在这份文件上签了字，加入了印度自治领。与巴基斯坦毗连或在其境内的土邦巴哈瓦浦尔、凯尔浦尔、卡拉特等加入了巴基斯坦。绝大多数土邦加入问题的迅速解决，帕特尔是功不可没的。

移交政权方案在付诸实施前，在宪政上的最后一道程序是由英国议会立法，使它成为正式的法律。1947 年 7 月 18 日，英国议会通过了以蒙巴顿方案为基础的《印度独立法》。其内容包括：从 1947 年 8 月 15 日起，在印度建立印度和巴基斯坦两个自治领，英国政府把在印度的统治权分别移交给两个自治领。两个自治领的制宪会议有充分的权力制定本自治领的宪法，决定本自治领的未来地位，

包括是否留在英联邦内。在新宪法制定出来前，制宪会议行使中央立法机构职权。还规定从 1947 年 8 月 15 日起，取消英王的印度皇帝称号，英王放弃对所有印度土邦的最高权力，英国与土邦签订的一切条约、协定失效。每个土邦可自由选择加入两个自治领中的任何一个。《独立法》最引人注目的地方是把蒙巴顿原来预定的移交政权日期法定化。

印度、巴基斯坦既然是以自治领地位接受移交，在自治领成立后，都还要有一位由英王任命的总督。国大党邀请蒙巴顿担任首届印度自治领总督，巴基斯坦则宣布真纳将出任巴基斯坦自治领总督。两个自治领的军队总司令仍由原英印军队总司令奥金列克将军担任。

在所有准备工作就绪后，1947 年 8 月 14 日，巴基斯坦自治领宣告成立。8 月 15 日，印度自治领宣告成立。两国实际上获得独立，印度人民经过一个世纪的不屈不挠的斗争终于取得了胜利。

印度自治领由尼赫鲁担任总理，以德里为首都。在 8 月 14 日午夜印度制宪会议上，尼赫鲁充满激情地向世界宣告了印度的新生，并以印度人民的名义，向印度民族运动的伟大领袖甘地(他当时在孟加拉）表示最崇高的敬意。他说："在这个日子里，我们首先想到了印度自由的奠基人、我们的民族之父。他体现印度古老的精神，高举自由火炬，照亮了我们周围的世界，印度人民世世代代不会忘记他的教导，将在他的不朽精神鼓舞下，建设一个强大的新印度。"①

尽管独立伴随着分治，印度独立斗争胜利的历史意义绝不能低估。殖民统治近两个世纪，给印度人民带来的苦难罄竹难书：无尽的财富外流，千千万万人死于饥饿，令人难以忍受的种族歧视和压迫，社会经济的严重畸形，……这一切亡国奴的悲惨境遇，都随着殖民统治的终结而告结束。印度人民站起来了，从此不再受人宰割。他们可以按照自己的意志建设自己的国家，追赶世界现代化的潮流了。独立斗争的胜利是印度人命运的转折点，通向进步、富强、繁荣目标的大道如今就展现在他们的脚下了。

印度独立斗争的胜利同样具有重大的国际意义。第二次世界大战后亚非国家普遍掀起民族斗争高潮，冲击帝国主义的殖民体系。正是印度人民的斗争首先在大英帝国殖民体系中打破缺口。英国王冠上的印度宝石坠落了，这对英国是个极其沉重的打击，对亚非其他国家的斗争则是个有力的鼓舞。40 年代末期，印度

① J. Nehru, *Independence and After, 1947–1949,* New Delhi, 1949，pp.3–4.

民族斗争的胜利和中国人民解放斗争的胜利交相辉映，有力地展示了被压迫民族运动的不可抗拒的力量，对改变亚洲面貌，促进帝国主义殖民体系的崩溃起了决定性的作用。印度独立斗争的胜利也为世界被压迫民族的解放斗争提供了许多宝贵的经验。世界各国国情不同，民族解放运动的领导力量和道路是多种多样的。印度国大党和印度人民根据印度国情开创了一条资产阶级领导的，通过非暴力斗争（不是甘地信条的非暴力，而是作为国大党策略的非暴力）取得胜利的道路。这条道路本质上是群众性大规模政治斗争的道路，是一种非暴力方式的革命。这条道路在工农运动广泛开展和某些自发的武装斗争的配合下，在有利的国际形势下，引导印度人民取得了胜利。对于印度这样的大国，用这种方式取得胜利是一个创举。印度的榜样对其他殖民地半殖民地人民很有吸引力，后来为不少国家效仿。这样，印度独立斗争的胜利，就为世界被压迫民族斗争通过多样化途径获得解放做出了自己的贡献。

第十七章

从自治领到共和国成立

一、自治领政权的建立

印巴分治后，印度领土包括前英属印度的联合省、奥里萨、比哈尔、孟买省、中央省、马德拉斯、孟加拉省西部、旁遮普省东部、除赫儿锡特县以外的阿萨姆省、前中央直辖区以及新加入的五百多个土邦。人口约为 34 700 万。

总督是仪式上的国家元首，不再拥有行政权力。蒙巴顿担任这一职务到 1948 年 6 月 21 日，由国大党元老之一的拉贾戈帕拉恰雷继任。

8 月 15 日，自治领政府成员在总督主持下宣誓就职。贾·尼赫鲁任总理，萨达尔·帕特尔为副总理。新政府成员共 14 人，其中国大党人 8 名，非国大党人 6 名，后者中包括原贱民运动领袖普·阿姆贝德卡（任法律部长），印度教大会领导人夏·普·穆克吉（任工业和供应部长）。这是个以国大党为主的联合政府。

自治领建立时，印度只有制宪会议而没有立法会议。制宪会议的任务是制定宪法，在制宪完成前，立法会议职权由它行使。制宪会议主席是拉·普拉沙德。

尼赫鲁宣誓就任总理

自治领政权建立伊始，必须确保政权机构的正常运转，所以所有文官包括英籍文官都被留任。军队方面也是如此，英籍高级军官全部留任，总司令仍由英人奥琴列克将军担任（他同时还担任巴基斯坦军队总司令）。在当时的条件下这样做是必要的，不仅因为自治领还无力立即全部取代，还因为以自治领形式实现独立，本身就要求保持政权运作的一定的连续性。当然，民族政权机构不能长期由旧文官、旧军官操持，所以不久就开始了军官文官民族化的进程。全部民族化到50年代初完成。

1948年自治领政府开始对文官制度实行改革，建立了印度行政官制、印度警官制。仍采取公开考试选拔办法，并对入选者进行严格的培训。

1948年对军队领导体制实行了改革。原英印军队由总司令统辖，现废除总司令职位，实行陆海空三军分立，各设参谋长职，均向国防部负责。国防部长由文职人员担任。国家军事决策操在总理领导下的内阁特设的委员会手中。这样做是为了实行文官治军原则。还规定军队不得介入党派政治斗争，军队服从民选政府的领导，不受政权变动的影响。

英国统治时期，在司法系统方面，英国的枢密院凌驾于印度的高等法院之上，拥有最高的审判权。1949年10月印度制宪会议通过了取消枢密院审判权法，印度联邦法院（后来的最高法院）成了印度司法的最高权威。

以自治领形式实现独立固然有保持政局相对稳定、有利于恢复发展经济的一面，但明显不利的是，为了照顾英国的要求，殖民统治时期的民族歧视和奴化教育的许多表现都被保留下来而没有及时受到清算。如英国国歌《上帝佑我王》在一切仪式典礼中仍然先于印度国歌演奏，英王、总督们的画像仍然被悬挂在公开场所，英国殖民统治者的纪念碑、以英国统治者名字命名的街名地名仍然保留。这一切对在思想领域里清除殖民主义的影响是有相当妨碍的。广大人民对此反感。只是在共和国成立后，在 50—60 年代，随着民族经济的发展和民族地位的提高，这些有损民族自尊的做法才逐步改变。

二、土邦的归并和全国行政区划的统一

在印度和巴基斯坦两个自治领成立时，除海德拉巴、朱纳格和查谟－克什米尔 3 个土邦未决定归属外，其余的都加入了印度或巴基斯坦自治领。这三个土邦的归属问题自然成了印度和巴基斯坦都关心的头等大事。双方都竭力争取它们加入自己一方。

朱纳格位于卡提阿瓦半岛，与半岛其他地区联系紧密。居民 80% 为印度教徒，统治者是伊斯兰教徒。纳瓦布（王公称号）不顾土邦的地理位置，拒绝加入印度自治领，在 1947 年 8 月 15 日宣布加入巴基斯坦。印度政府不承认，提出应实行全民公决。该土邦印度教居民也立即起而反抗。王公逃往巴基斯坦。11 月初印度军队接管了政权。巴基斯坦指责印度侵略，要求联合国干预。印度政府于 1948 年 2 月在该土邦举行全民公决，绝大多数居民同意加入印度。

海德拉巴位于南印度，是土邦中人口最多的一个，约六千万人，面积 82 698 平方公里，仅次于查谟—克什米尔土邦。居民 85% 是印度教徒，王公尼扎姆（称号）是穆斯林。他自恃土邦实力雄厚，坚持要成为独立的自治领，一面积极扩充军队，一面寻求巴基斯坦的支持。印度政府努力谋求与尼扎姆谈判，希望海德拉巴加入印度，但迪万（首相）百般阻挠，尼扎姆也三心二意。鉴于谈判不可能取得成效，帕特尔决定诉诸武力。1948 年 9 月 13 日，印度军队向海德拉巴发动进攻。海德拉巴的军队很快便被击溃。尼扎姆不得不改变态度，宣布撤换迪万，命令军队停止抵抗，并同意接受印度军队进驻海德拉巴。9 月 18 日，印度军队进驻海德拉巴首府。尼扎姆 11 月 24 日宣布海德拉巴加入印度自治领。为稳定局势，

印度政府保留了尼扎姆的王公地位。

查谟—克什米尔土邦的情况要复杂得多。它的面积最大，约 85 885 平方公里，战略位置重要，资源丰富。其居民的信仰构成与前两个土邦正相反：75% 是穆斯林，但王公哈里·辛格是印度教徒。巴基斯坦认为，克什米尔既然穆斯林占人口多数，理应加入巴基斯坦。印度则不认为居民宗教构成是决定土邦归属的依据。印度竭力争取克什米尔加入印度除有战略地位、资源等考虑外，还希望用克什米尔加入的事实本身来证明“两个民族论”是人为制造的，并非穆斯林都拥护。而且克什米尔加入印度，还能为国大党提供一个实施世俗主义政策的最好场地，有利于促进国内印度教徒和穆斯林的和睦相处。克什米尔最大的民族主义组织、由谢赫·阿卜杜拉领导的克什米尔国民会议党倾向加入印度。哈里·辛格知道事情的复杂性，从王公家族利益考虑，他认为加入任何一方都于己不利，希望选择独立。但很明显，印度和巴基斯坦都不会接受克什米尔独立。正因如此，他举棋不定，一直敷衍双方，尽量拖延做出抉择。印度政府和巴基斯坦政府都不断派人去游说。促使王公态度发生决定性变化的事件是：1947 年 10 月 22 日，大批武装的部落民从边境巴基斯坦一侧进入克什米尔，在“自由克什米尔武装力量”的旗号下，发动了旨在推翻王公统治的进攻，接连攻占几个重镇，直逼首府斯利那加。哈里·辛格的军队抵挡不住，连连败北。哈里·辛格本人也匆忙逃至查谟。这一突如其来的变化把犹豫不决的哈里·辛格最终推向印度。10 月 24 日，哈里·辛格向印度求援。总督蒙巴顿表示，只有在克什米尔加入印度的前提下，印度才能师出有名。于是哈里·辛格决定加入印度。10 月 26 日他签署了加入印度协定，任命谢赫·阿布杜拉为临时政府首脑，派他飞赴德里，要求印度自治领接受克什米尔加入。10 月 27 日，蒙巴顿代表印度自治领政府宣布同意克什米尔加入印度。印度政府随即派大批飞机，空运印军至斯利那加投入战斗。印军迅速粉碎了部落民的攻势，收复了被占领的许多地区。巴基斯坦不曾料到事态会这样发展，宣布不承认克什米尔加入印度。1947 年 12 月 30 日印度政府要求联合国安理会干预，敦促巴基斯坦停止支持部落民，不再允许部落民从巴基斯坦领土越界进入克什米尔，要求进犯克什米尔的部落民和巴基斯坦人撤出。巴基斯坦拒绝印度的指控，反过来指控印度用阴谋和暴力手段进占克什米尔和朱纳格，屠杀穆斯林等。1948 年初巴基斯坦正规部队参加战斗。这就爆发了第一次印巴战争。经过联合国调停，双方于 1949 年元旦停火。按照当时的停火线，印度军队控制了查谟和克什米尔土邦 2/3 地区，巴基斯坦军队控制 1/3 地区。7 月 27 日，双方代表在卡拉奇签订了停火线协议。双方在自己控制的地区都建立了政府。在印控克什米尔，王公哈里·辛格于1948年3月5日成立了临时人民政府，任命谢赫·阿卜杜拉担任总理。

在上述三个土邦归属问题基本解决后，印度政府紧接着要解决的问题就是全国行政区划和政治体制的统一。这是巩固政治统一的需要，也是发展经济的要求。印度联邦不能是民主体制与王朝体制的混合体。加入印度的土邦散布印度各个地区，占印度总面积的1/3，人口约1/4以上，对国家的发展建设是个严重障碍，也使中央行使有效管理成为极端困难的事。从长期目标来说，土邦制度必须取消，这是甘地、尼赫鲁在独立斗争时期都曾一再说过的。不过，既然和王公们有约在先，立即推翻双方的协定会引起动荡，而国家初建百废待兴，也不允许在政治上采取动作过大的举动。考虑到这些因素，政府在取消土邦问题上采取了分步走的办法。

首先是进行土邦合并。1947年底到1950年初的两年多时间里，帕特尔亲赴各地，向王公们说明土邦合并的必要性和政府采取这一步骤的决心，并向王公们保证合并后他们可以得到大笔年金，原来享有的许多特权也会保留。王公们在新政权的震慑下，自知无力抗拒，不得不表示同意合并。

合并采取4种形式：1. 迈索尔、海德拉巴和查谟－克什米尔三个大土邦保留。2. 一大批土邦根据地理位置相连、历史上关系较密切、文化语言背景相近的原则，分别合并为5个土邦联盟，即索拉斯特拉土邦联盟、中印度土邦联盟、帕地亚拉和东旁遮普土邦联盟、特拉凡柯尔－柯钦土邦联盟和拉贾斯坦土邦联盟。3. 一大批在语言、文化背景上与相邻省份相同的小土邦并入相邻省份。4. 一些土邦因战略地位重要或因有一些特殊问题成为中央直辖区的一部分。

土邦合并只是朝统一行政体制的方向迈出的第一步。王公小朝廷的旧政治体制在保留的大土邦中和土邦联盟中仍存在。必须再前进一步，根本取消土邦，以彻底解决体制的差异。这个任务是由制宪会议在制定宪法时顺带完成的。

宪法规定，全印统一划分为29个邦。这29个邦分成4类：A类邦9个，即原印度的9个省；B类邦9个，即保留的3个土邦和5个土邦联盟，再加上原为直辖区现改为邦的文迪亚；C类邦10个，即原中央直辖区；D类邦1个，即安达曼和尼科巴群岛。改成邦后，A类、B类邦都要按联邦宪法规定通过普选建立立法院和组成邦政府。C类D类邦由中央派专员管理。

这次调整取消了土邦，把土邦整合进印度统一的行政体制中来。虽然B类邦还保持原土邦或土邦联盟的领域，但它们已不再是土邦，而是成了和其他邦一样的行政单位。只是宪法第 370 条给予查谟－克什米尔邦的特殊地位被保留。宪法规定中央立法凡与该邦有关者需要得到该邦议会同意方可在该邦实行，该邦可以有自己的宪法。

制宪会议也考虑到了对王公应有必要的抚慰。宪法规定所有王公都可得到一笔年金，其数额按其原来的收入确定。全部王公年金为 5800 万卢比，最高的海德拉巴王公年金 500 万卢比。宪法还规定，王公原来在经济上、礼仪上享受的特权都原样保留。

土邦合并和取消是印度独立后一项重大的进步改革。它结束了印度长期存在的事实上的分裂局面，实现了全国行政建制的划一。它祛除了印度肌体上的封建赘瘤，从而有利于在全国推进现代化、民主化的进程。原土邦地区是印度发展滞后的地区，在土邦取消后，这些地区被迅速卷入全国发展潮流中，那里的无数关卡被废除，货币得到统一，交通条件得到进一步改善，民主政治开始实施。这一切，不仅有利于原土邦地区迅速改变面貌，也保证了全印经济文化发展和社会进步在步调上的一致。欧洲有的学者对比德意志、意大利的统一，把印度土邦合并和最终取消称为实现印度统一的一次“不流血的革命”，把负责解决土邦事务的帕特尔称为“印度的俾斯麦”，[①] 这种赞扬无论印度政府还是巴特尔，都是当之无愧的。

三、制止教派仇杀

由于独立伴随着分治，受伊斯兰教和印度教教派主义的蛊惑和挑动，在边界两侧广大地区两派群众之间，越来越浓重地笼罩着猜忌和不信任的阴霾。统一的印度人为地被分割为二，特别是旁遮普和孟加拉的拦腰肢解，使世代的邻里突然被一条深不可测的国界线隔开，而且线的两侧浓重地打上了宗教的突出标记。这一突如其来的变化使边界两侧居民，无论是印度教徒、锡克教徒还是穆斯林无不

① P.S. Joshi and S.V. Gholkar, *History of Modern India*, New Delhi, 1980，p.321.

甘地（右）和帕特尔（左）

人心惶惶，都产生了严重的不安全感。特别是其居住地划归巴基斯坦的印度教徒、锡克教徒和相反划归印度的穆斯林，都为未来的安全感到焦虑，仿佛踏上一支破船驶进了漆黑的茫茫无际的海洋。

分治之前，在旁遮普、西北边省、孟加拉、比哈尔等省不断发生的教派冲突已使成千上万人生灵涂炭。更严重百倍的冲突发生在分治初期，即拉德克利夫边界划定书公布(1947年8月17日)之后。在教派极端分子的煽动下，边界两侧很快就发生了驱逐和屠杀对方教派居民的事件。

最严重的地区是旁遮普。边界两侧的仇杀很快就演变成数以百万计的居民双向逃难，即巴基斯坦的锡克教徒、印度教徒逃往印度，印度的穆斯林逃往巴基斯坦。逃难的人流终日绵延数十里，络绎不绝。难民们丧失了家园、财产，扶老携幼，匆忙逃命，来不及做任何准备。旅途的颠簸、饥饿、劳累自不待说，还不断发生双方狂热分子沿途相互袭击、阻截和屠杀难民的情况，妇孺老幼也难幸免，致使流民过处，横尸遍野，令人惨不忍睹。

两国内地都还有大量的对方教派的居民，内地的气氛较边境地区缓和。但当来自对方国家的本教派难民成千上万地塞满街头，种种惨状呈现在人们面前时，要想维持先前教派和平相处的局面就成为极困难的事。人们被刺激起的宗派情绪常常被教派主义分子利用，挑起事端，迫害少数教派居民。这样，宗教仇视的恶浪就从边境地区倾泻到内地，不少内地城市也被席卷。

这场次大陆土地上史无前例的惨剧，从1947年8月起延续到1948年春，共夺去60万人的生命。从巴基斯坦逃往印度的锡克、印度教徒和从印度逃往巴基斯坦的穆斯林大约各有550万人。这还不包括从东孟加拉、信德逃往印度的难民，前者约为125万人，后者约为400万人。财产的损失不计其数。英国殖民统治者的长期挑动和利用教派冲突，印度教和伊斯兰教教派主义者的长期狂热的教派主义煽动，终于酿成这场腥风血雨的惨祸。他们对此都负有不可推卸的历史罪责。

对大量难民，印度政府立即动手进行安置。难民们也发扬自立自主精神，振作精神，勇敢地面对困难。在政府和难民的共同努力下，多数难民逐渐安顿下来，开始了新的生活。巴基斯坦政府也为制止仇杀和安置该国难民做了大量工作。

在旁遮普和北印度发生的事情，不能不影响到孟加拉。加尔各答人心惶惶，在分治后不久也出现了教派骚乱的危险苗头。这时，圣雄甘地出现在西孟加拉。他分治前数月在孟加拉、比哈尔为扑灭教派仇杀不惜赴汤蹈火，亲临现场恢复秩序，产生了很好的效果。分治后对旁遮普发生的动乱他感到十分难过，一再呼吁要保持冷静、克制，用爱心对待对方教派的群众。眼看这股恶流有奔向西孟加拉之势，他 9 月 1 日起又一次绝食，用生命来维护西孟加拉的相对平静。印度教和伊斯兰教领导人在他的感召下，保证尽一切努力阻止宗教仇杀发生。结果使西孟加拉的局势继续得到控制，避免了出现旁遮普那样的恶劣局面。这是甘地的又一伟大贡献。

加尔各答恢复平静后，甘地得知首都德里局势不稳，便于 10 月来到德里。他广泛会见印度教、锡克教和伊斯兰教群众及领导人，坚持要求各教派要像兄弟一样和睦相处，并特别要求作为多数派的印度教徒率先做出榜样，用行动表明自己的诚意。他要求住在清真寺里的难民无条件地全部撤出。这时，印巴关系紧张，印度政府打算扣留巴基斯坦政府根据分治时达成的协议应该得到的 55 000 万卢比的资产。甘地不赞成，认为这样做是不大度和不正义的。可是政府不准备接受他的意见。眼看着宗教仇视的毒焰就要在首都燃起，想到政府这一措施又会起火上浇油的作用，1948 年 1 月 12 日，这位 79 岁的心力交瘁的老人，在绝望之际又一次绝食，要求停止一切宗教仇视，印度政府要无条件履行自己的义务。这是他一生 18 次绝食的最后一次。在各方面都保证接受他的要求后，1 月 18 日，甘地停止绝食。

甘地用整个生命来维护宗教团结。这种坦诚无私的高尚行动却招致印度教极端分子的怨恨。他们咒骂甘地，说他偏袒穆斯林，出卖印度教利益；嘲弄地称他为“穆罕默德·甘地”。谋杀他的阴谋早就在策划。1948 年 1 月 20 日就有人向他投掷炸弹，所幸未遂。甘地住在新德里比尔拉宅邸。1 月 30 日下午 5 点 10 分，当他去后花园参加晚祷集会时，罪恶的阴谋者采取了丧心病狂的暗杀行动。这位为非暴力献出毕生心血的圣雄，竟死于凶手的枪口之下。凶手叫那·戈茨，是浦那的一个狂热的印度教极端分子，任浦那《印度教民族报》编辑，曾为印度教教派主义组织国民志愿服务团成员，也曾在印度教大会中担任过职务。

尼赫鲁得知甘地遇害的噩耗后立即奔赴比尔拉宅邸。面对导师的遗容，他失声痛哭。在随后的讲话中，他号召人民继续在甘地精神指引下前进。他说："朋友们、同志们：光明从我们的生活中消失了，到处漆黑一片。……不，不是，光明并没有消失，因为照耀我们国家的光明不是普通的光明，而是蕴含着更多内容的光明，是生命之光，永恒真理之光，它指示我们正确的道路，帮助我们纠正错误，引导这个古老的国家走向自由。……一个大灾难是个警钟，可以促使我们记住生活中最珍贵的东西，摒弃那些不值得我们太过于专注的小事。甘地以他的殉难提示我们要珍视生活中最珍贵的价值，即生命的真理。如果我们都能记住，对印度就是个幸事。"①

印度举国上下都为自己最敬爱的领袖遇难感到震惊和无限悲痛。清醒的人进一步认识到教派主义的危害，被蒙骗处于狂热状态中的人也受到强烈震撼，如大梦初醒。各地群众认为凶手与印度教大会和国民志愿服务团有密切关系，是它们竭力煽动宗教狂热，毒化气氛，并怀疑它们是幕后策划者，便自发地捣毁这两个组织在各地的机构。两者都受到舆论的严厉谴责。2 月 4 日印度政府宣布禁止国民志愿服务团活动，印度教大会实际上也暂停了活动。凶手戈茨被处以极刑。当调查结果认定这次暗杀是个人行为，印度教大会和国民志愿服务团没有直接插手后，1949 年 7 月政府在国民志愿服务团做出了今后只从事文化活动的保证后，解除了对该组织的取缔令。猖獗一时的宗教狂热得以降温。

四、发展经济的初步措施

英国移交政权时，自治领政府从英国殖民政权手里接管了在印度自治领境内的属于殖民政权的铁路、港口等交通设施和少量工厂企业。这些基础设施和企业成为印度独立后最早的一批公营企业。1950 年，对殖民统治时期执行中央银行

① J.Nehru, *Speeches,* V.1, New Delhi, 1949，pp.42–44.

职能的印度储备银行实行了国有化。对英国私人资本企业没有触动。

自治领成立后面临的任务千头万绪，最紧迫的是迅速恢复因分治而打乱了的经济秩序，发展生产，抑制通货膨胀，改善人民处境。政府倡导在全国开展了农业增产运动，取得了一定效果。随着土邦的归并，统一了全国的税收，取消了原土邦设置的各种关卡，使国内市场真正得到统一和开拓。

当政府担当起发展经济的重任时，不但要解决当务之急，还要有更长远的战略规划，即必须确立印度经济发展的目标、体制和战略，形成中长期的政策。尼赫鲁政府较圆满地完成了这个任务。

还在独立斗争时期，关于印度未来经济发展的方向和道路问题，在国大党内就已有过多次讨论。以尼赫鲁、国大社会党为代表的党内社会主义派在形成国大党未来的经济主张中起重要作用。他们认为，时代不同了，印度不可能也不应该再把西方资本主义的发展体制和道路照搬到印度来，而且西方资本主义社会暴露出的种种弊端表明它并不是最理想的社会。他们强调印度的国情是经济落后和大多数人口的极端贫困，印度必须快速发展经济，追赶世界潮流，同时必须使经济的发展不致使财富越来越集中于少数人手中。尼赫鲁强调说，资本主义经济制度有其优点但缺陷也很多，苏联的社会主义制度有很多问题但经济上也有明显的优点，印度应兼采两者所长，走一条适合印度的中间道路。在左翼的积极促进下，国大党内部在一些基本问题上达成了共识。所以自治领政府建立后，在确立长远目标、体制和发展战略上理所当然地把这些共识作为基本出发点。党组织上层在原则上没有异议。

在宪法颁布前的两年多时间里，主要解决了以下四大问题：

第一，确定以经济增长、社会公平和自力更生作为经济发展的总目标。

第二，确立了经济发展的体制即混合经济体制。内容包括：公营经济成分与私营经济成分并存；公营成分要占领国民经济的制高点，即控制关键工业、基础设施和金融业；使私营成分在符合国家发展目标的框架下发展。

1948 年 4 月 6 日，根据政府提议，制宪会议通过了《工业政策决议》。这是政府在工业方面制定的第一个根本性政策。决议把工业划分为四类，具体划分了公营成分和私营成分的经营范围，明确规定重工业和基础工业主要由国家经营，这个领域现有的私营企业允许继续经营，但政府有权未来实行国有化；私营成分主要在轻工业领域发展。这就从经营领域方面把混合经济体制具体化了。

1951 年，人民院又通过了《工业（发展和管理）法》。该法规定，无论公营私营，凡建立新企业、扩大生产规模、制造新产品，都必须向联邦政府申请许可证。雇工不足 10 人，固定资产不足 100 万卢比的小型工业（包括乡村企业）除外。政府如认为必要，可对工厂的厂址选择、生产规模、经营条件、资金及股权等问题提出异议，让申请者修改；对经营不善的企业，政府有权接管。许可证制度的目的据宣布是通过国家控制，促进工业企业门类、数量和布局的平衡，防止发展的盲目性。这个法案的实际意义是在经营活动领域把对私营企业的控制法定化，以促使私营经济在国家计划目标下发展。

上述各项规定同样适用于外资企业。对外资，政府采取鼓励和控制相结合的政策。《工业政策决议》讲到，外国人在印度建立企业有助于弥补印度资金、技术的不足，对印度经济发展是有利的，政府在税收和办理批准手续方面给予优待。但同时强调政府可根据国家利益给以必要的节制，引进外资要由联邦政府审查批准。在一般情况下，企业股权的大部分和对企业的有效控制权应掌握在印度人手里。同时企业要培训印度技术人员以便最终取代外国专家。1949 年 4 月尼赫鲁在制宪会议上进一步表示，外资企业享有与印度私人企业同样的待遇，对外国投资要给以鼓励，要保证投资安全和获取合理利润。在国家外汇条件许可的情况下，要为外国投资者自由汇出利润、利息甚至本金提供合理的方便条件。对外资企业一般不实行国有化，特殊需要时要给以公平补偿。尼赫鲁还说，印度政府不希望以任何形式损害英资和其他外资在印度的利益。

第三，确立了实行计划经济的原则。尼赫鲁认为，实行计划经济是实现经济发展总目标不可缺少的手段。要实现经济发展的多元目标，必须统一筹划，全面安排，逐步实行，这就要有长远的和分阶段实行的计划。混合经济体制的实现也要求这样做。既要发展公营经济，特别是要使公营成分起主导作用，就要有宏观考虑，统一部署，合理地分配与利用资源，使之达到最佳配置。对私人资本的鼓励和控制也需要有全面安排。因此，计划是必不可少的。1950 年 3 月建立了以尼赫鲁为主席的国家计划委员会。该委员会负责编制以五年为期的发展计划。计划委员会虽是政府的咨询机构，但由于政府总理尼赫鲁担任主席，重要的内阁成员参加，所以实际上握有很大的权力。计划的规定对公营成分起指令作用；对私营成分起引导作用。 计划的执行需要各邦政府与中央的积极配合和相互协调。为达到这个目的，1952 年 8 月又建立了国家发展委员会。其主要职能为：掌握计划的实施情况；考虑影响国家发展的重要的社会和经济政策问题；对计划目标和实施中的问题提出改进建议。国家发展委员会由内阁总理担任主席，计划委员会成员和各邦首席部长参加。

第四，确立了改革农村土地关系的原则，即取消柴明达尔中间人地主制，实行租佃立法和规定土地持有最高限额。

五、工农运动和印度共产党、社会党

印度自由斗争取得胜利后，资产阶级欢欣鼓舞地享受胜利带来的政治经济成果，下层人民却只能盼望国大党改善下层地位的诺言尽早落实。由于分治带来的社会动乱和经济破坏，城市里粮食和生活日用品奇缺，黑市猖獗，物价飞涨，工人实际工资降低。工厂开工不足使失业工人队伍不断增加。在农村，地主和高利贷者对农民的盘剥依然如故。当拟议中的土改还处在准备阶段的时候，许多地区的地主就急忙开始夺佃，不少地主抢在土改前增加地租，致使佃农遭到更沉重的剥削，不少人失去佃耕地，沦为雇工。广大工人农民积极参加独立斗争，对胜利后改善自己的地位抱有很高期望。当感到失望时，他们不得不使用自己拥有的唯一武器——斗争，来维护自己的生存权利了。

1947 年 9 月到 12 月，全国就有 51.7 万工人罢工。1948 年罢工共 1639 次，参加者有一百三十余万人。在许多情况下，资本家不得不多少答应罢工者的要求，在提高工资、改进工人福利方面作一些让步。自治领政府也采取了一些立法措施改善工人劳动条件。1948 年颁布了保护童工法。童工年龄的界定从 12 岁提高到 14 岁，其劳动时间规定每天不得超过 4 个半小时。又颁布了职工疾病和伤亡保障法、最低工资法。政府禁止国营企业工人和机关职员罢工，并呼吁民营企业劳资双方尽量通过协商方式解决纠纷。

印度的工人组织是分裂的，分属于不同政党。全印工会大会掌握在印共手里。国大党掌握的工会叫全国工会大会。国大社会党建立了印度劳工协会。各政党政治立场不同对工人阶级的团结和维护自己利益造成了不利的影响。

农民运动也在一些地区开展，参加者主要是分成制佃农和农业工人。斗争形式和内容各地也有不同。如分成制佃农要求改变分成比例，减少地租份额；无地或少地的佃农和雇工要求得到土地；有的地方主要是反对地主夺佃和提高地租；

有的则是反对地主强制农民无偿服役。最突出的是特仑甘纳地区（在海德拉巴土邦）的农民武装斗争和孟加拉的“三一运动”。这两个运动在独立前就已开展起来，自治领政府成立后继续发展。特仑甘纳的农民武装斗争由受印共影响的安德拉大会领导，有一支 2000 人的农民武装队伍。到 1948 年下半年，已在海德拉巴土邦约 1/6 的土地上（有 2500 个村庄，500 万人口）建立起了农民政权，没收了地主 120 万英亩的土地，分给无地少地农民，深受下层群众拥护。海德拉巴土邦王公在加入印度前多次派军队讨伐，均被击溃。在海德拉巴归并印度后，印度军队用了两年时间剿灭农民武装。农民武装转入森林进行游击战，直到 1951 年才被全部镇压。孟加拉“三一运动”是分成制佃农要求把地租份额由 1/2 降至 1/3，运动采取集会、陈请的非暴力方式，扩展的地区越来越大。直到邦政府颁布新的租佃法，答应佃农要求，斗争才停止。农民的全国性组织也是分裂的，和全国性的工人组织一样。

印度共产党在印巴分治方案公布后，曾在总书记 P.C. 约希主持下，于 1947 年 6 月通过决议，认为国大党接受移交政权是民族资产阶级与英帝国主义妥协，但国大党掌权为民族进步提供了机会，印度新政权是民族资产阶级政权。但不久（1947 年 12 月）就改变了立场，约希路线受到批判。新的观点对国大党接受移交政权和成立自治领持完全否定的态度，认为是代表大资产阶级大地主利益的国大党和穆斯林联盟上层与英帝妥协，目的是阻止革命深入发展，移交政权是英国保存自己势力的狡猾手法，独立是虚假的。1948—1951 年，印度共产党先后被以兰那地夫为首的左倾机会主义集团和以拉・拉奥为首的左倾机会主义集团统治。两者都认为自治领政权性质是帝国主义、封建主义和资产阶级的联盟，帝国主义依然占主导地位。前者提出要采取俄国的斗争道路，后者提出采取中国的农村包围城市的道路推翻现政权，建立无产阶级的政权。这种错误的认识、错误的路线便利了当局的镇压，使党付出了沉重的代价。在西孟加拉等邦，共产党和左翼工会组织被宣布为为非法。印共第二次代表大会时党员发展到 89 263 人，到 1950 年减至两万多人，多年积蓄的力量遭到破坏。

国大党内的社会主义派——国大社会党对国大党接受英国移交政权也是不赞成的，认为接受移交政权是使革命半途而废。国大党右翼不愿党内继续存在一个有组织的左翼派别，1948 年 2 月操纵党的全印委员会通过决议，禁止党内存在派别组织，实际上是要驱逐他们出党。1948 年 3 月，国大社会党在纳西克召开全国代表大会，决定退出国大党，建立印度社会党。在成立大会上，贾・普・纳拉扬当选为总书记。1949年党的巴特那会议上通过了新的党章，1950年在马德拉斯代表会议上又作了修订。新的党章规定，社会党的宗旨是在印度建立民主社会主义社会。纳拉扬在《政治报告》中解释说，民主社会主义的含义是重视人的价值，运用民主方法反对一切形式的剥削、歧视和压迫。在具体政策上，反对大资产阶级大地主对国家政权的垄断，主张政治和经济权力分散，重点发展小型工业、乡村工业，还主张把英资企业国有化，把银行、保险公司和关键工业国有化，无偿取消柴明达尔制，并以立法形式规定工资最低限额和个人收入最高限额。在对政府的态度上，主张社会党应成为一个代表人民利益的反对党，反对国大党的集权主义和利己主义，为了国家和人民的利益积极发挥建设性作用。

六、自治领政府的外交政策

独立后印度虽然形式上是英联邦的自治领，但政府从一开始就奉行独立自主的外交政策。尼赫鲁身兼总理和外长，是外交事务的最高决策人。

各国的外交政策都是以维护自己国家利益为最高准则，同时对世界事务遵循一个基本的价值判断。印度也不例外。作为一个刚从殖民奴役下获得解放的国家，维护自己的独立自主是它的最高利益。它的领导人清楚地认识到，维护印度国家利益和反对殖民主义、帝国主义侵略，捍卫亚洲和世界和平的目标是一致的。印度的外交政策正是基于这个认识而制定的。

不结盟是政府确立的外交基本原则。第二次世界大战后，国际上形成两大阵营对垒和冷战的格局。美国英国希望印度追随它们的政策，参加它们拼凑的军事集团，成为在亚洲遏制共产主义，与新中国抗衡的力量，并希望在这个过程中通过经济援助，把印度塑造成在亚洲显示资本主义民主制度优越性的橱窗。然而，尼赫鲁政府决定实行不结盟政策，明确宣布印度不参加任何军事政治集团，愿与所有国家建立友好关系。尼赫鲁说，印度作为一个民族主义国家，反对帝国主义侵略，不愿意介入战争和冷战；印度要想在冷战的世界格局中生存，唯一可行的道路就是根据自己的利益而不是大国的利益决定自己外交政策的取舍。再者，印度刚获独立，百废待举，需要把力量集中于发展经济，没有经济独立，政治独立就没有保障。印度不愿卷入大国冲突，影响经济建设，何况印度在资金和技术上需要得到尽可能多的国家包括社会主义国家的援助。这些因素决定了印度必须实行多方位外交，而不是把自己束缚在任何一个集团的营垒内。尼赫鲁进而解释说，不结盟不是对世界事务抱消极的中立态度，印度会非常关心和积极参与国际事务，按照自己的判断来决定自己的行动。他还说，不结盟当然也并不意味着印度在国际事务中对所有国家保持等距离。作为一个与世界资本主义体系有密切联系的国家，特别是还处在英联邦中，印度自然更倾向于接近西方国家，特别是在经济方面。正因为较偏向西方，虽然印度把不结盟作为自己的外交基石，但对帝国主义的某些政策（如联合国出兵朝鲜）的反对还是有一定限度的。

支持被压迫民族的斗争，反对殖民主义和种族歧视，是自治领政府确定的另一个基本外交原则。印度独立斗争曾得益于世界进步力量的支持。尼赫鲁认为印度独立后有义务向尚在为独立而斗争的民族伸出援助之手。对战后荷兰、英国、法国在东南亚恢复殖民统治，镇压那里的民族运动，印度政府持谴责态度。对南非和罗得西亚的白人种族主义统治，印度政府也多次在国际会议上予以谴责，要求给非洲人以平等权利。

在和世界大国的关系上，尼赫鲁政府首先希望和英国及英联邦国家建立平等互利的友好关系。对印度是否留在英联邦内，国内意见不同。左翼政党和舆论主张退出，认为只要留在英联邦内就不可避免地会受到英国的掣肘。尼赫鲁和国大党领导人则认为，印度作为独立自主的成员国在联邦内不会接受任何国家的控制；而留在英联邦内对加强印度与世界的经济联系、增强国防以及加强印度的国际地位都有好处。尼赫鲁政府倾向留下。1949 年 5 月印度制宪会议批准印度作为一个主权国家继续留在英联邦内。

印度积极谋求与美国接近。1949 年 10 月，美国邀请尼赫鲁访美，想利用印度急需粮食、资金和机器设备之机，以援助为诱饵，使尼赫鲁就范。尼赫鲁宁肯不要援助也要坚持不结盟立场。在哥伦比亚大学的一次演说中，他强调印度要通过独立自主的外交政策而不是通过集团结盟的手段谋求世界和平。① 他的态度使美国大失所望。美国不满印度倡导不结盟，因为这与美国实行的遏制共产主义的全球战略有悖。当尼赫鲁表示要坚持印度的立场时，美国立即表现出了冷淡态度，对印度给予粮食援助的请求，并无热情回应。只是在苏联、中国开始给予援

① S. Gopal, *Jawaharlal Nehru: A Biography,* V.2, Delhi,1979，pp.61–66.

助后，才被迫表示同意。不过，美国从其亚洲和世界战略全局考虑，一直很看重印度，希望影响印度，促其改变立场。因而在以冷淡来施加压力的同时也并不放弃争取的努力。1950 年 12 月，印度与美国签订双边经济协定，美国允诺在资金和技术上给印度以援助。50 年代起印度得到了一些援助。

印度和苏联的关系最初十分冷淡。苏联对印度通过和平移交政权获得独立持否定态度，对印度留在英联邦内更持批判立场，只是后来看到印度在国际舞台上并不附和美国的立场，才稍许改变态度。1949 年苏联同意供应印度 22 万吨粮食(小麦和玉米)，用来交换印度的黄麻和茶叶。

印度是社会主义国家之外第二个承认新中国的国家。1950 年 4 月与中国建交。尼赫鲁主张承认现实，希望与中国建立友好关系。他说服了同僚同意尽早与中国建交，而且在联合国积极主张恢复中华人民共和国的合法席位。不过他对社会主义中国仍心存一定的隔膜，不希望看到中国社会主义制度的政治影响的扩大。在对我国西藏问题上，印度继承了英国统治者的方针。印度宗教封建势力还支持西藏分裂主义者的活动。对此，《人民日报》发表文章提出了批评。

在与南亚次大陆的小国锡金、不丹的关系上，印度的地区大国主义倾向鲜明地表现出来。在英国统治印度时期，锡金、不丹都处在英国统治或控制下。英国退出次大陆前，两国君主都提出了恢复独立的愿望。英国殖民政权把与他们谈判的任务推给了印度自治领政府，印度政府却无意满足两国的要求。1950 年 12 月 5 日，印度和锡金王公签订《印度锡金和平条约》，规定锡金为印度的保护国。1949 年 8 月 8 日印度与不丹签订《印度不丹和平与友好条约》，规定不丹外交要受印度指导。

印度和巴基斯坦虽然在联合国的调停下停火，但并没有真正实现和平，不过是以冷战代替了热战，斗争的场地由战场转到了外交舞台。蒙巴顿、尼赫鲁在接纳克什米尔加入时都曾公开许诺，在克什米尔外来侵略势力撤出、正常秩序得以恢复后，将在克什米尔举行全民公决，由克什米尔人民最终决定土邦的归属。联合国安理会就克什米尔争端多次通过决议，多次派人调停，敦促巴基斯坦撤军，印度撤出大部分军队，在联合国监督下实行全民公决。印度说，巴基斯坦未撤军，没有实行全民公决的条件。印度对联合国的态度是不满意的，认为它回避认定巴基斯坦是入侵者，偏袒巴基斯坦。在印巴关系上，克什米尔问题是最大障碍，这个问题不解决，两国的敌对状态就难以解除，就没有实现正常化的气氛。

七、宪法的制定，印度成为主权共和国

自治领政府成立后，制宪会议一直在进行工作。根据英国移交政权前与之达成的协议，印度和巴基斯坦有权通过制定宪法，决定自己国家的性质、地位和前途。

制宪工作自始至终都是在尼赫鲁、帕特尔的领导下进行的。成立了宪法起草委员会，由 7 位著名的法学家组成，法律部长安姆贝德卡担任主席。制宪工作花了近 3 年时间，1949 年 11 月 26 日完成全部程序，宪法草案在制宪会议上通过。1950 年 1 月 24 日制宪会议举行最后一次会议，会上，选举拉·普拉沙德为印度首任总统。1 月 26 日总统就职。同日总统颁令，宪法于 1950 年 1 月 26 日正式生效。宪法的颁布不但是印度独立主权地位的保证，而且是印度新征途的指路明灯。

宪法规定，印度是主权的民主共和国①，权力来自人民。这就意味着，从 1950 年 1 月 26 日起结束了印度的自治领地位，印度成了独立的共和国。印度的主权完整不再受任何妨碍，哪怕仅仅是形式上的妨碍。

在政治体制方面，宪法规定实行联邦制和议会民主制。联邦的立法权力机关由总统、人民院和联邦院构成。人民院议员由全国公民普选产生，任期 5 年。联邦院议员按各邦人口确定各邦名额，从各邦立法院议员中选举产生（少数名额由总统任命），任期 6 年，每 2 年改选议员的 1/3。任何立法需经两院通过、总统批准方为有效。联邦的行政权力由总统及协助他的部长会议行使。总统是国家宪政首脑，由议会两院议员和邦立法院议员按比例选出的代表共同构成的选举团选举产生，任期 5 年，由副总统协助工作。总统的行政权力是名义上的，实际行使行政权力的是以总理为首的部长会议。总理由总统任命，他组成的部长会议由总统批准。联邦最高司法机构是最高法院，法官由总统任命。邦一级的立法权力机关是邦长和立法院。邦立法机构制定的法律，需报请联邦总统批准。邦长由总

① 1976 年通过的宪法第 42 修正案在“主权的”、“民主的”定语之外，又把“社会主义的”、“世俗的”定语列为印度国家的属性。宪法序言说：“我们，印度人民决心建立一个主权的、社会主义的、世俗的和民主的共和国”。

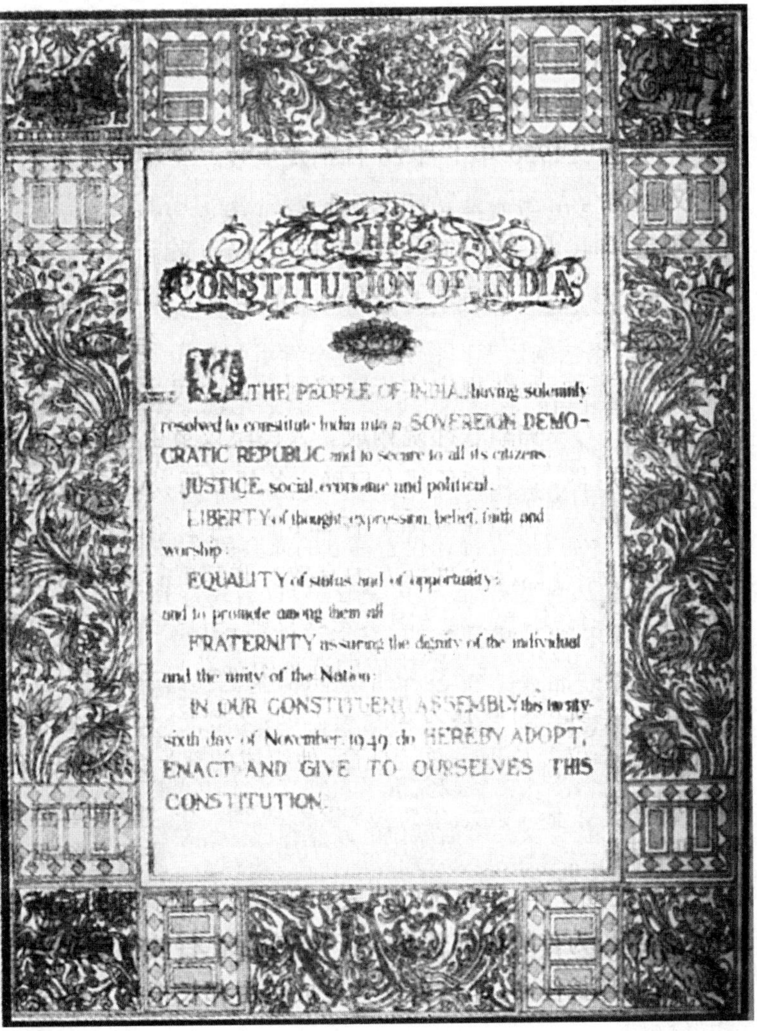
THE CONSTITUTION OF INDIA

WE, THE PEOPLE OF INDIA, having solemnly resolved to constitute India into a SOVEREIGN DEMOCRATIC REPUBLIC and to secure to all its citizens:

JUSTICE, social, economic and political;

LIBERTY of thought, expression, belief, faith and worship;

EQUALITY of status and of opportunity;

and to promote among them all

FRATERNITY assuring the dignity of the individual and the unity of the Nation;

IN OUR CONSTITUENT ASSEMBLY this twenty-sixth day of November, 1949, do HEREBY ADOPT, ENACT AND GIVE TO OURSELVES THIS CONSTITUTION.

印度宪法首页

统任命，任期 5 年，是总统的代表和邦宪政首脑。邦的行政权力由邦长和以首席部长为首的邦部长会议行使，实际上行使行政权力的是后者。首席部长由邦长任命，部长会议其他成员由邦长根据首席部长建议任命。邦的司法权力机关是高等法院。宪法对联邦和邦的职权范围作了具体划分，列出了各自的和共同的职权范围表。实行联邦制是为了适应印度政治、经济、文化多元的复杂形势，有利于调动各地区的积极性，形成多元下的统一或统一下的多元的生动活泼的局面。印度联邦制具有单一性强和强中央的特点，表现在全印奉行统一的宪法，实行统一的法律，统一的文官制度和会计审计制度，只有单一的公民资格（都是印度公民），邦立法都要由邦长提交总统批准，联邦总统可在必要时宣布全国或部分地区处于紧急状态，可暂时接管邦的统治权力，实行总统治理，联邦议会可实行邦改组或改变邦的边界，邦没有退出联邦的自由（1963 年宪法第 16 修正案进而规定鼓吹分裂是犯罪）等。宪法制定者们在宪法中宁肯用 Union 一词，不用 Federation，也说明这点。这种特点是为了在联邦制条件下强化统一领导，增强国家的内聚力，以适应巩固国家统一和发展建设的需要。联邦国家的建立在印度历史上第一次真正实现了政治上的国家整合。

宪法规定印度实行以成人普选权为基础的议会民主制，采取内阁制的体制。议会民主制在联邦和邦两级实行。凡年满 21 岁（后改为 18 岁）的公民，不分性别、宗教信仰、种姓、财产状况和社会地位，都有选举权。在印度历史上，这样充分的民主是从来没有过的。人民院选举工作由直属总统的联邦选举委员会主持。选举按以人口比例为基础统一划分的选区举行，不再允许按宗教或社团设立单独选举区。各选区候选人由各政党提名，独立人士也可自荐为候选人。联邦政府由在人民院选举中获得议会多数席位的政党组成。经总统授权，由该党领袖组成联邦部长会议并担任总理。部长人选由总理提名，总统任命。部长会议集体向议会负责，如果不被人民院信任，应即辞职。各邦立法院的选举也是按人口比例划分选区，办法与人民院选举相同。邦的部长会议由在邦立法院选举中获得多数席位的党组成。

在议会民主制下，立法、司法和行政三权是分立的。宪法规定最高法院对联邦议会通过的法律有审查权，可以判定一项法律违宪。不过，宪法也赋予议会以修宪权。政府可以运用在议会中的多数，通过修改宪法的提案，使自己提出的法案和颁布的政策法规不致被判定违宪。

实行议会民主制要求有稳定的文官系统。宪法肯定了当时已存在的印度行政官系统和印度警官系统，并授权联邦院可以根据需要建立新的系统（以后建立了森林官员系统、工程官员系统等）。1951 年议会根据宪法有关规定制定了全印文官法。文官分为全印文官、邦文官和中央文官三类。对文官的要求是正直、办事效率高，忠实执行政府的政策，不介入党派斗争。这种制度是为了保证在政府更替的情况下行政机器运转的正常和稳定，是实行议会民主制的必需。

关于印度的军事领导体制，宪法规定，总统是全国武装部队的最高统帅。总统应由政府总理和国防部长协助行使权力，重大决策必须以议会通过的法律为依据。

宪法把世俗主义确立为国策。虽然“世俗化”的字眼没有在最初的宪法中出现，但它通篇都贯彻了要建立一个世俗国家的精神。宪法规定，国家对所有宗教一视同仁，实行宗教信仰自由，宗教和政治脱离，不能以宗教为由对公民的任何权利有任何歧视。国家出资办的学校不允许设宗教课。宗教信仰是私人的事，各教派可自由传教、办学、拥有财产。在存在多种宗教的情况下，宪法制定者们决心在印度营造一种宗教和睦共处的祥和气氛，以利于国家和社会的进步发展。

宪法规定公民享有一系列根本权利，包括在法律面前人人平等以及言论、集会、结社、迁徙、选择职业的自由等，禁止基于宗教、种族、种姓、性别和出生地为由的任何歧视，公民担任公职的机会平等，私有财产权受到保障。宪法规定取消不可接触制。为了扶助表列种姓（即原贱民）和表列部落这两部分境况最差的社会弱势群体，使他们尽快改变现状，积极参与国家政治生活，宪法还特别规定，在十年内为这两部分人按其人口比例保留一定的人民院的席位和邦立法院的席位。

宪法还辟了专章规定了国家政策指导原则，其目的是指出国家政权为实现社会公平原则应做的各方面的努力。但它只是指导性的，不具有法律强制性质。

宪法还规定，以印地语作为联邦的官方语言，同时规定，在未来 15 年内，英语将在联邦官方继续使用。15 年后是否继续使用由联邦议会决定。至于各邦选择哪种地方语言为自己邦的官方语言由各邦立法机构自行决定。但在与联邦的交往中以及邦际交往中必须使用联邦的官方语言。

第十八章

尼赫鲁执政时期

一、实施议会民主制

从宪法生效起，印度历史进入共和国时期。1951 年 10 月 25 日至 1952 年 2 月 21 日进行了首届联邦人民院和邦立法院选举。由于实行成人普选权，全国登记的年满 21 岁的选民达 1.73 亿人。在印度历史上这样的盛举是破天荒第一次。

参加竞选的政党有印度国大党、印度共产党、印度社会党等七十多个，绝大多数都是地方性政党，其中不少是为参加竞选刚刚成立的。所有参选政党都发表竞选宣言，利用各种形式广泛造势，争取选票。国大党凭着以往树立的威望，加之自治领政府建立后的工作成绩，在群众中政治影响之大，是任何其他政党都望尘莫及的。印度共产党参加竞选表明它的斗争策略发生了重大转变。1951 年 10 月，印共在加尔各答举行的全国代表会议上，对兰那迪夫和拉奥的两种形式的极左路线都进行了批判，起草了印共《新纲领》和《政策声明》。这两个文件指出，印度目前不存在革命的形势，党面临的任务不是发动武装斗争，而是广泛深入地做发动组织群众的工作，参加议会选举，捍卫下层群众利益。正是基于这种新认识，党决定放弃武装斗争策略，参加大选。新建立的中央委员会选举阿约艾·高士为总书记。不过直到这时，印共仍然认为尼赫鲁政府是“与英国帝国主义结盟的地主、王公和大资产阶级的政权”，必须推翻它。① 印共改变斗争策略后，各邦解除了对它的禁令。印共竞选宣言提出要无偿没收地主的土地，没收英资企业，退出英联邦。

全国选民有 8070 万人参加投票，占选民总数的 46.6% 强，其中约 40%是女性选民，她们身着盛装，像过节一样欢欣鼓舞地参加投票。选举结果，国大党无论在人民院还是在各邦立法院都获得了绝大多数席位。在人民院，它获得 45%的选票，364 个席位，占总席位数的 74.4%。在各邦立法院，它获得 42.2% 选票，2248 个席位，占总席位的 68.4%。其他政党得票都很少。印共较多于其他党，在人民院是第一大反对党。

从选举组织工作的角度说，虽然存在不少漏洞，但第一次实践是巨大的成功。无效选票不是太多，只有个别投票站发生了暴力行为。整个说，选举很有秩序，参选率较高。

大选之后成立了共和国首届政府，尼赫鲁任总理。1952 年 5 月 13 日新政府成员宣誓就职。新政府和自治领政府不同，不再是联合政府，而是国大党政府。

1957 年 2 月 24 日至 3 月 15 日举行了人民院和邦立法院第二届选举。这次选举登记选民 1.93 亿人。由于有第一次大选的经验，在选举组织工作上有重大改进，包括改进选民登记办法和投票办法，缩短投票时间等。第一次选举时，许多刚成立的地方性小党一拥而上，有些还自称全国性政党，为选民的选择增添了困难。从这次选举开始，中央选举委员会统一规定，只有在上次人民院选举中获得 3%有效选票的政党才可称为全国性政党，选举委员会为其保留选举标志；只有在上次立法院选举中获得 3% 有效选票的政党才可称为邦一级政党，也为其保留选举标志。② 这样限制后，这次选举中全国性政党只有国大党、共产党、人民社会党和人民同盟 4 个；邦一级政党只有 12 个，其他党是地方性小党。这次选举 3 个星期内便顺利完成，参选率为 47.1%。这个比例超

① Central Party Education Department of CPI, *Guidelines of the History of Communist Party of India*, New Delhi, 1974, p.89.

② 从 1967 年第四届大选起，中央选举委员会把成为全国性政党和邦一级政党必须达到的得票比例提高到 4%。

过第一次大选。

选举结果，国大党又以绝对优势赢得胜利。无论是人民院或是全印邦立法院的选举，它得到的选票和席位都和第一次一样遥遥领先。在人民院选举中，它得到的选票占总票数的47.8%，得到371个席位，占选举产生的总席位数（494个）的75.1%。两者都超过了第一次大选。在邦立法院选举中，它得到的选票占总选票的44.9%，得到2012个席位，占总席位数（3012个）的64.9%。只有在喀拉拉邦，它的选绩不如印度共产党。大选之后国大党组成了第二届联邦政府和邦政府，尼赫鲁继续担任联邦总理。

议会大厦

1962年2月，举行了第三届人民院和邦立法院选举，投票率为55.2%。选举结果，国大党第三次赢得压倒性胜利。在人民院，它获得总票数的44.7%，获得席位361个，占总席位数的73.1%。在邦议会选举中，它在除克什米尔外的各邦都取得了绝对或相对多数地位，所得选票占总选票的43.5%，得到席位1984个，占总席位的60.2%。国大党再一次在联邦和各邦建立了政权。尼赫鲁继续担任总理，直至1964年去世。

第一、第二届政府完成的最重要的任务之一，是收复了尚被法国和葡萄牙占据的领土，最终消除了殖民统治的残迹，实现了国家的完全统一。经过多次谈判，到1954年11月，法国政府把它占领的本地治里和其他几个据点全部交还给印度政府。葡萄牙1954年交还了它占领的相对次要的据点达德拉和纳加尔—哈维里，但顽固地拒绝交还主要据点果阿、达曼和第乌。它还对要求回到祖国怀抱的果阿居民肆意镇压。鉴于一再交涉无效，印度政府于1961年12月17日夜出动军队收复了果阿、达曼和第乌。至此，所有殖民者强占的领土都被收回，印度最终和完全地实现了国家统一。

二、建立“社会主义类型社会”的决议

在国大党内，围绕印度的发展前途独立前就存在着不同主张。对国大党多数政治家来说，当然是要建立资本主义社会，党内左翼却把建立社会主义社会当作目标。当时因为面临的任务是争取独立，关于前途的争论也就搁下。独立后它成了现实问题。以帕特尔为主要代表的党内右翼不接受社会主义目标。帕特尔借助对党的控制，对左翼提出的任何激进的政策设想都加以反对，使尼赫鲁和左翼不能有所作为。

1950 年 8 月，左右翼围绕国大党主席人选展开了激烈斗争。帕特尔提名右翼人物 P.D. 坦顿为候选人，尼赫鲁提名克里帕拉尼为候选人。投票结果，坦顿当选。他指定的工作委员会成员多为右翼。不过右翼的优势未能持久，1950 年 12 月 15 日帕特尔病逝，导致形势出现急遽转变。右翼虽人多势众，但再没有一个像帕特尔那样有威望和魄力的人做领袖了。

党内左翼认为时机有利，敦促尼赫鲁把党的领导权夺过来。尼赫鲁也感到，右翼的阻挠使政府在制定政策上束手束脚，而政策过于保守会失去民心，因此右翼的羁绊必须打破。1951 年 9 月，尼赫鲁提出退出国大党工作委员会。在第一届人民院大选即将举行的重要时刻，尼赫鲁离开党中央，会严重影响选举结果，这是任何右翼也不敢冒的风险。工作委员会没有接受他的辞呈，1951 年 9 月 8 日，坦顿被迫辞职。国大党全印委员会随即选举尼赫鲁为国大党主席。尼赫鲁组成了新的工作委员会，其中包括较多左翼，为全党团结考虑，也保留了坦顿和另一些右翼人物。这样，左翼在党内上升到当权地位。这次变动使尼赫鲁掌握了党政两方面的领导权，处于权力巅峰。第一次大选胜利更使他的声望倍增。党内已无人可与之对抗。尼赫鲁担任党主席至 1954 年。

既然障碍已经排除，尼赫鲁和左翼都认为有条件确立党的社会主义目标了。根据几年的施政经验，尼赫鲁认为，明确地提出建立社会主义社会的目标，对统一全党认识，明确发展方向，加速国家的发展建设是十分必要的。

1955 年 1 月，国大党阿瓦迪年会通过了《关于建立社会主义类型社会的决议》。决议说：“为了实现国大党党章第一条规定的目标，实现宪法序言所体现的

民主精神和国家政策指导原则，计划的制订应以建立社会主义类型的社会为着眼点。在这个社会里，主要的生产资料为社会所有或为社会所控制，生产应逐步发展，财富应公平分配。”又说：“我们全民的任务是建立福利国家和社会主义的经济。”在稍后公布的第二个五年计划文本中，对“社会主义类型社会”的含义作了进一步的解释：“社会主义类型社会的最根本的意思就是，决定发展路线的基本标准必须不是为私人利益考虑，而是要有利于社会；发展模式和社会经济关系结构的设计不仅是为了国民收入和就业最终得到显著增长，而且要使收入和财富的占有更加公平。”①

从以上解释中可见，国大党要建立的社会主义类型社会，中心是强调主要生产资料为社会控制以及公平分配。前者意味着基础工业和关键工业国有或由国家监督，后者意味着改善下层人民的经济地位，不使财富过分集中。这其实也就是尼赫鲁 1936 年以后的基本主张和国大党社会主义派的一贯主张。这样的社会主义并不改变资本主义所有制，只是要建立一个强大的公营工业成分，限制私营企业的经营范围和活动领域。公营重工业的建立特别是基础设施的加强对私营企业的发展有有利的一面，这些部门需要的资金多，收效慢，是私人企业家既无力也不愿投资的，所以一些大资产者独立前就要求这些部门由国家承办。这样发展国营企业资本家能接受，在这样的社会主义条件下，私营企业仍然有很大的发展空间。至于公平分配，只要不改变生产资料所有制，对资本家就不构成直接威胁，相反却有利于减少工农运动，所以，这也是资本家都能接受的。印度最大的资本家 G.D. 比尔拉就说：“只有在国大党的社会主义类型社会里，印度资本主义才能生存。”② 这样的“社会主义类型社会”只不过是对资本主义制度的改良，本质上说，属于资产阶级小资产阶级社会主义类型，与科学社会主义有本质的不同。

不过，如果据此认为，国大党确立这样的目标没有实际意义，那就十分错误了。提出社会主义的目标，说明尼赫鲁为代表的社会主义派不同于右翼，他们是把国家进步发展与改善下层人民的地位作为一个整体考虑，力求既实现资本主义发展，又能提高下层人民的地位，从而保持社会的稳定。这一方面反映了他们对下层人民的同情，另一方面，也是要努力找到一条适合印度国情的现代发展道路。必须承认他们比右翼，视野更开阔，更有远见。

① Government of India,Planning Commission, *Second Five Year Plan,* Delhi, 1956，p.23.

② *Amrita Bazar Patrika*，January 20, 1955.

社会主义不但成了印度国大党的目标，由于国大党也使人民院通过了类似决议，故也成了国家的目标。1976 年议会通过的宪法第 42 修正法把“社会主义的”规定为印度国家的属性之一。宪法序言说，印度是一个“主权的、世俗的、社会主义的、民主的共和国。”这就正式地把社会主义定为国家的发展目标。

建立强大的公营工业被认为是建立社会主义类型社会的物质基础。为确保公营工业尽快发展，1956 年政府制定了新的工业政策，这就是《1956 年工业政策决议》。决议进一步确立、完善混合经济体制，规定国家有直接的责任建立新的工业企业和交通设施，促进工业的更快发展；同时要给私营成分留下广阔的发展空间。新的政策宣布，为了实现建立社会主义类型社会的目标，为了适应有计划的和迅速的发展工业的需要，所有基础工业、战略性工业、公益工业都必须掌握在国家手里。那些需要很多的投资，只有国家能担负的工业部门也应由国家经营。不过国家的投资受客观条件限制，不可能把所有这些部门都包下来，而必须选择重点，着力实行。据此，决议在 1948 年工业政策的基础上，对工业部门重新分类，并重新划分了公营私营成分的经营范围。全部工业被分成三类。第一类 17 种，包括军事工业、原子能、航空、铁路等，由国家经营。现有的私营企业允许保留。第二类 12 种，包括铝、特种金属、机床、化工等，由国家创办新企业，私营企业起补充作用，也可与国家合营。第三类是除第一、第二类以外的所有其他部门，都向私营企业开放。国家将在财政上给予鼓励、支持，并通过发展交通设施，为私营企业的发展提供便利。国家必要时也可在这些部门建立公营企业。

在确立了社会主义目标后，计划经济的重要性更加突出。政府需要制定适合国情的经济发展战略，把增长和社会公平恰当地结合起来，统筹兼顾。第二个五年计划所提出的发展战略就突出体现了建立社会主义类型社会的发展导向。

三、马哈拉诺比斯模式和计划经济的实施

第一个五年计划是 1951 年 4 月开始实行的，1956 年完成。当时经济发展的战略还没有最后形成，计划规定的主要任务是发展农业生产，增产粮食和工业原

料，医治因印巴分治造成的经济失衡。结果一批规模巨大的水利工程建立起来，增产指标基本完成。在工业方面，国家针对现有工业体系中的许多空白点投资兴建了一批重工业工厂。

就在第一个五年计划结束前，尼赫鲁形成了他的经济发展战略思想。他委托其首席顾问、经济学家 P.C. 马哈拉诺比斯按这个精神编制第二个五年计划。马哈拉诺比斯贯彻他的战略思想，提出了发展印度经济的战略模式，这就是尼赫鲁—马哈拉诺比斯模式。这是个以加速工业化来促进经济增长的发展战略。主要内容是：快速发展重工业和基础工业，以资本品工业的发展来提高自力更生发展工业的能力，通过增加对消费品工业设备的供应，带动后者发展；重工业基础工业的快速发展靠大力新建公营企业实现，要使公营成分在国民经济中迅速占据主导地位；通过国家计划和政策调节，促进私营工业在国家计划的方向下发展，满足社会对日用消费品的需求；积极鼓励发展小型企业和乡村企业，在政策上给予支持和保护，以扩大就业，补充对日用消费品的供应；坚持自力更生原则，实行进口替代方针，逐渐做到不但日用消费品，而且中间产品和资本货物都能够自给。总之，这是个优先发展重工业和公营成分的模式，是个以进口替代为导向的内向型发展模式。第二个五年计划就是按这个模式的要求编制的，是为实现这个模式迈出的第一步。

第二个五年计划 1956 年开始执行。预定支出资金总额为 790 亿卢比，其中公营部门支出 480 亿卢比，私营部门支出 310 亿卢比。在公营部门支出中，工业和基础设施方面的投资比重最大。实行结果，公营部门支出总额为467.2 亿卢比。其中 56%是国内财政筹集，24%是通过外援获得，其余 20%为财政赤字。

在公营总开支中，工业占 24%，能源占 10%，交通运输占 28%，农业和灌溉占 20%，社会服务占 18%。这表明公营工业和基础设施建设获得了最强的关注。这一时期创办的公营工业企业都是规模较大的基础工业和重工业企业。如钢铁业方面，新建的杜加普尔、比莱和鲁尔克拉钢铁厂都是年生产能力达百万吨的大企业。这时期建设的印度重型电器公司、印度重型机械公司、奇塔兰占机车厂、阿瓦迪汽车制造厂，都是亚洲一流的大企业。新建的大企业还有重型化工厂、铝冶炼厂等。全印公营企业属于联邦一级的 1950—1951 年度只有 5 家，1955—1956 年有 21 家，到 1961 年增至 48 家。工业体系中的薄弱环节和空白点又有部分得到弥补，工业布局也趋向分散。比莱钢铁厂设在中央邦，鲁尔克拉钢铁厂设在奥里萨邦，杜加普尔钢铁厂设在西孟加拉邦。像奥里萨、中央邦这样的邦，都是工业基础薄弱的邦。由于一批大工厂的兴建，出现了新的工业中心，落后的状况也有所改变。

大型公营重工业企业的建立，有一些是得益于外援。鲁尔克拉钢铁厂由德国克虏伯财团援建，杜加普尔钢铁厂由英国钢铁制造业财团贷款建立，比莱钢铁厂由苏联援助建立。印度重型电器公司则为印度政府与英国联合电器公司合建。外援不仅包括提供资金，也包括提供先进技术和设备，这对印度重工业领域迅速补缺起了重要作用。1958 年在西海岸的坎拜发现了蕴藏量丰富的油田，这对急切地盼望找到石油资源的印度来说是一大喜讯。政府和一些外国公司签订了勘探合同。

“二五”计划期间，私营企业家显示了很强的投资愿望和潜力，投资增长率超过了计划指标。这导致轻工业领域一大批新工厂的建立，使其部门更加多样化。私人投资也有部分用于现有私营重工业企业的扩建。如塔塔钢铁厂、印度钢铁厂都进行了设备更新和扩建，生产能力分别达到 200 万吨和 100 万吨。外国私人投资在“二五”计划期间也稍有增长。政府为吸引外资，在政策上又不断作出调整，包括简化批准手续和程序，税收上给予优惠，1958 年又规定外国投资者在特殊情况下，在与印资的合营企业中可持有 51.1%—73.9%的股权。

“二五”计划期间，一方面由于外汇紧缺，另一方面，对现有的和新建的工业需要实行市场保护，印度政府开始实行严格的进口限制政策。进口也要申请许可证。粮食以外的消费品严格限制进口。在外汇紧缺的情况下，这一措施保证了新建工业企业所需设备和原材料得以及时购进。

“二五”计划规定的重要指标大部分得到实现。国内生产总值年增长率为 4.27%。工业方面，制造业年增长率为 6.28%，采矿业为 6.96%，能源和供水 12%。农业年增长率为 3.35%。国民收入（按 1980—1981 年价格计算）年增长率为 4.0%；人均收入年增长率为 2.0%。

“二五”计划不足之处，一是农业提高的幅度不大，许多种农作物的产量没有达到指标，与工业的迅速增长形成了强烈反差。由于粮食增长率低，不得不年年大量进口粮食。1956 年进口 140 万吨，1957 年增至 370 万吨。“二五”期间共进口 1700 万吨。1960 年印度与美国又签订一项新的协议，规定四年内美国再向印度提供 1600 万吨小麦、100 万吨大米。进口粮食耗去大量资金和外汇，严重地影响了工业化的进展。农业之所以发展迟缓，其原因：一是土改不彻底，二是政府由于资金有限，对发展农业的拨款削减过多，大大影响了农业基础设施的建设和支持农业的信贷投入。“二五”计划执行结果的另一个严重问题，是失业大军的继续存在。由于土改不彻底，农村大量过剩劳力的问题没有解决。乡村工业和小型工业只有有限的发展，对解决就业问题只能起有限的作用。“二五”计划规定解决1000万人的就业问题，但到计划完成时，失业人口仍有710万。贫富差距未能缩小，得到改善的是少数人，多数人贫困依旧。连尼赫鲁也不能不遗憾地说：“计划的执行帮助了富人而没有使穷人得益。”①

第三个五年计划继续遵行马哈拉诺比斯模式，1961年4月开始执行。在公营部分的支出中，仍以发展基础工业和重工业，包括钢铁、燃料、电力、机械制造、石油、化工等部门为投资重点。“三五”计划也提出了大力增产粮食以达到粮食自给的目标。不过，农业支出只是略有增加。尼赫鲁把增产的希望寄托于土改和合作化的推动。

“三五”计划实施中同样一直受资金紧张的困扰。预定的资金不敷使用或根本不能到位。在这种情况下，唯一的办法是紧缩投资并更加依赖外援。“三五”期间从国外借款筹集的资金有239亿卢比，约占公营部分总支出的28%。到1966年，印度的外债达350亿卢比。资金方面的捉襟见肘和外汇短缺，使许多计划进口的设备、材料不能进口，许多项目不得不推迟上马。

“三五”计划执行的结果，国内生产总值年增长率为2.84%。工业方面，制造业年增长率6.6%，采矿业年增长率6.7%，能源和供水年增长率12.84%。重工业和基础工业部门有了新的较大的发展，特别是机器制造和重型机械方面。轻工业领域也有新的发展，供应市场的日用消费品较以前明显增多。

“三五”计划的实施在工业方面的主要成就在于，它进一步扩展了重工业基础工业的建设，使建立完整的工业体系的任务基本完成。经过“二五”、“三五”计划的实施，独立时工业体系的畸形得到纠正，薄弱环节得到填补，对设备和原材料进口的依赖大大减少，工业品自给能力达到80%左右。自力更生目标基本实现，印度已具有自我装备自我发展的相当能力。重工业的兴建带动了轻工业的发展，使印度在60年代成了新独立国家中工业发展走在最前列的国家。

但“三五”计划在农业方面实施的情况却很糟。各种农作物增产指标除甘蔗外都没有完成。粮食计划达到1亿吨，实际完成7230万吨；棉花计划700万包，实际完成460万包。“三五”计划期间进口粮食共2500万吨，比“二五”计划

① *The Hindu*, March,12, 1963.

期间还要多。“三五”计划期间农业年增长率为0.28%，是独立以来最差的。农业的受挫固然与1965—1966年的旱灾有关，但也表明，在当时印度的现实情况下，主要靠制度改革来促进增产是行不通的，必须在制度改革之外寻求一条新的道路。

“三五”计划期间国民收入年增长率为2.4%，不足预定的5%指标的一半。由于人口的快速增长，人均收入年增长率仅为0.2%。失业人口的数量有增无减，从“二五”时期的710万人上升到960万人。

四、土地改革和乡村建设

1948年自治领政府在确立了土改原则后，就要求各邦立法实行土改。宪法规定，农业的立法和管理属邦的权限范围，所以土改法不能由中央统一制定，只能由各邦根据本邦具体情况制定。1953年联邦政府建立了中央土改委员会，作为土改指导机构。这样就在全国范围内开始了土地制度的改革。

（一）废除柴明达尔中间人地主制

柴明达尔中间人地主制包括原英属印度的柴明达尔制、马哈瓦尔制下的地主所有制部分和土邦的封建土地占有制，其地区包括原英属印度的阿萨姆、孟加拉、比哈尔、奥里萨诸省、北方邦、马德拉斯的一部分和原来的所有土邦地区。其占有的土地约占总耕地面积的60%左右。从1949年起，各邦的法律先后出台。多数邦50年代完成了这方面的立法。

各邦立法的内容大同小异，主要是取消各种名称的中间人地主制，包括柴明达尔制、札吉达尔制、达鲁克达尔制、伊纳姆达尔制（宗教赐地）等，使耕种这些土地的佃农直接与政府建立纳税关系；中间人地主的“自营地”可以留下，其余土地及荒地、渔场等由政府征收，政府给予补偿金，其标准一般为土地年收入的若干倍，或为地租的10—15倍，也有些邦按土地价格决定。补偿金有的规定以现金支付，有的作为定期债务支付；被征收土地上的佃农有权根据地方土地法庭裁定的价格，购买所耕土地的所有权，可以一次付清，也可以分期付款，后者价格要高一些。各邦法律不同之处主要是补偿金、地价定得高低不一；另外，对“自营地”的解释、对享有不同佃权的佃户购买土地的办法有不同的规定。

废除柴明达尔制的整个过程，遇到了不甘心失去封建特权的各类中间人地主的反抗和破坏。各邦议会内的地主及其代理人用种种办法阻碍、拖延土改法的制定或使法律的内容尽可能有利于柴明达尔保留更多土地或得到更多补偿。例如北方邦 1950 年制定的废除柴明达尔制法过 4 年才生效，给了柴明达尔充分时间通过逐佃扩大“自营地”，以留下更多土地。各邦法律规定柴明达尔“自营地”可留下，而对自营的含义规定得极为宽泛，如把雇工耕种、分成农耕种都算“自营”，这就为柴明达尔们在所谓“自营”的名义下尽可能保留土地大开方便之门。保留“自营地”的漏洞引发了柴明达尔夺佃高潮。各类地主都急急忙忙尽可能多地收回佃农耕种的土地，使本来属于征收范围的大片土地逃避征收。如北方邦就很典型，该邦柴明达尔拥有土地共约三千三百万英亩，以“自营地”名义就保留了约七百万英亩。结果这些柴明达尔在土改后依然是大土地所有者。

在土改全面铺开后，柴明达尔又使用另一手段来抗拒土改。他们以宪法保障私有财产权的规定作护身符，向法院呈递了成千上万份起诉书，诡称土改法侵犯了公民根本权利，违反宪法。有些法官竟也这样认定，判定邦立法院制定的土改法违宪。为了克服这个法律上的障碍，政府只得通过修宪来保障土改的实行。1951 年政府使议会通过第一个宪法修正法，肯定议会有权根据国家政策指导原则就征收个人财产税问题立法，法院不能以有悖宪法关于公民根本权利的规定为由否定其有效性。修正法在宪法正文中增加了特地说明这点的 31A 款，又把各邦制定的土改法统统列出，作为宪法第 9 附表，在宪法正文中增加 31B 款，明确说明附表所列所有法律均不得被认为违反宪法关于公民权利的规定。这样就保障了这些法律的有效性。

柴明达尔们见否定土改立法的图谋破产，就又在没收土地的补偿价格上找突破口，起诉政府定的价格过低，侵犯公民的财产权。最高法院也作出裁决，规定征收土地的补偿价应是土改时土地的市场价格。为解决这个问题，议会于 1955 年又通过宪法修正法（第 4 修正法），规定议会确定的补偿价格法院无权提出异议。至于为什么补偿数额要以议会法定额为准，尼赫鲁在讨论修宪案中作了解释。他说：“如果我们的目的是改变社会结构，我们就不能考虑给予充分补偿。

这是因为，第一，我们做不到，第二，那样做是不适当的，不符合正义的要求，第三，即便能做到，也不应那样做。如果我们给予充分补偿，那么富人就仍然是富人，穷人依然是穷人。……所以在实施任何社会工程时，我们都不能给予充分补偿。"①

柴明达尔们诬称土改侵犯私有财产权，其依据是宪法关于公民根本权利的规定；而议会通过修宪法所依据的是国家政策指导原则。宪法这两处规定的潜在矛盾，在土改中第一次凸现出来。1951 年 6 月在提出第一次修宪案时，尼赫鲁对如何看待两者关系作了说明。他说："国家政策指导原则代表向既定目标前进，根本原则则代表着静态地维护现存的权利。两者都是正确的。"但宪法的目的是引导国家一步步地前进，以达到既定目标，如果把强调静态地维护现有权利置于动态地实施国家政策指导原则的需要之上，那么宪法规定的国家目标就不可能实现。②

尽管柴明达尔及其代理人采取种种手段破坏，印度联邦政府和国大党领导层还是坚持要求各邦政府贯彻中央精神，克服障碍，落实土改法令。毕竟柴明达尔类型的法定地主一直是英国殖民统治者和土邦王公的支柱，名声恶劣，在国大党内同情他们的人也是少数，所以各邦的这项立法基本上得到实施。结果，到第一个五年计划完成时，全国各地的中间人地主制差不多都取消。剩下的少数地方，以后也陆续完成。总计有 259 万中间人地主的土地被政府收回，土地总数为 1.73 亿英亩，约占全国耕地总面积 3.6 亿英亩的 48%。原柴明达尔等中间人的佃农有 2000 万户摆脱了中间人的剥削，与政府建立了直接的纳税关系。政府共支付给柴明达尔中间人地主补偿金约 67 亿卢比，少量为现金，大部分发给债券，20—40 年还清。佃农中有相当部分人通过分期付款，购买到所耕土地的所有权，成了自耕农，其中那些原来较富裕的佃农获得较多土地，或出租，或雇工经营，成了富农。

柴明达尔制的废除取消了一大部分寄生性地主，这些地主中许多人是不在村地主，只知剥削农民，对农业发展毫无建树。这种制度的取消部分地实现了耕者有其田，解放了生产力，并促使保留"自营地"的地主真正关注其"自营地"的经营，初步实现产权和经营的结合，这对农业的发展和实现农业现代化、对乡村

① P. Griffiths, *Modern India,* London, 1957, p.200.

② P. Griffiths, *Modern India,* London, 1957, pp126–127.

建设和社会进步无疑都具有重大意义。

不过柴明达尔制的废除只是取消了印度封建土地制度的一部分。首先，很多原柴明达尔保留了相当数量“自营地”，继续是大土地所有者，其土地的相当部分继续由分成农耕种，因此这些人依然是地主。如比哈尔邦取消柴明达尔制后，拥有 500 英亩、700 英亩，甚至 1000 英亩土地的地主并不少见。原柴明达尔制下的次佃农、分成农和农业雇工仍然没有土地而继续受封建剥削。其次，由于废除柴明达尔制并不包括莱特瓦尔制和马哈瓦尔制下那些通过土地兼并形成的地主，这些地主的封建剥削继续存在。其占有的土地数量约占这些地区耕地总面积的 1/5。他们中也有一部分是不在村地主。这些地区的佃农多为分成农，尽管他们也强烈要求得到土地，政府仍坚持认为这些地区地主的土地是通过正常手段获得的私有财产，应受到法律保护。

（二）租佃立法

据 1953—1954 年度全国抽样调查推算，全国佃耕地约占耕地总面积的约 20%，这还不包括非正式佃农（即只有口头契约的临时佃农）的耕地。所有佃农都强烈要求改善地位，这是政府不能不考虑的。

1948 年起到 50 年代上半期，根据联邦政府要求，各邦先后制定了改善佃农地位的法律。其主要内容为：规定地租率不得超过产量的 1/4 或 1/5；禁止地主强迫佃农无偿服役；禁止勒索杂税和附加地租；一般佃农（不包括分成农和次佃农）连续耕种租佃地若干年（有的规定 6 年，有的 12 年，有的不足 6 年）者，可获得永佃权或对所耕土地的购买权；地主收回佃耕地自营要有一定限量，必须留给佃农能维持生活的最低限度的土地等。各邦在具体规定上略有差异。

出乎人们预料的是，这项改革遇到的阻力比废除柴明达尔制强得多。这是因为租佃改革不仅与原柴明达尔制地区保留大量土地的大土地所有者利害相关，而且涉及这些地区新兴的富农的利益，涉及所有非柴明达尔制地区地主和富农的利益。相关联的人不但人多势众，而且在国大党内、在各邦立法院和政府中有强大的势力，因而可以在法律范围内和法律范围外，以各种形式进行阻挠和破坏。前者如拖延立法、立法规定偏宽、立法中故意形成一些漏洞、执法不力等。例如有些邦把地租率规定为 50% 甚至更多；有些邦通过的法律几年后才生效，给土地出租者逃避法律规定留下了充裕的时间。后者如土地出租者对佃农的佃耕地不断调换，不让佃农在一块土地上连续耕作，使之不能具有购买佃耕地的年限资格。更普遍的情况是地主纷纷以自耕名义夺佃，或逼使佃户“自愿”退佃，使关于地主收回出租土地要有限制的规定形同虚设，地主夺佃几乎不受任何限制。结果，这方面的立法可说收效甚微。关于地租率不超过 1/4 或 1/5 的规定以及使佃农得到永佃权及对所耕地购买权的规定基本上都停留在纸面上，不能执行。只有少数邦地租率较低的规定能够实行；只有很少佃农得到永佃权，其中较富裕的购买了佃耕地。地租之外非法勒索的现象在许多地区依然存在。佃农的地位不但没有得到保障和改善，反而有很大数量的佃农因地主夺佃失去了佃耕地，或失去了正式的佃权，成为非正式的，也即不受法律保护的临时佃农。印度学者库斯罗提供的海德拉巴的情况就很典型。那里实行土改法后，原来的佃农中有 2.6% 农户被合法夺佃，22.1% 被非法夺佃，17.5%“自愿”退还佃耕地，三者共达 42.2%，只有 12% 农户购买了佃耕地，剩下的农户保留了原来的佃耕地，得到了多少不同的佃权。[①] 另两位经济学家 V.M. 丹德卡尔和 G.J. 昆丹普尔对孟买租佃法实施结果的研究也表明，在 1947—1948 年到 1952—1953 年的 5 个年度里，有佃权的佃农在佃农总户数中的比例由 60%降低到 40%稍强，大量佃农在地主夺佃的威胁下，为保住佃耕地，不得不接受更恶劣的佃耕条件。[②]

（三）规定土地持有最高限额

废除柴明达尔地主制和租佃改革并没有完全解决土地大量集中于少数人手中，多数人无地或少地的问题。在原柴明达尔制地区，原柴明达尔们以“自营地”名义把所占有土地的相当大部分保留下来。在原莱特瓦尔制地区，地主的土地尽管田连阡陌，也不在废除中间人地主之列。这样，少数人继续是大土地所有者，而多数人依然是贫无立锥之地。1954—1955 年，全国 50%以上的土地为不到 10%的农户所有，25% 的农户完全没有土地，另外 25% 的农户只拥有全国土地的 1%强。

---

① Ruddar Datt and K.P.M. Sundharam, *Indian Economy*, Delhi, 2001, p. 536.

② Ibid., p. 536.

1955 年，尼赫鲁政府使议会通过了一项宪法修正案，赋予邦政府规定土地持有最高限额和分配超额土地的权力。50 年代末 60 年代，各邦先后制定了这类法律。由于联邦政府在如何实行土地最高限额方面只是提出原则，对做法没有明确规定，各邦的立法自行其是。

关于土地持有最高限额的计算单位和标准，各邦的规定很不一致。多数邦规定以个人为计算单位，所定最高限额都很宽。如北方邦规定个人最高限额为 27—324 英亩（不同土质有不同最高限额），马哈拉施特拉为 18—126 英亩，古吉拉特为 19—132 英亩。此外，都还有形形色色的免除限额规定，如机械化农场、经营良好的农场、饲养厂、奶牛场、种植园、糖厂的甘蔗田、果园和慈善机构的土地均不受最高限额限制。由于标准太宽，又有大量的例外，再加上各邦立法拖拉和执行不力，给大土地所有者逃避法律留下了足够的时间和空间。大土地所有者采取化整为零、转移土地、把农田临时改为果园、奶牛场等各种办法逃避，结果，政府能征收的超过限额的土地所剩无几。如旁遮普邦，政府最初估计可征收 20 万英亩，但到 1962 年实际征收的能分配的土地仅有 16 000 英亩。泰米尔纳杜邦估计有 125 000 英亩剩余土地，实际只能征收 24 000 英亩。西孟加拉邦原估计有 60 万英亩超额土地，最后只征收到 10 万英亩。土地征收和分配也都是有偿的。

规定持有最高限额的工作在后来英·甘地执政时于 1972 年又作了一次推动。根据联邦政府的要求，各邦实行了新的立法，实行以户为单位的计算办法，大大降低了最高持有额标准，减少了不受限额限制的用地种类。结果使征收和分配剩余土地的工作比前一阶段有了一些进展。不过，由于立法中漏洞很多，便利了大土地所有者继续逃避，实行结果离预期目标仍相距遥远。据抽样调查推算，全国超过最高限额的土地应当有 3000 万英亩。到 1980 年 3 月 31 日止，根据新的立法计算出的剩余土地只有 691.3 万英亩，已征收 485 万英亩，分配 355 万英亩，有 247.5 万无地少地的农户分到了土地。

（四）互助合作

对尼赫鲁来说，互助合作和土改具有同样重要性。他认为这是提高农业生产率的可靠途径，再者只有走互助合作道路，才能缩小农村的两极分化，改善下层农民的地位。他提出的互助合作方案是保留土地私有权基础上的联合经营，按土地大小和投入劳动的多少分配。这只是初级形式的合作制，并不改变土地私有制。然而，他的主张不仅遇到农村富裕阶层和右翼政党的强烈反对，国大党内的右翼也不赞成。他们故意耸人听闻，把这种互助合作说成是要“取消财产权”，诬蔑尼赫鲁要“赤化”农村。各个国大党邦政府对尼赫鲁的要求实行软抵制，没有人打算去执行。尼赫鲁要求在实行生产合作前，可以先广泛组织信贷合作和供销合作，这种合作原来就有基础，没有人反对。50年代这两类合作社办得较多。尼赫鲁和左翼仍想继续推动，又使国大党在1959年那格普尔年会上通过了《关于农业组织模式的决议》，强调合作化应是印度农业组织的基本模式，号召全党重视并认真进行工作。然而，决议通过后仍是雷声大雨点小，没有实际的改观。尼赫鲁对此一直感到不满，因为这不仅意味着他的通过制度改革和合作化改变农业落后面貌的设想无法实现，也意味着国大党建立社会主义类型社会的目标在农村落实的希望落空。去世前不久，在和一位记者的谈话中，他抱着非常遗憾的心情说：1959年国大党决议提出的互助合作道路是有利于缩小贫富差距、有利于国家、有利于发展生产的道路。但由于柴明达尔等封建势力及受其影响的政治势力的反对而未能实行，结果“使我们的开端良好的土改半途而废。”“决议已被忘记，今天我们正为我们的过错付出代价。”① 这表明，直到最后他也没有改变对合作化的憧憬和期望。他没有认识到在存在大土地所有制的情况下，在土地持有很不平衡的情况下，要在印度走合作化道路是根本没有可能的。那些响应号召成立起来的少量生产合作社，也多在成立不久就因资金、管理、分配等一系列问题无法运转而陷于解体。

（五）农业资本主义的初步发展

土改虽然整个说取得的成就不大，但还是为农业资本主义的发展创造了条件。原来的柴明达尔保留自耕地的，有一些人开始面向市场，扩大投入，使用机械耕种，雇工经营，牟利成了主要动力。有些大土地所有者看到土地持有最高限额法中规定的种种例外，为了逃避征收，便把部分土地改变成果园、甘蔗地或办

① R.K.Karanjia, *The philosophy of Mr Nehru,* London, 1966.

起了饲养场、奶牛场、使用农机的农场等。还有些大土地所有者，为了能从政府得到贷款，便打起了合作社旗号，实际是雇工经营农场。这样，就出现了一批资本主义性质的农场。北方邦就很典型，50 年代中期，该邦经营 50 英亩以上土地的农户 11 544 家，土地总面积 148 万英亩，其中采用机械化耕作技术的有 2088 家，1951 年有拖拉机 2669 台，1956 年增加到 5839 台。① 美国学者丹尼尔·索纳在印度做了 3 年实地调查后，在 1956 年出版的《印度农业前景》一书中说，北方邦在废除柴明达尔制后，出现一大批占地 20 英亩以上的经营地主，他们的经营方式是资本主义性质的。邦政府给以贷款资助，鼓励和支持他们采用新技术，农场经济显得颇有生气。② 在自耕农（包括原佃农）中、特别是较富裕的农民中，也有一些与市场有较多联系的人，看到市场上粮食和某些经济作物的行情较好，就开始在可能的范围内增加投入，如兴修水利、选用良种、购置小型农业机器等，劳力不足的就雇工经营。这部分农户逐渐以市场取向来规划自己的经营，他们的家庭农场已经纳入商品经济的范畴，成为资本主义农业经济的辅助部分，也为它的进一步发展提供了广阔的土壤。

资本主义经济的发展对雇佣劳动力有了较多要求。1951 年印度农业工人数为 2350 万人，1961 年增至 3150 万人。其中按日雇佣的临时短工比重增加，常年雇工比重减少。这是因为以往雇长工耕种的地主中有些人改变了经营方式，不需要那么多长工了，而是根据农活需要，随时雇佣日工。

这些都表明，一种新的经营方式不期而至地在逐渐扩大。伴随土改（尽管不彻底）进行的农业生产制度的变革不知不觉地开始了。

（六）乡村建设

农村的贫困和落后是印度最醒目的现象。独立前甘地在乡村建设方面有很多设想，并付出了极大努力。在他身体力行的积极感召下，原来不重视农村建设的国大党领导人也有了一定变化。独立后，当实现社会公平明确地被定为印度发展目标之一时，乡村建设的必要性就尤其显得突出。政府在这方面开始作出努力。

① *New Age*, No.2,1961.

② D. Thorner, *The Agrarian Prospect in Indian,* New Delhi, 1955, pp.21–25.

1952年，政府开始自上而下实施一项乡村发展计划。内容包括：实现充分就业，普及科学知识，培训技术人员，推广合作运动，举办公益事业，建立福利设施，修筑乡村道路，改进卫生条件等，以达到向农村传播科学知识和文明，改变乡村面貌，发展农业生产和改善农民生活的目的。乡村发展计划实施单位为发展区，每个发展区包括100个村庄，10万人口。每区又分为若干组。每个发展区有政府派的发展官员负责计划的实施。计划的各项活动都强调农民自愿参加。其资金主要由政府提供，同时也号召农村居民自行筹集补充。为实现这个计划，成千上万名专职工作者在经过必要的培训后，满怀热情地投入工作。到第一个五年计划结束时，实施这项计划的发展区达1075个，占全国地区的1/5以上。有12.3万个乡村、8000万居民参与。这是印度政府发动人民群众自己动手改变农村落后面貌的第一个尝试。尼赫鲁对此抱有很高期望，他说："这项计划的重要性不仅在于它将带来的物质成就，更重要的是，它是乡村社区和人们自身的建设，将使后者不仅成为他们自己乡村的建设者，而且在更大的意义上成为印度的建设者。"①

关于乡村基层政权的形式宪法并未规定，只是在国家政策指导原则中提出，各邦有义务组织农村潘查雅特（评议会），使之担负起村一级行政机构职能。独立后各邦都在建立健全潘查雅特方面做了一定工作。在实现乡村发展计划中，发现县一级政权机构薄弱是个突出问题，特别是缺乏负责地方发展的领导机构。1956年，政府根据B.梅塔调查委员会的建议，决定在全国建立县、区、村三级结构的潘查雅特体制，即村潘查雅特、区代表会议和县代表会议。前者由村民直接选举产生；区代表会议由所属村潘查雅特的代表、本地区的议员及合作运动官员构成；县代表会议由各区代表会议的代表、本地区的议员和有关官员构成。三级潘查雅特是自治组织，行使县以下基层政权在地方发展建设方面的职能。同时仍保留县长、治安长官，由邦政府任命，负责税收、治安工作。在联邦政府的决定下，1959—1962年各邦都建立了这种基层体制。县下属的农村很广阔，仅仅由上面任命几名县级官员来管理是非常无力的，何况这些官员对农村情况很少了解，很难有所作为。在邦与广大农村基层间缺乏强有力的联结纽带，实现基层自治也就没有体制上的切实保证，三级潘查雅特体制的建立弥补了这个缺陷。这是行政体制的一项重大创新。

---

① Indian National Planning Committee, *New India,* New York, 1958, p.169.

五、世俗化政策

共和国成立后，在恢复和发展经济的同时，政府大力推行世俗化政策，坚持宗教平等，通过立法革除印度教内的种姓压迫和对妇女的压迫。尼赫鲁反复强调社会革命和经济革命、政治革命同样重要。1956年他说："我们不仅努力实现了一场政治革命，不仅正在努力实现一场经济革命，我们还要同样努力开展一场社会革命。只有这三条战线都取得胜利而合成一个整体，印度人民才能真正进步。"①

首先是实现政治和宗教分离，国家对各宗教平等相待。所有公民不分宗教信仰，都有同样的参政权利。印巴分治后，印度穆斯林人口约为4500万人，占总人口34 700万的近13%。居住最集中的地区是克什米尔，这是印度唯一一个穆斯林占人口多数的邦；其次是北方邦、西孟加拉、比哈尔和喀拉拉。穆斯林享有公民的各种权利，他们积极参与国家政治经济和文化生活，在各条阵线上发挥自己的作用。许多穆斯林被选为人民院和邦立法院议员，在联邦政府和一些邦政府都有穆斯林担任部长。由于国大党坚决奉行世俗主义政策，全国穆斯林有相当多人在大选中投国大党的票，期望过安定的生活。穆斯林已不再有全国性政治组织。少数邦有一些地区性的政治组织，如喀拉拉邦的穆斯林联盟，参加邦的选举，通过合法途径反映穆斯林要求。50年代前期，教派冲突事件较少发生。

当然，教派主义并未偃旗息鼓。在印度教这方面，印度教大会和国民志愿服务团这两大教派主义组织继续活动。它们散布对穆斯林的怀疑情绪。如国民志愿服务团领袖M.S. 戈瓦卡尔就说，穆斯林一直要分裂国家，现在国家分裂了，他们怎么可能一夜间就变成了热爱印度的人？印度教狂热分子甚至把穆斯林称为潜在的"第五纵队"，叫嚷说他们要证实自己对印度忠诚，就必须放弃自己文化的异质性质，接受印度化。这种宣传带有很强的蛊惑性，是推进世俗化，实现国家安定团结的主要障碍。尼赫鲁利用各种机会揭露批判教派主义，特别是印度教教派主义，指出它是印度当前的主要危险。在穆斯林方面，鼓吹教派主义的人和组

① J.Nehru, *Letters to Chief Ministers,* V.4, New Delhi, p.369.

织依然存在，不过整个说，他们处于守势，其活动重点是对印度教教派主义的攻势进行针锋相对的反击。

50 年代后半期教派主义又有抬头之势。这与人民同盟的建立及其活动（见本章第八节）有直接关系。戈瓦尔卡提出了“印度教民族”的说法，鼓吹独立后的印度应成为一个印度教民族国家。他指责尼赫鲁政府丢弃了印度立国的根本，是牺牲印度教徒的利益讨好穆斯林，是虚假的世俗主义。穆斯林教派主义者面对印度教教派主义的挑战，他们的做法和过去一样，也是竭力煽动穆斯林的宗教情绪，呼吁穆斯林针锋相对，和印度教徒对抗。他们也抓住一些具体问题进行煽动，如乌尔都语在北方邦和比哈尔的地位问题，阿里加穆斯林大学体制问题、穆斯林在议会和政府机关中的人数问题等。结果普通的问题常常被转变为公开的教派冲突。从 50 年代中期起，又开始发生接连不断的教派冲突。1954—1963 年，每年都有数十起冲突发生。1964 年后冲突进一步扩大，每年都要发生一百多次至数百次。在 50 年代发生的冲突中死亡 316 人，1961 年就有 108 人死亡，1967 年丧生人数达 301 人。

推进世俗化进程的另一个方面，是取消印度教内的种姓压迫和对妇女的压迫，并通过立法和其他援助的手段帮助他们改变落后和屈辱的地位。

首先是改善表列种姓（即原贱民）和表列部落的地位。1951 年普查，表列种姓为5100万人，占总人口的15.3%，表列部落为1900万人，占总人口的6.2%。表列种姓和表列部落处于社会最下层，生活最为困苦。据 1961 年普查，全国 3150 万无地的农业工人中，有 1040 万人是表列种姓，占 33%，330 万人是表列部落，占 10.47%。宪法已宣布废除贱民制，并规定政府应在经济、政治、社会和文化各方面为切实改变原贱民和部落居民的地位做出必要的安排。还具体规定在人民院和邦立法院为表列种姓和表列部落按人口比例保留席位，期限为 10 年（以后的宪法修正案把期限不断顺延，至今未停）。宪法还规定，有部落居民的邦应建立部落咨询委员会，就与改进部落居民福利有关的事务协助政府开展工作。改善表列种姓和表列部落的工作由联邦和邦内务部负责。联邦政府专门设立 1 名由总统任命的表列种姓和表列部落专员，负责监督宪法有关规定的落实。

第一次大选首先实现了为表列种姓和表列部落保留人民院和邦立法院席位的规定。人民院 491 个席位中，按人口比例为表列种姓保留 70 席，为表列部落保留 27 席。邦立法会议也按人口比例保留一定席位。此外，大选后建立的尼赫鲁政府开始为表列种姓和表列部落在政府机关保留一定比例的公职。在联邦政府，为两者保留公职的比例最初定为 17.5%，后提高到 22.5%。其中表列种姓 15%，表列部落 7.5%。按照政府规定，公营企业的人员编制、学校的奖学金名额，也都分别为他们作了一定比例的保留。这种种保留使这两个最突出的社会弱势群体第一次享受到担任公职、参与国家管理的政治权利，一大批有能力的人走上各种公共岗位，改变了社会对这两个群体的看法，也大大提高了他们的自尊心和自信心。政府在每个五年计划中都有用于改善他们地位的专项计划和专门款项。第一个五年计划的开支为 3.004 亿卢比，第二个、第三个五年计划分别增加到 7.941 亿卢比、10.04 亿卢比。

表列种姓长期处在社会最底层，其地位的改善决非上述几项法令、措施就可实现的。而社会上世代形成的种姓偏见也非一朝一夕所能革除。尽管政府利用舆论努力消除传统的偏见和弊端，歧视原贱民仍然是普遍现象，迫害事件多有发生。为切实保障废除贱民制的落实，1955 年，政府颁布了《不可接触制（犯罪）法》，明确规定对原贱民的任何歧视行为都是犯罪行为，要受到法律制裁。然而，虽有此法的公布，歧视压迫原贱民的现象并未能完全制止。面对依然是困难重重的环境，原贱民中有不少人对前景缺乏信心。选择改宗仍被看作是一条出路。1956 年 10 月 14 日，安姆贝德卡在那格浦尔率 20 万表列种姓男女皈依佛教。此举对印度教社会震动很大，也使政府和社会各界更加认识到切实保障表列种姓合法地位的重要性。表列部落在全国分布很广，最集中的地区是东北边境、比哈尔、奥里萨和中央邦。西孟加拉、马哈拉施特拉、古吉拉特和拉贾斯坦也相当多。部落民大部分居住在山区和森林地带，务农者居多，经济文化一般都很落后。政府对部落民的政策是通过积极帮助、扶植，把他们整合到印度主流社会中，逐渐跟上主流，同时又能保留自己的文化特色。尼赫鲁强调，部落地区必须得到发展，而发展要靠部落民自己，不能由外界力量强加给他们。

改善印度教妇女地位是政府十分重视的另一重大改革任务。尼赫鲁认识到，要彻底改变妇女地位，就必须制定个人法，实行法律保障。1954—1956 年，议会通过了一系列法案，合起来被称为《印度教个人法法典》。其中有：1954 年通过的特别婚姻法，把结婚年龄确定为男 21 岁，女 18 岁；1955 年通过的印度教徒婚姻法，规定禁止童婚，允许离婚，禁止一夫多妻，提倡不同种姓通婚；1956 年通过的印度教未成年人监护法，规定父亲为未成年子女第一自然监护人，母亲为第二监护人，但对 5 岁以下幼儿有优先权；1956 年通过的印度教徒收养法，规定丈夫收养子女需要妻子同意，收养男孩、女孩均可，未婚女子、离婚者、寡妇都能收养；1956 年通过的印度教徒继承法，规定男女在财产继承方面有平等权利。这些法令较彻底地革除了印度教内压迫妇女的陋规。在以后的年代里，政府对上述法令不足之处，又制定了新的法令作了补充和修正。如 1961 年通过禁止妆奁法；1972 年通过收养子女法，规定丈夫和妻子在收养子女的权利上完全平等；1978 年通过新的禁止童婚法，把继续实行童婚定为犯罪。尽管上述这些法令的制定和真正执行还有很大距离，但至少在法律上确认了妇女的合法地位，对印度教徒来说这也是历史上从未有过的事。上述印度教个人法法典，按规定还适用于耆那教徒、佛教徒和锡克教徒。对祆教、基督教徒，另外制定了专门的法律。独有伊斯兰教徒，政府没有为他们制定个人法，他们的婚姻、家庭和财产继承仍遵循伊斯兰教法。伊斯兰教内对妇女的压迫和印度教没有多大差别，同样亟需立法革除。尼赫鲁没有做是考虑到留在印度的穆斯林还有不少人对政府是否有保护少数派合法权益的诚意有疑虑。为防止引起波动，影响大局，他宁肯晚走一步，待时机成熟后再制定伊斯兰教徒个人法。

六、语言邦的建立和官方语言的确定

50 年代中期，在全国，对邦一级行政区划又进行了一次大调整，这次调整是为了建立语言邦。印度由于历史形成的复杂原因，存在着许许多多各不相同的语言及其分支。据 1961 年普查，有 1549 种语言被列为母语。其中使用较广的、在宪法上列出的有 14 种，即阿萨姆语、孟加拉语、古吉拉特语、印地语、卡纳达语、克什米尔语、马拉雅兰语、马拉特语、奥里萨语、旁遮普语、梵语、泰米尔语、泰卢固语和乌尔都语。其中卡纳达语、马拉雅兰语、泰米尔语和泰卢固语属泰米尔语系，其余 10 种属印欧语系。据 1951 年普查，全国 92% 的人口说这 14 种主要语言，其中说印地语的占第一位，有 30%以上，泰米尔语系各语种占总人口的 18%。不同语言的地区在印度历史文化大框架下形成了各自不同的文化，并随着地区经济的发展，逐渐向形成不同的近代民族的方向演进。语言的统一成了一定地区内的居民维系内聚力，促进地区发展的重要纽带。英国统治时，由于印度是被一块块征服的，省的划分依照被征服时间的早晚和便于统治的政治因素确定，并不考虑语言因素；加之英国统治者为了实行分而治之政策，把印度有意分成英属印度和土邦印度两部分，结果同一语言的地区常常被分割得支离破碎，有的属于不同的省，有的则分属于英属印度和土邦。

民族运动兴起后，各地区的领导人早就提出希望按语言分布调整行政区划。国大党考虑到语言地区的分割给经济文化发展带来种种不便，更考虑到这种情况不利于最广泛地动员群众参加民族运动，所以，早在1920年就决定把国大党省一级组织按语言地区建立，并把按语言建立行省作为未来施政纲领的内容之一。

独立后，应该是实行这一既定方针的时候了。然而由于印巴分治带来的创痛，尼赫鲁等国大党领导人担心实行这样的调整会导致地区间的领土争夺和地区分裂主义因素的增长，不利于维护全印的团结和统一，因而迟迟不准备实行。尼赫鲁希望十年后再实行。

然而，国大党领导人的这种忧虑，地方领导人并不认同。相反，他们认为从发展角度看建立语言邦是必要的，而且越早越好。由于中央固执己见，要求成立语言邦的呼声转变成了群众运动。

马德拉斯邦泰卢固语地区的人要求建立一个讲泰卢固语的安得拉邦，他们首先掀起了政治鼓动，采取了集会、示威游行等手段。1952年10月19日，运动领导人帕提·斯利拉穆卢以绝食向中央施加压力，至58天死去。这导致该地区发生大规模骚乱。南印泰米尔语系其他邦也发生了群众性的游行示威。尼赫鲁和国大党领导人不得不屈服于压力。1953年8月27日人民院通过了建立安得拉邦的法令。受这一法令的鼓舞，其他邦接着纷纷提出了建立语言邦的要求。

1953年8月，政府任命了以法兹尔·阿里法官为首的委员会，重新研究建立语言邦问题。这个委员会得出结论，认为建立语言邦并不必然会引发分裂主义，相反，一个邦邦内多数人语言相同，交际方便，这无疑有利于地区经济文化发展和稳定，从而从根本上有利于全国的建设和国家整合。鉴于建立语言邦的趋势已不可遏止，尼赫鲁改变态度，接受了邦改组委员会的建议。1956年8月，人民院通过了邦改组法。根据该法，从1956年11月1日起，全国按主要语言分布重新划分为14个邦,6个直辖区。14个邦是：安得拉邦、阿萨姆邦、比哈尔邦、孟买邦、喀拉拉邦、中央邦、马德拉斯邦、迈索尔邦、奥里萨邦、旁遮普邦、拉贾斯坦邦、北方邦、西孟加拉邦和查谟—克什米尔邦。6个直辖区是：德里、喜马偕尔、曼尼普尔、特里普拉、安达曼—尼克巴岛和拉凯迪夫—米利考—阿敏迪夫群岛。各邦以该邦主要语言为官方语言。孟买邦古吉拉特人和马拉特人分别建邦的要求没有被接受，这是因为双方都要求把孟买市划归本邦，相持不下。这里不止一次发生流血冲突。经与双方反复协商，1960 年 5 月议会通过了孟买邦改组法，决定原孟买邦分成马哈拉施特拉和古吉拉特两个邦，孟买市划作前者首府，前者帮助后者在阿迈达巴德建设新的首府。

1956 年邦改组法没有解决的另一个重要问题，是锡克人建立单独的旁遮普语邦的要求。这个问题比孟买邦的改组更为复杂，因为与宗教问题联系在一起。经过印巴分治和大迁徙后，锡克教徒的大部分都集中到了印度的旁遮普邦，其人口占全邦人口的35%。由于这个邦印度教徒人数居多，政治上处于优势，锡克教徒的阿卡利党在 1950 年要求建立一个以旁遮普语为官方语言的大旁遮普邦，把周围讲旁遮普语的地区都划进来，以维护锡克人的宗教文化特色和合法利益。尼赫鲁和国大党领导人不予考虑，理由是在拟议的大旁遮普邦中讲旁遮普语的人也不占多数，构不成单独建邦的必要条件，并说锡克人实际是要建立一个锡克教徒占主导地位的邦，如果答应，会助长锡克教的分立主义倾向。阿卡利党断然否认国大党的指责，坚持自己的要求并谴责国大党对锡克人抱有偏见和歧视，并愤怒地质问道，宪法列出了 14 种主要语言，其中包括旁遮普语，为什么别的地区语言都能建立相应的语言邦，唯独旁遮普语不能？是不是中央怀疑锡克人对国家的忠诚？阿卡利党主席塔拉 · 辛格更宣称议会否定锡克人的要求是“灭亡锡克”的判决书，表示要誓死抗争。[①] 旁遮普的印度教徒在印度教极端分子的煽动下，则针锋相对表示拥护邦改组委员会的决定，坚决反对建立旁遮普语言邦。在这种情况下，阿卡利党决定开始实行大规模的政治鼓动，来争取实现建立语言邦的目标。

1955 年起阿卡利党开始不断组织游行示威，向德里施加压力。联邦政府想以建立双语邦妥协，但达成的协议实行不了。1960 年初，阿卡利党重新发动单独建邦运动。塔拉 · 辛格宣称必要时要开展圣战。政府逮捕了塔拉 · 辛格等领导人，致使矛盾迅速激化。阿卡利党每天都有一批人被捕，入狱者数以万计。尼赫鲁答应任命一个委员会调查阿卡利党提出的锡克人受歧视的问题。旁遮普的问题直到尼赫鲁去世都没有解决。

还有一类问题，1956 年邦改组法没有涉及，这就是阿萨姆邦内山区和边境地区那加族、米佐族、加洛族等的单独建邦要求。这是比旁遮普问题更为复杂的

① *Statesman,* October 19, 1955.

问题，其中有建语言邦的因素，更主要的是要建立自己部族的统治权，以维护自己部族的利益。不仅要建邦，而且要充分自治，有的开展武装斗争，追求建立单独的国家。对这些部族的要求，政府采取区别对待的方法。对那加族、米佐族的武装分裂主义势力实行镇压，同时与其温和派进行谈判。1962 年议会同意建立那加兰德邦，1973 年决定把米佐山区县从阿萨姆邦划出，成为中央直辖区，叫米佐拉姆，1972 年又建立了梅加拉亚邦。

建立语言邦后，每个邦依然存在着大量的语言少数派。全国总共约有 18% 的人口其母语不是邦的官方语言。对于这大量的语言少数派，议会和中央政府颁布的法律、政令都一再强调要给予保护，不得有任何歧视。各语言少数派都有权建立自己语种的学校，发展自己的文化，同时要求它们要承认邦官方语言的地位，努力加强彼此间的沟通与合作。各邦大致上都这样做了，但实践中存在的问题还不少。

在语言方面另一个突出的有争议的问题是全国官方语言问题。英国统治时期，英语被定为官方语言。印度人只有很小部分知识分子通晓这种语言，绝大多数人还是使用自己的母语。独立后为消除殖民主义遗迹，宪法把印地语规定为印度的官方语言，同时规定英语在官方继续使用到 1965 年。由于印地语在印度也只是不到半数人口使用的语言，主要集中在北印度、中印几个邦，所以宪法规定政府应采取措施在全国逐步推广。然而，讲其他语言的邦，特别是讲泰米尔语的南印度各邦，不愿接受印地语的国家官方语言地位，宁愿以英语为国家官方语言。他们说，接受印地语为国语将使其他语种的人在中央一级单位就业和竞争性的行政官考试中处于不利地位。对宪法的这一规定，反应非常强烈。1955 年，政府建立了官方语言委员会，就印地语取代英语的官方语言地位问题听取各方面的意见，提出解决办法。多数人主张按宪法规定办事，建议政府开始逐步在官方场合以印地语取代英语，以便在 1965 年实现全部取代。南印度泰米尔语系各邦群情激昂，到处举行群众集会，谴责强行推广印地语，并把这一做法称为“印地语帝国主义”，是北方印地语集团压制南方非印地语集团。许多地区群众的游行示威发展成骚乱。在泰米尔纳杜邦，德拉维达进步联盟甚至提出，如中央坚持以印地语作为官方语言取代英语，它就要争取把南印度四邦的泰米尔人分裂出去，建立一个单独的德拉维达斯坦国家。1963 年 5 月，议会通过了《官方语言法》。其中说，鉴于印地语取代英语的条件尚未成熟，决定 1965 年 1 月 26 日印地语成为官方语言后，英语继续作为联邦和议会的官方语言使用。尼赫鲁还解释说，这个法案的目的是撤销宪法中规定的使用英语的确切时限，即 1965 年。《官方语言法》的通过才暂时平息了南方各邦的不满声浪。尼赫鲁政府的这个让步是必要的，正确的。非印地语地区人口在全国占大多数，他们要求继续使用英语有很现实的经济和政治利益的考虑。不重视这一点而强制执行宪法规定，将会引起很大动乱。正像对待语言邦问题一样，尼赫鲁始则考虑欠周，后来的态度表现了审时度势的灵活性，这是他处理这两个问题最后能成功之所在。

七、外交政策的曲折波动

战后时期美国为称霸世界，不仅对社会主义国家实行冷战，而且盗用联合国旗号发动侵朝战争，并妄图把战火扩大到中国领土。印度不附和美国，而是追求自己的主张。在联合国，印度投票反对美国指责中国进行抗美援朝正义战争是侵略者的提案，不参加美国纠集其仆从国家组成的、打着联合国旗号的所谓联合国军，并为促使朝鲜停战作出了不懈的努力。印度主持了中立国战俘遣返委员会和军事停战监察委员会的工作，与其他国家一起坚持正义原则，为战俘遣返和停战的实施贡献了力量。1953 年 2 月美国总统艾森豪威尔发表关于台湾中立化的声明后，尼赫鲁给予严厉谴责，反对美国对中国的封锁。印度还在联合国多次呼吁恢复中华人民共和国的席位。印度还强烈反对美国把巴基斯坦拉入军事集团，担心会加剧南亚地区的紧张局势。美国一直想影响印度，对其坚持不结盟政策甚为不满。美国国务卿杜勒斯就辱骂印度的不结盟立场“不道德”。对法国在印度支那发动的侵略战争，印度也是反对的，一直为实现印度支那停火，促进印度支那国家独立而展开活跃的外交活动。

1954 年 4 月，中印两国总理共同倡导处理国与国之间关系的五项原则，即互相尊重领土主权、互不侵犯、互不干涉内政、平等互惠、和平共处，为争取确立新型的平等的国际关系准则作出了重大贡献。这不仅得到中印两国人民的热烈拥护，也得到国际上一切进步势力的赞扬。印度是 1955 年万隆会议的发起国之一，邀请中国参加有尼赫鲁的一份努力。会议期间，尼赫鲁和周恩来在许多问题上积极合作，促进了会议的成功。大会的最后公报提出了处理国际关系的十项准则，这就是著名的万隆精神。它体现了亚非民族维护自己的生存和发展权利的决心。

1956年7月，尼赫鲁与南斯拉夫总统铁托、埃及总统纳赛尔在南斯拉夫的布里俄尼岛共同商讨了发展不结盟运动问题。在发表的联合公报中肯定了万隆会议精神，反对集团政策，提出不结盟运动应奉行和平共处、民族独立、不参加对立的军事集团、开展各国间经济文化的广泛合作和建立平等友好关系等原则。这些主张得到新独立国家的广泛赞同，为不结盟运动随后在世界范围的兴起准备了基础。1956年10月发生苏伊士运河危机时，印度强烈谴责英法对埃及的侵略，表示全力支持埃及。尼赫鲁为首的印度政府上述这些努力自然使美英等帝国主义国家不高兴，西方国家与印度的关系大大疏远。

不过，印度领导人认为，争取改善与美国的关系对印度也非常重要。两国关系既有不协调的一面，也始终存在着合作和相互支持的一面。50年代美国给印度的粮食和贷款援助虽然数额不是很多，但对印度经济发展和解决缺粮问题还是起了很大作用。

尼赫鲁（左）、纳赛尔（中）和铁托（右）在1961年贝尔格莱德会议上

印度与苏联的关系在50年代上半期逐渐有了改善。苏联对印度的外交政策逐渐持肯定态度。50年代上半期，苏联感到需要在南亚寻求盟友，抗衡美国，以突破美国设置的包围圈。而印度需要苏联的经济合作和援助，这样，两国改善关系就成了迫切需要。1953年12月印度与苏联签订长期贸易协定。

和中国发展友好关系是印度政府宣布的外交政策的重要目标之一。在中国问题上，尼赫鲁政府有着矛盾的心理。从它的外交总原则考虑，它欢迎中国国际地位的提高，希望和中国一起在维护亚洲和世界和平上共同发挥积极作用，但另一方面，对中国的社会主义改革它又心存疑虑，怕在印度造成影响；在中印边界和西藏问题上，它抱有民族利己主义观点，不能把它的外交总原则落实到具体问题的处理上。英帝国主义1914年非法炮制的、侵占中国9万平方公里领土的所谓“麦克马洪线”，中国中央政府始终未予承认，尼赫鲁政府却硬把它作为既成事实要中国政府承认。西藏是中国的一部分，印度却说中国对西藏只有宗主权。对中国人民解放军进军西藏，印度朝野都横加干涉。中国方面以大局为重，继续努力发展与印度的友好关系。印度面临的国内外形势也要求它在实现和平外交政策方面打开局面。1954年4月29日，中印签订《关于中国西藏地方和印度之间的通商和交通协定》，印度政府放弃了它从英国统治时期继承下来的在西藏的特权，撤走了它在西藏的武装卫队和邮电设施。两国同意建立印度与中国西藏地方的正常的贸易关系。协定中提出的和平共处五项原则表达了双方友好解决存在的历史遗留问题、发展睦邻友好的愿望。在五项原则指导下，50年代中期中印总理互访，文化团体交流频繁，贸易往来增加，“印地—秦尼巴依巴依”的欢呼声不绝于耳，在国际事务中也相互配合，使两国友好关系进入一个气氛热烈的高潮时期。

然而，在边界问题和西藏问题上，印度的立场都没有改变。印度利用中国忙于抗美援朝之机，赶忙向它还未实际占领的麦克马洪线以南地区推进。印度极右翼势力在西藏问题上更是伙同帝国主义势力，以噶伦堡为据点开展阴谋活动，煽动西藏农奴主叛乱。对此，印度政府没有采取有力措施制止。在两国友好高潮的掩盖下，这股暗流也在不声不响地发展，终于酿成了一场令亲者痛仇者快的边界战争。

1959年3月拉萨上层农奴主叛乱，劫持达赖喇嘛逃往印度穆索里，不但受到印度政府庇护，印度宣传媒介还帮助叛乱分子传布信息和反动宣传材料。尼赫鲁接见了达赖。包括国大党在内的一些政党要人组织了所谓“支援西藏人民委员会”，进行反华鼓噪，并叫嚷要把西藏问题提交联合国处理。尼赫鲁虽然要达赖喇嘛作出不在印度从事政治活动的保证，但对达赖及叛乱农奴主“表示同情”，对其一伙在印度进行的明目张胆的反对祖国的活动佯装不知；同时，把印度右翼和宗教极端势力对达赖及叛乱农奴主的鼓励和支持说成是“一种基于感情和人道原因的同情”①。

① 《关于西藏问题》，人民出版社1959年版，第195页。

与在西藏问题上鼓噪同时，印度右翼和宗教封建势力还竭力敦促政府在边界问题上发动对中国的另一个攻势。就在中国平定西藏农奴主叛乱后十多天，1959年3月22日，尼赫鲁写信给周恩来总理，向中国提出大片领土要求，不但在边界东段要中国承认非法的麦克马洪线从中国划出的9万平方公里领土为印度领土，而且在西段把一向处在中国管辖下的新疆阿克赛钦地区和西藏阿里地区的一部分共3.3万平方公里领土和中段传统习惯线以东和以北一些地区共2000平方公里的土地说成是印度的，也都要中国承认。这种要求完全是没有道理的。

印度这种扩张主义的做法不能不使边界冲突趋于激化。1959年下半年开始不断发生边界武装冲突。1960年4月，周恩来总理亲赴新德里与尼赫鲁会谈，寻求和平解决争端的途径。但在右翼和宗教封建势力的一片反华鼓噪下，会谈无果而终。1961年11月2日，尼赫鲁召开高层会议，决定实施“前进政策”。这年末和1962年初，印军向中国境内全线推进其哨所。10月12日，尼赫鲁下令印军在中印边界东段把中国驻军“清除掉”，调集大量军队，准备大规模军事行动。

面临印度军队几乎全线的攻击，中国军队被迫进行全线自卫反击。1962年10月20日，反击战开始。中国军队在东段越过麦克马洪线，把战线推进到达旺河一线；在西段，扫除了印军进入中国领土建立的37个据点，把印军赶到佐卢－楚舒勒－东堤一线。10月24日，周恩来总理致信尼赫鲁总理，建议停火谈判。印度拒绝，同时增调军队，于11月14日再次发起进攻。经过一周激战，中国军队在东段推进到中印边界传统习惯线，收复了麦克马洪线以南的中国领土；在西段，也把入侵中国领土的残存印军全部赶走。在取得自卫反击的胜利后，中国政府11月21日发表声明，宣布24小时后中国方面全线停火，从12月1日起，中国边防部队将从1959年11月7日存在于中印之间的实际控制线后撤20公里。在东段，撤回到实际控制线，即非法的麦克马洪线以北，并从这条线再后撤20公里。在中段和西段，从实际控制线后撤20公里。这种豁达态度表明中国自卫反击是出于不得已，中国政府仍然希望双方通过谈判解决边界争端。印度虽然默认了中国的停火和撤军，但仍不停地诬蔑中国侵略。尼赫鲁坚持要求恢复1962年9月8日的状态，即要中国承认印度推行“前进政策”后所取得的位置。

中印两国历史上有悠久的和平往来和文化交流。50年代以来，两国友好相处，共同倡导和平共处五项原则，在国际上为捍卫和平而共同努力。却为了边界争端而干戈相见，这是两国人民都感到非常遗憾的事。中印关系从此留下了难以抚平的伤痕。

战争爆发后，印度右翼和宗教封建势力掀起歇斯底里的反华反共喧嚣，同时在议会内外对尼赫鲁也发动了猛烈攻击，指责他不该奉行和中国友好的政策及不结盟政策，追究他对战败应负的责任。尼赫鲁屈服于压力，在战争开始后，就背离不结盟原则，向美国英国呼吁军事支持，以加强印度的作战实力。美国英国立即作出响应，派运输机和军用飞机向印度运送武器。美国答应提供价值6000万美元的紧急军事援助。当中国军队迅速向前推进后，11月20日尼赫鲁又紧急致信美国总统肯尼迪，要求美国供给武器、筑路设备、雷达和运输机。此外，还秘密要求美国派飞机对印度实行空中保护和加强印度空军的战斗力。美国国务院和五角大楼立即派12架C—130大力士运输机来印，帮助运送部队和军事物资到前线，还从太平洋调派一艘航空母舰来孟加拉湾，并派远东事务助理国务卿A.H.哈里曼率一个高级顾问代表团来新德里实地考察印度的需要。英国也派来一个军事代表团。肯尼迪还和英国一起策划对印度提供空中保护的方案。但在美英两国政府作出进一步的决定前，中国已单方面宣布停火撤军。

印度政府为了同时取得苏美两大世界强国的支持对付中国，从这以后开始实行同时向这两国靠拢，从两者接受军援经援的新外交政策。美国和世界经济组织加大了对印度的经济援助，1964年印美达成协议，美国在此后5年内每年向印度提供1.1亿美元的军事援助。1962年8月印度与苏联达成购买12架苏联米格—21战斗机的协议。苏联还向印度提供大量直升机和在边境上修路的机械设备。1961—1964年，印度从苏联得到的军援达1.3亿美元。军援之外，还有经援，包括贷款、援建大型工矿企业等。

印度既依靠苏美两个超级大国来加强自己的军事地位，在国际舞台上自然威望降低。不过，既然尼赫鲁是不结盟运动的倡导者之一，他还要重视维护印度的形象，再则他也并不愿意真正和哪个大国结盟，因而，他没有再往前走，依然宣布不结盟是其外交政策的基石。印度对美国支持以色列压制阿拉伯国家的中东政策和对美国的核试验继续给予批评谴责。

这一时期，世界上新独立的国家越来越多。印度、埃及和南斯拉夫倡导的不结盟获得大多数国家的赞成，因而逐渐形成为一个世界性的运动。1961年9月，在贝尔格莱德召开了第一次不结盟国家首脑会议。有25个国家参加。1964年，在开罗召开了第二次会议，有46个国家参加。印度作为倡导国之一继续受到不结盟国家尊重。

50年代上半期，印度与巴基斯坦的关系因克什米尔争执而继续恶化。巴基斯坦坚持要印度兑现举行全民公决的诺言。印度则从1954年起，宣布美巴军事协定的签订改变了克什米尔问题的背景，印度不再同意实行公民投票。联合国安理会呼吁在克什米尔举行全民公决，印度指出，联合国在克什米尔问题上提出的许多调停建议都是是非混淆，偏袒巴基斯坦。这样，克什米尔问题的僵局就持续下来，解决的前景更加渺茫。

八、主要在野党的活动

在议会民主制建立后，国大党处于执政党地位，其他政党都是在野党，起合法反对派的作用。

印度共产党及其同盟者代表在野党的激进左翼。它的政策也在不断地随形势的变化而变化。国大党通过了建立社会主义类型社会决议后，印共不得不对自己的方针路线再次进行检讨，终于在1956年发生了重大转变。1956年4月印共在帕尔加特召开的第四次代表大会认定，印度在获得独立后，基本矛盾是帝国主义、封建势力和包括资产阶级在内的印度人民的矛盾，印度政府是资产阶级为主导的资产阶级地主的政府，它执行发展民族经济，捍卫民族自由的政策，但对帝国主义、封建势力妥协，放纵垄断资本势力剥削人民，对民主运动采取镇压态度。因此，印共的方针是“团结国大党左翼”，支持政府进步的政策，“通过群众压力和人民团结，促使它向民主改革方向前进，反对它与反动势力妥协。”① 对政府重点发展国营重工业的方针，印共宣布支持，认为这将减少在资本货物方面对外国的依赖，加强印度的独立地位。对政府的土改政策，则在支持的同时，严厉批评其不彻底性。印共四大确立的新方针，标志着印共在正确认识印度国情，不断纠正自己错误的道路上达到了一个新的转折点。在付出了沉重的代价后，党终于勇敢地面对现实，采取了基本上适合印度国情的新路线。阿约艾·高士在继续当选为党的总书记。

① Central Party Education Department of Communist Party of India, op.cit., p.101.

1957年第二届大选中，在喀拉拉邦出现了第一个共产党的邦政权，E.M.S.南布迪里巴德担任首席部长。新政权在宪法的框架内采取了较激进的政策，包括：把国家拥有的适于耕种的荒地分给无地农民耕种；颁布了较激进的租佃法，严格禁止地主夺佃，还特别规定，分成制佃农和无权的次佃农也应包括在享有租佃法保护的佃农之列，这是其他多数邦都没有做到的；又制定了较严格的土地持有最高限额法令，把最高限额定为10英亩，这比其他邦的标准都严得多。这些立法使佃农较多地得到了实惠，受到广大佃农拥护。在政治方面，政府释放了所有政治犯，他们中多数是对前国大党政权有反对行为的左翼人士。在教育方面，政府使立法院通过一项法律，把所有私立学校和学院（包括天主教会办的）置于政府的监督下，以保证学校的教育有利于培养国家需要的人才。这些政策都没有超出宪法范围。正像南布迪里巴德在就任首席部长之初所说的，他的政府并不是要在这个邦建立社会主义社会，而是要实现国大党中央政府提出的或允诺过的但国大党邦政府并没有彻底实行的改革主张。但邦内右翼势力和国大党仍然从一开始就对共产党政权抱敌视态度，认为共产党政权存在本身就威胁到他们的现有地位。从1957年起，反对势力就不断组织集会、游行示威和罢工，竭力打乱社会正常秩序，挑起冲突，造成动荡局势，以便为实行总统治理制造借口。尼赫鲁和国大党中央（此时英迪拉·甘地是主席）了解这个情况，虽在口头上表示反对使用暴力和非宪法手段，但并没有采取措施制止这种有计划地使用暴力反对一个合法政府的行动。实际上他们是认可反对派的颠覆活动的。总统终于于1959年7月31日以该邦法律和秩序遭到破坏，政府“失去民心”为由，接管政权，实行总统治理。一个合法的非国大党邦政权就这样非常不光彩地被反对势力在国大党中央支持下颠覆。这一颠覆行动既是受党派利益指使，又是受阶级利益左右，不能不说是尼赫鲁政府的一大污点。

社会党在印度政坛是左翼温和派的代表。第一次大选后与农工人民党合并，定名为人民社会党，由克里帕拉尼任主席。由于党内在对国大党的态度上主张不一，很快就形成严重的政治分歧。国大党通过建立社会主义类型社会决议后，在人民社会党内引起了更大的波澜。阿索卡·梅塔及其追随者主张与国大党合作。反对者于1955年12月宣布脱离人民社会党，恢复社会党。社会党宣布继续奉行对国大党、共产党等距离政策。

人民同盟的建立与印度教大会和国民志愿服务团两个印度教教派主义组织的影响力减弱有密切关系。1948年初甘地被害后，两个组织都受到重挫，为了重整旗鼓，他们希望成立一个政党，以新的面貌出现于政治舞台。新党可以把自己的教派主义纲领加以包装，而竞选本身则会为吸引印度教群众提供机会。1951年10月，也即第一次大选前夕，原印度教大会副主席希雅·普·穆克吉在国民志愿服务团领导人M.S.戈瓦尔卡支持下，建立了这样的新政党，取名人民同盟(1967年后正名为印度人民同盟)，并宣布参加大选。这是印度教教派主义势力第一次和政党结合，是教派主义发展的一个新的动向。

人民同盟的成员很多来自印度教大会和国民志愿服务团，其各级骨干基本上都由国民志愿服务团提供。人民同盟推行的纲领与印度教大会的纲领基本上相似，但也有区别。作为一个在世俗民主政体下参加选举的政党，它必须争取得到选民支持，它的纲领必须投合较广泛的阶层和群体的需要，才能得到较多选票。这样，它就不能像印度教大会和国民志愿服务团那样，过分露骨地宣布追求教派主义目标，也不能像它们那样把自己局限为只有印度教徒才能参加的组织。人民同盟声言自己不是教派组织，同盟的大门向所有人敞开。在同盟提出的纲领中，它声称其目标是在印度文化和传统的基础上把印度建设成一个现代国家，而它所说的印度文化传统实际上是印度教文化传统。它声称它的基本原则是"一个国家，一个民族，一种文化"，这原是印度教大会和国民志愿服务团提的口号。人民同盟激烈指责国大党不触动伊斯兰个人法是"亲穆斯林"，是实行"绥靖穆斯林的自杀性政策"，严重损害印度教利益。① 在文化方面，它否定印度多元文化并存的特点，宣称要"通过向所有非印度教徒灌输印度教文化思想，使他们民族化"。② 在经济纲领方面，主张经济权力下放，分散经营；除国防企业外，不赞成发展公营成分，反对限制私营企业；强调重视发展小型企业，重视农业。1951年10月人民同盟作为一个政党参加了印度第一届大选，在人民院得到了3个席位。人民同盟的力量主要集中在北方讲印地语的地区，主要参加者是印度教高级种姓，其阶级基础多为中小商人、富裕农民和自由职业者。

1958年印度政坛上又有一个新党出现，它就是自由党，是一个典型的资产阶级右翼政党。其参加者包括部分大资产阶级、大土地所有者和少数不甘心退出政治舞台的王公。持不同观点已退党的原国大党高级领导人拉贾戈帕拉恰雷成了其精神领袖。他们强烈鼓吹自由主义，反对大力发展公营成分，限制私营成分，

① M. Weiner, *Party Politics in India,* Delhi, 1990, p.183.

② D.E. Smith, *India as A Secular State,* Princeton, 1963, p.471.

反对国大党的合作化主张，对国大党要在印度建立社会主义类型社会更是不能容忍。拉贾戈帕拉恰雷明确宣布，他就是要把全国的右翼力量组织起来，作为一个右翼政党来阻止国大党把印度拉向社会主义。党的主席是原国大党人、担任过全国农协主席的兰加。自由党是富人的党，它的出现是印度政坛的一股逆流，反映了大有产者不愿自己的利益受到损害，力图扭转国家的发展方向，使印度走资本主义自由发展，尽可能不触动少触动大有产者利益的道路。

拉贾戈帕拉恰雷

除全国性政党外，地方性政党中有少数势力较大，最重要的是查谟和克什米尔的国民会议党、旁遮普的阿卡利党、泰米尔纳杜的德拉维达进步联盟等。它们在各自的邦里有较广泛的群众基础，是国大党在各该邦的强有力的竞争对手，对邦政治发展有举足轻重的影响。

九、国大党陷于困境，尼赫鲁逝世

国大党虽然在第三届大选中再度取得执政地位，但右翼势力的增长，在人民院成为第二、第三大反对党，工农斗争也有加强的趋势，这使它从左右两面感受到沉重压力。国大党执政以来第一次陷于艰难的境地。

自由党、人民同盟为自己的选绩得意忘形。两党在反对尼赫鲁的社会主义类型社会目标和计划经济政策方面基本上是一致的，又都利用中印边界战争指责尼赫鲁政府无能，并以“国家利益受到损害”为由要追究他的责任，目的显然是要败坏他和国大党的威望，推翻尼赫鲁的政权。

1963 年 8 月，克里帕拉尼在人民院对尼赫鲁政府提出不信任案，受到一些反对党的支持。这是独立以来反对党第一次联合起来公开对尼赫鲁政府的执政地位提出挑战。虽然不信任案被否决，尼赫鲁政府的威望还是受到了很大的损伤。

在外部形势的强烈影响下，国大党内右翼势力也重新对尼赫鲁经济方面的方针政策发动进攻。这时，右翼代表人物有联邦政府内务部长 G.D. 潘特、财政部长莫尔拉吉·德赛等。1961年潘特去世，德赛成了最有实力的右翼领导人。德赛是孟买省国大党领导人之一。1956年在尼赫鲁政府任部长，还担任过孟买邦首席部长。他对尼赫鲁提出的社会主义理念和方法一直持怀疑和不赞同态度。尼赫鲁邀他参加内阁是出于全党团结的考虑。在邦一级，拥有实力的地方领导人中，持右翼立场的更多。1962年后，在社会上对尼赫鲁的指责日甚一日的大气候下，党内右翼也起来附和右翼政党的责难，把经济建设出现的困难归罪于尼赫鲁的社会主义理念。这样，尼赫鲁就受到内外两方面的夹攻。

为了有效地和社会上的右翼斗争，就必须首先制止党内右翼的抬头。在这方面，尼赫鲁采取的措施是支持党内左翼建立社会主义行动论坛。尼赫鲁本不愿党内有派，担心影响团结。也许是他自己也深深感到阻力太大，认为有必要加强左翼骨干的有组织的力量，打破右翼的阻挠，他于1962年8月表示同意由国大党工作委员会批准建立社会主义行动论坛，还主持了论坛的第一次会议。然而论坛由于缺乏有威望的领导人，不能开展有成效的活动。

60年代初，一批在邦一级政府工作的国大党地方实力派对参与中央决策表现出越来越大的积极性。1963年春国大党在一些邦补选中失利后，马德拉斯邦首席部长库·卡马拉向尼赫鲁提议：为加强党的活力，恢复党的形象，应对党组织加以整顿，充实领导力量，建议在政府担任要职的国大党员放弃政府职务，而以全部精力和时间做党的工作。这正合尼赫鲁的心意。1963年8月国大党全国委员会特别会议通过了这个提议，授权尼赫鲁全权处理人员的去留问题。尼赫鲁自己首先提出了辞呈，自然未获国大党工作委员会同意。内阁部长们和邦首席部长们相继提出辞呈。结果，国大党根据尼赫鲁的提议，批准了6名内阁部长和6名邦首席部长辞职。在决定离职名单时，尼赫鲁既考虑到了把富有朝气的干部派去做党的工作，同时也借此机会，把德赛和S.K.帕提尔调离关键岗位。

1963年10月，卡马拉季当选为国大党主席。12月，国大党在布伐尼什瓦尔举行年会。根据尼赫鲁的提议，年会通过了《关于民主和社会主义的决议》，重申了尼赫鲁多年为之努力的建立社会主义类型社会的目标和发展道路。这是他最后一次为实现自己的理想而作出的巨大努力。他希望能在目标与道路的问题上廓清阴霾，真正使全党认识一致，同心协力来实现这个目标。就在这次年会上，他把他的主张概括为“民主社会主义”。民主既是指社会主义要在议会民主的政治体制下实现，又指所有改革都必须通过民主的非暴力的手段进行。尼赫鲁认为这正是印度式的社会主义的特色。这可以说是他对毕生探求的印度发展道路的总结。不过，期望归期望，和以往一样，决议的通过并不意味着与会代表真正消除了分歧，取得了共识。只是右翼见形势于己不利，未公开站出来反对罢了。

年会后，尼赫鲁的健康状况一直不佳，患轻度中风，行动不便。他感到身心交瘁，已难以承担全部政务。他重召夏斯特里入阁，担任不管部长，执行总理的特别指令。这时，他的接班人问题已成为上层圈子内秘密议论的话题。尼赫鲁执政 10 多年来，由于他威望太高，所有重大问题部长们都请他最后决定，没有形成明显的接班人选，尼赫鲁本人又不主张事先指定。这就使选择成为一件困难的事。还在卡马拉季没有当选国大党主席前，1963 年 10 月，他就和另外 4 名有实力的地方领导人——西孟加拉邦党的负责人阿·高士、安得拉邦首席部长桑·雷迪、迈索尔邦首席部长斯·尼贾林加帕和孟买邦党的负责人 S.K. 帕提尔在安得拉邦的提鲁帕蒂聚会，秘密商讨过总理继承人问题。这时，论资格和威望，前财政部长莫·德赛最具有作候选人的条件。但这 5 人一致主张提名夏斯特里为候选人。他们排除德赛并不是因为德赛的右翼立场，他们自己也并非左翼；而是因为他资格老，能力强，性格固执，很难听得进不同意见。如果德赛当总理，他们就没有插手中央决策的余地。而夏斯特里为人温和谦恭，资历又不深，便于操纵。由于在中央，在尼赫鲁周围没有形成一个强有力的领导核心，结果挑选接班人这种本来应由中央领导核心做的事，却被地方实力派操纵，对后来的政治发展带来了很多负面影响。从这时起，党内形成了一个力图操纵中央决策的地方实力派小集团，被称为“辛迪加派”。

除了把夏斯特里安排到内阁外，尼赫鲁还让女儿英迪拉·甘地在自己身边协助料理事务。英迪拉年轻时留学牛津大学，1941 年回国，遂即参加国大党活动，1942 年与在英国留学时结识的费罗兹·甘地结婚。同年，因参加反英示威被捕入狱。独立后担任父亲的秘书，经常随父亲参加国际会议和出国访问。1955 年被选进国大党工作委员会。1959 年担任过 11 个月的国大党主席。至此，她在政治上逐渐成熟，成了父亲的得力助手。尼赫鲁身体一度稍有好转，还出席了人民院 1964 年 4 月 22 日的会议并讲了话，然而 5 月 27 日清早他突然感到腹部剧痛并昏迷摔倒，之后再没有醒来。是腹部主动脉破裂夺去了他的生命，享年 74 岁。此时国家的“三五”计划尚未完成，经济上正面临着严重困难。

全国人民为尼赫鲁的逝世沉痛哀伤。全国举哀 12 天，悼念这位敬爱的领袖。

尼赫鲁是一位把毕生精力献给印度民族解放事业和国家现代化建设的杰出的领导人。独立后，作为党和国家的主要领导人，他不仅是国家发展方向、道路的主要设计师，而且是兢兢业业、坚忍不拔的执行者。总体来看，在他执政的17年中，印度巩固了国家的统一，开始走上一条全线推进现代化建设的道路，在政治民主化、经济现代化（特别是工业化）、社会世俗化和国家整合方面，都取得了显著成绩，为未来的进一步发展奠定了坚实的基础。他制定的体制、战略和主要政策是基本上适应印度国情和他那个时期的具体需要的，所以才能取得上述成就。但是，暴露出的问题也很多。最主要的是，他向往和追求的使增长和社会公平并进的目标并没有取得显著的进展。经济增长速度不够快，特别是农业滞后的状况严重，贫富差距没有缩小，下层人民的景况没有大的改善。这些说明，他推行的发展模式也有缺陷之处。尼赫鲁的社会主义追求，愿望是美好的，但太过于理想。中间道路不是不可以走，但要把实现社会公平的期望值定得过高，并想用严格约束利润驱动力的办法来保证实现，就不可避免地会既影响增长又难有公平。因为这既不符合经济发展的客观规律，也与政治斗争的规律相悖。从这个意义上说，尼赫鲁坚持他的社会主义理念固然值得敬重，但其不可能取得太多成功也是“命中注定”的。

和所有人一样，尼赫鲁也摆脱不了历史的、实践地位的局限性。在对他评价时我们不能回避这一点。

第十九章

夏斯特里执政和英·甘地第一次执政

一、夏斯特里的短期执政

尼赫鲁逝世后，德赛宣布要竞争总理职位，但被说服放弃。国大党议会党团一致选举夏斯特里为国大党议会党团领袖。经总统任命，1964 年 6 月 9 日他继任总理。

拉尔·巴哈杜尔·夏斯特里 1904 年诞生于联合省（今北方邦）贝纳勒斯城附近的一个下级种姓家庭。贫寒的生活条件锻炼了他的意志，也使他养成了简朴的生活作风。1921 年在聆听了甘地号召不合作的一次演说后，他虽然离高中毕业只剩下 3 个月，还是毅然响应号召，参加了国大党领导的抵制运动。后得到尼赫鲁赏识，逐渐被提拔到国大党联合省省委会的负责岗位。印度独立后，任国大党秘书长，后被吸收入阁，任铁道部长、工商业部长、内务部长、不管部长等职。他崇敬尼赫鲁，一直兢兢业业地执行尼赫鲁的指示。

夏斯特里把前内阁成员大多数留任。为取得“辛迪加派”的进一步支持，安得拉邦首席部长 N.S. 雷迪和孟买邦国大党负责人 S.K. 帕提尔都被吸收入阁。为表示新政府继承尼赫鲁的政策，也为了争取国大党内大多数尼赫鲁拥护者的信任，夏斯特里邀请尼赫鲁的女儿英迪拉·甘地入阁，担任新闻和广播部长。苏布拉马尼亚被任命为粮食和农业部长，他被寄予重望能发挥其杰出的才能，促进农业发展。

夏斯特里

夏斯特里继续奉行尼赫鲁政府的内外政策，但难能可贵的是，在一段时期谨小慎微的摸索后，他还是敢于对发现的问题提出某些改变的大胆设想，并努力冲破阻力去付诸实施。

在对“二五”、“三五”计划的执行情况作了仔细研究后，他认为投入重工业的资金过多是造成经济困难、影响人民社会改善的重要原因之一。他主张对现有的发展模式要做一些调整，除少数核心工业需继续大力投资兴建外，要更多强调有效地使用现有的生产能力，而不是大量建设新的大型工程项目，应该拨出更多资金用于发展农业和收效快的轻工业。夏斯特里还注意到保留给公营企业经营的领域太广和公营企业的效益过低的问题。两者由于这一时期政府资金严重缺乏暴露得更为明显，如化肥工业急需建厂，这个领域划归公营部门经营，国家却拿不出钱，致使这种急需的产品只能靠高价进口补足。夏斯特里政府在工业、金融方面实行的政策主要有：开放一些原规定只能由公营企业经营的基础工业部门，鼓励外资参与经营；化肥生产除公营外允许私人经营；开始考虑卢比贬值的可能性；削减计划委员会过分膨胀的职权等。

提高农业产量，保证粮食供应，这是新一届政府要担负起的最紧要的任务之一。夏斯特里对以往政府的农业政策作了审视，认为“二五”以来农业发展缓慢固然与土改不深入有直接关系，太过强调合作化和实现农村共同富裕，对效益考虑不够也是一个重要因素。他要求计划委员会按农业优先发展的原则，在正在拟定的“四五”计划中尽可能增加对农业的投资。他建议把农村中收效快的工程列为优先项目，并特别重视发展中小型水利设施、化肥工业及其他服务于农业的工业。还要求计划委员会制定出促进农业发展，保证尽快实现粮食自给的计划。鉴于土改和合作化一时难于取得更大进展，他指示农业部长尽快考虑实行一种旨在提高农业产量的新战略。酝酿改变尼赫鲁的农业发展战略，这是他任期内最突出的举措。

还在尼赫鲁当政时，政府在和美国洽谈进口粮食时，美国方面就提出增加农业资金、技术投入和实行价格刺激是印度解决粮食问题的唯一道路。世界银行也一直是这样主张的。但这不符合尼赫鲁的以制度改革为主的思路，也不符合他的使农村走共同富裕道路的设想。内阁中有人持类似改革意见也被压了下去。夏斯特里和他的粮农部长苏布拉马尼亚从新的视角看待这个问题，认为在土改和合作化深入不下去的情况下，这确实是印度发展农业的新思路。不投入更多资金兴修水利和推广良种、化肥，就不能指望提高农业生产率，农业就不能有较快发展，缺粮问题就很难得到根本解决。农业部长苏布拉马尼亚还认为，要提高产量，除加大投入外，还必须改变政府以往实行的价格政策。自独立以来，为了支援工业化资金，为了在城市实行平价售粮，政府实行了一套严格的粮食政策，包括收购价格管制，粮食收购价定得很低，规定私商只能作为政府代理人收购等。这种政策固然有必要性的一面，但过了头就不利于调动粮食生产者的积极性，不利于提高农业生产能力。他主张利用市场机制，适当提高粮价，使粮食生产者能得到合理报酬。在这个问题上，党内和政府内认识是不一致的。反对的理由是粮价提高可能引起通货膨胀。夏斯特里支持苏布拉马尼亚。1965 年 1 月成立了农业价格委员会，负责确定农产品的最高收购价和销售价。根据该委员会建议，同意粮价提高 16%。政府又建立了国营粮食贸易公司，在公开市场的收购中提供较优惠的价格，以确保粮食生产者能从新政策中获益。

整个 1965 年，苏布拉马尼亚都在着手制定新的农业政策，把夏斯特里和他本人的改革主张具体化。1965 年 8 月，粮农部向国家发展委员会正式提交了一份题为《第四个五年计划的农业生产：战略和计划》的文件，其中提出了一个完整的发展农业的新战略。新战略吸收了世界银行、美国国际开发署和福特基金会的许多建议，其内容包括：鼓励使用各种现代投入，选择水利条件好的地区推行以高产品种为基础的特别集约生产计划，实行高产品种、化肥、水利配套使用，并使高产品种的种植面积逐步扩大，以大大提高农业生产率；农产品价格要定得合理，使生产者有利可图。国家粮食公司要通过收购使生产者能切实享受到较高的刺激价格和最低支持价格，从而鼓励其投资的积极性。苏布拉马尼亚充满信心地说，粮农部已找到一条可行的道路，只要国家能拨给足够的资金和外汇，就能在未来一定时期内实现粮食自给。1965 年底，新战略终于得到内阁绝大多数成员的认同。

夏斯特里和苏布拉马尼亚提议的农业新战略是把以前的以制度改革加合作化为主的农业战略改变为以生物技术投入为主的战略，前者是发展以整个乡村为单位的劳动密集型的农业经济，后者则是发展重视技术的企业型的或个体的农业经济。前者是希望使农民共同富裕，后者的结果必然是有条件的地区有条件的人先富。这是一个很大的转变，与尼赫鲁的指导思想有很大不同。

夏斯特里时期农业新战略的酝酿和制定，为后来英·甘地执政时期全面实施准备了条件。

尽管夏斯特里只是根据现实的需要，在现行的混合经济体制内作一些调整，并没有打算背离尼赫鲁的目标，他的一些初步改变在国大党内还是很快引起了争论和不满，左翼政党对他的指责更激烈。反对党甚至在人民院提出了对政府的不信任案。在辩论中，夏斯特里反驳了对他的包括“越轨”在内的种种指责，强调政府在制定政策时，有必要根据客观形势的变化和现实需要，对现行政策作适当的调整。他说，既然没有一成不变的规则，就不存在什么“越轨”问题。还说，在政治领域，局势会变化，人会变化，条件会变化，环境会变化，真正的领导人必须能对变化的形势作出反应。多数议员接受他的观点，不信任案被否决。

在外交方面，夏斯特里出访频繁，一面努力加强与西方国家和苏联的联系，一面继续在不结盟国家中开展积极的外交。他也试图改善印巴关系，但不仅无效，两国关系反而进一步恶化，最终导致发生第二次印巴战争。

1965 年 2 月起，两国因边境线上库奇兰恩地区（在印度河入海口南）的归属问题发生纠纷，4 月演变成武装冲突。在英国首相道格拉斯－霍姆调停下，7 月双方停火。但不久在克什米尔又发生更激烈的冲突。8 月 5 日起，印控克什米尔地区出现大批外来渗透力量。据印度说，外来势力来自巴控克什米尔和巴基斯坦，是巴基斯坦预定的武装进攻计划的一部分。巴基斯坦否认卷入。印度驻克什米尔的军队和当地警察投入了镇压。很多地方发生了战斗。8 月底，印巴双方都出动军队，越过停火线，进入对方控制的克什米尔地区。印度军队占领了重要的哈吉－皮尔山口。9 月 1 日，巴基斯坦军队对印控克什米尔西南部的恰布地区发动大规模进攻，目的是切断从东旁遮普到克什米尔的供应线。巴军迅速占领了大约二百平方英里的领土。9 月 6 日，印度为解除克什米尔西南地区所受压力，越过印巴国境线进入巴基斯坦，向拉合尔、锡亚尔科特和卡苏尔三个方向发动进攻。夏斯特里发表广播讲话，解释这一行动的必要性。这样，印巴两国在克什米尔的战争就转变成了印巴两国间的战争。不仅在地面作战，还进行激烈空战和深入对方领土轰炸。双方都有大量伤亡。在克姆—卡兰的阿萨尔—乌塔尔和锡亚尔科特地区两次决定性战役中，印军取得胜利，巴方损失大量坦克，印方也有不小损失。巴基斯坦边境的大片领土被印军占领，印度也有部分领土被巴军占领。这场战争引起国际关注。9 月 20 日联合国安理会通过决议，要求双方于 9 月 23 日停火。美国担心印巴战争打乱它在南亚的战略计划，用停止对印度和巴基斯坦的一切援助来对双方施加压力。印度要求巴基斯坦先从印占克什米尔撤走军队和渗透者才能停火。只是顶不住国际压力并考虑到国内经济形势才不得不让步。在联合国调停下，双方于 1965 年 9 月 23 日停火。1966 年 1 月 4—10 日，在苏联部长会议主席柯西金的邀请和安排下，夏斯特里和巴基斯坦总统阿尤布·汗在苏联的塔什干举行谈判。虽然谈判很艰辛，开始时分歧很大，但最终还是达成协议，1966 年 1 月 10 日发表了《塔什干宣言》。双方同意，两国军队应在 1966 年 2 月 25 日前从战争期间占领的对方领土上撤出，回到 1965 年 8 月 5 日前各自的位置上。双方表示遵守克什米尔停火线，释放战俘。还讲到双方要尽最大努力，遵循联合国宪章，在两国间创造睦邻关系，和平解决冲突，互不干涉内政，并努力加强两国的经济文化交流。《塔什干宣言》是在国际力量的压力下达成的，只是结束了两国的交战，并没有解决克什米尔争端。正因如此，双方在宣言中表达的都不过是冠冕堂皇的愿望而已。

夏斯特里完成了谈判。然而由于过度的思虑和劳累，在协定签字后几小时，他的心脏病突然发作，1966 年 1 月 11 日在塔什干宾馆不幸逝世。

二、英·甘地继任总理和 1967 年大选

夏斯特里的突然去世，使国大党在不到两年内再次面临挑选领袖的困难局面。又是“辛迪加派”在起决定作用，这一次总理的桂冠落到英·甘地头上。

德赛这次不再让步。1 月 19 日国大党议会党团进行选举，英迪拉获 355 票，德赛获 169 票。这样，英迪拉便以国大党议会党团领袖身份，经总统任命，出任政府新总理，1966 年 1 月 24 日宣誓就职，成为共和国第三任总理和第一位

女总理。

由于缺乏经验，执政之初，她颇为小心谨慎，显得魄力不足。但她善于在实践中学习，积累经验。很快她处理问题的能力就显示出来，雷厉风行和果断成了她办事的风格。

英迪拉·甘地

1966年3月第三个五年计划期满。考虑到经济形势的困难和调整政策的必要性，又考虑到调整政策需要有时间酝酿，她的政府决定暂停实行下一个五年计划，改为实行若干个年度计划，以便一步步实行调整，逐渐到位。粮食短缺是突出的困难。1965—1966年度的前所未有的旱灾使粮食产量降低到7600万吨，比前一年减少1200万吨。1966—1967年度又是个旱灾年。当时的粮食配给已到了靠美国运来小麦维持的地步。解决粮食问题成了头等大事。1966年3月底，她出访美国，约翰逊总统同意再拨350万吨小麦给印度，暂时缓和了紧张局势。

从长远说，解决粮食问题的根本途径是提高农业产量。英·甘地赞同夏斯特里政府的农业改革计划，指示农业部长梅塔立即着手实施。她还派梅塔访美，表明政府打算着手实行以技术投入和价格刺激为重点的农业改革，美国和世界银行都同意给予资金支持。

政府面临的另一个严重困难是财政拮据。为减少出口补贴，提高产品的出口能力，扩大出口，1966年6月，英·甘地决定实行卢比贬值，贬幅为36.5%。这一决定引起了党内外一片指责声。由于英·甘地事先没有在党内酝酿，连党的主席卡马拉季也起而反对。左翼政党指责她屈服于西方压力，有损国家尊严和民族利益。但她没有屈服，她认为既然这项措施是需要的，干扰再大也应坚决实行。

就政治方面说，摆在新政府面前急需解决的是锡克人要求建立旁遮普语言邦的问题。这是尼赫鲁执政时留下的问题，英·甘地以前也是赞同她父亲的处置的。此时，她发现要继续压制已不可能，就果断地同意成立。1966年议会通过了成立旁遮普语言邦的法案。原旁遮普邦一分为三：讲旁遮普语为主的地区成为新的旁遮普邦，以旁遮普语为官方语言；东南部讲印地语为主的地区成立哈里亚纳邦，官方语言是印地语。另外，东北部一小部分讲印地语的地区并入邻近的喜马偕尔邦。这一决定同样遭到党内外不少人反对。

英·甘地就任头一年政绩斐然。国大党内那些对她的能力抱怀疑态度的人，也对她增加了信任感。而以为这个年轻的女总理好驾驭的辛迪加派，对她初步显露出的才华感到吃惊，对其办事锋芒的锐利颇有疑惧。党内外尽管对她的政策的评价褒贬不一，但对她具有政府领导人的才能则很少人再有怀疑。

1967 年 2 月，印度举行第四届人民院和邦立法院选举。参加大选的有国大党、印度共产党、印度共产党（马克思主义）、自由党、印度人民同盟、人民社会党、统一社会党 7 个全国性政党、16 个邦级政党和许多小的地方性政党及无党派人士。

国大党是在处境困难的情况下参加大选的。经济形势仍然严峻，连续两个灾荒年使农业大幅度歉收，1966—1967 年度物价上涨了约 14%，是实行计划经济以来升幅最高的年份。经济发展处于大滑坡状态。国大党的威望也随着降低。面临这种情况，国大党本身出现了不稳，各邦地方实力派人物不少人退党，各自成立自己的小党。这种情形使国大党的力量严重削弱。英·甘地是第一次领导全党参加竞选。她号召全党团结起来迎接挑战，争取胜利。为了消除广大群众对国大党的失望情绪，国大党在竞选宣言中又特别强调，“印度国大党确定的国家建设目标是民主社会主义社会。”并许诺说：“最重要的是保证每个人的基本口粮，并且尽快地满足国民在食品、衣着、住房、教育和健康方面的最低限度的需要。预期到五年计划末（1976）可以充分实现这一目标。”① 英·甘地学习父亲的榜样，奔赴全国作竞选演讲。

印度共产党是 1966 年分裂成两个党的。分裂是由对印度社会性质认识不同和对国际共运中争论的态度不同引起。1962 年初党的总书记阿·高士病逝。之后，丹吉担任新设立的党主席职务，南布迪里巴德任总书记。党内以孙达拉雅、南布迪里巴德为首的一派与以丹吉为首的一派形成尖锐对立。孙达拉雅派认为丹吉派太亲近国大党，斥之为修正主义。1964 年 4 月在德里举行的党的全国会议上发生分裂，10 月 31 日至 11 月 7 日，孙达拉雅一派单独在加尔各答召开党的第七次代表大会，选举孙达拉亚为总书记，改党的名称为印度共产党（马克思主

① 转引自迪利普·希罗著，裴匡丽、戴可景译：《今日印度内幕》，天津人民出版社 1980 年版，第 98 页。

义)。随后以丹吉为首的一派也在孟买召开党的七大，选举丹吉为总书记，继续用印度共产党的名称。这样，印度共产党就一分为二。

印度共产党认为印度是资本主义国家，是新独立国家中经济发展最先进的，但在农业中残存着半封建的生产关系，它与日益增长的资本主义生产关系相互渗透，特别是在农村。印度政府是民族资产阶级的政府，大资产阶级具有重要的影响。这个政府实行的是发展资本主义的政策，它发展公营成分，是要建立国家资本主义。它也与封建地主妥协，使土改不能彻底进行。印度现阶段的革命任务是联合反帝反封建反垄断资本的力量，组成包括工人阶级、广大农民、知识分子和民族资产阶级（不包括垄断阶层）在内的民族民主阵线，进行反帝反封建的民族民主革命，建立由工人阶级、资产阶级和其他阶级共同领导的民族民主国家，通过非资本主义的和相对和平的道路过渡到社会主义。印度共产党宣布支持国大党的进步政策，特别是大力发展重工业和公营成分的政策，认为国大党政府代表民族资产阶级左翼，其政策是反帝的，有利于巩固民族独立。丹吉强调对国大党要采取联合方针，甚至可以参加联合政府，以影响其政策。同时也批评国大党政府政策还不够激进，如对私营大财团的企业没有实行国有化，过分依赖外援，土改不彻底，对无地少地农民缺乏关心等。在对外政策上，强调要支持国大党奉行不结盟方针，同时主张大力加强与苏联的合作，说苏联是不结盟国家“最可靠的盟友”，是“世界和平的堡垒”，印度应该亲近苏联。

印度共产党（马克思主义）认为，现在的印度国家是大资产阶级占主导地位的资产阶级和地主阶级联合统治的机器。大资产阶级日益加强与外国财政资本的合作，走资本主义的发展道路。他反对印度共产党关于印度的社会已是资本主义社会的论断，认为印度社会是一种占支配地位的垄断资本主义与种姓、教派、部落制度的特殊混合体。印度的资本主义是附在前资本主义社会之上，存在着浓厚的封建因素。现在的国家政权是由资产阶级与地主阶级分享。还认为英帝国主义不仅保持了在印度的经济势力，而且企图使用其经济力量使印度的独立流于形式。关于印度面临的革命的性质，它认为是反封建、反帝、反垄断资本，争取民主的人民民主革命。关于革命的道路，它提出的公式是议会斗争和议会外的群众运动相结合。它认为议会民主制提供了机会使人民可以捍卫自己的利益，在一定程度上参与国家事务，这种制度也为动员人民群众为民主进步而斗争提供了可能。印共（马）主张建立由工人、农民、小资产阶级和民族资产阶级下层组成的广泛的人民民主战线，在工人阶级领导下，积极参加议会斗争，力求通过合法途径实现人民民主和社会改革，但也必须准备“应付一切突然事变”。由于议会斗争是有局限的，必须把在议会外开展群众斗争作为主要手段，通过从下面施加压力，以促成激进的社会改革。对国大党政权，印共（马）认为，它有民族资产阶级的两面性，它要走资本主义道路，但妥协面很突出。它留给私营经济的活动空间太大，对垄断大财团没有实现国有化，实际上公营经济并未占主导地位，而且由公营经济构成的国家资本主义对垄断资产阶级起不了控制作用，却更便利其发展，便利外资渗透，使印度在财政上日益依赖西方国家特别是美国。印共（马）还批评国大党土改不彻底，主张没收大地主的土地，无偿分给无地少地的农民，并取消债务，保障佃权。印共（马）宣布对国大党政权持反对派立场，不与国大党合作，不考虑参加联合政府的可能性，而要与进步的左翼党派谋求联合，争取建立更多的左翼的邦政府。它批评印度共产党与资产阶级一起走非资本主义道路的设想是不现实的，认为印共立场错了，成了阶级合作论者，也就是修正主义者。不过，印共（马）在英·甘地后来与辛迪加派的斗争中支持英·甘地，表明它宣布的不与国大党合作的立场也不是绝对的。在对外政策上，它支持政府奉行不结盟政策，赞同与苏联亲近。

人民社会党和社会党在第三次大选后一度合并，定名为统一社会党。但不久再度分裂，原人民社会党的多数领导成员宣布两党合并无效，决定恢复人民社会党。留下的原社会党成员保留了统一社会党的名称。两个社会党竞选宣言提出的政策主张大同小异，使倾向社会党的选民莫衷一是，从而使两党都大大地受到削弱。

自由党和印度人民同盟的竞选宣言基本上是彻底否定国大党的政策。

这次选举全国登记选民 2.505 亿人，有 1.527 亿人参加投票，参选率为 60.95%，超过以往 3 次大选。

选举结果，国大党继续处于领先地位，但与前几次大选比，有很大跌落。在人民院，国大党获得的选票占总选票数的 40.8%，比上次降低近四个百分点。获得席位 284 个，占总席位数的 54.6%，比上次降低近二十个百分点，国大党在议会中不再具有绝对多数地位。这是国大党自印度独立以来选绩最差的一次。邦立法院选举也大致如此，国大党在约半数邦降到少数地位。

两个印度共产党、两个社会党得票都不多。只是印共（马）在西孟加拉邦和喀拉拉邦议会获得了较多席位，它同印共及其他小党派结盟，构成了多数，在这两个邦组成了邦政府。

这次大选使人感到震惊的是自由党和人民同盟势力突飞猛进。自由党在人民院选举中获得42个席位，占8.4%，成为第一大反对党。人民同盟在人民院选举中获得35个席位，占6.7%，成为第二大反对党。右翼政党在选举中势力的上升对国大党在联邦和大多数邦推行其政策第一次构成严重的挑战。

大选之后，国大党组成了新一届联邦政府，英·甘地继续担任总理。M.德赛任副总理兼财政部长。

在邦一级，国大党基本上垄断全部政权的局面第一次被打破，一批邦的政权转到其他政党或政党联盟手中。到1967年夏，全国17个邦中国大党只握有9个邦的邦政权。国大党一党包揽政权体制在邦级被打破，是建国20年来随着经济、政治、文化发展国内的政治力量配置已发生重大变化的结果。各阶层和各地区的群众根据自己的利益需要，会投向不同政党。这样，利益不同的阶级、阶层再也不可能都站在国大党这同一面旗帜下。这一点在有鲜明特色的区表现得特别突出。这次大选国大党得票率显著下降，当然也与经济形势不佳和右翼对客观形势的利用有密切关系，但这只是个次要因素。政党多元化、地方化，从而掌权者的多样化是导致这个重大变动的深层原因。这是独立以后印度经济政治发展的必然趋势。

三、绿色革命的开始

所谓绿色革命，就是通过增加农业投资，引进现代生物技术的办法，提高农业生产率，以促进粮食增产。具体说，就是选择耕作条件好、雨量充足又有一定水利设施基础的地区，采用优良品种、化肥、农药和灌溉配套的现代农业技术，以及必要的农业机械，大幅度地提高农作物的单位面积产量。这是以生物技术投入为主的战略，首先强调的是使用良种和改进耕作技术。这种投入所需费用比购买农业机械要低，也比使用农业机械简便易行。大中小土地经营者都可投入，地块集中还是分散都不受影响。世界银行等国际金融组织欢迎印度采取这个方案。引进新技术所需资金由世界银行附属组织国际发展协会提供贷款。1968年印度从国外共获得农业贷款1.24亿美元。

政府选定首批实施新战略的地区为北印度的旁遮普邦、哈里亚纳邦和北方邦的西部。这一大片地区耕地共约三千二百万英亩，占全国耕地总面积的10%左右。这里水利条件较优越，农业有较好的基础。这里土改后还留有一部分大土地所有者，更多的是中小土地所有者。为了鼓励所有土地经营者积极在土地上投资，采用新技术，政府通过贷款在资金上给予帮助，从国外购买种子、化肥以较低价格出售，兴修水利工程，帮助解决技术难题。政府的农业价格委员会根据市场行情，确定适当的粮食价格，以确保经营者能通过投资得到合理的回报。有了这样的保障机制和激励机制，新战略才有可能被土地经营者广泛接受。

引进、培育和推广高产良种是绿色革命的核心。1966—1967年度政府就从墨西哥引进优良的矮秆小麦高产品种，经试验成功，开始推广。70年代又从菲律宾引进水稻高产品种，经试验开发出类似IR8、更适合印度条件的水稻高产新品种。玉米、高粱、小米也都开始着手培育高产品种。1966—1967年度小麦、水稻、玉米、高粱、小米五类作物的高产品种播种面积为188万公顷，到1970—1971年度增至1538万公顷。其中以小麦为主。在技术投入的新战略中，兴修水利占有关键地位。扩大灌溉能力是广泛采用新技术的物质前提和最重要的保证。播种高产种子、使用化肥和农药都要求水的供应充分而又及时。有效地利用地力，种植两季或三季作物也必须有充分的灌溉条件。政府投资兴建了一些较大的工程，如水坝、渠道、管井系统，同时要求民间自筹互助，加上政府资助，广为兴办。土地经营者响应热烈，结果灌溉面积有了较大增加。绿色革命前，灌溉面积每年大约增加100万公顷，而在70年代每年增加的面积达到250万公顷。1965—1966年度印度灌溉总面积为3361万公顷，到1970—1971年度增加到3819万公顷。化肥使用量1960—1961年度为30.6万吨，到1970—1971年度猛增到235万吨。农业机械的推广方面也有进展。1960—1961年度印度农用拖拉机只有3.1万台，柴油和电动水泵42.1万台，管井9万个，到1970—1971年度，三者分别增加到14万台、240万台和46万个。

农业新技术的采用使首批实施新战略地区的粮食生产很快得到提高。如1962—1965年至1970—1973年全国农业年均增长率为1.95%，旁遮普邦却达到7.91%，哈里亚纳达到5.73%。[①] 最突出的是小麦产量的增加。

全印的农业产量也相应得到提高。从1967—1968年度到1970—1971年度，

① G.S.巴拉：《印度独立以来的农业变革》，见《南亚研究》1985年第2期。

粮食产量增加了35%。1964—1965年度全国粮食总产量是8900万吨，1970—1971年度由于绿色革命取得成效，也因为风调雨顺，粮食总产量取得了1.08亿吨的好成绩，到1971—1972年度更上升到创历史纪录的1.12亿吨。小麦产量增加最多，1961—1965年年均为1100万吨，1971—1975年为2500万吨。粮食的增产导致进口粮食减少。1966年进口量为1030万吨，1970年只有360万吨。虽然1972年、1973年又连续两年发生的旱灾造成农业减产（1972—1973年度跌到9500万吨），淹没了实行绿色革命地区增产的成绩，但实践证明，采用以技术投入为主的新战略是有效的。这就使英·甘地政府得以在此后继续坚持这一新战略，并在70年代后半期取得更大成功。

绿色革命前，农产量的增加主要靠扩大种植面积和增加灌溉。绿色革命开始后，虽然种植面积仍有增加，但数量很少，产量的提高主要靠提高单位面积产量，也即提高生产率。

对绿色革命在首批实行地区取得的进展，人们是称赞的。但毕竟实行的地区有限，对全国的农业形势还不具有决定性作用。要根本改变全国的农业形势，还必须把这一新战略因地制宜推广到全国更多地区并扩及更多农作物品种。这当然是一项更艰巨的任务。

三个年度调整计划（1966—1967年度，1967—1968年度，1968—1969年度）到1969年3月结束。在调整工作取得预期的进展后，1969年4月开始实行第四个五年计划。

“四五”计划的重点是：优先考虑能促进出口和减少进口的工农业生产项目；最大限度地发展农业生产，增加粮食与原料的供应，提高农民的收入；在工业发展方面，优先考虑为农业服务和增加基本消费品供应的部门；积极扩大出口，扭转国际收支的失衡。这就表明，在经济发展战略思想上和“二五”、“三五”计划已有所不同。不过从计划资金的实际分配看，从对进口的严格控制看，政府的决策整体上说仍遵循马哈拉诺比斯模式，只是有了一定的偏离。1969—1970年、1970—1971两个年度，也就是“四五”计划的头两年，执行情况比较正常，农业生产年增长率在5%左右，带动了工业和整个经济的回升。形势还算比较好。

四、经济政策的激进化与国大党的分裂

国大党1967年大选在一系列邦失利对英·甘地和其他领导人震动很大。英·甘地决心在政策上有一番刷新，以激励民心，争取更多群众回到国大党的旗帜下。除了实行绿色革命，尽快解决缺粮问题外，她把实现社会公平提到更突出的位置上，打算采取一系列激进的政策，使下层人民清楚地看到，新政府非常关注他们地位的改善。正如她后来所说的："1967年挫折之后，认真地思考导致我得出结论：实行一个进步的、激进的纲领对振兴国大党，重新获得人民的信任，是至关重要的。我采取了主动的态度。"① 还有一个因素对英·甘地政策激进化倾向的形成起重要作用，这就是她希望摆脱辛迪加派的控制。英·甘地知道，和辛迪加派摊牌只是早晚的事。如果她实行激进的政策，为自己树立起进步形象，那就有了摆脱辛迪加派的政治资本。

1967年5月，英·甘地使国大党工作委员会通过了《关于贯彻国大党纲领的决议》。其中规定要以最大的努力，在1967年实行以下的"10点计划"：1. 对银行实行社会控制；2. 普通保险业实行国有化；3. 私营进出口贸易逐步由国营公司接管；4. 实行粮食的配给政策；5. 广泛建立城乡消费合作社；6. 采取有效步骤，遏制垄断和经济权力的集中；7. 采取措施，保证整个社会的最低限度的需要；8. 限制个人在城市土地上的不劳而获的收入；9. 进一步实行土地改革和农村发展计划；10. 废除王公的年金以外的一切特权。1967年10月，国大党在贾巴尔普尔召开全国委员会，批准了"10点计划"。左翼在会上进一步要求实行银行国有化，认为大商业银行与大垄断集团关系密切，拥有全国存款的大部分，银行的私有既代表了经济权力集中，又妨碍了资金资源的合理使用，由于私人银行发放贷款范围很窄，不愿贷款给小生产者，不能满足向农村和落后地区贷款的要求，也起不了扶植广大小企业的作用。英·甘地对这个要求表示赞成。德赛和辛迪加派反对，认为这会使银行受政府控制，不能发挥应有的作用。英·甘地为避免过早与德赛及辛迪加派公开交锋，没有坚持。

① A.M. Zaidi, *The Great Upheaval,1969—1972,* Dehli, 1972, p.44.

而辛迪加派和右翼却主动发动反攻。1967 年国大党年会上辛迪加派成员之一尼贾林加帕当选为党的主席，他指定的工作委员会绝大多数成员属右翼和辛迪加派。英·甘地提名几名左翼候选人，都被拒绝。1969 年 4 月，在法里达巴德召开的国大党全印委员会上尼贾林加帕激烈指责在重工业和基础工业部门大力建立公营企业的做法，说这仅仅是为了适应社会主义口号的需要。他还指责公营企业管理混乱，效益不高，要求少发展公营企业，而给私营企业以较多的鼓励和刺激。并说现在是重新审查建立大型公营工业是否适宜的时候了。英·甘地和左翼立即给予反驳，英·甘地还就公营企业效益不高辩护说，公营企业担负多方面的任务，不能仅仅看效益。之后，英·甘地吸收了党内左翼的主张，向工作委员会和全印委员会提交了一份《关于经济政策的意见书》。其中强调实行大银行国有化的迫切性和必要性。全印委员会赞成英·甘地的意见书，但德赛和辛迪加派仍坚持反对。德赛公开说："只要我是财政部长，这件事就不能实行；如果总理非要做，她就自己当财政部长吧！"①

1969 年 5 月，总统胡赛因病逝，需要选举一位新总统。辛迪加派为加强自己的地位，提名其成员桑吉瓦·雷迪为国大党提名的候选人。英·甘地认为辛迪加派的目的是利用总统权力牵制她，便提名贾·拉姆为候选人。党内表决结果雷迪得到多数票。在总统选举中，英·甘地不支持雷迪，而支持现任副总统 V.V. 吉里作为独立候选人竞选，并号召国大党的两院议员和邦立法院的议员不要受任何约束，而凭"良心"投票。结果吉里当选。

既然已与辛迪加派摊牌，英·甘地在银行国有化问题上也立即采取强硬措施。还在总统选举之前，1969 年 7 月 18 日，她就给德赛的信中说，银行国有化必须实行。鉴于你的反对态度，我不会把这个责任强加在作为财政部长的你的身上，我宁愿自己直接担负这个责任。7 月 18 日，她宣布解除德赛的财政部长职务，自己兼任财政部长，不过仍希望他留任副总理。德赛拒绝留任，退出内阁。紧接着在 7 月 21 日，政府以总统令的形式宣布把全国 14 家最大的私人银行实行国有化。这些银行的存款达 5 亿卢比以上，占全国存款总额的 85%、贷款总额的 84%。在广播讲话中，她说这是个经过长期准备的行动，是建立社会主义类型社会的重大步骤，是公营经济占领国民经济制高点的必要措施。特别讲到银行国有化会大大改善对农村和对小型工业的信贷帮助。银行国有化是对保守势力的沉重

---

① *The Hindu*, September 14, 1969.

打击，赢得了全国广大群众特别是城市中小工商业者和农村富裕农民的称赞。各左翼政党团体都支持这一行动，如印共指出，这是沿正确方向前进的一步。只有右翼政党如自由党、人民同盟和代表大资产阶级的组织印度工商业联合会等表示反对。首都德里成千上万的普通群众蜂拥到她家，敬献金盏花和晚香玉编成的花环，表达对她的信任和拥戴。

辛迪加派和德赛威风扫地。他们只好利用其在国大党工作委员会中的微弱优势，对英·甘地实行党纪惩罚。1969 年 11 月 12 日宣布开除她的党籍，并要求国大党议会党团重新选举领袖，以期把她从总理岗位上拉下来。国大党议会党团 282 人，选举结果有 220 人信任她，她再次当选。支持辛迪加派的 62 名议员只得另行组成议会党团，选举 R.S. 辛格（联邦内阁铁道部长）为领袖。这样，国大党议会党团便分裂为二。国大党议会党团分裂后，英·甘地一派的议员在议会中已不足半数（总人数 523 人）。但由于得到印度共产党和德拉维达进步联盟的支持，仍能保持微弱的多数。辛迪加派搞垮英·甘地政府的图谋破产。

1969 年 12 月，英·甘地一派的国大党在孟买召开年会，选举贾·拉姆为主席。这样，国大党正式分裂。英·甘地一派称国大党（执政派），尼贾林加帕一派称为国大党（组织派）。

英·甘地在排除了辛迪加派从内部的干扰后，便开始大刀阔斧地实施预定的激进措施。1969 年 12 月，国大党（执政派）在孟买举行年会，通过了《关于经济政策的决议》，重申了“10 点计划”的基本内容。在有些方面又进了一步，如“10 点计划”还保留前王公的年金，这个决议则主张连年金一并取消。

根据这个决议，1969 年 12 月制定了《垄断和限制性贸易行为法》，对大财团的经济活动实行限制。法令规定：凡一个企业与同该企业有资本联系的企业的资产总和在 2 亿卢比以上者，凡一个企业与同该企业有资本联系的企业生产的产品占该类产品 1/3 以上，资产在 1000 万卢比以上者，都要在联邦政府登记注册。这类企业增加股本、更新设备、扩大生产能力和经营范围、兼并其他企业和其成员兼任其他企业董事均需经政府批准。还规定，成立常设的垄断和限制性贸易委员会负责执行法令的有关限制规定。

1970 年 4 月，政府又使议会通过了取消经理行制度的法令。1970 年 9 月，又提出了取消王公年金和所有其他特权的宪法修正案，但在联邦院以一票之差未能通过。

五、纳萨尔巴里农民武装斗争

英·甘地在与党内保守势力进行斗争的同时，也对来自下层人民的暴力斗争实行严厉的镇压，以巩固国大党的统治权。

由于土改很不彻底，60 年代下半期，下层农民反对地主加强剥削和争取土地的斗争，在印共（马）内极端派的领导下，在孟加拉和安得拉的一些地区发展成武装斗争。这就是纳萨尔巴里运动。

印共（马）成立不久，党内就有一批持更激进立场的干部和党员对中央把党的活动局限于现行体制内的合法斗争表示不满。持这种立场的干部和党员在西孟加拉邦、安得拉邦较为集中，其他各邦也有。在西孟加拉邦，其代表人物是查鲁·马宗达。他是印共（马）西孟加拉邦大吉岭县委会的书记。1965—1967 年间他写了 8 篇文章，总结印共革命斗争的经验教训，主张建立一个革命的政党，武装夺取政权。还提出现阶段的迫切任务是发动农民进行土地革命。1967 年 3 月，大吉岭县西里吉里的农民在印共（马）区委会领导下，首先在该区纳萨尔巴里等地采取夺取土地的行动。从 3 月到 4 月，西里吉里区几乎所有农村都行动起来，有 15 000—20 000 名农民参加斗争。各村都建立了农民委员会。到 5 月下旬，这一地区都处在起义农民的控制下。农民委员会宣布不属农民自己所有的土地一律没收，重新分配。在农民委员会领导下，从地主家里搜到的地契被统统焚烧，没收的土地立即分配，并宣布废除盘剥农民的债务，取缔囤积居奇，对恶霸地主进行公审并处死，还宣布资产阶级的法律和法庭无效。在此期间，农民用弓箭、长矛、大刀以及夺来的枪支武装自己，多次击退地方警察的讨伐。从这时起，一向不为人知的纳萨尔巴里便成了报纸上频繁出现的名词。这时，在西孟加拉邦掌权的是印共（马）为主的联合政府。邦政府派地税部长哈·柯纳尔来西里吉里，力图说服这里的领导人停止暴力斗争，遭到拒绝。内务部长 J. 巴苏也作出努力与这里的领导人卡·桑亚尔谈判，也未能成功。印共（马）和西孟加拉政府希望尽量用谈判的办法解决，毕竟农民斗争的领导人出自印共（马）党内，由印共（马）参与的邦政府来镇压本党党员领导的运动，会成为人们嘲笑的话柄，有损党的形象和自己的群众基础。但国大党的中央政府对这里的局势甚为担忧，要求邦政府尽速镇压。在中央政府的压力下，7月5日，西孟加拉邦联合阵线政府下令派大批警察部队前来镇压，大规模围剿行动开始。以刀、矛作武器的农民武装无力抵御，有75名地方领导人和骨干被捕，主要领导人卡·桑亚尔数月后也被捕。农民的武装斗争在7月底被镇压。

印共（马）内的极端派并没有从这次斗争中总结经验教训，重新审视现实和自己的战略方针。运动被镇压只是加强了他们走自己道路的决心。马宗达就说：纳萨尔巴里的火种会燃起新的烈火，纳萨尔巴里精神没有死亡，也永远不会死亡。

印共（马）西孟加拉邦委员会对采取暴力斗争形式的纳萨尔巴里运动不赞成，认为目前没有进行武装斗争的条件，下层农民的要求可以通过合法斗争的形式争取最大限度的解决；以武装斗争的道路求解决只能是事与愿违。最初他们顾及党的政治影响和党员情绪，不赞成政府武力镇压，主张谈判，认真调查，听取农民的呼声。但当看到运动领导人不听劝阻，坚持暴力斗争的立场时，转而采取支持镇压的态度。对印共（马）邦委员会这种态度，党内的极端派表示强烈愤怒，不仅这里的运动领导人和参加者，而且还有别的县、别的邦的许多党员因此退党。为了把分散的持相同立场的力量组织起来，查鲁·马宗达于1967年11月在加尔各答建立了"印共(马）革命派全印协调委员会"，向单独建党的目标迈进了一步。印共（马）西孟加拉邦组织和印共（马）中央指责发动农民起义是左倾冒险主义并激烈谴责马宗达等人的分裂活动。

马宗达的活动和纳萨尔巴里运动在印共（马）安得拉邦组织内得到强烈反响。那里也有一批干部赞同他们的观点。这批人成立了"安得拉邦共产主义革命派合作委员会"，领导人是T.N. 雷迪。1968年起先后在选定的东北部的斯里卡库兰县和原特仑甘纳农民起义地区领导农民开展了武装斗争。前者由V. 萨提亚纳拉亚纳领导，后者由T.N. 雷迪直接领导。斯里卡库兰县建立了中心游击队和一二百个游击小组，在三百多个村庄建立了人民委员会和人民法庭，成立了乡村自卫队。地主的土地被没收分给农民，高利贷者握有的债契被焚毁，恶霸地主受到严惩，部分地主仓皇出逃。当局为尽快镇压，动用了大量警力，联邦政府也派来两营中央后备警察部队。1970年7月萨提亚纳拉亚纳牺牲，斯里卡库兰的武装斗争最终被镇压。T.N. 雷迪领导的瓦朗加尔县和坎曼县的武装斗争在1969年被镇压。1969年底，全邦有15个县都出现了规模不等的农民运动。到1971年初都被镇压。

1969 年 4 月，马宗达在加尔各答宣布成立一个共产党，叫印度共产党（马克思列宁主义），由他任临时中央组织委员会的总书记。印共（马列）持极左立场，认为印度仍然是半殖民地半封建社会，现阶段革命的任务是推翻国大党政权所代表的帝国主义、社会帝国主义、买办官僚资本主义和封建主义四座大山。1970 年 5 月，印共（马列）召开第一次代表大会，选出了以马宗达为首的中央委员会。

到 1971 年底，各地的农民斗争相继遭到镇压。1972 年 7 月查鲁・马宗达在加尔各答被捕，死于狱中。印共（马列）被政府宣布为非法，此后在政府的严厉镇压下分裂成许多小集团，主要从事个人恐怖活动，除少数地区外，其在群众中的影响逐渐消失。

六、1971 年大选和英・甘地政策的进一步激进化

英・甘地初步实行的激进政策甚得民心。但是，在国大党分裂后，英・甘地领导的国大党（执政派）在人民院中的席位不足半数，要通过任何一项法令都遇到反对党的联合反对，都得靠印度共产党等左翼政党的支持，这使她的地位十分脆弱。为了改变这种局面，在她建议下，第五届人民院选举提前一年于 1971 年 3 月举行。这是独立以来人民院第一次任期未满就提前举行选举。邦立法院的选举不提前。从这时起，两者选举不再同步进行。

参加这次人民院选举的有国大党（执政派）、国大党（组织派）、印度共产党、印度共产党（马克思主义）、统一社会党、人民社会党、自由党和印度人民同盟 8 个全国性政党、22 个邦政党和大量地方小党。

这次大选的特点是国大党（组织派）同人民同盟、自由党、统一社会党站在一起，建立起了针对英・甘地的竞选联合战线，叫“大联盟”。它们的共同目标是把英・甘地和国大党（执政派）赶下台，共同的竞选造势的主旋律是攻击英・甘地和国大党（执政派）的激进政策，共同的口号是“消除英迪拉”，指责她是独裁者，是国家民主化和进步发展的主要障碍，也是破坏宪法的罪魁祸首。在提名各选区候选人时它们彼此进行协调。

英·甘地的国大党（执政派）竭尽全力开展竞选活动。对它来说，这是一场生死决战。针对右翼反对派“大联盟”提出的“消除英迪拉”的口号，国大党（执政派）提出了“消除贫困”的口号。这个口号提得很巧妙，既表示英·甘地高风亮节，不理会反对派把她个人作为攻击的对象，又抓住了广大人民最关心最热切盼望解决的问题，因此深得民心。英·甘地抓住这点反复说：“他们要消除我，而我要消除贫困”，并说，政府在实现“10点计划”方面之所以进展缓慢，是因为国大党（执政派）在人民院居少数地位。只要人民通过投票表示赞同她的政策，她就会把激进的改革进行到底。英·甘地这种面向下层群众的竞选策略使她得到多数人的拥护，成功地掀起了一股“英迪拉热”。投英迪拉的票还是投“大联盟”的票在广大群众看来是要激进政策还是要保守政策的一个重大选择。

这次选举全国登记选民为2.74亿人，有1.515亿人投票，占选民总数的55.29%。选举结果，国大党（执政派）大获全胜。它获得的选票占总票数的43.7%，席位352个，占选举总席位数（518席）的67.9%。选票数和席位数都远远超过国大党在第四届人民院选举中的成绩。这是英·甘地竞选策略的巨大成功，更表明广大下层群众肯定她的激进措施，对她采取有力措施改善下层群众的地位抱有很高的期望。

国大党（组织派）和所有右翼政党都遭到惨败，“大联盟”在英·甘地的凌厉攻势下，像泥房子遇到洪水一样顷刻倒塌。国大党（组织派）只获得总选票的10.47%，只获得16个席位（上届有68个），占总席位数的3.08%。它的许多头面人物包括辛迪加派成员纷纷落选。自由党遭到最惨重的失败。它只得到总选票的3.08%，只得到8个席位（上届为44个），占总席位数的1.54%。这表明在英·甘地的激进主义面前，它鼓吹自由主义非常不得人心。自由党青云直上的局面顷刻间化作过眼烟云。人民同盟也只是比自由党略为好些。印共（马）和印共又分别上升为第一、第二大反对党。两个社会党在大选后又立即谈判合并问题。1971年8月正式合并为社会党。

英·甘地的国大党在胜利的凯歌声中建立了第五届国大党政府。英·甘地再度出任总理。她和国大党（执政派）把大选胜利看成是人民对政府实现激进政策的肯定和新的授权。正如国大党（执政派）的文件所说：“人民在选举中的裁决是明白无误地授权国大党继续实行激进的社会经济改革，打破实行宪法中规定的国家政策指导原则的障碍，从而使印度沿着进步、社会主义和自力更生的方向前进。”①

人民院选举之后一年，1972 年，举行了各邦立法院的选举。结果成了英·甘地征服人心的又一次有力显示。国大党（执）在参加选举的所有 16 个邦都取得了多数或相对多数，都建立了国大党（执政派）政府。全印 21 个邦，只有 3 个邦由别的党掌权。人们把这个胜利归功于英·甘地的魅力和手腕，以至于《星期日时报》称她为“世界上最强有力的女人”。②

以民主社会主义为旗号的激进主义是英·甘地在路线斗争和权力斗争中争取群众支持的强有力的手段。是这种手段为英·甘地创造了这次独占鳌头的辉煌。英·甘地可以感到满足了。不过，怎样把诺言变成现实，特别是怎样把社会公平取向的激进改革与经济政策的必要调整结合起来，却不会像发表演说那样轻而易举。

大选之后，英·甘地利用前所未有的大好形势，沿着大选前的方向进一步实行以社会公平为主旨的激进化政策。这不仅是为了巩固国大党（执政派）以及她本人在选举中建立的新威望和地位，也是为了回馈选民，表示要信守诺言，不会辜负他们的期望。

取消前王公年金和特权的宪法修正案大选前以一票之差未能在联邦院通过。1971 年 12 月，政府再次在议会提出取消前王公年金和特权的宪法修正案，在两院都得到 2/3 以上多数票通过。

在扫除了可能遇到的宪法障碍后，英·甘地政府开始实行一系列国有化措施。私营企业的国有化问题曾是独立之初国大党内左右翼斗争的焦点之一。1948 年工业政策决议规定，对属于国家经营范围内的私营企业 10 年后可以实行国有化，但此后并未实行。尼赫鲁的观点有变化，认为私人企业技术设备陈旧，如果国有化，从效益的角度说未必有利，不如建立新企业，可以采用新的技术设备，何况国有化会引起上层思想恐慌，于吸引外资不利。现在，在英·甘地推行激进化措施的浪潮中，在银行国有化的刺激下，国有化却又成了热门话题。左翼竭力推动把国有化扩大到更多领域，这与英·甘地的想法一致。英·甘地和国大党（执政派）重新举起国有化的利剑既是为了进一步加强公营经济成分的主导地位，又是为了限制经济权力集中于少数人手中。大选后首先实行的是普通保险业国有

① All India National Committee of Indian National Congress, *Congress Marches Adead,* New Delhi, 1972, p.103.

② *Sunday Times,* March 12, 1973.

化。1971 年 5 月颁发总统令，将 106 家保险公司的经营管理权转交政府。1972 年 8 月由议会立法对这些公司实行了国有化。接着实行国有化的是煤炭业。1971 年 10 月政府接管了 214 家私人焦煤矿和焦炭厂的管理权，1972 年 5 月实行了国有化。1973 年 1 月，又把 464 家普通煤矿接管，5 月实行了国有化。这样，除了附属于私人钢铁厂的煤矿外，整个煤炭工业都变成了公营工业。在采铜业方面，1972 年政府接管了印度铜业公司的管理权，同年实行了国有化。在钢铁业方面，1972 年 7 月，政府从马丁·布恩公司手里接管了印度钢铁公司的管理权，1974 年该公司被收归国有。60 年代棉纺织业出现大量病态企业。政府不希望看到纺织工人大量失业影响社会稳定，于是接收了 103 家病态纺织厂的管理权，占大中型纺织厂总数的 1/6，1974 年对这些厂实行了国有化。1976 年又有两个厂被收归国有。

对小麦批发贸易实行国营是英·甘地政府把国有化的方针扩大到贸易领域。1973 年 4 月开始实行。私营批发商强烈反对，他们以停止一切粮食贸易的行动抗议。富裕农民也表示反对，强调政府控制粮价会影响他们的合法收入。随着批发贸易国营而来的是政府收购不上粮食，商人囤积居奇，黑市盛行，粮价暴涨。政府只好于 1974 年 3 月恢复粮食的私营批发贸易。

一浪高过一浪的国有化浪潮，使政坛上左倾情绪越来越高涨。这时，左翼不满足于对私营成分的攻势，也把矛头转向外资，敦促政府加强对外资的控制。在这种气氛下，1973 年政府颁布了《外汇管理法》，规定外国投资者在印度办企业必须与印度人合营，其所持股份一般不得超过 40%，只有符合下列条件者可达 51%到 74%：1. 国家计划的优先项目，包括输电设备、化肥等 19 种核心工业；2. 面向出口的工业；3. 尖端技术。还规定，外资和印资合营中，外资必须转让技术并允许印方作横向转让，一切合作项目都必须包括培养印度技术人员的条款。这些新规定实行的结果，1974—1979 年在印度的外国跨国公司由 540 家减少到 358 家。美国可口可乐公司和国际商用机器公司由于前者拒绝削减股权到 40%以下，后者没有执行培养技术人员的规定，被分别勒令关闭，两者都撤出印度。70 年代印度与外商签订的合作协议仅 2698 项，每年平均仅 296 项。这种状况显然不利于印度的经济发展。

上述激进化措施的实行主要是为了实现社会公平，经济增长的考虑是第二位的，因而是再分配取向的改革。从经济增长的角度看，有些是合理的、必要的，如银行和保险业国有化、取消王公年金和特权、推进土改和互助合作等；有些并非很有必要（大多数国有化项目）；有些则完全没有必要，纯属不智之举，如接管病态企业、小麦贸易国营等，只有负面效果。大多数企业在变为公营后，经济效益要么没有提高，要么还不如以前。总起来说，从经济增长的角度看，国有化这个双刃剑的负面作用更大于正面作用。

英·甘地实行上述激进政策，有自觉的成分，也有不自觉的成分。可以说，她最初是自觉地启动了这个激进化的过程，而在车轮滚动起来后，更多的是被推着走。处在方向路线之争和权力之争的焦点上，她被左翼推着走，也被客观形势推着走。在国有化的道路上她走得那么远其实连她自己也没有预想到。事实上，一旦气氛被炒得炽烈起来，要降温也非易事。最典型的就是接管病态企业。仅仅是为了避免失业而把沉重的财政负担套在国家的脖子上，这种做法无论从哪个角度看都与理智毫不相干。实在说，这也是骑虎难下，为了政治需要取悦于民，不得已而为之。总之，她实行一系列激进政策是特定的政治环境的驱使，其中有坚持社会主义类型社会方向的因素，也有巩固提高自己和国大党（执政派）执政地位的考虑，是两者的混合。印度有的学者强调前者，有的强调后者，其实两者都承认才比较公允。因为在当时的情况下，权力之争确实是和道路斗争紧紧联系在一起，正是这样，才给了英·甘地以可能用渲染道路斗争来掩盖权力争夺。

英·甘地的所有这些激进政策，从吸引群众，振奋民心的角度说，达到了预期目的：加强了国大党（执政派）的政治影响，树立起了自己的形象，博得了广大群众的好评。然而，炒出来的这种效果能否长久维持就要另当别论了。1974年小麦批发贸易国营的终止标志着这一历时数年的激进政策时期的结束。

七、外交政策与第三次印巴战争

英·甘地外交上继续执行不结盟方针，同时力求从美苏两方面得到更多援助。

1966 年 3 月英·甘地访美，希望印美关系能够进一步改善，以便能够较有保障地得到美国的小麦供应，解决印度的粮食危机。还希望美国能在贷款方面给印度以更多的帮助和优惠。尽管约翰逊口头上作了不少动听的表态，实际上所做的只是要求美国国会同意再拨350万吨粮食给印度。英·甘地并没有因为接受美国援助而放弃对美国侵略政策的谴责。当美国轰炸越南时，她和南斯拉夫总统铁托、埃及总统纳赛尔一起谴责美国侵略，要求美国立即无条件停止轰炸，与越南谈判解决问题。当1967年第三次中东战争爆发后，她坚决主张制止以色列侵略，要求双方以战争前的领土为基础进行谈判，并敦促美国不要在背后支持以色列，助桀为虐。

英·甘地政府继续发展与苏联的密切关系。1966年7月，英·甘地访问苏联，苏联又向印度提供9.7亿卢布贷款。1970年印度与苏联签订新的贸易协定，扩大了贸易的范围，更重要的是苏联同意从印度大量进口工业产品，特别是苏联援建工厂的产品，规定到1975年这类产品将占苏联从印度进口额的60%。这对印度重工业的发展是有利的。苏联已成了印度外贸的主要伙伴。70年代印苏关系的一个重大发展是在军事合作方面从供应武器发展到订立军事盟约。这与印巴对立有关。1971年，鉴于东巴基斯坦政治形势动荡，印度打算插手，但担心处在军事集团中的巴基斯坦要求美国军事援助。为排除这种可能性，印度需要依靠苏联作为后盾。8月9日，也就是印巴战争前夕，印度与苏联在新德里签订了为期20年的《印苏友好合作条约》。其中除了发展两国经济、文化、科技联系的内容外，还规定了军事方面的合作，即：签约双方保证不参加矛头针对另一方的任何军事同盟；避免对另一方的任何侵略，防止利用它的领土从事可能给另一方造成军事损害的任何行动；不向同另一方发生武装冲突的任何第三方提供援助；在任何一方遭到进攻或受到进攻威胁时，应立即共同协商，以消除威胁并采取适当的有效措施保证两国的和平安全。这个条约实际上带有军事同盟性质，是对不结盟立场的偏离。当受到舆论界质疑时，英·甘地竭力解释说，印度不结盟的外交政策没有改变，和苏联结盟只是一种特殊情况下的特殊处置。这样做，只是因为巴基斯坦加入了美国拼凑的一系列军事集团，印度不能不考虑一旦印巴关系出现控制不了的局面时，需要有一种对付巴基斯坦同美国的军事同盟的办法。70年代苏联一面增加对印度的经济技术援助和扩大两国贸易，一面大量向其供应新式武器，包括制造米格—29飞机的专门技术。在美苏对印度洋地区的争夺中，在苏联对中国实行的遏制战略中，印度都成了苏联重点拉拢的对象。印度受惠于人不能不感恩图报。1968年苏军入侵捷克斯洛伐克，遭到世界各国谴责，印度对它的行动却保持沉默。

印度与巴基斯坦的关系进入70年代后又出现了危机，这一次是印度插手巴基斯坦的内部问题。1971年3月东巴基斯坦的人民联盟认为东孟加拉在巴基斯坦内部受到歧视，掀起了要求建立独立的孟加拉国的运动。巴基斯坦政府逮捕了人民联盟领导人穆吉布·拉赫曼等，随即派军队进入东巴基斯坦，对独立运动进行镇压。东巴基斯坦的几百万孟加拉难民越境进入印度。4月东巴基斯坦反巴力量建立孟加拉临时政府，宣布独立，号召人民赶走巴基斯坦军队。英·甘地政府一面密切注视局势发展，一面通过媒体大力宣传难民流入印度问题的严重性及带来的安置和供应上的困难，强调这不仅是巴基斯坦内部问题，也是个与印度有直接关系的国际问题。印度政府先后派出13个代表团，去70个国家说明难民流入给印度带来的负担的沉重，要求给予财力支持，并动员世界舆论敦促巴基斯坦撤出军队，与人民联盟谈判解决问题。英·甘地也亲率代表团去许多国家游说，要求它们为难民提供援助，敦促巴基斯坦总统叶海亚·汗与被关押的人民联盟领导人谈判。在进行外交活动的同时，印度开始向东巴反政府军提供武器装备。印度显然认为，东孟加拉脱离巴基斯坦会大大削弱巴基斯坦的实力，在做好了充分准备后，决定直接插手。印巴都在边界地区部署军队，1971年11月，印巴军队在边界地区不断交火，印军占领东巴一些边境据点。12月3日，叶海亚·汗宣布迎战入侵的印军，全面战争开始。在印度方面，这一天总统V.V.吉里宣布全国处于紧急状态。印度方面说，当天是巴基斯坦飞机首先突袭了印度9个机场。战争开始后，印军对东巴北部、东北部同时发动多路进攻，以图速战速决。巴基斯坦军队在印度军队的进攻面前显得软弱和被动。12月6日印度宣布承认孟加拉独立。12月15日印军攻占吉大港。另一支军队则绕道向东巴首府达卡进攻。这期间在旁遮普印巴边界线和克什米尔印巴停火线上也发生了战斗。印巴军队相互进入对方领地，占领了一些地区，印度在克什米尔、旁遮普和库奇占领巴方土地较多。巴基斯坦在东巴军事力量有限，无力抵挡印军的攻势，12月16日投降，印军进入达卡。16日印度宣布停火，17日巴基斯坦接受停火。印度在军事上取得了完全的胜利。东巴从此脱离巴基斯坦，成为独立的孟加拉国。这就是第三次印巴战争。战争结束后，数百万难民陆续返回孟加拉，但也有相当多的难民留了下来。1972年3月12日印军从孟加拉撤回。战争结束后，巴基斯坦实力大为削弱，印度在南亚的优势地位得以稳固确立。英·甘地因这次战争的胜利，声望如日中天。正如《星期日时报》1973年3月12日的一篇文章中所说，人们为她歌功颂德，把她比作三位一体的大神，说她是梵天——新印度的创造者，是毗湿奴——民主体制的维护者，是湿婆——，大败巴基斯坦军队的毁灭神。[1] 全国舆论界欢欣鼓舞竭力颂扬这场战争的胜利，甚至说这次战争的胜利为印度军队找回了 1962 年中印边界战争丢失的尊严和自信。

美国和西方国家都不支持印度插手东巴基斯坦事务。它们希望保持印巴力量的相对平衡，认为这是维护美英在南亚的战略地位的重要保证。战争开始后美国停止对印度的所有经济援助，其他西方国家也起而效仿。世界舆论普遍指责印度为了政治目的使用暴力肢解巴基斯坦，印度处境孤立。不过，为了避免把印度完全推入苏联怀抱，战争结束后，面对既成事实，尼克松又施展拉拢手腕。他第一次把印度称为“大国”和“南亚最强大的国家”，说美国和印度并没有利益冲突，美国准备就双方未来的关系进行认真的对话。并说改善两国关系是个“双行线”，其成功取决于双方的努力。[2]1974 年 10 月还派国务卿基辛格来印，传达他对改善两国关系的愿望。双方同意共同建立一个委员会就经济、文化和技术合作进行磋商。两国紧张关系此后略有缓和。1974 年美国新总统福特来印访问。两国的贸易额也有所增长。但进入 1975 年，随着美国大规模供应巴基斯坦武器，美国为自己精心塑造的友善形象又一次在印度人眼中消失了。

印度和苏联的关系在这次战争后更为密切。1973 年印度与苏联签订的议定书中，苏联允诺大力帮助印度发展关键工业部门，包括钢铁、化肥、石油冶炼、石油化工和发电等。1973 年 11 月勃列日涅夫访印，受到最热烈的接待。11 月 29 日，印苏两国领导人签订了未来 15 年的经济贸易合作协定。1976 年英·甘地又一次访苏，在与勃列日涅夫共同发表的联合公报中，双方宣称在世界所有重大问题上两国观点完全一致。

1971 年战争后，巴基斯坦建立了佐勒菲卡尔·阿里·布托总统领导的政府。印度和巴基斯坦都希望稳定局势。1972 年 6 月 28 日起英·甘地与布托在西姆拉举行和谈。根据 7 月 3 日双方缔结的西姆拉协定，两国政府首脑同意今后要以双边谈判及其他双方同意的和平手段解决两国的争端，避免使用武力或以武力威胁破坏彼此的领土完整和独立；双方表示要以联合国宪章为指导，努力建立友好和睦关系和实现持久和平；作为建立和平进程的开始，双方军队要撤退到印巴国际边界线自己的一侧，在克什米尔，双方接受 1971 年 12 月 17 日停火时的控制线，双方都

① *Sunday times,* March 12, 1973.

② A. Appadorai and M.S. Rajan, *India's Foreign Policy and Relations,* New Delhi, 1985, p.251.

不寻求单方面改变这一控制线，并承诺不以武力破坏它；双方都表示要采取措施逐步实现两国关系的正常化。印度和巴基斯坦在战争后都面临着严重的经济困难，都需要有一个相对安定的局面来发展经济，因此保持一段和平是双方的共同要求。

70年代印度对外关系方面发生的一个重要事件是吞并锡金。1975年，亲印度的锡金国民大会在议会选举中获得多数席位。随后议会通过决议，把锡金王公变成宪法元首而剥夺其实权。王公拒绝，并在国际上积极活动，争取支持。英·甘地政府希望趁此机会吞并锡金，但怕引起国际反对，采取了分步走的办法。1975年3月1日，锡金成为印度联邦的联系邦。1975年4月10日，锡金国民会议通过决议，把锡金并入印度。4月26日印度人民院通过宪法第36修正法案，使锡金成为印度联邦的一个邦。

关于核武器政策，印度是1963年莫斯科禁试条约的签字国，其立场是反对试验和制造核武器。从尼赫鲁时期起就一直呼吁和平使用原子能。由于得不到积极响应，印度改变态度，决定自己也要拥有核能力。印度领导人认为，印度要想成为一个在世界上有较大影响的国家，在当今世界上必须拥有核能力。英·甘地执政时期，已经开始秘密准备地下核试验。1974年5月18日，在拉贾斯坦的波卡兰进行了第一次成功的地下试验，爆炸了一个核装置。印度政府声明不打算生产核武器，并表示反对把核试验用于军事目的。印度没有在《不扩散核武器条约》上签字。它认为在超级大国拥有核武库，并且不愿销毁的情况下，限制其他国家拥有是不公正的。她宣布，印度的态度仍然是主张全面销毁核武器，同时，印度作为一个大国，尽管不打算生产核武器，也应该具有核选择的权利。从这时起印度一直在秘密研制核武器，事实上在80年代已具有了这种能力。美国等西方国家对印度核试验提出强烈指责，并坚决要求印度在《不扩散核武器条约》上签字。在印度不接受的情况下就对它尽可能地施加压力。这方面的冲突一直继续，成了影响印美关系的一个重要因素。

八、经济政治形势恶化

第四个五年计划执行的头两年还比较顺利，农业大幅度增产，带动了工业的增长。然而 1973 年后，经济、政治骤然恶化。这是因为：1. 印巴战争从两方面造成了极为沉重的财政负担，一是军费开支的直线上升，二是收容 800 万孟加拉难民的巨大消耗。两者所需款项都只有靠压缩投资和滥发纸币的办法解决。压缩投资影响“四五”计划指标的实现；多印纸币则引起通货膨胀，使“四五”计划原来的工程预算都必须大幅度追加才相当于原值。这就造成了事先不曾估计到的严重的经费短缺局面。印巴战争开始后美国停止军事援助和供应粮食，政府不得不出高价从世界市场进口粮食，使政府的财政更加紧张，加剧了印度面临的困难。2.1972 年印度又遭受大旱灾，全国粮食产量由 1971—1972 年度的 1.084 亿吨降到 1972—1973 年度的 9700 万吨，全国有 1.8 亿人程度不同地受到影响。政府本来对实行小麦批发国营抱有很高期望，然而它却导致黑市盛行，粮价提高，不但没有改善粮食供应，反而使人民加重了负担。粮价上涨的结果是物价全面上涨。1972—1973 年度商品批发价的指数比 1970—1971 年度增长 21.57%。即便经济条件稍好的小企业主、小商人，也深受物价全面上涨的煎熬。3. 一系列的国有化措施不是带来这些部门经营的改善，相反，有些部门如煤矿在国有化后，产量反而降低。最具有讽刺意味的是政府要从国库拨出巨款维持病态企业。4.1973 年国际石油价格上涨更拉大了“四五”计划预算支出的亏空，对已经捉襟见肘的财政现状实为雪上加霜。

这一切的结果是“四五”计划完成情况很糟。由于资金到位不及时和能源供应短缺，计划的增产指标大都没有完成。钢铁、化肥、水泥、棉纱等部门的产量显著下降。国内生产总值增长率计划为 5.7%，实际上只达到 3.3%。原定工业年增长率为 8%—10%，实际只有 5%。原计划农业年增长率为 5%，实际仅达到 2.8%。原计划粮食 1973—1974 年度达到 1.29 亿吨，实际只有 1.04 亿吨。由于工农业都未能完成计划，国民收入增长指标的实现也成了泡影。计划完成得如此之差是以往所没有过的。

1974 年起，英·甘地开始采取紧缩通货政策，政府颁令限制红利分配，冻结工资，并紧缩政府开支，减少对私营成分的信贷，同时，大力号召提高效益，增加生产。

经济形势的恶化不能不影响到政治形势，使英迪拉热骤然降温。人民在欢庆英·甘地一连串激进政策的实施以及印度对巴基斯坦战争的胜利后突然发现，这些胜利给他们带来的不是贫困的消除，而是生活状况依然如旧，对有些人来说甚至恶化。英·甘地“消除贫困”的诱人口号以及在大选中对这一口号的火爆炒作，把人们的期望值调动到最高限。广大下层人民对英·甘地的激进政策抱有极大的期望，然而，严峻的现实使他们终于认识到，竞选的许诺是一回事，政策执行的结果又是一回事。那些竞选中描绘的美好前景原来是空中楼阁，可望而不可即！人们失望了，由失望而生出很大的不满，而且由于城市中小有产者也受到经济恶化的困扰，这种不满就由社会下层逐渐扩大到中层，不到一两年光景，就形成了强大的不满浪潮。人们怨声载道，“消除贫困”的口号成了笑柄。自然，这种形势很快就被各种反对势力所利用，为他们掀起一场全国性的反英·甘地运动提供了出师之名。只有印度共产党全力支持英·甘地。

1974 年 1 月，古吉拉特邦莫尔维工程学院发生学潮，抗议增加膳食费。事态逐渐扩大并蔓延到其他城市的学校。学生们指责邦首席部长奇·帕提尔和教育部长腐败，要求他们辞职。德赛领导的国大党（组织派）趁势在全邦掀起抗议物价上涨运动。工人和市民指责粮食供应不足，粮食配给制存在严重弊端，也要求邦首席部长辞职，解散邦议会。持极端情绪的青年和大学生采取暴力威胁方法，强迫邦议会成员辞职。这以后发生动乱，持续 3 周之久，死亡一百多人，伤三百多人。2 月 9 日邦政权由总统接管，邦议会随后也被解散。

在比哈尔邦，也发生了学潮，同样是立即得到反对党的支持。这里的反对党有人民同盟、国大党（组织派）和部分社会党人。社会党的最孚众望的老资格领袖 J.P. 纳拉扬的家乡就在比哈尔。他立即站出来领导运动。

纳拉扬

纳拉扬（1902—1979）倾向于圣雄甘地的哲学和政治见解，1954 年脱离政治舞台，专门献身于开展“献地运动”，但没有什么成效。他本来对国大党的政策就很不满，认为现行的政治体制是专制的腐败的体制，必须改变。他在等待重返政坛的时机，现在机会来了。他不仅起而领导比哈尔的反政府运动，而且要以古吉拉特和比哈尔的运动为契机，掀起一场全国性的斗争。他宣布，他的目的不仅仅是推翻国大党的统治，还要开展一场“全面革命”，建立一个理想社会。所谓“全面革命”就是要对整个社会的政治经济制度实行变革，建立以农村为基础的没有剥削压迫的公有制社会。纳拉扬参加运动十分有利于反对党，他立即成了反英迪拉的一面旗帜，仅仅是他的名字就足以吸引许许多多下层群众跟着他走，他的出现也为分散的反对党势力提供了一个集结的轴心。他领导的这场运动史称“J.P. 运动”①。

1974 年 3 月 18 日，巴特那大学生举行示威，抗议政府腐败和物价上涨，要求实行教育改革。示威游行演变成与警察的流血冲突，持续了 4 天。3 月 30 日纳拉扬发表文章，敦促邦政府辞职。4 月 6 日又在另一篇文章中宣称要与腐败和黑暗的政府战斗到底。4 月 8 日他领导了一次沉默进军。人群中高举的标语牌写道：“我们的心中充满悲伤”，“沉默象征我们的决心”。这种做法很快为其他城市效仿。4 月 9 日，纳拉扬在一次规模盛大的群众会上发誓要改变现状，说不达目的誓不罢休。印度共产党为支持英·甘地，在巴特那组织了 5 万人的示威游行。纳拉扬则在巴特那组织数十万人的游行示威作为回答。邦政府不敢逮捕他，怕出现控制不了的局势。1974 年下半年，要求邦政府辞职的运动已扩大到整个邦，到处发生罢工、罢课、罢市和大规模的示威游行。与警察的暴力冲突不断发生，共有 70 人死亡，500 多人受伤。邦议会有 37 名议员辞职。只是因为得到印度共产党的支持，邦政府得以勉强维持没有垮台。“J.P. 运动”还扩大到奥里萨邦、中央邦、旁遮普邦。这些邦的反对党同样号召人民群众开展大规模的行动迫使所在邦的国大党（执政派）政府辞职。这些邦也不止一次发生示威群众与警察的冲突。

1974 年 4 月 23 日，由乔治·费尔南德斯领导的全国铁路工人斗争协调委员会宣布要在 5 月 8 日举行全国铁路工人总罢工，要求把铁路工人工资提高 75%，增加物价补贴，实行八小时工作制等。联邦铁道部长 L.N. 米什拉与工人领袖谈判，因未能满足工人的全部要求，罢工如期举行。英·甘地向工人呼吁说，国家正面临经济困难，无力满足工人的全部要求，希望罢工领导人顾全大局，帮助政府渡过难关。在得不到响应的情况下，政府使用高压手段，包括大逮捕、断水断电等迫使工人复工。1975 年 1 月 2 日，米什拉在比哈尔邦一个火车站被暴徒炸伤，次日去世。这是独立以来第一次出现内阁部长被暗杀的事件，使全国局势更加紧张。

当反对党看到由于它们自身力量的分散，要撼动英·甘地并非易事时，出现了联合的要求。最先采取行动的是一些较小的党。1974 年 8 月 29 日，印度革命党、自由党、统一社会党、乌塔卡尔国大党和其他 4 个小党合并建立了印度民众党，以查兰·辛格为领袖。查兰·辛格（1902—1987）是北方邦人，出身贾特种姓，原为国大党北方邦政府成员，1967 年退出国大党，后担任该邦一个反对派的联合政府的首席部长。印度民众党主要反映土改和绿色革命后北印度农村新兴

① J.P. 是纳拉扬名字 Jaya Prakash 的开头字母。

的自营地主和富裕农民的利益，它宣称反对尼赫鲁“把马克思主义观点”强加给印度，主张走甘地思想指引的道路，强调应把农业摆在首位。对民众党的建立，纳拉扬持欢迎态度。此时他开始加强与所有反对党的联系，期望以自己的斡旋，促使反对党走向联合。1974 年他邀请各反对党领导人商讨联合行动问题。会议决定，建立一个由各反对党组成的 23 人的协调委员会。纳拉扬还特意出席人民同盟的会议，为人民同盟的教派主义色彩粉饰，为其他政党与人民同盟的联合做准备。他不仅呼吁各阶层群众参加运动，还号召警察和军人也不应服从现政府的非正义行动的命令。

古吉拉特邦的反对派反对在该邦实行总统治理，要求立即进行议会选举，英·甘地以条件不成熟为由，拒绝立即举行。德赛的国大党（组织派）多次鼓动均无结果。1975 年 3 月 6 日，纳拉扬在新德里和各反对党一起组织了一次请愿进军，据称有一百多万人参加，向议会递交了请愿书，要求在古吉拉特邦举行正常的立法院选举。之后，纳拉扬又亲自去古吉拉特邦表示支持。4 月 6 日德赛宣布无限期绝食，直至英·甘地答应举行邦议会选举。德赛年届 80，他的绝食引起人们极大不安。古吉拉特邦许多人举行 24 小时的同情绝食。在人民院，反对党成员以退出会场抗议政府无视德赛的要求。纳拉扬号召 4 月 11 日举行全国性抗议日支持德赛。在古吉拉特邦首府阿迈达巴德，游行示威发展为与警察的流血冲突。英·甘地担心事态发展超出控制，只得同意提前举行选举。国大党（组织派）和人民同盟、印度民众党、社会党立即在该邦结成“人民阵线”准备竞选。古吉拉特邦的选举是在新形势下反对党与英·甘地的一场关键性的较量。1975 年 6 月选举前，英·甘地亲自来这里为自己的党拉选票。纳拉扬则为人民阵线呐喊助威。结果，人民阵线获胜。国大党获得 40%的选票和 75 个席位，人民阵线获得 38%的选票和 87 个席位，人民阵线建立了邦政府。这是英·甘地遭到的严重挫折。从此，形势急转直下，对英·甘地越来越不利。

就在宣布古吉拉特邦选举结果的同一天，她遭到了另一个更沉重的打击。1971 年大选时，英·甘地和印度民众党领导成员拉杰·纳拉因（那时他是社会党人）同为北方邦莱巴雷利选区的候选人。选举结果，英·甘地当选。纳拉因认为英·甘地在选举中有违法行为，选举结束后就向阿拉哈巴德高等法院提出多项指控。1975 年 6 月 12 日，阿拉哈巴德高等法院法官贾·拉·辛哈认定纳拉因对英·甘地的多项指控中有两项罪名成立，即 1. 用政府工作人员 Y. 卡普尔为自己的竞选服务；2. 竞选中得到了邦政府官员提供的方便，如建立讲台，安装麦克风等。根据这两点，判决取消英·甘地议员资格，6年内不得担任任何选举的职务。这个判决对英·甘地来说无异于晴天霹雳，特别是在反对党攻势凌厉的这个紧要关头。她请求法官同意该判决缓期20天执行，同时立即向最高法院提起上诉，并要求最高法院允许在最终判决前无条件缓期执行阿拉哈巴德高等法院的判决。反对党在得知英·甘地遭判决的消息后如获至宝，明知英·甘地已获准判决延缓执行并已提起上诉，却迫不及待地宣布不承认英·甘地的总理资格，掀起了逼她立即下台的强大浪潮。他们到处组织游行示威，宣称英·甘地已没有资格担任总理，并向总统法克鲁丁·阿里·艾赫默德递交备忘录，称英·甘地拒不离开总理职位造成了宪政危机，要求总统立即撤销她的职务。国大党（执政派）则于6月20日在新德里组织了印度有史以来最大的群众集会支持英·甘地，有来自新德里附近各邦的一百多万人参加。

在强大的外部压力下，国大党（执政派）内部的分歧加剧。以钱德拉·谢卡尔、莫汉·达里亚为首的被称为少壮派的少数人要求英·甘地与纳拉扬谈判，做出政策调整，以防止矛盾白热化。在遭到英·甘地拒绝后，他们转而要求英·甘地在党内让贤。党内资深领导成员、一向支持英·甘地的贾格吉万·拉姆也转到要英·甘地辞职的立场上。

6月24日最高法院裁定，英·甘地继续执行总理职责，直至最高法院作出判决；这期间可以在议会发表讲话，但在人民院无表决权。英·甘地的地位暂时得到了法律保障。反对党决定继续施加压力，把逼迫英·甘地下台的运动推向高峰。6月25日，国大党（组织派）、人民同盟、印度民众党、社会党等反对党成立了协调组织——人民斗争委员会。在纳拉扬亲自参加下，决定用开展不合作运动的办法，迫使英·甘地下台。同一天，在德里召开群众大会，纳拉扬在会上号召全民包括警察和军人行动起来，开展一场全国性的不服从英·甘地"非法政府"的坚持真理运动。一场政治大动乱迫在眉睫。

九、宣布实行紧急状态

在要不要辞职的问题上，英·甘地曾犹豫过，但还是很快打消了这种念头。

她不甘示弱，而且认为，如果辞职，不仅会造成国大党（执政派）执政地位的动摇，也必然会影响到印度的未来发展方向。她的拥护者及她的小儿子桑贾伊都为她撑腰打气，促使她巩固信心。国大党（执）主席巴鲁阿甚至提出“英迪拉就是印度，印度就是英迪拉”的荒唐口号，竭力强调英·甘地对印度保持稳定和实现社会主义类型社会目标的不可缺少性。自然，在为国家利益着想、为人民利益着想的光明正大的理由下，他们劝英·甘地顶住压力也是为了维护他们这些党和政府的上层官员及其他政治上、经济上既得利益者的特权和地位。反对党立即抓住巴鲁阿的口号，指责国大党（执政派）把英迪拉和印度等同起来，就是把印度看做英迪拉的家天下，把英迪拉神化，以便他们这批人能永久垄断国家的领导权力。

既然不准备辞职，英·甘地就决定用宪法允许范围内最强硬的手段——宣布紧急状态，来制止事态的进一步发展。对在维持法制正常秩序下与反对派斗争，她已失去信心。在她的要求下，6 月 25 日午夜总统法鲁克丁·阿里·艾赫默德签发了在全国实行紧急状态的法令。26 日清晨英·甘地才召开紧急内阁会议，告知内阁。在对全国人民的广播讲话中，她解释实行紧急状态的理由时说，反对派正在酝酿发动一场全国性的动乱，企图推翻民主选举的合法政府。为达到这一目的，用种种手段制造动乱，甚至煽动军警反叛。全国大多数人的公民权利受到威胁，国家的安全和经济发展受到威胁，政府对此不能不闻不问，采取这种非常的措施就是要坚决防止这种动乱发生。她呼吁人民信任政府，与政府合作，以保证全国局势的稳定和各项工作的正常进行。

在宣布紧急状态后，立即进行大逮捕，把除印度共产党以外的几乎所有反对党的领袖以及国大党（执政派）内持不同政见一派的领袖都投入监狱。到 1977 年 3 月 18 日，被关押者达 34 630 人。政府颁布了新闻管制令，实行严格的新闻检查。又制定了预防有害出版物法，规定报刊不得刊登任何诋毁总统、副总统、总理、部长、人民院议长和邦长的信息和文章，对不服从中央政府关于新闻管制的规定的，除没收违法出版物，查封印刷设备外，还要没收保证金。公民言论、集会、游行等自由权利都被取消。英·甘地还使议会通过了两项宪法修正法案（第 28 修正法和第 29 修正法），禁止法庭受理任何有关实施紧急状态的起诉，免除对总理（在职期间）的任何诉讼。7 月 4 日，政府又宣布禁止 26 个政治组织活动，其中包括国民志愿服务团、一些伊斯兰教派主义组织和一批纳萨尔巴里派小集团。有一些官员不同意实施紧急状态法，被调离重要岗位，或被迫长期休假，或提前退休。

这是印度独立以来第一次由于政局不稳实行国内紧急状态，对此，所有反对党（除印共外）都表示愤怒并同声谴责。人们说宣布紧急状态不是因为人民处境危急，而是因为英迪拉处境危急。如印共(马）领导人 A.K. 戈帕兰说："突然宣布紧急状态不是因为国内安全真正受到威胁，而是因为阿拉哈巴德高等法院的判决和国大党在古吉拉特邦选举的失败。……此举使议会民主被一党独裁取代，所有的权力都集中到一个领导人手里。局势的这种突然转向，从民主向独裁的急遽转变是执政党摆脱危机，保持自己的统治地位的一种手段。"他指出："国大党对政权的垄断受到威胁，英·甘地在党内和政府内的地位受到威胁，这才是实行紧急状态的直接原因。"有人把 6 月 26 日称为印度现代史中"最可悲和最黑暗的一天"，说这一天标志着"印度第一共和国的死亡"和议会民主制的死亡。①

英·甘地这样做，激起政界和舆论界的普遍反感是必然的。在一个自独立以来就实行议会民主制的国家，用这种践踏民主的手段实行镇压是不会得到多数人的支持和谅解的。固然，危机主要是由反对党酿成，而且确实有出现一场大动乱的可能性，但不是说除了实行紧急状态这个办法就没有别的解决途径。英·甘地和她的拥护者如果能抛开个人权力考虑处理问题，未必不能找到可行的解决办法。但问题就在于，要他们抛开个人权力考虑是不可能的。

1975 年，国大党（执政派）利用自己在议会的多数地位，使议会接连通过了宪法第 38 修正法、第 39 修正法和选举法修正法。前者目的是使总统宣布紧急状态不受司法审查。第 39 修正法规定，在该法案生效前，任何有关处理选举结果上诉的法律，均不适用于总理、人民院议长参加的竞选活动，目的是使对英·甘地选举舞弊的指控失去法律依据。此举还是为下一步可能采取的措施做准备，即一旦最高法院驳回英·甘地的上诉，国大党（执政派）就可以依据新法案否定法院的判决。选举法修正法对选举中的腐败行为的含义又作了新的界定。最高法院立即就宪法第 39 修正案作出反应，判定该修正案有关选举上诉不适用于总统、总理和议长的规定违宪，理由是它涉及宪法的根本特点，超出了议会修宪权的范围；但同时认定选举法修正法有效。1975 年 11 月 7 日，最高法院就英·甘地的上诉作出了判决：英·甘地在 1971 年大选中有腐败行为的指控不能成立，

① N. Mehta, *A New Era in Indian Political System,* Jullundur, 1977, pp. 125–126,128.

当选议员有效。这个判决客观上给了英·甘地以强有力的支持，把她从法律上可能会丧失执政资格的困境中解脱出来。国大党(执政派）兴高采烈欢庆这个胜利，更加肯定总理拒不辞职和宣布紧急状态是做对了。

在紧急状态法宣布后，在德里和古吉拉特、马哈拉施特拉、比哈尔等邦，都有许多群众置禁令于不顾，依然罢工罢市。英·甘地了解人民的愤懑情绪，但她相信只要她的经济政策能证明她的政府可以使人民得到实惠，就可以逐步转变他们的情绪，取得他们的支持。为此，在实行紧急状态的第六天，即7月1日，她在广播讲话中宣布政府打算实行一个“20点计划”。其内容包括继续采取步骤降低生活日用品价格，落实土地持有最高限额法，加速分配剩余土地，为无地农民提供住房用地，取消契约劳工制，制定允许无地劳工、小农和手工业者延期还债的法令，改进普通群众用布的供应和质量，平价供给学生基本学习用品，扩大就业等。这个“20点计划”的目的显然是要使工人、城市贫民、下层农民和学生的生活状况能够得到一些改善，以便使占人口多数的这一大部分人支持她的政权。“20点计划”之外，又提出了“5点计划”作为补充。这5点是：民族和睦、计划生育、植树造林、儿童福利和城市发展。

“20点计划”实行起来遇到资金、物资资源等多方面的困难，加之邦一级掌权者并非都很热心去贯彻，所以许多方面都停留在纸面上。尽管如此，英·甘地政府为了表示诚意，还是在有些方面作了认真的推动，取得一些效果。如在中央要求下，各邦根据新的土地持有最高限额立法，加强了征收限额以上土地的力度。大多数邦制定了向无地农业工人提供宅基地的法令，宣布紧急状态第一年共分配宅基地300万处以上。1976年议会又通过了废除契约劳工制的立法。

1975年、1976年两年恰遇风调雨顺，农业丰收。1976年粮食产量为1.21亿吨。到1977年粮食储备达1800万吨，创历史最高纪录。由于限制罢工和强调努力增产，工业产量1975—1976年度增加了6%—7%，1976—1977年度增加10%以上。由于政府1975年11月调整了外汇政策，对外币存款优惠，加上许多在中东经商和从事劳务的印侨汇款回国，外汇储备到1977年达30亿美元。

紧急状态期间，经济形势虽有所好转，政治形势却一直是紧张的。这主要是因为桑贾伊一批人的胡作非为和各地在执行紧急状态法中的过火行为（如逮捕面随意扩大，狱中虐待，不少人公报私仇，趁机打击异己，以及趁火打劫、敲诈勒索等）所致。桑贾伊是国大党（执政派）下属组织青年国大党的领导人之一，他还单独为青年国大党提出了“四点行动计划”：每个党员要种植1棵树，至少教会1个人读写，整顿市容，积极参与计划生育工作。这些工作本来都是应该做的，提出这些任务未尝不可，但他和他手下的一批人在德里和其他一些地方不是耐心地做说服教育工作，而是强迫命令，专横跋扈，把计划生育变成强制绝育，数百万人（有印度教徒，也有穆斯林，其中不乏未婚青年和老翁）被强制实行绝育手术，他们还规定拒绝做绝育手术的，政府雇员要解雇，教师不准任教，商人得不到营业许可，司机得不到驾驶执照。有些地方甚至儿童上学也需要持有家长做了绝育手术的证明，否则不能入学。这一强制措施引起了社会各阶层的惊愕和愤怒。青年国大党一伙人还在德里市政当局支持下，以整理市容为名，在德里实行一项大规模拆除贫民窟计划，事先未作妥善安排就一阵风地行动，使成千上万的人无处栖身，引起极大民愤。后虽草草安置，也只是解决了少部分人的居住问题。土尔曼门清真寺一带的贫民窟，是大量贫苦的穆斯林世世代代栖息容身之地，一旦拆除而又没有安置，自然引起反抗。1976年4月18日，一些穆斯林阻挠拆迁，遭警察殴打，混乱中警察开火，打死12人，受伤多人。消息传开，引起穆斯林的强烈不满。穆斯林一向是国大党的支持者，强制绝育和拆迁严重损害了他们对国大党的信任。桑贾伊的颐指气使和竭力抓权，也使老一代国大党人对他极为憎恶。

根据宪法规定，在实施紧急状态法期间，如果有必要，人民院任期可以经议会批准延长，每次延长不得超过一年。人民院下届选举本应在1976年3月举行。英·甘地于1976年2月、11月两次提议延长任期，都在人民院通过，也即把大选推迟两年，第一次推迟到1977年3月，第二次又决定推迟到1978年3月举行。

1976年，在政府的提议下，议会又通过了几个宪法修正法。其中1976年通过的第42修正法在立法、司法、行政三权的关系上对宪法的规定作了一些重要改变，总的趋向是大大加强立法权，削弱法院行使司法审查权的权力，扩大政府的权力，其中许多规定明显超越了议会的修宪权力。如规定议会可以立法在中央和各邦设立行政法庭，负责审理与中央、各邦和公营企业官员执行职务有关的案件。这个修正法遭到大多数反对党议员的强烈指责。有些人是反对政府可能据此实行过激的改革，更多人是谴责它破坏宪法的根本原则，为英·甘地和国大党实行独裁统治制造根据。

十、第六届人民院选举，国大党惨败

人民院选举本来已决议延期到1978年3月举行，但这个决议作出不久，英·甘地改变了主意。她觉得提前选举对她的党有利。因为这时的经济形势相对较好，她相信经济形势的好转会冲淡人们对实行紧急状态的憎恶，认同她所说的实行这一特殊措施的必要性。她还相信只要她继续高举社会公平的旗帜，她的党绝对会比其他党更能得到群众拥护，新的一轮大选中多数人一定还会投她的票。从政治上说，各反对党在紧急状态期间受到很大打击，有的事实上已停止活动，突然提前选举会使它们没有时间做充分的竞选准备，这当然对英·甘地的党十分有利。正是带着这种信心，在继续实行紧急状态的情况下，1977年1月18日，她出人意外地在广播中宣布，根据她的建议，总统已批准解散本届人民院，于1977年3月中旬举行第六届印度人民院选举。举行大选就要为政党参选提供必要的条件。1月18日所有反对党领导人都被释放。1月20日报刊管制基本被撤销。这样，一场决定英·甘地和国大党（执政派）命运的新的激烈的政治角逐就又拉开了帷幕。

对反对党来说，这虽是个突如其来的好消息，但给他们的时间只有两个月，这使他们的参选处于很不平等的地位。这种情况迫使他们不得不采取适应形势需要的断然行动。1月18日，根据纳拉扬的倡议，国大党（组织派）、人民同盟、印度民众党和社会党四个党的部分领导人和国大党（执政派）内以钱德拉·谢卡尔为首、被称作“少壮派”的一批持不同政见的人聚会一起，策划如何在大选中彻底击败英·甘地的策略。与会者一致同意把各党派合并为一个统一的党，以统一的旗帜、统一的纲领、统一的候选人参加竞选。1月19日，与会的各党派的领导人达成合并协议。新党定名为人民党，推举德赛担任主席，查兰·辛格为副主席。成立了党的全国委员会，其成员包括加入人民党的各党派成员。1月23日人民党正式宣布成立，发言人说新党得到了纳拉扬和克里帕拉尼的祝福。纳拉扬被人民党尊崇为精神领袖，他没有在组织上加入人民党，但公开说他把人民党看做是“自己的党”。[①] 由于时间仓促，来不及做合并工作，决定各党都暂时保留

① V.D. Mahajan, *History of Modern India*, p. 253.

各自的组织，只建立了一个 9 人委员会负责领导党的竞选。显然，这种匆忙实现的统一只是为了达到一个目的：击败英·甘地，夺取政权。至于意识形态和政治主张的分歧暂时都被搁置。这是一种为了眼前需要而不惜采取一切手段的典型的机会主义做法。

印共（马）、阿卡利党、德拉维达进步联盟都对人民党的成立抱欢迎态度，并表示愿意在大选中与人民党合作。

人民党候选人的提名照顾到构成人民党的原各党派，是由原各党派分别提名，由 9 人委员会最后统一确定的。党的竞选口号是“自由与面包”。其竞选宣言强调，这次大选对印度人民来说，是在“民主与独裁、自由与奴役”间作出选择。还说英·甘地极尽专制独裁之能事，还是未能解决经济问题。人民党将不仅保障人民的民主权利，而且给人民面包。宣言提出要恢复人民的根本权利，恢复被扭曲的司法权威，保障新闻自由，还提出要重点发展农业，战胜贫穷。

英·甘地为大选奔忙不停。每个邦的党组织都要求她去发表演讲，哪怕时间很短也行。她几乎走遍全国，竭尽全力为自己的党拉选票。整个行程约一万公里，平均每天都要发表 5 次以上讲话，最多的一天是在北方邦 16 个县发表 16 次讲话。对人民党的出现、对反对势力纵横捭阖的活动她并不在意，认为这不过是 1971 年大选中右翼反对党拼凑的“大联盟”的花样翻新，是大杂烩，不可能形成集中统一的力量。国大党（执政派）的竞选口号是“消除贫困，减少贫富差别，铲除非正义”，强调的重点仍然是实现社会公平。英·甘地竭力为实行紧急状态辩护，说那是被破坏势力的非法行为所迫不得已而实行的，是为了从混乱和灾难中挽救国家。她还突出强调紧急状态期间印度经济上取得的进展，并以此证明实行紧急状态是为国家和民族利益着想，人民从经济发展中得到了实惠。她针对人民党的竞选口号嘲讽地说，人民党各构成部分观点不一，互相冲突，连提出一个统一的经济纲领都很难，怎么能指望它给人民带来面包呢？她还说，一个临时拼凑起来的内部矛盾重重的党是不可能建立稳定的有凝聚力的政府的。

国大党（执）内部此时又发生分裂。党内资深领导人之一、农业部长贾·拉姆宣布辞去政府职务并退党。在记者招待会上他解释自己行动的理由时说，他对英·甘地的独裁倾向再也不能容忍了。贾·拉姆和他的支持者建立了民主国大党，决定同人民党合作。由于他是表列种姓出身，在印度八千多万表列种姓中具有别的政治家不可能有的影响。他的退党对英·甘地是个沉重打击。

印度共产党和印度共产党（马）的竞选策略也不一样。印共在英·甘地的政府最困难的时候给了它最有力的支持，对宣布紧急状态也表示赞同，不过对其过分压制民主和实行个人专权的做法提出了批评。尽管如此，印共认为人民党是右翼势力大联合，是印度面临的最大危险，因此，仍持与国大党（执政派）合作的立场。在西孟加拉邦、喀拉拉邦和泰米尔纳杜邦，两者达成了竞选合作安排。印共希望国大党外的左翼政党能联合竞选。印共领袖丹吉说："国大党取得大多数固然不是好事，人民党掌权就更糟。"① 但其他左翼政党因不赞成印共对国大党（执）的支持，拒绝与它合作。印共（马）对政治形势的认识与印共相反。它认为英·甘地的国大党即便在实行紧急状态前也是一党专制，印共（马）在西孟加拉和喀拉拉邦的政权都被国大党（执政派）推翻，表明英·甘地是个独裁者，容不得异己力量存在。印共（马）认为国大党（执政派）一党独裁是主要危险，决定与人民党结盟，共同推翻国大党（执政派）的独裁统治。其方针是争取在喀拉拉邦自己获胜，在其他邦帮助人民党和其他反英·甘地的政党获胜。在西孟加拉邦，印共（马）与人民党作了候选人调整的安排；在泰米尔纳杜邦，与德拉维达进步联盟和人民党作了竞选协调安排。

这次人民院选举登记选民3.21亿人，参加投票的有1.94亿人，投票率为60.4%，几乎和1967年创纪录的参选率一样高。参加大选的全国性政党有4个，即国大党（执政派）、人民党、印度共产党和印度共产党（马）。此外，还有14个邦级政党和一大批地方小党。

选举结果，人民党取得胜利，国大党（执）遭到惨败，不得不下台。国大党自独立以来这是第一次丢掉在联邦的执政权。

人民党共获得总票数的41.3%，获得人民院542个竞选席位中的270个，占49.8%。与人民党紧密合作、不久后加入人民党的民主国大党获得1.7%的选票，28个席位，占5.1%。两者合计共得43%的选票，298个席位，占54.9%。

国大党（执政派）只获得总票数的34.5%，获得154个席位，占28.4%。英·甘地本人落选，内阁49名部长中有34名落选，桑贾伊也被淘汰出局。北方邦、比哈尔邦、哈里亚纳邦和德里直辖区原来都是国大党（执政派）势力较强的地区，这次它一席未得。在中央邦、拉贾斯坦邦这两个它影响较大的邦，这次只各得一席。这表明在北印度、中印，它完全被选民抛弃。它的选票主要来自南印度各邦，这是因为紧急状态期间的过火行为这里没有北印度突出，另外，人民党

① V.D. Mahajan, *History of Modern India*, p.223.

的主要构成部分民众党和人民同盟在南印度的群众基础薄弱。

国大党失败的原因首先是紧急状态的实行和其间的过火、非法行为（包括大量逮捕、过分压制新闻自由、限制罢工、强迫节育、大拆贫民窟而缺乏妥善安排、一些官员和桑贾伊的胡作非为等）使英·甘地在几乎社会所有阶层中都失去民心。议会民主制已深入人心，任何践踏民主的做法都会招致政界、舆论界、知识界、工商界的同声谴责；一向是国大党选票库的表列种姓和穆斯林也因桑贾伊一伙人的暴力行为而失去对她的信任。第二，反对党的统一行动是前所未有的，这一次是有史以来真正地把力量集中起来，从而形成一支强大的合成势力，压倒了国大党。这是特殊历史条件下的产物。在当时多数选民对国大党失去信任的情况下，这个党便成了人民群众或自觉选择或不得不选择的对象。第三，贾·拉姆从国大党拉出一彪人马，建立民主国大党，结果带走了很大一部分原国大党的支持者，特别是表列种姓，加剧了国大党选票库的分解。

英·甘地自己也对失败原因作了总结。她说，政府采取的强硬措施激怒了行政官员，计划委员会为了快速增长而实行的某些计划激怒了农民，应该发给工人的补贴没有发给激怒了工人，最后，强制实行的绝育措施招来了很多人的不满。她认为，国大党方面固然有这些失误，这次失败的主要原因是反对党深入每家每户，歪曲宣传，妖言惑众，败坏国大党的声望，在群众中造成了错误的印象所致。[①] 英·甘地总算承认了政府有很多失误，承认工人、农民等各阶层都不满，也承认紧急状态期间的个别失误。但她不提实行紧急状态的问题，不认为这是引起普遍不满的最主要的原因。这也是自然的，因为如果承认这点错了，她所做的一切就有被反对党彻底否定的可能，她必须固守这条防线。

国大党（执）服从人民的裁决，交出了政权，自己成了议会中的反对党。印度政坛多党制下一党独自长期执政的格局自此又在联邦一级被打破，开始了多党交替执政的新时期。这次大选充分显示了在成人普选制下人心向背的主宰作用，人民群众对国大党不满可以投票反对它，不管它是否在执政。从这个意义上说，人民的政治参与质量确实有了提高。国大党要东山再起，也必须重新争取人民的信任。国大党尽管为印度独立和建设立下了汗马功劳，选举失败则自觉服从人民的意志。这也表明印度议会民主制经过近 30 年的实施已经成熟。

人民党、民主国大党加上其他与之合作的政党（阿卡利党、德拉维达进步联

① M.C. Carras, *Indira Gandhi: In the Crucible of Leadership*,Bombay, 1980，p.234.

盟等）在人民院共有 349 席，接近 2/3 多数。人民党受权组阁，它联合民主国大党、阿卡利党组成政府。3 月 22 日，英·甘地向代理总统贾提递交辞呈，并发表声明表示作为反对党，愿与新政府实行建设性的合作。此前，在内阁最后一次会议上，通过了要求总统撤销紧急状态的建议。代理总统贾提于 1977 年 3 月 21 日颁发了撤销紧急状态的命令。所有根据紧急状态法被关押的人都被释放，被禁止活动的组织恢复活动。持续了 21 个月的紧急状态时期终成过去。

第二十章

人民党短期执政和英·甘地第二次执政

一、人民党政府的内外政策

1977 年 3 月 24 日上午，人民党和民主国大党的全体议员在纳拉扬和克里帕拉尼率领下在甘地墓前宣誓，下午新政府宣誓就职。这样，在印度历史上就出现了第一个非国大党的联邦政权——人民党政权。在纳拉扬和克里帕拉尼主持协商下，决定由德赛担任总理，查兰·辛格任内务部长，贾·拉姆任国防部长。内阁中还有两名阿卡利党人。

处于执政地位以后，1977 年 5 月 1 日，人民党召开成立大会，正式实现了组织上的合并。根据拉扬的建议，党主席一职由钱德拉·谢卡尔担任。成立了工作委员会，作为党的最高执行机构。5 月 5 日，民主国大党决定正式并入人民党。

虽然在组织上实现了合并，但原来各党派各不相同的意识形态和政治主张不是组织上合并了就能统一的，长期形成的派系效忠关系和感情联系也绝非合并就能很快冲淡，更不要说消失了。这就隐藏着随时爆发冲突的可能性。

既然作为一个统一的党执政，首要的任务就是制定统一的施政纲领。在消除紧急状态的伤痕，恢复和保障公民的自由民主权利包括新闻自由的权利，恢复司法的独立等方面，提出全党一致同意的主张是没有什么问题的，困难主要在经济政策方面。原来各党派的主张有很大不同，如何达到统一呢？统一以什么思想为基础？从人民党竞选宣言、党章和政府的政策声明中，可以看到，它是把实现甘地的经济政治权力分散化、为最大多数人谋福利的思想和保障公民的自由民主权利的民主思想结合在一起，作为统一的思想基础和政策基础。政治经济权力的分散化在经济政策上的表现是把发展的重点由重工业转向农业，由大工业转向小工业。1977 年 12 月人民党政府发表了《工业政策声明》，其中说，人民党的工业政策是以发展小型工业和家庭手工业为主要方针，凡是小型工业和家庭手工业能生产的，就只能由它们生产；在每个县设立县工业中心，作为促进小型工业和家庭手工业的机构，为其发展提供支持和服务；大工业的主要作用应是促进小型工业和乡村工业的发展和支援农业，为其提供必要的基础设施和必需的资本货物；国家不应再在金融方面支持大财团；公营工业要向小工业提供技术和管理知识，为促进分散化作出贡献等。人民党政府成立后，就把英·甘地政府制定的尚未完成的第五个五年计划（1974—1979）提前一年于 1978 年 3 月结束，1978 年 4 月开始实行人民党政府编制的、体现人民党主张的新的五年计划（1978—1983）。新的五年计划把投资的重点放在有扩大就业潜力的农业和相关部门，同时大力鼓励家庭工业和小型工业的发展。工业化被降为第二位的任务。1978 年政府把保留给小型工业和家庭手工业经营的项目由 180 项猛增到 807 项。尽管德赛宣布继续实行混合经济体制，工业部长费尔南德斯却不断扬言要摧毁塔塔、比尔拉帝国和全国 20 家最大的工业家族，包括把塔塔钢铁公司国有化。

莫·德赛

人民党执政的头一年，由于年成好以及以往兴修水利增加了灌溉面积，农业产量较前一年有较大的提高。工业增长较弱。1978—1979 年农业形势不如上一年，工业生产方面虽有增长，但煤、电供应出现严重短缺现象。政府的开支不断上升，在入不敷出的情况下只得动用库存。不到两年时间英·甘地政府留下的 1800 万吨粮食储备和 30 亿美元的外汇储备就被消耗殆尽。

人民党虽在中央执政，但全国邦政权绝大多

数都在国大党和其他政党手里。为改变这种不利的局面，它采取了一个非正常的步骤：把国大党执政的北方邦、哈里亚纳、喜马偕尔等9个邦的立法院解散，重新进行选举，理由是国大党在这次人民院选举中落败，表明它已失去这些邦人民的信任，再没有资格继续掌权。这个理由其实是不能成立的，因为人民院和邦立法院选举并不是一回事，不能因人民院选举失败而解散邦议会。这种做法纯粹出自党派利益，是独立后从未有过的。1977年6月这些邦重新选举的结果是：人民党在比哈尔、哈里亚纳、中央邦、喜马偕尔、拉贾斯坦、北方邦、奥里萨7个邦获得多数，建立了由它掌握的邦政权。虽然采取这种违反民主原则的非正常手段，人民党在全国掌握的邦政权也只有8个。

德赛政府成立后，在人民党党内和政府内就有强大的力量要求就紧急状态期间的许多过火行为和滥用职权行为追究责任，严惩英·甘地。1977年5月，政府任命了以高等法院退休法官沙阿为首的委员会调查紧急状态期间的所有官员的不法行为。经过7个月的多方调查，委员会在其报告中认为有大量不法行为发生，英·甘地要负主要责任。1977年10月3日，政府以英·甘地在实施紧急状态法期间经济犯罪为由逮捕了她，但次日法院认定证据不足把她释放。人民党此举颇受非议，很多人认为是蓄意报复。英·甘地的拥护者在许多地方举行示威游行抗议政府的行为。她的获释受到热烈欢迎和祝贺。人民党政府想搞臭她，却把受难者的光环戴在她的头上。1979年人民院通过了特别法庭法，规定成立特别法庭，受理对紧急状态期间高级官员胡作非为的指控。

关于外交政策，人民党宣布继续执行不结盟政策，同时指出，英·甘地政府对不结盟政策的执行有偏差，在对美苏关系上偏向苏联，这是必须纠正的。在执政的一年多时间里，人民党政府采取主动姿态，积极增强同美国和西方国家的关系，力求通过各种渠道，从那些国家获得更多经济援助和军事援助，以平衡印苏条约带来的对苏倾斜。尽管重点争取美国援助，人民党政府仍然继续保持与苏联的密切关系，两国又签订了一系列双边协定，经济合作有新的发展。在对中国的关系方面，人民党政府主张恢复和改善两国关系。1978年3月中国人民对外友好协会会长王炳南率团访印，1979年2月外交部长瓦杰帕伊访华，这是两国恢复高层往来的开始。

人民党政府面临的最棘手的问题是它内部原来各个党派之间的勾心斗角和相互拆台。构成人民党的各党派由于政见不同，更由于每个党都想掌握更多的权力，一直是尔虞我诈、互相排斥，争权夺利、同床异梦。争当总理，争当部长，争当议员，……凡是利益所在，都是争夺目标。这种情况从中央到地方可说无处不在。政府内外上上下下全都弥漫着明里暗里硝烟烽火的恶劣气氛。激烈的内争除了有意识形态差异外，当然更主要的是利益争夺和个人争权。这种无休止的争斗消耗了它的几乎全部精力，使他们根本无暇顾及国家的经济发展。党内斗争也使邦一级政治局面动荡不安。

1979 年起，人民党开始了分解过程。属于原印度民众党的大批议员首先退出，另建人民党（世俗派），人民党在议会中的席位大为减少。7 月 9 日，反对党对政府提出了不信任案。人民院决定 7 月 16 日投票表决。在这关键时刻，在表决前又有数十名议员退党，其议员总数已降至不足半数。德赛不得不于 7 月 15 日晚向总统提交辞呈。执政仅 2 年 4 个月的人民党政权宣告倒台。

一个中央政府任期未满就提出辞职，这在印度还是首次。按照宪法规定，当总统接受政府辞职后，如果执政党在议会中拥有多数席位，应由该党推选新的领袖，由总统任命为总理；如果执政党不具有多数地位，则总统有权授权能获得议会多数议员支持的原执政党或反对党的领袖组阁，也可解散人民院，重新举行大选。采取哪种方式由总统决断。总统雷迪在作了一些探索后最后邀请查兰·辛格组阁。查兰·辛格已退出人民党，加入了人民党（世俗派），成为其议会党团领袖。查兰·辛格得到国大党（英）、国大党（斯）[①] 和印度共产党的支持。1979 年 7 月 28 日，由人民党（世俗派）和国大党（斯）共同建立的新政府成立，查兰·辛格担任总理，国大党（斯）领袖恰范任副总理。国大党（英）没有直接参加政府。人民党议会党团领导人贾·拉姆和瓦杰帕伊激烈抨击查兰·辛格，说他为了当总理竟谋求英·甘地支持是极端无原则的，可耻的，并宣称一定要推翻这个政府。英·甘地支持查兰·辛格是希望他的政府撤销特别法庭，停止受理对她和桑贾伊的与紧急状态期间的行为有关的指控，但查兰·辛格迫于形势不能允诺这个要求。在遭到明确拒绝后，8 月 20 日，在预定的议会信任投票之前，英·甘地宣布撤销对查兰·辛格政府的支持。这个突如其来的打击一下就粉碎了查兰·辛格对通过信任表决所抱的希望。他不得不立即辞职。

8 月 22 日，总统雷迪宣布解散人民院，于 1979 年 11—12 月举行新一届人民院选举（后来选举日期改为 1980 年 1 月）。

---

① 国大党此时已分裂成分别以英迪拉·甘地和斯瓦兰·辛格为首的两派。

二、英·甘地东山再起

参加这次人民院选举的有6个全国性政党：人民党、民众党即人民党（世俗派）、国大党（英）、国大党（乌）、印度共产党和印度共产党（马），还有26个邦级政党和其他小党。

国大党（执政派）分裂为二是1978年初的事。1977年3月国大党（执）在大选败北后，英·甘地承认对这次失败负完全责任。但党内一部分人对英·甘地专断作风的不满，特别是对桑贾依的愤恨并没有消除。他们认为桑贾依以及英·甘地周围一批亲信所起的恶劣作用是导致选举失败的主要原因，提出要清除他们。英·甘地不同意，自己把责任揽了下来，实际上是要保护桑贾依。她的意见被否决，英·甘地亲信之一B.拉尔被开除出党，另一亲信V.C.苏克拉遭斥责处分。国大党主席D.K.巴鲁阿随后也引咎辞职，由B．雷迪继任。1977年5月初，亲英·甘地者和不满英·甘地者的斗争激烈化。当意识到部分人对她的不满已不能压制后，12月18日她辞去工作委员会成员职务，另7名支持她的成员也随着辞职。1978年1月1—2日，在她和她的拥护者共同策划下，在新德里召开了分裂的国大党全国会议。有五千多人参加。会上宣布这次会议有国大党全印委员会多数成员参加，是一次党的代表会议。会上选举英·甘地为党主席。她接着组成了工作委员会。国大党（执）领导人对她这种公然分裂党的活动十分愤怒，立即把她及参加分裂会议的主要领导人开除出党。这样，国大党（执）便分裂成两个党。两个党都宣布自己是正宗。英·甘地领导的党此后就称为国大党（英迪拉）。B.雷迪在1978年2月辞去国大党（执）主席职务，由斯瓦兰·辛格继任，不久又由乌尔斯接任。后者领导的国大党被称为国大党（乌）。英·甘地分裂党的行动是她长期以自我为中心，专权独裁的必然结果。

分裂之初，英·甘地派国大党力量远不及B.雷迪为主席的国大党。英·甘地决心重整旗鼓，积蓄和扩大力量，以求东山再起。她奔走各地，会见党员，访问群众，召开各种会议，渐渐地重新赢得人民的好感。1978年11月，在卡纳塔克邦契克马加鲁尔选区人民院议员补选中她再次当选，重返人民院。

这一消息使人民党政府感到了威胁。当她在议会再度露面时，迎接她的既有“胜利属于英迪拉”的欢呼声，也有“恶魔又回来了”的咒骂声。人民党无法阻挡她回到议会，竟以她阻挠议会调查人员收集咨询问题的材料为由，使议会通过决议，剥夺她的议员资格，将她拘禁。此举在全国引起了强烈反响，不但没有能打击英·甘地的威信，反而使她成为受难英雄而获得人民的同情。全国各地群众纷纷举行集会、游行、罢课、罢市，抗议对她的迫害。议会不得不将她释放。在监狱门口，她受到聚集在那里的人群的热烈欢呼和祝贺。人民党政府弄巧成拙，使得人们对英·甘地的不满逐渐被同情心所取代。英·甘地也抓住每一个机会，抨击人民党不光彩的报复行为，争取民心。正如她后来对伦敦一位记者说的：“政府对我采取的每一步迫害行动，结果都帮了我的忙。”①

当1980年1月将举行新一届人民院选举的决定公布后，英·甘地便以最大的努力投入竞选，以期夺回执政党地位。在竞选讲话中，她突出强调印度需要的是一个“能工作的政府”。她呼吁人民投国大党（英）的票，以使国家能重新步入民主、稳定、有秩序和进步发展的道路。针对人民党政府不断内争、动荡和在决策上的软弱无力，国大党（英）提出的竞选口号是：“只有英迪拉能把国家从混乱和动荡不安中拯救出来”，“要英迪拉，拯救国家”，还特别强调要恢复实施“20点计划”，宣称要把这个穷人最需要的礼物送给穷人。

1980年1月3日和6日进行第七届人民院选举。全国登记选民3.61亿人，有2.02亿选民参加投票，参选率为55.95%。结果，英·甘地的国大党大获全胜。它得到的选票占总选票的42.7%，得到353席，占总席位数的66.7%。这一成绩几乎可以和1971年那次创纪录的成绩相比。除西孟加拉邦和喀拉拉邦外，国大党（英）在其他所有各邦都获得了多数或较多的选票。民众党（即人民党世俗派）成为第一大反对党。印共（马）是第二大反对党。国大党（乌）得票微不足道。

英·甘地的国大党以这样突出的成绩再次当选是令人震惊的，但并不完全出人意料。毕竟在人民党重新分裂后印度政坛上还没有一支能与国大党抗衡的力量。

1980年1月14日，在总统主持下，英·甘地率领她的新一届政府成员宣誓就职。阔别了总理府34个月的英·甘地重新回到她的办公室。

英·甘地重新执政后，政府颁布命令终止特别法庭的活动，随后（1981）议会通过了撤销特别法庭的法令。1981年5月7日，人民院又撤销了1978年12

① V.D.Mahajan, *History of Modern India*, p.487.

月该院通过的关于英·甘地破坏议会特权的决议。至此，所有对她构成威胁的法令和决议都被推翻，使她真正走出了一直笼罩着她的法律制裁的阴影。

虽然在人民院的选举获得胜利，英·甘地的国大党在全国只掌握了 4 个邦的政权不久又丢掉 1 个。为了改变这种不利局面，她采取种种颠覆手段又得到了 4 个邦政权，但仍不满足。1980 年 2 月 17 日，她效仿当年人民党的错误做法，使总统 S. 雷迪发布命令，把 9 个由其他党掌权的邦议会解散，重新进行选举。这种以错对错的报复行动，表明英·甘地心胸同样狭窄，同样是把党的私利摆在首位。各反对党对英·甘地的谴责更加强烈。民众党主席查兰·辛格说："法西斯又当权了。人民必须认识到，民主已处在致命的危险中。"[①] 他的激烈反应在反对党中很有代表性。5 月，这 9 个邦进行了选举，结果，除泰米尔纳杜仍是全印安纳德拉维达进步联盟获得多数席位外，其余 8 个邦都是国大党（英）获得多数席位。这样，国大党（英）就控制了全国 22 个邦中的 15 个邦。

英·甘地第二次执政的几年，印度政党的情况有一些变化。在国大党（执）分裂和人民党分解的基础上出现的政党又都根据形势的变化做了新的定位。

国大党（英）作为执政党已完全成了英·甘地个人独裁的工具。从 1977 年坠入谷底到 1980 年东山再起，对英·甘地来说，不啻经历一场噩梦。在把党政大权重新集中到自己手里后，她自然想到如何才能保持。以往几年中，她的主要同僚大都离她而去，这使她不再相信高级同僚的任何人。1980 年 6 月 13 日，她任命她的小儿子、33 岁的桑贾伊为国大党总书记之一，实际上是要立他做接班人。党内奉承阿谀者自然大有人在，多数人则心存疑虑，保持沉默。6 月 23 日，桑贾伊在新德里驾机失事，突然死亡。对英·甘地来说，这是一个晴天霹雳。在痛苦和孤寂中她决定把大儿子拉吉夫召回身边，培养他接班。拉吉夫当时是印度航空公司的班机机长，妻子索妮亚是意大利人，是他在英国求学时结识的。他品行端正，不好浮夸，对技术感兴趣，无意从政。此刻应召，他并不情愿，但因不愿违抗母意，不得不服从。索妮亚也是如此。英·甘地努力为拉吉夫快速步入政坛创造条件，1981 年 6 月让他在北方邦阿梅提选区参加人民院议员补缺选举，结果当选。从这时起，英·甘地就让他总管自己的一切内外联络，代表她去各地视察工作，听取汇报，传达她的指示，实际上是让他很快熟悉政务和人事，了解下情，并参与决策。1983 年任命他为国大党总书记之一，负责党务工作。英·甘

① V.D.Mahajan, *History of Modern India*, p.500.

地这种火箭式的提拔与扶植，不免引起党内外议论纷纷。党内高层领导和桑贾伊培植的势力尤为不满。但她目标既定，就不顾一切地去推行。

显然，英·甘地的专权和破坏民主原则对党组织是绝对有害的。在表面的统一和令行禁止下，掩盖着实际的分裂、无休止的内争、党组织的瘫痪和无所作为。党内的选举制度被长期丢在一边，各级领导机构都要由上级任命，一切围绕英·甘地个人轴心运转。执政党本应起政府和群众间的桥梁作用，本应在各方面严格自律，起示范作用，这样的党怎么能期望起这种作用呢？结果是党执政成了英·甘地个人执政，执政党成了执政者个人的工具，在政府取得某些有限的政绩的背后，党组织却急遽地走向蜕化和衰败。

英·甘地再度执政为各反对党再一次树立了强大的对立面。各反对党又有了共同的对手。但再联合已经没有可能了。各个党急需做的事是重拉山头，重新定位，重整旗鼓，以准备未来的新的较量。

英迪拉派国大党的对立面——乌尔斯领导的国大党 1980 年大选受到选民冷落，主要是该党既没有在全国深孚众望的领袖，又提不出有自己特色的竞选纲领。大选后，大批党员退党，有的加入了英迪拉派。1981 年 8 月，乌尔斯辞去党主席职务，由夏得拉·帕瓦尔接任，该党改称国大党（社会主义）。

人民党在大选之后继续分裂。1980 年 4 月，人民党全国执委会通过了禁止党内成员与国民志愿服务团保持联系的决议，原印度人民同盟反对，决定退出人民党。这样，留在人民党里的便只有原国大党（组织派）、原国大党少壮派和原社会党的一些人了。谢卡尔依然是党的主席。他自知该党已没有多大影响，一再呼吁实现各反对党的合作，商讨建立某种新的联合阵线的可能性，但没有得到回应。对人民党人们已感到厌倦，不愿意重新和它开始新一轮联合的游戏。

民众党（人民党世俗派改称）的主要活动范围仍在北印度。查兰·辛格很想再做一番事业，但他在党内已失去昔日的威望。1980—1981 年，该党接连发生 3 次分裂。结果统一的党分裂成了几块碎片。查兰·辛格自己所在的党叫民众党（查兰·辛格）。

社会党在人民党解体的过程中不是原班人马退出，而是本身四分五裂，有的退出，加入了民众党，有的留下。社会党作为一支独立的力量从此不再存在。

在人民党瓦解后重建的政党中，表现出最有潜力的是印度人民党。它是人民同盟的原班人马于 1980 年 4 月退出人民党后随即成立的。也有一些从人民党分裂出来的其他派系的成员参加。瓦杰帕伊当选主席。

印度人民党雄心勃勃，声称党的首要任务就是动员人民反对尼赫鲁—甘地王朝的专政，并宣布从英·甘地手里夺取政权是该党的历史使命。本着这个既定目标，它精心制定了党的纲领，提出了“民族主义和国家统一、民主、积极的非教派主义、甘地的社会主义和价值基础上的政治”五项原则。这个政纲的制定是为了吸引各阶层各方面的人士站到它的旗帜下，使自己拥有能与英·甘地的国大党抗衡的实力。

印度人民党提出的民族主义和国家统一，其真实含义是把印度建设成为一个扎根于印度古代文明基础上的印度教民族的国家。把民主列入政纲显然是针对英·甘地的专权和独裁的。“积极的非教派主义”作为纲领提出，目的是向公众表明，印度人民党不仅不是教派主义的党，而且还是积极的非教派主义者。它是主张以印度的固有文明和价值立国，是要突出“印度教特性”（Hindtva）。这里用“积极的”一词是针对国大党的。印度人民党认为国大党偏袒穆斯林，讨好穆斯林，其世俗主义是虚伪的。把“甘地的社会主义和价值基础上的政治”作为原则列出是一个新的做法。社会主义旗号在印度已深得人心。印度人民党为争取群众支持，便也打起社会主义旗号。为了能与国大党的社会主义抗衡，就把甘地主义与社会主义结合在一起，提出“甘地的社会主义”的概念。所谓甘地的社会主义，据该党解释，就是消灭贫困，实现经济平等和自给自足，建立和谐和友爱的社会。“甘地的社会主义和价值基础上的政治”在政策上的具体体现是强调分权原则，反对经济权力集中。印度人民党指责公营部分过于庞大而又管理不当，指责私营垄断势力谋求高额利润损害国家和群众利益。主张对这两种经济都实行社会管理。它更多强调发展小工业和个体经营，同时主张大力扶植农民，对农业进行改造，改变乡村面貌。这种经济政策对城市中小工商业者、自由职业者和农民都有一定吸引力。

可见新成立的印度人民党是适应形势需要在纲领和政策上做了一些改变。党通过大力开展工作在北印度城市和少数乡村得到了发展，党员和支持者明显增加。到 1980 年底，该党宣称已拥有二百五十万党员。1981 年党又把向南印度发展提上日程。这年 4 月，党的全国委员会开会地点选择在柯钦，就是要向公众表明，它已不仅仅是北方地区的党，而是一个在南方也有影响的全国性政党了。1983 年 4 月，针对在农村工作薄弱的缺点，瓦杰帕伊又提出“到农村去”的口号，以扩大在农村的阵地。

由于这个党是在 1980 年初人民院选举之后才成立，它遇到的第一个考验不是人民院选举，而是1980年9个邦的立法院选举。结果它获得148席，占总席位数的6.6%，在中央邦、拉贾斯坦邦成了议会第一大反对党。此后在喜马偕尔邦和德里的议会选举中也都成了较强的反对党。但在人口较多的北方邦、比哈尔和马哈拉施特拉邦，力量还较弱，主要是农民还没有争取过来。

为了加强与英·甘地政府的对抗并扩大自己的影响，印度人民党向各反对党发出了建立全国民主阵线的呼吁。此时在反对党中，唯有它的势力在蒸蒸日上。如果实现了联合，它将是最大的受益者。但大多数反对党对它的迅速兴起抱警惕态度，对它的非教派主义的标榜不相信。它的呼吁除印度民众党外未得到积极响应。印共（马）、印共等则对它的浓厚的教派主义色彩继续进行揭露和抨击，如指出它为了扩大自己在群众中的影响，在阿萨姆、北方邦和克什米尔都利用当地发生的争端煽动宗教仇恨。各世俗政党反对它利用教派主义为其党派利益服务，对它的教派主义色彩起了一定的牵制作用。

印度共产党在英·甘地重新执政后也发生了分裂。分裂的原因是对英·甘地政权的态度出现分歧。以丹吉为首的一派主张继续支持英·甘地政府，以总书记C.R.拉奥为首的一派则持反对态度，提出英·甘地的国内政策有很多是反民主、反人民的，外交政策基本上是进步的，印共应反对其反民主、反人民的政策，支持其进步政策。这种主张对英·甘地政府实际上是持基本否定态度。由于观点分歧太大，以丹吉的女儿、印共全国委员会委员罗扎·德斯潘德为首的丹吉派于1981年3月召开了自己一派的代表会议，宣布成立新党，取名全印共产党。丹吉在会上发言指出，一些领导人把英·甘地当作反人民、反民主势力是错误的。4月13日，印共总书记C.R.拉奥控制的中央决定将丹吉开除出党。5月1日，丹吉加入全印共产党，并成为党的总书记。

印共（马）在英·甘地重新执政后继续奉行其原来的立场：支持她的不结盟和反帝的外交政策，反对她对内政策的“专制主义”，认为后者是国家面临的主要危险。印共（马）联合一些左翼政党（包括印共）在西孟加拉、特里普拉和喀拉拉的邦议会选举中获胜，分别建立了联合政府。对于国大党有意制造困难和进行颠覆活动，给予了及时的揭露和回击。1982年1月，在该党代表大会上，南布迪里巴德当选为总书记。印共（马）与印度共产党在群众基础空间范围方面的区别是，后者在全国分布较广，前者主要集中于西孟加拉、喀拉拉、特里普拉等少数几个邦。也正是由于这个区别，印共在任何邦都难以取得政权，而印共(马)则不断有在上述个别邦执政的机会。

三、经济发展战略的调整

英·甘地重新上台时，印度的经济形势是严峻的。1979年的严重干旱使这个年度粮食减产17.1%，受灾的7个邦有2.2亿居民处在饥饿线上。农业减产直接影响到许多工业部门的原料供应，造成产量滑坡，市场紧缩。另一严重问题是1979年国际石油价格暴涨导致财政支出增加和外汇紧缺，使石油、煤炭、钢铁等部门生产任务的完成和计划中的交通建设都面临重重困难，外贸逆差达65亿美元。

严峻的经济形势急需找到改变的途径。现实提出的最紧迫的任务是提高经济增长率。为此，最迫切的需要就是沿这个方向实行发展战略和经济政策的调整。

英·甘地本人对此也有一定感受。前一段执政时期在政策上以实现社会公平为重点，事实证明是个弯路。缩小贫富差距、实现社会公平固然是必须做的，但如果没有经济增长作为基础，再好的实现社会公平的设想也没有财力实现，最多也不过是在低水平上搞平均主义。实现社会公平的计划（包括人民党政府的）一再落空使她终于认识到：以往对经济增长强调不够是个失误，实行增长取向的经济政策调整再也不能被忽视和拖延了，这不仅是加速国家经济发展的需要，也是真正能缩小贫富差距的前提。

新政府成立后，英·甘地就把经济政策的调整突出地提上议事日程。然而，怎样才能提高增长率？什么是妨碍经济增长的主要问题？

英·甘地总结以往的经验教训，经过反复考虑，终于对问题的症结有了一定的认识。在重新执政后，人民党的“六五”计划被废止，她马上组织人马编制新的“六五”计划（1980—1985），并立即开始执行。新的“六五”计划体现了英·甘地指导思想的部分变化，国大党既定的体制和基本目标仍被遵循，不过，在发展战略上已不再完全遵循马哈拉诺比斯模式，发展的重点也有部分改变。

“六五”计划规定的总目标是力争在提高经济增长率，有效利用资源和增进生产力方面向前跨进一步；加强推进现代化的力度，实现经济和技术方面的自力更生；逐步减轻贫困，减少失业，改进人民的生活质量，并特别注重改善下层人民的经济状况。

1980 年 7 月和 1982 年 4 月政府制定两个新的工业政策说明。两个政策说明在重申发展公营成分的重要意义时没有再提公营成分要占领国民经济的制高点，而是强调公营成分要成为基础设施建设的支柱。1980 年的工业政策说明第一次承认公营部门的效益差，在人民群众中的信誉低，对此提出批评。文件提出要改善公营企业的经营管理，努力提高其经济效益。另外，强调对私营企业应改变态度，积极支持其发展。为此要打破实际上的封闭状态，鼓励竞争和技术升级，提高效率，并应吸引外资在高科技部门投资，以弥补印度技术力量和资金的不足。为落实这个精神，先后采取了以下改革措施：1. 扩大允许私营企业和外资企业经营的领域。允许经营的工业部门达到 24 类，包括电力、石油等。2. 放宽对私营企业扩大再生产能力的限制。3. 放宽对垄断财团扩大生产能力和新建企业的限制，鼓励大财团到政府宣布的 90 个“零工业地区”创建工业，不受《垄断与限制性贸易行为法》的条款的限制。还宣布政府确定的核心工业部门也允许垄断财团进入创办企业。1981—1984 年政府又使议会一连制定了几个《垄断和限制性贸易行为法》修正法，放宽对垄断财团扩大生产能力的限制。4. 提高小型企业（包括乡村企业）限定资产额的上限，这样，既可鼓励现有的小企业扩大经营规模，又把原划在线外、算作中等企业的一批资产不大的企业，收到小型企业名下，使其享受免除申请许可证等小型企业享受的所有优惠。5. 对“病态企业”，国家不再接管，提倡与健康企业合并，合并的企业享受税收方面的优惠。6. 政府开始重视新技术的引进，批准了一批技术合作项目，强调自力更生不等于技术孤立。7. 鼓励出口创汇。给百分之百面向出口的企业以特别优惠，允许它们引进新技术，扩大生产规模。印度出口额当时在国内生产总值中的比重还不到 10%，扩大出口主要是为了获得进口所需的外汇。8. 强调公营私营企业都要以提高效益为指导思想。英·甘地宣布 1982 年为“全国生产力年”。80 年代的口号是“提高生产力，实现增长”。

这一系列经济政策的改变收到了良好效果。例如，私人资本家受到鼓舞提高了投资的积极性。1980—1981 年度私人投资为 30 亿卢比，1983—1984 年度增加到 80.9 亿卢比。又如外贸额 1982—1983 年度输入为 154.285 亿美元，输出 94.528 亿美元，比 70 年代增加约一倍左右。外国投资 1982 年和 1983 年两个年度就有 6.2 亿美元，到 1984 年达 11.3 亿美元。

“六五”计划实施的结果是：预定的国内生产总值年增长率 5.2%的目标得以实现，第一次突破了 50—70 年代年均增长率 3.5%的所谓“印度教徒增长率”。

国民收入年增长率为5.4%，人均收入年增长率为3.2%，都基本上实现了计划规定的指标，这个成绩超过以往任何一个五年计划。

“六五”计划期间实行的经济改革只是初步的，从调整的客观需要说，远没有到位。公营企业的效益问题没有解决，多数企业仍然亏损，靠国家财政维持生存；对私营成分和外资的控制没有真正放开，半管制的体制基本依旧；对自力更生理解的片面，仍清楚地表现在对进出口的严格控制上。英·甘地不能改革得更多是可以理解的。但毕竟她已开始走上改革开放的道路，事实证明这种改革是需要的，正确的。

四、种姓冲突和教派冲突

80年代上半期印度世俗化进程在继续，但是种姓冲突和教派冲突这一时期却增加了。

种姓制作为一种被宗教神圣化了的社会等级制，是建立在自然经济和社会发展的慢节奏的基础上的，并由视不平等为天经地义的政治统治体制加以保护。一旦自然经济解体，社会流动性加大，它的经济基础便会逐渐发生动摇；而民主政治制度的建立和世俗教育的扩展，又把它的保护伞和理念上的托架拆除，剩下的最顽强的支撑力量就只有宗教传统观念了。传统观念固然根深蒂固，久滞难消，但如果没有别的因素干扰，它也不可避免地会日益淡化。独立以来人们种姓观念日益走向淡化，这是显而易见的，特别是在城市，商业越发展，社会流动越强的大城市越是如此。相比之下，农村的情况就差了许多，越是偏僻的经济文化不发达的地区，人们留存的种姓观念就越强。

独立以后经过几十年的发展，原先众多的种姓逐步结合成三个大的集团：高级种、中等种姓和低级种姓集团。中等种姓集团的崛起是独立后种姓结构最突出的变化。在南部印度，非婆罗门势力甚至在独立前就形成了独立的政治力量。独立后数十年，新的工商业者和富裕农民阶层的出现和发展使这种力量更为强大，其政治代表就是德拉维达进步联盟和全印安纳德拉维达进步联盟，两者在泰米尔纳杜邦先后多次执政。在北部印度，原农业种姓中有一些经济地位上升，他们成了中等种姓集团的重要组成部分。贾特种姓就是个典型。这个种姓分布在北方邦、哈里亚纳、拉贾斯坦等邦，在土改和绿色革命后经济势力大大增强。民众党声称代表他们的利益，反对国大党的亲高级种姓的政策。中等种姓的另一个构成部分，是原商业种姓。他们中既包括一些大财团家族，也包括全印各地数量众多的中小工厂主和商人。大财团在国家经济生活中的显著地位自不待说，中小工厂主和商人在城镇也具有比以往强得多的经济势力。低级种姓集团的地位也有明显变化。他们占全国总人口的 1/6，就社会职业来说多是农业工人、小农和手工业者。由于政府的保留政策和扶助措施，加上自我努力，表列种姓积极参与国家政治生活，一些人担任了公职，或在高等院校深造，经济地位也开始上升。表列种姓和落后种姓在有些邦还组织了自己的政党，如 70 年代初马哈拉施特拉邦的达利特[①] 建立的黑豹党、80 年代北方邦达利特建立的社会大多数人党（Bahujan Samaj Party）等，成为政坛上新兴的政治力量。这些变化表明，原来高级和低级种姓在经济上、政治上和社会地位上的截然区别已经不再存在，它们之间的差别正日益趋向弱化。当然，低级种姓集团多数人要根本改变自己的地位绝不是短期所能完成的。

种姓制既然是一种社会结构，与人们的利益密切相关，它的弱化过程就不会不受到人为因素的干扰。从七八十年代情况看，可以明显地看到，有三个因素在起强烈的干扰作用。

一是高级种姓中一些人看到表列种姓和自己平起平坐，特别是受到国家扶植，心里很不舒服，因而采取非法迫害手段以发泄愤恨情绪，或公开反对政府在官员职位上对表列种姓实行保留政策。1968 年在泰米尔纳杜邦一个叫基尔文尼的农村，有 42 名原贱民被高级种姓暴徒活活烧死。1980 年 2 月 6 日，比哈尔邦加雅县帕拉斯比加村有 12 名原贱民被高级种姓暴徒杀害。许多原贱民的住房被焚毁。这种情况主要发生在农村，不过城市里高级种姓中的狂热分子也不断进行集会、游行示威，反对保留制度，或要求削减保留比例。也有人以自焚抗议。1955—1976 年发生的攻击原贱民事件有 22 470 起，1977—1981 年增加到 64 511 起。仅仅是 1975—1977 年上半年，原贱民被杀害的就有 243 人。事件的猛增表明冲突的急遽增多。

二是种姓内部的上层为了利用种姓制壮大自己的势力，大力呼唤种姓意识，

① 达利特是表列种姓的另一种称呼。

建立种姓组织，开展多种多样的活动，以谋求自己或本阶层的经济政治利益。六七十年代以来，各种姓中较有经济政治实力地位的人突然发现，种姓组织是一种可供他们利用的工具，而且利用起来简便易行。各种姓的有钱有势者在竞争中需要群众的支持，在竞选中需要多多益善的选票，种姓组织正好可以发挥作用。对经济条件较差的多数人来说，参与种姓组织举办的各种活动也是扩大生计的手段，因此只要有人组织，也乐意加入。这样，各种各样的种姓协会便应运而生。它们的活动多种多样，异常活跃。如筹集资金，创办商店、旅馆、学校、银行，出版报刊，举办慈善事业，等等，而且与政党挂钩，在竞选中支持本种姓的候选人或他们所属、所倾向的政党的候选人。这些协会中势力较大者为扩大本协会的影响，甚至力图跨出本地区、本邦，实现同一种姓的跨地区、跨邦的横向联合。有些协会还在与自己种姓相近的种姓中串联，以谋求上下相关种姓的纵向联合。种姓组织和政党的出现使一些人的种姓观念又有所复苏，这对种姓趋向淡化的总进程不能不产生负面的影响。不过夸大这种作用，把它说成是种姓制复活甚至强化也是不正确的。如今出现的种姓协会已没有昔日种姓制度的实质，只是利用他的外壳和某些观念。换言之，现在的种姓组织只是和一个个特定的种姓名称联系在一起的一个个普通的社会群体组织而已。

三是干扰力量是政党利用种姓制扩大自己的选票库，谋取政治利益。种姓组织的活跃也是议会民主制下政党政治强有力推动的结果。争夺选票对所有政党来说，都是头等重要的任务。争夺群众在各国通常都会利用工会、农会、青年组织、学生组织、妇女组织、职业社团等。在印度，由于存在着种姓制度，从第一次大选开始，所有政党在利用其他群众组织的同时都非常注意利用种姓制度。其做法是在提名候选人时考虑选区内的种姓因素，尽可能提名本党中属于当地最有影响的种姓的成员为候选人，以吸引选票。当种姓协会出现后，各政党领导人不难发现，种姓协会正好可以利用。因此，各政党都积极支持、促进种姓组织的建立，有的干脆让自己党内不同种姓的成员去出面组织或参与组织。对它们来说，这和组织学生联合会、工会、农协的意义相似，是横向动员的组织形式之一。这样，政党对种姓协会的支持和利用就成了新时期激发种姓意识和活力，干扰种姓淡化过程的一个重要因素。

80 年代上半期印度教和伊斯兰教的教派冲突又凸现出来。60 年代后期教派冲突加剧的局面到 70 年代上半期减弱，但自 1978 年起又出现新一轮冲突高潮，重点地区是比哈尔、北方邦，还有古吉拉特及南印度的安得拉等。最严重的一次是 1984 年 8—9 月，北方邦莫拉达巴德市爆发的教派骚乱，死亡人数官方说有 400 人。许多房屋被烧毁，学校被迫停课 6 个星期。政府使用边防安全部队和中央后备警察部队，才得以控制局势。从许多宗教狂热分子家中搜出了大量枪支。

教派冲突的增加与经济竞争加剧有密切关系。经济发展把各阶层群众更广泛地卷入市场，使竞争加剧。由于资源缺乏和容纳力有限，也由于人们的活动能力有别，造成了发展的不平衡和穷富不均。当这种不平衡出现在同一宗教内部，那至多会使阶级矛盾加剧；当不平衡出现在同一地区的不同教派之间，那就极易被教派主义分子利用，挑起教派怨仇。教派狂热分子竭力煽动，把本教派群众在经济方面处境的欠佳，归罪为对方教派抢占了发展的有利条件；似乎要使本教派群众的处境得到改善，就必须把对方教派打垮不可。毫不奇怪，在这种情况下，任何看似平常的小事都可能酿成一场大的冲突。1984 年发生在北方邦莫拉达巴德的巨大的流血冲突就是由印度教徒和穆斯林争夺铜器制造业的优势地位引起。

教派冲突增加与印度教极端分子利用表列种姓改宗进行蛊惑有密切关系。由于一些农村地区的表列种姓仍不断受到高级种姓的迫害、打击，70 年代末 80 年代初不断有集体改宗伊斯兰教的情况发生。如 1981 年泰米尔纳杜邦农村有不少表列种姓整村整村地改宗伊斯兰教，1982 年在北方邦的米鲁特地区农村，也有大批原贱民改宗伊斯兰教。印度教狂热分子利用改宗大肆渲染，危言耸听地说，这是伊斯兰教蓄谋的扩张的表现，是对印度教的进攻。1982 年在马哈拉施特拉邦的骚乱中，世界印度教大会散发的一份传单中写道："这些骚乱背后有一个精心策划的阴谋。从摩洛哥到马来西亚，在伊斯兰世界里只有印度穆斯林占人口少数，因而，人们一直在努力使印度穆斯林人口增加，办法是说计划生育不适用于穆斯林，使穆斯林保持多妻制，以及使更多印度教徒改宗伊斯兰教。他们梦想利用民主制度在印度建立穆斯林统治。"另一份国民志愿团的传单写道："人们到处在议论：印度教社会如果容忍这个反民族的阴谋，它还能持续多久？如果印度教不坚持印度教生活方式，还有谁能坚持？印度教徒在世界上还能有栖身之地吗？"① 不难想象，这些无中生有的蛊惑人心的谣言会在印度教徒心中造成什么样的心理。1982 年初在马哈拉施特拉就发生了印度教狂热分子惨杀改宗的原贱民事件。

教派冲突的增加还与政党的利用密切相关。在印度的诸多政党中，有像穆斯

① A.A. Engineer, *Communal Riots In Post-Independence India*, Bombay, 1984, p. 94.

林联盟、阿卡利党这样的只限于本教派群众参加的政党，这类政党虽然是在议会民主制的机制下活动，但本身有教派主义性质的一面；也有像印度人民党这样的党，虽然自称是世俗政党，但其领导骨干和成员有很多人同时又是教派主义团体国民志愿服务团的成员，其政纲和活动带有浓厚的教派主义色彩。这两种类型的党利用教派主义自不待说，就是那些世俗主义政党在竞选中也经常采取机会主义的态度，利用宗教情绪和教派主义为本党拉选票。执政的国大党也好，其他政党也好，为避免触及选民宗教情绪，对教派主义的鼓动平时都是不闻不问，只是等教派暴力冲突发生后才去救火。这种治标不治本的做法是教派主义得不到有力遏制的重要根源。

五、中央—地方矛盾的尖锐化

80年代上半期印度政治中更为严重的问题是中央—地方关系的恶化。导致恶化的因素有：第一，尼赫鲁时期计划经济体制的许多措施，包括中央与地方分税、中央对各邦的拨款、中央决定大工业企业的设置、中央垄断对外借款和吸引外资的权力等，使中央权势过重，造成邦对中央的依附，中央决定邦的命运，邦在经济发展方面仍无自主权。第二，英·甘地滥用联邦权力，侵害地方权力，扭曲了宪法关于联邦和邦分权的规定。第三，地方势力日益兴起，越来越强烈地要求中央放权。

中央和邦的矛盾带有普遍性，无论在邦掌权的党与在中央掌权的党是不是同一个党，矛盾都是有的，只有程度的差别。

此外，还有少数邦，由于在上述矛盾之外还存在一些特殊矛盾，使它们和中央的矛盾更为复杂化、公开化、尖锐化。那里发生的事情成了全印度中央—地方矛盾的集合点。这些特殊矛盾在不同时期有变化，有些邦的特殊问题随着时间的推移得到了解决（如要求建立语言邦、泰米尔语系的邦反对以印地语为唯一官方语言，东北印那加、米佐等部族的分立主义要求等）；有些邦的问题则长期得不到解决。到80年代上半期，没有解决的主要有克什米尔问题、阿萨姆问题和旁遮普问题。

查谟和克什米尔邦由于加入印度的背景特殊且继续存在印巴争议，宪法第370条赋予它特殊地位，即享有最广泛的自治权。但在发现邦总理谢赫·阿卜杜拉有分离主义思想后，他被解职并被监禁，中央加强了对克什米尔邦的整合。此后，克什米尔邦的特殊权利有很大部分被逐步取消，克什米尔邦的地位和别的邦逐渐趋同。这样一种做法得到克什米尔国民会议党多数人的支持，但也有些人反对，他们谴责国大党剥夺宪法赋予克什米尔的合法权利是非法行为，有些人从对国大党不满逐渐转向分立主义立场。不过持这种主张者只是极少数人。1962年，克什米尔国民会议党领导人把国民会议并入国大党，作为国大党在克什米尔的邦一级组织。有些极端分子认为这是印度教徒对穆斯林力量的吞并，开始提出克什米尔独立的口号，从事分裂主义活动。尼赫鲁希望通过释放谢赫·阿卜杜拉来抚慰穆斯林。谢赫·阿卜杜拉几经周折，最后同意不再提出自决或全民公决问题，只要求在印度联邦范围内有更大的自治。中央政府和他达成协议，1975年2月他又成了克什米尔邦首席部长，随后他又恢复了国民会议党，成为该党主席。1982年谢赫·阿卜杜拉逝世，他的儿子法鲁克·阿卜杜拉继任首席部长。1983年6月该邦中期选举。选举前法鲁克领导的国民会议党与国大党建立了竞选联盟，但不久破裂。选举结果，国民会议党取得多数，建立了该党的政权。英·甘地不喜欢这样的选举结果，便支持对邦政府搞颠覆活动。法鲁克对此有清楚的认识，不断发表讲话，希望中央政府不要颠覆他的政府，但无济于事。1984年7月，法鲁克的妹夫G.M.沙在国民会议党内制造了分裂，宣称法鲁克已失去民心。英·甘地随即指令邦长贾格莫汉撤换法鲁克，任命G.M.沙为首席部长。其时，法鲁克在议会内的多数地位并没有因国民会议党分裂而丧失，法鲁克要求邦长召开议会证实这点或解散议会另行选举，均遭拒绝。法鲁克指责邦长此举违宪，指出这是国大党蓄意推翻他的政府。国民会议党多数人认同他的说法，对国大党和英·甘地甚为不满。G.M.沙的政府既无能又腐败，得到的支持率很低。在其执政期间，克什米尔的混乱局势不但没有缓和，还有愈演愈烈之势。

阿萨姆邦和中央关系的紧张是由外来人问题引起。在印巴分治后，就不断有孟加拉国的人越境进入阿萨姆，在这里定居务农。1971年东巴基斯坦战争中有八百多万孟加拉难民进入印度。孟加拉国独立后大部分难民回国，也有相当多的人留下。此后，越境迁入者仍不断增加。此外尼泊尔人越境进入者也不少。据1971年普查，阿萨姆人口比1961年增加34.95%，其中大部分是外来人。如果以这种速度增长，到90年代人口将比1961年增长一倍以上，就是说，外来人将成为阿萨姆邦人口的多数。阿萨姆人认为自己的利益受到侵害，外来人涌入造成资源紧张，工资降低，失业增多。外来人还能参加选举，他们人数的增多使孟加拉语也得到传播，阿萨姆人担心过不了几年，自己就会在政治上和文化语言上受孟加拉人排挤，因而强烈要求中央解决这个问题。联邦政府长期置之不理，之所以如此，是因为外来的孟加拉穆斯林在大选中一般都是投国大党的票，这有助于国大党保持执政地位，此外，还涉及与孟加拉国的关系问题，英·甘地不希望两国发生纠纷。1980 年又是大选年，阿萨姆人决心以实际行动向中央施加压力。他们要求阿萨姆邦延期选举，直到外来人问题解决。运动是 1979 年掀起的，领导者是全阿萨姆学生联合会和阿萨姆人民斗争大会。由于延期的要求被拒绝，该两组织宣布抵制选举，呼吁所有阿萨姆人参加，候选人放弃候选人资格。1979 年 11 月又宣布开展不合作运动。全阿萨姆教师联合会、其他自由职业者组织和中产阶级都支持这一斗争。印度选举委员会被迫同意选举延期。1980 年 2 月，英·甘地邀请运动领导人到德里谈判，但没有结果。不合作运动在全邦继续展开。政府开始镇压，成千上万人被捕。政府同时开展大张旗鼓的宣传，指责阿萨姆人搞反民族的分裂主义运动。这种做法激起阿萨姆更多人参加斗争，政府公务员也明里暗里给予支持。阿萨姆纳云吉石油输出总站被不合作者封锁，政府迅即派军队接管输油站。1981 年阿萨姆邦政权由总统接管。1983 年 2 月，由于总统治理届满，必须进行邦议会选举。运动的领导者号召继续抵制。结果更多地方发生流血冲突，有上千人死亡。在警察的严密监视下，进行了一场只有 20% 选民投票的选举，建立了一个毫无威信的国大党政权。这样的政权当然不能使局势平静下来。

旁遮普的动乱是英·甘地政府面临的最严重的问题。在 1966 年中央答应建立单独的讲旁遮普语的旁遮普邦后，阿卡利党基本上是满意的，但随后的事态发展引起了它的新的不满。新建的旁遮普邦锡克教徒只占总人口的 52%。由于锡克教徒有许多人加入了国大党，所以阿卡利党在选举中很难取胜。阿卡利党希望增加锡克教徒的人口比例，提出把分散在邻邦的锡克人居住的地区也划入旁遮普，中央拒绝。昌迪加尔市的归属是另一个争议问题。在分邦时，旁遮普和哈里亚纳都要求把昌迪加尔划归自己。昌迪加尔工商业较发展，旁遮普邦缺少工商业城市，非常想得到它。哈里亚纳则不相让。由于僵持不下，英·甘地决定把它作为中央直辖区和两邦首府的共同所在地，阿卡利党对此不满。阿卡利的不满还有河水分配比例等。

1966年11月，阿卡利党领导人之一的法泰赫·辛格提出了解决上述问题的要求，此后不断举行大规模示威游行和领导人绝食，向中央施加压力。在此期间，阿卡利党1967年、1969年、1977年三次在旁遮普议会选举中获胜，三次联合其他党执政，但由于内部派系斗争以及与其他党的矛盾都不能长久保住政权。邦政权不止一次被总统接管。这使阿卡利党人感到虽然成立了单独的邦，阿卡利党依然处于下风。

1973年10月，阿卡利党工作委员会在阿兰德普尔·萨希布开会。因会议决议没有公布，后来产生了不同说法。1978年10月在卢迪亚举行全印阿卡利党会议，通过了十多项决议，后来被统称为阿兰德普尔·萨希布决议。决议说："阿卡利党是锡克民族的体现，因而有充分资格代表它"。党的目的是要确立"卡尔萨[①]的主导地位"，要创造一种环境，使锡克人的感情和希望能够充分反映。[②]还说为了达到此目的，应该把昌迪加尔和附近所有说旁遮普语的地区都划入旁遮普邦。决议还要求这个新邦要享有比现在的邦更大的自治权，即拥有除国防、外交、货币和交通以外的一切权力。此外，还提出了一些经济和宗教要求，包括在旁遮普发展重工业，为锡克教徒建立中小工业提供贷款，制定全印锡克寺庙管理法等。

国大党对阿兰德普尔·萨希布决议的反应是激烈指责它是"分裂的宣言"、是"反国家反民族的"。阿卡利党内强硬派看到中央不可能接受锡克人的要求，就决定诉诸宗教，发动最广大的锡克教徒参加运动，以便形成与国大党对抗的强有力的力量，迫使中央让步。这就是80年代阿卡利党转向大力煽动教派主义的原因。

还在70年代末，在锡克教内就出现了由一批"圣人"为代表的原教旨主义势力。他们强调要净化和强化锡克教，与国大党"邪恶势力"抗争。他们支持阿卡利党提出的各种要求，同时指责阿卡利党软弱，不能捍卫锡克教利益。在这些"圣人"中有一个人最活跃、最狂热，很快就上升到领袖地位。他就是宾德兰瓦拉。

最具讽刺性的是，最早扶植宾德兰瓦拉的是国大党（英）。在宰尔·辛格主政旁遮普邦时，他为了把锡克群众争取到国大党旗帜下，也利用宗教。他看到

① 卡尔萨（Khalsa），字意为纯洁，原为锡克公社，这里指锡克教社会实体。

② K. Nayar and K.Singh, *Tragedy of the Punjab, Blue Star and After,* New Delhi,1984，p.135.

“圣人”们的鼓动对群众有吸引力，就挑选了宾德兰瓦拉加以培植，给他钱，还要他在寺庙管理委员会选举中与阿卡利党竞争。宾德兰瓦拉原为乔克梅塔锡克寺庙主持僧，并没有特别的名气，正是在国大党的扶植下势力日益扩大。

也就在这时，有少数阿卡利党外的狂热分子提出了建立“卡利斯坦”（意为纯洁的土地）的鼓动。卡利斯坦一词最早出现于1940年，是阿卡利党作为对抗印巴分治的手段而提出的。印巴分治后再没有人提及。1971年贾格吉特·辛格·乔汉又拾起这面破旗在英美鼓吹。1980年6月，他的拥护者山杜（全印锡克学生联合会总书记）在阿姆利则宣布建立卡利斯坦政府，以乔汉为主席。1981年另一个极端分子、美籍锡克人甘加·辛格·迪隆在美国鼓吹建立锡克独立国家。这年他回到印度，参加全印锡克教育会议，担任主席，又在会上鼓吹。全印锡克学生联合会也通过了类似决议。分裂分子还印制了所谓卡利斯坦国的国旗、地图、邮票、护照和货币，竭力给人以既成事实的印象。在阿兰德普尔·萨希布举行的宗教活动中，极端分子打出所谓卡利斯坦国旗，撕毁印度宪法，煽起歇斯底里狂热。这年9月，一架印度波音–737飞机被极端分子劫持。极端分子还在全国各地制造恐怖事件，印度报业巨子、卡利斯坦鼓动的反对者拉拉·贾格特·拉瑞因就是殉难者之一。分裂主义的猖狂活动得到“圣人”们的支持。宾德兰瓦拉就公开对暗杀拉瑞因表示赞扬。他们与分裂主义者一唱一和，形成了阴霾漫天的极为恶劣的气氛。

阿卡利党绝大多数人不赞成建立卡利斯坦国的主张。他们认为，旁遮普不可能脱离印度独立发展。锡克教徒的利益不在于独立，而在于争取更大程度的自治。阿卡利党此时内部分为两派。一派以前主席贾格迪夫·辛格·塔尔旺迪为首，另一派以现任主席哈钱德·辛格·隆格瓦尔为首。前者较强硬，塔尔旺迪曾说过，锡克人必须有自己的独立国家，但很快放弃。后者较温和，强调以争取较大的自治为限。不过虽然对卡利斯坦鼓动两派都不附和，对“圣人”们的狂热宗教鼓动却都表示支持。

就在分裂主义和宗教极端主义甚嚣尘上之际，1981年9月7日，阿卡利党发动了一场“反对歧视锡克人运动”的鼓动。1982年4月，又领导开展了大规模的不服从运动，有几万人被捕。在这种气氛刺激下，各地的骚乱、暗杀事件接连不断。阿卡利党为了壮大自己的群众基础，竟邀请宾德兰瓦拉参加不合作运动，这又提高了他在锡克人心目中的地位，模糊了阿卡利党与宗教狂热分子的界线。

英·甘地感到事态严重，释放了被捕者，派特使与阿卡利党谈判。谈判持续了一年多，就昌迪加尔归属问题、河水分配问题、广泛自治等问题达成了妥协方案。然而，英·甘地以相关问题需要与相关邦协商为由，在最后时刻把达成的协议又搁置起来。相关邦指哈里亚纳、拉贾斯坦，都是印度教徒为主要居民的邦。英·甘地担心对锡克人让步会激起印度教徒不满，影响国大党在整个印度教徒中的支持率。这样又失去了一个解决问题的好时机。

六、旁遮普问题的白热化和英·甘地殉难

阿卡利党对英·甘地搁置谈判协议方案极为不满，决定进一步向政府进逼。1983 年 4 月，开始采取有计划阻碍交通的行动。在与警察的冲突中，数十人被击毙。作为报复，阿卡利党领导人宣布打算征召十万志愿者，组成不服从运动的突击队。还宣布打算在全印举行开展不服从运动一周年纪念活动。正是在这种剑拔弩张的气氛下，阿卡利党内一部分人观点趋于极端化。在 1983 年 9 月的一次会议上，塔尔旺迪提出要在旁遮普建立平行的政府，而且开始征税。政府立即逮捕了他。10 月，总统颁令，接管该邦的政权。以宾德兰瓦拉为代表的宗教狂热分子和分裂主义分子相互呼应，煽动锡克教徒仇视政府，仇视印度教徒。在他周围逐步形成了一个武装小集团。他公开鼓吹暴力斗争。他说："锡克教徒今日所受屈辱，比莫卧儿时和英国统治时尤甚。他们怎能长期忍受这种虐待？"又说："很清楚，锡克教徒无论住在城市或农村，都是奴隶。我们要不惜任何代价获得自由。为此，要武装起来，准备战争，建立新的秩序。"① 尽管阿卡利党领导人隆格瓦尔谴责暴力，但党内许多年轻人开始接受宾德兰瓦拉的观点，袭击和个人暗杀活动急剧增加。1981 年 9 月—1983 年 4 月，共发生约 100 次袭击和暗杀事件。印度教方面也出现一些极端主义组织，针锋相对地对锡克教徒进行报复。

锡克武装恐怖分子不断与警察交火。他们精心策划，把锡克教圣地——阿姆利则金庙作为武装基地和集结中心，大量武器被私运到那里。宾德兰瓦拉也住入

① R.A.Kapur, *Sikh Separatism: The Politics of Faith*, London, 1986, p.227.

金庙。隆格瓦尔谴责暗杀活动。宾德兰瓦拉则宣称这是达到目的的唯一道路。他攻击英·甘地政府是“印度教帝国主义者”，把英·甘地说成是锡克教徒的“敌人”。他还指责阿卡利党“软弱”，称其领导人为“叛逆”。他的调子越高，越被视为英雄，其追随者也越来越多。

阿卡利党一方面受这种极端主义思潮影响，另一方面也为了巩固其群众基础，因而对政府的谴责也跟着升级，不但把动乱的责任都加在政府头上，而且也攻击中央政府要“消灭锡克教徒”。①1984 年 1 月，阿卡利党发动了新一轮鼓动，向人民院议员散发小册子，指责宪法抹杀锡克教和印度教的区别，从而抹杀锡克教的存在，要求修改宪法。极端分子甚至以焚烧宪法进行煽动。政府再次和阿卡利党谈判，依然没有结果。此时，恐怖活动愈演愈烈。1984 年 4 月，恐怖分子同时袭击 12 个县的 37 个铁路站，表明其活动已趋向有组织化。从 1982 年 8 月 4 日阿卡利党发动大规模鼓动开始，到 1984 年 6 月 3 日，旁遮普发生的暴力事件达 1200 多次，410 人丧生，1180 多人受伤。

1984 年 4 月 4 日，联邦政府宣布旁遮普为“危险的骚乱地区”。英·甘地作了广播演讲，敦促阿卡利党领导人不要采取过激行动，并呼吁各教派的群众保持冷静，不要受教派主义势力挑动。然而，政府既未在实质问题上作出让步，阿卡利党便也不准备接受政府的呼吁。不仅如此，它还要进一步加强对政府的压力，决定 1984 年 6 月 3 日再一次发动不服从运动，号召锡克教徒行动起来，阻止旁遮普粮食外运，拒绝缴纳土地税、水税。1985 年是大选年，如果旁遮普问题不能很快解决，显得中央软弱，将对国大党的竞选带来负面影响，因此，英·甘地决定赶在阿卡利党发动新一轮不服从运动之前，采取坚决的军事行动，镇压和清剿武装恐怖分子，并借此阻止不服从运动的开展。

这次军事行动被称为“蓝星行动”。6 月 2 日，政府下令调动数万军队进入旁遮普，包围恐怖分子盘踞的据点，其中一部分配有坦克的部队，包围了金庙。军队指挥官命令金庙内的所有武装分子出来投降，并要所有人员离开该地。一些人出来了，被拘留，包括阿卡利党的一些领导人。但宾德兰瓦拉和所有武装恐怖分子都拒绝出来投降。6 月 5 日，政府军的坦克向金庙开炮，并发动进攻。武装分子还击。经过激烈交火，7 日晨政府军占领金庙，缴获大批武器。在另外一些城市，极端分子以锡克寺庙为基地也或多或少与政府军交火。据官方公布数字，

① R.A.Kapur, *Sikh Separatism: The Politics of Faith*, London, 1986, p.228.

锡克教武装分子有 554 人被打死，其中包括宾德兰瓦拉，121 人受伤。政府军方面 92 人战死，287 人受伤。实际双方伤亡人数据认为还要比这多。金庙建筑有部分被炮火损坏。

“蓝星行动”从军事方面说使旁遮普的武装恐怖分子和分裂主义分子受到沉重打击，阻止了局势的进一步恶化。但从政治方面说，事情发展到靠炮击锡克教圣地来解决的地步，绝不能称之为成功。回过头看，旁遮普问题绝不是不可以通过政治途径解决，之所以未能实现，是因为英·甘地在处置上有重大过错。本来，阿卡利党最初提出的要求属于中央—地方关系的一般性矛盾，其中固然有偏于地方考虑的狭隘成分，但许多要求是合理的或不算过分的。如果英·甘地能接受其合理要求并切实落实，就能阻止阿卡利党行动不断升级；只要阿卡利党的要求和行动保持在正常的宪政范围内，分裂主义分子、宗教极端分子和武装恐怖分子便无从施其计，也绝不会有那样大的空间来毒化气氛，蛊惑群众。这是英·甘地处置局势第一个失误之处。局势既然已经恶化，就要求英·甘地分清不同矛盾，实行区别对待，通过对阿卡利党的适当让步，果断地阻止阿卡利党和极端分子联合。然而，她没有这样做。与阿卡利党的谈判本来已呈现转机，但她不愿因解决旁遮普问题招致丢失印度教徒的选票。她拖延时间，无所作为，致使有利时机一再被错过，使矛盾趋于白热化。这是第二个严重失误。最后当不得不依靠军事手段收拾局面时，她却又鲁莽行事，把本应慎重对待的宗教敏感问题置之不顾，只求急功近利，不考虑会带来什么后果，终致酿成无可挽回的政治错误。

“蓝星行动”是旁遮普问题长期得不到解决造成的恶果。分裂主义者、宗教狂热分子、恐怖分子的骚乱是导致这次行动的主要原因。阿卡利党在自己的要求达不到时诉诸教派主义，为分裂主义者、宗教狂热分子和恐怖分子的猖狂活动提供了温床，因而也起了恶劣作用。

占全印人口 2%的 1400 万锡克教徒，不论政治倾向如何，都对金庙圣地崇敬有加，珍视如同生命。尽管政府一再解释，“蓝星行动”不是针对锡克教的，而是为了粉碎叛乱，维护国家完整和旁遮普的安定，政府采取这一行动实属不得已。然而，大量锡克教徒依然感到震惊和愤怒，认为政府袭击他们的宗教圣地就是亵渎他们的宗教，藐视锡克人的感情。谴责的声浪从四面八方涌起。宗教狂热主义者更乘机歇斯底里地鼓噪，声称政府要消灭锡克教，使气氛更为紧张。锡克教徒在许多城市举行抗议示威，一些国大党的锡克官员、议员辞职，有的退回以往得到的勋章。在狂热分子挑唆下，不少地方发生了锡克暴徒焚烧公共建筑，破坏灌溉渠的骚乱，甚至有人劫持飞机。军队中的锡克教徒也有强烈反应，有些军官辞职，有部分士兵离队，甚至出现了哗变。政府为加强控制，把反应最强烈的全印锡克学生联盟宣布为非法组织，并大举逮捕骚乱分子。被监禁人数迅速增加，但仍于事无补。在加拿大、英国、美国的锡克教分裂分子进一步鼓吹建立卡利斯坦，呼吁锡克教徒从印度军队中撤出。9月2日，世界锡克教大会通过决议，要求政府军于月底前撤出金庙，否则将于10月1日组织一次“解放金庙大进军”。迫于压力，政府与锡克教高级僧侣达成协议，9月29日撤出金庙。总统宰尔·辛格和英·甘地先后来金庙视察，表示对金庙的重视。有人暗地向总统开枪，幸而有惊无险。尽管军队撤出，锡克教徒心灵上的创口却久久不能愈合。虽然表面上维持着平静，在私下里，谋杀英·甘地的阴谋已在紧锣密鼓地酝酿中。

对锡克教狂热分子谋杀英·甘地的阴谋印度政府情报部门已有所察觉。情报机构负责人曾建议英·甘地作为一项预防措施撤换其锡克警卫，但没有被采纳。事实上她不能这样做，因为这样的行动等于是发出对锡克人不信任的信号，只能起雪上加霜的作用。1984年10月30日，英·甘地在德里郊外一次群众集会上说：“如果我今天死，那我也毫无憾意。因为我的每滴血都是为了印度的民族。”“人的肉体可以消灭，血液可以干涸，但人的灵魂是不会泯灭的。一个人致力于国家进步、民族团结的精神和信仰是永生的。”[①] 这种豪言壮语表明她对可能发生意外是有精神准备的。就在这次讲话的第二天，10月31日上午9点多钟，当她从总理府院内的卧室出来，步行去办公室边的草坪会见英国记者时，在院子的拱门前，站在那里的她的锡克警卫本特·辛格按照预定计划，突然拔出左轮手枪向她射击，另一个隐藏在灌木丛后面的锡克警卫萨特万特·辛格跟着跳出来用自动步枪对她连续射击。英·甘地中弹三十多发。由于伤势过重，抢救无效，当天下午去世。

在圣雄甘地之后，英·甘地是又一位被宗教狂热和恐怖势力恶魔吞噬的印度领导人。

英·甘地遇刺的消息使全国上下深感震惊。全国沉浸在极大的悲痛中。各界人民愤怒谴责这一可耻的恐怖主义行动，对自己崇敬的领导人表示深切悼念。

英·甘地是印度独立以来，继尼赫鲁之后最重要、贡献最大的领导人之一。在执政的15年中，她为印度的进步发展和国际地位的提高做出了不懈的努力，

① 李连庆：《英迪拉·甘地》，浙江人民出版社1988年版，第215页。

付出了全部心血。尽管她的政策中混杂有很强的政治因素，但在下面这点上其积极作用是毫无疑问的，即她和尼赫鲁一样认为印度的发展绝不能照搬西方的模式，一定要考虑印度作为一个人口大国，大多数下层人民极端贫困的国情，选择适合印度的发展道路。尼赫鲁制定的民主社会主义的发展目标和实现这一目标的模式，她认为是最适合印度国情的道路，因此她要坚持并努力促使其实现。不过，她忽视了政策应随着具体形势的变化而及时调整这一重大原则，特别是在她第一次执政时期。她片面地追求社会公平而忽视增长使国家的经济发展走了弯路。她对民主原则的破坏在政治上造成的损害更大。这些失误和错误总的说是受政治斗争干扰，也与她认识上的局限有关。综观她两次执政，应该说，取得的成绩是主要的，她的政府以集体的努力，领导人民克服种种困难，把印度的发展又向前推进了一大步。

第二十一章

拉吉夫·甘地执政时期

一、稳定形势，举行人民院第八届选举

英·甘地遇害后，国大党中央议会局部分成员经过讨论，一致决定由拉吉夫·甘地继任总理。大家都知道英·甘地把他领进政坛的用意，在这样的危急时刻，由他继任最有利于保持全党团结。当时，总统宰尔·辛格正在国外访问，这个决定与他的想法不谋而合。回到新德里后，他立即直接任命拉吉夫·甘地为总理。1984 年 10 月 31 日下午总理宣誓就职。拉吉夫刚刚 40 岁，是最年轻的总理。11 月 2 日，国大党全印委员会一致通过决议，接受他为国大党议会党团的新领袖，随后又选举他为党的主席。

英·甘地遇难的消息传出后，在一部分丧失了理智的人那里，对丧心病狂的凶手的仇恨转化为一种盲目的报复欲。在一些印度教狂热分子的煽动下，他们不分青红皂白，把满腔愤怒向无辜的锡克教群众身上倾泻。消息公布当天，在德里、哈里亚纳及北方邦一些城市，就爆发了印度教徒大规模袭击当地锡克教居民的骚乱。4 天内，总共有约 2800 人被杀，五万多人无家可归，财产损失约达

2000 万美元。这是印巴分治以来出现的最严重的教派屠杀。形势万分危急，迫切要求中央采取紧急措施来控制局势，镇压骚乱。

拉·甘地命令来德里的各邦首席部长立即返回各邦，保持各邦的安定。11 月 1 日，他发表广播讲话，呼吁人民保持冷静，反对任何人的恶意挑动。他说："我们不能任我们的感情冲动，因为愤怒只会导致错误。在任何地方发生骚动都将是对我们敬爱的英迪拉·甘地英灵的极大伤害。"① 当天，拉·甘地和 15 位反对党领导人发表联合声明说："在国家遭受英迪拉·甘地悲惨去世所带来的严重损失的时刻，我们各主要政党的代表和政府，对在我国某些地区发生的毫无意义的暴乱深表悲痛。锡克人从来就是印度人民不可分割的一部分，在争取自由和建立独立的印度的斗争中，锡克人都担负了光荣的责任……把一小撮误入歧途的人犯下的罪行——不管是如何凶残——归咎于锡克人整体而对之施加暴力和侮辱，是毫无道理的。这种疯狂行为必须立即停止"。② 在政府的指示下，军队出动在许多城市实行戒严，控制了局势。德里地区当局在危急的形势面前行动迟缓，应对不力。拉·甘地撤换了副省督和警察总监，指示军警切实加强对局势的控制，并亲自巡视骚乱地区，要求做好受难群众的救助工作。正是采取了这些措施和得到各政党的合作，才得以把骚乱平息。

拉吉夫·甘地

1984 年 12 月 24—27 日，在全国仍沉浸在悲痛、愤怒和不安的气氛下，举行了第八届人民院选举。参加竞选的有国大党、印度共产党、印度共产党（马）、印度人民党和人民党等 5 个全国性政党、一批邦级政党及许多小党。参加投票的选民占选民总数的 63.6%。

由于英·甘地为国殉职在广大群众中博得尊敬和同情，也由于国大党把维护国家统一作为竞选口号深得民心，加之人民欢迎年轻有为的新领导人登上政坛，这些因素导致了选举中"拉吉夫热"的出现。结果，国大党获得总选票的 48.1%，得到人民院席位 415 个，占总席

① 比·克·阿卢瓦里亚、夏希·阿卢瓦里亚著，肖耀先译：《拉吉夫·甘地——一个英勇的形象》，上海人民出版社 1984 年版，第 43—44 页。

② 同上书，第 44—45 页。

位数（542 个）的 76.56 %。这是国大党独立后历届大选中最好的成绩，只有尼赫鲁执政时期三次大选的成绩接近这个纪录。这意味着人民对这位年轻的新领导人抱有很高期望。

拉·甘地组织了新一届政府。现在他得到了人民的直接授权，这使他信心倍增。

二、缓解旁遮普和阿萨姆危机

德里等地发生的骚乱，加剧了旁遮普的复杂形势。锡克教极端分子利用这个事件进一步煽动锡克教徒与中央政府对立，他们采取了一切可能的办法制造紧张气氛。阿卡利党通过决议，要求立刻全部释放其在押领导人，严惩骚乱的肇事者，并威胁说，如果不答应这些要求，将重新开展大规模的政治鼓动。

拉·甘地在赢得人民院选举后，就在对全国人民的广播讲话中说："我的政府将把解决旁遮普问题摆在优先地位"。① 他知道，旁遮普问题已到了非解决不可的地步，要解决就必须争取阿卡利党的合作，把温和派与极端分子区分开来；在解决方式上应寻求对话、谈判，尽可能避免使用武力。他建立了一个内阁委员会专门处理旁遮普问题。为了争取与阿卡利党对话，以打开僵局，1985 年 3 月，他无条件释放了阿卡利党领导人，撤销了宣布全印锡克学生联盟为非法组织的命令，允诺给旁遮普更多经济优惠与让步。对阿兰德普尔·萨希布决议也停止抨击。拉·甘地表示只要阿卡利提出的要求不超出宪法范围，都可以谈判。他任命阿尔琼·辛格为旁遮普邦长，授予他特别权力与阿卡利党接触。随后，政府还宣布对德里的反锡克骚乱进行司法调查和惩处。

阿卡利党领导人没有立即响应拉·甘地的主动措施。相反，为了在内部斗争中为自己树立坚定的形象，以争取得到更多锡克教徒拥护，在被释放后，他们都以锡克利益的最坚决维护者的姿态出现，高唱不妥协的曲调。这种形势对极端主义分裂势力起了鼓舞作用。1985 年 5 月，宾德兰瓦拉的父亲佐金达尔·辛格作

① N. Nugent, *Rajiv Gandhi: Son of A Dynasty*, London, 1990, p.91.

为极端主义的新领导人宣布，他要建立一个统一阿卡利党，继承宾德兰瓦拉的事业，邀请阿卡利党所有领导人参加该党的领导机构。塔尔旺迪参加了，隆格瓦尔等其他领导人都表示拒绝。从这时起，旁遮普就出现了阿卡利党和统一阿卡利党并存的局面。阿卡利党保持了原来的较温和的立场，统一阿卡利党立场与极端分子靠近，两者都竭力在锡克教徒中争取更多支持者。1985 年极端分子继续进行恐怖活动，甚至把恐怖活动扩展到旁遮普境外。德里一次炸弹爆炸，死八十余人。旁遮普豪西阿尔普尔—印度教领导人被杀，激起印度教狂热分子报复。这年 7 月，一架由多伦多经伦敦飞往德里的印度航空公司波音–747 飞机在离爱尔兰不远的大西洋坠毁，死 329 人，据专家认定是炸弹爆炸所致。

事态的这种发展是头脑清醒的锡克领导人也不愿看到的。隆格瓦尔就此止步，转而呼吁锡克教徒不要把矛头指向印度教徒，即便反对中央的政策，也无需采取暴力行动。他一再宣布，阿卡利党的目标不是要建立一个单独的锡克人的所谓卡利斯坦国家，而是反对对锡克人的不公正待遇。

拉·甘地立即对隆格瓦尔的新态度作出积极反应。旁遮普邦长阿尔琼·辛格开始秘密地与他接触。在谈判取得突破后，1985 年 7 月 24 日，拉·甘地与隆格瓦尔签订了解决旁遮普问题的 11 点协议。其中最重要的内容有：1. 把昌迪加尔市划归旁遮普邦，哈里亚纳邦将从旁遮普邦得到一片居民说印地语的领土作为补偿，具体是哪片地区，由一个专门成立的委员会划定。双方领土移交应于 1986 年 1 月 26 日进行。2. 决定建立一个专门的委员会，解决拉维—比阿斯水系河水使用的分配问题。3. 同意制定一个阿卡利党一直要求制定的全印锡克寺庙管理法。4. 关于给旁遮普邦更大的自治权问题，双方同意成立一个单独的委员会考虑，由该委员会向中央政府提出具体建议。

协议的达成是旁遮普事态向好的方向演变的重大转折点。全国人民热烈欢迎这一突破。然而，不久就发现，协定签订容易，要实行却很难。首先，阿卡利党已分裂成两个，温和派与政府达成的协议强硬派不接受，而强硬派不接受，也就无法削弱极端主义分裂势力，无法制止猖獗的恐怖活动。其次，旁遮普协议在内容上（如昌迪加尔归属问题、边界调整问题、河水分配问题等）与哈里亚纳邦或拉贾斯坦邦有直接利害关系。谈判没有这两个邦参加，也没有征求他们的意见。这样达成的协议，要他们接受是困难的，何况这两个邦与旁遮普邦利益冲突背后还存在着印度教与锡克教的教派矛盾，哈里亚纳邦和拉贾斯坦邦的印度教徒认为拉·甘地是为了安抚锡克教徒而牺牲印度教徒的利益。这两个缺陷注定了这个协议是极其脆弱的。拉·甘地态度积极，但求胜心切，在具体问题的处理上想得过于简单。

协议宣布后，不仅主张分裂的极端主义势力谴责隆格瓦尔，骂他“出卖锡克教利益”，对协议表示坚决反对，而且加入了统一阿卡利党的原阿卡利党内的强硬派也大兴挞伐，指责他是“叛逆”。极端主义分子则以加紧制造恐怖行动来阻挠协议的实施。

按照协议的规定，中央宣布这年9月结束对旁遮普邦的总统治理，举行邦立法院选举和人民院旁遮普邦议席的选举。隆格瓦尔的阿卡利党积极投入竞选，统一阿卡利党则宣布抵制选举。极端主义分子见选举进程已无法阻挠，便于8月20日卑鄙地暗杀了隆格瓦尔。但此举反而使多数锡克教徒对阿卡利党产生同情。阿卡利党选举巴尔纳拉为代理主席，竞选活动照常进行。选举结果，阿卡利党获得绝大多数选票，它也取得人民院议员选举的多数席位。这表明阿卡利党的立场得到旁遮普多数人的信任。拉·甘地对阿卡利党表示祝贺，他对国大党的胜败并不介意，而是赞扬阿卡利党的胜利是民主对恐怖主义的胜利，并说对这个邦来说，恢复民主政府比哪个党取胜更为重要。①

阿卡利党于1985年9月29日建立了邦政府，巴尔纳拉担任首席部长。极端主义分子和统一阿卡利党领导人恼羞成怒，立即把斗争矛头指向巴尔纳拉政权。金庙又被利用来作为活动基地。邦政府不得不授权警察进入金庙搜查。旁遮普的矛盾只是得到缓解，还远没有解决。

签订解决阿萨姆问题的协议是拉·甘地执政头几个月取得的另一个成果。阿萨姆反对外来人的动乱1983年达到顶峰，1983年有近三千人死于动乱。

拉·甘地执政后，就派人与阿萨姆人民联盟就解决外来人口问题重开谈判。由于政府对阿萨姆人民联盟的要求作了充分考虑，采取了较现实的态度，谈判终于达成共识，1985年8月15日政府与阿萨姆人民联盟领导人签订了协议。其内容为：1961年1月1日前进入阿萨姆的外来人可享有充分的公民权，包括选举权；1971年3月25日后入境者应予遣返；1961年1月1日—1971年3月25日间入境者，10年内没有选举权，但可享有公民的其他权利。还规定在边界线设防，阻止外国人继续渗入。联邦政府允诺在发展经济方面给阿萨姆以更多帮助，包括建立第二个炼油厂、一个造纸厂和一个技术研究所。还允诺提供立法和行政保障，以保

① N. Nugent, *Rajiv Gandhi: Son of A Dynasty*, London, p.99.

护阿萨姆人的文化、社会和语言个性。协议获得阿萨姆各界群众的普遍欢迎。

在根据协议重新进行选民登记后，1985 年 12 月现有的邦立法院被解散，重新进行选举。反对外来人运动领导者们组织了一个新党叫阿萨姆人民协会，参加选举，结果赢得立法院 126 个席位中的 64 个，获得了执政的资格。阿萨姆人民协会组成了新一届邦政府，该党领袖、原全阿萨姆学生联盟领导人普·马汗塔担任首席部长。拉·甘地对这样的选举结果是有准备的，他又一次不介意国大党的胜败而表示满意。阿萨姆人民协会的掌权缓解了该邦群众对中央政府的不满。这样，持续了五年的阿萨姆动乱终于结束。

拉·甘地因在执政不到一年的时间内就达成解决旁遮普问题和阿萨姆问题两个协议，声望大为提高，被媒体赞誉为“创造和平的总理”。

旁遮普动乱和阿萨姆动乱并非孤立事件，而是显露出水面的中央—地方紧张关系的冰山一角。拉·甘地执政后，表示要下决心解决这个问题。

以往人民党和国大党在人民院选举中获胜建立联邦政府后，都把反对党执政的一大批邦的立法院解散，重新进行选举，以争取建立更多由本党执政的邦政权。拉·甘地 1984 年大选胜利后对别的党执政的邦政权没有沿用这个恶劣的先例。旁遮普和阿萨姆两个邦在签订协议后国大党都丢失了政权，党内不少人抱怨，他却从全局考虑认为不是坏事。

在英·甘地和人民党执政时，滥用宪法总统治理条款成了中央执政党颠覆反对党邦政权的惯用手段。拉·甘地执政 5 年，只实行过两次。

人民党和英·甘地执政时期，政坛上倒戈风盛行，特别是在邦一级，它也成了中央执政的党颠覆反对党掌握的邦政权的惯用手段。拉·甘地执政后最早制定的法律之一就是反倒戈法。倒戈现象基本被制止，破坏中央—地方正常关系的这条重要渠道被封堵。

三、经济改革

英·甘地第二次执政后，针对经济发展的缓慢，开始实行旨在促进经济增长的一些改革。但她那长期形成的观念不可能在短期内有根本性的变化，她还有太多的政治上的条条框框要顾及，所以能施展的空间有限。

拉·甘地是较熟悉世界科技和经济发展潮流的年轻人。他了解什么是国际先进水平，对比之下，不难看出印度的落后。他涉足印度政治不深，思想上没有那么多的顾忌，却富有年轻人的蓬勃朝气、闯劲和锐意进取精神。他认为印度必须紧跟世界潮流，必须在科技水平上奋起直追，在经济体制上进行一场大的变革，以打破现在这种落后状况，根本改变国家的面貌。基于这种认识和决心，他提出了"让我们一起建设一个21世纪的印度"，①"建立强大的、繁荣的印度"②的响亮口号。还说："我们错过了工业革命那班车，但不能错过这第二班车，即电子革命或称计算机革命。现在我们必须紧跟这班车，追上并跳上去。"③

要实行经济改革首先要有新的经济理念，要解放思想，敢于抛弃那些不正确的或过时的看法。只有这样，才能明确应当怎样改革以及改革从哪些地方入手。拉·甘地正是这样做的。

首先，他强调要以先进科学技术带动经济跃进式地发展。从发达国家的经验中，他清楚地看到科技对提高生产力水平的举足轻重作用，认为印度的发展要赶上世界先进水平，必须把引进、应用、研究、发展新科技摆在头等重要地位，必须以提高生产率为主要着眼点。其次，他认为在科技进步日新月异的时代，印度的经济发展要追赶世界先进水平不能一切都按部就班从头做起，必须发挥后发效应，善于吸收和利用世界先进成果快速发展，实现跳跃式的前进。要有前瞻性，要看准世界经济发展趋势，结合印度的实际基础，选择一些未来最有发展潜力的产业和最紧要的部门首先大力引进和应用新科技，取得实效，以便对全局形成示范和拉动效应。他认为这方面的工作应该是政府管理经济的最重要的任务。

尼赫鲁和英·甘地执政时期在制定每一项促进经济增长的措施时，都要考虑不能拉大贫富差距，在许多情况下为了防止贫富差距加大，该采取的措施迟迟不愿采取，甚至为了实现社会公平而自觉地采取不明智之举（如接管病态企业）。拉·甘地在这个问题的认识上是明确的。他指出，在经济增长和社会公平两者关系上，必须把经济增长摆在第一位，在增长中逐渐实现社会公平。针对有些人怕提增长的心理，他说，增长是好事，只有生产力提高了，社会财富大大增加了，才有足够的财力实现社会公平。他说，在增长的过程中当然应尽可能兼顾公平，

---

① 1984年11月14日第一次政策性讲话，转引自N.Nugent, op. cit., p.61。

② 1984年11月12日在Doordarshan电视台的讲话。

③ B.K. Ahluwalia and S.Ahluwalia, *Rajiv Gandhi: Breaking New Grounds,* New Delhi,1985，p.58.

除政策调节外还要采取有力的直接扶贫措施，但绝不能以社会公平为由阻止实行合理的旨在促进增长的政策措施。

保护和竞争的关系如何摆正一直是个有争议的问题。独立以来的实践是行政保护过多，泯灭了各种企业的活力。拉·甘地从激烈竞争的西方世界回来，他了解竞争的作用，看到印度这种对客观环境消极适应的全方位保护的危害性，认为必须彻底改变，虽然某些保护一时还不能取消，但必须放宽对内对外的管制，促进建立一种积极有效的竞争机制，使每个企业（公营企业、小型企业都不例外）感到有压力，以促使其焕发活力。以往的领导人较多看到的是内外竞争对公营企业、小型企业和民族企业的危险性，以为建立一道防护墙是最可靠的保护。拉·甘地则指出，鼓励全方位竞争，提高企业本身的竞争力才是最有效的保护。针对许多公营企业年年依赖国家供养的现状，他说："印度能带着病态企业在发展的道路上前进吗？我们年复一年拿大量资金供养公营部门，什么时候才是尽头？""对公营企业的供养和溺爱必须停止。公营企业必须自己养活自己。"①

自力更生是既定的发展目标，但在英·甘地时，自力更生被扭曲成自给自足。印度在国际贸易中的份额越来越小，印度越来越被边缘化。拉·甘地反对把封闭国内市场看做自力更生，在他看来，印度已有自己的工业体系，绝大部分设备、原材料和消费品已能自给，自力更生已经基本上实现。今后部分设备、技术、产品还要进口，那是正常的互通有无性质的外贸关系，是进一步发展经济所必需的，任何国家都不例外。据此，他对自力更生的含义作了自己的新解释。正如"七五"计划文件所指出的："自力更生不是自给自足，它意味着发展强大的独立的民族经济，在平等的条件下，广泛地与世界发展贸易往来。"②

这些新的想法并不是拉·甘地一个人的观点，而是他和他的智囊团（包括阿伦·尼赫鲁、阿伦·辛格等）一起得出的认识。他挑选的财政部长是维·普·辛格。

拉·甘地政府采取的具体措施有：

---

① B.K. Ahluwalia and S.Ahluwalia, *Rajiv Gandhi: Breaking New Grounds*, p.242, p.236.

② Ibid., p.236.

（一）在经济体制上放宽管制

1. 对私营企业继续放宽管制，使之在经济发展中发挥更大作用　首先，经营领域方面的限制放宽，1985 年 5 月将原规定只属于国家经营的 27 种工业对私人大企业开放；其次，许可证的制度也有所放松，1985 年宣布特种钢、电力设备、机床等 25 种工业新建、扩建免除许可证，又开始实行“归大类”方案，即把工业品按性能大致相近的原则归为许多个大类，规定任何企业如已得到该大类中的一种产品的生产许可证，就可以生产这大类产品的其他种而无需再申请许可证。缩小许可证适用范围的另一种办法，是把可免除许可证的小型工业的资产上限由 100 万卢比再上调到 350 万卢比，使一大批中等企业归入小型企业的范畴，享受免除申请许可证的待遇。1986 年又前进了一大步，规定除了 26 种工业外，其他所有工业都免除申请许可证；最后，对《垄断和限制性贸易法》加给大财团的限制也有了进一步的松动。1985 年采取的一个重大步骤，是把受《垄断和限制性贸易法》管束的大企业（有 1732 家）的资产起限由 2 亿卢比提高到 10 亿卢比，使原受管束的大企业有 1/3 不再属于该法的适用范围。

2. 放宽进出口的限制，推动印度企业积极参与国际贸易　拉·甘地提出的新方针是，只要有利于技术更新、有利于出口的，无论是原料、中间产品还是资本品都可以进口。但考虑到印度企业需要为面临国际竞争做必要的准备，而进口的支付能力也严重不足，所以政府还是采取了逐步放开的办法。1985 年规定，有 201 种以前严格禁止进口的资本品可以按一般公开许可证进口。资本品的进口税率从 65%降低到 45%，还免除了计算机和电子工业设备的进口税。对进口的管理办法也逐步从限额管理向关税管理的方向转变。以往进出口政策是每年有新的规定，前后常有较大变动使企业家和进口商有一种不稳定感，行动迟疑。1985 年政府出台了 1985—1988 年三年适用的进出口政策，使他们不再担心短期的变动。

3. 促进出口　这是一项更困难的任务，但势在必行，否则就拿不出钱引进新技术和设备。拉·甘地看到要使印度产品能打开国际市场，只能寄希望于采用新技术、新设备，提高产品质量，降低成本，再就是发展新型产业。传统的出口产品数量有限，若要扩大出口也必须采用新技术，进行深加工。因此政府把促进出口和进口紧密结合，把促进的重点放在生产那些市场潜力较大的产品上，如电子工业产品、计算机软件等。为鼓励出口，对面向出口的企业，在许可证的适用上、税收上、进口设备上、外汇的截留上都给予优惠，优惠的程度还直接与出口产品的比重挂钩，比重越大优惠越大。如产品 100%出口的企业免税 5 年，并可自由进口设备。

4. 进一步采取措施引进外资和外国先进技术　1980 年英·甘地开放了电力、石油、煤炭、机床、化肥等部门，允许私人、外国人投资。拉·甘地执政后，1985 年又开放了电子、计算机、汽车、港口建设等多个部门，鼓励外资进入，特别鼓励外资投资于高科技的部门和到落后地区创业，对合资企业的税率也有所下降。审批手续也大大简化，所需时间缩短。结果，1980—1990 年印度与外商签订的合资协议增加到 7941 项，平均每年 700 多项，是 70 年代平均数的 2.44 倍。引进外国技术的项目，80 年代也逐步增多。

5. 推动公营企业改革　这是最大的难题。公营企业经过 30 余年的发展，规模已相当庞大。1984—1985 年度公营部门产值占国内生产总值的 24.5%，而 1950—1951 年度只有 7.6%。公营部门本应创造大量的效益，成为资本形成和扩大的主要源泉。这正是人民所期望的。事实恰恰相反，由于长期受过度的保护，缺乏竞争压力，不讲效益，结果造成了企业官僚机构化，人浮于事，效率低下，许多企业年年亏损，靠政府财政补贴维持生存。公营企业反倒成了国家财政的包袱。公营企业的资产占全国工业总资产的 3/4，而产品却只占全国工业产品的 1/3。这个问题早就被提出来了。拉·甘地执政后，要求公营企业应成为有效益的“能创造更多投资回报”的企业①。但冰冻三尺非一日之寒，他只能从改革管理体制入手。公营企业官僚机构化的现象必须打破，企业领导人必须对企业的效益负责，必须有一定的经营自主权。为建立责任制，1985 年起，实行了公营企业负责人与政府签订谅解备忘录制度。其中规定了企业的权益和企业负责人的职责和义务，并规定了奖惩办法。对病态企业，政府不再承担收容所的职责。1987 年中央建立了工业和财政复兴局，负责帮助病态企业通过改善管理体制或改组、出让、出租、合并以求振兴，对无可救药的实行关闭。政府拨给一笔资金，作为工人安置和再就业培训费用。

总之，在制度改革方面，拉·甘地在英·甘地改革的基础上又向前迈进了一大步。不过他的改革仍然是局部性的，只是放宽而不是解除那些已过时的管制。

① B.K. Ahluwalia and S.Ahluwalia, *Rajiv Gandhi: Breaking New Grounds*, New Delhi,1985，p.61.

他还没有完全跳出原来模式的框框。这不难理解。自由化改革是对尼赫鲁发展模式的重大修正，国大党内相当多人对实施这一模式已形成思维定势，骤然转变也难。他若步子迈得太大会遭到“偏离既定发展道路”的指责；他还要维护他母亲的威望，制定政策时要考虑和英·甘地的政策的适当衔接，避免给人以他全盘推翻母亲的政策的印象。改革还遇到左翼政党和既得利益阶层的强烈反对，措施过于激烈会引起社会动荡。这一切都制约着他，使他尽管想得较多，也只能在原模式的范围内从局部的改变做起。

（二）使高科技成为经济发展的强大动力

尼赫鲁和英·甘地执政时期，虽然对发展科技是重视的，但技术资源潜力的充分发挥和技术水平的提升都受到过分实行进口替代方针的束缚。由于封闭国内市场，强调自己研究、自己开发，严格控制技术引进和外货进口，所以，在科技开发和应用上虽有一定成就，但因缺乏强大的外部竞争，也就没有促使不断技术革新的压力，和世界的科技发展潮流脱节，在全球日新月异的进步面前落后于形势，差距越来越大。这就导致了以下情况的出现，即少数领域的研究是先进的，大多数领域落后；就全国制造业投资来说，高技术投资所占比重很小，中等技术投资稍多，而最多的是低技术投资。据联合国《1997 年世界工业发展报告》的统计材料，1980 年印度制造业投资构成按技术分类为：高技术占 10.5%，中等技术占 26%，而低技术占 63.4%。平均技术水平的落后与技术人才数量居世界前列形成鲜明反差，表明经济发展的最宝贵的资源没有充分开发和利用，发展的潜力受到严重束缚。技术落后不但制约增长速度，也决定了印度的产品许多是价昂质劣，虽在国内市场中称王称霸，在国际市场上却没有竞争力。

有着技术背景的拉·甘地希望印度不但科技水平要普遍提高，还要特别发展那些处于潮顶浪尖上的高科技。他强调印度未来的经济发展必须选择最有发展潜力的产业部门，依托高科技，促成这些产业以超常速度发展，使之成为“增长极”，以对全局的经济增长和技术升级形成强有力的辐射和拉动作用。从西方的实践中，他认识到信息革命将是人类又一场深刻的技术革命和社会革命，因而认为印度要跳跃式前进，就要抓住像信息产业这样的高科技产业，使之高速高效增长，以带动全局的发展。

要使高科技成为经济发展的推动力，不仅要选好目标，还需要实行激励体制和政策。只有这样，才能把高科技是先进生产力的口号落到实处。拉·甘地正是朝这个方向努力的。考虑到引进、开发高科技需要较强的人力、资金、技术设备条件，且需要长期的工作，任何公营企业还是私营企业单独担负这项任务都有困难，拉·甘地政府决定在鼓励企业以自己的力量采用高科技的同时，仍由政府承担引进、研究、开发、转移的主要任务。政府用于科研和发展方面的经费较英·甘地执政时有较大增加。政府科研和发展的支出占国内生产总值的比重1980—1981年度为0.6%，1985—1986年度为0.9%，1988—1989年度为1.0%。为了支持科研成果向实际生产力转化，政府还专门设立了风险资本基金。

拉·甘地执政期间，发展高科技产业取得最大成就的是信息技术、生物技术、核电、石油开发等。信息技术产业最具典型性。

信息技术是计算机和软件与通信技术的结合。其在现代社会里所占的重要地位，在印度是英·甘地第二次执政期间才有所认识。1984年3月，政府解除了公营部门对计算机工业的垄断，允许私营企业经营。计算机和软件产业具有技术要求高但投资少、收效大、风险小的特点，印度发展这个产业有独到的优势。印度具有技术人才优势，知识分子又有说英语的便利，一些人已置身美国计算机和软件行业，掌握了这方面的基本技术；印度的劳动力价格低廉。所以，只要政策的引导到位，在印度发展信息产业前途无量。在印度的政治领导人中正是拉·甘地最早看到了这一点，并迅速果断地把发展计算机和软件业确定为印度发展高科技产业的重点。在政府中，他亲自兼任科技、电子部部长就是为了保证他的决策得以贯彻和落实。

新政府建立伊始，就出台了新计算机政策（1984年12月），此后制定了电子综合政策（1985）、新软件政策（1986）和一系列相关配套的政策措施，改变体制，解除束缚，鼓励创新，从各方面为计算机和软件产业的快速发展创造最好的条件。

为了给计算机和软件创造强劲的需求，也为了推动国内各企业、事业和行政机构管理的现代化，拉·甘地要求各单位的信息处理和管理都要计算机化。到1987年上半年，各大型企业、各政府机构以及铁路、银行、航空、饭店等公共服务部门基本上都实现了信息处理和管理的计算机化。这为新兴的计算机和软件产业开辟了广阔的国内市场。仅政府采购的计算机就占了国内销售总额的60%左右。当然，更大的期望是在国际市场上广开销路。政府制定了雄心勃勃的出口计划，大力采取措施鼓励出口。1985 年成立了电子及计算机软件出口促进委员会，在其他外贸组织配合下，负责在国外宣传，举办展览，联络渠道，拓展销路，并为出口企业提供国外的市场和技术信息。政府在贷款、税收和进口政策上对出口企业实行优惠。

为了促进计算机和软件业的快速发展，一个相应的配套措施是加强人才的培养。这是一个不仅着眼现在而且着眼未来的重要战略措施。1984—1985 年度开始在高中开设计算机课程，满足社会对初级电脑技术人员的需要，又为培养中高级人才打下基础。印度高等教育规模大，基础较强，扩大计算机和软件人才的培养有较好的条件。各高校纷纷增设信息专业，还专门建立了一些信息技术学院。在培养要求和教学手段上向美国看齐。毕业生质量较高，大部分人成了创业的技术骨干，还有不少人活跃在美国的“硅谷”和西方各大著名公司，参与世界尖端产品的开发研制。

拉·甘地的期望没有落空。由于在生产、需求、研发等各方面采取了较完整的配套措施，计算机和软件业作为一个新产业部门迅速崛起，呈现欣欣向荣之势。1981 年全国计算机生产厂家只有 80 家，1984—1985 年度有 150 家，1985—1986 年度就翻了一番，增至 300 家。有条件的厂家已开始了自己制造的努力。1986 年后，软件的开发骤然兴起，软件业公司如雨后春笋般出现。软件出口的年增长率 1986—1990 年都在 40%左右，出口额 1984 年为 2530 万美元，1989—1990 年度增加到 10 540 万美元。这一良好开端昭示着远景的光明，为未来更大的发展奠定了坚实的基础。

拉·甘地由于在发展计算机和软件业方面和计算机的推广应用方面雷厉风行，卓有成效，因而获得了“计算机总理”的雅号。

（三）发展教育，大力开发人力资源

独立以来印度的教育取得了巨大成绩，但存在着头重脚轻的缺陷。印度的高等教育在发展中国家是名列前茅的。80 年代有 150 所大学 5000 所学院，受过高等教育的人才数量居世界第三。设在克勒格布尔、孟买、钦内、坎普尔、德里和高哈蒂的 6 所技术学院和斑加洛尔的科学学院，其教学设备、水平、学生质量都具有世界一流水平。其毕业生被政府部门、大财团和国际跨国公司竞相高薪聘

用。可是，它的基础教育异常落后，文盲率之高在世界上也是极为突出的。这种巨大反差是这个国家教育发展畸形的最清楚不过的表现。此外，重普通教育轻职业教育，女童入学率远远低于男童，教育手段落后，合格的师资不足，这些都是教育发展的严重制约因素。如果不迅速加以改变，则不但国家建设所需的中低级人才会严重缺乏，而且高级人才的源头也会因之最终干涸。

造成这些缺陷的原因，一是经济落后和国家教育投资的严重不足；二是在教育制度和指导思想上存在着某些偏差。拉·甘地执政后，加大了教育投入。如1987—1988年度政府财政预算的教育投资就从前一个年度的35.2亿卢比猛增到80亿卢比。以后几年大致保持在这个水平。关于教育制度，他继任伊始就讲到需要改革，以便使新的一代能迎接现代技术的挑战。又说，现在印度许多人还是文盲，要加紧教育，使他们能适应10—15年后电子计算机普遍化的新时代。1985年7月，政府提出了一个具体的教育改革计划供全国讨论，希望把讨论变成一次最广泛的思想动员，使人人关心教育改革，关心提高全国人民的文化素质，关心教育为经济发展服务。在广泛听取各界人士的意见后，1986年新的《全国教育政策》出台。其内容涉及教育体制、发展重点、师资培养、手段更新等多方面，成了新时期教育改革的一个纲领性文件。

（四）提出以科技促扶贫的任务，改善下层群众的物质生活条件

拉·甘地的经济改革虽然是以增长为主要取向，但也重视对社会公平的兼顾。在国内存在如此大范围的失业和贫困人口的情况下，任何一位领导人都不能无视这个现实而只讲增长。尽管增长是消除贫困的首要条件，要把增长摆在首位，但增长的效益滴流到社会下层绝不是短期之功。广大群众极端贫困的现状不能等到那时再去改变，在促进增长的同时，政府也应尽可能采取直接的扶贫措施来减轻下层群众的困苦。对此，拉·甘地也是清楚的。

1986年8月，拉·甘地提出了一项新“20点计划”，并宣布消除贫困是政府的根本任务之一。新“20点计划”在主要内容上与英·甘地1982年提出的“20点计划”相似，大部分仍是改变农村贫困面貌和改善城市贫民处境的措施，不同的是它强调要把发展科技作为消除贫困的重要手段。

为实现“20点计划”，在两方面他的政府做得较为突出。首先，强调用科技

手段帮助改善下层群众的物质生活条件。这就是六项“技术使命”工程的规划和安排。其一是通过卫星遥感技术（第一个自制遥感卫星1988年发射成功）和地质勘探探测水源，并使用科技手段，向大部分农村地区的居民提供安全的饮用水。其二是通过建立电视和广播接收网，用收看收听、录像录音手段帮助开展扫盲运动。其三是广泛宣传卫生知识，接种疫苗，加强妇幼保健。其四是加强奶牛防疫和科学饲养，提高牛奶的质量和产量，促进“白色革命”更广泛地开展。其五是改进技术增加食用油的产量，减少进口。其六是到本世纪末达到全国农村村村通电话。不过，提出任务是一回事，能否落实则是另一回事。执行起来首先遇到的是缺乏资金的困难，这是一时难以克服的。其次，普遍铺开受科技力量和设备的限制，还涉及联邦和邦权限划分的问题（很多内容属邦的权限），所以要真正落实是很困难的。

拉·甘地扶贫方面的另一重大措施是把全国农村就业计划和农村无地者就业保证计划合并，制定了规模更大的贾瓦哈拉尔[①]就业计划。其目标是为农村每个穷困家庭的至少一名成员在一年中提供50—100个工作日。计划所需的经费80%由联邦政府担负，邦政府担负20%。规定计划在基层直接由农村潘查雅特负责实施，禁绝中间人插手操纵。这项计划就其覆盖面之广和目标之大是空前的。它出台较晚，临近大选，反对党不免要攻击拉·甘地此举是慷国家之慨收买人心，为国大党拉选票。不能完全否认有这个因素，但要完全这样说也是不公平的。此计划在拉·甘地下台前开始着手实施。

拉·甘地重视环境保护，认为这也是改善群众的生活质量的一个重要部分。议会制定了环境保护法，对环境保护的各个方面作了规定。政府的一个最重要的保护环境的举动是拨款29.3亿卢比治理恒河。这条被印度教徒视作圣河的印度第一大河，由于环境保护注意不够，在相沿成习的宗教习俗下，已被污染得十分严重。拉·甘地此举受到国内外舆论的一致赞扬。

1985年，拉·甘地政府制定的国民经济发展第七个五年计划开始实施。这个计划在一定程度上体现了拉·甘地的指导思想，把提高生产率，促进经济增长摆在了突出的位置。他提出的各项指标和措施反映了从封闭转向开放、鼓励竞争、讲求效益的新精神。“七五”计划完成的结果整个说是相当好的。国内生产总值年增长率为5.6%，超额完成了计划指标。农业增长率达到了年均3%，制

① 因纪念贾瓦哈拉尔·尼赫鲁诞生（1889）百周年而得名。

造业、建筑业、电、气、水供应增长率达到 7.5%，采矿业增长率达到了 8.1%，均超过了计划指标。“七五”期间人均国民净产值年均增长达到 3.5%。人均收入 1984—1985 年度为 1804 卢比，1989—1900 年度提高到 2142 卢比。大多数工业品和农产品的产量都有较大提高，但也有一部分重要产品如原油、食用油、水泥、钢等未完成计划指标或严重减产。发电量也未完成指标。其原因，或是因为技术和管理无起色，低效的状况未扭转；或是受能源缺乏的制约，设备不能充分利用。政府希望较多地引进外资和外国技术到紧缺的部门，但对外资和外国技术引进的过分限制使外国资本家踌躇不前。“七五”期间由于政策的放宽，进出口贸易额逐年都有很大攀升。但由于 1988—1989 年度和 1989—1990 年度进口额急遽增加，五年下来，从绝对量上说，贸易逆差非但没有减少，反而有了扩大。国家的外汇储备（不包括黄金和特别提款权）到 1989 年 9 月已降到仅有 517.6 亿卢比（约合 39 亿美元），比头一年减少了 30%。评论者普遍认为，拉·甘地进口自由化的改革是必要的，但在出口不畅的情况下对产品进口不加区别地放行则有失偏颇，认为这是造成贸易赤字的主要原因。贸易赤字增加了政府财政收支和国际贸易收支的不平衡，导致政府更加依赖预算赤字和借债，加重了通货膨胀的压力。

四、绿色革命的继续推广和农业发展

拉·甘地在农业改革方面并没有特别的措施，但在他执政时期，农业保持平稳发展。80 年代是农业比较好的 10 年，粮食年均增长率为 2.6%，农业所创造的国内生产总值年增长率为 2.3%，同期人口增长率为 2.1%，农业增长率超过人口增长率。80 年代不再需要粮食进口，农产品出口有所增加，食物油供需的差距也大为缩小。

这是绿色革命继续扩展的结果。自 60 年代中期绿色革命在旁遮普等地区取得成果后，就面临着把它推广到全国更广大地区的问题。旁遮普等邦主要是小麦种植区，绿色革命能否推广到东部水稻种植区和种植杂粮的全国干旱半干旱地区？这是人们最关心的问题。这不是一项容易的事。首先遇到的是技术困难，其次是需要更多资金。英·甘地和拉·甘地两届政府都作出了积极努力，组织农业技术力量研究技术方案，政府再据此增加财力投资。结果在上述两类地区都取得了成绩，特别是在东部水稻种植区有了重大突破。如西孟加拉邦，1968—1969年度至1981—1982年度印度全国粮食增长率平均为2.33%，该邦只有0.48%，是全国最差的邦之一。1981—1982年度至1991—1992年度，全国平均增长率为2.83%，该邦增长率却高达6.1%，是全国最高的邦。增长主要来自提高生产率，主要技术手段是建立健全蓄排两利的大中小配套的灌溉设施，以保证使用高产良种和其他配套的技术投入。靠扩大耕地面积提高的只占0.99%。这是非常可喜的结果。1981—1982年度至1991—1992年度，比哈尔邦粮食年增长率为3.1%，奥里萨邦为3.43%，均超过了全国平均水平。东部地区产量的较大提高成了80年代印度农业发展中的亮点。干旱半干旱地区的增长率没有统计数据。有的学者作过典型调查，结论是在所调查地区，灌溉设施（抽水井）有了明显增加，使用高产品种土地的比例和使用化肥量也相应上升，有些地区产量有较大增加。

绿色革命的推广在80年代给全国带来的不仅是农业增长，还有政府和人民战胜自然灾害的信心。1979—1980年度和1987—1988年度，印度两次遇到严重旱灾，由于政府手里有充足的粮食储备，也由于处理灾荒的措施有力，两次灾荒都安然度过，没有饿死人的纪录。

尽管绿色革命推广成绩斐然，到90年代初存在的问题还很多。第一，是由于各邦政府着力程度不同，各地的推广进度不一，悬殊很大，有些邦落后很远。第二，受资金限制，整体上说政府和民间都存在投入不足的问题。政府由于担负大量的粮食和支农工业品的补贴，负荷沉重，对农业基础设施的资金投入受到影响；而私人方面，有实力的为效益的可靠性担心不敢充分投资，至于小农、边际农，受经济能力限制，使用技术投入的仍然是少数。这样，许多地区由于投入不足或投入不能配套，生产率依然不能有明显提高。干旱半干旱地区发掘灌溉能力成本较高，更非许多农户承受得起。政府也拿不出有效的解决办法。第三，各地自然条件不同，在推广中许多技术问题仍不能得到有效解决。

绿色革命推广带来的另一重大成果是农业多种经济的发展和农业产业化因素的加强。在粮食十分短缺的时候，增产粮食的迫切需要限制了农业经济其他部门的发展。随着粮食问题的基本解决，收益增加的农业经营者有可能较多地种植收益更高的经济作物，有的甚至经营畜牧场、果园、花圃，傍山近水的则发展起了水产养殖业、各种副业和造林业。有条件的各类农户因地制宜兴办小型加工业，对初级农产品进行加工销售，以求收取再增值的效益。这样，农村经济结构便发生了变化，不仅农业经济呈现生机盎然的多样化局面，而且，农工结合的乡村小型企业更充实了经营的内容。

畜牧业和牛奶业有较大发展，人称“白色革命”。“七五”计划中联邦政府用于促进畜牧业的拨款为 107.67 亿卢比，比“六五”增加 26%。一方面是政府增加投资，另一方面一些公司参与投资，奶农也有不少以合作社形式集资经营的。新投入的资金不但用在增加奶牛和其他畜禽类的数量，而且注重引进高产品种、科学饲养和疫病防治，以提高产品的质量。到 1986—1987 年度，印度畜牧业和奶制品业产值已达 9670 亿卢比，在该年度农业总产值中的比重将近 25%。自 1976 年以来，除少数年份外印度不再需要进口奶粉，而是变成了世界牛奶生产大国和奶品出口国。畜禽肉类产量和羊毛产量也有较大增长。

渔业和水产养殖业的发展被称作“蓝色革命”，到 80 年代也取得了令人振奋的成绩。1970—1971 年鱼类和鱼类制成品的出口在农业出口总值中的比重只有 6.37%，到 1990—1991 年度上升到 15.2%，成了世界鱼类产品出口的第五大国。

花卉、蔬菜、瓜果的产量 80 年代较以往大有增加，到 90 年代初印度已是世界第二大水果生产国和第二大蔬菜生产国。但出口量都很小，主要是质量还缺乏国家竞争力，在保鲜、储存、包装、运输等方面技术水平和先进国家相比还有很大差距。

农业产业化是实现农业现代化的重要途径。个体农业经营者直接面对市场有很多困难，特别是大量的小农，掌握市场信息的能力差，很难随着市场需求规划自己的经营活动，产业化意味着把农民组织起来，可以解决这个难题。产业化经营 80 年代前就初现端倪。80 年代政府进一步提倡和在贷款上技术上给予支持，使其有了初步进展。主要形式有三,一是一些个体农户组织成农工商结合的合作社，以集体经营的形式进入市场。80 年代在种植业、畜牧业、副业、林业领域都有一大批这样的合作社。牛奶业的“阿南德模式”名震全印，取得了最为骄人的成绩。阿南德是古吉拉特邦凯拉县一个小镇，这里最先组织起了牛奶合作社，对附近地区起了带动作用。经过媒体宣传，在整个邦内掀起仿效成立合作社的热潮。县、邦也相继成立奶业联合和协调组织，以促进本县和全邦的有序经营。从生产、加工到销售，整个过程都是由农民自己组织自己管理。在引进奶牛新品种、使用现代技术、建立合理的储运、加工和销售体系等方面得到了著名农牧学家库里安博士热情的非常有益的帮助和指导。印度政府高度重视古吉拉特邦奶农的首创精神，把古吉拉特邦的经验在全印度推广。1970年、1981年和1985年，印度政府发起三期名为“牛奶流淌行动”的增产运动，提倡各地建立产—供—销一体化的合作社，促进全国范围“白色革命”的开展。在政府的努力推动下，牛奶合作社在各地大量建立，到1994年3月，已达到68 500个。合作社生产的鲜奶已占鲜奶总产量的30%。蔗糖业合作社是另一个取得突出成就的部门。到1991年，全印有220家蔗糖业合作社，其产量占全国蔗糖生产总量的60.4%。马哈拉施特拉邦取得的成就最大。

农业产业化的另一种形式是公司与农户的联合，即大公司与成百上千农户订立合同，构成产—供—销联合体。公司根据市场需要，确定供应市场的产品品种和规格，向农民定购初级产品，再进行深加工和精加工，以多种制成品供应市场。公司对初级产品的生产派技术人员给予指导。在牛奶业、蔗糖业、食用油业、食品业、肉类品业有许多这样的联合体。

产业化还有一种形式，就是实行规模经营的农场主扩大经营范围，兼营加工业并直接进入市场。这类农户80年代逐渐增加，特别是在旁遮普、哈里亚纳等最初实行绿色革命的地区。这种形式较之上述第二种一般规模较小，加工的技术条件也不如，但数量较多，且有越来越发展之势。

五、廉洁政治和提高行政效率的努力

政治腐败和行政效率低下在80年代的印度已是一个非常突出的问题，拉·甘地很希望有一个彻底的改变。

倒戈风是政治腐败的最突出表现。各政党首先是国大党为了自己党派的私利常常不择手段地在别的党执政的邦策动政要倒戈，而政要中又不乏沽名钓誉、见风转舵的厚颜无耻之辈，结果使倒戈风七八十年代越刮越猛，造成邦一级政府动荡不定，瞬息万变，合法政府被颠覆，而投机之徒则青云直上。这样构成的政府自然不会花费精力于廉洁和效率，所关心的只是抓紧时机扩大自己和自己小集团的政治影响，谋求私利。倒戈风加剧了腐败风，使玩弄阴谋、金钱贿买、钱权交易成为钻营者行之有效的谋官之道。正直的人士和公众对这种钻营和腐败嗤之以鼻。各政党在公开场合下也是口诛笔伐，但私下活动却又难脱窠臼。在维护本党利益的旗号下，这类活动得到纵容、鼓励，只要能颠覆异党政权，把政权夺过来，劣迹会变成功绩，罪行也会变成德行。各政党彼此彼此，心照不宣，使这一丑恶现象成了政治不可缺少的正宗产品。拉·甘地执政后决心以此为突破口来廉洁政治。他的政府1985年使议会通过的反倒戈法规定，一个政党的议员如在任期内脱党，其议员身份即告丧失；无党派的议员若加入某一政党，其议员身份失效。但如果一个政党有占其议员总数1/3以上议员集体脱党，则属于党分裂而不是倒戈行为，不受此法限制。拉·甘地在人民院讲话中说，实行这个法案“是通向净化公共生活的第一步”。① 此法案的通过震动了整个政坛，受到所有正直的政界人士、舆论界和广大公众的热烈欢迎。人们赞扬拉·甘地，不仅因为此举切中时弊，是使政治清廉化必须解决的最大的弊端，还因为此举固然影响到许多政党，但受影响最大的还是国大党，因为国大党一直是这种勾当的最大受益者。拉·甘地提出此法案首先是意味着国大党自律，自律方可律人。这种正直不阿的行动把一股清风送进政坛，使倒戈的行为顿时锐减，也为拉·甘地赢得了广泛的尊敬。他得到了“廉洁先生”的美名。

选举中的不正之风是政坛上另一突出弊端。最突出的现象是各政党在提名人民院和邦立法院候选人时只着眼于能拉到更多选票，而不考虑候选人的品德。结果，被提名者有不少人品德不良，仅仅是因为在地方上有势力或在同种姓的人中有较大影响就成了议员。在许多地方，连有犯罪记录的人也能当选。自从桑贾伊成了英·甘地的左右手后，在国大党那里，这个问题就更为突出。桑贾伊为了培植亲信，把国大党提名议会候选人的大权抓在自己手里。一批正直的不对他溜须拍马的人的名字被从候选人名单上删除，而他的亲信，其中许多人属于品质恶劣的打手类型的人，都被安插作候选人。这样，有些本应待在监狱里穿囚服的人，却堂而皇之地坐在人民院或邦立法院的交椅上。拉·甘地执政后，认为这也是必须首先清除的政治腐败。1984年大选他在确定国大党候选人名单时，不仅考虑能获得多少选票，品德、服务态度被列为选择的重要标准。桑贾伊安插的一批人被清除。结果，国大党议员的质量有了一定改变。为了杜绝选举中的弊端，1988年拉·甘地政府提出了人民代表法案，明确规定有违法行为的人不得被提名为议员候选人，被提名也没有当选资格。虽然凭一纸法令并不能根本杜绝这个弊端，

① N. Nugent, op. cit., p.55.

但法令的制定确是向这个方向前进了一步。

官员受贿，权钱交易是官员腐败的另一个突出表现。国家对私人经营活动的严格控制给了主管部门官员以极大的权力。他们可以很快批准某项申请，也可以寻找理由拒绝批准或无限期拖延，这时有没有贿赂往往成为决定性因素。贪婪的商人（包括外国大公司）眼睛总是盯住需要大量采买物资的主管部门和有权发包工程、有权签订贸易合同的部门，总是想方设法进行贿赂，或向掌权的政党"捐赠"，或向负责的官员送礼，目的很明确，就是要获得回报，得到工程或订货的合同单。收受贿赂是"黑钱"的一部分。所谓"黑钱"就是未列入国民收入统计的非法收支。除贿赂金外，还包括偷漏税款、走私、贪污、非法佣金、非法国外存款等。主要是部分工商业者的非法行为，不少官员也卷了进去。拉·甘地宣布要采取措施对付"黑钱的威胁"，专门任命了一个委员会研究遏制办法。

拉·甘地考虑问题的效益取向，使他不可避免地会把目光从经济扩展到行政管理方面。经济效益的取得也要靠行政管理效率的提高来保障。印度政府机构和官员的办事效率是不能令人满意的。机构臃肿，程序僵化，办事拖沓，设备陈旧，在日新月异的经济发展形势面前缺乏敏捷的反应能力。拉·甘地强调，正如陈旧的经济政策需要改革一样，政府的陈旧的管理体制也要改革。他为政府工作提出的准则是"目标明确，讲究效率，注重效果，以实绩论赏罚"。为了减少机构重叠和分散，提高工作效率并适应重点发展的需要，拉·甘地对政府机构的部门设置进行了较大的改组。除要求在办事程序上破除繁琐的条条框框，尽可能简化手续外，还带有强制性地要求所有政府机关和事业单位普遍使用计算机，建立数据系统，使办公手段现代化。拉·甘地本人还用电脑指导和监督政府各部门的工作。在他的大力倡导和督促下，各部门纷纷行动，使政府机关确实出现了注重提高效率的新风气。

国大党是执政党，而且是多年的执政党。国大党的政治主张、民主作风和干部素质对政府施政具有决定性的影响。从尼赫鲁执政以来，国大党对印度国家发展的贡献是有目共睹的。但是国大党本身不断退化，党内民主的丧失、党员素质的降低和腐败的日益加重，这些弊病都通过它的执政地位直接传染到政府系统，党内的问题变成了政府的问题。拉·甘地此时要革新政治，他当然会知道，如果作为执政党的国大党本身不革新，枯木上是不可能开出鲜花的。

所以他在提出廉政要求的同时，也以国大党主席身份提出了整顿国大党的任务。1985 年 12 月，在孟买举行国大党成立百周年的庆祝大典。按照传统，这是给国大党歌功颂德的机会。出人意料的是，拉·甘地在致辞中在歌颂国大党的功绩同时，对党内的严重腐败现象、各级领导人员中许多人道德素质的降低和服务意识的淡薄进行了极其尖锐和猛烈的抨击。他说，作为一个执政党，国大党却“越来越脱离人民群众”。党内存在着一些“权力经纪人”，他们利用窃据的职位，以权谋私，玷污党的名声，破坏党群关系，成了党内蛀虫。他说，“这些根深蒂固的党阀把国大党组织变成了空壳，以前所有的服务精神和牺牲精神都被蛀空。……我们嘴里讲的是崇高的原则和理想，说这些是建设强大和繁荣的印度所必需的，但是，我们置规章、纪律于不顾，缺乏公共道德，没有社会责任感，不关心公共福利。腐败不仅被容忍，而且被视作本领强。这种说一套做一套的恬不知耻做法竟然成了我们的生活方式。每一步，我们的行为都与我们的目标冲突；而在每一个方面，个人贪欲的追求都使我们所承担的社会责任遭到损害”。[①] 他提出整顿党风刻不容缓，要纯洁党的队伍，通过教育和恢复民主，提高全党的纪律性、公共道德水平和服务意识。他强调只有党朝气蓬勃充满活力，才能适应领导国家奔向现代化的现实需要。拉·甘地不落俗套，敢于在这样的场合公开暴露自己党的缺点，大声疾呼，以求振聋发聩，这是难能可贵的，表明他真心实意地希望振兴党，以便更好地担负起人民授予的执政责任。然而，他的目的并没有达到。由于缺乏事先的整党思想动员，突然在这样的场合发难并指出党内有权力经纪人，这只能使全党感到惊讶和困惑。党的许多官员不是深刻领会他的讲话精神，而是私下议论纷纷，猜测所指的经纪人是谁。更有不少国大党有影响的成员质疑拉·甘地此举的适宜性，散布流言蜚语。整顿思想作风是一件细致的工作，首先需要在领导核心中达成共识，然后自上而下地做深入细致的发动工作。拉·甘地知道这很困难，国大党各级掌权人对可能影响他们地位的整党并不热心。他想绕过领导层直接向广大党员群众呼吁，以为只要党员积极响应，就会对领导层形成压力，促使他们行动。然而，他不了解党内多年丧失民主已经形成了各级组织被少数领导人紧紧控制的局面，直接呼吁党员是得不到预期效果的。

拉·甘地想从恢复党内选举打开缺口。他宣布要在一两年内在党内恢复选举。当时，党的执行主席是 K. 特里帕提，他是英·甘地任党主席时因为自己太忙而任命的（这不符合党章规定）。拉·甘地对他并不信任，没有把恢复党内选举的工作交给他负责，而是任命自己信任的阿尔琼·辛格党的副主席，负责这项

① N. Nugent, op. cit., p.56.

工作。特里帕提对拉·甘地甚为不满，对阿尔琼·辛格的工作不配合，很快就形成了两个对立的派别。1986年特里帕提在给拉·甘地的信中不仅指责阿尔琼·辛格编造假党员名册，还流露出对拉·甘地许多做法的不满。由于阿尔琼·辛格和特里帕提的不合作，选举工作迟迟没有进展。拉·甘地不得不把阿尔琼·辛格撤出。1986年底，特里帕提也辞去了党执行主席的职务。后来拉·甘地虽然还讲到要落实整党工作，但下一届议会大选的临近使拉·甘地和国大党不得不把主要精力转向备选。这样，恢复党内民主选举的打算终于落空。虽然如此，对拉·甘地的美好愿望还应充分肯定。把廉洁政治和整顿党风联结起来，作为紧迫的现实任务提出，并采取一些措施实行，拉·甘地还是第一人。

六、外交政策的新发展

拉·甘地时期，一则国际上美苏两极对峙的格局正在发生不利于苏联的变化，美国等西方国家的经济发展速度远远超过苏联；再则，印度对外国军事援助的需要减弱，而在经济上迫切需要得到西方发达国家的援助，因而，拉·甘地政府的外交不再是政治外交为主，而改为经济外交为主：不再是偏向苏联，而改为切实实行全方位外交，利用美苏对立，在保持与苏联紧密关系的同时，重点发展与美国和西方国家的关系。在这方面，拉·甘地获得了较大的成功。

发展与美国的关系是拉·甘地外交的主攻方向。美国对印度过分接近苏联一直感到失望，对拉·甘地成为印度新领导人抱有很大期望，也希望利用印度迫切需要得到经济和技术援助的心情，加强对印度的争取工作，以削弱苏联在南亚的影响。1985年6月，拉·甘地访美，请求美国提供技术援助。两国同意延长科技合作协定。美国还表示有条件地同意向印度出售1台超级计算机，这是美国首次同意向西欧盟国以外的国家提供这种技术。美国还原则上同意向印度出售先进军事装备和武器。美国企业家也表示在印度增加投资的愿望。拉·甘地宣称此次和美国达成的协议是“实质性伙伴关系的开端”。印度媒体也称这次访问标志着印美合作进入新时期。拉·甘地也努力从英、法、德等欧洲国家和日本争取更多技术和资金援助。他出访了几乎所有主要的欧美发达国家和日本。

拉·甘地政府继承了英·甘地政府与苏联建立的密切关系，以继续取得苏联的技术援助和军事援助，平衡美国对巴基斯坦的支持。在5年任期内，他和苏联领导人互访共有八次之多。1985年5月，拉·甘地出访苏联，与苏联领导人签订了《2000年前印度共和国和苏联经济、贸易和科学技术合作基本方针协定》及《苏联和印度共和国经济和技术合作协定》。苏联根据协议向印度提供10亿卢布的优惠贷款，并提供一批先进武器装备。1985年10月，苏联同意向印度提供3台高级计算机，可使用于原子能、国防和航天领域。1987年7月，拉·甘地再访苏联，两国又签订了为期12年的内容更广泛的科学技术长期合作纲要。

在努力向美苏双方寻求更多援助的同时，拉·甘地继续在不结盟的旗帜下，在国际舞台上开展活跃的外交，对侵略活动、种族主义表示谴责，扩大印度的国际影响。拉·甘地既力争经济方面同美苏建立密切联系，又注意在政治上和它们保持一定距离。这种把经济政治区分开来的两手策略是他在新形势下对不结盟政策的灵活运用，使印度可以左右逢源，多方受益。拉·甘地活跃的外交为印度增加了在国际舞台上的分量，不过，国际舆论对他在苏联侵略阿富汗问题上不敢站出来反对表示失望和不满。

对南亚地区周边国家，拉·甘地的外交政策也有所变化。他同样希望与周边国家保持友好往来和对话，并缓和与巴基斯坦的紧张关系。他甚至宣布改善同邻国的关系在政府的外交政策中处于“最优先”的地位。在执政期间，他本人两次访问巴基斯坦，与贝·布托签订了《互不攻击对方核设施》、《避免两国贸易中的双重征税》和《加强两国文化交流》3个协定。但由于存在克什米尔问题、双方竞相研制核武器问题等，两国关系不可能有真正的改善。

印度和斯里兰卡的关系由于斯里兰卡泰米尔人的分裂主义要求未得到解决而继续存在紧张形势。1985年7月，拉·甘地与斯里兰卡总统贾亚瓦德纳签订协定，允诺帮助斯里兰卡政府解除叛乱势力武装，而贾亚瓦德纳允诺对泰米尔人的要求作出实质性的让步。根据协议，印度随即派数万维持和平部队进入斯里兰卡。拉·甘地以为很快能平定局势，岂料泰米尔人武装力量并不都接受印度的维和角色，有些力量不相信政府的诚意，拒绝放下武器。印度军队不得不强制执行。这样就引起斯里兰卡泰米尔人的不满。泰米尔主要武装力量——猛虎解放组织认为印度出卖泰米尔人的利益，就对印军收缴武器实行武装抵抗。在持续近两年的战斗中，双方都有很大伤亡。1988年12月，普雷马沙达继任斯里兰卡总统。他本来就反对邀请印度军队来斯里兰卡，上任不久，就提出印度军队迅速撤军的要求。拉·甘地原则上同意撤军，但不同意立即撤军，提出斯里兰卡政府应履行自己的对泰米尔人要求作出让步的承诺。直到拉·甘地下台印度军队也没有撤出，为此一直受到斯里兰卡新政府和舆论的指责。深陷斯里兰卡泥潭不能自拔是拉·甘地决策的一个重大失误，他本来是不应该派军队去的，在泰米尔武装力量拒绝放下武器后强行收缴更是愚蠢之举。拉·甘地决策的错误表明在他思想深处，地区大国主义的阴影仍隐约可见。

南亚国家主要由于印度和巴基斯坦的尖锐对立，在地区经济合作方面迟迟不能起步。六七十年代，世界许多地区区域性合作取得的成就使南亚一些国家非常羡慕。1977 年，孟加拉国总统齐亚·拉赫曼萌发了建立南亚区域合作的构想。经各国学者论证、筹划有了眉目后，1980 年 5 月，齐亚·拉赫曼致函南亚各国首脑，倡议召开南亚首脑会议，讨论开展南亚区域合作问题。英·甘地对成立合作联盟有顾虑，担心这会为南亚一些国家联合起来与印度抗衡提供方便的机会。拉·甘地希望改善同周边国家的关系，认为建立区域合作正是一条重要的渠道。从他执政后，印度对建立区域合作的态度就积极起来。经过一系列准备，1985 年 12 月 8 日，南亚 7 国元首或政府首脑在孟加拉国的达卡通过了具有历史意义的《达卡宣言》，宣告南亚区域合作联盟的成立。

改善与中国的关系也被列入议事日程。1988 年 12 月，拉·甘地来中国进行了为期五天的访问，和李鹏总理就中印边界问题进行了深入的讨论，一致同意通过和平友好方式协商解决争端，并具体确定了恢复协商的原则、途径和具体办法。两国政府还签订了一些科学技术和文化合作协定，使两国关系终于朝着改善的方向迈出了第一步。

拉·甘地的外交政策是尼赫鲁、英·甘地基本外交政策的延续。他并没有提出新的政策，只是把原来的政策灵活地运用于新的时期、新的环境，以适应新形势下产生的新的需要。在这方面他是成功的。他凭着年轻和熟悉国外情况，不辞劳苦地一年十多次地穿梭于世界各国。1985 年他出访了 15 个国家，1986 年是 13 个，1987 年是 7 个，1988 年又是 13 个，还在新德里接待了一大批国家元首或政府领导人。他的温和而又富于朝气的形象为各国领导人所欣赏，无论走到哪里，他得到的多是一片赞扬声。外交上的成功增强了他在国内的声望。在人们心目中他成了印度的未来和希望。

七、改革形势的急转直下

拉·甘地执政的头两年，印度经济政治颇有一派欣欣向荣的景象出现。然而好景不长。大约是在第三个年头里，形势骤然改观。经济改革的措施虽然在继续，但改革的强劲势头消退；其他方面的改革则除个别的外俱已偃旗息鼓。从经济方面看，改革显露出了成效，但远不够理想；就政治方面看，则成效较小，给人总的印象是，印度在迈出最初几步后又基本上徘徊不前了。

不是拉·甘地不愿前进，而是国大党上层在发现形势对国大党不利后不再支持他，竭力阻挠他，使他不得不屈服压力。

是一些什么因素造成形势对国大党不利呢？

第一，拉·甘地经济政策使下层群众产生了失望感，影响了国大党基础的巩固。群众产生这种心理是由改革的性质决定的。因为改革措施最大最直接的受益者是中产阶级和大企业家。无怪乎有的企业家把拉·甘地执政时期称为私营工商业发展的黄金时期。而此时人数已达 1 亿的中产阶级，其消费水平上升到一个新阶段，生活质量有明显的提高。然而，广大下层群众的感受却是另外一回事。自由化改革带来的增长虽然从长远说可以通过“滴流”和扶贫惠及下层群众，但这是需要较长期的过程的。在短期内，就业扩大有限，工资没有提高，下层人民的生活状况没有得到实际的改善。相反，改革还使公营企业的工人感到不安。这就使下层人民对拉吉夫执政最初抱有的期望逐渐降温。1987 年发生的大旱灾，加剧了下层群众的困境。虽然由于政府有大量储备粮没有造成灾难，但物价高涨确实影响了广大下层群众的生活。当一些反对改革的政党把群众的生活困难和改革联系在一起时，对改革的失望和不满便在广大群众中不期而然地迅速蔓延开来。这就导致一些邦中期选举国大党接连败北。这种情况一旦出现，国大党支持改革的决心立刻动摇。停止出台改革新措施，安定群众情绪，成了国大党上层的一致主张。

第二，旁遮普协议得不到落实，那里的动乱在继续。1987 年 5 月，阿卡利党政府被解散，对旁遮普邦再次实行总统治理。反对党把这归罪于拉·甘地政府无能，不能保持国家安定。国大党内保守的领导人，特别是旁遮普邦和阿萨姆邦国大党组织领导人也对拉·甘地的处理办法不满，抱怨他不该拱手相送政权。哈里亚纳邦、拉贾斯坦邦国大党组织则认为拉·甘地是用牺牲印度教徒利益的办法安抚要求过分的锡克教徒。反对党的攻击和国大党内的不支持使拉·甘地继续处理旁遮普问题已没有多大的回旋空间。

第三，作为对付“黑钱威胁”的行动的一部分，财政部长维·普·辛格在商界开展了查处逃税和国外非法存款的行动。他的做法严厉，对有声望的大企业家也不讲情面，多人受罚，弄得大、中企业家和商人人心惶惶，对政府普遍产生不满。工商界的违法行为是确实存在的问题，维·普·辛格力图改变本身无可厚非。不过，他这样大张旗鼓地去做，国大党上层担心会影响政府和企业家的关系，导致大企业家和中等企业家离开国大党，投向其他政党。拉·甘地本人也担心经济改革会受到影响。维·普·辛格还自作主张聘请一家美国侦探机构（Fairfar Group）调查印度企业家在国外银行是否设有账户（这是违反印度外汇管制法的），此举受到舆论界严厉抨击，认为危害印度安全，指责他独断专行。国大党上层力主拉·甘地干预，让维·普·辛格停止这种行动。拉·甘地对维·普·辛格打击经济违法行为本来是支持的，此时在国大党上层和企业家们的压力下不得不改变态度。1987 年 1 月，他借口国防部需要加强领导，把维·普·辛格调任国防部长，自己兼任财政部长。此后，查处逃税行为的举动软化并逐渐停止。

第四，1987 年国大党在一系列邦的立法院选举中受挫，在国大党内引起了失望和恐慌，党内上层从中看到拉·甘地的魅力已经丧失，对他的领导能力不再信任。上自中央下至邦一级领导人中的保守派都更加有了口实对改革消极怠工，不但在党内改革问题上阳奉阴违，而且对其他方面的改革凡认为不利于国大党选举的都不支持。他们一致强调国大党现时的首要任务是维护党的群众基础，保证党在未来人民院选举中的胜利，反对继续深入进行任何他们认为于国大党不利的改革。

第五，对拉·甘地威望的最后打击来自贿赂丑闻。调任国防部长后，维·普·辛格在新的岗位上继续坚持反腐败。当时有人揭发在印度购买德国舰艇的交易中有人受贿。那是 1981 年的事，当时是英·甘地兼任国防部长，维·普·辛格立即组织调查。因事情牵涉到怀疑英·甘地，引起国大党的强烈指责。维·普·辛格只好辞职，后又被国大党开除。维·普·辛格指责拉·甘地压制反腐败。对拉·甘地更大的打击是所谓博福尔斯丑闻。博福尔斯是一家瑞典军火公司。据瑞典广播电台播送的一则消息说，该公司在与印度政府达成的印度购买 410 门 155mm 榴弹炮的交易中，支付了数百万美元的贿赂金给印度官员和国大党人。当时是由拉·甘地兼任国防部长。反对派的媒体立即把矛头指向国大党和拉·甘地本人。尽管谁也拿不出确凿的证据，这些丑闻还是被反对派和舆论界利用，长期大肆渲染，使拉·甘地陷于挣脱不出的泥潭之中①。拉·甘地“廉洁先生”的美名再无人提起，这顶桂冠如今落到了维·普·辛格头上。

八、教派主义的新攻势

国大党推行的世俗化方针在80年代受到教派主义更大地抗阻。在“振兴印度教”的旗号下，印度教教派主义集结力量发动了新的攻势。现在起领导作用的是一个经过调整和重新打造后新崛起的组合力量，即所谓印度教“同盟家族”：国民志愿服务团是核心，世界印度教大会是其延伸组织，印度人民党是其政治羽翼，还有众多附属群众组织。

国民志愿服务团在70年代中期乘各反对党联手反对英·甘地和国大党之机，竭力在印度教徒中鼓动，攻击国大党的世俗化政策是牺牲印度教利益讨好穆斯林，从而在大众层面对“J.P.运动”的开展起了配合作用。英·甘地在宣布实行紧急状态后，国民志愿服务团是被禁止活动的组织之一。1977年人民党执政后，由于人民同盟是人民党的组成部分，而人民党的骨干很多人都兼有国民志愿服务团成员身份，所以国民志愿服务团事实上进入了中央政权。不过，由于受组成人民党的其他党派的制约，加入人民党的人民同盟不得不把其教派主义主张暂时搁置。尽管如此，第一次以人民同盟身份涉足中央政权还是给了国民志愿服务团以极大鼓舞。国民志愿团在各地建立分支，1975年有1100个，到80年代末增加到3万多个，成员据称有300万人，1973年后其领导人是道拉斯。

世界印度教大会是1964年在孟买建立的。早在1963年，国民志愿团当时的领袖戈瓦尔克鉴于印度教组织松散，派系林立，相互缺少联系，行动步调不一，就委托S.S.阿普特与国内外各印度教组织取得联系，建立一个协调中心组织。阿普特除与国内各派接触外，还到二十多个国家与四十多个印度教组织建立了联

① “Bofors and After”, *India Today*, May 15, 1987, pp.12–23.

系。世界印度教大会就是在此基础上建立的。国内外大多数印度教组织都参加了。这就使印度教第一次有了一个联系国内外各教派的中心组织，为统一筹划开展活动提供了便利。世界印度教大会有常设机构，得到海外组织大量资金资助，自成立后就开展了多项活动，还创办学校、报刊、医院、旅店和各种福利机构，宣称其目的是把海内外印度教徒联合起来，共同振兴印度教。

国民志愿服务团和世界印度教大会都只是宗教文化组织。更广泛地吸引群众的任务则由其政治羽翼印度人民党承担。作为一个政党，它有自己的政治经济纲领，它的运作遵循议会民主制的规则，它宣布的目标是建立现代的强大的有内聚力的国家，这是与国民志愿服务团和印度教大会不同之处，然而它认为这样的国家只能建立在印度教文明的基础上，文明只能是一元的，否定多元统一。这一点在实质上和印度教教派主义的主张没有区别。它要通过鼓吹这种主张吸引广大印度教徒，以壮大自己的群众基础。

80 年代，同盟家族集中力量大张旗鼓地实施“振兴印度教”的计划。提出的冠冕堂皇的理由是：泰米尔纳杜邦大批表列种姓改宗伊斯兰教；东北部地区更多部落民皈依基督教；克什米尔邦伊斯兰分立势力的活动有增无减；旁遮普邦锡克教的恐怖活动对印度教构成了威胁；国大党政府继续拒绝制定统一的个人法；七八十年代世界伊斯兰教原教旨主义盛行等。同盟家族蛊惑人心地宣称，印度教如果再不采取自卫行动，其生存就会受到威胁。

振兴印度教的活动包括：弘扬印度教的精神价值，号召印度教徒不分语言、地区、教派、种姓团结起来，消除对原贱民的歧视并给予他们积极的帮助，建立对印度教文化传统的自豪感等。采取的方式包括：举行促进印度教统一意识和增进文化自豪感的宗教仪式，组织大型集会和节日活动，资助僧侣广泛在群众中讲经布道，鼓励教徒去圣地朝圣等。在许多地区，印度教徒举行一种叫“统一仪式”的活动，“印度母亲”女神成了崇拜的主要对象。有些农村地区把女神像从一村抬到另一村。出面组织这些活动的是国民志愿服务团和世界印度教大会。印度人民党成立之初为削弱别的党对它的教派主义的指责，避免积极介入，党的主席瓦杰帕伊认为作为一个政党它应当和宗教组织有所区别，首先关心的应是争取选民支持。但这个策略并没有收到预期效果。1984 年，阿德瓦尼成为主席后，改变方针，积极主动参与同盟家族振兴印度教的活动，期望通过直接参与，利用群众宗教意识的增长壮大自己的群众基础。印度人民党的积极参与，给同盟家族的教派主义鼓动开拓了广阔的场地。

在同盟家族开展的活动中，有一项带有极强的煽动性和进攻性的行动计划，注定要引发尖锐的教派冲突，这就是要复兴被穆斯林入侵者改建为清真寺的印度教圣地。他们说，穆斯林入侵后毁灭了3000个印度教寺庙，在其废墟上建立了清真寺。有些被毁的印度教寺庙是印度教的圣地。现在，是清洗这个耻辱，收回这些圣地的时候了。首先被提出的是重建阿约迪亚的罗摩庙，他们说这里是罗摩大神的出生地。1984年4月，世界印度教大会在德里召开会议，正式提出了解放罗摩出生地的行动计划。同盟家族希望这一行动能成为对全国印度教徒进行最广泛的宗教动员的强有力的手段。一时间，“解放罗摩出生地”、“重建罗摩庙”、“恢复罗摩盛世”成了同盟家族喊得最响的口号。

阿约迪亚是北方邦的一个小镇，有一座1528年巴布尔军队[①]入侵时建立的巴布里清真寺，据有些印度教徒说是在摧毁原来的罗摩庙的基础上建立的。穆斯林否认这种说法。印度教徒要在清真寺内即他们说的罗摩庙的原址崇拜罗摩大神和其他印度教大神。这个冲突可追溯到19世纪中期。到了1949年12月，一批印度教徒在夜间闯入清真寺，把罗摩和印度教的其他神的偶像放到寺内，引起与穆斯林的尖锐冲突。县法官命令关闭清真寺，谁都不能入内，以防发生暴力冲突，后允许印度教徒在寺外崇拜。尽管穆斯林和印度教徒都不满意这一决定，关闭的规定一直维持。但现在同盟家族在振兴印度教的策划中决定利用这个争执。同盟家族进而提出，阿约迪亚原来不但有罗摩庙，还是罗摩大神的诞生地，是印度教圣地之一，要求拆毁清真寺，重建罗摩庙。尽管历史学家、考古学家都指出，没有任何历史证据证明这里是罗摩诞生地，同盟家族仍坚持这种说法。1986年2月，在世界印度教大会的强烈要求（得到国民志愿服务团和印度人民党的支持）下，县法官允许开放清真寺，伊斯兰教徒、印度教徒都可以入内祈祷或崇拜，使这个潜伏的矛盾重新爆发。由于同盟家族的利用，这一次酿成为全国性的教派冲突，这就是阿约迪亚巴布里清真寺—罗摩庙之争。

清真寺开放后，穆斯林抗议允许印度教徒入内崇拜，提出了反申请，并成立了巴布里清真寺行动委员会，领导人是赛义德·沙哈布丁，他办有月刊《穆斯林印度》，进行鼓动，主张取得世俗主义政党的支持，与印度教教派主义斗争。1987年3月30日，约30万穆斯林在德里集会，表示维护巴布里清真寺的决心。同盟家族把穆斯林的这种举动说成是对印度教的宣战，声言一定要在原址重建罗

① 巴布尔是莫卧儿帝国的创始人。

摩庙，不达目的誓不罢休。

阿约迪亚寺—庙之争的有害影响迅速向全国各地扩散。就是在这种情况下，1987年年初，在北方邦的米鲁特市，一件普普通通的涉及印度教和伊斯兰教两派群众的土地纠纷竟演变成大规模流血的教派暴力冲突。警察部队被邦政府派去恢复秩序，他们本身也受印度教教派主义鼓动的影响，偏袒印度教徒，甚至帮助残杀穆斯林，致使数日之内，骚乱变本加厉，导致至少三百人（大部分是穆斯林）丧生。尽管北方邦政府答应改组武装警察部队，追究警察中的罪犯，但此事留给穆斯林心理上的创痛是用言语和保证难以抚平的。此后，较大规模的教派冲突又在多处发生。穆斯林极端分子在有的地方也仿照印度教国民志愿服务团的模式建立的伊斯兰志愿服务团（ISS），号召穆斯林行动起来，针锋相对地“反击印度教的进攻”。

同盟家族的教派攻势使国大党政府的世俗化政策面临严峻挑战。拉·甘地不是不知道问题的严重性。他谴责教派主义。1988年10月，召开了反对教派主义和分裂势力的全国会议，在会上强调要重视教派主义和分裂势力的危害性，并指出仅仅靠行政手段和警察镇压是消除不了教派主义的，必须把法律的力量和鼓励人的精神沟通结合起来，消除隔阂，创造友善的气氛。不过，尽管他口头上这样讲，在实际行动上不见有任何落实的措施，而且，出于争取印度教徒选票的考虑，他不敢像尼赫鲁那样明确指出印度教教派主义是主要危险，号召人民提高警觉，与之斗争。在有些情况下，他自己也像许多其他政党那样利用人们的宗教情绪（如拜谒印度教圣人、讲话中也常讲到“建立罗摩盛世”等）拉选票。1986年2月，法院判决重开阿约迪亚清真寺，他知道可能引起巨大冲突但没有干预。拉·甘地的态度受到穆斯林和许多印度教徒的批评，他们指责他为了国大党的私利而放弃履行维护社会安定的责任。

九、第九届大选和拉·甘地政府下台

拉·甘地任届期满的日子越临近，形势对他越不利。他和国大党都看到了这一点，所以把选举提前。1989年11月22日、24日和26日，印度举行了第九届人民院选举。

拉·甘地竞选的政治资本是有限的，除了经济改革特别是发展新科技有一定成绩，在其他方面他能列出的实际政绩不多。国大党竞选宣传的主调是只有国大党的经济改革和世俗化政策才能保证印度的繁荣、社会进步和宗教平等；只有拉·甘地真正关心广大下层群众，关心权力属于人民。

印度人民党是参选的另一大党。利用“寺—庙之争”煽起的宗教狂热气氛，它继续鼓吹教派主义，以攻击国大党的世俗化政策作为竞选的主调。它蛊惑人心地提问道：“为什么我们不应当以我们印度教的遗产为荣？为什么我们应当向穆斯林和其他少数派献媚？”它还着重向选民灌输“印度教特性”的思想。据解释，“印度教特性”是一种基于宗教、文化的民族主义，是规范印度教和国家关系的准则。也就是说，印度教文明应在印度政治生活中居主导地位，必须用印度教文明统一全民思想，规范全民行动，并作为制定国家政策的准则。在印度，只有单一的民族，就是印度教民族，非印度教的人应当丢弃外来的文化特质，通过接受印度教主流文化融入印度教民族。印度人民党的一切宣传鼓动都是为了灌输这种意识。它认为只要使印度教徒接受这种思想，原拥护国大党的群众就会转而投到印度人民党的麾下。当然它也丝毫没有忽视利用博福尔斯丑闻和腐败攻击国大党和拉·甘地。

被国大党排斥出党的维·普·辛格成了大选中新出现的一位主将，在他的周围一支新的力量集结起来。他先是建立了人民阵线，1988 年 10 月 11 日，人民阵线与老人民党、民众党及国大党(社会主义者）合并，成立了一个新的人民党，叫 Janata Dal，他被推选为主席。1989 年初，人民党又与三个力量较强的邦级政党即德拉维达进步联盟、泰卢固之乡党和阿萨姆人民联盟结成全国阵线，决定以全国阵线的名义参加选举。人民党是阵线的核心。维·普·辛格因在拉·甘地政府任职期间的反腐败行动赢得清廉形象，他和人民党把博福尔斯丑闻和腐败作为攻击国大党的主要武器。

参加大选的还有印度共产党和印度共产党（马)。两者指责拉·甘地的经济政策是迎合上层有产者的需要，忽视大众利益，同时谴责印度人民党用教派主义毒害人们心灵。除全国性政党外，还有一大批邦级政党和地方小党参选。

选举结果，国大党[①] 获得 39.5%的选票，197 个席位，占应选席位的 37.3%。虽然它是得票最多的党，然而这样差的选绩除了 1977 年那次选举外，还没有过。

① 由于国大党（英）的对立面国大党（社会主义者）已参与组成全国阵线，不再作为一个党单独活动，为叙述简便，本书从这里起，以后的叙述凡提到国大党（英）时，都简称为“国大党”。

国大党在北方主要的邦得票都很少，其惨状近似1977年那次选举。全国阵线获得17.8%的选票，143个席位，占总席位数的27.1%，成了得票第二多的政治力量。其主要支持者在北部各邦。印度人民党得票占总票数的11.4%，所获议席从上届的2席猛增到86席，占16.4%，表明它和同盟家族80年代中期以来精心筹划的教派主义鼓动已开始收到立竿见影的效果。印度共产党（马）获得选票占6.5%，33个席位，占6.3%，印度共产党获得选票占2.6%，12个席位，占2.3%，都高于上届水平。这样，在独立以来的选举史上第一次出现了没有一个党获得过半数席位的现象，也即出现了“悬浮议会”。

国大党遭受重挫原在人们意料之中。此前数年，反对党就各种丑闻进行的渲染炒作、同盟家族就寺—庙之争进行的教派主义鼓动和左翼政党对拉·甘地改革“亲富人”倾向的指责交汇在一起，已深刻地影响了不同阶层的大批群众，决定了他们的投票趋向。拉·甘地的改革时间尚短，带给下层人民的实惠不多，下层群众感受更深切的是通货膨胀。拉·甘地对教派主义势力掀起的“寺—庙之争”的鼓动面前态度模糊使他失去了许多穆斯林支持者，许多印度教徒对他也并不满意，这决定了在反对党的攻击面前他是无力回应的。国大党受挫还因为，全国阵线联合了部分有实力的地方政党，夺去了相当比重的选票。

国大党席位不足半数，要组织政府必须联合其他政党共同执政。它不愿这样做，主动放弃组织政府。在这种情况下，总统要求全国阵线组织政府。全国阵线在人民院的席位不足1/3，但印度共产党、印度共产党（马）和印度人民党都表示愿意给予外部支持，这样，就建立了以人民党为核心的全国阵线政府。人民党主席维·普·辛格被全国阵线推举为总理，人民党另一领导人戴维·拉尔任副总理，其他部长职位由全国阵线各成员党按实力强弱分配。1989年12月2日，在总统文卡塔拉曼主持下，新政府成员宣誓就职。全国阵线政府是印度成为共和国以来在联邦执政的第3个非国大党政府。拉·甘地代表国大党表示要给予新政府以建设性的合作。

第二十二章

全国阵线短暂执政与国大党重掌政权

一、全国阵线政府的建立和主要政策

全国阵线政府是个多党联合的少数派政府，靠外部支持才能生存。印度宪法规定，一个党只有掌握了过半数席位才能单独执政。席位不足半数的要和别的党组成联合政府，仍不足半数的，还需要取得其他党在政府外的支持，共同达到过半数席位。全国阵线是靠印度共产党、印度共产党（马）和印度人民党外部支持的。无论是印度共产党，印度共产党（马）还是印度人民党，它们给予支持，目的都是要堵住国大党继续执政之路。两个共产党与印度人民党在印度政坛上本来是处于两极、尖锐对立的，此时竟联手支持全国阵线执政，确实构成了一道奇怪的风景线，全国阵线政府也因而被媒体讥讽地称为“双拐政府”。对全国阵线来说，接受支持意味着政府在制定政策时要受这些党的牵制，也属无奈之举。

全国阵线政府在施政方针上继承了老人民党的基本特色，主张经济政治权力分散化，赞成世俗主义，也力求表现出自己不同于国大党的特色。维·普·辛格针对国大党执政的弱点，考虑到现实需要，就任后在政治方面采取了如下措施：

高举反腐败的旗帜。规定联邦政府部长们要公布个人财产，还宣布要在议会立法，建立人民检察官制度，即在联邦调查局之外，设立专职的人民检察官，后者有权对揭露出的高级官员腐败案件进行独立调查。

英·甘地、拉·甘地都是身兼总理和国大党主席两职，集政府和政党的领导权于一身。维·普·辛格认为，过分集权会形成个人独裁倾向，不利于民主制度的实施。他提出实行"一人一岗"原则，主动辞去人民党主席职务。

英·甘地和拉·甘地执政时，都出现了总理顾问班子权力增大的不正常状况。前者是由于英·甘地大权独揽，对政府各部门的职权尊重不够；后者则因为有些资历深的部长并不完全按拉·甘地的指示办事。在这两种情况下，两位总理常常都是依靠自己的顾问们提供意见，自己决策，因而使总理顾问班子权力增大。维·普·辛格认为无论是什么理由，这样做都有悖于民主原则，决定将权力回归到政府各部，尊重各部的职权，充分发挥其作用。他宣布重大政策必须由内阁讨论决定。

鉴于拉·甘地执政后期执政党和反对党的关系又处于紧张的状态，维·普·辛格强调遵循民主协商原则。他主动召开了各党派领导人会议，表示政府愿意在重大问题的解决上听取各党派的意见。

为了彻底平息旁遮普的动乱，维·普·辛格认为，应该把工作的重点从武力镇压转到政治解决上。在政府的提议下，人民院撤销了拉·甘地执政后期通过的关于旁遮普问题的宪法第 59 修正法，该法赋予联邦政府在旁遮普有实行特别紧急状态的权力，便于警察不分青红皂白滥施镇压。维·普·辛格还亲自去阿姆利则访问，表示要努力通过谈判解决问题。

关于阿约迪亚的"寺—庙之争"，拉·甘地执政后期形势趋向恶化。维·普·辛格大力呼吁双方教派和组织保持克制，以社会安定的大局为重，协商解决问题，促进教派和睦。他表示政府会谨慎行事，妥善处理这个问题。

拉·甘地执政时期斯里兰卡各界已强烈要求印度撤军，当时未能就撤军时间表达成协议。维·普·辛格政府与斯里兰卡政府签订协议，双方同意 1990 年 3 月印度全部撤回派驻斯里兰卡的维持和平部队。

上述措施有些实行了或开始实行了，如决策重心转到内阁、从斯里兰卡撤军等。但有些问题不是表达了主观愿望就能解决的，多半停留在宣言上。

在经济政策方面，全国阵线政府为贯彻经济权力分散化的方针，把发展农业和小型工业摆在突出强调的地位。发展农业方面采取的措施主要是增加对农业和农村发展的投资，把国家投资的49%用于农业、灌溉和乡村发展。为调动农民的生产积极性，增加了农业贷款、农业补贴，提高了农产品价格，还免除了部分农村债务。在鼓励发展小型工业方面，采取的措施包括：进一步提高小型企业的资产限额；建立印度小型工业发展银行，增加对小型企业的信贷支持；成立小工业和农村工业局，制定小型工业现代化和技术改造计划；在市场竞争方面，进一步加强对小型工业的保护，把政府划定的小型工业专营项目进一步增加到836项。

对发展农业和小型企业，国大党政府并非不重视，上述措施中的大部分国大党政府都在不同程度上实行过。不过，国大党政府是把工业化放在首位，以发展现代技术的大工业为重点，同时强调实行绿色革命；而现在的维·普·辛格政府则是沿袭1977—1979年的老人民党政府的做法，把发展农业和小型工业放在首位，其指导思想是实现政治经济权力分散化。从这点说，目标是完全不同的。其实，就维·普·辛格个人来说，对这样的方针他本人未必完全认同，但在人民党内，确实有一些人持这种主张，而现在作为执政党，他们又强调要凸现自己与国大党的区别。他们说，把发展农业和小型企业放在首位，既可突出新政府的特色，又能收到争取更多农民和小生产者支持的效果。维·普·辛格不能不顺应这种期望。

尽管如此，由于拉·甘地改革带来的经济发展势头有目共睹，作为总理，他不能不考虑发展的潮流和现实需要，何况人民党和全国阵线内并不是所有人都赞成以农业和小型工业为发展重点，因此，尽管宣布的政策是这样，政府在实际操作上并没有忽视大工业的发展，也没有中止改革。拉·甘地的经济改革政策事实上都在继续执行，特别是放宽管制方面。如果说有什么不同，那主要是对重工业的投资比重有所降低，并强调大工业要支持、带动农业和小工业的发展。维·普·辛格执政的一年多时间里，对工业许可证和进出口许可证的控制又都略为放宽，对公营企业强调注重效益，在减少进口限制、鼓励出口方面也较以前有所前进。对发展计算机和软件产业也很重视，1990年，决定在班加罗尔、浦那和布巴内斯瓦尔建立三个软件科技园区。

由于拉·甘地改革的成果此时继续在发酵，而全国阵线政府在某些方面继续实行了前届政府的改革措施，所以印度经济的增长势头在维·普·辛格执政时期得以继续保持。1989—1990年度国内生产总值增长率为6.7%。

在社会措施方面，维·普·辛格采取的最令人争议的举动是宣布实行曼达尔委员会建议，对原表列种姓和表列部落以外的“社会和教育方面落后的阶级”实行保留制。

印度独立后，为了彻底消除对表列种姓和表列部落的歧视，印度宪法在废除贱民制的同时，规定对表列种姓和表列部落实行保留制，即按表列种姓和表列部落人口数量比例为他们保留相应比例的联邦和邦议会席位、公职和奖学金。这个规定一直都在实行。在种姓制的金字塔中，在表列种姓和表列部落之上、高级种姓之下还有一个低级种姓的宽广地带。据印度学者拉米什·塔库尔书中提供的数据，印度总人口中，印度教徒占83.8%，其中高级种姓占17.6%，表列种姓和表列部落占22.5%，低级种姓占43.7%[①]。这个人数比例最高的低级种姓群体，其中大部分人在经济和教育方面确实是很落后的，独立后改变也不大。他们一直希望也能得到政府的大力扶持。宪法没有提及是否对这个群体也应该实行某种保留制。但1951年宪法修正法规定：不得阻止国家制定任何特别的法令以帮助表列种姓、表列部落以及“其他的社会和教育方面落后的阶级”改善其地位。不过，“其他的社会和教育方面落后的阶级”是什么含义，对他们可以在哪些方面实行保留，都没有明确界定。此后，一些邦开始根据自己的理解制定邦保留法律，理解并不相同，比率轻重各异。许多地方因此发生高级种姓的抗议示威和高级种姓与低级种姓的冲突。在这种情况下，1979年1月，德赛任总理的老人民党政府任命了以议员B.P.曼达尔为主席的落后阶级调查委员会，交给它的任务是在调查的基础上提出具体建议。曼达尔委员会用了两年时间调查，于1980年12月提交了报告。报告提出以种姓来区分是否社会和教育方面落后，低级种姓就属于社会和教育方面落后的阶级，建议在中央政府机构和公营企业单位的公职名额方面和大学奖学金的名额方面实行保留，不涉及议会席位。报告书认定3743个低级种姓为落后阶级。鉴于最高法院1963年规定各种保留累计的最高比例不能超过总数的50%，而为表列种姓和表列部落的保留比例已达22.5%，委员会建议为落后阶级保留的比例为27%。然而，报告提出时印度的政局已发生重大变化：人民党政府已经垮台。曼达尔委员会建议就此被搁置。

但搁置并不能抹煞矛盾的存在。落后种姓要求政府落实保留政策，各邦继续自行规定保留比例。有的定得很高。高种姓反对，而低种姓认为还不够，要求进一步提高，结果导致一些地方发生种姓骚乱。

全国阵线在1989年竞选宣言中就讲到要实行曼达尔委员会的建议，但人们

---

① Ramesh Thakur, *The Government and Politics of India,* New York,1995, p.6.

当时并未特别注意，认为那不过是吸引选票的手段，甚至在人民党内很多领导人也持这样的看法。维·普·辛格却是认真的。他执政后就在选择宣布实行的时间。不过，他并没有把想法拿到党内和全国阵线领导层内充分酝酿，没有在原则上和具体做法上事先取得共识，就于1990年8月7日在议会两院宣布：为了消除种姓歧视，扶植落后群体，实现社会正义，他决定实施曼达尔委员会报告中提出的建议，为"社会和教育方面落后的阶级"保留中央政府机关和公营企业公职名额和奖学金名额的27%。在8月15日独立日讲话中，他进一步解释说，实行这个决定目的是"使穷人也能参与政府的管理"，"官员系统是权力结构的一个有机组成部分，在决策上起着决定性的作用。我们应该让被压迫的、被蹂躏的和落后的人民也能够在政权结构中和国家管理上起有效的参与作用"。① 不能否认这是维·普·辛格此项决策的驱动力之一，但在这种冠冕堂皇的说法背后也隐藏着他的政治目的。人民党是新成立的党，缺乏群众基础，如果要利用执政的机会为自己党的未来发展做些铺垫，最重要的当然是扩大自己的群众基础，争取更多人站到它的旗帜下。争取印度教下层群众的支持在他看来是首要的任务。印度教下层群众人口数量多，各个政党，特别是国大党、印度人民党和地区性政党都力图在这里扩大自己的影响和阵地。他认为，人民党既然主要反映城市中小有产者、农村富裕农民和自耕农的利益，许多领导人又出身低级种姓，因此，最有条件争取城市和农村的低级种姓的支持。用什么样的政策能把这个地带的多数群众争取到自己一边呢？他想到的办法主要是两个，一是在经济层面提出要重点扶植农业和小型工业的发展；二是在政治社会层面，实施被国大党政府搁置多年的曼达尔委员会报告中的建议，对低级种姓也实行保留制，用以吸引他们，也为自己树立最关心下层群众的美好形象。关于这点他是不便说出的。维·普·辛格的劳工部长却毫不隐讳地揭了底。他说，政府此举主要是从政治上考虑，目的是使千千万万下层种姓选民拥护人民党，15年内，维·普·辛格将因此举受到全国的崇拜，成为永载史册流芳百世的英雄。维·普·辛格本人在作出这个决定后信心百倍地期待下层种姓的雀跃欢呼，相信他们会把他本人和全国阵线政府看成是"解放者"。

然而，令他万万没有想到的是，来自下层种姓的赞歌还未响起，上层种姓的抗议声却铺天盖地压过来。他们指责说，这是新的种姓歧视，是以种姓理由剥夺他们应有的竞争就业机会。他们提出，如果政府要扶植弱势群体，那就应该以经

① A. Alyssa & P. Oldenburg, *India Briefing: Quickening the Pace of Change,* New York, 2002, p.136.

济状况好坏为依据，而不应该以种姓为依据。在德里和比哈尔、北方邦、奥利萨、哈里亚纳、拉贾斯坦等邦，立即爆发了高种姓学生和其他阶层（知识界、职员、家庭主妇等）群众的示威游行。德里大学生成立了反曼达尔建议论坛，举行10万人的抗议集会，成千上万的学生堵塞城市交通，许多城市市场停业，学校关闭。拥护实行曼达尔报告的和反对实行的群众分别集会，分别举行游行示威。低种姓群众的集会甚至呼喊“冷酷的婆罗门从印度滚出去!”的口号。不少地方发生流血冲突和骚乱。在几个月内，伤亡甚重，仅学生自焚而死的就有75人，在骚乱中死亡的有两百多人。有的邦政府不得不要求中央允许动用军队实行戒严以控制局势。更严重的结果是，它使社会上已逐渐走向淡化的种姓区分再度被凸显出来。社会各界都有一部分人受到影响，形成以种姓划分营垒，低种姓赞成，高种姓反对，连政府文官中也出现了高低种姓观点的对立。低种姓的联合和利益认同成了政坛上的一个新的重要因素。为平息高种姓的不满，维·普·辛格急忙提出再为高种姓中经济落后的部分人提供5%—10%的保留，但已经无济于事。在这种情况下，为维护社会安定，高等法院于1990年10月1日裁决政府暂停实行曼达尔委员会建议，冲突才逐渐平息下来。在政府外支持全国阵线政府的印度人民党和左翼政党都对维·普·辛格未和他们商量就宣布要实行曼达尔委员会建议的做法提出谴责。国大党同样激烈谴责维·普·辛格的做法是哗众取宠。全国阵线内部也因此出现了分裂，德拉维达进步联盟和阿萨姆人民协会退出了阵线，而泰卢固之乡党也公开表示不满并威胁要退出。

事情会发展到这般地步，是维·普·辛格始料不及的，也使他感到沮丧。其实，他应该能想到会有这样的强烈反对。因为曼达尔建议的保留制以种姓为依据本身就存在很大问题，很不合理，起不到真正扶植弱势群体的作用，却严重限制了高种姓学生和知识界的发展机会。其不合理之处在于，经过独立后四十多年的政治经济发展，低种姓者固然多数人依然贫穷，但有些人已成了富裕农民、城市有产者和自由职业者，他们经济地位已和其种姓身份有很大脱离；而高种姓者固然多数人生活条件比低种姓好，但也有不少人经济破落，家境清寒，工作没有保障。在这种情况下，如果纯粹根据种姓实施保留，则会出现某些已经富裕的低种姓享受扶植，而某些高种姓尽管再穷也被置之不顾的不合理现象。再者，扶植弱势群体虽是必要的，但保留的比例过大，余下的自由竞争空间过小，也是一种新的不合理的做法，不利于选拔高质量的人才，也不利于贯彻使每人都有公平竞争机会的平等原则。实行曼达尔委员会建议的受挫不仅对维·普·辛格个人，而且对全国阵线政府的威望都是个沉重的打击。

1990 年，印度出现的动荡形势还不止于此。旁遮普、查谟和克什米尔的动乱仍在继续。更使政府感到不安的是印度教同盟家族竟利用全国阵线政府需要印度人民党支持的机会，竭力发动新的教派主义攻势。同盟家族从印度人民党 1989 年大选中得票率猛增受到鼓舞，认为教派主义鼓动一举两得，既能增长印度教势力，又是争取选民的有效手段，因而决定把“寺—庙之争”推向新的高潮。1989 年 11 月 9 日，世界印度教大会在巴布里清真寺旁的土地上实行建庙奠基仪式，并宣布要在 1990 年 2 月（后改为 10 月 30 日）开始建庙。建庙的计划得到印度人民党的支持。在维·普·辛格宣布实行曼达尔委员会建议后，印度人民党和同盟家族其他组织一致认为维·普·辛格企图把印度教低级种姓吸引到自己旗帜下，对同盟家族强调印度教团结以争取整个印度教徒支持的战略构成了威胁，因而决定立即采取行动瓦解他的这一企图。

1990 年 9 月，印度人民党主席阿德瓦尼亲自组织和领导了从古吉拉特邦到阿约迪亚的“战车进军”。9 月 25 日开始，阿德瓦尼坐在一辆按传说中的罗摩战车模样装饰起来的汽车上，身着罗摩装束，手持弓箭，由浩浩荡荡的跟随者簇拥着前进，从古吉拉特邦的索姆纳特神庙出发，预计行程 6000 英里，共 30 多天，途经古吉拉特、马哈拉施特拉、卡纳塔克、安得拉、中央邦、拉贾斯坦、德里、比哈尔和北方邦，10 月 30 日到达阿约迪亚，当天在那里举行建庙仪式。阿德瓦尼沿途进行鼓动，激起接连不断的教派冲突，使形势极其紧张。

维·普·辛格政府不赞成同盟家族的做法。政府也清楚地看到了形势发展的极端危险性。因此，10 月 23 日，当队伍行进到比哈尔邦萨马斯提普尔时，该邦人民党政府的首席部长拉鲁·普·雅达夫在维·普·辛格同意下，下令逮捕了阿德瓦尼，中止了进军。同盟家族被激怒，数小时后印度人民党宣布撤销对全国阵线政府的支持。阿德瓦尼后来在议会解释撤销支持的理由时说：“阿约迪亚不是唯一的原因，但肯定是导致作出最后决定的原因。”① 同盟家族还在比哈尔、北方邦一些城市号召和发动总罢业，抗议逮捕阿德瓦尼。人民党北方邦政府首席部长穆·辛格·雅达夫鉴于同盟家族宣布 10 月 30 日要在阿约迪亚建庙，对可能在那里发生严重冲突采取了预防措施，逮捕了有关方面的领导人，阻止各地狂热分子来阿约迪亚。但 10 月 30 日，进入阿约迪亚的数千狂热的印度教徒仍不顾政府的

① *The Indian Express*, Jun. 28, 1991.

禁令冲进巴布里清真寺，砸毁了寺院部分建筑。保安部队不得不开枪，造成多人伤亡。几天后，狂热分子再次来清真寺集结，警察再次开枪，伤亡更大，并引发了北方邦、比哈尔邦、古吉拉特邦许多地方的教派骚乱，九十多人死亡。政府使用军队戒严才避免了事态的扩大。

印度人民党撤销支持和社会的动荡使全国阵线政府陷于生存危机之中。政府的困境更由于内部矛盾而加剧。人民党内部从一开始就存在不和。党的领导人之一的钱德拉·谢卡尔从不掩饰对维·普·辛格成为总理的不满，因为当初在英·甘地实行紧急状态时，谢卡尔被捕坐牢，维·普·辛格却是紧急状态的拥护者。副总理戴维·拉尔也并不真正拥护总理，他更关心的是壮大自己的势力。尽管维·普·辛格用大量时间和精力平息内部争吵，旧的矛盾解决了又出现新的矛盾。维·普·辛格尽管宣称要坚持民主原则，但在决策时，常常不和其他领导人事先商议就突然作出决定。宣布实施曼达尔建议就是这样，事先既没有在党内取得共识，也没有与支持政府的其他党进行协商，甚至党内的高级领导人都不知道。在惹出麻烦后，谢卡尔和戴维·拉尔都谴责他的做法。印度人民党撤销对政府的支持后，谢卡尔和戴维·拉尔都认为政府的危机完全是维·普·辛格的专断和领导的无能造成的，他应当引咎辞职。1990 年 11 月 5 日，谢卡尔与戴维·拉尔联手脱离人民党，另组成人民党（社会主义者），由谢卡尔担任主席。维·普·辛格拥护者在议会中的席位数大为缩小。11 月 7 日，人民院举行信任表决，虽然政府仍得到印共（马）和印共的支持，但国大党、印度人民党都投反对票。结果是 346：142，未能通过。维·普·辛格政府被迫辞职。

二、人民党（社会主义者）的短暂执政

维·普·辛格政府宣布辞职后，印度人民党主张举行新的大选，但总统认为在上次选举未久又举行新的大选不利于国家稳定。他先后邀请国大党、印度人民党和左翼政党领导人组阁，但均不能得到足够的支持。总统转而邀请人民党（社会主义者）领袖钱德拉·谢卡尔组阁。人民党（社会主义者）在议会只有区区 58 席，势薄力单，但意外地得到国大党、全印安纳德拉维达进步联盟、克什米

尔国民会议党和其他小党的支持。结果经总统批准，于 1990 年 11 月 10 日组成人民党（社会主义者）政府，谢卡尔就任总理，戴维・拉尔任副总理。国大党、全印安纳德拉维达进步联盟和克什米尔国民会议党均未参加政府，属外部支持。

人民党（社会主义者）政府比维・普・辛格政府更加脆弱，全靠国大党支撑生存，因而完全处在国大党的控制下，人称“国大党的影子政府”。国大党之所以支持谢卡尔，是为了扩大自己的影响，作为一种过渡，直到自己为未来大选做好准备。谢卡尔也知道这点，只是尽量利用而已，对国大党的不信任态度并无改变。

对曼达尔委员会建议，谢卡尔说他的政府将考虑改变完全以种姓来决定取舍的做法，把经济状况也考虑在内，并说方案如何实施还需要具体考量。关于“寺—庙之争”，新政府坚持双方保持耐心，协商解决。12 月 6 日，2000 名印度人民党和世界印度教大会的支持者在阿约迪亚举行坚持真理运动，要求政府批准建庙，结果多人被捕。世界印度教大会宣布，如果近期内找不到可以接受的解决办法，将于 1991 年 1 月 14 日开始实施建庙计划。

谢卡尔政府面临的最大困难是在经济方面，通货膨胀越来越严重，财政危机和外汇危机突然浮出水面。当然，这是自拉・甘地执政后期就开始逐渐积累的，此前被经济增长的外表掩盖。维・普・辛格执政时，受制于政局动荡和内争，使得政府未能处理许多紧急的经济事务，如外债的安排和控制、进出口平衡的控制等。1990 年 8 月，海湾战争爆发对印度经济更是带来很大的负面影响，加剧了外汇短缺和财政赤字的困难。而石油价格暴涨，又使印度进口石油的费用倍增。各种产品成本的提高使通货膨胀率上升到两位数。为了弥补急遽增长的财政赤字，政府只有多发货币和增加国外商业借款。谢卡尔执政后，对国民经济的管理已经严重失调，财政经济状况进一步恶化。1990—1991 年度财政赤字占这年国内生产总值的 8.4%，创历史最高纪录。政府大量发行钞票维持开支，使通货膨胀率接近 15%，也创 1974—1975 年度以来最高纪录。对外贸易一直处于逆差，且不断增加，到 1991 年，经常项目账目赤字达到占国内生产总值的 3.2%。到 1991 年，印度所借外债达 643.91 亿美元，仅次于巴西、墨西哥，居世界第三位。偿债额占经常项目收入为 26.3%。据印度工业和经济研究中心 1991 年 8 月计算，如果把短期商业债务包括在内，则印度近两年的偿债率高达 35%—38%[①]，大大超

① *The Financial Express,* Aug. 11,1991.

过了20%的安全线。这一切，使印度在国际金融市场的信用地位一落千丈，一年之内国际借贷信用评估机构连续3次下调印度的信用等级，印度已被认为属于投资有风险的国家，国际商业银行不再愿意给予贷款，印度陷入了告贷无门的困难境地。这种情况反过来又导致印侨纷纷撤走其在印度银行的外币存款，造成雪上加霜的局面。1991年3月，国家的外汇储备已减少到22.4亿美元，到5月初只剩下12.13亿美元，还不够支付两周的进口费用。

当谢卡尔政府为财政危机和外汇的拮据而焦急地寻求出路时，它和国大党的关系也告破裂。谢卡尔在一次讲话中讲到拉·甘地时说，如果他在博福尔斯军火案中真的接受贿赂，那将是犯罪行为。国大党认为谢卡尔做这样的假定是对国大党不友好。1991年3月，国大党议员以拉·甘地住宅受到哈里亚纳邦警察非法监视为由，说政府对国大党不信任，集体离开人民院会场，抵制人民院审议政府财政预算的会议。谢卡尔把这看成是国大党撤销支持的前奏，不等国大党挑明，便于1991年3月6日向总统提出辞职。谢卡尔政府从成立到辞职，总共不到4个月。

总统文卡塔拉曼鉴于已经没有任何一个党可以组织政府，决定举行新一届人民院选举。谢卡尔政府作为看守内阁，直到下届大选建立新政府为止。

舆论界认为，国大党这么快就撤销支持，是认为形势的发展已变得对自己有利，如果再次举行大选，国大党定会取胜。

谢卡尔政府作为看守政府期间的一个重大举措，是在实在没有别的办法的情况下，从印度储备银行的黄金库存中拿出20公吨秘密运往瑞士联邦银行，作为抵押，向该行借得硬通货贷款2.34亿美元。这种情况在独立后的印度历史上是从来没有过的，说明了危机的极端严重性。但杯水车薪难解燃眉之急。要使当前的国际收支危机得到缓解，至少还需要数十亿美元的贷款。这巨额贷款只能求助于国际货币基金组织。然而，国际货币基金组织的贷款需要借贷国许诺实行它要求实行的一系列改革作为条件。谢卡尔看守政府是无权允诺的。

维·普·辛格政府和谢卡尔政府都为时短暂，两者合计（包括作为看守政府在内）只有1年零7个月。其发挥的建设性作用有限，带来的不稳定相对突出。这两届联合政府的政绩是较差的。这是因为政府本身是“弱（党）弱（党）联合”或弱党执政，内部又存在争权夺利的问题，尤其是全国阵线政府。而在外部支持的大党，与其说是支持，不如说是要控制政府为我所用。生存权既是靠别人给予，结果自然只能是听人摆布而已。

三、国大党再度掌权：拉奥政府的建立

第十届人民院选举于 1991 年 5 月 20 日、23 日和 25 日分三阶段举行。

这次大选是在国内形势处在一个严重危机的时刻举行的，较例行选举时间提前了 2 年多。在经济方面，改革的进程没有实质推进，农业未见新的起色，财政和外汇储备却出现严重危机；在安全局势方面，对教派主义势力的增长全国阵线政府无力制止，它本身又激发了种姓冲突。旁遮普邦、克什米尔邦的动乱没有平定，后者还有加剧之势。全国人民希望稳定和发展，认识到联合政府的无效率和不稳定，重又寄希望于国大党，但国大党尚未从丑闻的阴影中完全摆脱出来。当大选突然到来时，许多人莫衷一是，不知道该把票投给哪个党好。

参加这次大选的有国大党、印度人民党、印度共产党、印度共产党（马)、人民党、人民党(社会主义者）等全国性政党，以及一大批邦级政党和地方小党。

国大党全力以赴投入竞选。当很多人重新把目光转向国大党时，它必须给选民一个新的形象，才能赢得更多人的信任。拉・甘地昔日担任总理时，出行戒备森严，群众难以直接接触，现在不一样了，作为普通人，他参加各种集会，直接接触群众，颇得民心。然而，令人始料不及的是，罪恶的恐怖分子竟利用这个方便对他下毒手。5 月 21 日晚，当拉・甘地来到离马德拉斯不远的斯里毗如姆布杜尔出席国大党的竞选大会时，一个青年女子佯装对他行礼，引爆了缠在身上的炸弹，拉・甘地和周围的人不幸遇难。事后调查得知，这是泰米尔猛虎组织所为，是为了报复拉・甘地派出军队在斯里兰卡帮助政府收缴泰米尔组织的武装。拉・甘地遇害使全国人民感到震惊和悲痛，万民齐声谴责这一卑鄙行径。拉・甘地遇难后，P.V. 纳拉辛哈・拉奥被国大党推举为议会党团领袖。

由于发生这一不幸事件，选举委员会不得不把第二、第三阶段选举推迟到 6 月 12 日、15 日举行。

国大党的竞选口号强调只有国大党才能建立稳定和有效率的政府。人民党强调把社会正义还给落后阶级。印度人民党竭力利用教派主义激发印度教群众的宗教情绪，把民族主义、爱国主义和发扬印度教特性等同起来，强调只有以印度教文化作为国家和民族整合的基础，印度才能和谐、稳定和繁荣。为了取得广大低

级种姓的支持，它表示赞成实行曼达尔委员会建议，条件是优惠要真正给予穷苦的低级种姓。为了争取中产阶级更多人的支持，它诺许一旦掌权，要继续实行自由化的改革。左翼政党的竞选宣言则突出强调社会公平和反腐败。

选举结果，又没有一个党取得议会席位的过半数。“悬浮议会”再度出现。

国大党获得36.55%的选票，244个席位，占总席位数的45.4%，仍是得票数和席位数最多的党，但仍然不足总议席过半数。印度人民党得票占20.04%，席位120个，占22.3%，从上届议会排名第三位上升到第二位。人民党成了主要输家，这是因为高级种姓不再支持它，也因为党本身的分裂。它得到的选票只占11.77%，席位由上届的143席降至59席，仅占10.9%。上届在议会占第二位，这次降到第三位。谢卡尔的人民党（社会主义者）输得更惨，原有58个议席，这次只得到5席。印共得票占2.48%，席位14个，占2.6%。印共（马）得票占6.14%，席位35个，占6.5%，两者大致都略高于上届。地方政党中，泰卢固之乡党和全印安纳德拉维达进步联盟获得10席以上，其他党没有超过4席的。

总统授权国大党组织政府。国大党席位离半数相差不远，无意与任何别的党建立联合政府，只希望得到外部支持。全印安纳德拉维达进步联盟、印度穆斯林联盟、喀拉拉大会党和另外两个小党表示愿意给予外部支持。人民党和左翼政党虽然不愿意成为正式的外部支持者，但为了堵塞印度人民党被邀请组织政府的可能性，都表示可以给予有选择的外部支持。这样，经总统批准，就建立了一个国大党少数派政府。

国大党再度掌握了中央政权。虽然随后的信任表决获得通过，拉奥政府由于正式的外部支持不足，而非正式的外部支持很不可靠，所以最初一段时期处境艰难，随时有倒台的危险。这种形势直到1993年才有改变。这年年底，因人民党（阿吉特派）10名议员加入了国大党，加上其他要素，使拉奥政府摆脱了少数派政府的尴尬地位，成了在议会拥有多数席位的政府。

四、经济改革的全面展开

拉奥是国大党资深政治家，英·甘地和拉·甘地执政时担任外交部长、国防部长、内务部长和人力资源发展部长，在政府和党内都是参与决策的重要领导成员之一。就任总理后，1992 年 2 月他又被选为国大党主席，是印度独立以来第一位来自南印度的总理。

拉奥组成的国大党政府在人员选择上注意到了新老结合及地区、宗教等各方面的代表性。最引人注目的是起用曼莫汉·辛格为财政部长。曼·辛格是经济学家，在牛津大学取得博士学位，曾任旁遮普大学经济学教授，在经济思想上倾向于改革开放。70 年代后担任过印度储备银行行长、国家计划委员会副主席、总理经济顾问等重要职务，对印度经济运行情况有深刻了解。他又曾在国际货币基金组织任职，不断参加国际经贸和金融会议，谙熟国际经济发展最新趋势。任命他为财政部长既表明拉奥要在经济改革方面做一番事业，也是为了向国际金融组织表明印度改革的决心，恢复印度在国际上的信誉。曼·辛格成了拉奥经济改革的主要设计师和执行者。

在踏进总理办公室前，拉奥对国家财政的窘迫状况是知道的，但他没有料到，国家财政和国际收支失衡竟如此严重，印度已陷入一场独立以来从未有过的财政和外汇危机之中。

为了谋求得到更多国际贷款，拉奥政府动用印度储备银行 46.91 公吨的黄金库存，运到伦敦，作为抵押向英格兰银行借得 4 亿美元的硬通货。接着，两次实行卢比贬值，贬幅共约 20%，以此促进出口，增加外汇收入。还采取一系列紧缩银根的措施以减少财政赤字，包括压缩进口，鼓励出口；压缩公营企业和国防开支；提高化肥和食糖价格补贴；取消对于出口产品的现金补偿性支持；调整税率，降低所得税，调整公司税，并相应地提高其他税收，以扩大税收收入等。这些措施目的是为了紧急增加财政收入和外汇收入，以渡过眼前几乎揭不开锅的最大难关。

稳定财政的措施很快收到了实效。收支状况有了改进，外国资本流入增长，外汇储备增加，财政赤字也大大降低。抵押的黄金也如期收回。总体上说，到 1993 年财政稳定基本实现。此次危机恢复速度之快受到国内外舆论普遍称赞，连世界银行都感到惊奇。

财政和国际收支危机的发生在印度不是第一次了。事情很清楚：这种危机一再发生，说明存在着发生危机的深刻根源，这就是发展战略和经济结构上有缺陷。公营经济发展规模过大、效益低下，对私营经济限制过死，长期忽视出口和经济的内向型，对引进外资控制过严，政府担负的农业补贴过重等都是造成危机的政策因素和制度因素。只要这些因素不改变，危机的根源就不会消失，稳定财政的措施就只能是治标而不是治本，不仅眼前的危机不可能彻底解除，再度发生危机的可能性也仍然存在。

一方面是为了从根本上消除危机；另一方面，也是更重要的，是为了使印度在变化了的国际经济形势下，能跟上时代潮流，把现代化事业推向前进，拉奥政府还在着手稳定财政的时候，就下定决心，要乘势而下，在拉·甘地改革的基础上，大刀阔斧地进行更深入的经济改革，使印度能以崭新的面貌迎接21世纪的到来。拉奥说："经济改革席卷了像苏联、中国这样的大国和东欧的小国，人们的观点发生了变化，思想方式发生了变化"，"如果印度要生存下去，——它必须在新的环境下生存下去——印度就不能落在（别国）经济改革的后面。"① 曼·辛格也说：印度经济的长远出路在于实行一整套改革。"周边国家发展很快，正在成为一个更加统一、更具有竞争力的市场。我们不能无动于衷。如果不加快改革开放的步伐，使印度经济与世界经济融为一体，印度将面临以一个亚洲最穷的国家进入21世纪的前景。而印度的自然资源和人力资源使我们有条件考虑要成为世界经济大国。"②

深入实行改革是拉奥、曼·辛格等有远见的政治家深思熟虑后的决定，反映了印度经济发展的客观要求和社会各界多数人的愿望。八九十年代，自由化、市场化、全球化成为世界经济发展的主要趋势。苏联、东欧社会制度的演变、亚洲四小龙的崛起、东南亚国家经济的进步、中国的改革开放，使这一趋势逐渐被普遍认同和接受。发展中国家日益看到，跟进这个潮流是不可避免的，是改变落后状态求进步发展的必由之路。拉奥的智囊团和一些西方经济学家有着密切联系，势必会受到自由化理论和趋势的影响。他们认识到，在全球化的现时代，印度的改革必须和世界发展潮流保持一致，既不能孤立于世界潮流之外，也不可能有另外的道路。他们为改革提出的口号正是自由化、市场化、全球化。曼·辛格就说：改革的方向应是"努力把印度从一个管制约束的内向型经济转变为适应市场需要的外向型经济"。③ 又说："在当今世界，自力更生并不意味着我们制造所有需要的东西。它意味着赚取外汇，支持进口的能力。"④ 拉奥赞同这样的认识。他

① *The Hindu*, Jul. 10, 1991.

② *The Hindustan Times*, Jul. 11,1991.

③ *Times of India*, Mar.1, 1992.

④ S. Prasad & J. Prasad, *New Economic Policy,* New Delhi, 1993, p.13.

在 1991 年国大党议会党团的第一次会议上讲话时就说，为复兴经济，新政府将采取“激烈措施”改变现在的近乎闭关自守状况。[①] 还说，对经济活动进行限制的法令和控制措施大部分已经过时，应该取消。[②] 关于体制，他认为，混合经济体制是必要的，但对公营成分要有正确定位，公营成分不能包揽一切，而且公营成分同样必须讲求效益。关于发展目标，他说经济增长和社会公平都是需要的，但两者的关系必须摆正。政府应把经济增长放在首位，制定政策应以增长取向为重点，实现经济的持续高增长，这对消除贫困、提高人民的生活水平至关重要。关于自力更生目标，他强调这与引进外资、外国技术和印度融入全球经济活动并不矛盾。他说，跨国公司进入印度那些需要大量资金和新技术的领域，对印度是有益的，它们都要服从印度的法律，在合法的范围内活动，这和殖民统治下的英国资本输出不同。印度处在今日的世界环境中，必须充分利用现代科学技术以及融入全球经济所提供的机会，使自己在国际上具有竞争力。拉奥的思想是开放的，他认为要跟上世界潮流就必须敢于破除过时的观念和制度，敢于创新，不要被旧理念和过去的成绩所束缚。不过他并不认为尼赫鲁规划的发展模式应该完全放弃。在目标上他表示要继续坚持尼赫鲁提出的民主社会主义，强调在增长的前提下要兼顾社会公平，要使改革具有人情味，使下层群众都能从改革中得到好处。他一再强调，他只是在尼赫鲁规划的模式的大框架内实行重大变革，也就是从世界新形势和印度新的实际需要出发进行改革，并非要完全推翻尼赫鲁规划的道路，更不是要走西方化道路。这就是他实行改革的指导思想和基本理念。

拉奥和曼·辛格都认识到，必须把改革的思路化作中长期的发展计划和具体政策，扎扎实实地实施。政府计划委员会编制的第八个五年计划（1992—1997）和 1991 年起政府制定的新工业政策、新的小型工业政策、进出口贸易政策等，就都体现了深入改革又谨慎行事的精神。政府的改革措施可归纳为以下几点：

1. 取消生产领域的半管制体制，充分发挥私营经济在国民经济发展中的积极作用。

1991 年 7 月，拉奥政府制定的新工业政策，对原来的政策做了根本性的修改。其中包括基本上取消了 1956 年工业政策决议对公私营经济经营领域的划分。新的政策（以后陆续有补充）规定，除 6 种工业（国防工业、原子能、采煤、矿

① *The Hindustan Times*, Jul. 10,1991.

② Ibid.

物油、铁路运输、与原子能有关的特殊矿业）保留给公营部门专营外，其余均向私人资本和外国资本开放。这 6 种亦酌情允许私人资本参与，以弥补公营力量的不足。公营专营领域的解禁，使私人资本和外资有了更广阔的驰骋空间，而且私人资本进入后，对原有的公营企业形成竞争的态势，也促进了公营企业转变经营模式，提高效益。

对严重捆绑私营经济手脚的另一制度——工业许可证制度，新工业政策规定只保留 18 种工业的许可证制，其他所有部门都无需申请许可证。1993 年 4 月，适用许可证的部门又减少到 15 种，主要是涉及国防、环保、危险品和高级消费品的产业。

《垄断和限制性贸易法》是专门用来限制大工业家族扩大投资和经营规模的。拉奥政府认为这种投资封顶的办法妨碍了大企业更新设备和实行技术升级，限制了其增强活力，对提高印度产品的国际竞争力是非常不利的，决定把该法中对投资和生产领域的限制规定全部取消，只保留对商业领域垄断贸易行为和限制性贸易行为的监督和查处权。

这样，以往加给私营工业的多重限制基本上都被取消，自由化的目标初步实现。私营企业的潜力如今有了充分发挥的广阔空间，这对加快经济增长速度，增强增长能力都是非常有益的。

私营成分积极性的发挥从私人投资率的大幅度增加可见一斑。“八五”期间国内资本形成率比前几个五年计划时期都高。1993—1994 年度公私营总投资额占国内生产总值的比重为 21.6%，1995—1996 年度上升到 26%，其中私人投资占了 18%，也即占了投资总额的近 70%。这种情况自独立以来还是首次。私营公司股本发行总额 1991—1992 年度为 575.68 亿卢比，到 1993—1994 年度增加到 1949.7 亿卢比。

2. 公营企业的重新定位和效益要求。

到 90 年代初，公营工业部门已经发展得十分庞大，公营成分不仅早已占领了国民经济的制高点，而且包揽了几乎所有重工业基础工业。1990—1991 年度中央公营企业 244 家，其中 236 家总投资额为 10 208.3 亿卢比，使用工人 230 万人。邦属公营企业约 1000 家，总投资额约 3000 多亿卢比。公营企业都是规模大、投资多、用人多的企业。在全国最大的企业中，公营工业占主要地位。

发展公营工业用去了政府资金的很大部分，然而，公营工业效益一直不好。虽然 80 年代已强调注重效益，但取得实效的只有少数企业。1990—1991 年度，据236家中央直属企业统计，其中只有122家赢利，104家亏损。亏盈相抵，整个中央直属公营企业净利润率仅为2.23%。至于邦属公营企业，亏损的就更多更大。无论是中央直属企业或邦属企业，亏损的企业全靠政府财政供养。

1991年11月，拉奥说，由于公营成分长期有投资而无回报，今后不会让它再有扩展了。[①] 曼·辛格在英联邦财政部长会议上介绍印度经济的新方针时也说，政府过去强调发展公营工业，是希望它能在促进资本积累、工业化、增长和减轻贫困方面作出贡献，但希望落空。政府不得不重新审视原来的政策，决定今后不再扩大公营成分，“不再认为公营成分应当控制经济的制高点”[②]。1991年，新工业政策规定，今后公营部门的发展应集中在战略性工业、高科技工业和关键的基础工业方面。就是说，在其他产业部门不再发展。这项规定的重要意义在于给公营工业的作用重新定了位，解除了一直赋予它而它根本不可能承担得起的作为国民经济制高点的过重负担。

拉奥政府进一步强调，所有公营企业都应同样遵循市场经济原则，扭转亏损状态，创造更高效益。为落实这个目标，继续推行谅解备忘录制，扩大企业自主权。为了根本解决效益不佳的问题，把公营企业分成三类，采取了不同的处置办法。对亏损企业，移交给工业和财政复兴局，分阶段取消政府对它们的财政支持，规定这类企业或出让资本，或实行裁减政策，即关闭、兼并或出售。政府设立一笔20亿卢比的安置基金，用于对裁减工人的生活补贴和转产职工的技术培训。对不赢利企业，通过承包等措施，增强活力，使其得到改善。对赢利企业，为使其社会化以增加融资，使政府能把投资部分抽回，决定实行有选择分阶段地撤资，引进私人股份。1991年，政府确定一批企业首先实行撤资，使政府持股逐步减少。

亏损企业的关停并转和赢利企业部分撤资是个极敏感的政治问题，因为它涉及大量公营企业职工的切身利益。职工们担心，工厂的倒闭、转手或引入私营成分，都有可能危及他们享有的福利，影响他们的收入甚至造成失业，因而他们对这种改革表示强烈的不安和反对。左翼政党和工会要求政府对病态企业不要关闭而要救活，对赢利的公营企业不要实行撤资。1992年11月，左翼政党和工会发动了包括许多部门的全国性大罢工，抗议政府的经济政策和公营企业政策。拉奥

① *The Hindustan Times*, Nov. 19, 1991.

② Ibid., Oct. 11, 1991.

政府没有动摇，只是在行动上更加小心。政府成立了以曼·辛格为首的内阁级的委员会，专门负责解决亏损公营企业的处置问题。1992 年，政府初步确定了 58 家病态企业实行关停并转。由于工会的坚持，政府同意建立有政府和工会双方代表参加的联合委员会，对这 58 家企业逐个进行审查，在最终确定前，政府继续进行财政支持。至于公营企业的减持，因受到多种因素制约，进展不大。

邦一级的公营企业也按此方向进行改革，其步伐各邦不一。

总的来说，公营企业改革道路艰难，不仅是经济问题，更是个政治问题。不过也并非一无成就。在实行了扩大自主权和建立责任制后，有些企业初步显露了效果。就公营企业整体而言，在开始改革后，经济效益较以往有所提高。

3. 大力引进外资和外国先进技术。

1991 年，新工业政策对吸引外资在实现工业技术升级、现代化和快速增长方面的重要性充分肯定，做了许多新的规定。1993 年 1 月，对现行的《外汇管理法》做出重大修改，以后又制定了补充政策。这些新的政策一方面规定开放更多原保留给公营部门的领域，特别是高科技领域，鼓励外资进入；另一方面，实行新的较宽松的外资管理政策。在合资企业中外方可持股的比重突破了以往限制，允许属于国家优先发展的冶金、机械设备、电子设备、化工、交通、农业机械等 34 种工业部门中，外资可达资本总额的 51%，且只需向中央储备银行注册，无需事先批准。还允许主要从事出口业务的贸易公司、饭店、旅馆和旅游业，外商持股率也可达到 51%。外商投资于铁、锰、金、钻石等采矿业的，持股率一般为 50%。在产品全部出口的企业及电力、石油提炼、计算机和软件等重点发展部门投资的，可以建立独资企业。外国投资者在印度有权设立分公司和子公司。关于合资企业的技术转让条件，政府宣布不加干预，由合资企业双方自行议定。取消了关于合资企业外方必须转让技术给印方的规定。企业与外商达成的技术合作协议，凡属高科技领域又达到政府其他规定条件的，可获得自动批准。外商向其他部门投资的批准手续也大大简化。还对外商在印投资和经营工商业提供种种优惠，包括享受与印资公司同等的借贷权、开设银行分行、购买土地和建筑物、购买股票、汇出税后利润等。外国公司的税率由 65%降到 55%。允许外国公司在印度销售商品使用自己的商标。在上述新规定的鼓励下，1991 年以来进入印度的外资日益增加，1991—1992 年度为 1.58 亿美元，1994—1995 年度上升到 48.95 亿美元。从 1991 年 8 月到 1997 年，批准的与外国合作项目共 11 180 个，总金额达 380 亿美元。1991—1997 年 4 月外国直接投资流入总额超过 72 亿美元，直接投向经济核心工业部门的占 60% 以上。印度以往主要是争取外国贷款，现在转变为以吸引直接投资为重点。虽然直接投资总金额还不算大，而实际流入量更少，但印度大市场开始引起外商的看好，在印度独立以来是从未有过的。除外国私人投资外，印度侨民和印裔外籍人的投资也是印度引进资金的一个重要来源，印侨和印裔投资者享受的优惠更多。

4. 放宽进口限制和积极鼓励出口。

长期实行进口替代方针和忽视出口的结果，使印度在世界贸易中处于边缘化地位。

1951—1952 年度印度进出口占世界贸易额的 2.4%，到 1990—1991 年度，只有 0.4%。放宽工业管制如果没有贸易管制的放宽伴随，就不会收到应有的实际效果。印度很高的总关税率为进出口筑起了难以跨越的关税壁垒，再加上严格的进出口许可证制度和外汇管制制度使扩大进出口对许多商家来说成为可望而不可即的事。

拉奥改革的目标之一是使印度由内向型经济逐步转变为外向型经济，积极参与全球化进程，与世界接轨。发展国际贸易是实现全球化的重要方面，因此，拉奥政府对外贸体制改革、对放宽进口限制和促进出口都加大了力度。为了使政府的政策保持相对稳定，使商人对发展前景有充分的思想准备，政府除一年一度公布外贸政策外，还特地制定了 1992—1997 年五年进出口政策。

在进口方面，取消了控制和限额方式，改为绝大多数自由进口，用关税调节。规定只有少数与安全、环保有关的产品、需要特别保护部门的产品及保留给小型企业、家庭手工业生产的产品不许进口，其余所有商品都免除进口许可证。到 1995 年 3 月，由国家统一进口的商品只有 7 类，包括原油、石油产品、某些种化肥、食油、粮食等。

关税也普遍降低，特别是资本产品和其他紧缺产品降幅更大。1990—1991 年度输入品关税总水平为 125%，最高为 355%，是世界上关税最高的国家之一。改革后，到 1996—1997 年度降为 22.7%，最高税率为 40%（非消费品），虽然仍高于一般发展中国家，但已是很大进步，缩小了与世界接轨的差距。

在促进出口方面，采取了一些重要措施。出口原来主要由国营公司经营，经过逐步放宽限制，最后改为主要由私人经营。与此同时，先前限制出口的种种制度，如出口许可证制、出口定额的限制、最低出口价格的限制等也都基本上取消。限制出口的政策改变为积极刺激和促进出口的政策。鼓励措施包括：普遍降低出口关税；对为生产出口商品而需要进口的零部件、中间产品和原材料免除进口税，进口资本品关税从优；实行卢比在经常项目交易中可自由兑换，出口商的外汇所得无需向政府结汇；建立出口加工区，实行税收优惠；从事出口信贷业务的银行免交利息税；为出口商提供贷款便利，并降低贷款利率等。此外，对在出口方面有贡献的商行根据贡献大小，分别授予"出口商行"、"贸易商行"、"星级贸易商行"和"超星级商行"等荣誉称号。获得这些称号的，能得到不同的自主权方面的优惠。

在出口贸易方面，值得特别提出的是计算机软件的出口。对印度来说，这是初露端倪而前景灿烂的新兴输出项目。印度软件大规模进入国际市场是在90年代。90年代在美国等西方发达国家，计算机技术的运用越来越广泛，软件市场空前扩大。美国的软件技术遥遥领先，但软件开发人才供不应求。为了解决人手的短缺，更为了节省人力的成本开支，美国软件巨头实行了部分产品研制的外包制，即在保留对软件核心技术的垄断地位的同时，把部分非核心的应用软件的开发和生产，外包给有高素质人力资源、工资较低的发展中国家去做，其首选就是印度，因为印度不仅有大量的技术人才，人力成本低廉，而且有使用英语的优势。这就为印度承包软件研制，从而大举进入国际市场提供了难得的机会。为了充分利用这个机会迅速发展印度的软件产业，实现大规模的软件出口，拉奥政府在拉·甘地政府优惠政策的基础上进一步加大扶植力度，提供了更多优惠，包括设备进口免税和软件出口利润完全免税等，以创造最有利的出口条件。对软件产品的进口限制取消，进口税进一步降低。在鼓励软件研发和出口方面最重要的措施是学习美国硅谷的榜样，建立软件技术园。1991年，班加罗尔和布巴内斯瓦尔两个技术园建立，加上已建立的浦那园区共3个园区。许多顶尖的外国研究机构和大公司都来这里落户投资。班加罗尔走在前列，因此获得了"印度硅谷"的美誉。到1998年，国家级的软件技术园发展到15个。技术园的建立对印度软件业的腾飞起了重要作用。为保护知识产权，著作权法也重新修订，对软件盗版的行为界定和处罚作了详细的规定。1990—1991年度印度软件出口额为1.312亿美元，到1995—1996年度上升到8亿美元。世界许多著名大企业使用印度软件，印度开始成为世界上重要的出口软件的国家。

由于采取了上述多项措施，印度外贸形势有了显著改善，出口得到较大幅度增长，长期以来存在的外贸逆差有所缩小。

为了推进与国际经济的联系，印度参与了世界关税和贸易总协定乌拉圭回合的谈判，1993 年决定在最后文件上签署。拉奥多次指出，参加关贸总协定对印度经济整合到世界经济中是完全必要的。参加关贸总协定将促使印度各行各业努力提高技术、管理水平和效率，增强竞争力，最终会有益于印度经济的更大更快发展。曼·辛格也说，印度参与全球化必须与世界接轨，参加国际关贸总协定是唯一正确的选择，舍此没有其他道路可走。

5. 改变对小型工业过度保护的做法。

至 1989—1990 年度，全印小型工业企业有 182.6 万个，就业人数 1196 万人，产值 13 232 亿卢比，产品出口占总出口额的 27.5%。小型工业的发展在前一阶段虽在国民经济中起重要作用，但从经济效益的角度看，则问题很大。有相当大一批小企业或由于经营不善，或由于设备落后，技术水平低，属于病态企业。新的小型工业政策虽然仍然保留以往给予小型工业的种种优惠，其中包括 836 种产品专门保留给小型工业生产，但在指导思想上有了变化，规定小型工业 90 年代的发展目标是增强活力，使之能对全国经济发展、特别是在产品的增长、就业和出口方面做出更大贡献。为实现这个目标，新政策不再强调保护，而是强调减少管制和官僚主义的干预，强调搞活企业，消除增长潜力发挥的障碍。作为具体措施之一，又一次提高了小型企业和微型企业的资产标准，还首次允许私人资本和外资参与小型企业，可在其中拥有不超过 24%的股份，目的是通过大企业和外资的加入，把新技术带到小企业中来。这些措施使小工业在 90 年代有新的发展。1997 年，小工业在全国制造业产值中占 40%，在制造业出口总额中占 45%，在整个出口总额中占 34%，提供了 1530 万个就业机会。不过，新政策实际执行上还有很多问题。有相当多新企业在技术改进上几乎没有进展，有些小企业在大企业加入后很快受其控制，后者并不热心帮助小企业提高技术水平。对大量病态小企业如何处置，更是一个没有解决的难题。但无论怎样，在全国大环境已经发生变化的情况下，小企业也开始发生变化。竞争的劲风已吹进小企业，使这一潭相对寂静的池水也不能不掀起涟漪。

6. 金融体制方面的改革。

印度的银行和金融市场由于在英国统治时期就有较好的基础，独立后在经营方向、体制和运作方式方面都有新的变化，所以在新兴国家中算得上是较为发达的，在资金的流通和融资方面对经济发展起了积极的作用。不过在管理上也存在不少缺陷，需要改革。

全国银行中，资产规模大、业务范围广泛的都是国有银行。在以往的半管制经济体制下，国有银行从管理体制、经营指导思想到运作方式都受政府支配，成了政府执行财政倾斜和扶助政策的工具。这固然有助于政府经济政策的推行，但对银行来说，却造成不良信贷堆积，死账、坏账比比皆是，经济效益甚差。银行系统本身也缺乏进取的活力，技术陈旧，效率低下，服务质量差，不能适应经济发展的客观要求。新的经济政策要求更好地发挥金融系统在经济发展中的作用，以适应市场化和政府宏观调控经济的需要，银行和金融体制的改革也就成了当务之急。为了对金融体制进行必要的改革，政府成立了专门委员会，对涉及金融体制的各方面问题进行调研，制订改革方案。1991 年 11 月，该委员会提出的报告强调银行要把改善管理、提高效益摆在首位；建议所有银行和金融机构的不良贷款应由一个复兴基金机构接管，以便银行能有效运作；成立由储备银行领导的专门机构，加强对银行的监督管理；给银行管理以自主权；还建议政府应尽量减少对银行提出发放纯属政策性的低效益贷款的要求。政府采纳其许多建议，开始在改进银行体制、改善其服务功能和金融机构的发展等方面进行改革。改革的主要方向是减少政府对银行系统的干预，促进合理竞争。1994 年又修改了银行法，规定国家银行的服务质量必须改进，要提高竞争力和效益。政府要减少政策性优惠贷款的比重，允许银行自行规定储蓄和贷款利率，使银行能在市场机制下发挥更大的作用。对银行的不良资产要清理整顿。允许私人银行引进外资。允许国有银行在股市筹资，股票可出售 49%。改善银行董事会的成员构成，使之更专业化，股份银行应有私人股东代表参加。为了完善银行内部的监督机制，促进金融改革，在印度储备银行内建立了金融监督局。批准建立一批新的私人银行，以增强金融市场的竞争力和活力。还规定允许外资在私人银行占有股份。

资本市场的建设也有新的进展。1988 年 4 月，政府为加强对迅速发展的资本市场的管理，建立了印度证券交易委员会。不过，没有给证券交易委员会处置违规行为的法定权力。拉奥执政后，对资本市场也开始实行改革。1992 年，议会通过的《印度证券交易委员会法》和后来通过的证券法修正法，授权证券交易委员会对所有证券市场的中介人及机构，包括商业银行、经纪人、有价证券管理者、承销人和证券发行登记所等进行注册和建立业务规范。从此，该委员会成了法定的管理印度证券交易活动的权力机构。该委员会随后制定了一系列有关证券交易的条例和实施细则，依法管理，旨在建立一个公平的、公正的、具有强有力的管理结构和有效功能的资本市场。1992 年 5 月，政府取消了 1947 年的《资本发行（控制）法》，取消了由政府委派的资本发行总监批准上市公司发行股票的数量和价格的制度，使要发行股票的公司无需经过政府批准，在取得证券交易委员会的批文后，即可发行，数量、价格都由公司自定。这就把上市的自主权交给了公司，解除了对公司通过证券市场融资的限制。为了维护投资人的利益，保证股市的透明，证券交易委员会要求各上市公司要实行全面的信息公开。

政府的另一重要举措，是 1992 年 9 月决定印度的股票市场向所有外国机构投资者开放，外国机构投资者用证券投资可购买任何上市公司 24% 以内的股份，单个外国机构投资者可购买 5% 以内。政府的方针是既要开放，又要稳步进行，以保证资本市场的稳定和安全。

资本市场改革便利了印度的公司在国际市场上融资。稳步开放的结果不但拓宽了外国资本进入印度的渠道，也使印度加入到世界资本市场的大舞台中。

印度有二十多家股票交易所，最大的是孟买股票交易所，有一百多年的历史。为了进一步发展全国的证券市场，1994 年印度政府批准成立由证券交易委员会筹划建立的印度国家证券交易所，其职能是通过提供国家范围的证券交易设施和结算，整合全国的证券市场，促进全国证券市场的统一和规范化。国家证券交易所完全实行电子化交易，在透明性、交割及时、交易快捷等方面都胜过其他交易所，开业不到两年，就成了印度最大的交易市场和模范交易所。

有证券市场存在就总会有不法分子的欺诈活动。为了堵塞犯罪渠道，1994 年政府制定了《证券交易委员会管理法》。该法明确界定了有价证券市场中欺诈和不公平交易的内涵和界线，赋予证券交易委员会一定的权力制止这些行为。该法颁布后，对发现的违规操作机构和个人依法实行惩处，犯罪分子受到法办，正常的交易秩序得到了保障。

7. 农业经济改革的酝酿。

拉奥改革的重点是工业、外贸，最初对农业考虑不多。可是经济改革的春风不可能不刮到农业领域。国民经济是一个整体，不可能工商业朝外向型方向转变而农业继续保持内向型、消费型和对农产品流通的严格管制。何况印度是世贸组织乌拉圭回合协议的签字国，也应按协议要求开放市场。因此，改革扩大到农业不可避免。1994 年，政府制定了新的农业政策决议草案，其主要内容：一是农业要面向全球化趋势，积极出口更多产品；二是发展农产品加工业，鼓励种植业、畜牧业与农业综合企业的发展，以增加农产品的附加值，扩大出口潜力，提高农民收入；三是保证农业投资与信贷支持，使农业面向市场，提高农业利润，提高生产效率，形成坚实的发展基础。农业立法和管理属于邦的职权范围。联邦政府主要是在政策原则上进行指导，在涉及外贸和引进外资方面负责立法和管理。在中央新的指导方针下，拉奥执政时期印度农业发展方面也开始发生新的变化，这就是农业同样减少政府的管制，强调发挥市场机制的作用，增加效益，鼓励出口。具体的变化包括：对农产品价格作了较大幅度的提高，以鼓励农业经营者的积极性；放宽了农产品特别是粮食销售的地区限制，允许跨邦销售；放宽对农产品出口和进口的限制；除了保留谷物、食油和油菜籽的进口和洋葱的出口由国营贸易公司专营外，其他农产品的进出口贸易大都向私商开放；除大米、豆类、棉花、植物油等少数产品外，取消了大多数产品的出口许可证制，对小麦、大米实行的出口最低价格限制也都取消；增加农业贷款，减少农业投入的财政补贴。此外，大力发展被认为是朝阳产业的农产品加工业。在“八五”计划中，政府提出了发展农工商一体化的新构思，也就是把发展农业和农产品加工业结合起来，把产销结合起来，其中包括外销。按照这一思路，成立了食品加工部，制定了税收方面的优惠政策，又成立了一个由农业发展机构、农业科研机构、教育机构和银行等单位共同参加的专门机构——“小农农工商联合体”，负责就农产品的加工、产品开发和营销为农民提供指导。

上述措施虽然是零散的，缺乏系统性，实行之后还是取得了一些实效，为印度农业增添了活力。具体表现在：改革鼓励了农业经营者的积极性，私人农业投入增加；外贸方面，农产品出口连年上升；农业加工业开始迅速发展，吸收的外资逐年增多，其产值和产品出口值每年都以20%的速度增长。总之，改革促进了农业经营多样化和农产品加工业的发展，使印度农业生产和贸易朝着自由化、市场化、全球化方向前进了一步，农业结构开始发生重大变化。

8. 促进科技和教育发展。

印度的经济改革既然把自由化、市场化、全球化作为方向，如果在科技方面赶不上去，不仅快速经济增长难以实现，而且在全球化的过程中根本无力与外国竞争。经济改革是从制度层面解放生产力，但生产力的真正提高还要靠发展科技来实现。因此，抓住发展科技这个决定性环节成了政府的一项十分重要的任务。

在“八五”计划中，确定的方针是：科技发展要具有竞争力、费用低和适用性。提出的发展重点包括：优先发展能对社会产生最直接影响的技术，发展能使国家随当今信息时代前进的技术；鼓励农业、农村手工业和其他传统领域的工具和技术的革新、普及；着重发展某些特别选定的高科技领域的技术研究并使之达到国际水平。计划要求提高各级学校的科技教育水平，要求研究机构要和企业建立密切的合作关系，提高科研成果的商品转化率。计划还具体列举了一批需要尽快发展的项目。为了使规划指标能落到实处，“八五”计划的科技开支比前两个五年计划都高。

为贯彻“八五”计划精神，1993年政府又制定了《新技术政策》(草案)。其目标是使印度工业在新技术方面赶上世界水平。强调的重点包括：加大工农业和基础设施的科技含量，科研与生产相结合，在自力更生的基础上加强国际交流与合作，注重对引进技术的消化、吸收和创新，加速科研成果商品化。新政策还把微电子、生物工艺、高速计算机、材料合成、传感器、信息处理、电脑软件等“关键性技术”确定为重点开发领域。

培养科技人才受到重视。1992年印度有176所综合大学和七千余所各类技术、科学和商学院。1992—1993年度，全印高等院校科学与工程类在校生有1 401 700人。每年毕业的理工科大学生有15万人。高等院校源源不断地向各领域输送新生力量，也有一大批人去国外深造。

在政府的积极引导下，大学和科研机构积极性很高，与国外的科技交流与合作有长足发展。这一切努力都在科研力量的加强和成果的取得上得到了体现。到90年代，印度已有300多万科技人员，在数量上仅次于美国和俄罗斯，在世界居第三位。在科研的基础设施和管理水平方面，印度在世界发展中国家中也都是走在最前列的。有些科技成就已进入世界最先进水平之列。如原子能研究与应用、空间技术、电脑软件、生物工程等方面的研究成果都达到了世界水平；在原子能研究和应用方面，印度有10个核反应堆、7个核电站，核电装机容量和发电量在亚洲居第三位，有些核电站是印度自己设计和建造的；有8个重水工厂，生产的重水自给有余，已对外出口。在空间技术方面，印度已经发射了多种用于通信、气象和地质观测的卫星，1995年12月又发射了功能更先进的自造的第二代遥感卫星IRS–1C。这种卫星具有更高的分辨率，日夜均可拍摄地面目标。火箭的研制自60年代以来取得很大进展。这次发射第二代遥感卫星所用的运载火箭是第三代运载火箭——极地卫星运载火箭，为本国研制，1994年成功地把一颗卫星送入极地轨道，使印度成为世界上第六个(前五个为美、俄、中、法、日)具有把卫星送入极地轨道能力的国家。第四代运载火箭——地球同步卫星运载火箭的研制也已成功，它意味着印度将拥有研制洲际弹道导弹的能力；在信息技术方面，印度已建立了全国卫星通信网络，并和各大国际性网络和数据库联结。计算机软件技术开始具有优势，印度开始成为享有国际盛誉的软件制造和出口大国。印度制造的大型计算机也已达到世界先进水平；在生物工程方面，遗传工程的研究、酶的研究、植物组织培养都达到了很高水平，有的已进入应用阶段。

当然，科技发展中还存在不少问题，有些还相当严重。技术相当先进的只是少数部门，大多数工业——更不用说农业了——技术水平还很低，其中很多部门连中等技术水平都达不到。结果，不但增长率低下，也严重影响产品出口。1996年高技术产品出口值只占制造业出口总值的10%。多数部门技术研究和应用落后主要是因为政府财政捉襟见肘，对一般民用技术不能投入必要的人力和资金去进行研究，而民间研究的开发推广又不受重视。引进外国技术相对较少是另一个重要原因，许多部门由于长期闭塞，连本部门先进技术是什么都不甚了解。还有一个重要原因是科技人才外流。至1990年，印度在国外谋生的科学家和熟练技术人员有41万人，各部门的人才都有。尽管政府想尽办法吸引他们回国，但回来的不多。这对技术革新的普遍开展不能不造成严重影响，至少最近一段时期是如此。

教育改革的目的，既是为了开发人力资源，造就更多人才，为经济文化建设服务，也是为了贯彻以人为本的思想，使更多人享有受教育的权利，提高人的素质。1992年拉奥政府颁布了新的国家教育政策，其突出特点是把教育和经济发展及以人为本的思想结合起来，形成一个既有远景目标又很适用的教育政策。和1986年拉·甘地执政时制定的教育政策比，其主要特点为：强调教育在经济改革中的重要地位，指出自由化、市场化、全球化的经济发展方向需要有具有新观念、掌握技术的人来实现，人力资源是最重要的资源；重视基础教育和成人教育，把更多的教育资金用在这方面，充实教育发展中一直存在的这两个薄弱环节；重视思想品德教育和技术教育，将两者紧密结合，培养能为国家建设贡献力量的有用人才，减少人才外流；政府增加教育投资，拉奥时期教育开支在国家预算中的比重年均为10.97%，比以往（除个别年度外）都高；允许外资在教育领域特别是高等教育领域投资；实行教育分级管理，教育资金分级掌握，提高资金使用的效益等。新的教育政策注重克服以往的缺陷，有较强的时代感，构成了拉奥改革的一个重要部分。“八五”计划教育开支1960亿卢比，比“七五”计划期间开支增加2.54倍。

9. 加大扶贫的力度。

拉奥改革既是以增长为首要目标，兼顾社会公平，政策倾斜的侧重点和资金投入的重点自然都是在促进增长方面。但拉奥也清楚地知道，这种改革必然会使社会付出一定的代价，这种代价的主要承担者是经济地位脆弱的贫困阶层，增长取向的政策必然会拉大贫富差距和地区差距，从而招致下层群众、左翼政党和落后地区群众的不满。为减少改革对下层群众的影响，并对受影响的群体有所弥补，拉奥强调，政府对兼顾社会公平是绝不能忽视的，必须采取切实的措施保障其落实。

印度贫困线以下的人口占总人口比例在1987—1988年度为39.34%。拉奥执政期间，在资金有限的情况下，尽可能加大了执行中央扶贫计划的力度，减少发展模式转型造成的震荡。政府每年的扶贫计划开支有显著增长，都大大高于改革以前。拉·甘地执政时期制定的最大的扶贫计划——贾瓦哈尔就业计划继续执行，其开支占国内生产总值的比重从0.38%增加到0.59%，是有史以来最高的。就业保障计划是另一项重要的扶贫计划，目标是保证在农闲季节为全国3175个最贫穷的居民区的每个农民家庭提供2人各100天的工作机会。实践表明，增加更多生产性就业机会是减少贫困的最好途径。据计划委员会估计，拉奥执政时期生产性就业机会增加了1.3倍。政府实行的中央扶贫计划还有：全国社会扶助计划，主要是为贫困线以下家庭的老人、丧失劳动力的贫穷家庭，还有孕妇提供生活补助；英迪拉住房扶贫计划，在1994—1995年度为农村贫穷家庭建造40万所房屋，1995—1996年度再建造100万所；在工人福利方面，除设立一笔20亿卢比的裁减工人安置和再就业培训基金外，政府还提高了奖金、退休金的最高限度。此外，在城镇地区，政府采取措施加强公共配售制，在1700个落后区扩大了这种配售制，以保证穷人能以平价购得最基本的生活必需品。对1—4年级小学生还实行了补贴午餐计划，即在3年内为所有这几个年级的在校生提供伙食补贴，以提高孩子的营养。对农村发展和卫生保健方面的拨款也有所增加。

拉奥改革中提出一个口号，即“要使改革带有人情味”，其中心思想是要重视使下层群众从改革中同样得益。由于改革的性质本身及主客观条件的限制，这个口号要真正落实难度是非常高的。很多下层群众和左翼政党认为改革没有给人这样的感觉。事实上，从短期看，下层群众经济地位的改善确实不明显，甚至有的还受到牵累。但如果因此就否定拉奥政府的愿望和努力，否定扶贫政策取得了一定成果，那也是不符合实际的。

拉奥改革取得了很大成功，不仅迅速扭转了1989年以来增长率连年下跌的局面，而且在从低谷爬出后，很快就创造出独立以来从未有过的较快增长速度。1991—1992年度，亦即拉奥着手稳定财政的当年，经济增长率只有0.8%，

1992—1993 年度就上升到 5.3%，1993—1994 年度达到 6.2%，1994—1995 年度更增到 7.8%，1995—1996 年度为 7.6%①。“八五”期间（1992—1997）年均增长率为 6.5%，大大超过了原计划的 5.6%的指标。自实行五年计划以来，这样大幅度地超额完成经济增长率计划指标还是第一次。而且，“八五”计划执行的结果，公营部分的开支在总开支中的比重只有 34%，表明私营部分的投资比计划预期的超过一半的比重还要高得多，这也是以往各个五年计划从未有过的，私营经济的重要作用在这里充分表现出来。增长最快的产业部门是制造业。1991—1992 年制造业增长率只有 0.8%，实行改革后，1994—1995 年度达到 9.4%，1995—1996 年度更增长到 11.8%。主要工业产品如钢材、煤、原油、化肥、电力、水泥、纺织品等的产量都有较大的增长。资本品和中间产品绝大部分都能自给，消费品除某些高级耐用品外基本上都能自给。过去，工业品自给率越高被认为越好，现在，重在质量，市场上开始出现越来越多地合资企业制造的和引进外国技术制造的质量更高的产品，如在马路上，国际名牌小轿车越来越多。商店货架上，各种合资产品耀人眼目，技术水平低的国产品不再受购买力较高的顾客的青睐。农业在拉奥执政时期也有所增长。1994—1995 年度粮食产量达 1.915 亿吨，创历史最高纪录。1995—1996 年度回落到 1.85 亿吨，但粮食储备量创历史最高纪录。服务业也比以前有较大发展，1995—1996 年增长率为 7%。到 1996—1997 年度，各产业在国内生产总值中的比重改变为：农业 26.6%，工业 26.9%，服务业 46.5%。印度成为世界第 10 大工业国家。主要的社会指标包括公共开支、入学率、人均寿命、安全饮用水的提供等都呈上升趋势，国民的生活质量有所提高。全国处在贫困线下的人口比重 1993—1994 年度为 36%，1996—1997 年度降至 29.2%。

当然，改革也有不成功和政策规定不到位之处。第一，公营企业的改革步履艰难，收效甚微。相当多企业亏损的局面没有扭转；第二，基础设施领域改革缓慢，政府资金投入又严重不足，基础设施落后问题成了制约经济发展的严重瓶颈；第三，农业改革只限于贸易和价格政策调整，但对加强农业基础设施，鼓励扩大技术投入，提高农业生产率等方面没有采取有力的政策；第四，对原来劳工立法中的某些过时的规定基本上还没有触动，影响了劳动力自由市场的成熟，对企业提高效益形成了制约；第五，财政拮据状况在拉奥执政时期并没有根本解

① World Bank, *India: Reducing Poverty, Accelerating Development,* New York, 2000, p.104.

决。财政赤字占国内生产总值的比重在最初两年下降后，1993—1994 年度又回升到 7.3%，1994—1995 年度仍为 6.7%。反弹的主要原因与改革有些方面不到位有直接关系。如国家每年还要拿出大量资金维持亏损公营企业的生存。又如政府对农业实行的财政补贴(粮食、食糖、化肥、电力等）已成了承受不起的重担，但改革很少触动这个难题，因为它牵涉到广大下层人民的利益，必须谨慎行事。

尽管有诸多不足，但应该充分肯定，这是一场成功的改革，不仅使印度经济发展上了新台阶，而且基本上完成了经济发展的模式转型，奠定了继续深入改革的坚实基础，对全面推进印度现代化进程具有里程碑式的历史意义。

五、中央—地方矛盾的缓解

拉奥改革还带来了一项重要的政治成果：大大缓解了中央和地方的矛盾。这是连改革领导者们自己事先也不曾预料到的。中央—地方日益紧张的关系 70 年代以来一直困扰中央政府，成为社会不稳定的主要因素。历届中央政府都花了很大力气解决这个矛盾，但总是收效甚微。拉奥改革之后，矛盾却普遍趋于缓解。原来以往只是从政治层面解决，那只是治标，而拉奥改革把发展地方经济的自主权交还地方，使地方的积极性和自主性有了充分的施展空间，其结果是从更深的层面——经济层面解开了中央—地方矛盾的纽结，使地方的大多数不满迎刃而解。这是经济改革之花在政治领域结出的丰硕之果，对保持联邦制结构的正常运转和社会稳定起了非常有益的作用。

拉奥执政之初，财政上的危机掩盖了政治、社会冲突。但政治、社会冲突也要解决，否则稳定财政和经济改革的努力都会受到严重影响。他执政后，便向各反对党表示，愿与各个政党弥合分歧，协商一致，求同存异，来解决面临的各种问题。当时阿约迪亚的“寺—庙之争”在维・普・辛格政府采取强力措施后暂时得到遏制；曼达尔委员会建议的实施打算被最高法院搁置，而旁遮普、阿萨姆的局势尚未稳定，所以，他便把解决中央—地方关系放在首位。

旁遮普 1991 年不断发生的恐怖活动中有 4750 人死亡。在旁遮普问题的处理上，拉奥采取两手策略：严厉镇压分裂分子的恐怖活动；恢复民主政治。旁遮普当时仍处在总统治理下，代表总统的邦长决断一切。阿卡利党已分裂为许多派系。各政党和舆论界都要求立即恢复大选。回应这个要求，拉奥政府决定结束该邦长达5年的总统治理。1992年2月举行邦议会选举和人民院议员选举。尽管持极端立场的派别号召抵制，并一再制造恐怖事件，阻挠破坏，其他政党都参加了竞选。结果，建立了国大党的邦政府。大多数人民要求安定，憎恶恐怖活动和动乱。阿卡利党的温和派系也表示愿意为恢复旁遮普的安定与政府合作。在这种有利的气氛下，邦政府对继续从事恐怖活动的分子采取加强镇压的措施得到大量居民的自愿帮助。极端分子的首领马农·查哈尔被抓获，极端分子纷纷投降，少数人流亡海外。到1993年，旁遮普的暴力动乱基本消除。

1994年5月，阿卡利党的派系中有6个非主流派系在阿姆利则组成一个新的政党，叫阿卡利党（阿姆利则），和作为温和派主流派系的阿卡利党（巴达尔）同为旁遮普锡克人的主要政党。1997年2月再次大选，阿卡利党（巴）和人民党取得胜利，建立了联合政府，局势恢复了正常化。

阿萨姆邦的动乱在拉·甘地执政时基本解决，但持极端立场的阿萨姆联合解放阵线不接受拉·甘地与阿萨姆运动领导人的协定，继续进行暴力活动，并提出了独立建国的分裂要求。全阿萨姆学生联盟反对分裂，同时指责政府没有认真履行阿萨姆协议，该修订的选民名册未修订，该遣返的外来人没有遣返。由于该组织坚持必须修订选民名册后才能选举，1989年的人民院选举阿萨姆未能举行。1990年中央政府解散了阿萨姆邦立法院，实行总统治理，以清剿联合解放阵线的武装势力。1991年5—6月，阿萨姆举行立法院选举和人民院议员选举，国大党获胜，建立了邦政府。阿萨姆联合解放阵线继续采取暴力斗争，迫使中央动用中央警察部队和边防部队联合镇压。拉奥同时要求邦政府与联合解放阵线领导人进行谈判，实行分化政策，允诺该组织放下武器后给予11亿卢比的安置费，帮助其成员安家就业。有3000名武装分子放下了武器。该组织领导人最后不得不同意停止暴力斗争，寻求在宪法允许的范围内解决问题。然而，联合解放阵线内仍有部分人不愿放下武器，他们继续以联合解放阵线的名义进行暴力活动。

拉奥政府在解决查谟和克什米尔邦动乱方面也做了努力，但效果有限。拉奥承诺尊重查谟和克什米尔邦在印度宪法框架内享有较大的自治权，并保证宪法关于给该邦特殊地位的第370条不会改变。但穆斯林中主张克什米尔独立的派别查谟－克什米尔解放阵线和主张克什米尔并入巴基斯坦的圣战者组织都依旧不改变反政府立场和暴力活动。

克什米尔解放阵线内部在斗争方式上认识并不一致，1995 年发生分裂，亚辛·马立克领导的一派宣布争取克什米尔独立的目标不变，但放弃暴力斗争道路，采取非暴力斗争的形式；另一派，即阿马努拉·汗派坚持从事暴力斗争，不过在受到镇压后，其成员大大减少。另一极端主义武装组织圣战者组织由于有些人是伊斯兰促进会成员、有些人不是，也发生了分裂，但两派都继续主张克什米尔并入巴基斯坦和采取暴力方式。这个组织此时成了克什米尔最大的分裂主义武装组织。

这一时期，克什米尔分裂势力的最重要的变化，是出现了一个联合阵线性质的穆斯林政治组织，叫全体党派自由会议，是 1993 年 3 月成立的，有二十多个政治、社会和宗教组织参加。这些组织在使克什米尔脱离印度的目标上是共同的，不过有的主张克什米尔独立，有的主张并入巴基斯坦。亚辛·马立克领导的查谟－克什米尔解放阵线一派也参与其中。这些组织都不主张使用暴力斗争方式，宣称要通过政治和外交途径达到目的。由于自恃成员众多，该组织自称是“克什米尔穆斯林的真正的和唯一的代表”，公开在前台活动，制造舆论，煽动不满情绪，与在阵线之外的穆斯林分裂主义的武装组织相互呼应。印度政府指出，这个组织是在巴基斯坦情报部门的主使下成立的，以亲巴基斯坦趋向为主。不过，随着年轻一代的成长，主张独立的趋向在阵线内逐渐增长。

1993 年以后查谟和克什米尔邦的动乱进一步扩大，多次发生穆斯林极端分子与安全部队的冲突，死伤甚众。政府在新工业政策下把查谟和克什米尔邦列入经济落后地区，宣布来这里兴办企业者可免征所得税 5 年，以鼓励这里的经济发展。这种优惠措施受到工商界欢迎，但对分裂主义组织不起任何作用。1996 年人民院选举前夕，拉奥力图稳定查谟和克什米尔邦局势，允诺 1996 年结束该邦的总统治理，举行邦立法院选举。他亲自去该邦访问，表示对保持该邦局势安定和恢复民主进程的关心。不过，由于局势不稳，邦立法院的选举在拉奥任期结束前未能举行。

在极端分子暴力活动方面，这一时期的新变化是出现了以外国人为主的新恐怖组织。苏军侵略阿富汗失败后，不少来自伊斯兰国家的参加对苏作战的圣战者来到巴控克什米尔地区或巴基斯坦，参与对印越境恐怖活动。这一时期在印控克什米尔，很多暴力行动是在境外成立的组织圣战者运动和塔伊巴军所为。这两个组织中有阿富汗人、阿拉伯人，也有巴基斯坦人。圣战者运动、塔伊巴军都是本·拉登的反美反以色列圣战国际阵线的成员，他们逐渐成了越境进入印控克什米尔地区从事暴力和恐怖活动的主力，其势力和活动能量盖过了原来的武装组织。1994 年圣战者运动绑架了两名英国公民，1995 年其延伸组织又绑架了几名西方旅游者，这引起了美国的注意。1997 年 10 月这个组织被美国宣布为国际恐怖主义组织。

印度政府指责巴基斯坦政府允许在其境内和巴控克什米尔训练武装分子，支持越境恐怖活动，并认为这是导致克什米尔武装动乱的主要原因。巴基斯坦否认允许军事训练，但表示对克什米尔人的斗争是同情的，理应给予支持。

就中央—地方关系说，像旁遮普、阿萨姆、克什米尔这样矛盾发展成长期动乱的邦是少数，大多数情况是关系扭曲，中央集权过多，宪法规定的联邦与邦职权划分未能充分体现，中央执政党为了排斥异己，经常滥用总统治理。邦政府感到积极性受压抑，对中央政府不满，要求有更多自治权力，有些邦甚至提出中央只管外交、国防、货币、交通，其他权力一律下放到邦。有些邦政府领导人甚至自行联合召开会议，讨论如何共同对付中央。这种不满表明了一种离心倾向在逐渐发展。中央和地方的矛盾在英·甘地执政时发展得最为严重。拉·甘地执政时开始注意纠正，使紧张关系有所缓解，但根本矛盾并未解决。拉奥改革却出人意料地对解决中央—地方根本矛盾起了重要作用。

中央集权过多有人为因素，如联邦领导人的党派狭隘意识和专断作风等；更重要的，是制度因素。在实行经济改革之前，自上而下的计划安排、工业许可证制度、进出口许可证制度和中央地方财政分配制度使经济发展的大权几乎完全掌握在中央手中，地方只能听从中央安排，自己决定不了自己的命运。这就造成了各邦工业发展的不平衡和财政收入的不平衡。邦政府纵有发展地方经济文化事业的愿景也无能为力。这自然引起一种强烈的不满情绪，特别是那些经济发展落后的邦和地方政党掌权的邦。经济上受压抑必然在政治上表现出来，成为在各邦表现形式各异的政治矛盾的深层根源。即便是旁遮普和阿萨姆邦的动乱，其深层根源也在这里。在这个深层矛盾未解决前，在调整中央—地方关系方面无论怎样努力，也只能治标。而拉奥改革基本取消了对经济发展的半管制体制，实际上是在经济方面中央放权，使各邦有自行发展的权力。这样，各邦的能量有处施展，对中央的不满就大大减少。就连动乱最难解决的旁遮普、阿萨姆邦，也只有在拉奥改革后，在一定措施的配合下，才真正有了消除动乱的可能。到 1998 年，除查谟和克什米尔邦的特殊问题外，在中央和各邦关系上没有大的冲突。印度计划委员会主席马德胡·坦达维特就说："印度中央和各邦之间的关系从来没有这么和谐过。"①

六、曼达尔委员会建议的实施

拉奥执政时期的一项重要社会措施，是开始实行曼达尔委员会关于把保留制扩大到"其他落后阶级"的建议。维·普·辛格实行曼达尔委员会建议的打算被最高法院搁置后，落后阶级强烈要求实施。拉奥执政后考虑到如果处理得好，实行这个建议对下层群众有益，对国大党也并非无利，因此决定实行。1991 年 9 月，拉奥政府向最高法院提出了对维·普·辛格实施方案的修正办法。其内容为：保留公职的比例仍为 27%，但确定落后性的依据改为：以原来的低级种姓为基础，但不完全根据种姓，还要考虑实际经济地位，低级种姓中经济和教育方面并不落后的部分不能享受保留；又提出增加 10%的保留名额给高级种姓中的经济落后部分。这就是说，在种姓之外又引进了实际经济地位的标准以平衡高级种姓的心态。依此办法，新保留的比例加上原来为表列种姓和表列部落保留的比例共达 59.5%。方案提出后虽仍有高级种姓的人反对，但和以前比已弱得多。印度人民党对这个方案也不反对。人民党内原来有一大批人反对维·普·辛格自作主张要实行曼达尔方案，认为这样做会使党失去中产阶级和高级种姓的支持，此时也称赞拉奥的修正方案是积极的方案。1992 年 11 月 6 日，最高法院作出裁决，同意为"其他落后阶级"保留公职和奖学金名额的 27%，但规定"其他落后阶级"不包括低级种姓中那些经济地位较好的人。也否定了再增加 10%的保留名额给高级种姓中经济落后的部分人的建议，重申对表列种姓、表列部落（两者保留比例为 22.5%）和"其他落后阶级"保留的总和不应超过 50%。这样做了修正后，整个方案较曼达尔建议合理得多。不过，如何界定低级种姓中的落后阶层，如何区分经济地位的好与差，最高法院都没有规定，要靠政府去具体制订执行方案。这是一项很艰难的工作。1993 年 9 月拉奥政府决定按照最高法院的裁决实行此项保留政策。高级种姓

① R.D. Raj, *Power Shifted to Regional Parties,* New York, 1998.

反对的浪潮立即再次掀起。有认为保留比例过高者，也有根本反对为落后阶级实行保留者。许多地方又发生了种姓冲突和骚乱。不过大局已定，反对也无济于事。结果，约1200个落后种姓得到了保留公职和奖学金名额的权利。

经济变化和扩大保留制的结果，是从人员上和思想上准备了表列种姓和低级种姓政党的兴起，特别是在种姓歧视原来较突出的北方邦和比哈尔邦，那里在从现在起的随后一段时期内，逐渐崛起了一批表列种姓和低级种姓的政党。北方邦出现的社会大多数人党是以表列种姓为主的党，社会主义党是以低级种姓雅达夫种姓为核心的党。比哈尔邦新崛起的全印人民党也是以雅达夫种姓为核心的党，平等党则是库尔米斯、考尔等低级种姓的党。这些党的纲领和领导核心构成上都打上了清晰的种姓烙印。不过为了争取更多选票，它们都宣称自己代表的是所有低级种姓的利益，而且主张和穆斯林团结一致。它们的拥护者逐渐增多，90年代末期以后都成了各有关邦重要的政治势力，甚至取得邦的执政权。有些党的影响还扩及附近的邦，而且后来都通过与这个或那个全国性大党结盟，成了在中央执政的联合政府的成员，在全印政治舞台上起着重要作用。

表列种姓和低级种姓政党的开始崛起是印度独立数十年来政治、经济和教育发展的结果，原来政治上较为落后的层面如今觉醒起来积极维护宪法赋予的权利，这是社会进步的表现。这些政党的鼓动，他们的积极参政，对深入发动表列种姓和低级种姓参政和维权，对促进政府有关改善他们地位的各项政策的落实，都是有积极意义的。不过有的党如社会大多数人党在宣传中有过分强调种姓对立，突出和夸大今日的种姓矛盾的倾向，不可避免地会有一定的副作用，这是值得警惕的。

七、教派冲突的激化

种姓冲突有了缓解，但教派冲突在拉奥执政期间不但没有缓解，反而变本加厉。这是因为在本届大选中印度人民党获得更多席位成为最大的反对党，还在北方邦、中央邦、拉贾斯坦和喜马偕尔四个邦取得执政权，一举成为在全国仅次于国大党的势力最强的党。这使其误以为鼓吹教派主义是争取群众的最好手段，所以大选后继续施行这个伎俩，为本党谋求更多群众支持。特别是党内强硬派，主张乘胜前进，把气氛进一步炒热，一鼓作气强行在阿约迪亚建立罗摩庙，认为这样就能把更多群众吸引到自己的旗帜下。印度人民党的北方邦政府首席部长K. 辛格在就职后，立即把邦政府所有成员、所有邦议员和邦的人民院议员带到阿约迪亚，在那里他宣布，一定要把罗摩庙建立起来。拉奥政府坚持世俗主义，反对印度人民党、国民志愿服务团和世界印度教大会利用“寺—庙之争”煽动宗教狂热，加剧冲突。不过，政府并没有采取有力的措施来预防冲突的扩大，只是呼吁双方耐心地等待，相信高等法院能公正地作出最后裁决。政府这种态度被教派主义者视为软弱，他们得寸进尺，一步步走向极端。

1991 年，印度人民党的北方邦政府采取一系列行政和法律步骤，目的是获得紧邻清真寺的一片土地的控制权，以便转让给世界印度教大会，由它负责建庙。巴布里清真寺行动委员会急忙要求邦高等法院干预。阿拉哈巴德高等法院在受理申请后，这年 10 月 25 日裁决，北方邦政府可以获得巴布里清真寺周围的土地，但不能在其上建立永久性建筑物，即不允许在其上建庙。裁定得到最高法院核准。但北方邦政府置法院裁决于不顾，还是把土地转让给了世界印度教大会，为建庙做准备。

1992 年 7 月，世界印度教大会宣布将在其得到的土地上为建庙奠基。此举得到印度人民党掌权的北方邦政府的默许。拉奥政府对这个公然违反法院判决的危险行动没有采取强有力的对策，只是和世界印度教大会谈判，提议建庙延期 3 个月。1992 年 12 月 6 日，印度人民党和世界印度教大会在清真寺所在地召开有 20 万人参加的印度教徒大会。这两个组织的重要领导人都亲临现场。与会者情绪激昂，从强烈主张立即建庙进而要求拆毁清真寺。事前，北方邦首席部长K. 辛格曾向高等法院保证不会损坏清真寺，印度人民党领导人也在人民院作出了同样保证。拉奥轻信了他们的保证，没有派军警预防。在这种情况下，属于世界印度教大会和印度人民党的一大批狂热的志愿者有机可乘，终于疯狂地不顾一切地拆毁了巴布里清真寺。此举立即产生连锁反应，全国穆斯林极为气愤，而各地的印度教狂热分子却雀跃欢呼。接着，在全国许多地区爆发宗教冲突，不少地方演变为骚乱和流血冲突。

清真寺被毁当夜，拉奥在电视上发表讲话，号召全国人民保持冷静，重申政府坚持世俗主义政策，会对局势作出有力反应，要求各教派保持和睦相处，并呼吁社会各界人士支持政府为恢复局势稳定所作的努力。拉奥政府指责印度人民党和世界印度教大会煽动宗教狂热，加剧冲突，破坏稳定，下令拘捕印度人民党领导人约希和阿德瓦尼（但很快释放），并逮捕26名触犯刑律的狂热分子。随后，宣布禁止世界印度教大会、国民志愿服务团、哈努曼军、伊斯兰促进会、伊斯兰志愿服务团5个宗教团体活动（短期的）。还派军队进驻阿约迪亚，许诺重建被毁的巴布里清真寺。12月6—15日，联邦政府以印度人民党介入被禁止的教派组织，不宜继续在邦一级执政为由，对印度人民党掌权的北方邦、拉贾斯坦、喜马偕尔和中央邦四个邦实行总统治理。1993年1月，政府根据总统令接管了巴布里清真寺周围所有有争议的土地（得到高等法院随后核准）。

这些措施虽然控制住了局势，但在宗教狂热分子的煽动下，后续的骚乱仍在多处发生。1993年1月，孟买和阿迈达巴德爆发的教派骚乱共有215人丧生，部队进驻后才控制住局势。1993年3月，一个穆斯林犯罪集团在孟买制造了7次炸弹爆炸，损坏了股票交易所和其他一些标志性建筑物，270人死亡，1200人受伤。这场波及全国许多地区的动乱共有3000多人死于非命，成为印巴分治后范围最广的、伤亡最重的一次教派流血冲突。

舆论认为，拉奥政府对这场骚乱虽然事先缺乏预见，没有主动采取有力措施制止，但事后处置还是果断有力的，较快地稳定了局势。

印度人民党和同盟家族这一次政治赌博没有得到他们想要的结果：广大印度教群众对非法强拆清真寺并不赞同，甚至反感和厌恶。事实上，大选中很多人投票给印度人民党并不一定是赞同它的教派主义主张，而是对国大党的政策失望，对腐败不满。拆寺行动发生后，出现了谴责印度人民党的浪潮，人心向背立即发生显著变化。这种转变在1993年11月北方邦、喜马偕尔、拉贾斯坦、中央邦立法院的选举中清楚显示出来。这4个邦原为印度人民党掌权，拆寺后被置于总统治理下。这次重新选举结果如何，实际上是对同盟家族强行拆寺的一次普遍的民意测验。结果，印度人民党只是在拉贾斯坦一个邦获胜，中央邦和喜马偕尔邦是国大党获胜，在北方邦，最终建立了受国大党支持的社会主义党—社会大多数人党的联合政府。

这样的结果对印度人民党来说无疑是重重的一击，使一些人清醒过来，也使党内持不同主张的力量有了发言权。党内温和派领袖瓦杰帕伊就认为拿阿约迪亚寺—庙之争作为竞选纲领的核心是党的重大失误，主张总结经验教训，调整政策。不少地方领导人也都主张党要改变面孔，要有新的行动，要扩大社会基础，特别是要争取表列种姓和低级种姓的支持。从这时起，印度人民党开始了政策调整。调整的方向是缓和建庙鼓动；更多注重提出经济要求，吸引下层群众；把在农村发展势力作为重点；向南方地区发展等。1993 年 11 月，印度人民党甚至宣布，欢迎外国跨国公司来印度消费品生产部门投资，这是与此前它一直坚持的主张正好相反的。总之，它现在更多考虑的是避免被看作是宗教政党，要为自己树立一个新的形象，为此，要与同盟家族内的教派组织适当拉开距离。我们从后来的发展可以看到，这个调整是有效果的，使该党得以从低谷中爬出，获得更多人拥护。当然，它不可能放弃教派主义的意识形态。1994 年 6 月，该党全国委员会巴洛达会议宣布，党坚持遵循“印度教特性”。党的主席阿德瓦尼说，印度人民党已成为正在形成中的两党制的主要反对党，“它将用‘印度教特性’体现的印度的精神取代各种严酷的、非民主的法律”[①]。

八、外交政策的全面调整

20 世纪 90 年代世界政治格局发生巨大变化，苏联解体，东欧国家制度改变，美国一霸独强，美苏争雄和两个集团对垒不复存在。既然两大结盟集团折去其一，不结盟政策和世界不结盟运动就失去了原来的意义。这种变化使一向以不结盟作为外交基石并在政治上、经济上较多依靠苏联支持的印度不得不对一直实行的对外政策作出全面调整。调整外交政策还与国内形势的发展变化密切相关。拉奥把经济改革作为政府压倒一切的重要任务，而经济改革是以自由化、市场化、全球化为方向，要求外交政策服务于这个主旋律，为实现经济改革和经济起飞创造最有利的外部环境。这样，拉奥就必须对外交政策进行全面调整，削弱原有外交政策中过重的政治要素，使经济外交和全方位的多元外交成为新的外交政策的基调。

经济外交成为外交政策的重点后，过去那种在东西方两大集团间左右逢源，利用其矛盾从双方受益的做法不能继续实行了，过去那种与苏联保持更密切的特殊关系的做法也已过时。如今，拉奥政府必须面对现实，主要向最富裕、技术最先进的美国、其他发达国家和世界金融组织谋求资金、技术和贸易上的合作与帮

① P. Oldenbury, *India Briefing: Staying the Course*, New York,1995, p.205.

助。印度也改变以往只注重与美苏等大国建立经合关系的做法，选定经合组织成员国、亚太地区和海湾国家作为今后开展经济外交的主攻对象。拉奥出访时常常带上财政部长、商业部长和工商业家代表团。

发展同美国的关系是外交的主攻方向之一。拉奥1991年第一次宣布自己的外交政策时就表示，印度“非常重视”取得美国的支持。这年，商业部长率领一批企业家访美，表示欢迎美国投资和扩大印美经济合作。政府为寻求与美国靠近，1991年1月海湾战争中同意美国战斗机在印度加油，1991年12月印度在联合国支持美国提出的撤销联合国把犹太复国主义与种族主义等同的决议的建议。1991年美国太平洋地区军事首脑和印度陆军参谋长互访。印度同意印美联合举行军事演习并加强军事合作。美国果然投桃报李，大大增加了对印度的经济援助。1993年财政年度美国援印金额比上一年增加27%，达1.27亿美元。乔治·布什总统还批准向印度提供第二台超级计算机，并放松了使用上的限制。美国向印度技术转让、私人直接投资和美印贸易额都大大增加。1994年5月拉奥访美，提出印度的经济改革给美国大公司提供了最好的投资机会，美印之间应建立新型的经济关系。在核问题上，拉奥继续坚持国大党的立场，主张世界所有核国家缔结不首先使用核武器的协定，同时举行全面裁减核武器的谈判。1995年1月美国商业部长R. 布朗率一大型美国企业代表团访印，表明对开拓印度这个大市场有兴趣。代表团与印度签订了12项商业协议。印度商界认为，与以前比这一时期是印美经济关系最好的时期，私营部门成了促进印美商业关系的重要角色。布朗也认为，两国已进入商业密切交往的时代，两国都将因此受益。同年2月，美国能源部长H. 奥利里访印，签订了14亿美元的投资协议。到1995年底，美国成了印度最大的贸易伙伴和最大的投资国，美资占外国在印投资总额的40%。相应地，美国在克什米尔问题上也开始改变主张，同意由印巴双方谈判解决争端，不再坚持由联合国监督解决。不过，在防止核武器扩散、人权等问题上两国的主张仍有分歧，印度继续拒绝在全面禁试条约和不扩散核武器条约上签字。

印度与欧共体国家的关系也急剧升温。印度希望从欧洲多个发达国家吸引投资，发展贸易和技术合作。欧共体国家也看到印度是个有巨大潜力的市场，希望能从与印度建立更密切的经济关系中受益。1991年拉奥率工商界代表访问了德国、法国和西班牙，表达了欢迎投资的愿望。1993年三国总理回访印度。随之，两国商贸合作和投资合作都有了增长。1993年12月印度与欧共体签署了一个全面协定，相互给予最惠国待遇，规定在所有经济领域加强合作。欧共体首次把印度看作合作与发展的伙伴。印度与欧共体的贸易迅速增长，在欧共体的商品进口国中 1990 年印度名列第 25 位，到 1994 年上升到第 19 位。

苏联的突然解体打断了印苏长期形成的较亲密关系。俄罗斯本身经济陷于泥潭，一时无暇顾及印度，印俄贸易急剧减少。印度从苏联进口石油的指标不能完成。俄罗斯由于极端缺乏外汇，要求印度以硬通货支付军火费用，给印度带来了困难。不过，印俄双方都希望继续保持两国的友好关系。1993 年 1 月 28 日俄罗斯总统叶利钦访印，同拉奥总理签署了新的《印俄和平友好和合作条约》，以代替原来的印苏《和平友好合作条约》。新条约不再包括有带军事结盟性质的条款，而是强调经济合作和互利互惠。两国签署了 9 项协议，包括一致同意在军事、经贸、科技、安全、航天等多领域发展合作关系。由于卢布币值不稳，双方还同意以后印度欠债的偿还以卢比结算。1994 年 6 月底 7 月初拉奥回访俄罗斯，印俄发表共同宣言，强调加强两国经济和军事合作的重要性。随后，俄罗斯总理、副总理和国防部长先后来印度访问，就扩大和深化两国关系的具体问题进行会谈，签署了有关协议。印度还邀请俄罗斯参与印度兴建核电站和水电站的计划，并帮助改造由前苏联援建的机器制造和冶金工业企业。在军事方面双方也同意保持合作。前苏联是印度军事装备的主要供给国，印度 85% 的海军装备、80%的空军装备和 60%的陆军装备都来自前苏联。苏式武器和设备性能好，价格比西方国家低 1/3。印度希望保住自己主要的武器来源地，俄罗斯也希望保住印度这个最大的武器顾主。双方在军售方面有共同的利益，因此这方面几乎没有受苏联解体的影响。1994 年 12 月俄罗斯总理切尔诺梅尔金访问印度，两国签订了《2000 年前实施长期军事技术合作协定》。根据该协定，俄罗斯向印度出售大量海陆空先进装备，其中包括 S–300 防空导弹系统、T–90 坦克、苏 –30 战斗机等，还规定俄罗斯帮助印度改进米格 –21、米格 –29 战斗机和 T–72 型坦克等武器装备。

拉奥政府还注重和独联体国家建立友好关系。和俄罗斯及独联体国家保持和发展关系是拉奥外交战略的重要一环。印度指望得到美国的多方面支持，但又不愿因此而在一些有重大争议的问题上屈从美国。实行多元外交是对美国的一个重要的制衡因素。

与中国关系的改善也是印度外交战略调整的一个重要表现。中印两国既然都把振兴经济，实现现代化作为国家发展的首要目标，都希望有一个和平安定的外部环境，集中精力从事建设，因此，两国领导人对改善两国关系都抱有很大期望。对拉奥来说，改善与中国的关系也是它的全方位的多元外交不可缺少的部分。正如《印度斯坦时报》所说，“要同北京改善关系已越来越成为印度全国的共同看法。”①1991 年 12 月，李鹏总理应邀访问印度，这是时隔 31 年中国总理首次访印。在《联合公报》中，双方重申，愿在两国共同倡导的和平共处五项原则的基础上，继续发展两国之间的睦邻友好和互利合作，并强调应以和平共处五项原则和联合国宪章精神作为建立国际新秩序的基础。在人权问题上，双方一致认为，对于发展中国家来说，生存权和发展权是最基本的人权。在双边关系方面，双方同意，应通过友好协商早日达成双方都能接受的边界争端解决办法。在边界问题最终解决前，保持实际控制线地区的和平与安宁，并将两国边防人员的不定期会晤改为定期会晤。印方重申承认西藏是中国的一个自治区，不允许西藏人在印度进行反对中国的政治活动。双方表示要努力发展两国的经贸合作与文化交流，决定恢复边境贸易，重开上海的印度领事馆和孟买的中国领事馆并在发展空间技术上实行合作。双方签订了 1992 年贸易协定书等五项协议和备忘录。这次访问巩固了近年来两国恢复正常化关系的成果，推动了两国关系进一步发展。1992 年 5 月、1994 年 10 月印度总统文卡塔拉曼、副总统纳拉亚南先后访华，在各地的参观使他们加深了对中国的了解，感受到了中国人民的热情。1993 年 9 月 6—9 日，在两国关系已经升温之际，拉奥总理来中国访问。此时，与中国改善关系在印度已受到各政党和各界的普遍重视。正如印度人民党领导人瓦杰帕伊所说：“印度举国一致同意改善同中国的关系”②。拉奥总理和李鹏总理在会谈中重申双方已达成的共识和许诺，表示要采取积极的措施推动两国关系稳定发展。双方签订了《关于在中印边境实际控制线地区保持和平与安宁的协定》以及广播电视合作、环境合作和扩大边境贸易 3 项经济文化合作协定。保持实际控制线地区和平与安宁的协议的签订标志着两国有了更多的相互信任和政治理解。 此后双方就边界问题不断进行官员级谈判，边境保持了和平安宁局面，双方的经济文化往来加强。1992 年两国贸易额只有 4 亿美元，1995 年增加到 11.6 亿美元。中印对许多问题（如南北关系、人权等）看法相同，在国际舞台上也开始了有意义的合作。

拉奥经济外交和全方位外交的另一个重要环节是“东向政策”，即加强与东亚（包括中国）、东南亚国家和亚太经合组织的经济合作。80 年代初以前，印度与东南亚国家的联系薄弱，对与东盟发展经济关系并不重视。直到拉・甘地执政

① *The Hindustan Times*, Feb. 24, 1992.

② 转引路透社 1993 年 9 月 6 日新德里电。

时期，鉴于东南亚国家经济上日益活跃，东盟作为一个地区组织越来越发挥作用，才认识到与东盟建立密切关系的重要性。印度表示希望加入该组织，但直到 1992 年才获得部分对话伙伴的地位。90 年代，亚洲“四小龙”经济腾飞，东南亚其他国家跟随其后经济有新的发展。东盟活跃在美国、日本和中国之间，成了重要的联系桥梁。拉奥执政后，对加强与东盟国家的经贸合作关系更为重视，认为东盟国家是印度跨进亚太经济合作圈和世界市场的重要跳板。1991 年 9 月，拉奥政府制定的外交政策决议中就说到，印度以往主要面向西方，现在是也应注重东方，发展同远东和东南亚国家间的政治、经济、商业和文化联系的时候了。1992 年印度成为东盟对话伙伴后，双方开始在旅游、商业、投资、科学技术和人力资源等方面进行合作。拉奥接连访问了印尼、新加坡、马来西亚、越南等国家，加强了与这些国家的联系。印度外交部把发展与东盟的关系称为“印度新战略的核心”①。1995 年 1 月 2 日，拉奥借庆祝印度工业联合会成立 100 周年之际，邀请了一批亚洲国家的领导人和企业界重要人物到印度访问，结果和日本、韩国、新加坡、泰国等国家签订了一系列经济合作协议。1996 年印度正式成为东盟全面对话国并参加东盟地区活动。东南亚国家和日本、韩国看好印度市场，因此对印度的“东向政策”报以积极回应。1990—1991 年度，印度出口贸易额中东南亚国家占 14.3%，到 1996—1997 年度上升到 22.7%。90 年代中期，东盟也成了在印度投资的重要实体之一。

在与其他地区国家的接触中，最重要的是 1992 年 1 月与以色列正式建立外交关系。此后，两国签订了一系列贸易、旅游和工业合作协议。

印度身在南亚，但南亚区域合作联盟的运作是最差者之一。拉奥执政后也希望扩大地区合作。在各国共同努力下，1993 年南盟达成了南亚各国贸易优惠的协议。在与南亚各国的关系上，政府的新外交政策也有所体现。拉奥主动表示要加强印巴两国经济文化领域的合作。巴基斯坦也希望与印度开展对话。两国总理、外长举行了会晤，达成了一些协议，包括提前通告要举行的军事演习、交换核设施名单等。两国贸易额也有所增长。但缓和的气氛不断被边界地区升起的阵阵硝烟冲淡。印度指责巴基斯坦是分裂分子越境进入印控克什米尔活动的后台，巴基斯坦否认，只承认在道义上的支持，认为这是正义的，并指责印度在克什米尔践踏人权。由于越境活动加剧，两国的高层接触在 1994 年中断。两国的军备

① *Today India*, Oct. 15, 1995.

竞赛在继续，而且都在为掌握核武器的制造能力而不声不响地展开竞赛。印度在1974年5月进行了核装置的爆炸试验后，一直为完善技术加紧努力。巴基斯坦1992年初也宣布已掌握了核武器的制造技术。印巴的军备竞赛呈不断升级之势。对南亚其他国家，拉奥采取了善意的举措。1993年，印度与这些国家签订了降低关税协议，向一些国家提供了贷款和投资，双边关系都有所增进。印度和尼泊尔在水力合作上和贸易上存在着一些障碍。1996年，拉奥政府采取积极态度突破障碍，签订了《印度和尼泊尔合作开发马哈卡利河流域条约》，并在国境与贸易问题上向尼泊尔做出让步，大大改善了两国的关系。

总之，拉奥政府以安全和发展经济为中心的全方位外交是真正运作起来了，并取得了相当的成绩。拉奥执政是处在国际政治格局大变动时期，也是国内经济模式实现转型时期。两者都要求外交政策的调整。拉奥成功地将两者的需要结合起来，使其外交具有鲜明的目的性、灵活性和实效性，出色地实现了适时调整外交政策，创造较有利的经济建设外部环境的任务。这对印度经济改革的深入开展无疑起了有益的助力作用。

九、国大党再度丧失政权

拉奥政府从开始改革起，就面临着国内强大的怀疑和反对声浪。反对的声音来自多方。左翼政党不支持以自由化、市场化、全球化为方向的改革，认为这样的改革必然进一步拉大贫富差距；而解除对大财团的控制和实行公营企业部分私有化是牺牲广大下层人民的利益，讨好上层有产者。对吸引外资，则认为是重走老路，再让帝国主义跨国公司重新掠夺印度财富，剥削印度人民。他们指责拉奥政府嘴里说坚持民主社会主义道路，实际上是把印度人民的利益作为祭品奉献给大财团和世界跨国公司。印共（马）1992年1月宣布，要发动大规模的群众斗争，走上街头，反对政府“牺牲经济主权，屈服于美国和国际金融组织的压力”。[①] 人民党、印度人民党对改革措施有些是支持的，特别是国内自

① *Times of India*, Jan. 22, 1992.

由化，但对放宽吸引外资提出要有经营领域上的限制，不应该允许外资进入消费品生产领域。印度人民党提出“印度要芯片，不要土豆片”的口号，说从政府的政策中看到外国势力正通过国际金融机构插手印度事务，印度已被政府出卖给跨国公司①。人民党则说：“印度不能允许在全球化的名义下脚下的土地被挖空。”“我们奉行的观念是：市场要由人民支配，而不是让人民受市场支配。”②人民党等还指责政府在价格和补贴政策上保护新兴农民利益不力，说政府的“反人民政策”将把国家引向灾难，等等。各政党对改革的反应如此强烈并不奇怪，其中有些如左翼政党是对印度的发展道路有不同认识，原来信念就不同，在发展模式突然转轨的情况下，自然有强烈的反响。也有一些政党如印度人民党只对改革的某些方面反对，但为了打击国大党，故意夸大其词，危言耸听，只要某项政策有群众反对，他们就要起而充当代言人，以便把这部分群众争取过去，壮大自己的营垒。在群众中也有许多人对改革抱有疑虑或持反对态度。一些公营企业工人担心公营企业改革会使自己失去工作岗位或现有的福利，所以在左翼政党发动下举行抗议集会和游行是常有的事。1991 年 11 月 29 日，全国阵线和左翼政党的工会就领导举行了一次公营企业工人总罢工。1993 年 9 月，一百多万名银行和保险公司职工举行一天总罢工。1994 年 7 月 14 日，除附属于国大党的工会外，各大工会又联合发动了全国性大罢工，有 230 万人参加，主要是反对政府允许公营企业倒闭和允许私人企业主关闭私人企业，因为那将影响工人的就业和生活。许多中小企业家和商人也担心政府政策放宽会使中小工商业承受不了大工业产品和进口产品的竞争，自己的地位不可避免地要受到影响。一些政党和农民组织则对印度在关贸总协定乌拉圭回合最后协议上签字表示强烈反对，担心外国农产品进入印度会损害农民利益。对于各种反对意见，拉奥尽可能多地开展宣传解释工作。他和曼莫汉·辛格利用各种会议和媒介解释政府改革的目的，介绍世界形势和东亚工业带崛起的实际情况，说明印度为什么必须实行模式转换，特别说明吸引外资和外国技术的必要性，指出今日吸收外资和过去外国资本输入印度在性质上根本不同，还向广大人民保证，政府不会因改革而忽视、损害他们的利益。关于在乌拉圭回合最后协议上签字，政府解释说，发达国家是会利用其农产品的价格和质量优势进军印度市场的，但政府

① *Times of India*, Jan. 18, 1992.

② S.Chaturvedi, *India: 50 Years of Independence:1947—1997,Status,Growth and Development*, V.23. “Political Parties”, New Delhi,1999, p.96.

一定会在关贸总协定框架许可的范围内保护农民的利益。还说，在当今全球化的时代，参加关贸总协定是对印度唯一有利的选择，会促使印度学习和推广先进技术，提高生产效益，扩大出口。这些宣传解释工作对解除一些人的疑虑和安定民心起了一定作用，但对切身利益受到影响的相当多群众，不是解释就能够消除疑虑的，不满仍普遍存在。而反对党的责难更是有其政治目的，再解释也无济于事。多种多样的指责贯穿于拉奥执政整个时期。

至于改革中出现的物价高涨，政府一直努力控制，但控制不了。1995年初通货膨胀率达到11%。曼·辛格在作1995—1996年财政预算报告时许诺政府要采取一切可能的措施，把通胀率降到一位数，但实际上不仅未达到反而有所上升。这招致广大人民的普遍不满。

尽管如此，在正常情况下，只要政府改革的决心大和政策的制定考虑得周到，改革遇到的阻力和困难即便不能完全克服，也不能阻挡改革的总的进程。事实上也是这样，反对势力虽然影响了某些改革的进展（如公营企业改革），但改革总的来说在顺利前进。可是，有两个因素的出现和发酵，却使拉奥和国大党本身的威望和力量受到严重损害，从而严重削弱了政府克服阻力、继续推进改革的能力。

第一，国大党内部矛盾的爆发。拉奥在被选为国大党主席后，强调重大问题党内充分协商，在为一些邦中期选举提名候选人时注意起用新人；1992年起恢复了被搁置20年的国大党邦级组织民主选举制度。这些做法颇受欢迎。加之国大党最初是少数派政府，随时有被推翻的可能，全党都小心翼翼地维护党的执政地位，那时，党内纵然有不同声音也尽量保持低调。到1993年底，随着国大党获得了议会多数席位，国大党上层不再有政权被推翻之虞，党内的权力斗争便也随之出现，并日益加剧。作为国大党领袖，拉奥与拉·甘地不同，他没有尼赫鲁家族成员的“正宗”地位，虽然是党内资深领导人之一，却也并非达到了众望所归的高度，有些人指责他决策优柔寡断，缺乏魄力。有的媒体甚至讽刺地说国大党是有魅力的党但缺乏有魅力的领导人。因此，党内有些从一开始就想和他争夺领袖地位的人和对他有看法的人便迫不及待地公开站了出来，提出了“一人一职”的主张，要他让出党主席职位。处于领导开展经济改革的关键时期，拉奥需要权力的集中，他没有接受这少数人的要求，国大党工作委员会和全印委员会也明确表示不赞成，但争权者和其支持者并未就此罢手。他们进而公开指责拉奥贪恋权力，企图实行独裁。1993年3月，国大党全印委员会苏拉吉昆德会议严厉批评了这少数人的行为，有四人（M.L. 福特达尔、K.N. 辛格、S. 迪希特和 N. 辛格）被停止党籍 5 年。

内阁人力资源发展部长阿尔琼·辛格不断在媒体上公开对拉奥提出激烈抨击，说他的政策偏离了亲穷人的路线，疏远了穆斯林，说他处理官员的贪腐丑闻不当，对杀害拉·甘地的凶手追查不力等，也要求改选党的主席。他是内阁最高决策机构政治事务委员会成员，在党内和政府内都具有很高的地位。这次会后，阿尔琼·辛格提出工作委员会此后出现空缺时，新的成员应通过选举产生（此前一直由党主席任命）。拉奥认为这是对他的不信任，两人间的裂痕越来越深。阿尔琼·辛格提出辞职，随后召开记者招待会，指责拉奥把党内斗争公开化，要求选举新的党主席。他因此被中止党籍 6 年。此后，拉奥不得不通过多次内阁改组，巩固和增强自己的支持基础。

在国大党的体制下，党的领导人必须在选举大战中显示自己的魅力和才干，才能巩固自己的领导地位。人民院选举的至关重要自不待言，时而在这个邦时而在那个邦进行的邦立法院选举也是对党的领导人的一个又一个考验。获得的选票越多，胜利越辉煌，其作为领导人的权威性也就越强。1993—1996 年间，国大党在邦立法院选举中接连败北，这些失败被党内的反对者归罪为拉奥的无能，甚至被说成是经济改革的失败。虽然改革还在继续，他在党内的威望却大大降低。他的威望越下降，党内反对势力越活跃，最终造成了党的又一次重大分裂。1995 年 3 月，党内资深领导人之一的 N.D. 提瓦里辞去工作委员会委员职务和党内其他职务。5 月 19 日，提瓦里、阿尔琼·辛格和那些坚决主张拉奥辞去党主席职务的全印委员会和省委员会的成员、联邦两院和邦立法院的议员在新德里举行会议。会上，根据阿尔琼·辛格的提名，选举提瓦里为党的主席。这样就形成了一个新的党，使国大党遭受重创，尽管分裂出去的人并不多。提瓦里的党取名全印英迪拉大会党（提），阿尔琼·辛格为其执行主席。国大党工作委员会立即对这些分裂者采取纪律措施，提瓦里和一些主要成员被中止党籍 6 年。这次分裂不久，又有两次分裂发生。国大党另一高级领导人、新任内阁人力资源发展部长 M. 信地亚因发现国大党中央圈定的国大党下届议员候选人名单上没有自己的名字，对拉奥不满，集结了其在中央邦的支持者，建立了中央邦发展大会党，自我提名为候选人。1996 年 2 月，国大党泰米尔纳杜邦领导人 G.K. 穆帕拉尔因反对拉奥作出的国大党与该邦地区性政党全印安纳德拉维达进步联盟建立竞选联盟的决定，退出国大党。联邦政府商业国务部长 P. 奇丹巴拉姆和工业国务部长 M. 阿伦纳恰拉姆来自泰米尔纳杜邦，也都反对拉奥的决定。他们也退出国大党并辞去了政府职务。穆帕拉尔和他们一起，另建立了泰米尔草根大会党。穆帕拉尔及其支持者的离去使国大党泰米尔纳杜邦组织遭到重创，国大党在那里的力量大为削弱。1996 年 4 月，国大党中央把 M. 信地亚、P. 奇丹巴拉姆和 M. 阿伦纳恰拉姆开除出党，并中止了 G.K. 穆帕拉尔的党籍。如此多的重要成员离开党单独建党固然有争夺权力的原因，拉奥对别人的不信任和处理问题失当也是重要因素。国大党内讧不仅消耗了拉奥不少时间和精力，也严重破坏了国大党和政府的形象，为反对党攻击拉奥提供了新的口实，削弱了政府实施改革的公信力。

第二，是出现大量牵涉到国大党的贪腐丑闻，甚至拉奥也被牵扯进去。1992 年 5 月，发生了孟买证券交易丑闻，经纪人 H. 梅塔等用欺诈手法从股市诈取了 450 亿卢比。H. 梅塔在接受调查时列举了许多他行贿的对象，包括政界要员。此后，媒体揭露的其他丑闻案件有食糖进口丑闻、电信工程招标丑闻、公房私分丑闻、尿素丑闻、哈瓦拉丑闻[①] 等。前几个丑闻涉及一些部长和高级官员，而哈瓦拉丑闻则涉及国大党数十名高官，成了最轰动的涉嫌腐败案件。反对党一直指责国大党腐败，缺乏执政素质。丑闻的连翩出现，使他们的指责更是不断有新内容充实，成了笼罩在拉奥政府头顶上挥之不去的阴影。1993 年 7 月，印度人民党在人民院对拉奥政府提出了不信任案，受到全国阵线、左翼阵线各党支持。但由于人民党（阿吉特）支持拉奥，贾坎德解放阵线的议员也支持拉奥，总算勉强过关。然而，丑闻的大量出现使作为改革者的拉奥政府本身陷入了丧失道义基础的困境。反对党固然是利用渲染丑闻攻击国大党，却也不能说那么多丑闻出现都是空穴来风。虽然揭发出来的涉嫌并非都是事实，但总体上说，丑闻这么多与国大党内滋长的腐败不无关系，这是大多数人的一致认识。拉奥为了尽快弄清事实，缩小影响，并向全国民众表示政府的决心，下令彻底清查腐败。自然，揭

① 哈瓦拉是一种非正式的银行网络。1994 年税收部门在一次搜查中，在哈瓦拉大经纪人 S.K. 贾恩的住所发现了他的两本日记，其中记载 1989—1991 年向 115 人行贿。中央情报局就此进行调查，1995 年 1 月向最高法院报告，行贿总值 6.5 亿卢比，资金来源不明，其中 5.35 亿卢比是通过哈瓦拉渠道非法转移到印度的。此案涉及不少国大党内阁成员、一些反对党的领导人、某些高级文官和企业大亨。不过，所有人都立即否认与此事有牵连，3 名部长辞职。以后的调查又发现有更多国大党和反对党人涉嫌其中。调查和审讯进行了几年，但由于没有其他确凿证据佐证，法院判决仅仅以贾恩的日记作为证据不能成立，结果没有一个人被判刑。

发出的问题更多，而且把拉奥本人也牵扯在内[①]。不过，单凭揭发是不足为据的，大多数丑闻真假难辨，鱼龙混杂。尽管如此，这却给了反对党冠冕堂皇的理由对国大党和拉奥本人狂轰滥炸。左翼政党还指责他的自由化政策是造成腐败盛行的基本原因。

在严重的内讧和反对党的穷追猛打下，拉奥疲于应对，当然不可能再像开始那样大刀阔斧地深入进行改革了。到他执政后期，改革的势头明显减弱，许多该做的事都搁置了下来。

形势对国大党越来越不利，这从 1994 年末安得拉、卡纳塔克、果阿和锡金四个邦的选举和 1995 年 2—3 月马哈拉施特拉、古吉拉特、比哈尔、奥里萨四个邦的选举中就清楚地表现出来。这八个邦选举，国大党只在锡金和奥里萨两个邦获胜。这样，在全国27个邦中国大党掌权的只剩下12个。这个结果是个风向标，它清楚地显示，国大党在人民心目中的地位已发生了大滑坡。

正是在这种背景下，拉奥任期届满，迎来了印度第十一届人民院大选。选举委员会宣布，新的大选于 1996 年 4 月 27 日至 5 月 30 日期间分 3 阶段举行。

参加选举的全国性政党有国大党、印度人民党、人民党、印度共产党、印度共产党（马）等 8 个党，还有 30 个邦级政党、171 地方小党和一批无党派人士。

国大党的主要对手此时已是印度人民党。国大党处境不利，印度人民党也并不乐观。印度人民党此时正处在政策调整时期。为扭转 1992 年非法拆寺行动给它带来的声望下滑颓势，在党内温和派的坚持下，1994 年起自上而下进行政策调整，从以教派鼓动为主转到以关注经济和民生为重点。各界人士对它这种转向表示欢迎，希望它沿着新路走下去，但更多人并不相信它会改变。可以说，印度人民党此时的处境是：已由低谷爬上壁坡，攀登之路艰难，但已走在中途。它以灵活的态度和强烈的目标感，重新为自己创造了新的上升趋势，适应了对国大党不满的群众投来的新期望。

自全国阵线政府垮台后，由于参加全国阵线的地方政党都退出了阵线，只剩下人民党顶着全国阵线的名字。不过全国阵线的名字仍在继续沿用，后来社会主义党参加进来，使它在一定程度上重新恢复为一个政党联合实体。全国阵线内最

---

① 他被指控在 1993 年的不信任表决前，用 3500 万卢比贿赂 4 名贾坎德解放阵线议员以获取他们对拉奥政府的支持。对此指责拉奥否认。2000 年 9 月特别法官 A. 巴里浩克据 4 名当事议员之一的口供，判决拉奥和另一内阁成员 B. 辛格各 3 年监禁和 20 万卢比罚款。拉奥上诉后，2002 年 3 月德里高等法院认为，当事人的口供没有其他确凿证据支撑，改判无罪。

有影响的始终是人民党，不过人民党自1991年大选失败后，本身深深陷入派系斗争的泥潭中，内部裂痕越来越大，党开始走向分崩离析。最先是阿吉特·辛格及其拥护者倒向和最终加入了国大党。1994年，党内重要领导人乔治·费尔南德斯和N. 库马尔分裂出去，在比哈尔建立了平等党。比哈尔原是人民党的主要基地，平等党的出现使人民党在比哈尔的力量一分为二，而且两者激烈对立，这对人民党是个沉重打击。人民党的选举前景没有人看好。

左翼政党是带着更大的期望和信心参加选举的。这里讲的左翼政党，除了印共、印共（马）外，还有两个较为重要的党，一个是前进同盟，另一个是革命社会主义党。两者在政策主张上与两个共产党接近，所以很早就在邦一级和两个共产党构成联合阵线，被媒体泛称为左翼阵线。本次选举中，这4个党决定建立更密切的合作关系。虽然选举还是各个党单独进行，但彼此实行竞选协调，而且表示愿意以左翼阵线的名义与全国阵线结成竞选联盟，构成国大党和印度人民党之外的第三势力。这是全国政坛上出现的一个新现象。

竞选造势中突出的热点问题是经济改革、丑闻和“寺—庙之争”。关于经济改革，拉奥和国大党着重强调改革的必要性和改革已取得的明显成果，指出随着时间的推移，其成效会更突出地表现出来，并使下层人民受惠更多。国大党还许诺要推进公营成分的改革，努力使其提高效益。印度人民党、人民党原则上认同自由化和市场化的必要性，主要指责改革损害印度国家利益和下层群众利益，提出要对外资和跨国公司进入印度实行严格限制，吸引外资应主要限于高科技领域和需要高投入的领域，如基础设施和面向出口的部门。印度人民党还提出了一些经济主张以广泛吸引各阶层。其中除强调要重视发展农业和小型工业、重视维护下层群众利益外，还特别提出了“司瓦德西”（意为自产，引申为发展自己的工商业）主张，以迎合民族工商业者和农村富裕农民的要求。人民党主张继续给乡村企业和农业加工业以优惠，促进农业和农村工业的发展。印度共产党和印度共产党（马）对公营成分撤资、对允许跨国公司进入许多领域持强烈批评态度，主张改革必须有利于下层群众，不损害印度利益。关于“寺—庙之争”，印度人民党仍坚持建立罗摩庙，主张制定统一的个人法，取消宪法第370条关于给查谟和克什米尔邦特殊地位的规定等。国大党、人民党和左翼政党都谴责印度人民党鼓吹教派主义，指出煽动宗教狂热是“破坏印度的世俗主义肌体”，在“印度教徒与穆斯林中、印度教徒与基督教徒中制造紧张气氛”，使宗教少数派无安全感，都表示要继续坚持世俗主义原则，不让教派主义影响印度的世俗化进程[①]。关于国大党官员涉嫌经济丑闻，反对党和舆论界自然不惜一切代价炒作，不论是否查实，都尽量扣在拉奥和国大党头上，以便最大限度地抹黑对手。

这次大选参加投票的有3.4331亿人，占选民总数的57.94%。选举结果，国大党获得28.8%的选票，140个席位，只占总席位数（543个）25.78%。印度人民党获得20.29%的选票，161个席位，占29.65%。国大党所得选票虽然高于印度人民党，但所得席位低于印度人民党。印度人民党成了议会第一大党，成了胜家，国大党下降到第二大党地位。全国阵线—左翼阵线竞选联盟共得111席，占20.3%。其中人民党获得46席，占总席位数8.47%；印共获得12席，占2.2%；印共（马）获得32席，占5.89%。非常醒目的是，这次选举结果席位比上次更分散，没有一个党获得过半数，较多席位分散在一些邦级政党和小党之间。这又是一届"悬浮议会"。

国大党失败虽然舆论界事先已有不少预断，但它会失去第一大党地位，这仍然是出乎很多人的意料。为什么结果竟会是这样？今天来分析，当然可以看得更清楚。第一，这次大选是在印度进行经济模式转型的关键时刻进行的。剧烈的改变打乱了以往几十年形成的平衡秩序和利益分配关系。改革对私营企业家特别是大财团和外国投资者直接有利，而下层人民中很多社会阶层和集团，包括公营企业工人和职员、城乡小有产者等，或由于公营企业的改革，或由于市场竞争压力的加大，或由于化肥补贴的减少等，切身利益受到了影响或虽然还没有现实影响但思想受到震动，因而产生了恐慌和不满。改革中出现的物价高涨更是广泛影响到城市贫民的生活。这样，人们的直观印象是：不管拉奥怎么说，改革是使穷人利益受损，使富人和外国投资者得益。在改革之初，社会上产生这种看法是不可避免的。事实上，增长和效益取向的改革必然造成一定时期贫富差距的拉大，而增长的果实要反馈到整个社会使下层群众也能收到较大的实惠，那是需要较长时间才能做到的。一个实行改革的政府如能采取有力的社会保障措施和扶贫措施来照顾下层，减少改革引起的震动，当然会使矛盾缓和。但这不仅需要巨量的资金，而且需要有健全和廉洁的整套机构来运作，以保证扶贫资金能到达真正的急需者手中。拉奥政府在这方面作出了自己的努力，但客观的情况是，政府既缺乏充足的资金，又缺乏健全的运作机制，因而收到的实际效果必然是有限的。结

① http://www.cnn.com/WORLD/9604/24/india.rao/index.html.

果，在改革效果惠及整个社会的缓慢和公众期望改善自己地位心情之急切两者间出现了“时间差”，利益受到损害和影响的人对政府的不满逐渐增长就是难以避免的。这是任何国家任何政府进行这类改革都会遇到的政治风险，也可以说是必须付出的政治成本和代价。在多党竞争的政治体制下，部分群众的不满必定会被反对党利用来谴责改革者，因而这种代价可能是非常沉重的，可能会断送实行改革的政府和政治家的前程。拉奥和他的政府以国家发展的客观需要为重，不畏风险，敢于披荆斩棘，这种精神是难能可贵的。然而，支持他的国大党和当年支持尼赫鲁开创印度发展道路的国大党已不可同日而语。国大党肌体已不是当年那么健康，它自身已有很多问题，在这种情况下国大党要做到团结一致，坚决支持拉奥把艰难的改革进行到底是困难的。拉奥就任党主席后，没有再像拉·甘地那样，在改革经济同时，提出要整党、廉政（虽然在实际上做了些工作，如恢复党内选举）。从安定内部，动员全党力量支持改革的角度说，这样做未尝不是一种合理的策略安排，但从另一角度说，腐败是无止境的，你不去触动它，它必然会发展得更快更严重。对这一点，拉奥未必能完全料到。结果是，改革者的后盾——国大党后院起火，它内部的日益发展的矛盾和它本身不断暴露的问题授予各种反对者以把柄来攻击它和指责改革，对改革进程带来了严重的负面影响，甚至是破坏作用，加剧了改革的困难。实行改革的政府为什么反而下台？问题的症结就在这里；第二，接连不断揭露的丑闻包括查实的和未查实的（澄清需要时间），都使拉奥政府的威信受到严重打击，使大量选民对国大党失去了信任。就在大选进行之中，拉奥的精神顾问钱德拉斯瓦密又因涉嫌经济欺诈被捕，加强了选民对国大党的失望心理。许多选民不再投票给国大党，这是可以理解的；第三，穆斯林在这次选举中很多人不再投国大党的票，是因为拉奥政府 1992 年没有采取有力的预防措施制止印度教极端分子拆毁巴布里清真寺，在他们看来这是故意纵容，是不可饶恕的行为；第四，国大党内部矛盾重重，中央和地方组织一大批人离去不但使党的力量进一步削弱，也在政坛上为国大党增加了一个个新的对手。在马哈拉施特拉邦、泰米尔纳杜邦和中央邦，那里国大党分裂者新成立的党其势力都压过了当地国大党组织。

印度人民党获得更多人支持固然与它进行教派鼓动吸引了一部分人有关，但就这次选举而言，它得到较多选票主要不是因为煽动宗教情绪，而是因为提出了改善民生和发展民族经济的主张。把竞选宣传的重点转到经济和民生上来使人们觉得它的形象有了改变。许多对国大党不满可是又找不到更满意的党的选民觉得它是一个可以接受的去处。印度人民党以往的主要社会支柱是婆罗门和商人，作为一个要争取在联邦执政的党，这个基础过于狭窄。瓦杰帕伊 1993—1996 年任印度人民党议会党团领袖期间，提出了要扩大党的社会基础，特别是争取城市下层和农民的支持，这方面做了一些工作，取得一些成效。印度人民党和多年执政的国大党不同，较少沾染腐败的污泥。这种廉洁形象也使它成了厌恶官场腐败的中产阶级和知识分子的首选。这些原因的综合，使大批选民此次选举中转向印度人民党。不过，虽然成了议会第一大党，但离得到多数席位还差很远，表明相当多的人对它的怀疑态度没有改变。

1996 年 5 月 10 日，拉奥政府辞职。总统夏尔玛邀请作为议会第一大党的印度人民党组织政府。

第二十三章

九十年代后半期以来的印度

一、政府的更迭，联合政府格局的经常化

（一）13 天的印度人民党政府

大选后，印度人民党迅速与许多地区性政党和小党接触，努力争取有更多的党与自己组成联合政府或给予外部支持。但除原来的盟友外，响应者寥寥无几。尽管如此，当它被总统邀请组织政府后，党的领导人还是信心满满地表示，相信组成政府后会得到更多政党支持。总统规定 5 月底举行议会信任投票。

1996 年 5 月 16 日，印度人民党联合西瓦吉军（马哈拉施特拉邦的地方政党）组成少数派政府，得到平等党、阿卡利党和哈里亚纳发展党的外部支持，瓦杰帕伊任总理。印度人民党及其盟友加上外部支持的党，总共只有 195 席，离过半数（272 席）相差甚远。它盼望有新的政党支持，但不见政坛有任何动静。5 月 28 日，即在举行信任投票之前，在确信不可能得到更多支持后，瓦杰帕伊不得不辞职。政府只存在了 13 天（辞职后作为看守政府存在）。瓦杰帕伊明知不可能立足，还

接受组织政府的邀请，是希望利用这个机会向全国人民表明，印度人民党已是议会第一大党，已在中央执政殿堂首席就座过，从而加深全国人民对印度人民党潜在实力的印象。

（二）联合阵线两届政府

印度人民党政府辞职后，总统邀请国大党组阁。国大党自知难以凑足过半数席位，谢绝了邀请。这时，参加全国阵线和左翼阵线的一些政党则积极争取由第三势力组织政府。5 月 20 日，参加两个阵线的党决定把两者竞选联盟变成一个相对稳定的实体，取名联合阵线。联合阵线还有 4 个重要的地方政党参加，它们是德拉维达进步联盟、阿萨姆人民协会、泰卢固之乡党和泰米尔草根大会党。这 4 个党自己组成了联邦阵线，集体参加到联合阵线中。联合阵线共有 13 个政党，核心是人民党、印度共产党（马）和印度共产党。国大党鉴于它有一定的力量，可与之联合共同反对印度人民党，就表示愿意在政府外支持。这样，经总统批准，于 1996 年 6 月 1 日成立了联合阵线政府。人民党原卡塔纳克邦首席部长 H.D. 德维・高达被阵线各党推举担任总理。参加联合阵线的政党除印共（马）外都参加了政府。印度共产党的 I. 古普塔和 C. 米什拉在政府中分别任内务部长和农业部长。共产党人参加中央政府，在印度这是第一次。印共（马）没有参加政府据称是为了保持较大的独立性，不过它参加了联合阵线的最高协调和决策机构——联合阵线核心委员会，在其中，与人民党和印度共产党一起，对决策起主导的作用。

联合阵线政府既然是多党构成，视野不同，政见各异，为了能够顺利运作，各党一致认为，必须制定出一个能为各党都接受的政治纲领，作为共同执政的指导方针。在充分协商的基础上，参加阵线的各党一起制定了《对重要政策问题的共同看法和最低纲领》[①]。该纲领强调联合阵线政府应能反映印度社会的多元性质，政府的政策必须建立在团结、世俗主义、稳定、发展和公平分配五个支柱上。新政府的建立不应该仅仅是领导人的更换，而应该是实行新的更好的管理模式的开始。

---

① Ram, D. Sunder ed.,*Coalition Politics in India,Searsh for Political Stability,* Jaipur, 2000.

联合阵线各党和国大党原来在许多邦都是势不两立的对手，此时尽管在相互利用的基础上合作，但依然互不信任。国大党有些领导人摆出居高临下的姿态，一再傲慢地说，联合阵线的政权是国大党给的，如果国大党不满意，会随时撤销支持。而联合阵线内有些党的成员为了保持尊严，也反唇相讥地回敬说，国大党支持联合阵线政府是为形势所迫，除了支持，它没有别的路可走。这是一种双方都不情愿的合作，甚至在握手时还保持着怒目相视的姿态。这样的支持关系显然不会持久。

国大党新任主席凯斯里尤其不希望联合阵线长期掌权，担心会对国大党再次上台产生不利影响。联合阵线政府内部各党不免有各种矛盾，对高达实行的政策看法会有不同，有的公开暴露出来。凯斯里认为这是政府不稳的征兆，并自信地认为联合阵线政府一旦垮台，参加阵线的一些小党会树倒猢狲散，转而投向国大党怀抱。1997 年 3 月 30 日，他突然向总统递交了宣布国大党撤销对联合阵线政府支持的信件，指责高达政府“妄图使国大党边缘化并置国家最急需解决的问题于不顾”[①]。这是强加的莫须有的罪名，然而联合阵线又能奈何！在随后举行的议会信任表决中高达政府未能通过，不得不辞职。

国大党这一举动在全国是不得人心的。参加联合阵线的党感到愤恨，一致表示决不倒戈，绝不支持国大党组阁。许多其他政党也谴责国大党是为了一己私利，急于夺权，破坏国家政治稳定。凯斯里的指望落空，处境尴尬，不得不作出妥协：表示国大党可以继续支持联合阵线政府，条件是高达引退，由联合阵线另选总理替代。高达在任只有 10 个月。

联合阵线决定推举现任外交部长、人民党的 I. K. 古杰拉尔接任总理。1997 年 4 月 21 日，古杰拉尔宣誓就职，组成了古杰拉尔政府。高达政府的原班人马基本保留，只是对部长作了个别调整。古杰拉尔继续执行前任政府的政策。作为前资深的外交官，他在外交战线上尤其显示出了活力，受到舆论的好评。这使国大党领导人再度感到不安。1997 年 11 月，凯斯里制造借口，再次宣布撤销对联合阵线政府的支持。执政仅 7 个月的古杰拉尔不得不于 11 月 28 日辞职。

总统纳拉亚南宣布解散人民院，举行第 12 届人民院选举，古杰拉尔政府作为看守政府留任。联合阵线两届政府执政从 1996 年 6 月到 1998 年 2 月共计 19 个月。

---

① Vohra, Ranbir, *The making of India*, New York, 2001, p.301.

（三）全国民主联盟两届政府

1998年2月16日—3月7日期间，第12届人民院选举分四个时段举行。参加选举的有国大党、印度人民党、人民党、印度共产党、印度共产党（马）等7个全国性政党、30个邦级政党、139个较小的地方党和一批无党派人士。全国有3.7544亿选民投票，占选民总数的61.97%。

国大党出尔反尔，一年内两次撤销支持，这一错误的做法，使它在国民中的威信进一步降低，也在党内引起强烈的反对情绪。因对党的前景失去信心，党内接连发生几次地区性组织的分裂，一批又一批地方领导人离开党，另建立了他们自己把持的地区性政党。党内人心涣散，无所适从。党的上层多数人都知道凯斯里不得人心，为赢得大选，他们竭力主张把拉·甘地遗孀索尼娅·甘地（1984年已加入印度国籍）动员出来为国大党竞选，希望再次借助尼赫鲁家族的旗号聚合党心民心。索尼娅不得已而从命。1997年5月，她加入国大党，年底参与竞选工作。她又像英·甘地那样奔走全国各地，鼓舞国大党人振作精神，重新奋起，呼吁群众像从前那样给国大党以积极支持。国大党的竞选宣言强调只有国大党执政才能给印度一个稳定的、目标明确的、有成效的政府。

印度人民党竭力争取得到更多选票。从上次13天执政的实践中它知道，要想执政，关键是要争取更多的同盟者，建立联合政府。因此，大选前就确定了努力争取同盟者，建立选前联盟的方针。它也认识到，要使更多地方性小党能接受自己，就必须使自己的教派主义主张有所缓和，暂时搁置那些有争议的问题。党的竞选宣言提出，印度人民党政治主张和思想体系的核心是以下五原则：公共生活的正直、安全、经济民族主义、社会协调和文化民族主义。为了阻止索尼娅取胜，印度人民党拿她的意大利血统做文章，宣称如果让一个外国血统的人担任印度国家的领导职务，将是印度的耻辱。争取同盟者的工作取得了突出的成效。不仅原来的盟友继续携手，还争取到了不少新的盟友。

联合阵线各党这次是各自参加竞选。构成阵线核心的人民党内部分裂进一步加剧。1997年间三次发生分裂，大批成员退出，另建立了人民力量党，全印人民党和比朱人民党。经过这几次分裂，人民党已完全细碎化，在政坛上只有从存在着众多戴人民党名号的政党中可以折射出它曾有过的辉煌。

选举结果，国大党获得选票占25.82%，席位141个，只占总席位数(543席)

的 25.96%，和上次比基本上没有进展。印度人民党得到 25.59%的选票，182 个席位，席位数比上届更多，占 33.51%，再次超过国大党，成为议会第一大党，而且超过的幅度更大。联合阵线各党所得选票加在一起为 15.6%，96 席（内印共 9 席，印共马 32 席，人民党 6 席，社会主义党 20 席，泰卢固之乡党 12 席，德拉维达进步联盟 6 席，泰米尔草根大会党 3 席，其他小党 8 席），占 17.67%。这样，新一届人民院又是一个“悬浮议会”。

总统授权作为第一大党的印度人民党组织政府，这是该党第二次得到在中央执政的机会。和上次不同，这次因为建立了选前联盟，选后又有一些党参加联盟，印度人民党加上盟友共有 264 个席位，离所需要的半数仅差数席。此时，泰卢固之乡党表示愿意从外部支持印度人民党执政。由于得到这个关键性的支持，印度人民党及其盟友和外部支持者总席位达到 276 席，跨过了半数线。

1998 年 3 月 19 日，以印度人民党为首的 13 个党组成的联合政府成立。瓦杰帕伊担任总理。大选后，又有一些小党加入了联盟，总共参加联盟的党达到 18 个。联盟正式取名为全国民主联盟。

印度人民党和参加联盟的各党共同订立了《国家治理议程》作为施政基本纲领。全国民主联盟政府执行的政策总的来说是以往政策的继续，不过也带有印度人民党主张的鲜明特色。

全国民主联盟内部虽然一般小党与印度人民党冲突较少，但作为联盟第二大党的全印安纳德拉维达进步联盟（拥有 18 席）与印度人民党的冲突却接连不断。全印安纳德拉维达进步联盟自恃拥有较多席位，是印度人民党不可缺少的盟友，因此不断向瓦杰帕伊提出非分的要求，特别是要求中央政府解散该党竞争对手德拉维达进步联盟在泰米尔纳杜邦的邦政府。瓦杰帕伊对包括后者在内的多数要求没有同意，该党领导人贾雅拉莉塔极度不满，于 1998 年 4 月 9 日宣布该党退出全国民主联盟，该党所有部长辞职。

全国民主联盟政府本来在议会只有微弱多数，全印安纳德拉维达进步联盟的退出导致政府在议会的席位跌到不足半数。1999 年 4 月 14 日，总统纳拉亚南按惯例要求瓦杰帕伊政府必须在人民院通过信任投票。4 月 17 日，人民院举行信任投票，结果政府以 1 票之差落败。瓦杰帕伊被迫辞职，政府只存在了 19 个月。

总统授权国大党组阁，国大党也未能凑集必要的多数。在这种情况下，总统不得不宣布解散人民院，举行新的人民院选举。这是三年中第三次举行人民院选举，国家不得不再次承受财力和精力的巨大消耗。

第 13 届人民院选举 1999 年 9 月 4 日至 10 月 1 日分 5 阶段举行。参加选举的有印度人民党、国大党、印度共产党、印度共产党（马）、人民党（世俗派）、人民党（统一派）等全国性政党，邦级政党有 38 个，还有大量地方小党，总共有 177 个政党参加竞选。

印度人民党吸取上一届的成功经验，这次不仅以全国民主联盟的名义联合竞选，而且竭力争取更多盟友，使全国民主联盟进一步扩大。在其努力下，除全印安纳德拉维达进步联盟和它的一个地区性盟友脱离了全国民主联盟外，其他成员党都继续留在联盟内；原来只是在外部支持联盟的泰卢固之乡党也加入联盟；此外，还有一部分政党新参加进来。印度人民党能较早认识到政党分散化的新形势，成功地采取了联合策略，这就为其大选胜利奠定了基础。

国大党在 1998 年大选失败后，威信扫地的党主席凯斯里被迫辞职。国大党工作委员会选举索尼娅为党的主席和党的议会党团领袖，两者均得到国大党全印委员会的批准。索尼娅担负起党的领导重任后，为了重振国大党，提出应该把党的工作重点转向基层，从加强党的基层组织做起，要以道德观念、服务精神和纪律性武装广大党员，使党组织重新成为具有战斗力的组织。另外，为了解决党内多年的矛盾，她呼吁所有脱离国大党另建新党的原国大党人，以维护国大党的荣誉和国家利益为重，抛开个人恩怨，回到国大党内，全党共同携手，重建国大党的辉煌。国大党全印委员会特别会议通过决议，肯定了索尼娅争取所有国大党人团结的方针，正式向前国大党人发出返回国大党的邀请。争取工作收到一定成效。卡纳塔克人民大会党、全印英迪拉大会党（提）和泰米尔草根大会党部分或完全回归，并入国大党。索尼娅也说服国大党多数领导人重视对党以往执政时的政策措施进行回顾和反省，对已认识到的错误都要纠正。相应的，她以国大党的名义，为未能制止巴布里清真寺被毁和进攻金庙的行动分别向全国穆斯林和锡克教徒道歉。这些做法在挽回民心上起到了一定作用。然而，要完全解决党内的矛盾也不可能，因为党内纪律的涣散和争权夺利的盛行已深深侵蚀党的肌体，使党内重要领导人在许多问题上意见难于一致。在索尼娅担任国大党领导人的问题上，党内就有反对意见。有些领导人公开宣称外国血统的人没有担任党和政府领导人的资格，其中有国大党工作委员会成员 S. 帕瓦尔、T. 安瓦尔和 P.A. 桑马。他们脱离国大党，另建立了民族主义者大会党，对国大党的群众基础有一定削弱。

在要不要联合盟友的问题上，国大党仍墨守成规，仍以单独执政为目标，不愿与别的党联合执政。因此，它无意建立选前联盟，只希望和一些党建立竞选协调关系。当印度人民党四处活动广结盟友的时候，国大党很少作为。结果，愿意和国大党建立竞选协调关系的政党有一些，包括刚刚脱离全国民主联盟的全印安纳德拉维达进步联盟、全印人民党、全印民众党等，但为数不多。

联合阵线此时已经瓦解。原构成联合阵线的各政党有一些加入了全国民主联盟，个别党与国大党建立了竞选协调关系，其他未加入上述任何一方的都各自竞选。

大选前夕，已经细碎化的人民党经历了最后一次分裂。这次分裂发生在中央机构。1999 年，在党的领导层内出现了一种使人民党和由人民党分裂而成立的平等党、人民力量党重新统一的主张。这种主张的倡导者是已加入全国民主联盟的平等党的领导人费尔南德斯，积极响应者有党主席夏拉德·雅达夫和 R.V. 帕斯万、J.H. 帕特尔等。人民党和它们统一就意味着人民党要加入全国民主联盟，站到印度人民党一方去。这种突如其来的倒戈主张使党内多数领导人惊诧不已，以高达（前总理）为首的多数领导成员持坚决反对态度。夏拉德·雅达夫一派坚持己见，1999 年 8 月 7 日，与平等党、人民力量党召开统一会议，宣布合并，成立人民党（统一派），选举夏拉德·雅达夫为主席。人民党（统一派）随即党被全国民主联盟接受为成员。人民党在这次沉重的分裂后，剩下的部分改称人民党（世俗派），由高达接任党主席。这是一次比以往几次分裂更加伤筋动骨的分裂，约有一半党员脱离了党。人民党昔日的光辉已完全散失，留下的只是曾经辉煌的回忆和一块空有其名的全国性政党的招牌。

印度共产党（马）在竞选宣言中呼吁加强左翼力量的团结，阻止印度人民党重新上台。宣言重申党的基本立场：全国左翼力量团结起来，领导人民进行斗争，建立左翼阵线政府，既反对教派主义的威胁，也反对自由化的危害。

这次选举很明显主要是印度人民党和国大党的角逐。不过由于地方性政党大量存在，印度人民党和国大党要单独取胜可能性都不大，谁最终取胜，在一定程度上取决于谁能联合到更多盟友。

选举结果，全国民主联盟共得到 40.8% 选票，300 个席位，占总席位数的 55.24%，超过了半数。其中印度人民党得 23.7%选票，182 席，就席位来说继续是议会第一大党，但依然只占总席位数的 33.51%。国大党及盟友只得到 34.1% 选票，136 席，占 25.04%。内国大党得 28.4%的选票，114 席，只占总席位数的 20.99%，比上届更少。人民党（世俗派）只得 1 席，印共获得 4 席，印共（马）

33席。其他席位分散在许多地方性政党之间。这又是一届“悬浮议会”。

印度人民党的胜利是联合策略的胜利。全国民主联盟选前已发展到24个党，所以总计席位数较高。由于超过半数，被总统授权组织政府。1999年10月13日，新政府成立，瓦杰帕伊继续担任总理。

全国民主联盟新一届政府的政策和上届比更趋于务实。大选后新制定的《治国方案备忘录》是新政府的施政纲领。由于搁置了教派主义主张，加大了实行经济改革和发展经济的力度，政局稳定，人民的支持度有所上升。在外交政策上也较上一届政府有更大的作为。

这一切，使20多个党联合执政的新政府完成本届任期没有遇到特别严重的困难。自中央出现联合政府以来，这是第一个完成任期的多党联合政府，开创了印度联合政治史上的先河。

当历史的巨轮跨进2004年时，全国民主联盟政府进入了它任期的最后一年，这使印度人民党无比自豪。瓦杰帕伊2003年就挑战国大党说：“我们20个党的联合政府可以完成5年任期，我敢打赌国大党不可能做到。”① 印度人民党以这个业绩为自己创造了一项新的重要的政治资本。它骄傲地宣布，虽然是联合政府，它有能力使之成为稳定的政府，别的党做不到的事它做到了。

形势似乎一片美好，这鼓励了印度人民党希望趁热打铁，一举拿下下届中央执政权，实现连续在中央执政。党中央做出决定：把应于10月举行的大选提前半年于4月举行。②

2004年2月6日人民院被总统解散。全国选举委员会宣布第14届人民院选举于2004年4—5月举行。

这样，新一轮选战就在执政党突然发动、反对党还没有充分准备的情况下拉开了帷幕。参加选举的有印度人民党、国大党、印度共产党、印度共产党（马）等6个全国性政党，邦级政党有51个，地方小党有173个，另有部分无党派人士。

印度人民党及其盟友沿袭1999年大选的做法，继续以全国民主联盟的名义参选。国大党上届大选虽然与少数党建立了竞选协调关系，但不是结成选前联盟。这次大选它在经过一段犹豫后最终也走上建立选前联盟的道路。印度人民党

① Frontline, Vol. 20, No. 8, Apr. 12–25, 2003.

② http://www.bjp.org/NEM/Jan1104_pol.html.

和国大党两大联盟外的政党仍然和上届选举时一样各自竞选。这样，在全国擂台上的两个主角依然是印度人民党和国大党。不同的是，由于国大党也走上建立选前联盟道路，这次竞选就成了以印度人民党为首的全国民主联盟和以国大党为首的联盟两大阵营的较量，选举的结果最终要由双方阵营的总得分来决定。全国民主联盟决心连选连任，国大党阵营则发誓要把执政权夺过来。两大阵营和其他各党都倾其全力投入竞选造势、扩大盟友和争取选票，使这次大选成了印度独立后最激烈的竞选之一。

印度人民党继续坚持多党联合执政的方针，指出没有联合就没有执政权。既然要多党联合执政，就必须继续实行求同存异的原则。对印度人民党来说，就意味着必须继续搁置自己的教派主义主张。印度人民党主张以全国民主联盟的名义发表统一的竞选宣言，各党不单独发表宣言，得到盟党一致赞同。

印度人民党另一个策略是继续就索尼娅血统问题做文章。一直不顾索尼娅早已加入印度国籍是印度公民的事实，宣称不能容许具有外国血统的人成为印度政府的首脑。印度人民党相信，制造这样的说法削弱她的政治影响力，是阻止国大党胜出的最有效手段。不过由于这种宣传于法无据，印度人民党领导层也担心引起选民反感，会得到相反的结果。瓦杰帕伊自己的言论就比较谨慎，并告诫人们不要对索尼娅进行人身攻击。

在竞选宣传中，使用形象的语言，提出形象的口号，给人留下清新而深刻的影响是非常重要的。这次大选，印度人民党就采取了这个办法，这是它精心策划的又一个策略。提出来的口号是“印度大放光芒”和“感觉不错”。“印度大放光芒”是用来彰显印度在瓦杰帕伊政府领导下在各条战线上所取得的成就，特别是经济改革和经济发展方面的成就。“感觉不错”则描绘人民在瓦杰帕伊执政下，生活有了改善，感到心情舒畅，对美好前景充满期待。这两个口号一经提出，便铺天盖地般出现在媒体上、会场上、街头巷尾的招贴画和标语上，被大力宣传，广为传播。

全国民主联盟竞选宣言《发展、良好治理、和平与和谐议程》[①] 突出的主题是发展、稳定和良好治理。宣言说，以前国大党政府实行的政策破坏了稳定，造成了社会的紊乱，全国民主联盟的执政为印度带来了稳定、良好的治理和经济发展。在瓦杰帕伊的领导下，各条战线都取得了重要的成就。投票给全国民主联盟

---

① 宣言全文见 www_BJP_org.html。

就意味着国家和人民前景更加美好。

国大党是带着奋力拼搏的决心参加竞选的。虽然它对印度人民党决定提前大选事先缺乏估计，但对应在2004年举行的大选却是从两年前起就开始了准备工作，应该说，这次大选它在思想和组织准备上较1998年和1999年那两次都要充分。

索尼娅尽最大努力扭转党内信心不足的局面。2002年她就提醒全党，要提前积极做大选的准备。她说："印度人民盼望我们执政，使国家从停滞走向增长，从冲突走向和谐，从黑暗走向光明。让我们共同努力实现人民的期望。"①2003年7月，党的西姆拉会议通过的《西姆拉决议》实际上就是党的竞选宣言的框架。

国大党对全国民主联盟政府的评价是：成绩有限，错误多多，在许多领域都遭到失败。国大党出版了大量宣传材料，指出印度人民党提出的"印度大放光芒"和"感觉不错"的口号是虚假的。那些材料中质问道：对印度贫穷的大多数人来说，对比比皆是的失业者来说，光芒在哪里？他们缺衣少食，生活艰辛困苦，哪里有什么好感觉？

国大党竞选宣言也是以经济和民生为主题，一方面用保证继续实行经济改革来安抚中上层；另一方面把重点放在塑造自己的"亲穷人"形象上，强调经济改革必须使下层人民同样受益。在经济政策方面它提出的两大竞选口号是"有人情味的改革"和"国大党和穷人在一起"。

要不要与别的党建立选前联盟，这个一直困扰着国大党领导层的难题再次被提上议程。国大党领导层以往不愿接受联合，因为心中怀着要恢复国大党单独执政地位的理想，然而从1998年、1999年大选中又看到现实条件不允许，单靠自己的力量不可能在选举中取胜。究竟应该怎样做？以往几年是让现实服从于理想，但现在很明显，这个理想在近期内只是空想，难道要现实继续服从这个空想吗？几年前党内就开始出现过怀疑和反对的声音，在以后多次进行的讨论中，这种声音越来越大，推动着党的领导层面对现实，考虑现实，一步步接受现实。

这个转变过程终于在2003年完成。这年7月西姆拉会议是一个重要的转折点。这次会议最终明确了建立全国联盟的方针。在闭幕会上，索尼娅说："考虑到现在的政治形势，国大党准备在彼此谅解和不损害基本思想体系的基础上，与

① *Frontline*, Vol. 19, No. 24, Nov.23—Dec.6, 2002.

其他世俗政党建立适当的选举联盟安排。"① 这种安排包括选前和选后联盟。这标志着国大党终于承认现实，接受了在全国政坛上联合政治的不可避免性，最终走出了自我禁锢的象牙塔。这次会后，国大党放下架子，以平等姿态开始与其他党派谈判。结果和民族主义大会党、德拉维达进步联盟及其在泰米尔纳杜邦的多个盟友、大众力量党、贾坎德解放阵线建立了选前联盟。争取盟友的工作虽然取得一些进展，还不能说完全达到了预期目标。一名国大党高级领导人解释原因时说："我们的问题在于，大多数小党在邦一级都是我们的直接竞争者，与我们结盟有一定困难，不像印度人民党谋求结盟那样较为顺利。"② 他说的是实情。

印度人民党和国大党领导的两大联盟以外的政党继续处于没有联合、各自参选的状态。各左翼政党也和国大党一样，指出印度人民党大肆吹嘘的"印度大放光芒"和"感觉不错"是不真实的，是夸大宣传。印度共产党（马）总书记苏尔吉特就说：好感觉是印度人民党领导人自己头脑中的想象。"他们注定要失败，因为人民看穿了他们的把戏。经济很糟糕，他们却这样吹嘘。百姓是不会再受他们的愚弄了。"③ 印共（马）的竞选方针是以阻止印度人民党及其盟友再次上台为主要目标；对国大党，它宣布反对其损害下层人民利益的政策，但表示为了共同对抗印度人民党，在必要时，可以与国大党建立策略性合作关系。该党刊物《人民民主》写道："这次选举不是一次普通的选举，而是关乎国家命运的大事。……今天摆在人民面前的最最重要的任务是拯救国家，捍卫它的世俗特点、它的多元精神和综合文化。"④ 印共(马) 不断呼吁第三势力政党搁置分歧，再度联合起来，建立一个非印度人民党、非国大党的第三势力的新的联合体，但几乎没有得到积极的回应。当国大党确定了建立联盟的战略后，印共（马）和印共抱欢迎态度，都强调尽管与国大党有许多矛盾和分歧，从全国大局考虑，还应把共同反对教派主义势力放在第一位。这两个最大的左翼政党宣布的立场是，不会与国大党建立竞选联盟，但不排除选后实行某些方面的合作的可能性⑤。另两个左翼政党革命社会主义党和前进同盟上次大选是反对与国大党建立任何合作关系的，这次也改变了立场，同意实行有条件合作。左翼政党在人民院是第三势力中最强的一支力

① *Frontline*, Vol.20, No.15, Jul.19—Aug.1,2003.

② *Frontline*, Vol. 20, No. 26, Dec.20,2003— Jan. 2, 2004.

③ *Frontline*, Vol.21, No.4, Feb.14–27,2004.

④ *People's Democracy*, Vol.28,No.6, Feb.10,2004.

⑤ *People's Democracy*, Vol.28,No.6, Feb.10,2004.

量，它的态度虽不能左右选举结果，但在出现“悬浮议会”的情况下对选举后组成怎样的政府却有举足轻重的影响。

印度人民党和国大党都宣称自己领导的联盟必胜，舆论则普遍看好印度人民党领导的联盟。

本届大选参加投票的3.8994亿人，占选民总数的58.07%。选举结果①，国大党及其盟友获胜。国大党及盟友获得的选票和席位数均超过印度人民党领导的全国民主联盟，不过国大党联盟所得席位仍不及半数。这又是一届“悬浮议会”。

国大党获得选票占26.53%，145个席位，占26.7%。加上盟友，共获得35.82%选票，222个席位，占40.88%。印度人民党获得选票22.16%，138个席位，占25.4%。加上盟友，共获得33.86%选票，186个席位，占34.25%。

国大党及盟友虽然总席位数超过了对方，但也只是险胜而已。国大党虽然重新成为议会第一大党，不过其所得席位比上届只是稍有增加，只占人民院总席位1/4强，在绝对力量上是不能和50—80年代相比的，这表明了它所处的式微状态并没有根本改变。

两大集团之外的第三势力各政党中，成绩最好的是印度共产党（马），它独得43席，保持了议会第3大党地位。社会主义党和社会大多数人党成绩也较为突出。

大选的结果如此，出乎大多数人的意料。是什么原因导致了全国民主联盟的失败和国大党领导的联盟的胜利？学者们和媒体进行分析后得出的大体一致的看法是：

1. 政府的经济改革在注重提高增长速度和经济总量时，对兼顾社会公平，使下层人民也从中受益在措施上落实不够，或者说虽然中央政府在思想上不能说不重视但并不是每个邦政府都很好地贯彻了中央的意图。广大下层人民看到社会中上层从经济改革中得到了很多好处，自己和周围的人困苦状况却没有多大改善，不免对政府产生了失望和不满心理。国大党在竞选宣传中提出的政策主张是强调党要和穷人在一起，要使改革带有人情味，如能执政将采取有力的措施改善下层人民的生活，解决他们的实际困难，如扩大就业机会，提供安全饮用水，解决农村生活用电等。索尼娅就针对印度人民党宣扬的“印度大放光芒”的口号说，只

① 本组资料中，印度人民党为主的联盟及国大党为主的联盟的资料来源于印度驻华大使馆公布的选举结果，各党选举结果的资料来源于印度选举委员会后来公布的统计报告。

有下层农民的生活真正得到了改善，印度才能大放光芒。这样的主张和宣传对心有怨气的广大下层人民无疑产生了吸引力，很多追求改善处境的下层人民抱着很大期望把票投给了国大党。印度尼赫鲁大学政治学教授雷耶维·巴尔加瓦总结得好，他说：广大群众做出这样的选择，“不是否定经济改革，而是反对经济改革收益在贫富阶层之间分配不均。”①

2. 印度人民党的教派主义意识形态及其与国民志愿团的密切关系使大多数选民对它仍不敢信任。尽管在它执政期间搁置了原来的那些主张，但在不少人看来这不过是策略的变化而已，其意识形态并没有改变。

3. 印度人民党的盟党有些在邦级执政的，由于治理不善，被选民抛弃，结果对全国民主联盟的总选绩带来了严重负面影响。这次选举既然是在国大党及盟友和印度人民党及盟友两个集团间进行的，每个邦的竞选都是一个分战场，每个分战场的战绩都是两大集团总战绩的组成部分，其胜负都会对两大集团的胜负产生重大的甚至是决定性的影响。全国民主联盟这次败北，这个因素有显著影响。如其盟友全印安纳德拉维达进步联盟在泰米尔纳杜邦上届人民院选举中有 10 席，这次因执政成绩不佳，一席未得。又如另一盟友泰卢固之乡党也是作为执政党被选民抛弃，上届有 24 席，这次全部丢失。这两个盟友就使全国民主联盟少得 34 席，而本次大选，全国民主联盟与国大党联盟的差距只有 36 席。

4. 国大党改变策略，采取了结盟方针，盟友共贡献了 77 个席位。国大党只有加上盟友的 77 个席位才超过了全国民主联盟。可见，这一策略转变对国大党最终取得胜利起了何等重要的作用。

（四）团结进步联盟执政至今

根据大选结果卡拉姆总统授权国大党联盟组阁。国大党加上其选前 14 个盟友总席位离过半数尚差 50 席，还必须争取新的盟友或取得外部支持。印度共产党（马）、印度共产党、全印前进同盟和革命社会主义党很快表示愿意给予外部支持。这 4 个左翼政党拥有 59 席，它们的支持一举解决了席位差额问题。左翼政党这样决定是和他们选前提出的以阻止印度人民党上台为主要目标相一致的。

---

① 王冲编译自美国《基督教科学箴言报》，见人民网，2004 年 5 月 21 日。

考虑到国大党与左翼政党在政策上分歧较大，为了扫清未来合作的障碍，双方领导人事先就未来政策交换了意见，一致同意新政府"应该是中左政府"①。印共（马）总书记苏尔吉特透露说："国大党的经济政策是有弹性的。我们被告知，他们不打算实行印度人民党的经济政策。我见到曼莫汉·辛格，他向我保证，国大党在经济政策上会做出调整。"② 左翼政党只是在外部支持，不参加政府。提供外部支持的还有社会主义党、社会大多数人党等。

当索尼娅正为组建新政府而紧锣密鼓地与各党洽商时，印度人民党和同盟家族却在加紧掀起阻止她担任总理的鼓动。印度人民党主席奈都宣布如果外国血统的索尼娅成为总理，该党将拒绝出席总理就职宣誓仪式。有些人则扬言要在全国发起"反索尼娅运动"。这些讲话并不仅仅是威胁，实际上显露出印度人民党和同盟家族正酝酿一场大的行动，阻挠国大党建立政府和开展正常工作。为避免此种情况发生，使全国政局迅速稳定下来，索尼娅着眼大局，高风亮节，决定自己不担任总理。她说，过去 6 年中，她曾多次表示，是否担任总理对她并不重要，她不希望看到因自己出任总理而导致国家分裂。并说："这一决定发自我的内心和良知，没有受到任何党派的压力"③。国大党党团会议竭力劝说她收回决定。大批国大党党员和支持者更是成群结队，来到国大党总部和索尼娅官邸前聚集，群情激愤地指责印度人民党的无理阻挠和威胁，请求索尼娅顺应民心出任总理。但她表示不会改变决定。随后她和国大党领导人一起提名党的高级领导人、工作委员会成员曼莫汉·辛格担任总理。国大党议会党团随之选举曼莫汉·辛格为议会党团新领袖。索尼娅继续担任国大党主席。总统正式任命曼莫汉·辛格为新政府总理，授权他组建新一届政府。曼莫汉·辛格擅长经济，是拉奥经济改革的总设计师，能力出众，为人谦和，在党内外广泛受到好评和尊敬。

在酝酿组建政府的过程中，国大党及其盟友决定把他们的联盟正式定名为团结进步联盟。参加联盟的政党共 15 个，其中有 13 个党在人民院内拥有席位。团结进步联盟也建立了协调委员会，作为最高协调机构。索尼娅被一致推选为协调委员会的主席。团结进步联盟和左翼阵线之间建立了团结进步联盟—左翼阵线协调委员会，作为沟通和协商的管道。这是在政府和外部支持者间第一次建立这种机构，是支持者与被支持者的关系走向制度化的一个步骤。

① *Indian Express*, May 15, 2004.

② *Frontline*,Vol.21, No.11,May 22– June 4,2004.

③ 新华网，2004 年 5 月 18 日。

2004年5月22日，曼莫汉·辛格政府正式成立。2004年5月27日，公布了各党共同制定的《最低共同纲领》[①]。其序言说：人民决定授权给世俗的进步的力量组织政府，授权给真正关心下层人民和社会弱势群体、为全国普通群众的幸福而不屈不挠地奋斗的政党组织政府。新一届政府将竭尽全力实现人民的期望。纲领提出了团结进步联盟治国的6项基本原则，即维护和促进社会协调，坚决反对教派主义；未来十年经济增长率至少7%—8%，增长要带动就业的扩大；提高农民、农业工人和工人的社会福利；给予妇女政治、教育、经济、法律权利，真正实现性别平等；保证社会弱势群体和宗教少数派的机会平等，特别是教育和就业；充分发挥社会各界人士的创造力和社会生产力。纲领的核心是强调在推进经济发展的过程中，要对贫困人口和社会各个弱势群体给予特别的扶植，使全国普通民众的生活质量有明显的变化。也就是说，强调印度深入经济改革在指导思想上要有某些新的调整，即在坚持增长取向不变的同时，把兼顾社会公平提到了更重要的位置。显然，这表明国大党吸取了全国民主联盟执政的经验教训，不使改革脱离广大下层群众；当然，这也与左翼政党强烈主张有直接关系。

国大党虽然有多年执政经验，但这次重掌政权是领导一个联合政府而不是单独执政，在它的历史上这还是第一次。这意味着它面临的挑战和困难会比过去更大，并且是它以往未曾体验过的。国大党虽然是印度经济改革的设计者和启动者，但时代在前进，形势已发生很大变化，摆在它面前的任务已不仅仅是要解决那些多年来一直未能解决好的老问题，还要与时俱进，有前瞻的眼光，提出新任务，解决现代化过程中的新问题。这期间，又发生了世界金融危机，印度经济发展和民生也受到很大影响，增加了前进路上的困难。但曼·辛格依靠国大党的全力支持，依靠与盟党的坦诚协商，保证了经济的稳步发展。曼莫汉·辛格政府在外交方面取得的成就也是公认的，印度的国际地位和在国际事务中的影响力都有明显的提高。

曼·辛格在政府重大决策时，重视和左翼政党沟通、协商，听取并尽可能尊重他们的意见。虽然有《最低共同纲领》作指针，实践中出现分歧在所难免。最初，在经济政策上特别是对外资开放的领域和公营企业撤资问题上表现突出。左翼政党认为政府的做法冲击了他们的“底线”，违反了《最低共同纲领》，只是在多次耐心协商、双方都作出一定妥协的情况下才使矛盾有所缓和。然而，在印美

① “UPA’s common Minimum Programme”, *The Hindu*, May 28, 2004.

核能合作问题上，左翼政党持坚决反对态度，认为它损害民族利益。尽管曼·辛格多方解释，多次协商，分歧终究未能弥合，最后不得不分道扬镳。2007 年 7 月 8 日，4 个左翼政党宣布撤销对政府的外部支持，使政府在议会的席位降到半数以下，必须面对议会的信任表决。对政府来说，这是一次严重的生存危机。只是由于国大党事前竭尽全力争取到社会主义党（拥有 39 席）还有一些小党允诺支持，在 2008 年 7 月 22 日议会进行信任表决时才得以过关。曼莫汉·辛格政府终于胜利地完成了任期。

2009 年 4 月 16—5 月 13 日分 5 阶段进行了第十五届人民院选举。参加竞选的全国性政党有国大党、印度人民党、印度共产党、印度共产党（马）等。选举仍然是国大党为首的团结进步联盟和印度人民党为首的全国民主联盟两大集团的对决，两大集团外的左翼政党和一些地区性政党在大选前夕组成了“第三阵线”，另外有些党组成了“第四阵线”。更多的党依然是单独竞选。

对于国大党来说，连续五年执政而且有较好的政绩，这使它具有一定优势。继续提名曼莫汉·辛格为总理人选颇得民心，推出索尼娅之子拉胡尔作为“新形象”争取年轻人也是一种很好的考虑。但在全球金融危机经济不景气的背景下，要得到人民广泛拥戴，保住执政地位也不是容易的事。显然，它面临的是一场硬仗。党的竞选宣言提出要继续努力工作，使印度人民都过上“安全、尊严和繁荣的生活”①。印度人民党推出阿德瓦尼为总理人选，希望借助他昔日的宗教强硬形象和后来较温和的从政形象团结各种倾向的人和更多反对政党，使印度人民党及盟友能重登权力殿堂。

结果，国大党领导的团结进步联盟获得 37.22% 选票，262 席，占 48.25%。其中，国大党得 28.55%选票,206 席，占 37.9%，比 2004 年上届大选增加了 61 席。印度人民党领导的全国民主联盟获得 24.63%选票，159 席，占 29.35%；其中，印度人民党得 18.8%，116 席，占 21.36%，与上次大选比较，减少了 22 席。由印度共产党等左翼政党组成的第三阵线获得 21.15%选票，79 席，其中，印度共产党得 1.43%选票，4 席，印度共产党（马）得 5.33%选票，16 席。由社会主义党、全印人民党和人民力量党组成的第四阵线，获得 5.14% 选票，27 席。其他小党派及独立候选人获得 16 席。国大党领导的联盟胜选，表明了印度人民在经济危机背景下希望保持政治和社会稳定，也反映了他们对政府在深入改革同时重视改善民

① *Indian National Congress election Manifesto*, 2009, http://www.indian elections.com.

生的施政方针的认可。

团结进步联盟被总统邀请组织政府。由于其总席位仍然没有达到过半数，必须再争取其他党的支持。社会大多数人党、社会主义党、全印人民党和另一些小党表示愿意提供外部支持。加上这些党拥有的席位，使政府方面的总席位达到322个。

2009年5月22日，以曼·辛格为总理的新一届政府宣誓就职。团结进步联盟开始了连任的新航程。

从以上历届政府更替的叙述中，可以看到一个醒目的事实，即从1996年起，历届中央政府都是多党联合政府。这意味着联合政府这种政治格局在这一时期已经成为常态，昔日那种一党执政的局面不复存在。印度进入了联合政府时期。这一时期的开端可以上溯到1989年全国阵线政府的成立。拉奥政府虽然没有其他党加入，但它头两年是依靠别的党外部支持才得以存活的，也是联合政治的一种表现形式。

联合政府会成为常态，反映了近20年来印度政治生态发生的巨大变化。国大党由于内部和外部的种种原因，80年代后已较前大为衰落，昔日雄风不再。索尼娅担任党主席后有了起色，但复兴需要时间。而在全印政治舞台上，还没有哪个党有足够的群众基础和威望取代它。印度人民党一度是青云直上的新星，从全国舞台的边缘迅速跃进到中心。不过教派主义固然是它上升的助推器，却也是它争取全国群众拥护的致命羁绊。它在争取民心的攀缘中取得巨大进展，但要登顶即取得全国选民的大多数拥护却是极为困难的。80年代以后随着经济政治形势发展的另一突出现象是，地区性政党、低种姓政党如雨后春笋般在全国各地兴起，左翼政党影响也逐渐扩大。它们各有一定的群众基础，单个看力量有限，加起来就是强大势力，在每届人民院选举中总要占据约1/3左右席位。这样，每届选举选票就不可能集中，无论国大党还是印度人民党，要单独取得议会过半数席位都非常困难。作为取得席位相对较多的党，它们要实现执政，只有联合别的党共建联合政府，或建立依靠外部支持的少数派政府，或联合政府和外部支持两者兼而有之。这就是近20年来的政治态势，是不依人的意志为转移的客观发展进程。而且可以说，选票分散的因素不会很快改变，因而，在可以预见的未来相当长的一段时期内，联合政府的格局不可能会有根本变化。

二、经济改革的不断深入与经济发展进入快车道

拉奥改革实现了加速经济现代化所需要的模式转换，奠定了经济发展进入快车道的基础。此后的政府无论是哪个党为首的联合政府，都无一例外地沿着这个方向加深改革，使印度在新世纪进入了世界发展速度最快的国家之列。

联合阵线政府和印度人民党政府为了表明自己与国大党政府的区别，在各自的施政纲领中都强调了自己政策的一些特色，如保护本国工业，引进外资应有限制，不让外资进入消费品生产领域；要特别重视扶助和发展小型工业、乡村工业等。但执政后角色的变换使它们都不得不采取更为现实的态度。舆论普遍认为，高达全国阵线政府奉行的政策与拉奥政府的政策没有多大区别，只是撤资放慢了步伐。印度人民党政府在台下时提出印度的经济发展应遵循“人道主义和司瓦德西”模式[①]，即经济民族主义的模式，不赞成大规模地参与全球商业活动，强调要通过保护政策实现司瓦德西。对引进外资强调要有选择性，只赞成引进外国的先进技术，反对外资进入消费品生产领域。但印度人民党在执政后态度有明显变化。财政部长辛哈在一次会议上说：竞争是不可避免的，“司瓦德西实际上意味着竞争，意味着走出去到世界上去竞争并且取得成功”。[②] 政府在2000—2001年的财政预算中还正式提出了“第二代经济改革”的概念，其内容包括：大力加强基础设施建设，并对私人资本和外资开放，解决经济发展的主要瓶颈；充实和壮大农村经济基础设施；发挥像信息技术、生物技术这样的新知识产业的革命性潜力；提升传统工业的技术水平，使之现代化；将人力资源的发展放在优先地位等[③]，表达了进一步深化经济改革的决心。全国民主联盟政府并没有能完全实现这些目标，不过在有些方面如加强基础设施、发展信息产业等确实有了长足的进展。

国大党是经济改革的最早设计者、倡导者和实施者。以国大党为首的团结进

---

① P.S.Ghosh,, *BJP and the Evolution of Hindu Nationalism: From Periphery to Centre,* New Delhi, 1999, p.285.

② *India Today*, Aug. 23, 1999.

③ Ruddar Datt, *Second Generation Economic Reforms in India,* New Delhi, 2001, pp.3–4.

步联盟执政后，自然是努力推动它更深入地发展。针对当前改革存在的主要问题，政府采取了相应措施，弥补薄弱环节，拓宽改革层面。政府鼓励深入公营企业的改革，鼓励私营经济进一步发展，对吸引外国直接投资加大力度，坚持进行财政税收及货币金融改革，还鼓励印度企业积极参与地区和全球贸易活动，提高竞争力。改革取得一定成效。不过，鉴于印度人民党政府下台主要是因为改革中对下层群众和弱势群体的利益考虑不够，政府必须把民生问题放在突出地位，改革进程不能不放慢；加之政府既依靠左翼政党的外部支持，在实行改革上势必受到牵制，有些方面如公营企业撤资、基础设施对外资开放等难以放开手脚。全球金融危机的爆发又给改革带来了意料之外的新的困难，政府不得不把稳定经济，保障人民生活的安定作为工作重点。这样，改革的实际进展就受到多方限制，远不能按期望实行。可以说，迄今为止改革的深入有一定成绩，但并没有重大突破。

从 1996 年联合阵线执政至今，这几届政府深入进行的改革主要是：

1. 完成了取消工业中公私营经营领域的划分和许可证制度。

从拉奥执政起，开始逐步取消工业中公私营经营领域的划分和许可证制度，到 2000 年，已全部完成。公营成分还保留垄断经营权的只剩下原子能、与原子能有关的特殊矿业和铁路运输部门。全国还保留实行工业许可证的只剩下与战略、安全和环境卫生有关的 5 个特殊部门。

2. 扩大吸收私人资本和外资的领域，大力扩建基础设施。

至 20 世纪末，向私人和外资开放的领域集中在制造业和服务业，其他领域有的虽然开放了但吸引力不够，有的还没有开放或没有完全开放，如基础设施、金融保险业、商业零售业等。进入新世纪后，历届政府为了更多地吸收私人资本和外资，对已开放的领域进一步改善投资环境，对未完全开放的领域逐步实行开放。

基础设施是重中之重。它原是公营成分垄断经营的。能力不足，设备老化，技术落后，经营管理不善，使它成了印度经济起飞的严重障碍。这个瓶颈如不迅速突破，其对经济发展造成的负面影响会越来越严重。基础设施落后也直接影响到私人和外商在各领域投资的积极性。需要进行的改革是多方面的，包括：制定新的体制和运作框架、增加设施、扩大规模、实行技术升级等。拉奥政府和联合阵线政府采取一些改革措施，如开放部分领域允许私商和外商投资，建立合营企业等，但缺乏力度。全国民主联盟政府下了很大的决心。政府从全局考虑，制定了不同部门的改革和发展规划，分批分期实施。

在基础设施的改造和扩建方面，由于政府投入了大量资金，也由于得到私人资本和外资的有力的支持，使各项工程在各领域逐渐铺开。全国民主联盟执政期间进展较快、成就较突出的是公路建设、航空设施改造、电力供应和电信服务的改革。公路建设方面，制定了全国公路干线发展计划，其核心包括两部分：一是修建“金四角”干线，把北印度的德里、西印度的孟买、东印度的加尔各答和南印度的金奈四大城市联结起来；二是修建一条横贯全国、一条纵贯全国的走廊干线，把印度东端和西端、北端和南端联结起来。这两部分干线都修成全天候的高速公路，成为全国公路网的主动脉。此外，还计划把 10 个主要的港口与全国公路主干线连接，把各邦的首府与主干线联结。此项计划已开始实施。航空设施方面，印度国际航运和大部分国内航运业务由公营的印度航空公司承担，有 3 家私营航空公司承担国内部分航运业务。印度航空公司管理不善，效率低下。2000 年 1 月，政府规定印度航空公司实行股份制，对印度私人资本开放。私营航空公司的营业范围也被允准扩大，有条件的可以经营部分国际航空的业务。此后又宣布允许外商在印度民航领域投资。印度机场的设备和管理普遍落后，不能适应空中交通日益繁忙的需要。2000 年政府决定对国内机场进行有步骤的改造，把德里、孟买、金奈和加尔各答国际机场改建为世界标准国际机场，通过与私商和外商合资的途径进行。还计划改建国内的二十个机场，并在班加罗尔、海德拉巴和果阿建立新的国际机场，建立新机场也采取合资形式，私人资本或外资可持股 74%。这方面的工程有些已经实施。电力供应方面，电信部门实行政企分离，允许私人进入发电、输电和供电诸领域经营，通过鼓励不同经济成分的竞争，促进电力增长。电信服务方面，实行政企分离，允许外资在印度电信公司持有股份，电信服务公司实行了私有化。允许私人经营国内长途电话业务，经营网络服务和宽带服务，也允许外国公司投资，提供网络服务。2003 年对电信业的经营者实行统一的服务执照制度。政府又制定政策给从事网络服务和宽带服务的公司免税 5 年、后 5 年减税 30%的优惠待遇。这一切使电信业的私营成分迅速增加，外资投入也有增加。结果，电话服务和网络服务大大扩展和改善，用户的费用大幅度降低。随着网络通讯技术的发展和费用的降低，上网已从少数人的奢侈消费开始变成城市的热门消费。 改革使电讯工具的普及率较以往有较大增加。

全国民主联盟执政期间还对外资开放了原来公营部门专营的采煤和矿产勘探领域。保险业开放法案 1999 年 11 月在议会通过，允许外资持股 26%，印侨和印裔持股 40%。1999—2000 年度银行业也向私人资本和外资开放。

团结进步联盟执政后，继续实行大力鼓励私人投资和吸收外资的方针。前届政府未完成的公路建设项目加紧施工。港口和机场的改建、扩建也在加紧进行，德里和孟买机场现代化项目由两大私营集团接管。为改善物流条件，增强运输能力，政府允许私人企业开办铁路集装箱运输业务，鼓励私人企业开展多渠道的运输，为主要港口货物进出口服务。随着建立经济特区热潮的兴起，鼓励私人资本和外资参与建立经济特区成了招商引资的另一个重点。政府提供种种优惠条件鼓励公私合营，促进完善特区基础设施建设，活跃特区的经济。向外资逐步开放零售商业，允许外商以合资形式投资零售业，也是政府的着力方向。这方面其实先前国大党政府有过尝试，但因遭到强烈反对，未能实施。现在政府决心逐步实行，以期根本改变印度零售业严重落后的现状。此外，政府还原则同意向外资开放房地产市场，允许外资参与城镇和住房开发建设。提高政府办事效率，加快外商投资申请审批速度，这是实现全面吸引外资的必要条件。政府承诺，凡投资电力、电信、道路、机场、石油、采矿等基础设施的外商直接投资申请，应尽快完成审批。

3. 继续进行公营企业的改革。

公营企业撤资目的是引进新的成分和机制，使公营企业具有更强的竞争力。尽管遭到左翼政党的反对，但历届政府仍坚持要付诸于实施。全国民主联盟政府加大了撤资的力度。成立了撤资部，每年都要批准一批企业撤资。

2000 年以前，允许撤资的幅度较小，核心部门企业撤资比重不得超过 49%。2000—2001 年度规定所有非战略性企业（根据政府 1999 年 3 月所作的界定，战略性部门指军事工业、原子能工业、铁路运输），公营股金都可撤资至 26%。也就是说，全国大多数公营企业绝大部分股权和经营主导权都可以转让给私商或外商。尽管作了原则规定，具体到每个部门、每个企业，其撤资幅度到底是多少，都仍由撤资委员会提议，经内阁批准。从 1999—2000 年度起，在实行撤资时，除采取上市的形式外，又采取了一种新形式——战略性出售，即以高于股市的价格出让大宗股权给私营大企业，甚至包括经营管理权的出让，以加快撤资步伐。1999—2000 年度起对一批大公司实行了撤资，其中少数是亏损企业，其余的是赢利或基本持平的企业。通过撤资，政府希望借助战略投资者的力量，能使亏损的企业重新得到生机，使赢利或基本持平的企业取得更好的效益。2003—2004 年度计划撤资指标 1450 亿卢比，完成了 1554.7 亿卢比，是开始撤资以来完成最好的一年。

除了撤资以外，公营企业还继续实行明确企业领导人权责利的谅解备忘录制，政府主管部门每年对每个企业的备忘录执行情况进行检查和评估，发现问题，要求改进。对效益显著的企业实行奖励，对连年亏损的企业交给工业和金融复兴局，区别情况，进行处置。有的实行转产，有的被兼并或关闭。总体来看，公营企业经过改革后在效益方面有一定改善。

曼·辛格政府也把公营企业改革作为改革的重点之一。不过其做法和全国民主联盟政府不同，一是不再实行战略性出售；二是行动谨慎，步伐放慢；三是鼓励公营企业合并，壮大企业规模，加强在国际上的竞争力，并通过合并促使其改善经营机制。

4. 进一步放宽外贸限制，大力促进出口。

在进出口方面继续采取自由化措施。2001 年起，特别进口许可证制取消。2000—2001 年度，关税的最高税率由 40%降至 35%；对进口产品的数量限制也陆续取消。

促进出口是更重要的任务。除继续运用减税、延长免税期等手段鼓励外，一项重要的措施是增设出口加工区，吸引更多私人资本和外资建立面向出口的企业。2000 年起，又效仿中国的办法，建立经济特区。特区内的企业可以是制造业，也可以是商业、组装行业、修理业或服务业。政府在税收上、留用外汇上提供各种优惠，对企业的要求是：必须面向出口赚取外汇。特区可以是公营的、私营的、合营的或邦政府建立的。还规定现有的有些出口加工区可以转变成经济特区。①

由于采取这些措施，出口有了一定增长，不过和同期进口比，出口的增长仍然缓慢，进口仍大于出口。最近十多年由于软件和服务外包业的飞快增长，出口总量大大提升，在历史上是少有的。进出口贸易的总形势正在朝着有利于印度的方向转化。

欣欣向荣的信息产业是印度的黄金产业，它为印度带来了巨大经济利益和精神鼓舞，并越来越显示出其对带动印度经济发展的重要性。奇丹巴拉姆 1997 年任联合阵线政府财政部长时就说："如果有一种科学在 21 世纪占统治地位，那

① 由于发现许多地方为建立经济特区征购土地损害农民利益，2007 年初政府已暂停审批所有建立特区的申请。

就是信息技术；如果有一种产业印度可以成为其领军国家，那就是信息技术产业。”① 如何紧紧抓住这个难得的机会，是每个有眼光的政治家都会考虑的问题。他的话不但反映了整个工商业界的强烈愿望，也表达了政治家的勃勃雄心。

印度软件90年代上半期已大举进入世界市场。90年代后半期起，印度软件业又遇到了第二波绝好的世界机遇——西方跨国公司部分业务流程外包热的兴起。印度被西方大公司普遍认为是“最理想的外包对象”。② 于是，90年代后期一批批信息服务外包的订单又纷至沓来。全国民主联盟政府紧紧抓住了这个机遇，把原来给软件研制承包的种种优惠扩大到信息服务承包方面。印度由此迅速在美国离岸外包市场建立起自己的主导地位，一举成了承包西方大公司业务流程的最主要的国家。

软件和信息技术服务外包业在全国民主联盟执政时期取得了最耀眼的成就。政府成立不久就制定了一项全面发展信息技术的计划。这是一个纲领性文件，其中明确提出用10年时间实现“软件超级大国”的战略目标。成立了信息技术部，负责这一计划的实施。

政府雷厉风行，又采取了一系列得力的措施，包括：建立了以增强中小软件企业生产能力为目的的风险投资基金；降低信息技术产业设备和产品的进口税；制定了《信息技术法》，给予软件开发和电子商业以法律保障；建立更多软件技术园区，提供最先进的基础设施，实行多方面的优惠政策，吸引国内外大公司前来落户；等等。结果，印度青云直上，成了世界软件出口和服务外包大国。团结进步联盟执政后，对信息产业和服务外包业的发展继续给予高度重视，两者强劲增长的势头持续保持。到2006—2007年度，信息技术和外包产业总产值增加到478.89亿美元，其中出口总值316.83亿美元，从业人员增加到163万人，总产值在国内生产总值中所占比重上升到5.4%。

随着应用软件研制的增多，印度的软件技术水平也在逐步升级，由单纯生产低端产品进而开始追求创新和研发高端产品，在核心软件技术的研发方面已有了一些进展。而在多个应用领域，印度软件企业已成为具有竞争力的解决方案提供者。

软件和服务外包业成了国民经济中增长最快的部门，对扩大印度出口，扩

① IT Review, No.2, 1997.

② http://offshoreitoutsourcing.com/Pages/offshore-outsourcing-to-india. asp.

大就业，提高国内生产总值作出了积极贡献。

5. 农业改革。

全国民主联盟政府成立了农业和农村工业部，以加强对农业改革的规划和领导。2000 年 7 月，政府制定了一项全国农业政策，这是改革开放以来第一个正式制定的农业改革文件。其中规定应从各方面采取措施，包括结构改革、制度改革、农艺水平的提高和税收改革等，以促进农业的发展和农业经济多样化。

实现农业贸易自由，使经营者切实得到经营的成果，是落实新政策的首要任务。2002 年 2 月，政府决定取消农产品贸易许可证制，对农产品流通范围和储存数量的限制也取消了，此举使小麦、大米、食油、豆类、花生、油菜籽、甘蔗都可以自由贸易。联邦政府要求各邦政府也迅速制定新的法规，在本邦内落实解除限制的规定。

农业改革的深一层的目的是促进农业经济多样化，以多种多样的农产品供应国内市场，并扩大农产品和农业加工产品的出口。以往政府主要对大米和小麦实行最低支持价，如今实行支持价的农产品种类扩大到部分经济作物，支持价也不断有所提高。这样就推动了农业的结构发生变化，由主要单一种植粮食作物变为种植作物多样化，由过去只重视种植业到实现农业经济多样化。印度农业资源非常丰富，但是出口产品数量有限。政府从多方面采取措施鼓励出口，从 2002 年 4 月起，对小麦、大米、豆类、花生输出的限制都被取消。另一重要步骤是建立农业出口区。到 2003 年，已批准在 14 个邦建立 48 个农业出口区。由于采取上述措施，农产品的输出逐年增加，印度成了农产品出口国。

团结进步联盟政府建立后，曼莫汉·辛格高度重视农业改革和发展农业。2006 年，他提出开展第二次绿色革命，重点要关注旱地农业，要适应小农和边际农的需要，对农业和农村制造业同时提供新技术，为农村居民创造更多的就业机会。[①]M.S. 斯瓦米纳坦以全国农民委员会主席的名义制订一个振兴农业的“行动计划”。其内容包括提高土地生产潜力、改进水利管理体系、健全信贷和保险制度、推广生物和信息技术、培训农村科技力量、实行市场改革等。这意味着使印度农业从“供应驱动机制”向“市场机制”转变。印度政府支持推广这些措施，还承诺在农业改革方面迈出更大步伐，如废除或修订过时的《农产品市场法》、吸引外资进入农业领域等。全国以此为指针，开始了振兴农业的新的努力。

① *The Hindu*, Jan. 4, 2006.

虽然政策上有一些激励，但基础设施太薄弱，投入的资金又非常有限，所以农业迄今依然是国民经济中最薄弱的环节。从20世纪90年代后期起，就一直处于发展迟缓状态。农业经济结构单调，粮食产量原地踏步，缺粮现象日益抬头。农业的落后成了经济起飞的严重拖累。曼莫汉·辛格总理2005年就说过，农业在经济发展中扮演了“令人扫兴的角色，如果我们要想取得年均8%以上的经济增长率，我们必须使农业的年均增长率超过4%”。[①] 决心下了，但要真正落实，取得成效，还需要长期的艰苦努力。

6. 扶贫和扶持落后群体。

联合阵线政府既然有左翼政党参加，在扶贫和帮助弱势群体方面自然会更突出强调。用于扶贫的拨款有较多增加。

全国民主同盟执政5年中，对扶助贫困人口和提高下层群众的社会福利同样是重视的，取得的成绩也是明显的。

政府成立了农业和农村工业部，把促进农村工业发展和扩大就业结合起来。实行了扩大农村就业计划，由纺织和农村工业协会提供小额贷款，促进发展农村工业，包括农产品加工业。政府特别提倡就地吸纳农村富余人员参与农村工业。修筑农村道路是农村基础设施建设的重要一环，又能提供大量就业机会。在专门的计划下，由银行发放贷款修路，创造了一大批工作岗位。

由于小型工业在解决就业、增加产值、补充出口和活跃经济等方面的重要作用，支持小型工业，帮助它发展被政府作为重要任务之一列入日程。成立了小型工业部，负责领导。2000年，政府宣布了一项全面促进小型工业发展的政策，提高小型工业实行豁免消费税的资产上限同时提高了其贷款的最高限额。还实行了信贷保障基金计划，使从业者可以免担保得到贷款。

组织农村妇女自我就业和通过互助就业是解决就业问题的重要途径。1999年实行了一项妇女自助计划。在此计划下，建立了约181.5万自助小组，390万自我就业的人得到资助。政府又专门拨款用来扶植从事手工纺织和其他手工业的自助者，以帮助更多人实现自我就业。

政府用于社会福利的开支有了较大增加。1993—1994年度中央社会福利开支占总开支的比重为9.4%，2001—2002年度达到10.7%。更多资金用于改善下层居民的生活条件，包括修筑农村道路、扩大平价粮供应覆盖面、使更多居民得

① *The Economic Times*, Jan. 30, 2006.

到安全饮水、改善农村卫生条件、普及传染病防控知识、解决农村学龄儿童入学问题等。

城市和农村穷人住房问题也成了政府关注的焦点之一。1998年制定了全国住房政策。政府的目标是逐步做到“让所有人都有住房”，1998年起的6年中，政府批准建筑近730万套房屋，其中500多万套房屋在农村，90%是为穷困家庭建筑的。全国住房银行在农民贷款的利率和偿付上作出了许多利于贷款者的规定。在城市，政府制订了第一个实行补贴的住房计划，以解决城市贫民窟居住者的住房困难。中央还拨款50亿卢比用于改建孟买的达拉维，把它从最大的贫民窟改建为一个新的居民区，其经费的大部分由邦政府承担，并鼓励地方社团和私人捐助。

基础教育薄弱，穷人的孩子入学率低，辍学率高，是印度一直没有很好解决的问题。全国民主联盟政府制订了一项独立后最大的基础教育计划，总经费为1600亿卢比。它的目标是给每个学龄儿童提供宪法规定的义务教育。受更高教育的学生可以申请低利率的学生贷款。2001年11月，人民院通过宪法第93修正法，规定6—14岁孩子受教育是一项根本权利。为落实这项重大规定，制订了一个专项计划，为贫困家庭读高年级（9—12年级）的孩子每月提供100卢比的教育补助金。政府还以补贴价向宗教教育机构提供粮食，以供给在那里上学的贫困家庭孩子的免费午餐。此外，在全国开展了扫盲运动。根据2001年普查，全国成人识字率从1991年的52.2%增加到65.5%。

团结进步联盟政府建立后，扶贫和改善下层人民地位问题被置于更突出的位置上。政府采取的主要措施有：制定了全国农村就业保障法，在全国为寻求就业的每个农户提供公共工程项目100个劳动日的保障就业；实施了尼赫鲁全国城市更新计划，在全国63个城市提升基础设施，为穷人提供安全饮水、卫生设施、住房等基本服务。2005年起中央政府联合邦政府实施了以四年为期的“建设印度计划”，其内容是通过扩大建设水利措施、修筑全天候道路、提供安全饮水和电力、解决穷人住房、实现村村通电话等措施大力改变农村面貌。为了减轻农民负担，增加其收入，提高了一些农产品收购价格，免除了他们拖欠的部分贷款，银行信贷增加3倍并降低了贷款利率。此外，还实行了改进农村卫生条件的全国农村健康计划，增加更多经费来改善小学办学条件。实行了学龄儿童全入学计划，解决儿童入学的实际困难，包括在全国小学普遍提供免费午餐。政府还第一次试行为无土地农村居民、处于贫困线下的无组织的工人和贫困线下的老人分别提供生命保险、医疗保险和老龄补助金。

总体来看，1996 年至今，由于经济改革被一步步推向深入，发展中的薄弱环节开始得到充实，改革的诸多措施的积极作用逐渐显露出来，终于使印度的经济在 2003 年后进入了快速增长阶段。从 2005—2006 年度起一连三年，保持了 9%的高增长速度，使印度成为令人刮目相看的、发展速度仅次于中国的另一大国。 据印度中央统计机构公布的数据，2006—2007 年度，印度国内生产总值已经达到 1.01 万亿美元。印度报业托拉斯报道说，印度已成为全球第 12 个国内生产总值超过 1 万亿美元的国家。 至 2006 年 3 月 31 日，外汇储备达 1500 亿美元。曼・辛格 2005 年在第 21 届印度经济峰会上甚至信心满满地说，印度经济增长率三年内有望达到 10%[①]

然而，2008 年全球性的金融危机使印度也受到了严重影响。印度的出口贸易、面向出口的制造业、信息服务外包业、金融业、国内零售批发业以及房地产业等都受到严重的冲击，高速增长的良好势头被打断，国民经济陷入滑坡和危机中。

为减轻金融危机的深刻影响，使经济保持稳定，政府于 2008 年 12 月制订了刺激经济的一揽子计划，总拨款额为 41 亿美元。重点是发展基础设施建设，鼓励出口，向银行和因购房进行贷款者提供帮助。具体措施包括减少部分产品的税收、促进按揭贷款、允许国营公司发行总金额为 21.1 亿美元的免税债券、向基础设施项目提供资金等。为解决资金紧缺问题，中央银行向金融系统投放了大量流动资金。2009 年 1 月，政府推出了第二套经济刺激方案。放宽在融资方面的限制，并分别向国有银行和非银行金融公司注资 40 亿美元和 50 亿美元。政府还宣布，在未来 100 天内与民营企业一起向市场注入 1 万亿卢比，以发展国内市场，拉动国内需求。

在出口不振的情况下，通过投资扩大基础设施建设和大力推动内需两个主渠道，终于得以把危机的恶果控制在较低限度。2008—2009 年度，国内生产总值增长率只有 6.7%，2009—2010 年度恢复到 7.4%。2009 年政府发布《经济白皮书》，提出了一系列进一步改革开放的措施，内容包括全面吸引外资、推进私有化、放松劳动力市场管制等，希望通过增加政府支出和引进外资来刺激经济，实现经济增长率重回 9%的目标。2010 年起，经济形势开始有所回暖，2010—2011 年度

① *The Statesman*, Nov. 29, 2005. wwwww005-11-30 www.XINHUANET.com 20www05-11-30.

国内生产总值增长率达到8.5%，总值为1.08万亿美元。2010年2月，政府宣布部分退出经济刺激计划。

不过，危机给印度经济带来的影响是严重的，特别是使原来存在的问题更加深刻化，绝非很快就能消除。经济的减速使财政赤字和贫困增加成为印度当前面临的突出问题。为了减少贫困，政府加大了财政支出，扩展了全国农村就业保障计划的覆盖范围，实施了为低收入家庭提供廉价食品的国家食品安全计划，增加了老年居民的养老金定额。政府希望在两年内将经济增速恢复到9%左右，一则进一步减少贫困，维持社会稳定，二则也能降低财政赤字。由于出口产品和出口外包业务的收缩非短期所能改变，政府不得不更加依靠全面引进外资和进一步实行公营企业撤资。但吸引外资受基础设施落后、管理部门办事效率低的制约，扩大外资进入的领域国内一直有不同看法，而公营企业撤资有政治障碍，动辄引起大罢工，困难重重，两者能否如愿尚属疑问。如果不能如预期的那样实现，则9%的增长目标的落实就会受到直接影响。要保持经济平稳快速增长，还需要解决日益加大的通胀压力。在食品价格快速上涨拉动下，2010年初整个批发价格指数同比增幅接近11%。而国际石油、焦炭和铁矿石等大宗商品价格的波动传导至印度国内，更加剧通胀压力。印度当前的通胀水平高居8%以上。印度中央银行已多次上调银行存款准备金率和基准利率，但实效并不显著。

可以肯定，经济发展要重进快车道，道路绝不会平坦。

三、遏制教派主义，维护世俗化原则

联合阵线政府和国大党政府奉行世俗主义政策。这是没有疑义的。全国民主联盟政府能吗？

全国民主联盟1998年上台后，人们确实担心，唯恐它会利用执政地位推行教派主义。不过后来的事实表明，尽管在个别领域出现了试图推行教派主义意识形态的做法，但整个来说，并没有出现这种情况。瓦杰帕伊政府不顾国民志愿服务团的阻挠，采取了维护现行世俗主义政策的做法，努力保持社会安定。人们这才缓和了心中的疑虑。

印度人民党这种令人乍看起来感到奇怪的表现其实不难解释。第一，它的盟友只有西瓦吉军和它一样奉行教派主义，其他党都是世俗主义政党。这些党和印度人民党结盟不是认同其教派主义，而是认同其在全印政治舞台上能够作为集团盟主对抗国大党的实力。印度人民党为了争取盟友，赢得选举，无论 1998 年大选还是 1999 年大选，都和盟友约定，在选举中和胜选后联合执政时期，都将搁置教派主义鼓动，包括建立罗摩庙、制定全国统一的个人法和取消查谟和克什米尔邦的特殊地位等。印度人民党在议会是少数，只有依靠与盟党联合才能执政。信守选前诺言是取得盟党信任、保住执政权的基本条件，它不能不谨慎对待。第二，世俗主义是印度立国原则，是人心所向，这一点连印度人民党党内的温和派也是清楚的。他们主张不能再走回头路。第三，是处于执政地位的要求。当初作为在野党，可以任意鼓动。作为执政党后，地位变了，每一项举措都直接关系到国家、社会和人民的利益，也关系到它自己的前途。印度人民党希望执政持久，为此就必须在经济、社会进步和人民生活地位提高等方面拿出切实的政绩，而要取得政绩，保持社会安定是必不可少的条件。

其实，就瓦杰帕伊个人来说，他一贯主张印度人民党应该首先是一个政党，要像一般政党那样以国家大事为主要关注点。其次，才是有特色的党，在纲领和实践中表明自己的特色。他认为两者的这种关系不能倒置，不能把教派的要求摆在首位。

搁置教派主义鼓动在印度人民党内是有强大阻力的。强硬派反对瓦杰帕伊的做法，指责他忽视党的意识形态宗旨，损害党的利益。1999—2000 年，党内发生了尖锐的斗争，最终，党的领导机构改组，持强硬立场的部分党的领导人离开了领导岗位。正是经历了这样的斗争，才使瓦杰帕伊能推行他的既定方针。

不过，党内强硬派并没有偃旗息鼓。他们不断放言说，印度人民党绝不会放弃印度教意识形态，不会放弃以“印度教特性”作为指导原则，并辩解说，“印度教特性”不是教派主义而是文化民族主义。遇到这种时候，在联合政府方面，都会有一些盟党出面抗议，要求瓦杰帕伊表态。瓦杰帕伊总是澄清说，个别人的说法不能代表党的态度，党信守诺言不会改变。

党内强硬派背后有国民志愿服务团撑腰。瓦杰帕伊遇到的更大阻力来自国民志愿服务团。总的来看，他旗帜鲜明。在建立罗摩庙问题上，国民志愿服务团、世界印度教大会等教派主义组织宣称要不顾一切，继续建庙。瓦杰帕伊则强调要等待和尊重最高法院的判决，不要轻率地擅自行动。关于政府的宗教政策，他强调要对所有宗教一视同仁，平等对待。1999 年 10 月他说：政府“平等地尊重所有的信仰。这是我们的世俗主义和世俗国家观点的柱石。国家保护它的所有公民，不管是属于什么种姓、信仰、性别或宗教”①。国民志愿服务团曾一再公开威胁说，任何政府只要反对在阿约迪亚有争议的地区重建罗摩庙，就要准备面对严重的后果。这个威胁的分量瓦杰帕伊不能不考虑，所以，他也做了似乎带有让步性的回应。2000 年 12 月 6 日，他说阿约迪亚鼓动是“民族主义感情的反映”，“任务尚未完成”。次日又在一个关于阿约迪亚争端的讲话中说：“罗摩庙应当在它曾经存在的地方建立，而清真寺可以在其他地方建立。”② 他是为了缓和国民志愿服务团的愤怒才发表这样的讲话的。这样的讲话在全国民主联盟内立即引起了强烈反应。在多数盟党的坚持要求下，12 月 10 日，全国民主联盟各党一致通过决议，重申政府奉行联盟共同确定的方针不会改变。这等于否定了瓦杰帕伊的讲话。对瓦杰帕伊来说，面对同盟家族内极端势力的压力能不能顶住，这是一个严峻的考验。有幸的是，瓦杰帕伊交出了基本上令人满意的答卷。

强硬派既不能左右政府总的施政方针，有些在政府中担任部长的人就在其领导的部门中掺杂教派主义私货，人力资源发展部长 M.M. 约希是个典型例子。他打着改进学校教育的旗号，利用手中职权，力图在教育和学术研究领域贯彻“印度教特性”观念。2000 年 12 月，他颁布了一个全国学校的课程框架，其内容是以促进更好地鉴赏印度教文化为名，把印度教经典中的许多内容都包括在教学课程中。约希还把“印度教特性”的积极鼓吹者安插到高等教育和社会科学研究的各主管机构的重要岗位上，规定推行“印度教特性”是这些官员的重要职责。

约希还力图修改历史教科书，把印度教教派主义的意识形态灌进教科书中。他任命一些持印度教民族主义观点的学者进入全国性学术机构，包括印度历史学会、印度社会科学研究理事会和一些研究所。1998 年底政府提出学校体制应该“印度化”，也就是说，教学和教科书中的价值判断应该以印度教价值观为依据。

约希的这些做法激起了教育界和学术界的强烈反对，也受到反对党的严厉谴责。国大党、左翼政党和大量学者都谴责他在教育和历史研究领域推行“印度教特性”观念，企图使教育和历史研究“橘黄色化”，破坏民族团结。但约希不理睬反对意见，还是组织力量把中学历史教科书作了修改。其主要修改处为突出渲

① *News Today*, Oct. 18,1999.

② A. Alyssa &P. Oldenburg, *India Briefing: Quickening the pace of Change,* New York, 2002, p.268.

染穆斯林入侵和统治的暴行，对其统治下实行的积极政策一面轻描淡写，有的甚至一笔抹杀；否定印度教徒与穆斯林友好共处的事实；把穆斯林王朝统治说成印度历史上最黑暗的时期；为印度教种姓压迫辩解；等等。

由于学者和公众强烈反对并提起诉讼，高等法院判决教科书的修改和使用暂时搁置。

令人不解的是，对约希的这些做法，没有看到瓦杰帕伊出来坚决制止。也许他想制止但约希有党内强硬派势力支持，他制止不了；也许他认为这是意识形态方面的事无碍大局，有意对强硬派妥协。无论属于哪种，他的纵容都是不应该的，他因此受到多数政党激烈的批评。

不过在其他领域，瓦杰帕伊基本上做到言行一致，也成功地控制了局面。

不久以后，更大的考验降临了，这就是2002年在古吉拉特邦爆发的自1992年拆毁清真寺事件以来印度最严重的教派骚乱。事件的起因是：国民志愿服务团和世界印度教大会2002年2月在阿约迪亚召开志愿者会议。2月27日，开会回来的人员乘坐的火车在离古吉拉特邦首府甘地纳加尔200公里的戈特拉车站突然遭到穆斯林极端分子袭击，一节车厢被焚，58人（大部分是妇女和儿童）丧生，43人受伤。此一暴行引发了印度教徒的强烈报复。在教派主义分子的鼓动下，印度教徒立即对当地的穆斯林进行攻击，穆斯林居民被杀害，房屋、汽车被烧毁，商店被抢劫，阿迈达巴德市骚乱持续4天。28日1天至少140人（绝大多数是穆斯林）在骚乱中被杀。阿迈达巴德的骚乱虽被平息，骚乱却发展到古吉拉特邦的其他城市，并向部分农村地区扩展。印度人民党的邦政府首席部长莫迪虽然派军队控制局面，但不断发生的新的冲突又有大量伤亡。据印度政府公布的统计数字，骚乱导致的死亡人数为850人，约230座清真寺和圣殿被毁，财产损失达数十亿卢比。瓦杰帕伊强烈谴责这一骚乱。3月2日，他说古吉拉特的暴力给印度民族的脸上抹了黑，毫无意义的屠杀在世界面前降低了印度的声望。他派大量军队来古吉拉特邦控制局势。4月4日，又亲来阿迈达巴德察看。他要求严格控制局势，绝不允许再有扩展。局势这才趋于稳定。5月1日，瓦杰帕伊宣布中央拨款15亿卢比善后，要求邦政府切实做好对骚乱受害者的抚慰赈济工作。之后，还接受反对党建议，派专人来古吉拉特，作为安全顾问，协助邦首席部长尽快恢复正常秩序。

古吉拉特骚乱是伊斯兰教狂热分子和印度教极端分子共同挑起的。之所以发生在古吉拉特邦并非偶然，这个邦是印度人民党执政，国民志愿服务团和世界印度教大会的活动相对活跃，政府听之任之，穆斯林的反感情绪因而比较突出。这种不正常的气氛为这次骚乱准备了土壤。

这次骚乱是拆寺以来最严重的一次，表明教派主义鼓动对部分宗教意识比较强的群众仍有很大的影响，一有土壤就仍然会发作。不过，骚乱始终局限在古吉拉特一个邦，在其他邦没有响应。这说明全国绝大多数群众觉悟提高了，对这种互相残杀是完全不赞成的。古吉拉特骚乱给全印人民又上了一课，又一次昭示，只有世俗主义和宗教和谐才能带给人民安定，才能使他们有全身心投入国家的经济文化建设的最好环境。

古吉拉特骚乱之后，国民志愿服务团、世界印度教大会等组织继续在建庙问题上进行鼓动。2003 年 3 月 31 日，最高法院裁决在阿约迪亚维持现状，瓦杰帕伊表示政府尊重和遵守最高法院的裁决。

直到团结进步联盟执政结束，再没有大的教派冲突发生，局势保持平静。值得指出的是，印度人民党在转到台下，成了在野党后，其执政时搁置教派主义鼓动的做法基本上被保持下来。之所以能自我克制并不是因为它已从根本上摒弃了教派主义意识形态，而是因为这样做在政治上还存在需要。毕竟党刚从执政地位下来，立即变脸会招致民众鄙视，并非明智之举。再者，过几年还要继续选举，联合政治的格局还要继续，印度人民党还希望联合盟党再次上台，在这种情况下，冲淡自己的教派主义政党形象，维护已取得的信誉就成了头等重要的战略举措，也可以说，就是为下次的选战做准备。党内强硬派一有机会就主张回到执政前的轨道，但这种主张要得到党内多数人支持已经是越来越困难了。由此看来，两届胜选和执政已经使印度人民党多少学会了约束自己，适应形势。这是件大好事，会使今后印度世俗化的道路少一些障碍和波折。

四、维护国内安定和反恐斗争

1. 查谟和克什米尔邦局势

查谟和克什米尔邦的分裂主义势力一直没有停止过制造动乱。尽管总统治理已经结束，民主选举进程已经恢复，地区经济发展也受到中央重视，历届总理都来这里视察过，但分裂主义势力并没有根本减弱，暴力恐怖活动依然不断发生。

在面临政府严厉镇压的情况下，分裂主义势力在斗争策略上有了变化：多数组织宣布放弃暴力斗争方式，实行政治斗争方式；单个的组织形成联合体；而继续从事暴力和恐怖活动的组织，此时都有更强的国外联系和有更多的外国人参与。

最大最有影响的联合体是90年代上半期已形成的全体党派自由会议。它宣称自己是克什米尔人民的“真正的和唯一的代表”，不断进行蛊惑宣传，组织各种破坏安定的活动，包括抵制印度独立日和共和日庆典、抵制各种法定的选举、捏造事实攻击印度保安部队践踏人权、发动罢工和游行等。在世纪之交，它成了该邦与印度政府对立，组织和领导分裂主义活动的主要政治势力。

全体党派自由会议之外，圣战者组织继续从事暴力活动。

在从事暴力活动的组织中，那些外国人建立的与基地组织有联系的恐怖主义组织如圣战者运动、塔伊巴军、穆罕默德军等，更是变本加厉地制造流血事件，竭力煽起动乱。

全国民主联盟1998年执政后，在克什米尔北部开展了大规模的军事行动，但由于武装分子在巴控克什米尔有基地，加之一些宗教情绪还很强的穆斯林居民为武装分子提供掩护，清剿的效果不大。

当发现单靠军事行动不能达到目的后，全国民主联盟政府改变做法，采取了两手策略。2001年4月，政府在一项声明中宣布，为了恢复克什米尔邦的和平和安定，政府愿与克什米尔所有分裂主义组织对话，并邀请所有组织参与谈判。政府是希望把所有分裂主义组织包括武装组织吸引到与政府对话的轨道，使之放弃分裂和暴力活动的立场。和以往政府的策略相比，这是一个前进。但政府的提议遭到自由会议拒绝。其他分裂主义组织对政府的提议更是不予理睬。

2001年“9·11”事件对克什米尔局势产生了重大影响。巴基斯坦由于加入了世界反恐阵线，对克什米尔分裂主义组织由全面支持改为在道义上支持，这对克什米尔分裂主义组织来说无疑是个沉重打击，其活动能力受到削弱。然而，分裂主义组织并没有收敛其破坏活动。而恐怖主义组织则更为猖狂，于这年12月13日制造了骇人听闻的袭击印度议会大厦事件。

政府没有放弃谋求通过谈判安定局势的努力。全国民主联盟政府和团结进步联盟政府先后与自由会议领导人进行了对话，由于强硬派拒绝参加，对话均无果而终。

全国民主联盟和团结进步联盟的领导人都认识到，克什米尔动乱持续不减有更深层的经济原因。由于多年动乱，政府把注意力集中在安全方面，对这个邦的经济发展缺乏足够的重视，造成了大量青年失业，基础教育、卫生保健和其他社会福利工作也存在很多问题。这使人们对政府感到失望，特别是那些宗教情绪强烈的年轻人，他们中产生了一种被国家主流疏远甚至被抛弃的感觉。正是群众生活的困苦和大量失业的存在被极端分子利用，煽动对政府的不满。瓦杰帕伊总理和曼·辛格总理在解决克什米尔邦问题时，更加重视从关心该邦经济发展上找到解决问题的出路。两位总理都亲临 斯利那加视察，先后制定了中央拨款帮助发展查谟和克什米尔邦的经济和铁路、公路等基础设施的计划。还采取措施，使因动乱流离失所的居民重新得到安置。

面对中央政府不断作出的努力，在自由会议内部，温和派和强硬派的冲突加剧。温和派领导人之一 F.H. 奎里什 2009 年底被袭击受伤，表明强硬派为阻挠温和派再度和政府接触不惜采取任何手段。由于分裂主义势力不断挑起事端，2009 年 6 月起，邦政府不得不再度宣布实行戒严。内务部长奇丹巴拉姆 2010 年 2 月概述当时的形势时说，以往一年，邦内暴力事件虽有所减少，但依然不断发生，而越境渗透的武装分子人数更有增加，表明实现该邦局势安定还是个艰巨的任务。

2. 东北地区局势

东北地区某些武装组织的暴力和恐怖活动是另一个不安定的因素。这些组织中最主要的是阿萨姆邦的阿萨姆联合解放阵线，其目的是要通过暴力斗争把阿萨姆分裂出去，建立独立的国家。1992 年 1 月，该组织的武装力量中有部分人放下武器，但还有部分人坚持反叛活动。印度政府根据 1967 年制定的《非法活动（防止）法》宣布它为非法组织。

90 年代后期，在政府军攻击下，在邦内难以立足，该组织就出没于那加兰、梅加拉亚等邦的山区，后来又越境进入不丹国的森林中，在那里建立 10 多处营地。2003 年 12 月，在不丹军方采取打击行动后，有些领导人转移到孟加拉国，有的回到阿萨姆邦。近年来该组织仍在阿萨姆境内不断搞暗杀、袭击和爆炸。阿萨姆各界人士纷纷集会，谴责它的分裂主义主张和暴行，呼吁停止恐怖活动，通过与政府对话提出自己的合理要求。

团结进步联盟执政后，再次呼吁联合解放阵线与政府谈判。2005 年 12 月，双方举行第一次对话，并同意停火，但停火很快被破坏，对话中断。直到 2010

年，联合解放阵线领导人态度才有所改变，表示愿意恢复和政府对话。这也可能会成为阿萨姆局势的转折点。

阿萨姆邦还存在一个波多人的暴力组织。波多人是住在阿萨姆西北部山区的一个部族，早就要求单独建邦。由于该部族人数不多，中央政府没有允准，他们便开始长期的斗争，由要求建邦进而主张单独建国。成立了波多兰解放阵线，建立了武装力量，叫波多猛虎解放组织。全国民主联盟执政后，指示阿萨姆邦政府在进行镇压的同时，要努力做多数人的工作，让波多部族人知道，政府会保障他们的合法利益，促进其经济文化发展，维护其文化特性。政府的和平努力获得了波多部族多数人的支持，对极端分子有了影响。2003 年 2 月，印度政府、阿萨姆邦政府和波多猛虎解放组织达成协议，在阿萨姆邦波多人居住集中的区域建立波多人地区自治。猛虎解放组织宣布解散。不过阵线内有部分持更极端立场的人拒绝改变立场，组成了全国民主阵线，继续从事暴力活动。

在那加兰邦，也有一个分立主义组织，叫那加兰民族社会主义者会议。该组织的目标是把那加人居住的地区(除那加兰邦外，还包括附近几个邦的部分地区)统一起来，建立一个大那加兰国家，即“那加利姆”。该组织也建立了武装力量，进行暴力和恐怖活动。但两派都顽固坚持分裂主义立场，不愿放下武器。

东北诸邦地处偏远，部族众多，许多部族都是以信仰基督教为主。这里经济发展落后，人民生活困苦。这些因素被少数搞分裂的极端分子上层利用，为暴力组织的长期存在提供了土壤。全国民主联盟政府和团结进步联盟政府都注意到这个事实。1998—1999 年度、2002—2003 年度，中央先后拨款帮助这个地区发展经济，改善人民生活。中央政府还专门成立了一个单独的部来统筹规划东北地区的发展。

3. 左翼极端主义势力

左翼极端主义势力即纳萨尔派的暴力斗争是国内不安定的另一因素。与前两者的分裂主义性质不同，它反映的是农民最底层对政府和现行体制的不信任，力图在体制外争取自己的利益。这个因素势力较前两者大，影响范围也更广。

纳萨尔派是从事武装斗争的左翼极端组织的泛称。这一名称来自 20 世纪 60 年代印度共产党（马）内激进派领导的纳萨尔巴里运动，[①] 那是农民争取土地的武

① 农民武装斗争最早在西孟加拉邦大吉岭县的纳萨尔巴里地区爆发，后扩大到周围的县和安得拉邦少数县，领导人是马宗达，当时被通称为纳萨尔巴里运动。

装斗争。在遭到政府镇压后，领导人马宗达把运动导向个人恐怖道路，导致斗争以失败告终。然而，马宗达的错误指导方针没有受到清算，许多党员和党的拥护者没有冷静地反思，总结教训，仍然沿着错误的道路走下去。印共(马列)[①] 被镇压后瓦解，在比哈尔邦和安得拉邦，原来的组织细碎成一个个小的团体，继续从事暴力斗争，他们被统称为纳萨尔派。90 年代后期有些组织的势力还有所增长。在比哈尔邦，影响较大的组织有印度共产党（马列解放派），20 世纪 60 年代末成立；毛主义共产党中心，1973 年成立。在安得拉邦，影响最大的是人民战争集团，1980 年成立。

左翼武装势力面对政府长期镇压反而力量在增长，这有三方面的原因。第一，有一定的群众基础。左翼极端组织最活跃的地区是比哈尔邦和安得拉邦。比哈尔邦是印度土改最不彻底、经济最落后的邦，大多数农民没有土地或土地很少，生活贫穷，失业者甚众。该邦也是原来种姓歧视最严重的邦，独立后经过改革虽然有变化，但比起其他邦，仍是改变最慢。这就使左翼武装势力的活动有一定的群众追随。安得拉邦在印度独立之初就是印度共产党活动的重要基地之一。1968 年，作为纳萨尔巴里运动的一部分，该邦也有两个县农民起来斗争，建立了农民政权，分配地主土地给农民，声势浩大，在群众中影响较深。今日在该邦活动的人民战争集团就是原农民斗争领导人 K. 西塔拉马亚建立的。第二，左翼武装势力经过多年的迷途，90 年代有些组织认识到个人恐怖是一条错误的道路，开始改变方针，注意做群众的宣传、组织工作，加强自己的群众基础。比哈尔邦印度共产党（马列解放派）、毛主义共产党中心、印度共产党（团结派）等都在低级种姓农民中加强活动。高级种姓的大土地所有者建立了自己的武装，左翼极端组织就在低级种姓农民和农业工人中发展武装力量，与大土地所有者对抗，维护下层农民和低种姓的利益。安得拉邦人民战争集团转变最明显。据《印度教徒报》和《印度快报》报道，该组织现拥有 1200 名干部，通过动员表列种姓的贫苦农民参加武装小组，在全邦许多地区开展小规模武装活动，并在城市地区建立各种从事公开活动的外围组织。斗争的主要目标是重新进行土地分配。第三，对左翼极端势力，各地邦政府只是简单地镇压，忽视从经济层面去减轻贫困和消除产生暴力活动的根源，结果不但不能从根本上安定那里的局势，反而把更多人推向左翼极端势力。

---

① 马宗达在运动中脱离印共（马），建立了印度共产党（马克思列宁主义）。

印度内务部2005年的局势分析认为左翼极端组织的活动在全国呈发展势头，在过去一年半中，其势力已从全国9个邦76个县扩展到12个邦的118个县①，在有些偏远地区还成立了税收、司法机构，俨然成了地方政府。2004年9月，人民战争集团和共产主义毛中心合并，建立了印度共产党（毛）。该组织决定进一步扩充武装力量，扩展游击活动地区，结果从安得拉邦到恰蒂斯加尔邦、奥里萨邦、贾坎德邦和比哈尔邦的广阔长条地带都有该组织的力量出没，形成了一条武装斗争的“红色走廊”。在北方邦、中央邦、马哈拉施特拉邦、西孟加拉邦等地区，其他的左翼武装组织也在加强活动。所有受影响的邦，都频繁发生袭击警察局、安全部队、税收机构和地主、高利贷者的事件。到2009年，内务部承认，左翼极端势力的影响已扩展到20个邦223个县②。

团结进步联盟执政后，提议创造“协商与对话气氛”，授权安得拉邦政府与印共（毛）进行会谈。但由于印共（毛）拒绝放弃武装斗争，而政府又不接受对方提出的土改要求，谈判失败。曼·辛格认为左翼极端主义已成为“国家面临的最大的安全威胁”③，提出要用多种办法解决，包括增加警力、加强训练和装备。地方性的讨伐始终没有停止，2005年中央也推动邦与邦之间进行协作清剿，但效果甚微。2009年底，政府制订了实行新的征讨计划，发动全国性的清剿，并决定每收回一块地区的控制权后，就跟进基础设施的建设和建立行政管理体系的工作，以期使清剿的成果得以巩固。政府打算用5年时间实现目标。左翼极端主义势力受到了打击，不过面对新的形势，他们也在积极寻找应对手段，准备作长期抵抗。2010年2月，内务部长奇丹巴拉姆在全国邦首席部长会议上就说：虽然清剿行动有明显效果，“纳萨尔主义依然是最大的威胁”④。

纳萨尔派领导的以农民为主体的暴力斗争是对农村土地资源占有不合理的抗争，在有些地区还混杂有反对种姓压迫的因素。下层农民觉得自己的土地要求从政府那里得不到支持，就企图自己动手解决。此外，由于失业增多，大量农村青年生活无着，为左翼武装组织不断扩充力量提供了可能。就左翼极端势力来说，其土地要求有一定的合理性。不过在现今的印度，以暴力方式自己动手解决土地问题是一条不可行的道路，也得不到群众的广泛支持。只有在现行体制内，通过

① *Frontline*, Vol. 22, No. 21, Oct.8-21, 2005.

② *Dialogue*, Oct.-Dec.2009, Vol.11 No.2.

③ www.Expressindia.com, Sep.15,2009.

④ www.pib.nic.in.Feb.7,2010.

政治和法律途径以及群众性的发动来争取。就政府方面说，一味镇压已经证明不是解决矛盾的良策，实行对话，重视深层的社会经济因素，扩大就业，尽可能满足农民的合理要求，才是解决问题的唯一可行的办法。

以上三种不安定因素虽属不同性质，但都影响社会安定，影响经济发展。历届政府虽然都采取了措施，力图解决矛盾，但受种种局限，都不能彻底解决。

4. 近年来的恐怖主义袭击

2001 年“9·11”事件后，印度立即宣布加入反恐阵线，与世界恐怖主义势力斗争。

从这时起，在印度制造混乱也成了恐怖主义势力的行动目标。此前，与基地有联系的恐怖组织在印度的活动主要限于印控克什米尔地区。“9·11”事件后，除继续在克什米尔活动外，其势力伸延至印度腹地，重点是在大中城市政治、金融中心和人口密集的场所，发动袭击，制造恐慌，破坏社会稳定，打击政府威信，败坏印度的国际形象。

2001 年 12 月 13 日发生的恐怖主义分子袭击印度议会大厦是最严重的事件①，其目的是制造震动全国甚至世界的政治影响，所幸其未能得逞。2003 年 8 月 25 日，印度最大的金融商业城市孟买成了目标，发生两起炸弹爆炸事件，造成 52 人死亡，167 人受伤。这两起事件表明印度政治中心和经济中心都成了攻击目标。 此后几年，恐怖事件在一些大中城市接连不断。每次袭击都造成重大的人员伤亡，财产损失严重，社会安定遭到破坏，经济发展受到影响。最近的一次袭击发生在 2008 年 11 月 26 日夜到 27 日凌晨，一批携带冲锋枪和手榴弹的武装分子突然出现在孟买，当地多个重要目标遇袭，其中包括警察局。这种猖狂的攻击在世界反恐怖史上都是罕见的。

恐怖事件的频繁发生，暴露出在防控意识和安全体系上存在严重疏漏。形势的严峻和舆论的指责促使政府很快行动起来，2002 年 3 月 18 日，全国民主联盟政府使人民院通过了《防止恐怖主义法》，授权国家安全部门对其认为危险的分子、组织和行为可以不经审判而拥有广泛的处置权力。团结进步联盟执政后，把反恐和维护国内安全作为政府施政的重要目标之一。这方面采取的重要措施有：加强安全教育，提高全民反恐意识；安全部门提高警戒，健全防范措施，增

① 一批恐怖分子在印度议会开会期间袭击议会大厦。在与警卫人员激烈交火中，恐怖分子被击毙，有 6 名警卫人员战死，20 多人受伤。据查，此次事件的策划者是塔伊巴军和穆罕默德军。

强情报收集和分析的效率和能力；建立反恐部队，在全国建立了若干反恐力量的中心；强调各部门、各邦在反恐行动中要密切配合等。政府还加强对巴基斯坦施压，要巴方停止支持越境恐怖活动，取缔在巴恐怖组织，交出罪犯。

印度领导人清楚地认识到，反恐斗争是个综合治理工程，因此，要求全国人民在加强国家反恐力量硬件的同时，还必须努力增进团结和社会和谐，在更深的层面上消除可能被恐怖势力利用的土壤。2008 年 8 月，曼・辛格在新德里举行的纪念印度独立 61 周年庆祝活动上就说，为了“彻底铲除恐怖主义”，各邦政府、政党、社会和宗教团体应同中央政府保持高度一致。所有政治家需要协调一致、消除对抗，社会团体之间需要加强沟通、减少不和谐。他强调说，“一个四分五裂的印度是无法战胜恐怖主义的”[①]。还说，打击恐怖主义的同时应保证对公民基本权利和少数民族特别是穆斯林的尊重。印度舆论普遍赞同这样的认识，期望政府能和各界一起，共同努力，把上述认识真正落到实处。

五、外交政策：延续和发展

1996 年以来，在中央先后执政的联合阵线政府、全国民主联盟政府和团结进步联盟政府代表全印政坛三大不同的力量。三者在外交政策方面各有侧重点，但在更多方面是相同的，总的来说，都是继续实行拉奥政府开始实行的经济外交为主和全方位多元外交的基本方针，为印度的经济发展创造最适合的外部环境，并努力提高印度的国际地位。

（一）联合阵线执政时期

联合阵线政府基本上沿袭了拉奥政府的外交政策，不同的是出台了“古杰拉尔主义”。古杰拉尔曾是职业外交家，有丰富的经验。联合阵线政府成立后，最

① 人民网，2008 年 8 月 15 日。

初他担任外交部长，后来接任总理。他赞同拉奥政府根据形势发展的需要对印度外交政策进行全面调整，不过认为对南亚国家政策的调整还没有到位。他指出，印度在世界上是个有影响的大国，理应在国际舞台上起更大作用，但以往数十年把太多的注意力放在南亚上了，手脚被困，在国际上未能发挥应有的作用。所以会如此，关键是印度未能正确全面地理解自己在南亚的地位和义务。他要从根本上改善印度与南亚邻国的关系。还在任外交部长时，他就提出了发展与南亚各国关系的五项原则，即：(1) 在处理与孟加拉、不丹、马尔代夫、尼泊尔和斯里兰卡的关系上，印度要给予力所能及的帮助而不要求对方相应回报。(2) 任何国家都不应允许其领土被用来反对这个地区的其他国家。(3) 不干涉别国内部事务。(4) 互相尊重领土完整和主权。(5) 通过和平手段解决争端。① 这些主张不仅受到南亚国家欢迎，在世界上也颇受赞许，被舆论界称为“古杰拉尔主义”。1997 年 5 月在会见记者时，有记者不解地问：“有些人感到，古杰拉尔主义意味着印度总是付出一方而我们的邻居是收取一方。”古杰拉尔答道：“我认为这正是印度应当做的。印度经济比次大陆所有国家的经济总和还要强，印度国土之辽阔也是这样。没有一个国家贸易顺差高于印度。这些国家依靠印度的帮助保持次大陆的稳定。我们怎么能要求从它们那里索取回报？”② 古杰拉尔希望印度通过主动调整，搞好与周边国家的关系，改善国际形象，从而提升自己的国际地位，并得到更多时间和精力参与国际事务。根据这些原则，印度恢复了与巴基斯坦的陷于破裂的对话；与斯里兰卡达成协议，印度保证不干预斯里兰卡内政，尊重其领土完整，也同意签订一个互惠的双边贸易条约；与孟加拉国就分享法拉卡大坝以下恒河河水问题签订了新的协议，还撤销了孟加拉产品输入印度的一些关税和非关税障碍。这些努力使印度与南亚国家的关系得到明显改善。古杰拉尔还继续实行“东向政策”，努力扩大与东南亚国家的经济往来。正是在他的任期内，印度成了东南亚国家联盟的“完全对话伙伴”和亚洲地区论坛的成员。古杰拉尔还重视推进和中国关系的进一步改善。1996 年 11 月，中国国家主席江泽民访印。两国领导人同意建立面向 21 世纪的建设性合作伙伴关系，并一致表示要在扩大两国经济合作方面作出更大努力。双方还签订了在边境增加信任措施的协定。这标志着两国在改善关系的道路上进入了一个新阶段。

---

① *The Gujlal Doctrine, A Speech by I.K. Gujlal*, January 20,1997. Http://Stimson.org.

② *Sonia's Entry has not Changed Cong-UF Ties: PM*, Http://Financial epress.com.

（二）全国民主联盟执政时期

印度人民党政府的外交政策最突出的特色是奉行大国战略，使印度成为有核国家，谋求世界承认印度的大国地位。

使印度成为有声有色的世界大国，是尼赫鲁的理想，也是国大党一直为之奋斗的目标。尼赫鲁积极参与发起与领导世界不结盟运动就是追求这样的理想。后来的继承者们都继续这个努力。但自知印度缺乏实力，他们并没有急于谋求世界大国地位，也没有急于跨进世界核俱乐部。印度人民党不同，它认为印度经过80—90年代的发展，特别是软件业大国地位的确立，经济实力已得到增强；印度是亚洲军事和科技大国，核技术研究达到试爆临界点，因而自信是到了积极谋求世界承认印度世界大国地位的时候了。

为了这个目的，印度人民党在新政府建立不到两个月，就于1998年5月11日和13日在拉贾斯坦邦的波卡兰连续进行5次核试验。印度人民党急于跨过核门槛，当然还有其他多重目的：提高印度人民党在国内的威望，增加政治资本；威慑巴基斯坦；平衡与中国军事实力的差距；等等。印度的核爆炸引起巴基斯坦采取对应做法，也进行了核试验。双方在常规军备竞赛之外又展开了核竞赛，使南亚局势更趋紧张。核试验引起了美国、日本和一些西方国家的制裁，包括停止对印度的军事援助和武器交易、停止人道主义援助外的一切援助、停止向印度政府提供的一切贷款和其他财政援助、禁止出口需特定商品和技术等。美国反应强烈，除表示对印度在核问题上不受其控制不满外，还是为了杀鸡儆猴，防止其他国家步印度的后尘。尽管受到制裁，印度继续拒绝在核不扩散条约和全面禁试条约上签字。

为了实现印度的大国战略，全国民主联盟政府调整海军和空军战略，力图使印度成为印度洋和亚洲的军事强国。同时加紧扩充军备，一方面努力研制核武器装备部队；另一方面从国外购买先进飞机、舰艇和武器。全国民主联盟政府还利用安理会改革在联合国展开外交攻势，2011年，和日本、德国、巴西捆绑在一起，争取四国同时成为联合国常任理事国。不过未能如愿。

和成为世界大国的目标一致，印度人民党执政之初，在外交政策方面，较为凸显的是政治色彩，除上述几点外，对巴基斯坦也发表了不少态度强硬的讲话。不过在第二届全国民主联盟政府建立后，逐渐有了改变，政治色彩渐渐被现实主义的灵活外交所取代。

美国尽管未能迫使印度在核不扩散条约上签字，但不久就放松了对印度的制裁。立场软化有多方面的原因：一是商业利益。印度是个潜力巨大的市场，美国工商业巨头不愿意看到这个刚刚对世界敞开大门的市场自己不能充分利用。二是政府领导人也看到制裁不能使印度屈服，只能导致与印度疏远，使美国丧失在南亚地区的影响力。三是美国要利用印度作为制衡中国的战略力量，疏远印度有悖于这个战略目标。

2000 年后，虽然制裁还在继续，人们看到的却是印美积极靠拢。2000 年 3 月 19 日，美国总统克林顿来印度访问，这是 20 年来第一位美国总统到访，是两国关系升温的突破性进展。印美签署了两国关系框架性文件《印美关系：21 世纪展望》，强调两国将致力于建立持久的、政治上有建设性、经济上有成果的新型伙伴关系。这次访问两国签署了总值达 40 亿美元的商业合同和融资协议。之后，美国重新启动一项 2500 万美元的援助项目，帮助促进印度金融市场的现代化。2000 年 9 月，瓦杰帕伊访美，签订了在能源、电子商务和银行业方面 5 个合作项目的协议，总值达 60 亿美元。布什担任总统后，继续推进和印度的战略合作。印度为了回报美国的主动接近，也罕见地向美国示好。当布什宣布了建立国家导弹防御系统的计划后，印度外交部第二天就发表声明表示支持。美国舆论惊喜不已，世界舆论也无不感到惊诧。2001 年 7 月，美国参谋长联席会议主席谢尔顿访印，两国宣布重新举行防务政策小组会议，表明两国军事合作得到恢复。

“9 · 11”事件发生后，印度立即宣布在世界反恐斗争中站在美国一边。这使两国关系又亲近一步。印度支持反恐希望一举两得：进一步密切与美国的关系；把在克什米尔地区打击越境恐怖活动纳入世界反恐斗争范畴。印度此后在美国进行的阿富汗战争中，提供了一定的支持。而对于伊拉克战争，印度虽不支持，但也没有公开批评。

美国对印度支持反恐，给予丰厚回报。2001 年 9 月 22 日，美国总统布什宣布取消对印度的制裁。2001 年 10 月 17 日，美国国务卿鲍威尔在新德里会见瓦杰帕伊后说，美国和印度要联合起来反对恐怖主义，包括针对印度的恐怖主义。这样的宣言正是印度所需要的。2001 年 12 月 13 日，发生恐怖分子袭击印度议会大厦事件后，美国随即把策划袭击的塔伊巴军和穆罕默德军列为恐怖组织。美国增加了对印巴两国的经济援助。2002—2003 财政年度美国对印度的援助为 1.643 亿美元。在军事方面，两国的合作也进入一个新阶段。2002 年 4 月，印度国防部代表团访问美国，与美国签订了一项购买8套武器定位雷达系统的协议，加上其他设备，交易额为1.46亿美元。这是三十多年来印美第一笔大宗军火交易，标志着美国武器大量进入印度市场。此后，两国以共同反恐的名义举行了各种联合进行军事演习，并开展了军事人员互访，增强了情报交流。就军事合作的密切程度而言，这是从未有过的。

2004年，印美双方达成了《战略伙伴关系后续步骤》协议。其中，美国许诺将在民用核能、空间项目和高科技转让领域扩大与印度的战略合作。这是对两国战略伙伴关系内涵的深化。

当然，双方原来存在的不信任不可能一朝就完全消除。美国不满印度坚持在核问题上特立独行，在高精技术的转移方面对印度仍严加限制。印度不满美国在反恐斗争中更重视巴基斯坦，与巴基斯坦的合作胜过印度。还认为美国在促使巴基斯坦停止越境恐怖活动方面缺乏力度，批评美国采取双重标准，只打击那些危害美国安全的恐怖主义分子，而不打击那些困扰着印度的恐怖主义分子。

其他西方国家和日本也都跟随美国解除了对印度的制裁，在世界反恐斗争的新形势下，印度与它们也都密切了双边关系。2002年1月6日，英国首相布莱尔来印度访问。这是9年来第一位英国首相对印度进行正式访问。

俄罗斯没有参加美国和西方国家对印度的制裁。它并非赞成印度发展核武器，只是由于资金和外汇紧缺，它不能冒断绝与印度军火交易和经贸往来的风险。仅就军火交易说，1990—1996年，印度就从俄罗斯进口了价值35亿美元的武器，每年的武器交易额达8亿美元，而且还有增长趋势。俄罗斯不愿失去这个主顾，不仅如此，趁着西方实施制裁减少了竞争者的机会，它还采取主动措施，积极谋求扩展与印度的合作。

2000年10月，俄罗斯总统普京访问印度。两国领导人签署了《印俄战略伙伴关系宣言》，为21世纪两国关系的提升和发展确立了框架和原则。宣言强调要使两国多层面的关系上升到一个新的水平。2001年11月4日，瓦杰帕伊回访俄罗斯。2002年12月，新德里再次迎接了普京总统的来访，《德里宣言》为两国战略伙伴关系又注入了反恐合作的新内容。

印度和俄罗斯的合作进入一个新阶段。两国签署了经贸、科技、能源和空间技术合作的一系列协定。贸易额有了增加，印度欠俄罗斯的约27亿美元债务转为投资。俄罗斯许诺帮助印度建立一座核电站，以缓解印度能源的紧张状况。双方还确定了在空间技术领域的大型合作项目。根据协议，双方将在印度实施探月计划方面进行合作。军事领域的合作尤其受到重视。双方议定俄罗斯卖给印度大量先进的武器和军事装备。2001 年，印俄又签署了总值高达 100 亿美元的军备合作合同和意向书，被称为印俄关系史上最大的一笔交易。俄罗斯还允许印度凭许可证制造俄罗斯的先进的苏 –30MKI 战斗机和 T–90 主战坦克。印度还被允许按照许可证利用俄罗斯的最新技术研制新型导弹系统。这表明，两国军事合作已从纯粹的买卖关系开始步入了共同研制开发的轨道。

与俄罗斯建立战略伙伴关系是印度外交战略的重要组成部分。在谋求密切与美国关系的同时，提升与俄罗斯的关系不仅使印度能够赢得在国际舞台上更为广阔的回旋空间，而且可以得到它在发展中所需要的更多支持。美国在答应印度的合作要求时总要有所保留，作为施压的最后手段。而俄罗斯已不是超级大国，谈不上要控制印度。所以，在提供先进武器和军事技术，帮助印度发展核工业等方面较少保留。俄罗斯在军事技术和民用技术上依然是世界一流水平。能得到俄罗斯的合作，对于从美国得到最新式武器与军民两用高新技术都存在困难的印度来说，就是一种最好的补偿。

印巴关系在全国民主联盟执政期间波涛翻滚，几次濒临战争边缘，所幸都能化险为夷，最终走上了全面对话道路。

1999 年初的“巴士外交”和《拉合尔宣言》给印度人民党上台后处于紧张状态的印巴关系带来了一丝温暖气息。“巴士外交”是指，经双方同意，开通由德里至巴基斯坦拉合尔的长途汽车线，1999 年 2 月 20—21 日，瓦杰帕伊乘坐第一班车到拉合尔会见巴基斯坦总理谢里夫。这是近 10 年来印度领导人第一次访问巴基斯坦。瓦杰帕伊和谢里夫会谈后发表联合宣言，表示要创造条件，加强两国经济文化交往，努力争取和平解决争端。双方还承诺在核武器领域要互相通报信息，建立信任措施，防止发生意外事件。这似乎是缓和两国紧张关系的一个开端。然而，就在两国总理的和平对话刚刚举行，在卡吉尔山峰却突然响起隆隆炮声。1999 年 5 月，印度方面指出，在克什米尔，有数百名武装分子越过控制线进入印控地区，占领了卡吉尔山峰，向斯利那加—列城战略公路发射炮火。印度指责巴方是在和谈的烟幕下准备这次行动的，是明显的侵略行为。印度立即增派重兵，对卡吉尔山峰展开军事进攻。谢里夫否认这个指责，但巴方的行动和辩解在国际上得不到支持。到 6 月底印度基本上收复了被占领的山峰。巴方最终撤出了武装力量。

卡吉尔的一场准战争为两国刚开始的对话造成了障碍。印度宣布，除非巴基斯坦不再支持克什米尔反印武装分子，否则印度将不会恢复与巴基斯坦的对话进程。

1999年10月12日，穆沙拉夫在巴基斯坦执政后，采取主动态度，争取缓和与印度的紧张关系，恢复对话。瓦杰帕伊此时刚刚连任第二届全国民主联盟政府总理，作了积极的响应。2001年6月，两国开始为新一轮对话做准备。2001年7月4日，穆沙拉夫应邀到印度访问。瓦杰帕伊也接受了穆沙拉夫对他回访的邀请。

"9·11"事件发生后，由于印度和巴基斯坦都参加国际反恐阵线，为印巴恢复对话提供了新的契机。然而，正当对话的大门要再度打开之际，2001年12月13日，发生了恐怖主义分子袭击印度议会大厦事件。这是恐怖势力对印巴对话的蓄意阻挠和破坏。印度认为，巴基斯坦支持越境恐怖活动的政策是这次事件的祸根所在，而且怀疑幕后还有巴基斯坦更深层的介入。印度召回驻巴基斯坦大使，停止了两国间的铁路、汽车和空中交通，两国对话进程又一次中断。巴基斯坦否认与此次事件有任何干系，穆沙拉夫总统谴责恐怖袭击，承诺将取缔在巴活动的克什米尔恐怖组织。

印度表示对巴基斯坦很难信任，决定向印巴边境和克什米尔印控区增派重兵，促使巴基斯坦在制止越境恐怖活动上采取切实的行动。巴基斯坦也大量增兵应对。双方兵力最多时达百万人。印度扬言，如果巴基斯坦继续支持越境恐怖活动，印度就不排除使用武力制止。一时间，战云密布，大有一触即发之势。不过印度虽然调子很高，但并不愿看到战争爆发。印方大量陈兵边境，只是为了对巴造成一种高压态势，逼迫它停止对越境恐怖活动的支持。国际舆论对印巴军事对峙十分关注，一致呼吁双方保持克制，降低军事对峙的强度，通过政治手段解决危机。

巴基斯坦作出了努力来缓和局势，其中包括对境内与基地有关系的恐怖组织实行取缔。2002年1月12日，穆沙拉夫在电视讲话中指出，克什米尔问题不能靠暴力解决，表示不赞成恐怖主义活动和越境活动，不过仍强调巴基斯坦不会放弃对克什米尔分裂主义组织的政治上和道义上的支持。他呼吁瓦杰帕伊同意恢复两国对话，并呼吁国际社会积极干预，帮助解决克什米尔争端。①

2003年4月18日，瓦杰帕伊表示愿意恢复与巴方全面对话，从而印巴得以

① *The Hindustan Times*, Jan. 1, 2002.

再次走到谈判桌前。印度提出了解决印巴冲突的“12点和平建议”，它被称为“和平路线图”。在双方努力下，两国间中断的长途汽车路线、铁路线和空中航线开始逐步得到恢复。2004年1月，利用南亚区域合作联盟在巴基斯坦首都伊斯兰堡举行首脑会议之便，瓦杰帕伊和巴基斯坦总理贾迈利共同商定，从2004年2月起，开始两国全面对话进程。两国关系几年中历经一波三折终于重新趋向和缓。

印度与南亚国家的区域合作，由于印巴对峙的政治原因深受影响，但也有缓慢进展。1997年，在马累举行的第9届南亚地区首脑会议上通过决议，要求在2001年建立南亚自由贸易区，但未能实现。1998年12月，印度率先与斯里兰卡签订了自由贸易协议，两国贸易额迅速扩大。印度与尼泊尔的经济合作也得到顺利进展。1999年1月，两国过境条约到期后得到续订。印度为尼泊尔提供了进入孟加拉国的通道，还允许尼泊尔使用印度港口与其他国家进行贸易。印度与巴基斯坦的贸易也在逐步增进中。

印度与中国和东南亚国家的关系也得到加强。2000年5月，印度总统纳拉亚南访华。2002年1月13日，朱镕基总理到印度访问。2003年6月22日，瓦杰帕伊对中国进行回访。领导人的互访标志着两国关系进入了稳定的轨道。

瓦杰帕伊总理访华期间，与温家宝总理共同发表了《中华人民共和国和印度共和国关系原则和全面合作的宣言》（以下简称《宣言》）。《宣言》指出，两国友好合作符合两国社会经济发展与繁荣的需要，符合促进地区与全球和平与稳定的需要，也符合推进世界多极化和利用全球化积极因素的需要。《宣言》为建立两国新型关系确立了四项指导原则，即：（1）双方致力于在和平共处五项原则、相互尊重和照顾彼此关系以及平等的基础上，发展两国长期建设性合作伙伴关系。（2）作为两个发展中大国，中印双方在维护亚洲和世界的和平、稳定和繁荣方面有着广泛的共同利益，双方都希望在地区和国际事务中增进相互理解，实现更加广泛、密切的合作。（3）双方的共同利益大于分歧。两国互不为威胁，互不使用武力或以武力相威胁。（4）双方同意，从根本上加强两国在各层次、各领域的双边关系，同时通过公平、合理以及双方都可接受的方式和平解决分歧。有关分歧不应影响双边关系的整体发展[①]。

在睦邻友好的气氛下，中印双边贸易额有了迅速增长，到2003年达到76亿

① 《新华每日电讯》，2003年6月25日。

美元。通过领导人互访，双方签署了在经济技术、可再生能源、海洋科技、司法、教育、检疫、文化和边境贸易等领域进行合作的多项协议。在军事方面，也通过两国国防部长互访加强了两军的相互了解和互信，两国海军于 2003 年 11 月 14 日还在上海外海海域联合举行了海上搜救演习。

关于悬而未决的边界争端，两国都同意通过谈判找到双方都能接受的公平、合理的解决方案，在最终解决之前，应共同努力保持边境地区的和平与安宁。两国领导人还同意从大局出发，从政治高度，探讨解决边界问题的框架。2003 年 10 月，两国政府分别任命的特别代表——中国外交部副部长戴秉国和印度国家安全顾问米什拉在新德里举行了首次会谈，为商定解决边界争端的政治指导原则迈出了第一步。舆论普遍认为，这是一个非常积极的举措，必将产生良好的结果。

印度和日本及东南亚国家的关系，在全国民主联盟执政时期也得到了加强。“东向政策”成了印度外交政策的组成部分，而且所占的位置越来越重要。2000 年，印度与日本建立了全球性伙伴关系，标志着两国关系进入新阶段。印日领导人实现了互访。日本允诺在印度基础设施领域投资。同年，印度总统、总理和外交部长分别去东南亚各国访问，也在新德里接待了来回访的各国领导人。通过互访，印度与这些国家在贸易、技术合作、旅游、国防和教育等方面的合作得到加强。2003 年，印度和东盟确定了到 2007 年贸易额突破 300 亿美元的目标，并决定到 2012 年建成东盟—印度自由贸易区。印度与东盟关系的日益深化还表现在 2003 年印度加入了《东南亚友好合作条约》，还签署了与东盟开展全面经济合作的框架协议及共同打击国际恐怖主义的联合宣言。

（三）团结进步联盟执政时期

团结进步联盟政府成立后，曼·辛格在外交上理所当然地承继了拉奥政府的政策，又以务实、灵活的姿态作出了新的努力。

鉴于美国是当今世界唯一超级大国，印度需要借美国之力加速经济发展，提高综合国力，所以在不影响印度国家利益和价值观的前提下，采取了积极主动的态度，和美国建立各方面的合作关系，最突出的是和美国签订民用核能技术合作协议和从美国购买最先进的武器。印美关系也因此有了跃进式的进展。

在2004年双方议定了《战略伙伴关系的后续步骤》（下称《后续步骤》），确定了以民用核、空间项目和高科技转让为主要合作内容后，2005年3月，美国国务卿赖斯访印。她告诉曼·辛格，美国政府已制订计划，帮助印度成为一个21世纪的主要世界强国①。《后续步骤》的实施开始启动。

2005年7月，曼·辛格就任总理后首访美国。两国领导人发表的联合声明中，美国允诺为印度提供民用核燃料和技术。联合声明还特别写道：印度“作为一个拥有先进核技术的负责任的国家”，理应获得“与其他类似国家同样的利益与好处。”② 这表明，美国事实上承认了印度的核国家地位。2006年3月，布什回访印度。两位领导人签署了《印美民用核能合作协议》。根据协议，印度把民用核设施与军事核设施分开，将现有的22个核反应堆中的14个民用反应堆接受国际原子能机构的核安全监督，以此为交换，美国向印度提供浓缩铀和民用核技术、核装置。协议的签订标志着在核技术问题上，美国对印的态度发生了根本性的转变。美国法律是禁止把核技术、核燃料提供给没有签署核不扩散条约的国家的，印度没有签署，布什却要说服国会同意修改法律，对印度提供。对这种为了实现扶植印度的战略目标，宁肯牺牲防扩散利益的做法，国际舆论感到惊诧，纷纷质疑其背后目的。很多人认为，布什这样做是为了拿印度作为美国全球战略中平衡中国的力量并借此影响印度的外交方向。在印度，各界对协议的反应不一，有强大的反对声音。不仅反对党、部分报刊，甚至有些著名的核科学家都不赞成此协议。支持团结进步联盟政府的左翼政党也持强烈批评态度。反对者的主要论点是：这是美国设下的陷阱，旨在剥夺印度核研制的自主权，把印度纳入美国全球战略，利用印度与中国对抗，因而认为这个协议有损国家利益，印度接受就会丧失外交自主地位。曼·辛格和外交部长否认这些指责，强调协议对发展印度民用核能、提高核技术水平、缓解印度的能源紧缺，保障经济发展有极大好处，符合印度国家的根本利益，并重申印度的军事核计划不会受该协议制约；至于外交方面，印度绝不会放弃独立自主原则。这些解释并不能说服所有人。由于政府坚持既定立场不妥协，2007年7月，印共、印共（马）等4个左翼政党以撤销对政府的支持表示坚决反对，但政府依然坚持。经过多轮谈判，2007年达成了合作协定《执行协议》文本。2008年10月，经两国代表签署，协议正式生效。核

① 《中国日报网》，2005年3月27日。

② http://www.hindu.com.

合作协议的缔结被看作是印美关系史上“具有历史意义的里程碑”[①]。舆论认为，印美民用核能合作协议关系着印度的大国梦，这是印度政府坚持签订此协议的重要原因之一。印美民用核合作为其他核国家与印度进行类似合作开辟了道路，俄、法等核大国紧随美国之后，竞相向印度出售核燃料和技术。

2009 年 11 月，曼·辛格再次访美，进一步推动两国的经贸合作。2010 年 11 月，奥巴马首访印度。在两国关系因核合作更加密切的新的氛围下，两国领导人对实现更紧密的合作都充满期许。双方就新的经济合作达成共识，包括减少贸易壁垒、美国减少对印度出口新技术的限制等。更重要的是，签署了 20 项价值约 100 亿美元的贸易大单。就在这次访问中，奥巴马正式允诺美国将支持印度成为安理会常任理事国。

2009 年印度外交部长克里希那和美国国务卿希拉里·克林顿决定定期举行印美两国战略对话，为加强双边关系，沟通两国在地区和全球重大事务上的立场提供新的渠道。2010 年在华盛顿举行了第一轮对话。

扩大经贸合作是双方推进战略伙伴关系的重要内容，在世界金融危机爆发的情况下尤其具有重要意义。在印美领导人此后各次互访中，就经贸、农业、科技合作和能源等方面的合作签署了协议或备忘录。印度特别期望美国企业家增加对印度基础设施建设和高新科技领域的投资，而美国则敦促印度进一步开放零售业、银行业、电信业，并期望印度加大对美国产品的定购。近年来，除投资增加外，两国贸易更是发展迅速，1990 年双边贸易额是 50 亿美元，到 2008 年上升到 500 亿美元。

军事合作近年来又有新的进展。2005 年 6 月 28 日，两国国防部长签署一份为期 10 年的军事合作协议，规定将在联合生产武器、相关技术转移以及在导弹防御体系方面开展合作。两国军事合作被推进到一个更高层次。美国同意向印度出售 F–16 和 F–18 先进战斗机、P–3C 反潜巡逻机、“爱国者”反导导弹等先进装备，并同意转让某些军事技术。2010 年奥巴马访印达成的百亿美元贸易大单中近一半为军火交易，包括印度军方将购买 10 架总值 45 亿美元的 C–17 大型运输机。奥巴马还允诺，美国取消对印度出口军民两用科技的限制，在一系列的高科技产业上与印度更多合作，包括太空和防卫。两国还开展多次联合军事演习，使演习更加制度化、规范化和长期化。

---

① 《新华网》，2007 年 7 月 27 日。

虽然舆论界整个说对印美两国关系的提升赞许有加，但印度也有一些媒体正确地指出，在利益交合的另一面，两国战略目标和价值观的不同，两国经济利益和战略利益的某些冲突依然存在，都不会消失。印度不会完全相信美国，美国也不会完全信任印度。事实上两国关系的提升不过是各有所图的双方在更大程度上的互相利用而已。正像《印度时报》所说：美国是印度的老朋友，但我们能成为真正的兄弟吗？[①] 曼·辛格 2005 年在纽约出席联大会议期间也说过："印度重视与美国的关系，但是两国的利益不一定总一致。"[②]

印度与欧盟关系近年来也继续升温。2004 年 11 月，曼·辛格总理和欧盟轮值国主席巴尔克嫩德在海牙发表联合声明，宣布印度和欧盟建立"战略伙伴关系"。2005 年 9 月，欧盟轮值主席国英国首相布莱尔、欧盟委员会主席巴罗佐及欧盟负责外交和安全政策高级代表索拉纳三巨头在新德里与印度政府领导人举行了年度首脑会谈。双方在反恐和经济合作领域达成多项共识。为了加强"战略伙伴关系"，双方同意建立安全对话机制，就全球和地区安全问题、反恐、裁军和核不扩散问题进行磋商。印度还与欧盟签署协议，成为欧盟实施的战略科研计划《伽利略计划》[③] 的合作伙伴。该协议将使印度平等分享伽利略太空、地面和用户段设施，还将为印欧工业界在高技术领域的合作提供重要的推动力。印度还决定从欧盟购买 43 架空客飞机，并表示了要在航空领域进一步发展与欧盟合作的愿望。印度与欧盟的贸易近年来有很大进展，双边贸易额不断增长，欧盟已成为印度最大的出口市场，印度是欧盟的第九大出口市场。目前双方建立自由贸易区的谈判正在进行。除了和作为整体的欧盟发展关系外，与德、法、英等欧盟核心成员国的贸易、投资、技术转让和军售合作也都在顺利进行中。法国、英国都对印度争取"入常"表示支持。

尽管发展印美关系是辛格政府外交政策的重中之重，但巩固同俄罗斯的友好关系在政府外交战略中仍是被高度重视的因素。俄罗斯作为印度武器的主要供应国、重要的贸易伙伴和政治盟友，在任何情况下，对于印度维护自己的利益而言，都是绝不可少的伙伴。

团结进步联盟政府建立后，印俄两国领导人频繁互访，把两国各方面的合作继

① 央视网，2010 年 11 月 9 日。

② *The Hindu*, Jun. 17, 2005.

③ 《伽利略计划》是欧盟 2002 年正式批准的一项战略科研计划，目标是在 2008 年以前建成一个覆盖全球的欧洲卫星无线电导航民用系统。欧盟分别与世界多个国家签订了合作协议。

续向前推进。2007年1月，俄罗斯总统普京与曼·辛格总理在新德里发表《印俄联合宣言》及《印俄和平利用原子能联合宣言》，签署了涉及核能、空间技术合作和文化交流等领域的七项协议，并决定2008年和2009年在印俄分别举办“俄罗斯年”和“印度年”。印美达成民用核能合作协议后，早就与印度有核能合作的俄罗斯进一步开展民用核能领域与印度的合作。俄罗斯承诺将为印度建立4座核反应堆。

军售和军事技术合作继续是双方最关注的领域。俄罗斯对印武器交易近年来不但数量大，而且产品技术先进，其中包括T–90坦克、“龙卷风”多管火箭炮、苏–30战斗机、新型驱逐舰、新型潜艇等。俄向印度提供的武器种类之多、技术转让条件之优厚，都是其他国家不能相比的。印俄还联合制造了“布拉莫斯”导弹，并将共同研制第5代战斗机和多用途运输机。2009年，曼·辛格在访俄期间与梅德韦杰夫总统签署了3项军事技术合作协议，两国同意将在军事装备的制造、开发、供应以及提高印度军队的作战能力等方面进行合作。这表明，两国军事合作已进入联合开发新技术项目的阶段。不过合作并非一帆风顺，双方在交易价格、技术成色、交货期以及售后服务等方面多有分歧。制衡的考虑也是印度向美国谋求武器采购的原因之一。

经贸合作在印俄关系中是比较薄弱的环节，不过近年来也有变化。2006年3月，俄总理弗拉德科夫访印，设立了由两国商工部长主持的“印俄贸易与投资论坛”，探讨发展两国贸易的途径。11月，印总理曼·辛格访俄，双方确定到2010年将双边贸易额提升至100亿美元。2009年，曼·辛格再访俄罗斯，印俄签署了6项经济合作协议，还确定了今后5年内把双边贸易额进一步提高到200亿美元的目标。两国同意在核能、计算机软件、信息、煤炭、石油天然气和医药卫生方面开展合作。

对于印度争取成为安理会常任理事国，俄罗斯也表示支持。

印度和中国的关系近年来得到稳步改善。印度在重点发展同美国关系的同时，一再公开声明，不想也不会因此影响中印关系改善的进程。2007年1月14日，温家宝总理和曼·辛格总理在菲律宾宿务举行的东亚峰会期间会见时，曼·辛格就说，加强同中国的睦邻友好合作是印度举国共识和印方的真诚愿望，不管别人怎样说，印度将坚定地沿着印中战略合作伙伴关系确定的方向，在21世纪的世界舞台上与中国携手共进。① 中国更是希望中印两国在各自实现现代化

① 新华网，2007年1月14日。

进程中本着平等互信、合作共赢的精神，扩大务实合作，同时在国际事务中加强合作，发挥应有的作用。 双方珍视已建立的战略伙伴关系，都希望发展多领域的互利合作，不让分歧成为障碍，对分歧要在平等的基础上通过和平对话解决。

2005 年 4 月，温家宝总理访印。双方签署了旨在建立面向和平与繁荣的战略合作伙伴关系的联合声明及第一个边界谈判政治指导性文件——《关于解决中印边界问题政治指导原则的协定》，还签署了全面经贸合作五年规划。这些文件的发表标志着中印关系进入了全面发展的新阶段。2006 年 11 月，胡锦涛主席访问印度。他说中方欢迎印度发展，印度的发展对中国不是威胁，而是机遇。中方把印度视为中国在亚洲乃至全球的重要合作伙伴，把中印关系视为中国最重要的双边关系之一。还说同印度发展长期稳定的战略合作伙伴关系，是中国政府的既定政策和战略决策，绝非权宜之计。① 双方在发表的联合声明中共同提出了深化两国战略合作伙伴关系的“十项战略”，即：确保双边关系全面发展；加强制度化联系和对话机制；巩固贸易和经济交往；拓展全面互利合作；通过防务合作逐步增进互信；寻求早日解决悬而未决的问题；促进跨边境联系与合作；促进科技领域合作；增进文化关系；培育民间交流和扩大在地区和国际舞台上的合作。最后一项包括双方同意在东亚峰会开展紧密的合作，印方欢迎中方成为南亚区域合作联盟观察员，中方欢迎印度成为亚欧会议成员，并同意在上海合作组织内就共同感兴趣的问题扩大合作。此次访问促进了两国的相互理解与信任，有助于充实两国战略合作伙伴关系的内涵，给双边关系带来实质性的提升。2007 年 10 月，印度国大党主席、团结进步联盟主席索尼娅·甘地访问了中国。2008 年 1 月，印度总理曼·辛格访华。双方签署了《中印关于二十一世纪的共同展望》的文件，决心在新的世纪通过发展两国面向和平与繁荣的战略合作伙伴关系，推动建设持久和平、共同繁荣的和谐世界。还签署了涉及多领域的 10 份合作文件。2010 年 12 月，温家宝总理再次访问印度。这次访问重点是增强政治互信，大幅提升双边贸易。为体现两国战略合作伙伴关系，双方决定建立两国国家元首、政府首脑定期互访机制，开通两国总理电话热线，两位领导人同意就共同关心的重要议题进行定期磋商。双方同意建立战略经济对话机制，以加强宏观经济政策协调。关于双边贸易，双方确立了 2015 年贸易额达到 1000 亿美元的新目标。还同意就地区事务加强多方位对话，加强在多边场合的协调与配合。

---

① 中华网，2006 年 11 月 22 日。

印中贸易获得较快增长，2010 年双边贸易额有望达到 600 亿美元。不过双方的投资规模一直较小，仅限于部分领域。经贸合作方面也存在一些问题，最主要的是中方企业在印度投资和贸易存在人为障碍，活动受到限制。中方已要求印方采取措施，消除障碍，营造良好的投资氛围和经营环境。

中印军事合作也进入制度化阶段。2006 年 5 月，印度国防部长慕克吉在北京与中国国防部长曹刚川签署了以实现两国军事训练和演习交流合作的制度化为目的的谅解备忘录。该备忘录还包括双方军队和国防官员及专家之间的交流合作。该协议将为两国建立定期的安全和国防对话的交流制度奠定基础。2007 年 5 月，印度参谋长委员会主席、陆军参谋长辛格上将访华。两国决定继海军联合演习后举行陆军联合军事演习。2007 年、2008 年，先后在昆明和印度贝尔高姆地区举行两次陆军联合反恐训练。印度媒体称陆军联合演习是两国军事合作“质的跨越”，表示了两国军事领域互信开始建立。

两国边界问题特别代表级的谈判举行了多次，还将继续举行。多年来，在双方共同努力下，两国边境保持了平静和友好，还重新开放了乃堆拉山口的过境贸易通道。人们也注意到，印度有些媒体不断无中生有，放出不利于两国友好的言论，而印度军方则在边境扩建机场，加强军事部署。2009 年 10 月 24 日，温家宝总理与曼・辛格总理又就边界问题达成以下共识：双方要遵循达成的政治指导原则，发挥有关机制的作用，继续通过坦诚对话，逐步缩小分歧，争取不断取得进展，最终达成公平合理和双方都能接受的解决方案；双方要确保边境地区的安宁稳定；两国各界都要营造积极、友好的气氛，共同作出不懈努力。人们普遍期望两国总理的共识能够被信守，不要让历史遗留问题成为两国关系改善的羁绊。

团结进步联盟政府建立后，印度“东向”的步伐进一步加快。和日本自从建立全球性伙伴关系后，在投资、经贸、科技、能源等领域开始加强了合作。印度需要引进更多日本的资金和先进技术。2009 年，日本首相鸠山访印，双方同意各斥资 7500 万美元成立一个基金支持新德里—孟买工业走廊项目的建设。还签署了一项《深化安全合作行动计划》，建立两国外交和国防部高官之间的定期交流，两国海军今后将每年举行以反恐和打击海盗为目标的联合演习。2010 年 10 月，曼・辛格访问日本，两国领导人一致决定加快印日民用核协议谈判并为签订两国经济合作协定做准备。

印度与东南亚国家合作的势头不断加强，领域不断拓展。2004 年，印度与东盟签订了《和平、进步与共同繁荣伙伴关系协定》，制定了未来合作的蓝图。

印度为建立印度—东盟自由贸易区与各国分别进行谈判，已与部分国家签署了自由贸易协定。2010 年，印度和东盟 10 国的贸易额为 503 亿美元，到 2012 年预计可达到 700 亿美元。东盟已成为继欧盟、美国、中国之后印度的又一重要贸易伙伴。在军事领域，印度与东盟的合作也得到迅速发展，合作层次从一般交流逐步扩大到举行联合军事演习，实现全面防务合作。印度在东南亚地区的军事影响力逐年增强。

在南亚地区，印度巴基斯坦的关系受恐怖袭击的影响这段时期出现了由暖转冷、由活跃转冻结的剧烈波动。在上届瓦杰帕伊政府与巴基斯坦 2004 年 2 月开始了全面对话后，团结进步联盟建立的初期，对话进程继续，两国关系异常活跃。至 2008 年上半年，先后启动了 5 轮全面对话，在建立信任措施、解决历史遗留问题、发展经贸合作、降低意外使用核武器风险、促进人员交流、反恐、打击毒品和走私等多个方面进行了讨论，达成不少共识。所有先前被中断的公路、铁路线都恢复了，还开通了克什米尔印控区首府和巴控区首府之间的巴士交通。2005 年，穆沙拉夫总统利用板球比赛到印度会见印度总理，双方一致认为和平进程不可逆转。同年 10 月克什米尔地区发生地震后，印度积极提供援助，帮助巴控区灾民解决紧急困难，双方还开通了 5 条救灾通道。关于克什米尔的未来地位，穆沙拉夫提出了一个又一个设想，有印巴共管的方案，有分块管辖的方案，都因为与印度的观点差距过大，被印方拒绝。克什米尔未来地位如何解决成为双方关注的焦点，表明了对话深入到最关键的问题。人们的期望值骤然升高。然而 2008 年 11 月恐怖分子袭击孟买事件瞬间打破了这种良好氛围，使形势发生急剧变化。恐怖分子是从巴基斯坦港口乘船偷渡潜入孟买，在孟买一直与在巴基斯坦的恐怖组织保持通话联系，唯一被活捉的一名恐怖分子属巴基斯坦籍。印度据此断言，反对袭击的恐怖组织在巴基斯坦境内，巴对恐怖组织的庇护是造成这次袭击的根源，甚至怀疑有巴方“国家行为体”介入。印方要求巴方取缔恐怖组织，并提出嫌疑罪犯名单要求巴基斯坦交出。印度还宣布在巴基斯坦采取切实行动以前，停止一切接触与会谈。巴基斯坦断然否认与恐怖袭击有任何关系，对孟买发生的袭击表示谴责，并表示愿意配合印度查明真相。由于认为巴方没有实质性行动，直到 2009 年末，印度仍拒绝恢复对话，和平进程陷于冻结状态。其实印度也并不希望对话半途而废，这样做只是想压巴基斯坦真正停止对越境恐怖活动的支持。由于长期拖延恢复对话对两国保持政治安定和经济发展都不利，国际力量又强烈要求印巴为了国际反恐斗争利益必须尽快携手，所以印度在 2009 年后态度出现松动。2009 年，两国领导人在国际会议上有了接触。2010 年 2 月印度表示愿意恢复全面对话。4 月 29 日，两国总理利用在不丹召开的南盟首脑会议之机举行会谈，决定恢复全面对话进程。随后，双方外交国务秘书便紧锣密鼓地开始为对话做安排。浓云终于被拨开，露出了人们期盼已久的曙光。人们知道，前面的路仍然坎坷不平，特别是在克什米尔归属问题上要想短期内突破不大可能，但也相信，只要和平对话的路能坚持，只要许多具体事务和争议能通过协商达成协议并付诸实施，互信就会逐渐在两国人民心中建立，从而，也就缩短了找到最终解决方案的距离。

在与南亚其他国家的关系方面，团结进步联盟政府继承了古杰拉尔主义的睦邻精神，把与各国建立更密切的经贸合作和安全合作放在优先位置。印度与孟加拉国开通了穿越孟加拉连接印度加尔各答和东北部的公路线，实行了对孟加拉贸易税收优惠措施，在边境开设了 6 个自由贸易区，在维护两国边界安全方面也采取了积极措施。印度支持斯里兰卡的和平进程，双方建立了全面经济伙伴关系，扩大自由贸易区的范围，使其不仅包括货物贸易，还涵盖服务贸易以及投资便利化措施。印度对尼泊尔维护国内稳定和恢复民主制度给予积极支持，还向尼泊尔政府提供10亿卢比资金，用于基础设施建设，另提供50亿卢比的低息长期贷款，帮助尼泊尔加快经济发展。对南盟新成员阿富汗，印度积极参与其战后重建，还与其签订了优惠贸易协定。这些努力为印度与南亚国家的关系注入了新的活力。印度还与各国一起，提升南亚区域联盟的功能和开放性，加深其内涵，推动南亚自由贸易区早日建立。2004 年，第 12 届南亚峰会通过了《南亚自由贸易区框架协定》，规定各国从 2006 年 1 月 1 日起开始逐步降低关税，在 7—10 年内，从现在的 30%左右降至 0%—5%。2005 年 11 月，南盟首脑会议批准阿富汗为第 8 个成员国，中国和日本为观察员。2006 年 8 月，南盟部长理事会会议又原则上同意给予美国、韩国、欧盟以观察员资格。

当年古杰拉尔主义的提出是为了使印度有大国风范，从与巴基斯坦的无休止对抗中，从对南亚其他国家的斤斤计较中抽身，放开眼界，积极面向世界舞台。可喜的是，这种观念为后继的历届政府所接受，并且开始有所行动。这是顺应形势的做法，也是圆印度大国梦的要求。毫无疑问，沿着这个方向走下去，印度和所有南亚国家都会受益，不仅南亚的稳定和发展有望，而且人们在国际舞台的聚光灯下也将能看到一个更具有活力的印度。

重要译名对照及索引

A

B

C

D

K

L

M

N

P

Q

R

S

T

W

X

Y

Z

大事年表

公元前约 2300—前 1750	哈拉帕文明（或称印度河流域文明）
约公元前 1500	雅利安人进入南亚次大陆
约公元前 1200—前 800	雅利安文化扩展到恒河流域。末期，婆罗门教形成，种姓制度产生
约公元前 600	北印度存在“十六国”
约公元前 599—前 529	耆那教创始人大雄的生卒年代（有不同说法）
约公元前 563—前 483	佛陀的生卒年代（有不同说法）
约公元前 544	瓶沙王开始统治摩揭陀国
公元前 516	波斯国王大流士率军入侵印度
公元前 327	亚历山大入侵印度
公元前 322	孔雀王朝建立
公元前 305	塞琉古国王率军入侵被击败
公元前 273—前 232	阿育王统治
公元前 185	孔雀王朝灭亡
公元前 2—前 1 世纪	大夏一希腊人、塞种人、安息人先后侵入
公元 1 世纪	大乘佛教兴起
1 世纪中	大月氏建贵霜王国，南下侵入次大陆
78—101	贵霜国王迦腻色伽统治
3 世纪	贵霜王国衰落
319	笈多王朝建立，旃多罗·笈多一世统治开始
335—375	沙摩多罗·笈多统治
375—415	旃多罗·笈多二世统治
402—409	法显访印度
460—6 世纪初	白匈奴人多次入侵

6 世纪中	笈多帝国灭亡
6 世纪	南方帕那瓦国兴起
606—647	戒日王帝国
630—644	玄奘游学印度
673—685	义净游学印度
712	阿拉伯人占领信德
8 世纪中—10 世纪末	普罗蒂诃罗、帕拉、拉喜特拉库特在北印度争霸
9 世纪末—10 世纪末	朱罗帝国兴起，与拉喜特拉库特在南印度争霸
10 世纪末	拉喜特拉库特灭亡
986—987	伽兹尼王沙巴提真入侵
1000—1027	伽兹尼王马茂德多次入侵
11 世纪下半期	朱罗帝国瓦解
1175	古尔国穆罕默德·古尔开始入侵，征服领土
1190—1191	塔莱战役
1192	第二次塔莱战役
1206	穆罕默德·古尔被刺，奴隶王朝建立，德里苏丹国开始
1241 起	蒙古人不断入侵
1265—1286	巴勒班统治
1290	德里苏丹国奴隶王朝灭亡，卡尔吉王朝建立
1292 起	蒙古人又不断入侵
1296—1316	阿拉－乌德－丁·基尔吉统治
1320	卡尔吉王朝灭亡，图格鲁克王朝建立
1325—1351	穆罕默德·宾·图格鲁克统治
1336	维阇耶纳伽尔国建立
1347	巴曼尼国建立
1398	帖木儿入侵
1414	图格鲁克王朝灭亡，赛义德王朝建立
1451	赛义德王朝灭亡，洛蒂王朝建立
1498	瓦斯科·达·伽马航海至印度
16 世纪初	锡克教出现

1524	巴布尔率军进入旁遮普
1526.4.21	第一次旁尼帕特战役，洛蒂王朝灭亡
1526	莫卧儿帝国建立
1527.3.16	坎努阿战役
1527	巴曼尼国瓦解，在其废墟上出现了比贾普尔等五个国家
1530	巴布尔去世，胡马雍继位
1540	谢尔沙在比尔格战役击败胡马雍，建立苏尔王朝
1555	胡马雍推翻苏尔王朝，恢复莫卧儿帝国
1556	阿克巴继位
1556.11.5	第二次旁尼帕特战役，阿克巴击败赫穆
1565	塔利科塔战役，维阇耶纳伽尔走向衰落
1568—1595	阿克巴占领齐托尔、古吉拉特、克什米尔、信德、奥里萨
1600	英国东印度公司成立
1602	荷兰东印度公司成立
1605	阿克巴去世，贾汉吉尔继位
1627	沙杰汗继位
1639	英国人建圣乔治堡
1658	奥朗泽布继位
1656	马拉特人反莫卧儿起义，1674 年建立马拉特国家
1664	法国东印度公司成立
1668	英国东印度公司得到孟买
1669—1723	贾特人反莫卧儿起义
1674	法国东印度公司建立本地治里据点
1675—1715	锡克教徒反莫卧儿起义
1686	比贾普尔并入莫卧儿帝国，英国东印度公司发动对莫卧儿帝国的战争
1687	高康达并入莫卧儿帝国
1698	英国人建立威廉堡
1707	奥朗泽布去世，巴哈杜尔沙继位，莫卧儿帝国走向

	解体
1708	联合东印度公司成立
1739	伊朗纳狄尔沙入侵
1746—1748	第一次卡尔那提克战争
1747 年起	阿富汗人开始多次入侵印度
1749—1754	第二次卡尔那提克战争
1756—1763	第三次卡尔那提克战争
1757.6.23	普拉西战役，英国东印度公司征服孟加拉
1761.1.14	阿富汗在旁尼帕特大败马拉特人
1763.6	米尔·卡西姆起义
1765	英国东印度公司获得孟加拉迪万尼权利
1767—1769	第一次英迈战争
1772	英国东印度公司接管孟加拉统治权
1775—1782	第一次英马战争
1780—1784	第二次英迈战争
1784	通过庇特法案
1790—1792	第三次英迈战争
1799	第四次英迈战争
1803—1805	第二次英马战争
1813	英议会取消东印度公司对印贸易垄断权
1817—1818	第三次英马战争
1833	英议会取消东印度公司贸易权利
1843	信德被征服
1845—1846	第一次英锡战争
1848—1849	第二次英锡战争，旁遮普被兼并
1851	英印协会建立
1852	孟买协会建立，马德拉斯本地人协会建立
1853	开始实行文官考试制度
1856	兼并奥德
1857.5.10	米鲁特起义，印度大起义开始
5.11	解放德里

9.20	德里陷落
1858.8.2	英议会通过《印度政府法》，规定印度由英王接管
11.1	颁布维多利亚女王诏书
1859.4.7	坦地亚·托比被捕，大起义最终失败
1859—1862	孟加拉蓝靛农民起义
1861	制定印度参事会法
1870	浦那人民协会成立
1872—1873	孟加拉帕布那、博格拉农民起义
1873—1879	德干农民起义
1876	印度协会建立
1877	英国女王宣布兼任印度皇帝
1884	马德拉斯士绅会成立
1885	孟买管区协会成立
12.28	国大党成立大会召开
1892	英议会制定印度参事会法
1899—1905	寇松任印度总督
1905.10.16	孟加拉分割法生效
1906.12	全印穆斯林联盟成立
1907.12	国大党在苏拉特年会上分裂
1909	摩莱—明托改革
1910	取消对孟加拉的分割
1911	迁都德里
1914.7	印度被拖入第一次世界大战
1915	甘地回到印度
1916.12	国大党重新统一，勒克瑙协定
1917.8.20	蒙太古宣言
1918	蒙太古—蔡姆斯福德改革
1919.3	颁布罗拉特法
1919.4.13	阿姆利泽大屠杀
1920.8.1	基拉法委员会领导的不合作印度开始，提拉克逝世
1920.9	国大党接受不合作策略，甘地领导权的确立

1920.10.17	侨民共产党成立
1921—1922	第一次不合作运动
1923.5	白沙瓦审判案
1924	康浦尔审判案
1925.12.26	印度共产党成立
1927.11	英宣布派西蒙调查团来印
1929.3	米鲁特审判案
12	国大党决定开展不服从运动
1930.3.12	开始食盐进军
1930.11—1931.1	第一次圆桌会议
1931.3.5	甘地与欧文签订协定
1931.9—12	第二次圆桌会议
1932.11—12	第三次圆桌会议
1934.10	停止不服从运动
10.21	国大社会党成立
1935.7	英议会制定《印度政府法》
1937—1939	省自治
1939.9	印度被拖入第二次世界大战
1940.3	穆斯林联盟拉合尔决议
1941.1	鲍斯流亡国外
1942.3	克里浦斯使印
8.8	国大党通过要求英国退出印度决议
8—12	“八月革命”
1943.10	鲍斯在新加坡成立临时政府
1944.3.19	日军进攻英帕尔
1945.6	西姆拉会议
1946.2.18	海军起义
2.19	艾德里宣布派内阁使团来印
9.2	印度临时政府成立
12.9	制宪会议召开
1947.3.24	蒙巴顿抵印

6.3	公布蒙巴顿方案
7.18	英议会通过《印度独立法》
8.14	巴基斯坦自治领成立
8.15	印度自治领成立
10.27	查谟—克什米尔土邦加入印度自治领
1948 初	第一次印巴战争爆发
1.30	甘地遇害
3	国大社会党退出国大党，建立印度社会党
6.21	蒙巴顿辞去总督职务，由拉贾戈帕拉恰雷继任
11.24	海德拉巴加入印度自治领
1949.1.1	印巴在克什米尔停火
1950.1.26	普拉沙德宣誓就任印度首任总统，印度宪法生效，印度成为独立的共和国
3	成立国家计划委员会
4	印度与中国建立外交关系
12.15	帕特尔病逝
1951.4	开始实行第一个五年计划
10	人民同盟成立
10.25	开始举行第一届人民院和邦立法院选举
1952.6	社会党与农工人民党合并为人民社会党
8	成立国家发展委员会
1953.10	第一个语言邦安得拉邦成立
1954.2	印控克什米尔制宪会议批准克什米尔加入印度联邦的决定
4.29	中印两国签订《关于中国西藏地方和印度之间通商和交通协定》，其中提出和平共处五项原则
11.1	法国交还所占本地治里等据点
1955.1	国大党阿瓦迪年会通过建立社会主义类型社会决议
12	人民社会党分裂，部分人退出恢复社会党
1956.4	开始实行第二个五年计划
1956.8	议会通过邦改组法

1957.2.24	开始举行第二次人民院和邦立法院选举
1959	建立三级潘查雅特体制
3	西藏上层农奴主叛乱，劫持达赖喇嘛逃往印度穆索里
6	自由党成立
1960.5	议会通过孟买邦改组法
1961.4	开始实行第三个五年计划
12.17	收复被葡萄牙所占果阿等据点
1962.2	举行第三次人民院和邦立法院选举
10.20	中印边界中国自卫反击战开始
11.21	中国宣布24小时后中国方面全线停火
1963	那加兰德邦成立
5	议会通过官方语言法
1964.5.27	尼赫鲁病逝
6.9	夏斯特里继任总理
6	人民社会党和社会党合并为统一社会党
10	印度共产党分裂，印共（马）成立
1965.1	统一社会党分裂，恢复人民社会党
8—9	第二次印巴战争
1966.1.10	印巴《塔什干宣言》
1.11	夏斯特里病逝
1.24	英·甘地继任总理
3	成立旁遮普语言邦、哈里亚纳邦
4	开始实行三个年度计划
1967.2	举行人民院和邦立法院第四次选举
3—7	纳萨尔巴里农民起义
11	印度革命党成立
12	议会通过官方语言（修正）法
1968.11—1970.7	斯里卡库兰农民起义
1969.4	印度共产党（马列）成立
4	开始实行第四个五年计划
12	国大党分裂成国大党（执政派）和国大党（组织派）

1971.3	第五届人民院提前举行选举
8	统一社会党与人民社会党合并为社会党
1971.8.9	印苏签订包括有军事合作内容的《印苏友好条约》
12	第三次印巴战争
1972.7	英·甘地与布托缔结西姆拉协定
1971	人民院通过《东北地区（改组）法》，给予梅加拉亚、曼尼普尔、特里普拉邦地位
1971	米佐拉姆中央直辖区
1974	纳拉扬领导开展反国大党的群众运动
4	开始实行第五个五年计划
5	在波卡兰爆炸一个核装置
8	印度革命党等联合成立印度民众党
1975.4	锡金成为印度的一个邦
6.25	宣布实行国内紧急状态
1977.1.18	英·甘地宣布将举行第六届人民院选举
1	国大党（组织派）、人民同盟、印度民众党、社会党、国大党少壮派合并成立人民党
3	人民院举行第六届选举，人民党获胜
3.21	撤销紧急状态
3.24	德赛领导的人民党政府就职
5	民主国大党加入人民党
1978.1	国大党（执政派）分裂为国大党（英）和国大党（斯）
3	王炳南访印
4	人民党政府提前结束第五个五年计划，开始实行第六个五年计划
6	纳拉因退出人民党，成立人民党（世俗派）
9	人民党（世俗派）改名民众党
1979.2	印度外交部长瓦杰帕伊访华
7.15	德赛政府辞职
7.28	查兰·辛格政府就职
8.20	查兰·辛格政府辞职

10	纳拉扬病逝
1980.1	举行第七届人民院选举
1.14	英・甘地政府就职
3	纳拉因退出民众党，恢复人民党（世俗派）
4	终止人民党政府的“六五”计划，实行新的第六个五年计划；原人民同盟退出人民党，改称印度人民党
9	国大党（斯）因主席更换成为国大党（乌）
1981.3	人民党（世俗派）改名民主社会党
3	印度共产党分裂，退出者另建全印共产党
4	亚达夫从民众党退出，另建新党
6	拉吉夫・甘地当选人民院议员
1984.6	“兰星行动”
10.31	英・甘地遇害，拉吉夫・甘地就任总理
12.24—27	第八届人民院选举
1985.7.24	拉・甘地与隆格瓦尔签订协定
8.15	签订阿萨姆协定
7	与斯里兰卡签订协定，派印军维持和平
12	南亚区域合作联盟成立
1988.12	拉・甘地来中国访问
10	人民党（Janata Dal）成立
1989 初	成立全国阵线
11	举行第十届人民院选举
12.2	以维・普・辛格为总理的全国阵线政府宣誓就职
1990.9.25	“战车进军”开始
11.10	谢卡尔政府建立
1991.5—6	第十届人民院选举
5.21	拉・甘地被暗杀
6.21	拉奥政府建立
1992.12.6	巴布里清真寺被拆毁
1993.1	孟买教派骚乱
1996.4—5	第十一届人民院选举

5.16—6.1	印度人民党短期执政
6.1	联合阵线政府建立，高达任总理
1997.4.21	古杰拉尔任总理
1998.2—3	第十二届人民院选举
3.19	全国民主联盟政府成立
5.11，13	在波克兰进行核试验
1999.2	“巴士外交”
5	卡吉尔争夺战
1999.9	第十三届人民院选举
10.13	全国民主联盟政府成立
2001.12.13	恐怖分子袭击议会大厦
2002.2—3	古吉拉特教派骚乱
2004.4—5	提前举行第十四届人民院选举
5.22	曼·辛格领导的团结进步联盟政府成立
2008.9.13	新德里发生 7 起爆炸
11.26	孟买发生恐怖袭击
2009.4—5	第十五届人民院选举
5.22	曼·辛格为总理的新一届政府宣誓就职

注：印度古代史缺乏准确纪元，各家说法不一，此表选取多数人接受的说法。

参考书目

一　古籍校注、汇编

法显著，章巽校注:《法显传校注》，上海古籍出版社，1985

玄奘、辩机著，季羡林等校注:《大唐西域记校注》，中华书局，1985

慧立、彦悰著，孙毓棠、谢方点校:《大慈恩寺三藏法师传》，中华书局，1983

义净著，王邦维校注:《南海寄归内法传校注》，中华书局，1995

北京大学南亚所:《中国载籍中南亚史料汇编》（上下册），上海古籍出版社，1994

二　中文著作

孙士海、葛维钧主编:《印度》，社会科学文献出版社，2010

刘建、朱明忠、葛维钧:《印度文明》，中国社会科学出版社，2004

陈峰君主编:《印度社会述论》，中国社会科学出版社，1991

王树英:《走进印度》，中国社会科学出版社，2010

华中师范大学印度史研究室:《简明印度史》，湖南人民出版社，1991

培伦主编:《印度通史》，黑龙江人民出版社，1990

林承节:《印度史》，人民出版社，2004

林太:《印度通史 》，上海社会科学院出版社，2007

刘欣如:《印度古代社会史》，中国社会科学出版社，1990

崔连仲:《从佛陀到阿育王》，辽宁大学出版社，1991

林承节:《印度古代史纲》，光明日报出版社，2001

耿引曾:《汉文南亚史料学》，北京大学出版社，1991
黄心川:《印度哲学史》，商务印书馆，1989
姚卫群:《印度哲学》，北京大学出版社，1992
季羡林:《罗摩衍那初探》，外国文学出版社，1979
常任侠:《印度与东南亚美术发展史》，上海人民美术出版社，1980
张光璘、李铮编:《季羡林论印度文化》，中国华侨出版社，1994
季羡林主编:《印度古代文学史》，北京大学出版社，1991
刘国楠、王树英:《印度各邦历史文化》，中国社会科学出版社，1982
王树英:《印度文化与民俗》，四川民族出版社，1989
王树英:《宗教与印度社会》，中国华侨出版社，1994
朱明忠:《恒河沐浴·印度教概览》，四川民族出版社，1994
尚会鹏:《种姓与印度教社会》，北京大学出版社，2001
尚会鹏:《印度文化史》，广西师范大学出版社，2007
唐孟生:《印度苏非派的历史作用》，昆仑出版社，2002
邱永辉、欧东明:《印度世俗化研究》，巴蜀书社，2003
邱永辉:《现代印度的种姓制度》，四川人民出版社，1996
邱永辉:《印度宗教多元文化》，社会科学文献出版社，2009
王树英:《宗教与印度社会》，人民出版社，2009
闵光沛主编:《殖民地印度综论》，四川民族出版社，1996
林承节:《殖民统治时期的印度史》，北京大学出版社，2004
林承节:《独立后的印度史》，北京大学出版社，2005
林承节:《印度近 20 年的发展历程》，北京大学出版社，2012
林承节主编:《印度现代化的发展道路》，北京大学出版社，2001
陈峰君:《东亚与印度：亚洲两种现代化模式》，经济科学出版社，2000
林良光主编:《印度政治制度研究》，北京大学出版社，1995
王红生:《论印度的民主》，社会科学文献出版社，2011
高鲲、张敏秋:《南亚政治经济发展研究》，北京大学出版社，1995
孙培钧、华碧云、张敏秋、高鲲:《印度垄断财团》，时事出版社，1984
孙士海、孙培均:《转型中的印度经济》，鹭江出版社，1996
文富德:《印度经济发展、改革与前景》，巴蜀书社，2003
文富德:《印度经济全球化研究 》，巴蜀书社，2008

孙培钧、华碧云主编：《印度国情与综合国力》，中国城市出版社，2001

孙士海主编：《印度的发展及其对外战略》，中国社会科学出版社，2000

黄思骏：《印度土地制度研究》，中国社会科学出版社，1998

王立新：《印度绿色革命的政治经济学 发展、停滞和转变》，中国社会科学文献出版社，2011

金永丽：《印度农业发展道路探索》，中国农业出版社，2006

张淑兰：《印度拉奥政府经济改革研究》，新华出版社，2003

张力：《印度总理尼赫鲁》，四川人民出版社，1998

朱明忠：《尼赫鲁》，东大图书公司印行，1999

李连庆：《英迪拉·甘地》，浙江人民出版社，1997

王红生、[印] B. 辛格：《尼赫鲁家族与印度政治》，北京大学出版社，2011

王红生：《论印度的民主》，社会科学文献出版社，2011

王宏纬主编：《南亚区域合作的现状与未来》，四川大学出版社，1993

吴永年：《变化中的印度》，人民出版社，2010

赵干城：《印度：大国地位与大国外交》，上海人民出版社，2009

吴永年、赵干城、马孆：《21 世纪印度外交新论》，上海译文出版社，2004

陈继东主编：《当代印度对外关系研究》，巴蜀书社，2005

金永丽：《印度与欧盟关系 1962—2005》，中国华侨出版社，2008

[印] 谭中、耿引曾：《印度与中国——两大文明的交往和激荡》，商务印书馆，2006

张敏秋：《中印关系研究（1947—2003）》，北京大学出版社，2004

王树英编：《中印文化交流与比较》，中国华侨出版社，1994

金克木：《中印人民友谊史话》，中国青年出版社，1957

季羡林：《中印文化交流史》，新华出版社，1991

季羡林：《中印文化关系史论文集》，生活·读书·新知三联书店，1982

薛克翘：《中国与南亚文化交流志》，上海人民出版社，1998

薛克翘：《中国印度文化交流史》，昆仑出版社，2007

赵蔚文：《印中关系风云录（1949—1999）》，时事出版社，2000

王宏纬：《喜马拉雅山情结：中印关系研究》，中国藏学出版社，1997

林良光、叶正佳、韩华：《当代中国与南亚国家关系》，社会科学文献出版社，2001

三 中译英文书

[印] 马宗达、赖乔杜里、达塔:《高级印度史》(上、下册),张澍霖等译,商务印书馆,1986

[印] 辛哈、班纳吉:《印度通史》(1—4册),张若达、冯金辛译,商务印书馆,1973

[印] 潘尼迦:《印度简史》,吴立椿、欧阳采薇译,生活·读书·新知三联书店,1957

[美] 弗兰克尔:《印度独立后政治经济发展史》,孙培均等译,中国社会科学出版社,1989

[德] 赫尔曼·库尔克、迪特玛尔·罗特蒙特:《印度史》,王立新、周红江译,中国青年出版社,2008

[印] 塔帕尔:《印度古代文明》,林太译,张荫桐校,浙江人民出版社,1990

[印] 高善比:《印度古代文化与文明史纲》,王树英等译,商务印书馆,1998

[印]《摩奴法论》,蒋忠新译,中国社会科学出版社,1986

[印] 巴沙姆主编:《印度文化史》,闵光沛等译,涂厚善校,商务印书馆,1997

[英] 查尔斯·埃利奥特:《印度教与佛教史纲》第1卷,李荣熙译,商务印书馆,1982

[英] 查·法布里:《印度雕刻》,王镛、孙士海译,文化艺术出版社,1987

[印]《古印度帝国时代史料选辑》,崔连仲等选译,商务印书馆,1989

[印] 拉·杜特:《英属印度经济史》(上、下册),陈洪进译,生活·读书·新知三联书店,1965

[印]《甘地自传》,杜危、吴耀宗合译,商务印书馆,1985

[法] 多米尼克·拉皮埃尔、[美] 拉里·柯林斯:《圣雄甘地》,周万秀、吴葆璋译,新华出版社,1986

[印]《尼赫鲁自传》,张宝芳译,世界知识出版社,1956

[印] 尼赫鲁著:《印度的发现》,齐文译,世界知识出版社,1956

[英] 拉·帕·杜德:《今日印度》(上、下册),黄季芳译,世界知识出版社,1953

[印] 鲁达尔·达特、K.P.M. 桑达拉姆:《印度经济》(上、下册),雷启淮等译,四川大学出版社,1994

[印] 阿玛蒂亚·森、让·德雷兹:《印度:经济发展与社会机会》，黄飞君译，中国社会科学出版社，2006

[印]《甘地夫人自述》，亚南译，时事出版社，1981

[印] 因德尔·马尔豪特拉:《英迪拉·甘地传》，施美华等译，世界知识出版社，1992

[印] 克里尚·巴蒂亚:《英迪拉·甘地》，上海师范大学外语系译，上海人民出版社，1976

[印] 比·克·阿卢瓦利亚、夏希·阿卢瓦利亚:《拉吉夫·甘地——一个英勇的形象》，肖耀先译，上海人民出版社，1986

四 英文书

Aggarwal, J.C., *Elections in India（1952–1990）*, New Delhi, 1992.

Agrawal, A., *Studies in Mughal History*, Delhi, 1983.

All India Congress Committee, *Indian National Congress Resolutions on Economic Policy Programme, 1924–1954,* New Delhi, 1954.

Arya, P.P. and B.B.Tandon, eds., *Multinationals versus Swadeshi Today: A Polish Framework for Economic Nationalism*, New Delhi, 1999.

Aziz, Abdul, *The Mansabdari System and the Mughal Army*, Dehli, 1972.

Bakshi, S.R., *Nehru and His Political Ideology*, New Delhi, 1988.

Banerjee, A.C., *A New History of Medieval India*, New Delhi, 1983.

Barua, B.M., *Asoka and His Inscriptions*, Calcutta.1955.

Baxter, Craig, *The Jana Sangh: A Biography of an Indian Political Party*, Bombay, 1971.

Bhatkal, Ramdas, *Alternative Strategies and India's Development*, Mumbai, 1999.

Bhambhri, C.P., *BJP led Government and Elections 1999*, Delhi,2000.

Bhambhri, C.P., *Indian Politics since Independence*, Delhi, 1994.

Bhambhri, C.P., *The Janata: A Profile*, New Delhi, 1980.

Bhambhri, C. P., *The Indian State:Fifty Years*, Delhi, 1997.

Bose, Mrigen, *Jawaharlal Nehru and His Economic Policy*, Calcutta, 1977.

Bose, T.C., *Indian Federalism: Problems and Issues*, Calcutta, 1987.

Brass, Paul R., *The Politics of India Since Indenpence*, New Delhi, 1992.

Bright, J.S., *The Greatest Woman of The World*, New Delhi, 1984.

Brown J.M., *Nehru*, New York, 1999.

Brown, W.N., *The United States and India, Pakistan, Bangladesh,* Cambridge, 1972.

Carras, Mary C., *Indira Gandhi:in the Crucible of Leadership:A Political Biography*, Bombay, 1979.

Chakrabarty, Bidyut, *Forging Power: Coalition Politics in India*, New Delhi, 2006.

Chakrabarty, Bidyut, *Maoism in India: Reincarnation of Ultra-left Wing Extremism in the Twenty-first Century*, New York, 2010.

Chanana, D.R., *Slavery in Ancient India*, New Delhi, 1960.

Chand, Tara, *History of the Freedom Movement in India*, vols.1-3, Delhi, 1961.

Chander, N. Jose, *Coalition Politics: The Indian Experience*, New Delhi, 2004.

Chandra, Bipan, *Indian National Movement: Long-term Dynamics*, New Delhi, 1988.

Chandra, Bipan, *Lndia's Struggle for Independence 1857–1949*, New Delhi, 1988.

Chandra, Bipan, Mukherjee, A., Mukherjee, M., *India After Independence*, New Delhi, 1999.

Chandra, Bipan, *The Rise and Growth of Economic Nationalism in India*, New Delhi, 1984.

Chandra, Bipan, *Essays on Colonialism*, New Delhi, 1999.

Chandra, Bipan, *Modern India*, New Delhi, 1971.

Chandra, Bipan, *Essays on Contemporary India*, New Delhi, 1993.

Chaudhuri, S.B., *Civil Rebellion in the Indian Mutinies 1857–1959*, Calcutta, 1957.

Corbridge, Stuart and J.Harriss, *Reinventing India: Liberalization, Hindu Nationalism and Popular Democracy*, Cambridge, 2000.

Datt, Rudder, *Economic Reform in India: A Critique,* New Delhi, 1997.

Desai, A.R., *Social Background of Indian Nationalism*, Bomboy, 1959.

Devahuti, D., Harsha, *A Political Study*, Delhi, 1983.

Dhawan, S.K., *Compiled, Selected Thoughts of Indira Gandhi:A Book of Quotes*, Delhi, 1985.

Dodwell, H.H., ed., *The Cambridge History of India*, 6 vols. And Supplement, Cambridge, 1922–1953.

Dutt, R.C., *The Economic History of India Under Eallrly British Rule*, Delhi, 1960.

Dutt, R.C., *Socialism of Jawaharlal Nehru*, New Delhi, 1981.

Dutt, R.C., *The Economic History of India in the Victorian Age*, Delhi, 1960.

Dutt, R.P., *India Today*, Bomdy, 1949.

Dutt, Rabindra Chandra, *Retreat of Socialism in India:Two Decades Without Nehru, 1964—1984*, New Delhi, 1987.

Dutt, V.P., *India's Foreign Policy*, New Delhi, 1984.

Dutt., R. and Sundharam, K.P.M., *Indian Economy*, New Delhi, 2001.

Erdman, Howard L., *The Swatantra Party and Indian Conservatism*, Cambridge, 1967.

Fazl, Abul, *Ain- I Akbar*, tranls. by Blochman, H. （Vol.1）and Sarkar, J. （Vols. 2–3）, New Delhi, 1977.

Gandhi, Indira, *The Tasks Ahead*, New Delhi, 1984.

Gehlot, N.S.ed., *Current Trends in Indian Politics*, New Delhi, 1998.

Ghosh, P.S., *BJP and the Evolution of Hindu Nationalism: From Periphery to Center*, New Delhi, 1999

Gopal, L., *The Economic Life of Northern India C. 700–1200 A.D.*, Varanasi, 1965.

Gopal, Sarvepalli, *Jawaharlal Nehru:A Biography*, Vol.2 and 3, London, 1979 and1984.

Goyal, S.R., *The History of the Imperial Guptas*, Allahabad, 1967.

Government of India Planning Commission, Second Five Plan:A Draft Outline, Delhi, 1951.

Graham, B.D., *Hindu Nationalist and Indian Politicas: The Origins and Development of the Bharatiya Jan Sangh*, Cambridge, 1990.

Grenal, J.S., *The Sikhs of Punjab*, Cambridge, 1990.

Grover, V. and Aarora, R., *India, Fifty Years of Independence,* Delhi, 1997.

Gupta, S.K., *Kashmir: A Stady in Indian-Pakistan Relations*, London, 1967.

Gupta, D.C., *Indian Government and Politics, 1947–1987*, New Delhi, 1988.

Habib, M., *Politics and Society During the Early Medieval Period*, K.A.Nizami, ed., New Delhi, 1981.

Gehlot, N.S.ed., *Current Trends in Indian Politics*, New Delhi, 1998.

Ghosh, P.S., *BJP and the Evolution of Hindu Nationalism: From Periphery to Center*, New Delhi, 1999.

Hultzsch, E., *Inscriptions of Asoka*, Delhi, 1969.

Jain, S.K., *Party Politics and Center-Stste Relations in India*, New Delhi, 1994.

Jawaharlal Nehru's Speeches, Vols.1–4, New Delhi, 1949–1963.

Jayaswal, K.P., *Hindu Polity*, Bangalore, 1943.

Jenkins, Rob, *Democratic Politics and Economic Reform in India,* Cambridge, 1999.

Jha, D.N., *Feudal Social Formation in Early India*, Delhi, 1987.

Jha, D.N., *Revenue System in Post Maurya and Gupta Times*, Calcutta, 1987.

Joshi, P.C., ed., *Rebellion, 1857:A Symposium*, Delhi, 1957.

Katharine, A. and and Sáez, L., ed., *Coalition politics and Hindu Nationalism*, London, 2005.

Kapila, Uma, ed., *Indian Economy Since Independence*, New Delhi, 1996.

Kapoor, P.P., *Economic Thought of Jawahalal Nehru*, New Delhi, 1985.

Karlekar, H., *Independent India: The First Fifty Years*, Delhi, 1998.

Khanna, S.K., *Coalition Politics in India*, New Delhi, 1999.

Kosambi, D.D., *An Introduction to the Study of Indian History*, Bombay, 1956.

Kulkarni, V.G., compiled, *Statistical Outline of Indian Economy*, Bombay, 1968.

Kulke, H. and Rothermund, D., *A History of India*, London, 1998.

Kumar, D., ed., *The Cambridge Economic History of India*, Cambridge, 1983.

Kusum Nair, *Indian Agricultural after Green Revolution*, Chicago, 1979.

Liu xinru, *Ancient India and Ancient China, Trade and Religious Exchanges*, Oxford, 1988.

Liu xinru, *Silk and Religion, An Exploration of Material life and the Thought of People*, Oxford, 1996.

Mahajan, V.D., *History of India.From Beginning of 1526 A.D.,* New Delhi, 1981.

Mahajan, V.D., *History of Modern India*, Vol.1,2. New Delhi, 1983.

Mahajan, V.S., *Political Economy of Reform and Liberalization*, New Delhi, 1997.

Mahendra, K.L., *Defeat The RSS Fascist Desighs*, New Delhi, 1973.

Majeed, Akhtar ed., *Coalition Politics and Power Sharing*, New Delhi, 2000.

Malik, P.L., com., *The Industrial Law*, Lucknow, 1968.

Mansingh, Surjit, *India's Search for Power:Indira Gandhi 's Foreign Policy, 1966–1982*, New Delhi, 1984.

Markovits, Claude, ed., *A History of Modern India, 1480–1950*, London, 2002.

Marshall, J.H., *Mohenjodaro and the Indus Civilization*, 3 vols, London, 1931.

Martin B., *New India 1885*, Bombay, 1970.

Maxwell, N.G.A., *India's China War*, London, 1970.

Mazumdar, R.C.and Altekal, A.S., ed., *The Gupta-Vakataka Age*, Banaras, 1954.

Mazumdar, R.C., *The History and Culture of the Indian People,* vols.1–7, Bombay, 1952–65.

Mehta, J.L., *Advanced Study in the History of Medieval India*, 3 Vols, New Delhi, 1986.

Menon, V.P., *Intergration of the Indian States*, Madras, 1985.

Menon, V.P., *The Story of the Integration of the Indian States*, London, 1956.

Menon, V.P., *The Transfer of Power in India*, Princeton, 1957.

Metcalf, B.D.and Mecalf, T.R., *A Concise History of India*, Cambridge, 2002.

Misra, K.P., *Janata's Foreign Policy*, New Delhi, 1979.

Misri, K.C., *Land System and Land Reform*, Bombay, 1990.

Mookerji, R.K., *Chandra Gupta Maurya and His Time*, Banaras, 1960.

Morris-Jones, W.H., *The Government and Politics of India*, England, 1987.

Mukherjee, H.and U., *India's Fight for Freedom or the Swadeshi Movement, 1905–1906*, Calcutta, 1958.

Nanda, B.R., Joshi, P.C.and Krishna, R., *Gandhi and Nehru*, Delhi, 1979.

Nanda, B.R., ed., *Indian Foreign Policy: The Nehru Years,* Delhi, 1976.

Nanda, B.R., *Mahatma Gandhi: A Biography,* London, 1958.

Nayar, Ray, *India's Mixed Economy*, Bombay, 1989.

Noorani, A.G., *The RSS and the BJP,* Delhi, 2000.

Nugent, Nicholas, *Rajiv Gandhi, Son of a Dynasty,* London, 1990.

Pal, Kiran, *Tension Areas in Centre-State Relation in India*, New Delhi, 1993.

Pande, B.N., ed., *A Centenary History of the Indian National Congress*, 3 Vols., New Delhi, 1985.

Pandey, Rajendra, *Modernisation and Social Change,* New Delhi, 1988.

Parvate, G.P., *Bal Gangadhar Tilak*, Ahmedabad, 1958.

Praasad, K.N., *Indian Economy Since 1951*, New Delhi, 1993.

Prasad, Anirudh, *Centre and State Powers under Indian Federalism*, New Delhi, 1980.

Prasad, K.N., *Indian Economy Since Independence, A 50 Year's Profile*, New Delhi, 1998.

Puri, B.N., *India under the Kushanas*, Bombay, 1968.

Raghavan, G.N.S.& Balachandran, G., *Forty Years of World's Largest Democracy*, Delhi, 1990.

Rajaopurolit, A.R., *Land Reform in India*, New Delhi, 1984.

Ram, D. S., ed., *Federal System and Coalition Government in India: Conflict and Consensus in Centre-State Relation*, Jaipur, 2000.

Raychaudhuri, H.C., *The Political History of Ancient India*, Calcutta, 1972.

Raychaudhuri, T. and Habib, I., ed., *The Cambridge Economic History of India*, Cambridge, 1982.

Reddy, C.S.S., *Politics of land Reform in India*, New Delhi, 1997.

Ritu, Sarin, *The Assassination of Indira Gandhi*, New Delhi, 1984.

Ram, Sundar, ed., *Coalition Politics in India,* Jaipur, 2000.

Rothermund, Dietmar, *India: the Rise of an Asian Giant*, London, 2008.

Sankhdhher, M.M., *Secularism in India:Dilemmas and Challengges*, New Delhi, 1992.

Sarkar, J.N., *Fall of the Mughal Empire*, Vols. 1–3.

Sarkar, J.N., *History of Aurangzeb*, Vols. 1–5.

Sarkar, J.N., *Mughal Polity,* Delhi, 1984.

Sarkar, Sumit, *Modern India, 1885—1947*, Delhi, 1983.

Sathyamurthy, T.V.ed., *Industry and Agriculture in India Since Independence*, Vol.2, Oxford, 1995.

Sen, S.N., *Eighteen Fifty-Seven*, Delhi, 1957.

Sen, M., *Glimpses of the History of the Indian Communist Movement*, Madras, 1997.

Sengupta, P. & Gupta, A.K., *Naxalbari and Indian Revolution*, Calcutta, 1983.

Shamasastri, R.,tra., *Kautalya's Arthashastra*, Mysore, 1958.

Sharma, L.P., *Medieval History of India*, Delhi, 1981.

Sharma, R.s., *Shudras in Ancient India*, Delhi, 1980.

Sharma, S.P., *Indian Feudalism, C. 300–1200 A.D.,* New Delhi, 1980.

Sharma, K., *Political Modernization in India*, New Delhi, 1982.

Sheth, Pravin, *India:50 Years of Political Development and Decay*, New Delhi, 1998.

Shourie, Arun, *Institution in the Janata Phase*, Bombay, 1980.

Shourie, Arun, *Mrs.Gandhi's Second Reign*, Bombay, 1983.

Singh, Akhileshwar, *Political Leadership of Jawaharlal Nehru*, New Delhi, 1986.

Singh, Yogendra, *Modernization of Indian Tradition*, 1986.

Singh, P. and Bal, G., *Strategies of Social Change in India*, New Delhi, 1996.

Singh, V.B., *Economic History of India, 1857–1947*, New Delhi, Bombay, 1965.

Sinha, Ajoy, *Indo-US Relations:From the Emergence of Bangladesh to the Assassination of Indira Gandhi*, Delhi, 1994.

Smith, V.A., ed.Spear, T.G.P., *The Oxford History of India*, Oxford, 1958.

Spear, Percival, *Oxford History of India*, New Delhi, 1974.

Srinivas, M.N., *Social Change in Modern India*, New Delhi, 1992.

Srivastava, C.P., *Lal Bahadur Shastri*, Delhi, 1995.

Tendulkar, D.G., *Mahatma: Life of Mohandas Karamchand Gandhi*, 8Vols., New Delhi,1969.

Thakur, V.K., *Urbanization of Ancient India*, New Delhi, 1981.

Thapar, R., *A History of India*, Vol.l, London, 1990.

Thapar, R., *Asoka and the Decline of the Mauryas*, Oxford, 1961.

Thapar, R., *From Lineage to State*, New Delhi, 1984.

Tharoor, Shashi, *Reasons of State:Political Development and India's Foreign Policy under Indira Gandhi, 1966–1977*, New Delhi, 1982.

Tomlinson, B.R., *The Economy of Modern India, 1860–1970*, London, 1993.

Tripathi, R.S., *History of Ancient India*, Delhi, 1960.

Tyson G., *Nehru: The Years of Power*, London, 1966.

Tyson, Geoffrey, *Nehru:The Years of Power*, London, 1966.

Vajpeyi, D.K., *Modernization and Social Change in India*, New Delhi, 1979.

Venkateswaran, R.J., *Cabinet Government in India*, London, 1967.

Venkateswarlu, B., *Dynamics of Green Revolution in India*, New Delhi, 1985.

Verma, B.N., *Agrarian Relation in Transition*, New Delhi, 1993.

Vohra, Ranbir, *The Making of India*, New York, 2001.

Wagle, N., *Society at the Time of the Buddha*, Bombay, 1966.

Wallace, P. & Roy, R. Ed., *India's 2009 elections: coalition politics, party competition, and Congress continuity*, New Delhi, 2011.

Wheeler, M., *The Indus Civilization*, Cambridge, 1968.

Wheeler, M.and Basham A.L.,*Oxford History of India*（*Revised*）, Part I, Oxford, 1958.

Wolpert, Stanley, *A New History of India*, New York, 1993.

Yasin, M., *A Social History of Islamic India*, Lucknow,1958.

责任编辑：杨美艳
封面设计：石笑梦

图书在版编目（CIP）数据

印度史 / 林承节 著 . 2 版（修订本）—北京：人民出版社，
2014.1（2022.4 重印）
（国别史系列）
ISBN 978－7－01－012783－5

I. ①印… II. ①林… III. ①印度－历史 IV. ① K351

中国版本图书馆 CIP 数据核字（2013）第 263704 号

印度史（修订本）
YINDU SHI（XIUDINGBEN）

林承节 著

人民出版社 出版发行
（100706 北京市东城区隆福寺街 99 号）

北京盛通印刷股份有限公司印刷 新华书店经销

2014 年 1 月第 2 版 2022 年 4 月北京第 3 次印刷
开本：710 毫米 ×1000 毫米 1/16 印张：39.75 插页：8
字数：710 千字

ISBN 978－7－01－012783－5 定价：119.80 元

邮购地址 100706 北京市东城区隆福寺街 99 号
人民东方图书销售中心 电话（010）65250042 65289539